R 프로그래밍 및 그래픽스 실습

손영숙 · 전성현 지음

자유아카데미

이 책의 저술은 2017년도 전남대학교 학술도서출판 연구비 지원을 받아 수행되었다.

머리말

R은 현재 국내외 대학의 각 전공 분야에서 필요로 하는 통계자료분석 및 계산, 그래픽스의 교육 및 연구를 위한 도구로서뿐만 아니라 산업 현장에서 빅데이터 분석의 도구로서 널리 사용되고 있다. R의 가장 큰 장점은 시공간에 제한 없이 누구든지 무료로 사용할 수 있는 편리성이다. 그러나 R의 편리성이 매우 크더라도 R의 핵심적인 역할에 부족함이 있었다면 오늘날의 R이 있지 않았을 것이다. 또한 R은 최신의 데이터분석법을 적용할 수 있는 유용한 함수들을 대부분 신속하게 작성하여 보유하고 있다.

몇 년 전 처음으로 R을 이용하여 시뮬레이션을 하였을 때, R 프로그래밍 문법을 여기저기에서 단편적으로 찾아 프로그래밍을 하였던 기억이 새롭다. 그러한 과정을 통하여 R 프로그래밍 및 그래픽스를 하나로 통합한 체계적인 책이 있었으면 좋겠다는 생각에서 이 책을 저술하였다.

이 책은 R 프로그래밍 및 그래픽스의 내용을 담고 있으며 실습을 할 수 있도록 R 프로그램과 연습문제를 수록하였다. 만약 이 책을 한 학기용 강의 교재로 사용한다면, 8장부터의 그래픽스 부분에서는 각 그래픽 패키지의 특징이 있으므로 서로 중복되지 않게 필요한 함수를 찾아 강의하기를 권한다.

출간 후 나올 수 있는 수정사항은 자유아카데미 홈페이지(www.freeaca.com) 자료실을 통해 제공할 예정이다.

마지막으로 2018년 여름, 우리 모두에게 기억될 만큼 힘들었던 폭염 속에서도 책의 편집에 수고를 아끼지 않으신 자유아카데미 여러분께 감사의 말을 전한다.

2018년 여름

저자

차례

1장

R 소개 및 설치

1.1 R 소개

R[1]은 통계분석 및 계산, 데이터 처리, 그리고 그래픽을 위한 프로그래밍 언어이자 소프트웨어 환경이다. R은 1993년에 뉴질랜드 오클랜드 대학 통계학과의 R & R이라 불리기도 하는 Robert Gentleman과 Ross Ihaka에 의해 처음 개발되었으며 1997년부터는 R 소스에 쓰기 권한이 있는 R Development Core 팀이 소스 코드를 관리하고 있다. R은 무료 소프트웨어 재단(Free Software Foundation)[2]의 GNU General Public License(GPL)에 따라 소스 코드 형태로 제공되는 무료 소프트웨어이다. R 시스템의 대부분은 John Chambers 그리고 Bell Laboratories의 Rick Becker와 Allan Wilks에 의해 주로 개발되었던 무료 통계 프로그래밍 언어인 S 프로그래밍 언어에 기초하며 계산 집중적인 작업의 경우 C, C++ 및 Fortran 코드를 런 타임에 링크하고 호출할 수 있다. R이라는 명칭은 처음 두 개발자의 이름인 R & R을 따라서, 또한 S 프로그래밍 언어에서 유래한다고 한다.

R은 내용상으로는 기초부터 고급통계에 이르기까지, 시간상으로는 최신의 통계기법까지 강력하고 포괄적인 통계분석이 가능하며, 빅데이터 분석에서 다루는 다양한 형태의 데이터 처리 및 계산뿐만 아니라 수학적 부호와 식이 포함된 출판물 수준에 이르는 고품질의 그래픽 기술을 제공한다. 또한, R은 사용자가 직접 새로운 프로그램 계산 기능을 갖는 패키지를 만들 수 있어 소프트웨어 개발 및 과학적 연구에 유용하게 사용될 수 있다.

R은 시공간에 상관없이 무료로 다운로드하여 누구나 사용이 가능할 뿐만 아니라 오픈 소스 코드로 인해 여러 연구 그룹들의 활동을 기반으로 끊임없이 신속하게 확장 발전되고 있다는 점이 비슷한 기능을 가진 기존 소프트웨어들과 구별되는 가장 큰 장점이다.

1.2 R 설치

R은 R 다운로드 사이트인 CRAN(The Comprehensive R Archive Network)[3]에서 Linux, Mac OS, Windows 플랫폼별로 최신 버전의 설치파일을 다운로드할 수 있다. 이 책에서 사용하는 R 프로그래밍 작업 환경은 64-bit 버전 컴퓨터의 Windows 운영체제이다. 따라서 [그림 1.1]과 같은 R 다운로드 페이지 CRAN에서 Download R for Windows를 클릭하면 [그림 1.2]와 같이

1 R의 홈페이지 사이트: https://www.r-project.org/
2 Free Software Foundation 사이트: https://www.fsf.org/
3 R 다운로드 사이트 CRAN: https://cran.r-project.org/

Windows 운영체제하의 R 다운로드 페이지를 볼 수 있다. 일반적인 R 프로그램 사용자들은 base를 클릭하면 [그림 1.3]과 같은 화면이 나타난다.

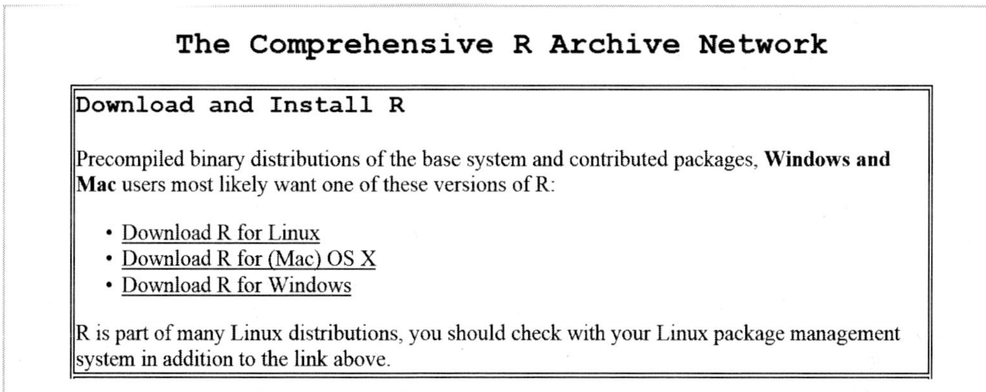

The Comprehensive R Archive Network

Download and Install R

Precompiled binary distributions of the base system and contributed packages, **Windows and Mac** users most likely want one of these versions of R:

- Download R for Linux
- Download R for (Mac) OS X
- Download R for Windows

R is part of many Linux distributions, you should check with your Linux package management system in addition to the link above.

[그림 1.1] R 다운로드 페이지 CRAN

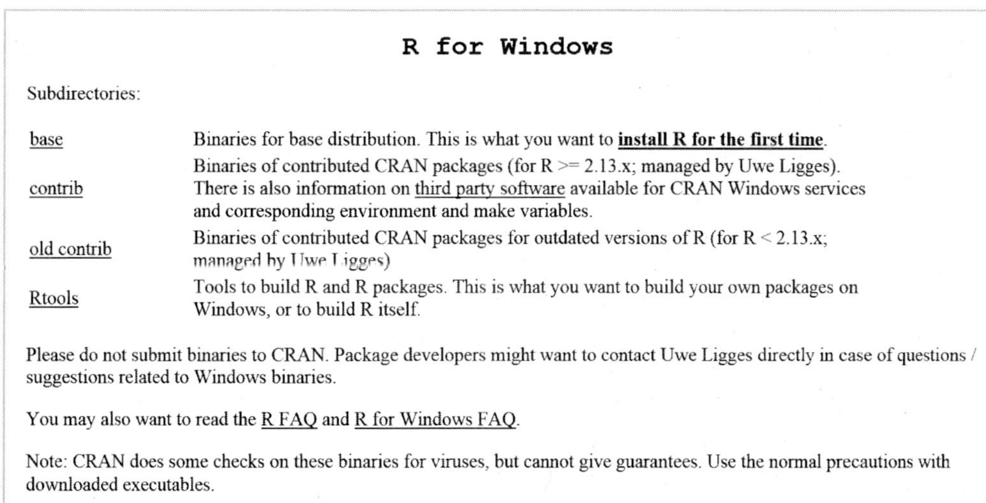

R for Windows

Subdirectories:

base	Binaries for base distribution. This is what you want to **install R for the first time**.
contrib	Binaries of contributed CRAN packages (for R >= 2.13.x; managed by Uwe Ligges). There is also information on third party software available for CRAN Windows services and corresponding environment and make variables.
old contrib	Binaries of contributed CRAN packages for outdated versions of R (for R < 2.13.x; managed by Uwe Ligges)
Rtools	Tools to build R and R packages. This is what you want to build your own packages on Windows, or to build R itself.

Please do not submit binaries to CRAN. Package developers might want to contact Uwe Ligges directly in case of questions / suggestions related to Windows binaries.

You may also want to read the R FAQ and R for Windows FAQ.

Note: CRAN does some checks on these binaries for viruses, but cannot give guarantees. Use the normal precautions with downloaded executables.

[그림 1.2] Windows 운영체제하의 R 다운로드 페이지

Windows 운영체제하의 R 3.4.4 다운로드 페이지인 [그림 1.3]에서 Download R 3.4.4 for Windows를 클릭하면 Windows 운영체제하에서 32-bit 혹은 64-bit 버전의 R을 선택하여 혹은 두 버전 모두 다운로드가 가능하다.[4] R을 다운로드한 후, 32-bit 및 64-bit 버전의 R은 모두 64-bit Windows 운영체제하에서 원활하게 실행된다. 그러나 컴퓨터가 32-bit Windows 운영체제인 경우 32-bit 버전의 R을 실행하여 사용하는 것이 안전하다.

---

[4] R 3.4.4는 2018년 3월 15일에 발표되었다.

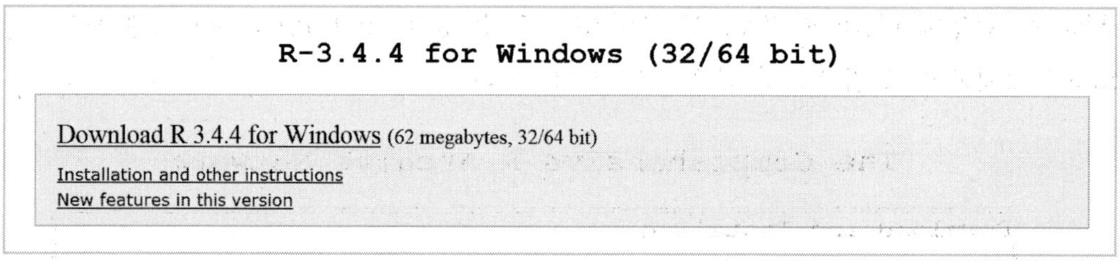

[그림 1.3] Windows 운영체제하의 R 3.4.4 다운로드 페이지

R의 설치 완료 후 R i386 아이콘을 실행하면 RGui(32-bit) 화면이 보이고, R x64 3.4.4 아이콘을 실행하면 RGui(64-bit) 화면이 [그림 1.4]와 같이 보인다. RGui(64-bit)는 상단에 메뉴와 툴바, 그리고 하단에는 R Console 창으로 구성되어 있다. R 프로그램은 R Console 창에서 명령어를 직접 입력함으로써 결과가 R Console 창에 바로 보이는 것과 같은 대화식 프로그래밍이 가능하다. 또한, R 프로그램을 작성하여 일괄 실행하였을 때 R 프로그램의 실행 과정이 R Console 창에 나타난다.

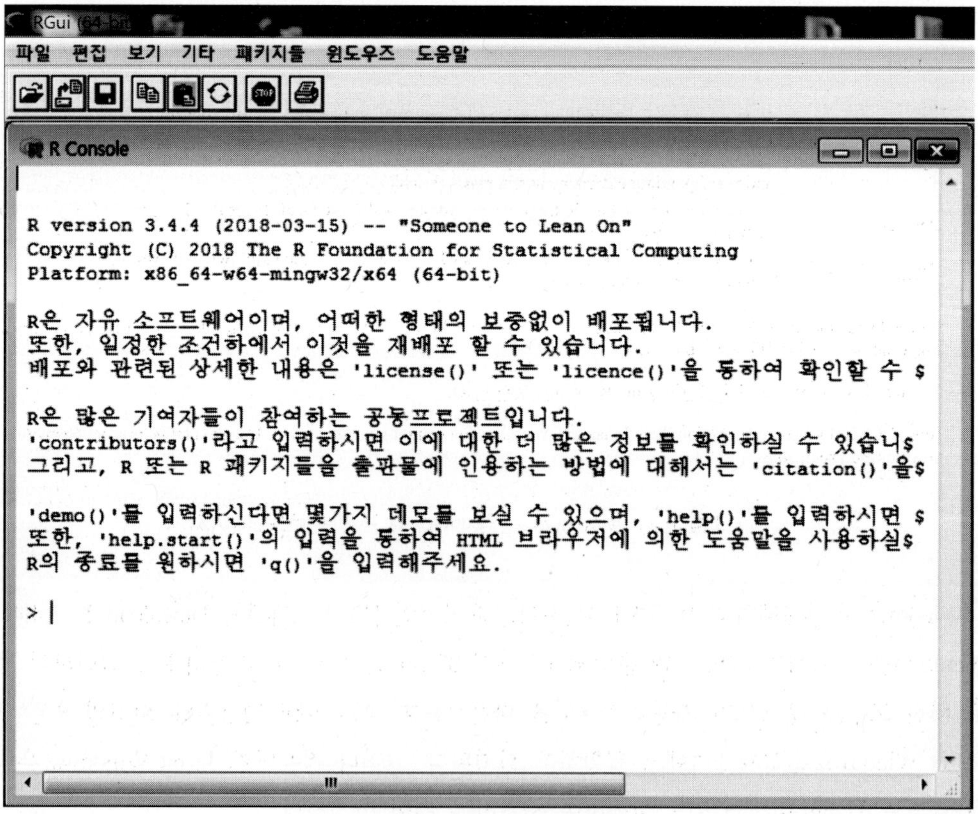

[그림 1.4] RGui(64-bit)

2장

RStudio 활용

RStudio[5]는 누구나 쉽게 R을 사용할 수 있게 해주는 통합개발환경(IDE: Integrated Development Environment)이다. IDE에는 여러 종류가 있지만, 그중에서도 RStudio가 가장 인기가 많은 IDE이다. 이 책에서는 R의 IDE로서 RStudio를 활용하였고 독자들에게도 RStudio 활용을 추천한다. RStudio는 다음과 같은 많은 장점을 보유하고 있다.

- 무료 사용 가능
- Linux, Mac OS, Windows의 멀티 플랫폼 지원
- RStudio Server를 활용해 웹브라우저로 서버에 접속하여 작업 가능
- 프로그램 작성, 프로그램 실행과정 및 결과, 그래프 결과, 작업 환경, 명령어 실행 히스토리, 도움말 등을 한 화면 위에서 동시에 파악 가능
- 명령어 완성, 구문 강조, 괄호 자동 입력 등의 기능 지원
- 다양한 단축키 및 메뉴방식의 기능 지원
- 프로젝트 관리 기능

2.1 RStudio 설치

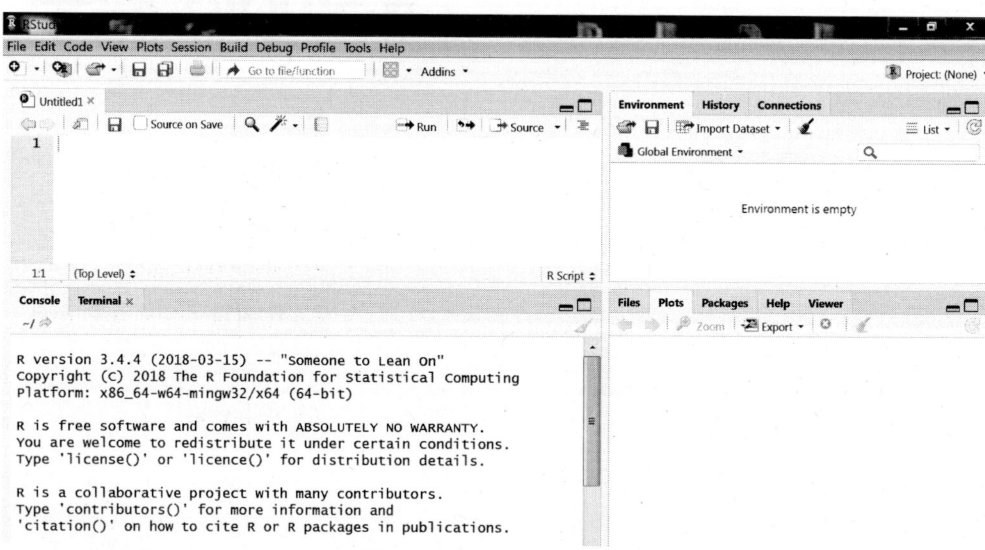

[그림 2.1] RStudio 실행화면

RStudio의 다운로드 사이트[6]에서 무료인 RStudio DESKTOP Open Source Licence의

[5] RStudio 홈페이지 사이트: https://www.RStudio.com/

[6] RStudio의 다운로드 사이트: https://www.RStudio.com/products/RStudio/download/

DOWNLOAD를 클릭한 후 다시 RStudio 1.1.442－Windows Vista/7/8/10[7]를 클릭하면 Windows 운영체제하의 RStudio를 다운로드할 수 있다. RStudio를 설치완료 후에 실행하면 [그림 2.1]과 같은 RStudio 실행화면을 볼 수 있다. 일반적으로 RStudio를 설치완료 후에 처음 보이는 RStudio 초기화면에는 Source 창이 숨어 있다. 화면 상단에 있는 메뉴에서 View-Panes-Show All Panes를 차례로 클릭하면 Source 창을 포함한 4개의 창이 [그림 2.1]과 같이 나타난다.

2.2 RStudio 인터페이스

RStudio의 인터페이스는 [그림 2.1]에서 볼 수 있듯이 크게 Source(좌측 상단), Console(좌측 하단), Environment, History, Connections(우측 상단), File, Plots, Packages, Help, Viewer(우측 하단)와 같은 4개의 창으로 구성되어 있다.

(1) Source 창

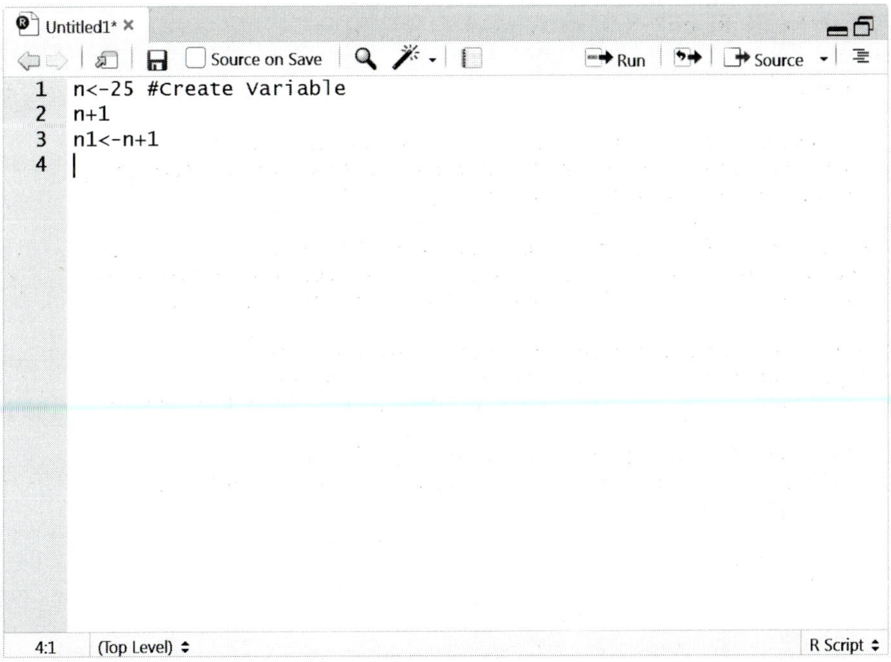

[그림 2.2] Source 창

7 RStudio v1.1.442는 2018년 3월 12일에 발표되었다.

Source 창은 새로운 프로그램 코드 혹은 새로운 데이터 작성, 기존 프로그램 파일 혹은 기존 데이터 세트를 열어 편집할 수 있는 창으로서 Source Code Editor의 역할을 한다. Source 창을 보여주는 [그림 2.2]에서 좌측 상단에는 파일명이 표시되고 바로 아래에 프로그램 코드 저장, 코드 찾기 및 대체, 여러 가지 편리한 코드 작성 툴, 그리고 프로그램 실행 등의 아이콘 기능을 편리하게 활용할 수 있다. 기본적으로 프로그램 코드를 입력하게 되면 검은색으로 표시되지만, 숫자의 경우 파란색 글씨로 입력되고 주석을 입력하였을 경우 초록색으로 표시된다. 좌측에는 행 번호가 표시된다.

(2) Console 창

[그림 2.3]의 Console 창은 프로그램을 입력하여 바로 실행할 수 있는 즉각적인 대화식 프로그래밍이 가능할 뿐만 아니라 [그림 2.2]의 Source 창에서 Run 툴바를 클릭하여 R Script 파일(확장자가 R 인 R 프로그램)을 일괄 실행하였을 때 R 프로그램의 실행과정이 R Console 창에 나타난다. 이러한 R 프로그램의 실행과정은 Console 창에 계속 누적되므로 때때로 화면을 새로 시작하는 빈 공간으로 만들고 싶을 때는 RStudio 상단 메뉴의 Edit-Clear Console을 차례로 클릭하거나 Console 창의 상단 오른쪽 툴바의 빗자루를 클릭한다. RStudio의 Console 창의 역할은 [그림 1.4]의 RGui의 R Console 창의 역할과 같다.

```
Console ~/

R version 3.4.4 (2018-03-15) -- "Someone to Lean On"
Copyright (C) 2018 The R Foundation for Statistical Computing
Platform: x86_64-w64-mingw32/x64 (64-bit)

R is free software and comes with ABSOLUTELY NO WARRANTY.
You are welcome to redistribute it under certain conditions.
Type 'license()' or 'licence()' for distribution details.

R is a collaborative project with many contributors.
Type 'contributors()' for more information and
'citation()' on how to cite R or R packages in publications.

Type 'demo()' for some demos, 'help()' for on-line help, or
'help.start()' for an HTML browser interface to help.
Type 'q()' to quit R.

> n<-25 #Create Variable
> n+1
[1] 26
> n1<-n+1
> |
```

[그림 2.3] Console 창

(3) Environment, History, Connections 창

[그림 2.4]의 Environment 창에서는 Source 창 혹은 Console 창에서 명령어를 실행하여 생성된 객체(변수, 함수, 값 등)를 확인할 수 있다. 또한, R, Excel, SPSS, 혹은 SAS 데이터 파일 등의 가져오기가 가능하다.

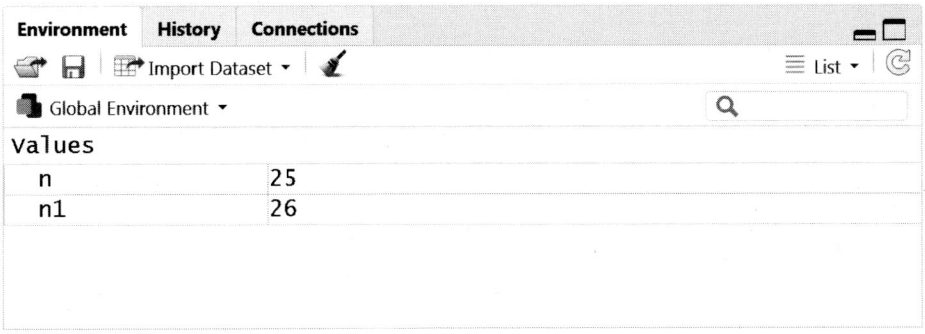

[그림 2.4] Environment 창

[그림 2.5]의 History 창은 Source 창 혹은 Console 창에서 실행된 명령어를 기록하는 창으로 실행된 명령어들의 저장, 불러오기, 혹은 실행된 명령어들의 Source 창 및 Console 창으로 보내기가 가능하다. 이미 프로그램에서 입력된 값들을 재확인하거나 다시 가져오고 싶을 때 유용하다.

그 외에 Connections 창을 사용하면 다양한 데이터소스 내의 데이터를 연결하여 쉽게 데이터 탐색이 가능하다.

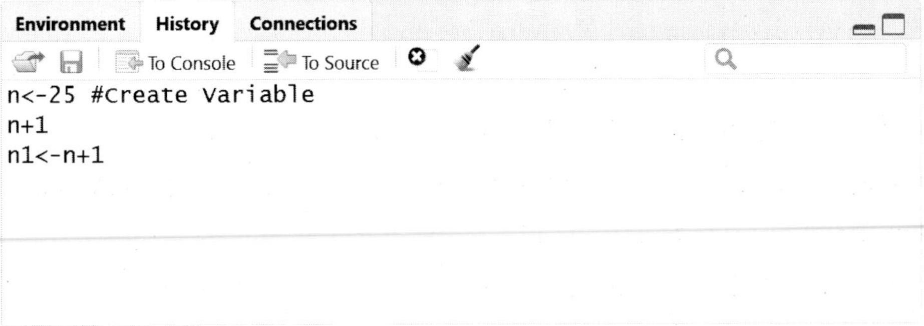

[그림 2.5] History 창

(4) File, Plots, Packages, Help, Viewer 창

File 창에는 작업 라이브러리라 불리는 현재 작업 중인 디렉토리의 폴더와 파일들이 표시되며 여기서 새로운 폴더 만들기, 파일 복사 및 삭제, 파일명 변경 등이 이루어질 수 있다. 특별히 작업 라이브러리를 지정하지 않을 때는 내 문서 폴더가 작업 라이브러리로 설정된다. 작업 라이브러리 지정에 대해서는 2.4절 및 2.5절에서 자세히 설명한다.

Plots 창에는 Source 창 혹은 Console 창에서 실행된 그래프들을 보여주며 이미지 파일 혹은 pdf 파일로 내보내기가 가능하다.

Packages 창에는 기존에 설치된 패키지들의 목록을 볼 수 있고 새로운 패키지의 설치, 기존 패키지의 업데이트, 혹은 설치된 패키지의 불러오기를 선택할 수 있다.

Help 창에서는 R에서 사용되는 여러 패키지, 함수, 혹은 명령어에 대한 도움말 혹은 검색결과를 볼 수 있다.

2.3 R 패키지 설치

R에서 통계분석, 데이터 처리 혹은 그래픽 작업을 수행하기 위해서는 이에 적합한 함수들을 사용해야 하는데 이러한 함수들은 특정한 목적을 위한 패키지에 소속되어 있다. 예를 들면 제9장에서 다루는 패키지 lattice는 주로 범주형 변수가 갖는 각 범주별 그래프를 그리고자 할 때 유용한 패키지이며 이 패키지에는 barchart, bwplot, densityplot, … 등과 같은 함수를 가지고 있다. 따라서 특정 함수들을 사용하기 위해서는 그 함수들을 포함하는 패키지를 설치(install)한 후 그 패키지를 불러들여야 한다. 새로운 패키지의 설치, 이미 설치된 패키지의 업데이트, 그리고 설치된 패키지의 사용을 위해서 패키지 불러들이기, 그 밖에 이미 설치된 패키지 목록 확인, 또는 이미 불러들인 패키지 목록 확인 등을 위해서는 Console 창에서 적절한 패키지 관련 함수를 입력하거나 혹은 Packages 창에서 메뉴를 사용하는 방법이 있다.

(1) Console 창에서 입력하는 방법

Console 창에서 [표 2.1]과 같은 패키지 관련 함수 등을 입력하여 패키지 설치, 패키지 불러들이기, 패키지 업데이트, 이미 설치된 패키지 목록 보기, 혹은 이미 불러들인 패키지 목록 보기가 가능하다. 이때 패키지 업데이트 및 패키지 불러들이기는 패키지가 이미 설치된 후 해당 패키지가 R 시스템 환경에 사전에 존재해야 한다.

[표 2.1] 패키지 관련 함수 형식 및 사용 예

패키지 설치	형식	install.packages('패키지명')
	사용 예	> install.packages('dplyr')
패키지 불러들이기	형식	library(패키지명) 혹은 require(패키지명)
	사용 예	> library(dplyr)

		> require(dplyr)
패키지 업데이트	형식	update.packages('패키지명')
	사용 예	> update.packages('dplyr')
설치된 패키지 목록 보기	형식	installed.packages()
	사용 예	> installed.packages()
불러들인 패키지 목록 보기	형식	search()
	사용 예	> search()

(2) Packages 창에서 메뉴를 사용하는 방법

① 패키지 설치 및 설치된 패키지 목록 보기: Packages 창에는 이미 설치된 패키지 목록이 나타나 있다. 새로운 패키지를 설치하기 위해서는 Packages 창에서 툴바 Install을 클릭하면 [그림 2.6]과 같은 Install Packages 대화창이 나타난다. 만약 설치할 패키지가 CRAN에 저장되어 있는 경우는 Install from:의 기본값인 Repository(CRAN, CRANextra)를 선택하고 Packages(seperate multiple with space or comma): 상자에 설치할 패키지 이름을 적는다. 이때 두 개 이상의 패키지를 설치하려면 빈칸 혹은 콤마(,)로 패키지 이름을 구분하여 나열한다. 만약 패키지가 개별적인 .zip, .tar, .gz 과 같은 압축파일의 형식으로 내 컴퓨터에 저장되어 있는 경우는 Install from:의 값으로 Package Archive File(.zip; .tar.gz)을 선택한 후에 Browse를 클릭하여 원하는 압축파일이 저장된 내 컴퓨터의 디렉토리를 찾아 선택한다.

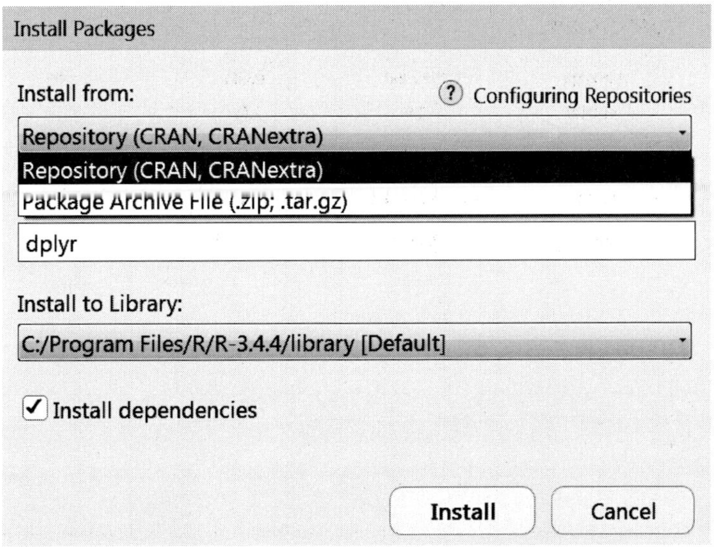

[그림 2.6] 패키지 dplyr의 설치(Packages 창)

② 패키지 불러들이기 및 불러드린 패키지 목록보기: [그림 2.7]은 Packages 창에 나열된 설치된 패키지 목록이다. 이 목록에서 사용할 패키지를 클릭하여 선택함으로써 패키지 불러오기를 선언한다. 이때 선택 표시 ☑ 가 되어있는 패키지들은 불러들인 패키지 목록이다.

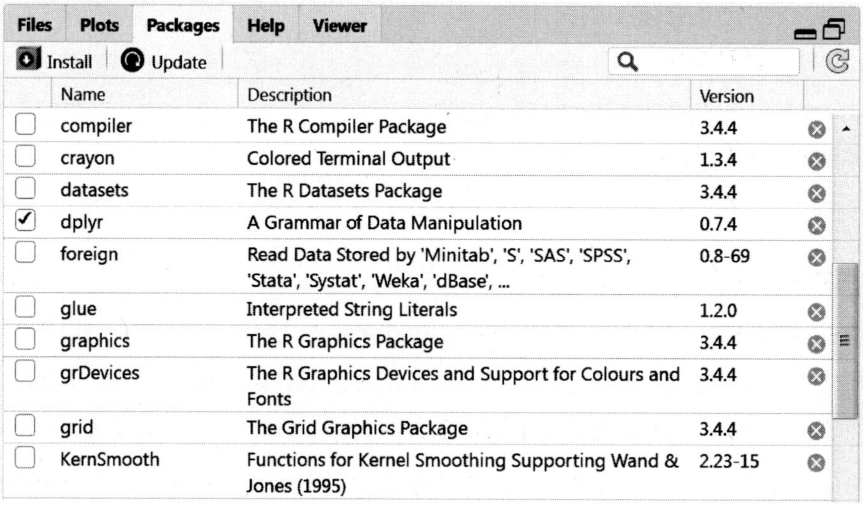

[그림 2.7] 패키지 dplyr의 불러들이기(Packages 창)

③ 패키지 업데이트: Packages 창에서 툴바 Update를 클릭한 후 [그림 2.8]과 같은 Update Packages 대화창에서 업데이트를 원하는 패키지를 선택한 후 Install Updates를 클릭한다. 이때 목록에 나타난 패키지들은 이미 설치된 패키지 중 시스템에서 업데이트가 가능한 패키지들이다.

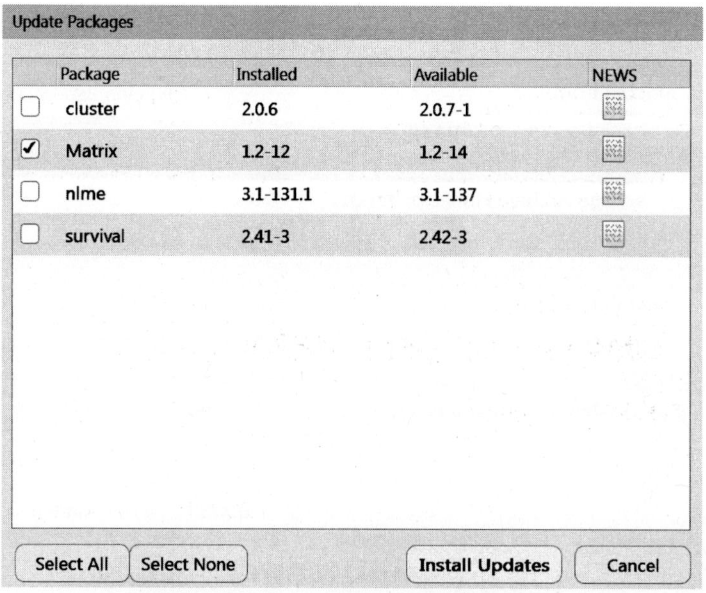

[그림 2.8] 패키지 Matrix의 업데이트(Packages 창)

2.4 R 작업 라이브러리 지정

R 프로그래밍을 할 때 작업 라이브러리를 지정하게 되면 파일 불러오기나 파일 저장이 모두 지정된 작업 라이브러리에서 이루어지므로 R 프로그래밍이 효율적이다. 작업 라이브러리를 지정하지 않는 경우는 작업 라이브러리의 기본값인 내 문서 폴더로 작업 라이브러리가 지정된다. 작업 라이브러리를 지정하는 방법은 Console 창에서 입력하는 방법과 RStudio의 메뉴를 사용하는 방법이 있다.

(1) Console 창에서 입력하는 방법

① 라이브러리 지정: Console 창에서 라이브러리 지정을 위한 함수는 setwd 이다. 이때 함수 setwd 내에서 경로를 입력할 때 주의해야 할 점은 [표 2.2]의 예에서 E:\MyRwork와 같이 back slash(\ )가 한번 들어가면 R에서 인식을 못하고 Error가 발생한다. 그러나 E:\\MyRwork 혹은 E:/MyRwork와 같이 두 번의 back slash(\\ ) 혹은 slash(/)를 입력하면 정상적인 경로로 인식한다.

② 라이브러리 확인: Console 창에서 최근 작업했던 라이브러리를 확인해주는 함수는 getwd 이다.

[표 2.2] 작업 라이브러리 지정 및 확인을 위한 함수 형식 및 사용 예

라이브러리 지정	형식	setwd("경로")

	사용 예	`> setwd("E:/MyRwork")`
		`> setwd("E:\\MyRwork")`
		`> setwd("E:\MyRwork")`
		`Error: '\M' is an unrecognized escape in character string starting ""E:\M"`

라이브러리 확인	형식	getwd()
	사용 예	`> getwd()` `[1] "E:/MyRwork"`

(2) RStudio의 메뉴를 사용하는 방법

RStudio의 메뉴에 의해 작업 라이브러리를 지정하려면 [그림 2.9]에서 Session-Set Working Directory-Choose Directory를 차례로 클릭한 후 내 컴퓨터에서 원하는 디렉토리를 더블 클릭하여 작업 라이브러리로 지정한다.

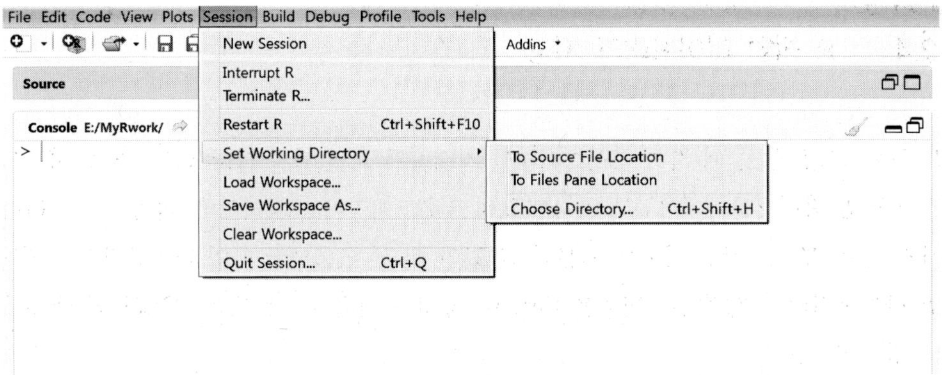

[그림 2.9] RStudio의 메뉴로 작업 라이브러리를 지정하는 경우

2.5 R 프로젝트 생성

2.4절에서 설명하였듯이 내 컴퓨터의 특정 디렉토리를 작업 라이브러리로 지정하게 되면 파일 불러오기나 파일 저장이 모두 지정된 작업 라이브러리에서 이루어지므로 R 프로그래밍이 효율적이다. 그러나 이 방법은 매번 RStudio를 새로 시행할 때마다 다시 작업 라이브러리를 지정해주어야 한다. 새로이 작업 라이브러리를 지정하기 전까지는 계속해서 고정된 작업 라이브러리에서 프로그래밍을 하고자 할 때 R 프로젝트를 생성하는 편이 보다 효율적이다.

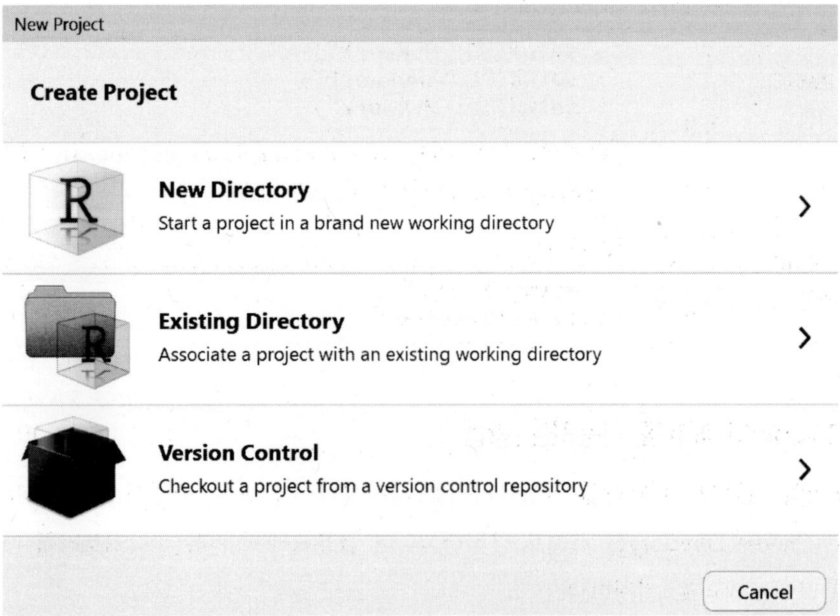

[그림 2.10] RStudio의 Create Project

R 프로젝트를 생성하면 사용자가 특정 디렉토리를 고정된 작업 라이브러리로 지정하게 되는데, 이후 수행하는 모든 R 프로그래밍 작업들이 해당 프로젝트 내에서만 수행된다. 따라서 각각의 목적을 가진 R 프로그래밍 작업을 독립적으로 수행해야 하는 경우라면 각각의 프로젝트를 생성하여 작업하면 매우 편리하다.

R 프로젝트를 생성하기 위해서는 RStudio 상단의 메뉴에서 File-New Project를 차례로 클릭하면 [그림 2.10]과 같은 Create Project 창이 나타난다.

먼저 기존의 디렉토리에서 작업을 하고자 할 때는 [그림 2.10]의 Create Project 창에서 Existing Directory를 클릭한 후 나타나는 Create Project from Existing Directory 창에서 Browse를 클릭하여 내 컴퓨터에서 원하는 디렉토리를 찾아 더블 클릭하여 선택한다. 그리고 Create Project를 클릭함으로써 마무리한다.

만약 새로운 디렉토리를 만들어 작업하고자 할 때는 [그림 2.10]의 Create Project 창에서 New Directory를 클릭한 후 나타나는 [그림 2.11]과 같은 Create New Project 창의 Directory Name: 상자에 새로운 디렉토리 이름을 적는다. 그리고 Browse를 클릭하여 이 새로운 디렉토리가 속할 상위 디렉토리를 내 컴퓨터에서 찾아 더블 클릭하여 선택한다. 그리고 Create Project를 클릭함으로써 마무리한다.

예를 들어 [그림 2.11]과 같은 절차를 거치면 새로운 디렉토리인 E:/MyRwork/My-R-Book에 파일 유형이 R Project인 My-R-Book이 생성된다. 유형이 R Project인 파일을 클릭하여 RStudio에서 R 프로그래밍을 하면 이후 작성되는 모든 R 프로그램 및 개체는 디렉토리 E:/MyRwork/My-R-Book에 저장된다.

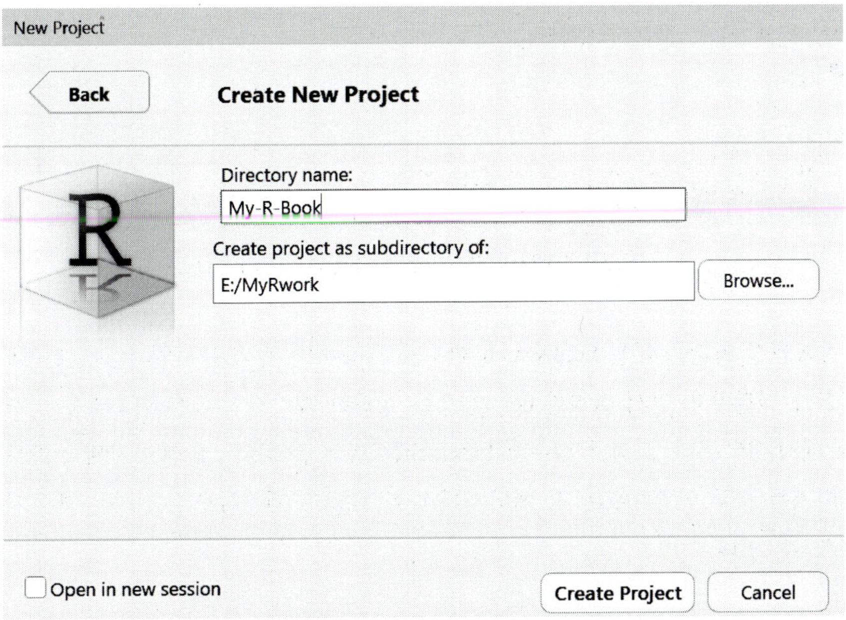

[그림 2.11] RStudio의 Create New Project 창

2.6 R 도움말

R 프로그래밍을 할 때 사용하는 패키지 혹은 함수 등에 대한 도움말을 요청하여 참고하기 위해서는 Console 창에서 [표 2.3]과 같이 함수 help 혹은 물음표(?)를 사용하여 도움말을 요청하면 [그림 2.12]와 같이 Help 창에 도움말이 나타난다.

참고로 [그림 2.12]의 Help 창 예에서 도움말의 상단에 주어진 t.test{stats}의 의미는 함수 t.test가 패키지 stats에 속하는 함수를 의미한다. 함수 혹은 패키지에 대한 도움말을 요청하기 위해서는 해당하는 패키지가 이미 설치된 후 library 혹은 require 함수를 사용하여 패키지를 사전에 불러들여야 한다. 이와 관련하여 [표 2.3]의 사용 예를 참고한다.

[표 2.3] 도움말 함수 help의 형식 및 사용 예

형식	help(패키지명 혹은 함수명) 혹은 ?패키지명 혹은 함수명

사용 예	`> library(stats) #함수 t.test가 소속된 패키지 stats를 불러들임`
	`> help(t.test) #함수 t.test의 도움말 요청`
	`> ?t.test  #함수 t.test의 도움말 요청`

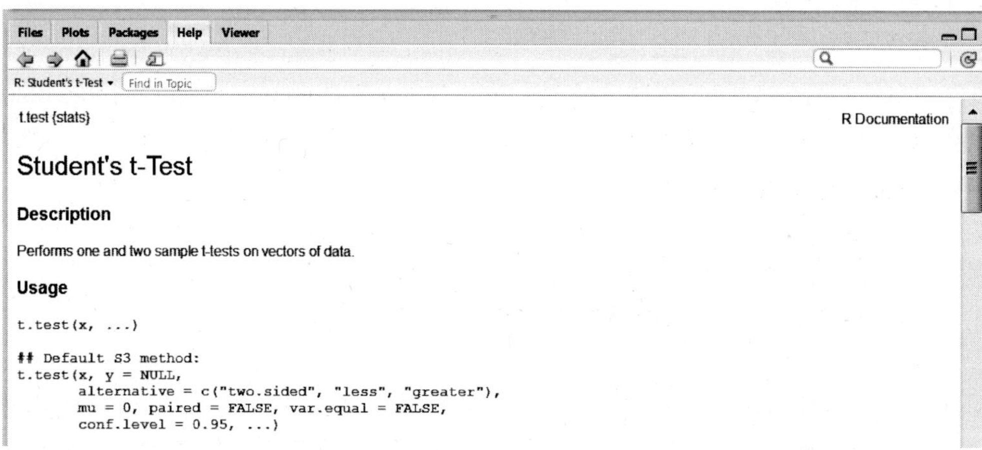

[그림 2.12] 함수 t.test에 대한 도움말(Help 창)

R의 검색엔진 역할을 하는 help.search 함수를 사용하면 검색 문자열과 관련된 모든 R 페이지 사이트가 연결된다. 앞서 설명한 help 함수는 정확한 패키지명 혹은 함수명을 입력하지 않으면 Error 메시지가 뜬다. 그러나 함수 help.search는 검색 문자열이 R 페이지에 존재하기만 하면 관련 페이지를 모두 연결해주며 각 페이지에 대한 요약도 제공하므로 원하는 페이지를 선택하여 참조할 수 있다.

Console 창에서 help.search 함수를 사용하는 방법은 [표 2.4]와 같으며 검색 결과는 Help 창에 나타난다.

[표 2.4] 검색 함수 help.search의 형식 및 사용 예

형식	help.search("검색 문자열") 혹은 ??"검색 문자열"
사용 예	`> help.search("normal.plot") #문자열 normal.plot과 관련된 페이지 제공` `> ??"normal.plot" #문자열 normal.plot과 관련된 페이지 제공`

[그림 2.13]과 같은 Help 창의 툴바 를 클릭하여 나타나는 Home 페이지에서 References Packages를 클릭한 후 나타나는 [그림 2.14]의 Package Index 페이지에는 내 컴퓨터의 디렉토리인 C:\Program Files\R\R-3.4.4\library에 설치된 패키지 목록과 각 패키지에 대해 간단히 설명된 요약을 보여준다. 이 패키지 중 원하는 특정 패키지명(예: 패키지 class)을 클릭하면 [그림 2.15]와 같이 특정 패키지(예: 패키지 class)에 포함된 함수들 목록과 각 함수에 대해 요약되어 있다. 이때 특정 함수를 클릭하면 함수에 대한 자세한 도움말을 참조할 수 있다.

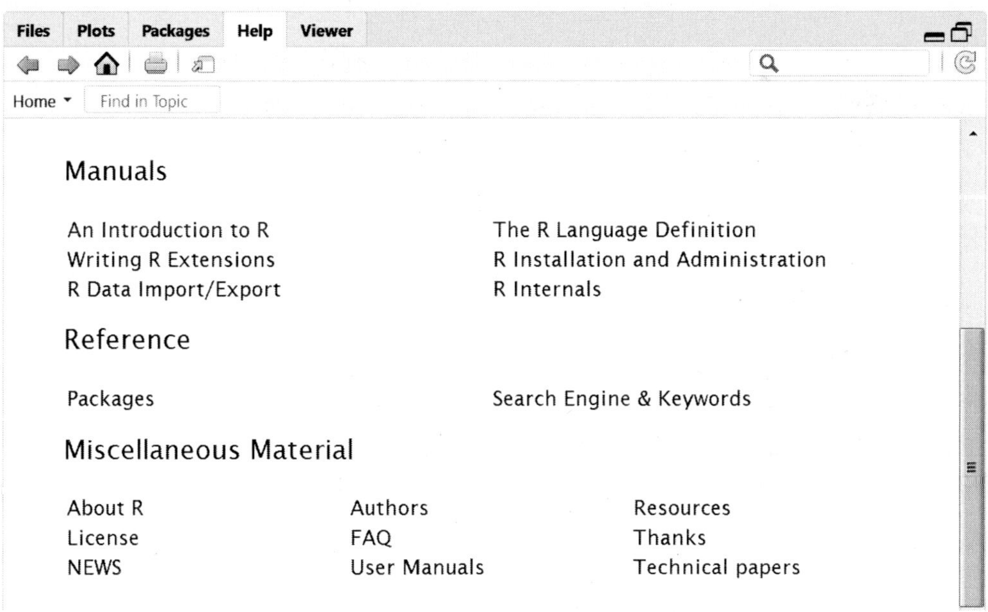

[그림 2.13] Home 페이지(Help 창)

R의 함수 혹은 패키지에 대한 설명을 참조하기 위한 R 프로그래밍 매뉴얼은 CRAN: Manual 사이트[8]에서 html 파일 형태로 참조하거나 혹은 pdf 파일로 다운로드하여 볼 수 있다. 또는 Google 사이트에서 R 패키지명을 입력하여 원하는 매뉴얼을 쉽게 다운로드 받을 수도 있다.

[8] CRAN: Manual 사이트: https://cran.r-project.org/manuals.html

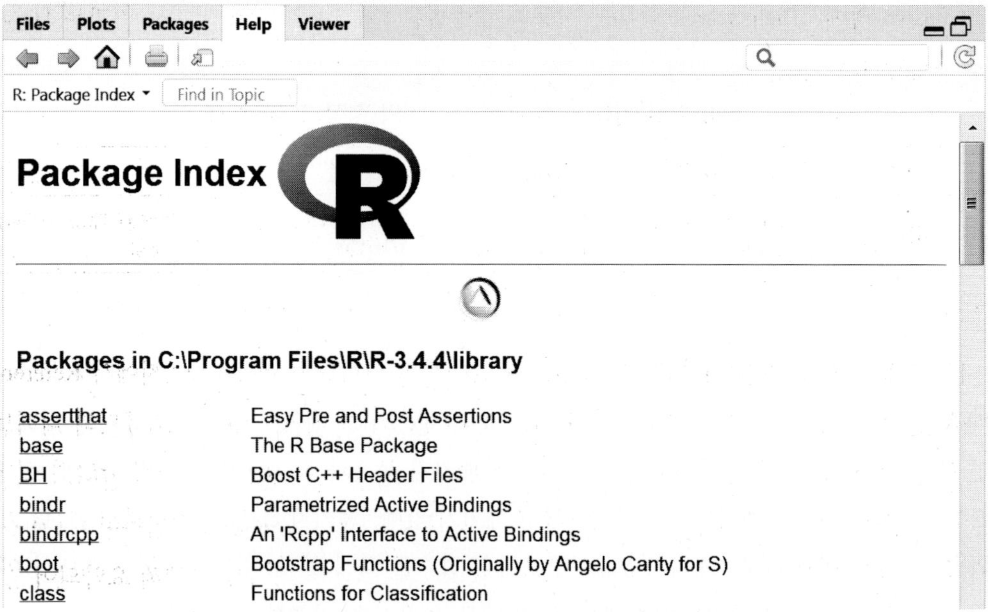

[그림 2.14] Package Index 페이지(Help 창)

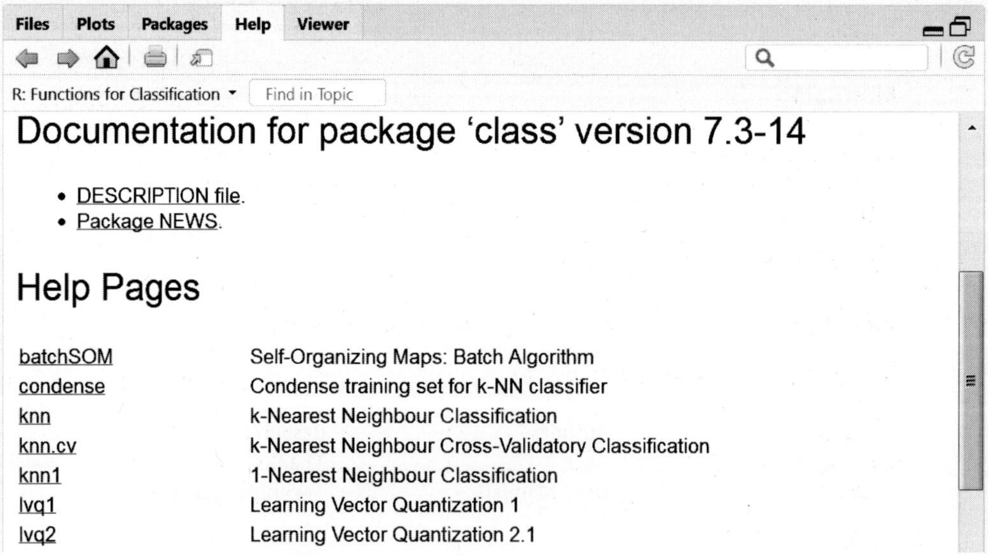

[그림 2.15] 패키지 class 페이지(Help 창)

3장

R 기초

3.1 데이터 유형

R에서 제공되는 데이터의 유형은 문자형, 복소수형, 수치형, 논리형이 있다. R 계산 및 데이터 처리 프로그래밍에서는 종종 데이터의 유형을 유념해야 할 상황이 발생한다. 다음은 각 데이터 유형에 대한 설명이다.

- 문자형(character): 문자(열)를 나타내며 큰따옴표(" ") 혹은 작은따옴표(' ') 안에 문자(열)를 넣어 나타내어야 한다.
- 복소수형(complex): 실수와 허수(i)로 이루어진 복소수를 나타낸다.
- 수치형(numeric): 10진수 값으로 표현되는 R의 기본적인 수치 데이터 유형으로 실수형(double number)과 정수형(integer number)이 있다. R에서 정수형 데이터를 만들려면 함수 as.integer를 사용하거나 자연수 뒤에 L자를 붙여 만들 수 있다.
- 논리형(logical): TRUE(혹은 T) 혹은 FALSE(혹은 F)의 논리값을 갖는다.

주어진 데이터가 특정 데이터 유형인지의 여부를 묻는 데이터 유형 검증 함수로서 [표 3.1]의 is. 함수는 TRUE 혹은 FALSE와 같은 논리 상수를 반환한다. 데이터 유형 변환 함수로서 [표 3.1]의 as. 함수는 원하는 특정 데이터 유형으로 변환해주는 함수이다.

함수 typeof 및 함수 mode는 주어진 데이터의 유형을 알려준다. 이때 함수 typeof는 수치형 데이터의 경우 실수형과 정수형으로 구분하여 알려주지만, 함수 mode는 이를 구분하지 않고 수치형 데이터로 분류한다. 이와 같은 데이터 유형 관리 함수에 관해서 [표 3.1]을 참조한다. 또한, 각 데이터 유형에 대한 정확한 이해를 위해서 [표 3.2]의 R 데이터 유형 예를 참조한다.

[표 3.1] 데이터 유형 관리함수

검증 함수	설명	변환 함수	설명	데이터 유형 확인 함수
is.character	문자형?	as.character	문자형으로 변환	mode
is.complex	복소수형?	as.complex	복소수형으로 변환	typeof
is.numeric	수치형?	as.numeric	수치형으로 변환	
is.double	실수형?	as.double	실수형으로 변환	
is.integer	정수형?	as.integer	정수형으로 변환	
is.logical	논리형?	as.logical	논리형으로 변환	

[표 3.2]에서 논리형 상수 TRUE 및 FALSE는 수치형으로 변환될 때 각각 숫자 1 및 0으로 변환되며, 숫자 0은 논리형으로 변환될 때 FALSE로 변환되며 0을 제외한 그 외의 숫자는 TRUE로 변환됨을 알 수 있다.

[표 3.2] R 데이터 유형 예

문자형	복소수형	정수형
> #문자형 > is.character('a') [1] TRUE > is.character("a") [1] TRUE > is.character(a) Error: object 'a' not found > mode("a") [1] "character" > is.character(3.14) [1] FALSE > is.character("3.14") [1] TRUE > mode(3.14) [1] "numeric" > mode(mode(3.14)) [1] "character" > as.character(3.14) [1] "3.14"	> #복소수형 > is.complex(2) [1] FALSE > is.complex(2+4i) [1] TRUE > as.complex(2) [1] 2+0i > mode(2+0i) [1] "complex"	> #정수형 > is.integer(3) [1] FALSE > x=as.integer(3) > is.integer(x) [1] TRUE > mode(x) [1] "numeric" > typeof(x) [1] "integer" > y=3L; y [1] 3 > mode(y) [1] "numeric" > typeof(y) [1] "integer" > is.integer(3L) [1] TRUE
실수형	**수치형**	**논리형**
> #실수형 > is.integer(3) [1] FALSE > is.double(3) [1] TRUE > is.double(3L) [1] FALSE > x=as.double(3L) > mode(x) [1] "numeric" > typeof(x) [1] "double"	> #수치형 > is.numeric("a") [1] FALSE > is.numeric(3.14) [1] TRUE > is.numeric(3) [1] TRUE > is.integer(3) [1] FALSE > is.double(3) [1] TRUE > mode(3) [1] "numeric" > typeof(3) [1] "double" > as.numeric(TRUE) [1] 1 > as.numeric(FALSE) [1] 0	> #논리형 > is.logical(TRUE) [1] TRUE > is.logical(T) [1] TRUE > is.logical(True) Error: object 'True' not found > mode(F) [1] "logical" > mode(4>3) [1] "logical" > as.logical("a") [1] NA > # NA는 'Not Available'를 의미. > as.logical(3.14) [1] TRUE > as.logical(0) [1] FALSE

[표 3.3] R 데이터 유형 자동 변경의 예

데이터 유형 자동 변경 순서	사용 예
문자형, 수치형 → 문자형	> # paste()는 원소값을 연결해주는 함수. > x1=paste("ABC",123); x1 #문자형,수치형->문자형 [1] "ABC 123" > mode(x1) [1] "character"
복소수형, 논리형 → 복소수형	> x2=(1+2i)+TRUE; x2 #복소수형, 논리형->복소수형 [1] 2+2i > mode(x2) [1] "complex"
수치형, 논리형 → 수치형	> x3=2+FALSE; x3; #수치형, 논리형->수치형 [1] 2 > mode(x3) [1] "numeric"

서로 다른 유형의 데이터들이 혼합되어 사용되었을 때, 문자형, 복소수형, 수치형, 논리형의 우선순위에 따라 데이터 유형이 자동 변경된다. 이에 대한 이해는 [표 3.3]의 R 데이터 유형 자동 변경 예를 참조한다.

3.2 R 예약어

R 프로그래밍에서 R 예약어는 특수한 의미를 가지므로 변수 혹은 함수 이름과 같은 식별자로 사용할 수 없는 단어들이다. Console 창에서 help(reserved) 또는 ?reserved를 입력하여 R 예약어 목록을 살펴볼 수 있다. [표 3.4]는 주로 사용되는 R 예약어의 일부를 나타낸다.

[표 3.4] R 예약어

if	else	repeat	while	for	in	next	break
TRUE	FALSE	function	NULL	Inf	NaN	NA	

R 예약어 중에서 if, else, repeat, while, for, in, next, break는 R 프로그래밍에서 흐름 제어(flow control)에 사용되며 이에 대한 자세한 사용 방법은 5.5절 및 5.6절에서 설명한다. TRUE, FALSE는 R의 논리 상수값이다. function은 사용자 정의 함수에 사용되며 3.5절 및 제7장에서 설명한다.

R 예약어인 NULL, Inf, NaN, NA는 아래 설명과 같이 특수한 의미를 갖는 특수 데이터로서 각각에 대한 검증 함수 형식 및 사용 예가 [표 3.5]에 보여진다. 여기서 NULL의 데이터 유형은 NULL, Inf 및 NaN의 데이터 유형은 수치형이며 NA의 데이터 유형은 논리형임을 알 수 있다.

- NULL: 데이터가 없거나 혹은 정의되지 않은 값을 의미한다.
- Inf: 무한대 값(∞)을 의미한다.
- NaN: 수치값이 아님(Not a Number)을 의미한다.
- NA: 값을 이용할 수 없음(Not Available)을 의미하며 길이 1의 논리 상수이다.

[표 3.5] 특수 데이터의 검증 함수 형식 및 사용 예

형식	is.null	is.infinite
설명	NULL 여부 검토	Inf 여부 검토

사용 예	`> x1=c(); x1 #NULL: 데이터가 없음`
	`NULL`
	`> mode(x1)`
	`[1] "NULL"`
	`> is.null(x1)`
	`[1] TRUE`
		`> 1/0  #Inf: 무한대 값`
		`[1] Inf`
		`> is.infinite(1/0)`
		`[1] TRUE`
		`> mode(1/0)`
		`[1] "numeric"`

<table>
<tr><th>형식</th><th>is.nan</th><th>is.na</th></tr>
<tr><td>설명</td><td>NaN 여부 검토</td><td>NA 여부 검토</td></tr>
<tr><td>사용 예</td><td><pre>> log(-4) #NaN: 수학적으로 정의되지 않음
[1] NaN
Warning message:
In log(-4) : NaNs produced
> is.nan(log(-4))
[1] TRUE
Warning message:
In log(-4) : NaNs produced
> mode(log(-4))
[1] "numeric"
Warning message:
In log(-4) : NaNs produced</pre></td><td><pre>> d=as.logical("abc"); d
[1] NA
> #NA: 값을 이용할수 없음
> mode(d)
[1] "logical"
> is.na(d)
[1] TRUE</pre></td></tr>
</table>

3.3 R 변수

R 변수(variable)는 데이터를 저장하며 필요에 따라 값이 변한다. R 변수는 식별자(identifier)로서 고유한 이름을 가져야 한다. 예를 들면 벡터, 행렬, 배열, 팩터, 데이터 프레임, 시계열, 목록 등과 같은 R 데이터 객체를 저장하기 위해 R 변수에 주어지는 고유한 이름은 식별자로서 다음의 규칙을 따른다. 이러한 규칙은 3.5절 및 제7장에서 다루는 사용자 정의 함수 이름에도 그대로 적용된다.

- 식별자는 영어 알파벳, 숫자, 마침표(.) 혹은 밑줄(_)의 조합이어야 한다.
- 식별자는 영어 알파벳 혹은 마침표(.)로 시작해야 한다. 단 마침표(.)로 시작하는 경우 숫자가 마침표(.) 바로 뒤에 올 수는 없다.
- 알파벳 대문자 및 소문자는 서로 구별된다.
- R 예약어는 식별자로 사용할 수 없다.
- 식별자 이름의 길이는 최대 256byte까지 가능하다.

위에서 기술한 식별자의 규칙에 따를 때 옳은 식별자의 예로는

com.total, .computation, .com_total_A, health.2018_family, T, F, true, na

등이 있으며 잘못된 식별자의 경우의 예는 다음과 같다.

_computation, 2018_family, .2018_family, com-total-A, for, TRUE, NA

3.4 R 상수

R 상수(constant)는 값이 변하지 않는 고정된 값을 갖는다. R 상수에는 수치 상수, 문자 상수, 논리 상수가 있다. 수치 상수의 유형은 정수형, 실수형, 복소수형으로 구분하며 정수형 상수에서 L이 뒤에 오는 자연수는 정수로 간주하며 i가 뒤에 오는 실수는 복소수로 간주한다. 예를 들면 7, 7L 및 7i는 각각 실수형, 정수형 및 복소수형 수치 상수이다. 문자 상수는 큰따옴표(" ") 혹은 작은따옴표(' ') 안에 문자(열)를 넣어 "문자(열)" 혹은 '문자(열)'와 같이 표시되면 문자 상수로 간주한다. 논리 상수는 TRUE 혹은 FALSE이다.

R은 다음과 같은 내장 상수(built-in constants)를 가지며 사용 예는 [R-program 3.1] 을 참조한다.

－LETTERS: 영어 대문자 26개 알파벳
－letters: 영어 소문자 26개 알파벳
－month.abb: 영어 월(month) 이름 3자리 약어
－month.name: 영어 월(month) 이름
－pi: 원주율 값 3.141593

[R-program 3.1] R 내장 상수 사용 예

```
> LETTERS #영어대문자 26개 알파벳
 [1] "A" "B" "C" "D" "E" "F" "G" "H" "I" "J"
[11] "K" "L" "M" "N" "O" "P" "Q" "R" "S" "T"
[21] "U" "V" "W" "X" "Y" "Z"
> letters #영어소문자 26개 알파벳
 [1] "a" "b" "c" "d" "e" "f" "g" "h" "i" "j"
[11] "k" "l" "m" "n" "o" "p" "q" "r" "s" "t"
[21] "u" "v" "w" "x" "y" "z"
> month.abb #영어 월(month) 이름 3자리 약어
 [1] "Jan" "Feb" "Mar" "Apr" "May" "Jun" "Jul"
 [8] "Aug" "Sep" "Oct" "Nov" "Dec"
> month.name #영어 월(month) 이름
 [1] "January"   "February"  "March"
 [4] "April"     "May"       "June"
 [7] "July"      "August"    "September"
[10] "October"   "November"  "December"
> pi #원주율 값 3.141593
[1] 3.141593
```

3.5 R 함수

R 프로그래밍의 대부분은 함수를 통하여 목적하는 바를 효율적으로 완수할 수 있다. 함수(function)는 특정한 목표를 갖는 작업을 수행하기 위해 명령문 모음으로 구성하여 정의된다. 내장함수(built-in function)는 R 패키지들에 이미 정의되어 있는 함수들이다. R은 수많은 내장함수를 제공한다. 그 외에 R 사용자는 사용자 정의 함수를 만들어 사용할 수 있다.

(1) 내장함수

R에는 데이터 처리용, 통계분석용, 그래픽용 등 그 외의 여러 목적으로 만들어진 수많은 내장함수가 있으며 이 책의 전반에 걸쳐서 설명하는 함수들은 모두 내장함수들이다. 여기서는 내장함수 중에서 매우 간단한 수치함수, 기술통계분석에 유용하게 사용되는 통계함수, 그리고 문자함수를 소개하기로 한다.

수치함수의 형식 및 사용 예는 [표 3.6]을 참조한다.

[표 3.6] 수치함수 형식 및 사용 예

형식	설명	사용 예	
		R 코드	결과
exp(x)	지수 함수	> exp(3)	[1] 20.08554
log(x)	e를 밑으로 하는 $\log_e(x)$	> log(2.8)	[1] 1.029619
log10(x)	10을 밑으로 하는 $\log_{10}(x)$	> log10(100)	[1] 2
sqrt(x)	제곱근 함수	> sqrt(144)	[1] 12
abs(x)	절댓값 함수	> abs(-8)	[1] 8
ceiling(x)	x보다 작지 않은 수 중에서 가장 작은 정수	> ceiling(5.394)	[1] 6
		> ceiling(-5.394)	[1] -5
floor(x)	x보다 크지 않은 수 중에서 가장 큰 정수	> floor(5.394)	[1] 5
		> floor(-5.394)	[1] -6
trunc(x)	x의 소수점 이하는 버림	> trunc(5.394)	[1] 5
		> trunc(-5.394)	[1] -5
round(x, n)	x를 반올림해서 소수점 n자리까지 나타냄	> round(5.394, 2)	[1] 5.39
		> round(5.394, 1)	[1] 5.4
signif(x, n)	x를 유효숫자 n개로 나타냄	> signif(5.394, 3)	[1] 5.39

총 n개의 숫자로 된 데이터 x=$\{x_1, x_2, ..., x_n\}$ 에서 숫자의 크기가 의미가 있는 양적 데이터의 경우에는 합계, 평균, 분산, 표준편차, 중위수, 최솟값, 최댓값, 사분위수, 사분위범위, 표준화점수 등의 통계적 계산을 통계함수를 사용하여 쉽게 할 수 있다. [표 3.7]은 통계함수의 형식을 보여준다. 그리고 통계함수의 사용 예는 [R-program 3.2]를 참조한다. 이때 왜도, 첨도를 계산하는 skewness, kurtosis 함수는 moments 패키지가 필요하다.

[표 3.7] 통계함수 형식

형식	설명
sum(x)	합계를 계산하는 함수 ($\sum_{i=1}^{n} x_i$)
mean(x)	평균을 계산하는 함수 ($\overline{x} = \frac{1}{n}\sum_{i=1}^{n} x_i$)
var(x)	분산을 계산하는 함수 ($s^2 = \frac{1}{n-1}\sum_{i=1}^{n}(x_i - \overline{x})^2$)
sd(x)	표준편차를 계산하는 함수 ($s = \sqrt{\frac{1}{n-1}\sum_{i=1}^{n}(x_i - \overline{x})^2}$)
median(x)	중위수를 계산하는 함수
min(x)	최솟값을 반환하는 함수
max(x)	최댓값을 반환하는 함수
range(x)	최솟값과 최댓값을 반환하는 함수
quantile(x)	최솟값, 사분위수, 최댓값을 반환하는 함수, 여기서 사분위수는 오름차순의 자료에서 25%의 지점에 위치하는 제1사분위수(제25백분위수), 제2사분위수(중위수), 75%의 지점에 위치하는 제3사분위수(제75백분위수)
IQR(x)	사분위범위(제3사분위수－제1사분위수)를 계산하는 함수
scale(x)	표준화점수(z-점수)를 계산하는 함수($z_i = \frac{x_i - \overline{x}}{s}$)
skewness(x)	왜도를 계산하는 함수
kurtosis(x)	첨도를 계산하는 함수

[R-program 3.2] 통계함수의 사용 예

```
> #(1) 모의실험 데이터 x 생성:
> # 평균 75, 표준편차 5인 정규확률분포를 따르는 44개 데이터 x의 생성
> # 44개 데이터는 반올림하여 1의 자리까지 나타냄
> x <- round(rnorm(44, 75, 5),0); x
 [1] 79 70 74 75 71 76 79 84 75 75 78 75 72 76 81 77 63 73 64 68 63 69
[23] 74 74 77 78 72 71 75 67 72 74 72 83 74 73 74 79 77 71 71 80 70 74
>
```

```
> #(2) 합계 계산
> sum(x)
[1] 3249
>
> #(3) 평균 계산
> mean(x)
[1] 73.84091
>
> #(4) 분산 계산
> var(x)
[1] 22.09038
>
> #(5) 표준편차 계산
> sd(x)
[1] 4.70004
>
> #(6) 중위수 계산
> median(x)
[1] 74
>
> #(7) 최솟값 반환
> min(x)
[1] 63
>
> #(8) 최댓값 반환
> max(x)
[1] 84
>

> #(9) 최솟값 및 최댓값 반환
> range(x)
[1] 63 84
>
> #(10) 최솟값, 사분위수, 최댓값 계산
> quantile(x)
  0%  25%  50%  75% 100%
  63   71   74   77   84
>
> #(11) 사분위범위 계산
> IQR(x)
[1] 6
>
> #(12) 표준화점수 계산(지면의 절약을 위해 첫 5개 표준화 점수만 표시)
> scale(x)
             [,1]
 [1,]  1.09766946
 [2,] -0.81720766
 [3,]  0.03384884
 [4,]  0.24661296
 [5,] -0.60444354
```

(중략)

```
>
> #(13) 왜도 및 첨도를 계산하기 위해서는 패키지 moments를 설치후
> # library 함수를 사용하여 불러들이기
> library(moments)
>
> #(14) 왜도 계산
> skewness(x)
[1] -0.2876343
>
> #(15) 첨도 계산
> kurtosis(x)
[1] 3.241851
```

문자함수의 형식 및 사용 예는 [표 3.8]을 참조한다.

[표 3.8] 문자함수 형식 및 사용 예

형식	설명	사용 예	
		R 코드	결과
substr(x,n1,n2)	문자열 x의 n1번째부터 n2번째 위치에 있는 문자값을 돌려준다.	> x<-"abcdefg" > substr(x,3,6)	[1] "cdef"
strsplit(x,split)	문자열 x를 split 값으로 분리한 값들을 돌려준다.	> strsplit("R-program","r")	[1]"R-p" "og" "am"
paste(...)	나열된 문자열들을 이어 붙인 값을 돌려준다.	> paste("A","-B","-C")	[1] "A -B -C"
toupper(x)	문자열 x를 대문자로 변경한다.	> toupper("r-plan")	[1] "R-PLAN"
tolower(x)	문자열 x를 소문자로 변경한다.	> tolower("R-PLAN")	[1] "r-plan"

(2) 사용자 정의 함수

R 프로그래밍에서 사용자는 필요에 따라 다양한 사용자 정의 함수를 만들어 사용할 수 있다. 사용자 정의 함수의 기본 형식 및 설명은 [표 3.9]와 같고 [R-Program 3.3]은 사용자 함수의 사용 예를 보여주고 있다. 사용자 함수에 대해서는 제7장에서 보다 자세히 다룰 것이다.

[표 3.9] 사용자 정의 함수의 형식

형식	함수명 <- function(인수1, 인수2, …, 인수k) {함수 본문}
설명	−함수명: R 프로그램에서 호출할 수 있는 함수의 이름이다. 함수 이름은 3.3절의 R 변수 이름과 같이 식별자로서 이름의 규칙에 맞게 작성되어야 한다. R에서는 주어진 함수 이름을 가진 객체로 저장된다. −function: R 예약어로서 함수를 정의하는 데 필수적으로 사용되는 핵심어이다. −인수1, 인수2, …, 인수k: 인수에 값을 주어 함수가 수행된다. 그러나 인수를 사용하는 것이 필수는 아니다. −함수 본문: 함수가 목표로 하는 작업을 위한 일련의 명령문들로 구성되며 { } 안에 놓인다. 그러나 단일 명령문으로 구성된 경우는 { }는 선택적이다.

[R-program 3.3] 사용자 함수의 사용 예

```
> #(1) 인수 x1, x2를 갖는사용자 함수 add_func
> add_func <-function(x1,x2)
+ {
+     y=x1+x2
+     print(paste("The result of ",x1," added to ",x2," is ",y))
```

```
+ }
>
> #(2) 인수 x1=2, x2=5를 갖는 사용자 함수 add_func의 수행
> add_func(2,5)
[1] "The result of  2  added to  5  is  7"
>
> #(3) 인수를 갖지 않는 사용자 함수 no_argument
> no_argument <- function()
+ {
+     print(paste("Today is ", date()))
+ }
>
> #(4) 인수를 갖지 않는 사용자 함수 no_argument의 수행
> no_argument()
[1] "Today is  Sat May 26 20:28:29 2018"
```

3.6 R 연산자

R에는 수학적 연산 혹은 논리적 연산을 수행하는 연산자가 있다. R 연산자 유형으로는 주로 할당연산자, 산술연산자, 관계연산자, 논리연산자 등으로 분류한다.

(1) 할당연산자

R에서 데이터 혹은 함수는 객체(object)가 될 수 있다. 객체에 특정한 값을 할당하여 workspace에 저장하고 이후에도 쉽게 불러옴으로써 편리한 작업이 가능해진다. 기본적인 객체 할당 방법으로는 =, <-, <<-, ->, ->> 과 같은 연산자를 사용하는 것이다. =, <-, <<-의 연산자는 오른쪽의 값을 왼쪽에 있는 객체의 이름에 할당하는 반면에 ->, ->>의 연산자는 왼쪽의 값을 오른쪽에 있는 객체 이름에 할당하게 된다. <<- 및 ->> 연산자는 함수 내에서 사용되었을 때 함수를 벗어나서도 할당된 객체 값을 그대로 저장할 수 있게 된다. 그러나 =, <-, -> 연산자는 함수 내에서 사용되었을 때 함수 밖을 벗어나면 할당된 객체 값을 저장하지 않는다. R 프로그래밍에서는 할당연산자로서 연산자 ->, ->> 보다는 주로 =, <-, <<-를 사용한다.

[R-program 3.4]에서 할당연산자의 사용 예를 보면 샵(#) 뒤에 나오는 문장은 주석으로 처리되며 세미콜론(;)은 명령어 종료를 의미하는 부호로서 한 줄에 여러 명령어를 나타내고자 할 때 활용된다. #2의 함수 exp 내에서 = 연산자를 사용한 경우는 함수를 벗어나면 x에 값이 할당되지 않는다. 이 경우 x는 지역(local)변수이다. 그러나 #4의 함수 exp 내에서 <<- 연산자를 사용한 경우는 함수 밖에서 사용된 x에도 값이 할당되는 것을 알 수 있다. 즉 x는 전역(global)변수이다.

#2, #4의 명령어에서 <-의 오른쪽 객체 값으로 할당된 객체 x1, x2는 #3, #5의 명령어에서 x1, x2를 불러야 x1, x2의 값이 Console 창에 나타나지만 #1의 명령어와 같이 객체 이름이 할당되지 않은 경우는 바로 계산된 객체 값이 Console 창에 나타남을 알 수 있다. 참고로 객체 할당 연산자 =, <-, <<-, ->, ->>, 주석 처리 부호 #, 명령어 종료 부호 ;의 전 혹은 후에 공백이 있든 없든 똑같이 처리된다.

[R-program 3.4] 할당연산자의 사용 예

```
> exp(2)          #1
[1] 7.389056
> x1<-exp(x=2)    #2
> x1;x            #3
[1] 7.389056
Error: object 'x' not found
> x2<-exp(x<<-2) #4
> x2;x            #5
[1] 7.389056
[1] 2
```

(2) 산술연산자

산술연산자는 덧셈, 뺄셈, 곱셈, 나눗셈 등과 같은 수학 연산을 하는 데 사용되며 [표 3.10]은 R에서 사용할 수 있는 산술연산자 목록 및 사용 예이다.

[표 3.10] 산술연산자 및 사용 예

연산자	설명	사용 예	
		R 코드	결과
+	더하기	> a<-7+2	[1] 9
−	빼기	> b<-7-2	[1] 5
*	곱하기	> c<-7*2	[1] 14
/	나누기	> d<-7/2	[1] 3.5
^ 또는 **	거듭 곱하기	> e<-7^3	[1] 343
%%	나머지	> g<-7%%2	[1] 1
%/%	몫	> h<-7%/%2	[1] 3

(3) 관계연산자

관계연산자는 값을 비교하는 데 사용되며 [표 3.11]은 R에서 사용할 수 있는 관계연산자 목록 및 사용 예이다.

[표 3.11] 관계연산자 및 사용 예

연산자	설명	사용 예	
		R 코드	결과
>	부호 앞 수(식)가 뒷 수(식)보다 크다.	> 9>4	[1] TRUE
>=	부호 앞 수(식)가 뒷 수(식)보다 크거나 같다.	> 2>=5	[1] FALSE
<	부호 앞 수(식)가 뒷 수(식)보다 작다.	> 3*3<4	[1] FALSE
<=	부호 앞 수(식)가 뒷 수(식)보다 작거나 같다.	> 2<=2+3	[1] TRUE
==	부호 앞 수(식)가 뒷 수(식)와 같다.	> 6==2**3	[1] FALSE
!=	부호 앞 수(식)와 뒷 수(식)가 같지 않다.	> 7%%3!=7%/%3	[1] TRUE

(4) 논리연산자

논리연산자는 논리연산을 하는 데 사용되며 논리연산의 기본 관계는 다음과 같다.

−TRUE AND TRUE 는 TRUE −FALSE AND FALSE 는 FALSE
−TRUE AND FALSE 는 FALSE −FALSE AND TRUE 는 FALSE
−TRUE OR TRUE 는 TRUE −FALSE OR FALSE 는 FALSE
−TRUE OR FALSE 는 TRUE −FALSE OR TRUE 는 TRUE

[표 3.12]에 제시된 R 논리연산자의 사용 예는 [R-program 3.5]를 참조한다. R에서 논리연산의 대상은 수치형, 복소수형, 혹은 논리형 데이터 유형에 대해서만 가능하며 문자형 데이터를 논리연산할 경우 Error가 발생한다. 논리연산에서 수치형 혹은 복소수형 데이터일 때 0은 FALSE로, 그 외의 숫자는 TRUE로 간주한다. 논리연산자 & 및 | 는 원소별 논리연산 결과를 생성하여 피연산자(operand)의 길이와 같은 연산 결과를 돌려준다. 반면에 && 및 ||는 피연산자의 첫 번째 원소만 논리연산하여 길이 1의 연산 결과를 돌려준다.

[표 3.12] 논리연산자

연산자	설명
!	NOT 논리식
&	AND 논리식, 각 원소별 논리연산
|	OR 논리식, 각 원소별 논리연산
&&	AND 논리식, 첫 번째 원소의 논리연산
||	OR 논리식, 첫 번째 원소의 논리연산

[R-program 3.5] 논리연산자의 사용 예

```
> #(1) 서로 다른 데이터 유형(논리형, 수치형)이 혼합되어 사용되었을때
> # 논리형은 우선 순위인 수치형으로 자동 변환: TRUE는 1로 FALSE는 0으로 변환
> a<-c(TRUE,FALSE,3,0); a
[1] 1 0 3 0
> b<-c(FALSE,FALSE,FALSE,TRUE)
>
> #(2) 논리연산에서 0은 FALSE로, 그 외의 숫자는 TRUE로 간주
> # c(1,0,3,0) => (TRUE,FALSE,TRUE,FALSE)
> # 논리연산자 !, &, |는 각 원소별 논리연산
> !a
[1] FALSE  TRUE FALSE  TRUE
> a&b
[1] FALSE FALSE FALSE FALSE
> a|b
[1]  TRUE FALSE  TRUE  TRUE
>
> #(3) 논리연산자 &&, ||는 첫번째 원소만 논리연산
> a&&b
[1] FALSE
> a||b
[1] TRUE
>
> #(4) 논리연산의 대상은 수치형, 복소수형, 논리형만 해당
> d="a"; e=TRUE
> d&e
Error in d & e :
  operations are possible only for numeric, logical or complex types
```

3.7 R 객체관리

R 프로그래밍 환경은 변수 혹은 함수 등과 같은 객체의 집합이다. R 프로그래밍 환경의 최상위 환경은 R_GlobalEnv이라는 글로벌 환경이다. [그림 2.4]의 Environment 창에는 Global Environment인 R_GlobalEnv 환경하에서 생성된 객체들의 목록을 보여준다.

현재의 작업 환경을 조회하는 함수, 그리고 객체들의 목록을 확인하고 싶거나 불필요한 객체들을 제거하고자 할 때 활용되는 함수의 형식 및 설명은 [표 3.13]과 같으며 사용 예는 [R-program 3.6]을 참조한다.

[표 3.13] 환경조회함수 및 객체관리함수의 형식

형식	설명
environment	현재 환경을 보여준다.
ls	현재 환경하의 객체 목록을 나열한다.
rm	객체들을 제거한다.

[R-program 3.6] 환경조회함수 및 객체관리함수의 사용 예

```
> # a1, a2, fb는 전역(global) 객체
> a1<-3; a2<-5
>
> #사용자 정의 함수 fb : 바깥쪽 함수
> fb<-function( ){
+
+     #사용자 정의 함수 fc : 안쪽 함수
+     fc<-function( ){
+         print("inner function-fc begin") #1
+         c=5; print(c)                    #2
+         print(environment())             #3 함수 fc 하의 지역적 환경
+         print(ls())                      #4 지역(local) 객체: c
+         print("inner function-fc end")   #5
+     }
+     print("outer function-fb begin") #6
+     fc()                             #7: 수행(#1~#5)
+     b=7; print(b)                    #8
+     print(environment())             #9  함수 fb 하의 지역적 환경
+     print(ls())                      #10 지역(local) 객체: b,fc
+     print("outer function-fb end")   #11
+ }
> fb()   #수행순서: #6, #1~#5, #8~#11

[1] "outer function-fb begin"
[1] "inner function-fc begin"
[1] 5
<environment: 0x0000000010d8a1c0>
[1] "c"
[1] "inner function-fc end"
[1] 7
<environment: 0x0000000010d7da68>
[1] "b"  "fc"
[1] "outer function-fb end"
>
> print("outside function-fb")      #12
[1] "outside function-fb"
> environment()  #글로벌 환경; R_GlobalEnv
<environment: R_GlobalEnv>
> ls()           #전역(global) 객체: a1, a2, fb
[1] "a1" "a2" "fb"
> rm(a1,a2)      #전역(global) 객체 a1, a2의 삭제
> ls()           #전역(global) 객체: fb
[1] "fb"
```

[R-program 3.6]의 R 코드 예에서 객체에 해당하는 변수 a1, a2 및 함수 fb만 글로벌 환경인 R_GlobalEnv에 있으며 그 외는 함수를 정의할 때마다 새로운 환경이 생성됨을 알 수 있다. 즉, 바깥쪽 함수 fb 내 환경에서 생성된 객체는 변수 b 및 안쪽 함수 fc이다. 또한, 안쪽 함수 fc내 환경에서 생성된 객체는 변수 c이다.

R 프로그래밍에서 생성된 객체들을 저장한다면 R 프로그램을 다시 시작하였을 때 기존의 R 프로그램을 실행하지 않고도 이미 만들어진 객체들을 바로 사용할 수 있어 시간 단축의 이점이 있다. 객체들을 저장하는 방법은 [그림 2.4]의 Environment 창에서 상단에 있는 디스켓 아이콘을 클릭하거나 RStudio를 종료할 때 workspace의 저장 여부를 묻는 대화창에서 저장하면 된다. 이때 생성되는 객체 저장 파일 유형은 R Workspace(.RData)이다.

이때 특히 주의할 점은 workspace를 저장한 후 다음 RStudio를 시행하였을 때는 종료 전 저장된 객체들이 다시 모두 활성화되므로 새로운 R 프로그래밍에서 이미 저장된 객체들과 연계하여 원하지 않는 결과가 나올 수 있다. 따라서 많은 시간을 요구하는 시뮬레이션과 같은 특별한 작업이 아닌 대부분의 경우는 RStudio를 종료할 때 workspace를 저장하지 않는 편을 권장한다.

4장

R 데이터 객체

앞서 3.1절에서는 문자형, 복소수형, 수치형, 그리고 논리형과 같은 R 데이터 유형을 다루었다. R 프로그래밍에서 데이터로 사용할 수 있는 데이터 객체는 벡터, 행렬, 배열, 팩터, 데이터 프레임, 시계열 그리고 목록 등이 있다. 제4장에서는 R 데이터 객체에 대해 다룬다. R 데이터 객체의 구조 및 데이터 유형은 다음과 같다.

- 벡터(vector): 1차원 구조이다.
- 행렬(matrix): 행과 열로 되어 있는 2차원 구조이다.
- 배열(array): 행과 열의 2차원 행렬 이상의 구조이다.

  ☞ 벡터, 행렬, 배열의 각 원소들은 두 개 이상의 데이터 유형으로 혼합 구성될 수 있으나 문자형, 복소수형, 수치형, 그리고 논리형의 우선순위에 따라 하나의 데이터 유형으로 처리된다.
- 팩터(factor): 1차원 구조이고 데이터 유형은 문자형 및 수치형이 혼합 구성될 수 있으나 문자형, 수치형의 우선순위에 따라 하나의 데이터 유형으로 처리된다.
- 데이터 프레임(data frame): 행렬과 같은 2차원 구조이고 벡터, 팩터 등과 같은 데이터 객체를 혼합하여 사용할 수 있으며 각 데이터 객체의 데이터 유형은 다를 수 있다. 그러나 각 데이터 객체의 길이는 모두 같아야 한다.
- 시계열(time series): 2차원 구조이고 벡터나 행렬과 같은 데이터 객체에 시간 정보가 추가된 객체이다.
- 목록(list): 2차원 이상의 구조이고 벡터, 행렬, 배열, 팩터, 데이터 프레임, 시계열 등과 같은 데이터 객체를 혼합하여 목록의 원소로 사용할 수 있으며 각 데이터 객체의 데이터 유형 혹은 길이가 모두 같을 필요는 없다. 목록은 여러 종류의 데이터 객체를 보존하는 목적으로 사용하기에 유용하다.

4.1 벡터

벡터(vector)는 R 프로그래밍에서 가장 간편하게 활용되는 데이터객체이다. 벡터는 1차원 구조이며 문자형, 복소수형, 수치형, 논리형의 데이터 유형 중 하나 이상의 데이터 유형으로 구성될 수 있다. 그러나 만약 두 개 이상의 데이터 유형으로 구성된 벡터라고 한다면 문자형, 복소수형, 수치형, 논리형의 우선순위대로 오직 하나의 데이터 유형으로 처리되어 사용된다.

(1) 벡터 생성하기

벡터를 생성하는 함수로는 주로 c, rep, seq, scan과 연산자 콜론(:)을 활용한다.

① combine 함수를 이용한 벡터 생성: c(...)

combine 함수 c(...) 안에 나열된 원소들로 벡터를 생성하는 경우 데이터 유형의 우선순위에 따라 벡터가 만들어진다. 예를 들어 함수 c(...) 내에 문자형 값과 수치형 값이 섞여 나열된 경우에 더 우선순위를 갖는 문자형 벡터가 생성된다.

벡터의 각 원소에 이름을 지정하려면 원소값 앞에 지정할 이름을 쓴 다음 할당연산자 <-가 아닌 =를 사용한다. 함수 c를 이용한 벡터 생성 및 우선순위에 따른 데이터 유형의 변경 예로서 [R-program 4.1]을 참조한다.

[R-program 4.1] combine 함수 c에 의한 벡터 생성 및 우선순위에 따른 데이터 유형의 변경 예

```
> #(1) 수치형 벡터
> c(21,23,25,27,29)
[1] 21 23 25 27 29
>
> #(2) 문자형+수치형 -> 문자형 벡터
> c("A","B","C",33,55)
[1] "A"  "B"  "C"  "33" "55"
>
> #(3) 복소수형+수치형 -> 복소수형 벡터
> c(1+1i,2+2i,3+3i,33,55)
[1]  1+1i  2+2i  3+3i 33+0i 55+0i
>
> #(4) 논리형 벡터
> c(TRUE,FALSE,T,F)
[1]  TRUE FALSE  TRUE FALSE
>
> #(5) 문자형+논리형 -> 문자형 벡터
> c("A","B",T,F)
[1] "A"     "B"     "TRUE"  "FALSE"
>
> #(6) 원소에 대한 이름 지정: 할당 연산자 = 사용
> # 할당 연산자 <- 는 이름 지정이 안됨
> c(x1=100,x2=200,x3<-300)
 x1  x2
100 200 300
```

② replicate 함수를 이용한 벡터 생성: rep(x, n)

replicate 함수 rep(x, n)는 데이터 x를 n회 반복하여 벡터를 만들어주는 함수이다. replicate 함수 내에서 combine 함수 c를 이용하여 특정 벡터를 여러 번 반복 생성할 수도 있다. 함수 rep를 이용한 벡터 생성 예로 [R-program 4.2]를 참조한다.

[R-program 4.2] replicate 함수 rep를 이용한 벡터 생성 예

```
> #(1) 1을 10번 반복
> rep(1,10)
 [1] 1 1 1 1 1 1 1 1 1 1
>
> #(2) 1,2,3으로 이루어진 벡터를 3번 반복
> rep(c(1,2,3),3)
[1] 1 2 3 1 2 3 1 2 3
>
> #(3) 1,2,3으로 이루어진 벡터의 각 원소를 각각 1,2,3회 반복
> rep(c(1,2,3),c(1,2,3))
[1] 1 2 2 3 3 3
```

③ sequence 함수를 이용한 벡터 생성: seq(from, to, by(혹은 length))

sequence 함수 seq(from, to, by(혹은 length))는 from 항에 해당하는 값부터 to 항에 해당하는 값까지 by 항 값의 공차를 가진 수열을 만들어주는 함수이다. by 대신에 length를 사용하는 경우 length 값만큼의 원소 개수를 가진 등차수열을 만들어준다. 함수 seq를 이용한 벡터 생성 예로 [R-program 4.3]을 참조한다.

[R-program 4.3] sequence 함수 seq를 이용한 벡터 생성 예

```
> #(1) 1부터 10까지 공차가 3인 수열
> seq(1,10,3)
[1]  1  4  7 10
>
> #(2) 1부터 10까지 원소 개수가 3인 등차수열
> seq(1,10,length=3)
[1]  1.0  5.5 10.0
>
> #(3) 10부터 1까지 공차가 -1인 수열
> seq(10,1,-1)
 [1] 10  9  8  7  6  5  4  3  2  1
>
> #(4) 9부터 2까지 원소 개수가 4인 등차수열
> seq(9,2,length=4)
[1] 9.000000 6.666667 4.333333 2.000000
```

④ sequence 연산자 콜론(:)을 이용한 벡터 생성

sequence 연산자인 콜론(:)은 앞서 설명했던 sequence 함수 seq과 같은 기능으로 콜론(:)을 기준으로 왼쪽 값이 오른쪽 값보다 작은 경우 공차가 1인 수열을 만들어주고, 왼쪽 값이 오른쪽 값보다 큰 경우 공차가 -1인 수열을 만들어준다. sequence 연산자 콜론(:)을 이용한 벡터 생성 예는 [R-program 4.4]를 참조한다.

[R-program 4.4] sequence 연산자 콜론(:)을 이용한 벡터 생성 예

```
> #(1) 1부터 10까지 공차가 1인 수열
> 1:10
 [1]  1  2  3  4  5  6  7  8  9 10
>
> #(2) 10부터 1까지 공차가 -1인 수열
> 10:1
 [1] 10  9  8  7  6  5  4  3  2  1
```

⑤ scan 함수를 이용한 벡터 생성: scan(what)

scan 함수 scan(what)은 Console 창에서 직접 데이터값을 입력하여 벡터를 만들 수 있다. scan 함수의 기본값은 실수형 값을 읽어 들인다. scan 함수 내의 what 항을 이용하여 데이터의 유형을 변경할 수 있다. Console 창에서 Enter 키를 더블클릭하면 벡터의 생성이 완료된다. scan 함수를 이용한 벡터 생성 예는 [R-program 4.5]를 참조한다.

[R-program 4.5] 함수 scan을 이용한 벡터 생성 예

```
> scan()     #실수형 벡터 생성
1: 1 2 3
4: 4 5 6
7:
Read 6 items
[1] 1 2 3 4 5 6
> scan(what="") #문자형 벡터 생성
1: a b c
4: 1 2 3
7:
Read 6 items
[1] "a" "b" "c" "1" "2" "3"
> scan(what=logical()) #논리형 벡터 생성
1: T F TRUE
4: FALSE T T
7:
Read 6 items
[1]  TRUE FALSE  TRUE FALSE  TRUE  TRUE
> scan(what=complex()) #복소수형 벡터 생성
1: 1 2 3+2i
4: 2-5i 0 7
7:
Read 6 items
[1] 1+0i 2+0i 3+2i 2-5i 0+0i 7+0i
```

(2) 벡터 다루기

데이터 처리를 할 때 벡터를 다양하게 다루어야 할 필요가 발생한다. 벡터의 속성 확인, 벡터를 구성하는 일부 원소를 추출, 추출한 원소값들의 변경, 벡터 연산, 그리고 벡터를 결합하는 방법을 소개한다.

① 벡터 속성 확인

벡터의 속성에는 데이터 유형(문자형, 복소수형, 수치형, 그리고 논리형 등) 확인, 원소 이름 확인, 길이 확인 등이 있다. 벡터의 데이터 유형을 확인하기 위해서 함수 mode를 사용한다. 함수 names는 벡터의 각 원소에 이름을 지정할 수 있을 뿐만 아니라 이미 지정된 원소의 이름을 확인할 수 있다. 함수 length는 벡터를 구성하는 원소의 수, 즉 벡터의 길이를 돌려준다. 벡터 속성 확인 함수의 사용 예는 [R-program 4.6]을 참조한다.

[R-program 4.6] 벡터 속성 확인 함수의 사용 예

```
> #(1) 길이가 5인 수치형 벡터 x1
> x1 <- 1:5; x1
[1] 1 2 3 4 5
> mode(x1)  #벡터의 데이터 유형 확인-수치형
[1] "numeric"
>
```

```
> #(2) 길이가 5인 문자형 벡터 x2
> x2 <- c("A","B","C","D","E"); x2
[1] "A" "B" "C" "D" "E"
> mode(x2)  #벡터의 데이터 유형 확인-문자형
[1] "character"
>
> #(3) 벡터 생성 시 원소의 이름 지정
> x3 <- c(a=1,b=2,c=3); x3
a b c
1 2 3
> names(x3) #벡터의 각 원소의 이름 확인
[1] "a" "b" "c"
>
> #(4) 벡터 생성 후 이름 지정
> x4 <- 4:6; x4
[1] 4 5 6
> names(x4) <- c("d","e","f"); x4
d e f
4 5 6
>
> #(5) 벡터의 길이(원소의 수) 확인
> length(x4)
[1] 3
```

② subset 연산자 대괄호 [ ]를 이용한 벡터 원소 추출

벡터에서 subset 연산자 대괄호 [ ]를 이용한 원소 추출 방식은

```
벡터 이름 [ index 혹은 "원소 이름"]
```

의 형식을 사용할 수 있다. 여기서 index는 벡터를 구성하는 원소의 위치 정보를 나타낸다. 만약 원소 이름이 있는 경우는 큰따옴표 (" ") 안에 원소 이름을 넣어 사용할 수 있다. 만약 두 개 이상의 원소를 추출하고자 할 경우에는 반드시 combine 함수 c, replicate 함수 rep, sequence 함수 seq, 혹은 연산자 콜론(:) 등과 같이 벡터를 생성하는 함수를 사용하여 두 개 이상 원소의 index를 나타내야 한다. 또한, index 앞에 마이너스(−)가 있다면 해당 index를 갖는 원소를 제외한 원소 추출을 의미한다.

벡터를 구성하는 원소 중에서 필요한 원소값을 가져오기 위해서 subset 연산자 대괄호 [ ]를 이용한 벡터 원소 추출 예는 [R-program 4.7]을 참조한다.

[R-program 4.7] subset 연산자 대괄호 [ ]를 이용한 벡터 원소 추출 예

```
> #(1) 원소의 위치 정보로 원소 추출: 하나의 원소 추출
> x1 <- c("A","B","C","D","E"); x1
[1] "A" "B" "C" "D" "E"
> x1[5] #5번째 원소 추출
[1] "E"
>
```

```
> #(2) 원소의 위치 정보로 원소 추출: 두 개 이상의 원소 추출
> x2 <- 21:30; x2
 [1] 21 22 23 24 25 26 27 28 29 30
> x2[c(1,2,3,4)]  #1,2,3,4번째 원소 추출
[1] 21 22 23 24
> x2[1:4] #1,2,3,4번째 원소 추출
[1] 21 22 23 24
> x2[rep(c(2,3),2)] #2,3,2,3번째 원소 추출
[1] 22 23 22 23
> x2[seq(4,9,2)] #4,6,8번째 원소 추출
[1] 24 26 28
> x2[-5]  #5번째 원소를 제외한 원소 추출
[1] 21 22 23 24 26 27 28 29 30
> x2[-c(1,2,3,4)]  #1,2,3,4번째 원소를 제외한 원소 추출
[1] 25 26 27 28 29 30
> #두 개 이상 원소 추출시 콤마( , ) 사용 금지
> x2[1,2,3,4] #오류
Error in x2[1, 2, 3, 4] : incorrect number of dimensions
> x2[1,2:4] #오류
Error in x2[1, 2:4] : incorrect number of dimensions
>
> #(3) 원소의 이름으로 원소 추출
> x3 <- c(a=1,b=2,c=3); x3  #벡터 생성시 원소의 이름 지정
a b c
1 2 3
> x3["a"] #원소 이름이 a인 원소 추출
a
1
> #원소 이름이 a, c인 원소 추출
> x3[c("a","c")]
a c
1 3
```

③ 조건식을 이용한 벡터 원소 추출

벡터를 구성하는 원소 중에서 필요한 원소값을 가져오기 위해서 조건식을 사용하는 방법이 있다. 이 방법은 subset 연산자 안에 조건식을 입력하는 형식, 즉 [조건식]에서 조건식이 TRUE인 index(위치 정보)를 갖는 원소를 추출한다.

조건식을 만드는 관계연산자에 대해서는 [표 3.11], 논리연산자에 대해서는 [표 3.12]를 참조한다. 조건식을 이용한 벡터 원소 추출 예는 [R-program 4.8]을 참조한다.

[R-program 4.8] 조건식을 이용한 벡터 원소 추출 예

```
> #(1) 1부터 20까지 수중에서 개수가 9인 등차수열 벡터 생성
> x1 <- seq(1,20,length=9); x1
[1]  1.000  3.375  5.750  8.125 10.500 12.875 15.250 17.625 20.000
> x1 > 15  #조건식에 대한 논리 상수 반환
[1] FALSE FALSE FALSE FALSE FALSE FALSE  TRUE  TRUE  TRUE
> x1[x1 > 15]  #조건식이 TRUE인 원소 추출
[1] 15.250 17.625 20.000
>
```

```
> #(2) "A","B","C"로 이루어진 벡터를 2번 반복하여 벡터 생성
> x2 <- rep(c("A","B","C"),2); x2
[1] "A" "B" "C" "A" "B" "C"
> x2=="A" | x2=="C" #조건식에 대한 논리 상수 반환
[1]  TRUE FALSE  TRUE  TRUE FALSE  TRUE
> x2[x2=="A" | x2=="C"] #조건식이 TRUE인 원소 추출
[1] "A" "C" "A" "C"
```

④ 벡터 원소값 변경

벡터 원소값 변경을 위해서는 먼저 subset 연산자 대괄호 [ ]를 이용하거나 혹은 조건식을 이용하여 원소를 추출한 후에 할당연산자 <- 혹은 =를 사용하여 원소값 변경을 한다. 이때 2개 이상의 값으로 변경하는 경우에는 반드시 combine 함수 c 등과 같이 벡터 생성함수를 사용하여 변경한다. 벡터의 원소값 변경 예로서 [R-program 4.9]를 참조한다.

[R-program 4.9] 벡터 원소값 변경 예

```
> #(1) 1, 2번째 원소를 제외한 원소값을 "Fail"로 변경
> x1 <- c("A","B","C","D","E"); x1
[1] "A" "B" "C" "D" "E"
> x1[-c(1,2)] <- "Fail"; x1
[1] "A"    "B"    "Fail" "Fail" "Fail"
>
> #(2) 1, 10번째 원소를 각각 91, 99로 변경
> x2 <- 21:30; x2
 [1] 21 22 23 24 25 26 27 28 29 30
> x2[c(1,10)] <- c(91,99); x2
 [1] 91 22 23 24 25 26 27 28 29 99
>
> #(3) 원소 이름이 a, c인 원소를 각각 111, 333으로 변경
> x3 <- c(a=1,b=2,c=3); x3
a b c
1 2 3
> x3[c("a","c")] <- c(111,333); x3
  a   b   c
111   2 333
>
> #(4) 1부터 20까지의 홀수 중에서 11보다 크거나 같은 숫자들은 11로 변경
> x4 <- seq(1,20, 2); x4
 [1]  1  3  5  7  9 11 13 15 17 19
> x4[x4 >= 11] <-  11; x4
 [1]  1  3  5  7  9 11 11 11 11 11
>
> #(5) 원소 값이 "A+" 혹은 "A0"인 원소를 "A"로 변경
> x5 <- rep(c("A+","A0","B","C","D","F"),2); x5
 [1] "A+" "A0" "B"  "C"  "D"  "F"  "A+" "A0" "B"  "C"  "D"  "F"
> x5[x5=="A+" | x5=="A0"] <- "A" ; x5
 [1] "A" "A" "B" "C" "D" "F" "A" "A" "B" "C" "D" "F"
```

⑤ 벡터 연산

R에서 벡터 연산을 위해 [표 3.10]과 같은 산술연산자 +, -, *, /, ^ 혹은 **, %%, %/%를 사용한다. 벡터 x+y의 연산 예에서 +는 연산자이고 벡터 x 및 y는 피연산자이다. 피연산자인 벡터 x 및 y의 길이가 같은 경우는 같은 위치의 원소끼리 연산을 하지만, 길이가 서로 다를 때는 작은 길이의 피연산자를 반복해서 보다 큰 길이의 피연산자에 맞추어 연산한다. 그러나 이때 큰 길이를 작은 길이로 나누어 나머지가 생길 때는 warning 메시지가 발생한다. 만약 더 작은 길이의 피연산자가 단일 숫자인 경우는 단일 숫자를 반복하여 상대 피연산자의 길이만큼의 벡터를 만들어 연산한다. 벡터 연산의 예로서 [R-program 4.10]을 참조한다.

[R-program 4.10] 벡터 연산의 예

```
> #(1) 길이가 3인 2개의 벡터의 곱
>
> # 11:13    = c(11,12,13)
> # rep(2,3) = c( 2, 2, 2)
>
> 11:13*rep(2,3)
[1] 22 24 26
>
> #(2) 길이가 2인 벡터에 길이가 5인 벡터의 합
> # 5/2는 나머지 발생하므로 Warning 메시지
> # 11:12         = c(11,12,11,12,11)
> # c(1,3,5,7,9) = c( 1, 3, 5, 7, 9)
>
> 11:12+c(1,3,5,7,9)
[1] 12 15 16 19 20
Warning message:
In 11:12 + c(1, 3, 5, 7, 9) :
  longer object length is not a multiple of shorter object length

>
> #(3) 길이가 4인 벡터에 길이가 2인 벡터의 합
> # 4/2는 나머지가 발생하지 않음
> # c(1,3,5,7) = c( 1, 3, 5, 7)
> # 11:12      = c(11,12,11,12)
>
> c(1,3,5,7)+11:12
[1] 12 15 16 19
>
> #(4) 길이가 4인 벡터를 숫자 10으로 나눔
> # seq(1,10,3) = c( 1,  4, 7, 10)
> # 10          = c(10, 10,10, 10)
>
> seq(1,10,3)/10
[1] 0.1 0.4 0.7 1.0
>
> #(5) 길이가 5인 벡터 -3:1 = c(-3,-2,-1,0,1) 을 멱수치로 사용
> # pi => c(pi,pi,pi,pi,pi), 10 => c(10,10,10,10,10)로 복제
>
> pi*10^(-3:1)
[1]  0.003141593  0.031415927  0.314159265  3.141592654 31.415926536
```

⑥ 벡터 결합

벡터 결합을 위해서 combine 함수 c 혹은 [표 3.8]에서 소개한 문자 연결함수인 paste를 사용할 수 있다. 이에 대한 예로서 [R-program 4.11]을 참조한다. 이때 함수 paste는 기존의 벡터에 새로운 벡터를 추가하는 것이 아닌 원소값 자체를 서로 연결하여 결합한다.

[R-program 4.11] 벡터 결합의 예

```
> #(1) 2개의 벡터
> x1 <- c("A","B","C")
> x2 <- c("D","E","F")
>
> #(2) 함수 c를 사용한 벡터 결합
> c(x1,x2) #벡터 x1과 x2 간의 결합
[1] "A" "B" "C" "D" "E" "F"
>
> c(1,x1) #원소값 1과 벡터 x1의 결합
[1] "1" "A" "B" "C"
>
> c(rep(1,3),seq(2,7,2))  #두 가지 벡터 생성 함수 결합
[1] 1 1 1 2 4 6
>
> #(3) 함수 paste를 사용한 벡터 결합
> paste("A","B")  #A값과 B값을 결합한 'A B'값 반환
[1] "A B"
>
> paste(1:5,c("A","B","C","D","E"),sep="&") #벡터들의 원소 값을 '&'로 결합
[1] "1&A" "2&B" "3&C" "4&D" "5&E"
>
> paste(1:5,c("A","B","C","D","E"),sep="") #벡터들의 원소 값을 공백없이 결합
[1] "1A" "2B" "3C" "4D" "5E"
>
> #sep=의 기본 값은 blank: 벡터들의 원소 값들 사이에 공백을 넣어 결합
> paste(1:5,c("A","B","C","D","E"))
[1] "1 A" "2 B" "3 C" "4 D" "5 E"
```

4.2 행렬

행렬(matrix)은 행과 열로 구성된 2차원 구조를 갖는다. 행렬은 문자형, 복소수형, 수치형, 논리형의 데이터 유형 중 하나 이상의 데이터 유형으로 혼합하여 구성될 수 있다. 그러나 만약 두 개 이상의 데이터 유형으로 구성된 행렬이라고 한다면 문자형, 복소수형, 수치형, 논리형의 우선순위로 오직 하나의 데이터 유형으로 처리되어 사용된다. 이에 대한 예로서 벡터의 데이터 유형 변경 예인 [R-program 4.1]을 참고한다.

벡터는 원소를 단지 하나의 줄로 열거해놓은 것인데 반해서 행렬은 행과 열로 구성된 2차원 표 형식이다. 실제 처리하는 데이터 중에는 행과 열로 이루어진 표 형식을 따르는 것이 많다.

표 형식의 데이터에 대한 데이터 처리 함수를 사용하기 위해서는 데이터 구조를 미리 행렬로 만들어 놓을 필요가 있다. 행렬을 생성하는 함수로는 주로 matrix, dim, diag, rbind, cbind를 활용한다.

(1) 행렬 생성하기

① 함수 matrix를 이용한 행렬 생성: matrix(x, nrow, ncol, byrow, dimnames)

함수 matrix(x, nrow, ncol, byrow, dimnames)는 데이터 x에 대해 행의 수인 nrow 및 열의 수인 ncol 값에 의해 행렬이 생성된다. nrow 및 ncol 값을 따로 지정하지 않으면 1열의 차원을 가진 1차원 행렬이 만들어진다. matrix 함수는 기본적으로 열을 우선으로 하여 행렬이 생성된다. 행을 우선으로 하는 행렬을 생성하려면 byrow=TRUE 옵션을 주면 된다.

행 혹은 열에 이름을 주기 위해서

dimnames=list(c(행 이름 나열), c(열 이름 나열))

를 사용한다. 이때 첫 번째 combine 함수 c에는 행 개수만큼의 행 이름을 나열하고, 두 번째 combine 함수 c에는 열 개수만큼의 열 이름을 나열한다. 또한, matrix 함수 밖에서 별도로 함수 dimnames, rownames, colnames 등을 사용하여 행 및 열의 이름을 명명하거나 혹은 변경할 수 있다. [R-program 4.12]는 함수 matrix를 사용하여 행렬을 생성한 예를 보여준다.

[R-program 4.12] 행렬 함수 matrix를 이용한 행렬 생성 예

```
> #(1) nrow 및 ncol값을 따로 지정하지 않으면 1열의 차원을 가진 1차원 행렬
> matrix(21:26) #1열 6행의 행렬 생성
     [,1]
[1,]   21
[2,]   22
[3,]   23
[4,]   24
[5,]   25
[6,]   26
>
> #(2) 3행 2열 행렬, 행 우선 생성, 행 및 열의 이름부여
> matrix(21:26,nrow=3,ncol=2,byrow=T,dimnames=list(c("r1","r2","r3"),
+                                                   c("c1","c2")))
   c1 c2
r1 21 22
r2 23 24
r3 25 26
>
> #(3) 3행 2열의 행렬 생성: 열 우선 생성(default)
> x1 <- c(34,35,36,37,38,39)
> x=matrix(x1,3,2); x
     [,1] [,2]
[1,]   34   37
[2,]   35   38
[3,]   36   39
```

```
>
> #(4) 행 및 열에 이름 지정
> dimnames(x) <- list(c("KING1","KING2","KING3"),c("QUEEN1","QUEEN2"))
> x
      QUEEN1 QUEEN2
KING1     34     37
KING2     35     38
KING3     36     39
> rownames(x) <- c("A1","A2","A3") #행 이름 변경
> colnames(x) <- c("B1","B2"); x #열 이름 변경
   B1 B2
A1 34 37
A2 35 38
A3 36 39
```

② dimension 함수를 이용한 행렬 생성: dim(x)

dimension 함수 dim(x)는 기존에 만들어진 데이터 x에 combine 함수 c(행의 수, 열의 수)를 이용하여 행렬의 차원을 부여함으로써 행렬을 생성하는 함수이다. matrix 함수와 마찬가지로 열을 우선으로 행렬이 생성된다. [R-program 4.13]은 함수 dim을 사용하여 행렬을 생성한 예를 보여준다.

[R-program 4.13] dimension 함수 dim을 이용한 행렬 생성 예

```
> #(1) 길이가 6인 벡터 x 생성
> x <- 23:28; x
[1] 23 24 25 26 27 28
>
> #(2) 길이가 6인 벡터 x를 2X3 행렬로 만듬(열 우선 생성)
> dim(x) <- c(2,3); x
     [,1] [,2] [,3]
[1,]   23   25   27
[2,]   24   26   28
>
> #(3) 2X3 행렬 x를 3X2 행렬로 변경해 만듬(열 우선 생성)
> dim(x) <- c(3,2); x
     [,1] [,2]
[1,]   23   26
[2,]   24   27
[3,]   25   28
```

③ diagonal 함수를 이용한 대각행렬 생성: diag(x)

diagnal 함수 diag(x)는 벡터 x를 대각 원소로 하고 비대각 원소값들은 0으로 하는 대각행렬(diagonal matrix)을 생성해주는 함수이다. x가 벡터가 아닌 양의 정수값이라면 정수값에 해당하는 차원 수만큼의 단위행렬(unit matrix)이 만들어진다. [R-program 4.14]는 함수 diag를 사용하여 행렬을 생성한 예를 보여준다.

[R-program 4.14] diagonal 함수 diag를 이용한 행렬 생성 예

```
> #(1) 대각 원소값이 3,4,5인 3X3 대각행렬 생성
> diag(3:5)
     [,1] [,2] [,3]
[1,]    3    0    0
[2,]    0    4    0
[3,]    0    0    5
>
> #(2) 대각 원소값이 모두 1인 4X4 단위행렬 생성
> diag(4)
     [,1] [,2] [,3] [,4]
[1,]    1    0    0    0
[2,]    0    1    0    0
[3,]    0    0    1    0
[4,]    0    0    0    1
```

④ binding 함수를 이용한 행렬 생성: rbind(...), cbind(...)

행 binding 함수 rbind는 두 개 이상의 벡터 혹은 행렬을 행 기준으로 결합하여 행렬을 만들어 주는 함수이며 열 binding 함수 cbind는 열 기준으로 결합하여 행렬을 만들어주는 함수이다. 따라서 행 binding 함수 rbind(...) 및 열 binding 함수 cbind(...)에서 괄호 안에 나열되는 데이터 객체들은 벡터 혹은 행렬이다. 실제로 binding 함수는 데이터 처리 과정에서 매우 많이 활용되는 함수이다. [R-program 4.15]는 함수 rbind 및 cbind를 사용하여 행렬을 생성한 예를 보여준다.

[R-program 4.15] binding 함수 rbind 및 cbind를 이용한 행렬 생성 예

```
> #(1) 2개의 벡터를 행을 기준으로 결합시켜 2X3 행렬 x1 생성
> x1 <- rbind(c(3,5,6),c(7,2,9)); x1
     [,1] [,2] [,3]
[1,]    3    5    6
[2,]    7    2    9
>
> #(2) 2개의 벡터를 열을 기준으로 결합시켜 3X2 행렬 x2 생성
> x2 <- cbind(c(3,5,6),c(7,2,9)); x2
     [,1] [,2]
[1,]    3    7
[2,]    5    2
[3,]    6    9
>
> #(3) 행렬 x1에 열벡터를 추가하여 2X4 행렬 생성
> cbind(x1, c(8,1))
     [,1] [,2] [,3] [,4]
[1,]    3    5    6    8
[2,]    7    2    9    1
>
> #(4) 행 벡터에 행렬 x2를 추가하여 4X2 행렬 생성
> rbind(c(8,1),x2)
     [,1] [,2]
[1,]    8    1
[2,]    3    7
[3,]    5    2
[4,]    6    9
```

(2) 행렬 다루기

데이터 처리를 할 때 행렬을 다양하게 다룰 필요가 발생한다. 행렬의 속성을 확인하고, 행렬을 구성하는 일부 원소를 추출하고, 추출한 행렬의 일부 원소값들을 변경하고, 그리고 행렬 연산하는 방법은 다음과 같다.

① 행렬 속성 확인

행렬의 속성에는 크게 데이터 유형(문자형, 복소수형, 수치형, 논리형 등), 데이터 구조(벡터, 행렬, 배열, 팩터, 데이터 프레임, 시계열, 목록 등), 차원, 길이, 행 및 열의 이름 확인 등이 있다. 행렬의 데이터 유형을 알려주는 함수로 mode를 사용한다. 함수 class는 데이터 구조를 확인해준다. 행의 수 및 열의 수를 의미하는 행렬의 차원 확인은 함수 dim 그리고 행렬을 이루고 있는 총 원소의 개수를 의미하는 행렬의 길이 확인은 함수 length를 통하여 이루어진다. 함수 attributes는 행렬의 차원, 행 및 열의 이름과 같은 행렬의 속성을 확인해준다. 행렬 이름 확인을 위해서 함수 dimnames, rownames 혹은 함수 colnames를 사용한다. [R-program 4.16]은 행렬 속성을 확인하는 다양한 예를 보여준다.

[R-program 4.16] 행렬 속성 확인 함수의 사용 예

```
> #(1) 길이가 6인 벡터 x 생성
> x <- c("Statistics","Biology","Kim","Lee", "Park","Choi")
> row.name <- c("OBS1","OBS2") #행 이름 벡터 생성
> col.name <- c("department","member1","member2") #열 이름 벡터 생성
>
> #(2) 길이가 6인 벡터 x를 2X3 행렬 y로 만듬
> y <- matrix(x,nrow=2,ncol=3, dimnames=list(row.name,col.name))
> y
     department   member1 member2
OBS1 "Statistics" "Kim"   "Park"
OBS2 "Biology"    "Lee"   "Choi"
>
> #(3) 행렬 속성 확인
> mode(y)  #행렬의 데이터 유형 확인 - 문자형
[1] "character"
>
> class(y) #데이터 구조를 확인
[1] "matrix"
>
> dim(y)  #행렬의 차원 확인(행,열)
[1] 2 3
>
> length(y)  #행렬의 길이(총 원소 수) 확인
[1] 6
>
> attributes(y) #행렬의 차원, 행, 열 이름 확인
$dim
[1] 2 3
```

```
$dimnames
$dimnames[[1]]
[1] "OBS1" "OBS2"

$dimnames[[2]]
[1] "department" "member1"    "member2"
>
> dimnames(y) #행 및 열의 이름 확인
[[1]]
[1] "OBS1" "OBS2"

[[2]]
[1] "department" "member1"    "member2"

>
> rownames(y) #행 이름 확인
[1] "OBS1" "OBS2"
>
> colnames(y) #열 이름 확인
[1] "department" "member1"    "member2"
```

② subset 연산자 대괄호 [ ]를 이용한 행렬 원소 추출

행렬을 구성하는 원소 중에서 필요한 원소값을 가져오기 위해서는 벡터와 같은 방법인 subset 연산자 대괄호 [ ]를 사용하는 방법이 있다. 행렬의 경우 2차원이므로

행렬 이름 [행 index 혹은 "행 이름", 열 index 혹은 "열 이름"]

의 대괄호 내에서 콤마(,)로 차원을 구분하여 콤마 앞에는 행의 위치 정보를 나타내는 행 index 혹은 큰따옴표(" ") 안에 행 이름을 적고 콤마 뒤에는 열의 위치 정보를 나타내는 열 index는 혹은 큰따옴표 안에 열 이름을 적는다.

콤마는 존재하나 콤마 앞에 행 index 혹은 행 이름이 없다면 전체 행을 의미하며, 반대로 콤마는 존재하나 콤마 다음에 열 index 혹은 열 이름이 없다면 전체 열을 의미한다. 그리고 index 앞에 마이너스(−)가 있다면 해당 index를 갖는 행 혹은 열을 제외한 원소 추출을 의미한다. 만약 subset 연산자 대괄호 [ ] 내에서 index를 2차원이 아닌 1차원 벡터로 나타냈을 때 벡터는 행렬의 열 우선순위에 의한 원소들의 순서 정보를 나타낸다. [R-program 4.17]은 subset 연산자 대괄호 [ ]를 이용한 행렬 원소 추출의 여러 예를 보여준다.

[R-program 4.17] subset 연산자 대괄호 [ ]를 이용한 행렬 원소 추출 예

```
> #(1) 길이가 9인 벡터 x 생성
> x <- 11:19; x
[1] 11 12 13 14 15 16 17 18 19
> #3X3 행렬 x 생성(열 우선 생성)
> dim(x) <- c(3,3); x
```

```
     [,1] [,2] [,3]
[1,]   11   14   17
[2,]   12   15   18
[3,]   13   16   19
>
> #(2) 행 및 열 번호 지정에 의한 원소 추출
> x[3,3] #3행 3열의 원소 추출
[1] 19
> x[2,]  #2행의 원소 추출
[1] 12 15 18
> x[,1]  #1열의 원소 추출
[1] 11 12 13
> x[-2,-2] #2행 2열을 제외한 원소 추출
     [,1] [,2]
[1,]   11   17
[2,]   13   19
> x[c(1,2),c(2,3)] #1행 및 2행, 그리고 2열 및 3열의 원소 추출
     [,1] [,2]
[1,]   14   17
[2,]   15   18
>
> #(3) [ ] 안의 index를 2차원이 아닌 1차원 벡터로 나타낸 경우 :
> # 행렬을 열 순서의 벡터로 놓고 원소 추출
> x[5:8] #5번째부터 8번째 원소 추출(열 순서대로)
[1] 15 16 17 18
> x[-(5:8)] #5번째부터 8번째 원소를 제외하고 나머지 원소 추출(열 순서대로)
[1] 11 12 13 14 19
> x[c(1,3,5,7)] #1, 3, 5, 7번째 원소 추출(열 순서대로)
[1] 11 13 15 17
>
> #(4) 행 혹은 열 이름 지정에 의한 원소 추출
> colnames(x) <- c("A","B","C"); x  #열 이름 지정
      A  B  C
[1,] 11 14 17
[2,] 12 15 18
[3,] 13 16 19
> x[,"B"] #B열 추출
[1] 14 15 16
> x[2:3,c("A","C")] #2행 및 3행이면서 A열 및 C열 추출
      A  C
[1,] 12 18
[2,] 13 19
```

③ 조건식을 이용한 행렬 원소 추출

행렬을 구성하는 원소 중에서 필요한 원소값을 가져오기 위해서 조건식을 사용하는 방법이 있다. 이 방법은 subset 연산자 대괄호 안에 조건식을 입력한다. 즉 [조건식]에서 조건식이 TRUE인 index(위치 정보)를 갖는 원소를 추출한다.

조건식을 만드는 관계연산자에 대해서는 [표 3.11], 논리연산자에 대해서는 [표 3.12]를 참조한다. [R-program 4.18]은 조건식을 이용한 행렬 원소 추출 예를 보여준다.

[R-program 4.18] 조건식을 이용한 행렬 원소 추출 예

```
> #(1) 3행 4열의 행렬 생성(열 우선 생성)
> x <- matrix(21:32,nrow=3,ncol=4); x
     [,1] [,2] [,3] [,4]
[1,]   21   24   27   30
[2,]   22   25   28   31
[3,]   23   26   29   32
>
> #(2) 25보다 크고 31보다 작거나 같은 원소값 추출
> x>25 & x<=31 #조건식에 대한 논리 상수 반환
      [,1]  [,2] [,3]  [,4]
[1,] FALSE FALSE TRUE  TRUE
[2,] FALSE FALSE TRUE  TRUE
[3,] FALSE  TRUE TRUE FALSE
> x[x>25 & x<=31] #조건식이 TRUE인 원소 추출
[1] 26 27 28 29 30 31
>
> #(3) x를 2로 나누어서 나머지가 1인 값, 즉 홀수의 추출
> x%%2 == 1  #조건식에 대한 논리 상수 반환
      [,1]  [,2]  [,3]  [,4]
[1,]  TRUE FALSE  TRUE FALSE
[2,] FALSE  TRUE FALSE  TRUE
[3,]  TRUE FALSE  TRUE FALSE
> x[x%%2 == 1]  #조건식이 TRUE인 원소 추출
[1] 21 23 25 27 29 31
>
```

④ 행렬 원소값 변경

행렬 원소값 변경을 위해서는 먼저 subset 연산자 대괄호 [ ]를 이용하거나 혹은 조건식을 이용하여 원소를 추출한 후에 할당연산자 <- 혹은 =를 사용하여 원소값 변경을 한다. 이때 2개 이상의 값으로 변경하는 경우에는 반드시 combine 함수 c 등과 같은 벡터 생성함수 혹은 행렬 생성함수를 사용하여 변경한다. 행렬의 원소값 변경 예로서 [R-program 4.19]를 참조한다.

[R-program 4.19] 행렬 원소값 변경 예

```
> #(1) 3X4 행렬 x 생성(열 우선 생성)
> x <- matrix(11:22,nrow=3,ncol=4); x
     [,1] [,2] [,3] [,4]
[1,]   11   14   17   20
[2,]   12   15   18   21
[3,]   13   16   19   22
>
> #(2) 2행 제외, 1,4열의 4개 원소를 열 우선 순위로 111, 222, 333, 444 값으로 변경
> x[-2,c(1,4)] <- c(111,222,333,444); x
     [,1] [,2] [,3] [,4]
[1,]  111   14   17  333
[2,]   12   15   18   21
[3,]  222   16   19  444
>
```

```
> #(3) 2, 3행, 2, 3열의 2X2 행렬을 2X2 행렬 값으로 변경
> x[c(2,3),c(2,3)] <- matrix(c(1,2,3,4),2,2); x
     [,1] [,2] [,3] [,4]
[1,]  111   14   17  333
[2,]   12    1    3   21
[3,]  222    2    4  444
>
> #(4) 4열의 3개 값을 모두 0으로 변경
> x[,4] <- 0; x
     [,1] [,2] [,3] [,4]
[1,]  111   14   17    0
[2,]   12    1    3    0
[3,]  222    2    4    0
>
> #(5) 행렬 x의 원소중에서 20보다 작은 값은 모두 20으로 변경
> x[x < 20] <- 20; x
     [,1] [,2] [,3] [,4]
[1,]  111   20   20   20
[2,]   20   20   20   20
[3,]  222   20   20   20
>
```

⑤ 행렬 연산

R에서 행렬의 기본 연산을 위해 [표 3.10]과 같은 산술연산자 +, -, *, /, ^ 혹은 **, %%, %/% 를 사용한다. 행렬 x+y의 연산 예에서 +는 연산자이고 행렬 x 및 y는 피연산자이다. 피연산자인 행렬 x 및 y의 크기가 같을 때는 두 행렬의 같은 위치의 원소끼리 연산을 한다. 만약 피연산자 중 하나가 벡터이라면 피연산자 벡터는 상대 피연산자인 행렬의 길이(총 원소의 수)에 맞추어 열 우선으로 복제되어 연산한다. 이때 행렬의 길이를 벡터의 길이로 나누어 나머지가 생길 때는 warning 메시지가 발생한다. 피연산자 중 하나가 단일 숫자인 경우도 상대 피연산자인 행렬의 길이와 같은 길이로 복제되어 연산한다.

행렬 간의 곱셈은 단순히 같은 위치의 원소 간의 곱이 아니므로 특별히 %*%의 연산기호를 사용해야 한다. 그 밖에도 역행렬을 구하는 solve 함수, 행 및 열을 바꾸어주는 전치행렬을 구해주는 t 함수 등이 사용된다. 그 외에 더 전문적인 수학적 R 프로그램에서는 일반화 역행렬, 삼각행렬, 행렬의 분해 등에 관련된 함수도 사용할 수 있지만 여기서는 다루지 않는다. 간단한 행렬 연산에 대한 예로서 [R-program 4.20]를 참조한다.

[R-program 4.20] 행렬 연산의 예

```
> #(1) 2X3 행렬 x 및 y 생성(열 우선 생성)
> x <- matrix(1:6,nrow=2,ncol=3); x
     [,1] [,2] [,3]
[1,]    1    3    5
[2,]    2    4    6
> y <- matrix(seq(2,12,2),nrow=2,ncol=3); y
     [,1] [,2] [,3]
[1,]    2    6   10
```

```
[2,]    4    8   12
>
> #(2) 같은 크기의 행렬 연산: 같은 위치의 원소로 나누기
> y/x
     [,1] [,2] [,3]
[1,]    2    2    2
[2,]    2    2    2
>
> #(3) 같은 크기의 행렬 연산: 같은 위치의 원소로 거듭 곱하기
> x**y
     [,1]  [,2]       [,3]
[1,]    1   729    9765625
[2,]   16 65536 2176782336
>
> #(4) 피연산자가 벡터인 경우 : 행렬+벡터
> # 행렬의 길이(6)/벡터의 길이(3)은 나머지 없음
> # 벡터 c(1,2,3)는 c(1,2,3,1,2,3)으로 복제되어 연산
> x+c(1,2,3)
     [,1] [,2] [,3]
[1,]    2    6    7
[2,]    4    5    9
>

> #(5) 피연산자가 벡터인 경우 : 행렬+벡터
> # 행렬의 길이(6)/벡터의 길이(4)는 나머지 발생 => warning 메시지
> # 벡터 c(1,2,3,4)는 c(1,2,3,4,1,2)로 복제되어 연산
> x+c(1,2,3,4)
     [,1] [,2] [,3]
[1,]    2    6    6
[2,]    4    8    8
Warning message:
In x + c(1, 2, 3, 4) :
  longer object length is not a multiple of shorter object length
>
> #(6) 피연산자가 단일 숫자인 경우 : 행렬*숫자
> # 숫자 4는 c(4,4,4,4,4,4)로 복제되어 연산
> x*4
     [,1] [,2] [,3]
[1,]    4   12   20
[2,]    8   16   24
>

> #(7) 2X2 행렬 a 및 b 생성(열 우선 생성)
> a <- matrix(1:4,2,2); a
     [,1] [,2]
[1,]    1    3
[2,]    2    4
> b <- matrix(5:8,2,2); b
     [,1] [,2]
[1,]    5    7
[2,]    6    8
>
> #(8) 행렬간의 곱
> a %*% b
     [,1] [,2]
[1,]   23   31
[2,]   34   46
>
> #(9) 역행렬
> solve(a)
     [,1] [,2]
[1,]   -2  1.5
```

```
[2,]    1 -0.5
>
> #(10) 전치행렬
> t(a)
     [,1] [,2]
[1,]    1    2
[2,]    3    4
>
```

4.3 배열

배열(array)은 행과 열을 갖는 2차원 이상의 구조이며 문자형, 복소수형, 수치형, 논리형의 데이터 유형 중 하나 이상의 데이터 유형으로 구성될 수 있다. 그러나 만약 두 개 이상의 데이터 유형으로 구성된 배열이라고 한다면 문자형, 복소수형, 수치형, 논리형의 우선순위대로 오직 하나의 데이터 유형으로 처리되어 사용된다. 이에 대한 예로서 벡터의 데이터 유형 변경 예인 [R-program 4.1]을 참고한다.

행과 열로 구성된 2차원 행렬은 배열의 특별한 형태이므로 이 책에서는 주로 3차원 데이터 구조를 갖는 배열에 대하여 다루도록 하며 4차원 이상의 배열에 대해서도 3차원 배열을 확장해서 비슷하게 활용될 수 있다. 배열을 생성하는 함수로는 주로 array, dim을 사용한다.

(1) 배열 생성하기

① array 함수를 이용한 배열 생성: array(x, dim, dimnames)

함수 array(x, dim, dimnames)는 데이터 x에 대해 dim 값에 의해 배열의 각 차원의 차수가 결정된다. 2차원 행렬과 같은 배열 구조의 경우 dim=c(행의 수, 열의 수)의 값을 입력하면 되고, 3차원의 경우

dim=c(행의 수, 열의 수, 행렬의 수)

의 값을 입력하면 된다. 또한, 배열에서 각 차원의 이름은

dimnames=list(c(행 이름 나열), c(열 이름 나열), c(행렬 이름 나열))

과 같이 입력한다. 또한, array 함수 밖에서 별도로 함수 dimnames, rownames, colnames 등을 사용하여 행, 열, 및 행렬의 이름을 명명하거나 혹은 변경할 수 있다. [R-program 4.21]은 함수 array를 사용하여 배열을 생성한 예를 보여준다.

[R-program 4.21] 배열 함수 array를 이용한 배열 생성 예

```
> #(1) (2행, 3열, 2행렬)의 차원을 갖는 2X3X2 배열(열 우선 생성)
> #행, 열, 행렬 이름부여
> array(21:32,dim=c(2,3,2),dimnames=list(
+     c("r1","r2"),c("c1","c2","c3"),c("mat1","mat2")))
, , mat1

   c1 c2 c3
r1 21 23 25
r2 22 24 26

, , mat2

   c1 c2 c3
r1 27 29 31
r2 28 30 32

>
> #(2) 3행, 2열, 2행렬의 차원을 갖는 3X2X2 배열 x 생성(열 우선 생성)
> x1 <- c(31,32,33); x2 <- c(41,42,43,51,52,53,61,62,63)
> x=array(c(x1,x2),dim=c(3,2,2)); x
, , 1

     [,1] [,2]
[1,]   31   41
[2,]   32   42
[3,]   33   43

, , 2

     [,1] [,2]
[1,]   51   61
[2,]   52   62
[3,]   53   63

>
> #(3) 행, 열, 행렬에 이름 지정
> dimnames(x) <- list(c("Dog1","Dog2","Dog3"),c("Cat1","Cat2"),c("Family1"
,"Family2"));
> x
, , Family1

     Cat1 Cat2
Dog1   31   41
Dog2   32   42
Dog3   33   43

, , Family2

     Cat1 Cat2
Dog1   51   61
Dog2   52   62
Dog3   53   63

> rownames(x) <- c("P1","P2","P3") #행 이름 변경
> colnames(x) <- c("Q1","Q2"); x  #열 이름 변경
, , Family1

   Q1 Q2
P1 31 41
```

```
P2 32 42
P3 33 43

, , Family2

   Q1 Q2
P1 51 61
P2 52 62
P3 53 63
```

② dimension 함수를 이용한 배열 생성: dim(x)

함수 dim(x)는 행렬을 생성할 때와 마찬가지로 데이터 x에 combine 함수

c(행의 수, 열의 수, 행렬의 수)

를 지정함으로써 원하는 차원을 가지는 배열을 만들 수 있다. [R-program 4.22]는 함수 dim을 사용한 배열 생성의 예를 보여준다.

[R-program 4.22] dimension 함수 dim을 이용한 배열 생성 예

```
> #(1) 길이가 12인 벡터 x 생성
> x <- 71:82; x
 [1] 71 72 73 74 75 76 77 78 79 80 81 82
>
> #(2) 벡터 x를 2X3X2 배열로 생성
> dim(x) <- c(2,3,2); x
, , 1

     [,1] [,2] [,3]
[1,]   71   73   75
[2,]   72   74   76

, , 2

     [,1] [,2] [,3]
[1,]   77   79   81
[2,]   78   80   82
```

(2) 배열 다루기

데이터 처리를 할 때 배열을 다양하게 처리할 필요가 발생한다. 배열의 속성을 확인하고, 배열을 구성하는 일부 원소를 추출하고, 추출한 배열의 일부 원소값들을 변경하고, 그리고 배열 연산하는 방법은 다음과 같다.

① 배열 속성 확인

배열의 속성에는 크게 데이터 유형(문자형, 복소수형, 수치형, 그리고 논리형 등), 데이터 구조(벡터, 행렬, 배열, 팩터, 데이터 프레임, 시계열, 목록 등), 차원, 길이, 행 및 열의 이름 확인

등이 있다. 배열의 데이터 유형을 알려주는 함수로 함수 mode, typeof가 있다. 함수 class는 벡터의 경우 데이터 유형을 확인해주지만, 행렬 이상의 데이터 객체에 대해서는 데이터 구조를 확인해준다. 배열의 차원 확인은 함수 dim 그리고 배열을 이루고 있는 총 원소의 개수를 의미하는 배열의 길이는 함수 length를 통하여 이루어진다. 함수 attributes는 배열의 차원, 각 차원의 이름과 같은 배열의 속성을 확인해준다. 배열에서 각 차원의 이름 확인을 위해서 함수 dimnames, rownames 혹은 함수 colnames를 사용한다. [R-program 4.23]은 배열 속성 확인 함수의 사용 예를 보여준다.

[R-program 4.23] 배열 속성 확인 함수의 사용 예

```
> #(1)
> x1 <- c(76,83,68,59,74) #길이가 5인 벡터 생성
> x2 <- c(69,62,75,63,88,76,72,83,78,85,81) #길이가 11인 벡터 생성
> row.name <- c("HongKD","SeongCH") #행 이름 벡터 생성
> col.name <- c("Q1","Q2","Q3","Q4") #열 이름 벡터 생성
> matrix.name <- c("Department-1","Department-2") #행렬 이름 생성
>
> #(2) 길이가 16인 벡터를 2행,4열,2행렬의 2X4X2 배열 y로 만듬(열 우선 생성)
> y <- array(c(x1,x2),dim=c(2,4,2),
+            dimnames=list(row.name,col.name,matrix.name))
> y
, , Department-1

        Q1 Q2 Q3 Q4
HongKD  76 68 74 62
SeongCH 83 59 69 75

, , Department-2

        Q1 Q2 Q3 Q4
HongKD  63 76 83 85
SeongCH 88 72 78 81

>
> #(3) 배열 속성 확인
> mode(y)  #배열의 데이터 유형 확인 - 수치형
[1] "numeric"
> class(y) #배열의 데이터 구조를 확인
[1] "array"
> dim(y)  #배열의 차원 확인(행의 수,열의 수,행렬의 수)
[1] 2 4 2
> length(y)  #배열의 길이(총 원소 수) 확인
[1] 16
> attributes(y) #배열의 차원, 행, 열, 행렬의 이름 확인
$dim
[1] 2 4 2

$dimnames
$dimnames[[1]]
[1] "HongKD"  "SeongCH"

$dimnames[[2]]
[1] "Q1" "Q2" "Q3" "Q4"

$dimnames[[3]]
[1] "Department-1" "Department-2"
```

```
> dimnames(y) #행,열,행렬의 이름 확인
[[1]]
[1] "HongKD"  "SeongCH"

[[2]]
[1] "Q1" "Q2" "Q3" "Q4"

[[3]]
[1] "Department-1" "Department-2"

> rownames(y) #행 이름 확인
[1] "HongKD"  "SeongCH"
> colnames(y) #열 이름 확인
[1] "Q1" "Q2" "Q3" "Q4"
```

② subset 연산자 대괄호 [ ]를 이용한 원소 추출

배열을 구성하는 원소 중에서 필요한 원소값을 가져오기 위해서는 벡터 및 행렬에서도 사용했던 원소 추출 방법인 subset 연산자 대괄호 [ ]를 사용하는 방법이 있다. 3차원 배열의 경우

배열 이름 [행 index 혹은 "행 이름", 열 index 혹은 "열 이름", 행렬 index 혹은 "행렬 이름"]

의 대괄호 내에서 콤마(,) 2개로 차원을 구분하여 첫 번째 콤마 앞에는 행의 위치 정보를 나타내는 행 index 혹은 큰따옴표(" ") 안에 행 이름을 적고, 첫 번째 콤마 뒤에는 열의 위치 정보를 나타내는 열 index 혹은 큰따옴표 안에 열 이름을 적는다. 그리고 두 번째 콤마 뒤에는 행렬의 위치 정보를 나타내는 행렬 index 혹은 큰따옴표 안에 행렬 이름을 적는다.

첫 번째 콤마는 존재하나 첫 번째 콤마 앞에 행 index 혹은 행 이름이 없다면 전체 행을 의미하며, 두 번째 콤마는 존재하나 두 번째 콤마 앞에 열 index 혹은 열 이름이 없다면 전체 열을 의미한다. 마찬가지로 두 번째 콤마 뒤에 행렬 index 혹은 행렬 이름이 없다면 전체 행렬을 의미한다.

또한, index 앞에 마이너스(−)가 있다면 해당 index를 갖는 행, 열, 혹은 행렬을 제외한 원소 추출을 의미한다. 만약 subset 연산자 대괄호 [ ] 내에서 index를 3차원이 아닌 1차원 벡터로 나타내면 벡터는 배열의 열 우선순위에 의한 원소들의 순서 정보를 나타낸다. [R-program 4.24]는 subset 연산자 대괄호 [ ]를 이용한 배열 원소 추출 예를 보여준다.

[R-program 4.24] subset 연산자 대괄호 [ ]를 이용한 배열 원소 추출 예

```
> #(1) 2행, 3열, 2행렬의 2X3X2 배열 x 생성(열 우선 생성)
> x <- array(31:42,dim=c(2,3,2)); x
, , 1

     [,1] [,2] [,3]
[1,]   31   33   35
[2,]   32   34   36
```

```
, , 2

     [,1] [,2] [,3]
[1,]   37   39   41
[2,]   38   40   42

>
> #(2) 행, 열 및 행렬 번호 지정에 의한 원소 추출
> x[2,1,2] #2행렬의 2행, 1열의 원소 추출
[1] 38
> x[,2,]  #2열의 원소 추출
     [,1] [,2]
[1,]   33   39
[2,]   34   40
> x[,,1]  #1행렬의 원소 추출
     [,1] [,2] [,3]
[1,]   31   33   35
[2,]   32   34   36
> x[-1,2,] #1행을 제외한 2열의 원소 추출
[1] 34 40
> x[c(1,2),c(2,3),] #1,2행 및 2,3열의 원소 추출
, , 1

     [,1] [,2]
[1,]   33   35
[2,]   34   36

, , 2

     [,1] [,2]
[1,]   39   41
[2,]   40   42

>
> #(3) [ ] 안의 index를 3차원이 아닌 1차원 벡터로 나타낸 경우 :
> # 배열을 열 순서의 벡터로 놓고 원소 추출
> x[5:8] #5번째부터 8번째 원소 추출(열 순서대로)
[1] 35 36 37 38
> x[c(1,3,5,7,9,11)] #1, 3, 5, 7, 9, 11번째 원소 추출(열 순서대로)
[1] 31 33 35 37 39 41
> #1, 3, 5, 7, 9, 11번째 원소를 제외한 나머지 원소 추출(열 순서대로)
> x[-c(1,3,5,7,9,11)]
[1] 32 34 36 38 40 42
>
> #(4) 행, 열 및 행렬 이름 지정에 의한 원소 추출
> colnames(x) <- c("A","B","C"); x  #열 이름 지정
, , 1

      A  B  C
[1,] 31 33 35
[2,] 32 34 36

, , 2

      A  B  C
[1,] 37 39 41
[2,] 38 40 42

> x[,"B",] #B열 추출
     [,1] [,2]
[1,]   33   39
[2,]   34   40
> x[2,c("A","B"),1] #1행렬의 2행 및 A, B열 추출
 A  B
32 34
```

③ 조건식을 이용한 원소 추출

배열을 구성하는 원소 중에서 필요한 원소값을 가져오기 위해서 조건식을 사용하는 방법이 있다. 이 방법은 subset 연산자 대괄호 안에 조건식을 입력한다. 즉, [조건식]에서 조건식이 TRUE인 index를 갖는 원소를 추출한다.

조건식을 만드는 관계연산자에 대해서는 [표 3.11]을, 논리연산자에 대해서는 [표 3.12]를 참조한다. [R-program 4.25]는 조건식을 사용한 배열 원소 추출 예를 보여준다.

[R-program 4.25] 조건식을 사용한 배열 원소 추출 예

```
> #(1) 2행, 3열, 2행렬의 2X3X2 배열 x 생성(열 우선 생성)
> x <- array(21:32,dim=c(2,3,2)); x
, , 1

     [,1] [,2] [,3]
[1,]   21   23   25
[2,]   22   24   26

, , 2

     [,1] [,2] [,3]
[1,]   27   29   31
[2,]   28   30   32

>
> #(2) 배열 x에서 23보다 크거나 같고 28보다 작은 원소값 추출
> x>=23 & x<28 #조건식에 대한 논리 상수 반환
, , 1

      [,1] [,2] [,3]
[1,] FALSE TRUE TRUE
[2,] FALSE TRUE TRUE

, , 2

      [,1]  [,2]  [,3]
[1,]  TRUE FALSE FALSE
[2,] FALSE FALSE FALSE

> x[(x>=23) & (x<28)] #조건식이 TRUE인 원소 추출
[1] 23 24 25 26 27
>
> #(3) 배열 x에서 24보다 작거나 같고 혹은 27보다 큰  원소 중에서
> # 2로 나누어 나머지가 0인 값, 즉, 짝수 추출
> (x<=24 | x>27) & (x%%2 == 0) #조건식에 대한 논리 상수 반환
, , 1

      [,1]  [,2]  [,3]
[1,] FALSE FALSE FALSE
[2,]  TRUE  TRUE FALSE

, , 2

      [,1]  [,2]  [,3]
[1,] FALSE FALSE FALSE
[2,]  TRUE  TRUE  TRUE

> x[(x<=24 | x>27) & (x%%2 == 0)] #조건식이 TRUE인 원소 추출
[1] 22 24 28 30 32
```

④ 배열 원소값 변경

배열 원소값 변경을 위해서는 먼저 subset 연산자 대괄호 [ ]를 이용하거나 혹은 조건식을 이용하여 원소를 추출한 후에 할당연산자 <- 혹은 =를 사용하여 원소값 변경을 한다. 이때 2개 이상의 값으로 변경하는 경우에는 반드시 combine 함수 c 등과 같이 벡터 생성함수, 행렬 생성함수, 혹은 배열 생성함수를 사용하여 변경한다. 배열의 원소값 변경 예로서 [R-program 4.26]을 참조한다.

[R-program 4.26] 배열 원소값 변경 예

```
> #(1) 2행, 3열, 2행렬의 2X3X2 배열 x 생성(열 우선 생성)
> x <- array(2:13,dim=c(2,3,2)); x
, , 1

     [,1] [,2] [,3]
[1,]    2    4    6
[2,]    3    5    7

, , 2

     [,1] [,2] [,3]
[1,]    8   10   12
[2,]    9   11   13

>
> #(2) 배열 x에서 2열의 4개 값을 주어진 벡터로 변경
> x[,2,] <- c(55,77,88,99); x
, , 1

     [,1] [,2] [,3]
[1,]    2   55    6
[2,]    3   77    7

, , 2

     [,1] [,2] [,3]
[1,]    8   88   12
[2,]    9   99   13

>
> #(3) 배열 x에서 2행렬의 1행 및 1,2열(3열 제외)의 2개 값을 주어진 벡터로 변경
> x[1,-3,2] <- c(222,333); x
, , 1

     [,1] [,2] [,3]
[1,]    2   55    6
[2,]    3   77    7

, , 2

     [,1] [,2] [,3]
[1,]  222  333   12
[2,]    9   99   13

>
> #(4) 2열을 제외한 2X2X2 배열을 새로운 2X2X2 배열 값으로 변경
> x[,-2,] <- array(771:778,dim=c(2,2,2)); x
, , 1
```

```
     [,1] [,2] [,3]
[1,]  771   55  773
[2,]  772   77  774

, , 2

     [,1] [,2] [,3]
[1,]  775  333  777
[2,]  776   99  778

>
> #(5)  배열 x에서 1보다 크고 100보다 작거나 같은 원소들은 0으로 변경
> x[x>1 & x<=100] <- 0; x
, , 1

     [,1] [,2] [,3]
[1,]  771    0  773
[2,]  772    0  774

, , 2

     [,1] [,2] [,3]
[1,]  775  333  777
[2,]  776    0  778
```

⑤ 배열 연산

R에서 배열의 기본 연산을 위해 [표 3.10]과 같은 산술연산자 +, -, *, /, ^ 혹은 **, %%, %/% 를 사용한다. 배열 x+y의 연산 예에서 +는 연산자이고 배열 x 및 y는 피연산자이다. 피연산자인 배열 x 및 y의 크기가 같을 때는 두 배열의 같은 위치의 원소끼리 연산을 한다. 만약 피연산자 중 하나가 벡터라면 피연산자 벡터는 상대 피연산자인 배열의 길이(총 원소의 수)에 맞추어 열 우선으로 복제되어 연산한다. 이때 배열의 길이를 벡터의 길이로 나누어 나머지가 생길 때는 warning 메시지가 발생한다. 피연산자 중 하나가 단일 숫자인 경우도 상대 피연산자인 배열의 길이와 같은 크기로 복제되어 연산한다.

행렬 간의 곱셈연산자인 %*%를 배열에서 사용하게 되면 두 배열의 같은 위치에서 곱의 총합을 계산한다. 배열 연산에 대한 예로서 [R-program 4.27]을 참조한다.

[R-program 4.27] 배열 연산의 예

```
> #(1) 2X2X2 배열 x 및 y 생성(열 우선 생성)
> x <- array(1:8,dim=c(2,2,2)); x
, , 1

     [,1] [,2]
[1,]    1    3
[2,]    2    4

, , 2
```

```
     [,1] [,2]
[1,]    5    7
[2,]    6    8

> y <- array(seq(0.1,0.8,0.1),dim=c(2,2,2)); y
, , 1

     [,1] [,2]
[1,]  0.1  0.3
[2,]  0.2  0.4

, , 2

     [,1] [,2]
[1,]  0.5  0.7
[2,]  0.6  0.8

>
> #(2) 같은 크기의 배열 연산: 같은 위치의 원소로 뺄셈
> z <- x-y ; z
, , 1

     [,1] [,2]
[1,]  0.9  2.7
[2,]  1.8  3.6

, , 2

     [,1] [,2]
[1,]  4.5  6.3
[2,]  5.4  7.2

>
> #(3) 피연산자가 단일 숫자인 경우 : 배열*숫자
> # 숫자 10은 c(10,10,10,10,10,10,10,10)으로 복제되어 연산
> u <- z*10; u
, , 1

     [,1] [,2]
[1,]    9   27
[2,]   18   36

, , 2

     [,1] [,2]
[1,]   45   63
[2,]   54   72

>
> #(4) 피연산자가 벡터인 경우 : 배열+벡터
> # 배열의 길이(8)/벡터의 길이(4)는 나머지 없음
> # 벡터 c(10,20,30,40)은 c(10,20,30,40,10,20,30,40)으로 복제되어 열 우선으로 연산
> x+c(10,20,30,40)
, , 1

     [,1] [,2]
[1,]   11   33
[2,]   22   44

, , 2
```

```
     [,1] [,2]
[1,]   15   37
[2,]   26   48

>
> #(5) 피연산자가 벡터인 경우 : 배열+벡터
> # 행렬의 길이(8)/벡터의 길이(3)은 나머지 발생 => warning 메시지
> # 벡터 c(10,20,30)은 c(10,20,30,10,20,30,10,20)으로 복제되어 열 우선으로 연산
> x+c(10,20,30)
, , 1

     [,1] [,2]
[1,]   11   33
[2,]   22   14

, , 2

     [,1] [,2]
[1,]   25   17
[2,]   36   28

Warning message:
In x + c(10, 20, 30) :
  longer object length is not a multiple of shorter object length
```

4.4 팩터

팩터(factor)는 벡터의 특수한 형태로 유한개의 범주를 값으로 갖는 범주형 자료를 저장할 수 있는 벡터이다. 팩터는 문자형, 수치형의 데이터 유형 중에 한가지로만 사용할 수 있다. 따라서 만약 팩터가 두 개의 데이터 유형으로 구성되었다면 문자형, 수치형의 우선순위대로 오직 하나의 데이터 유형으로 처리되어 사용된다. 이에 대한 예로서 벡터의 데이터 유형 변경 예인 [R-program 4.1] 을 참고한다.

팩터의 구조는 범주형 자료를 저장하는 벡터와 범주형 자료가 가질 수 있는 서로 다른 전체 범주의 목록인 수준(level)으로 구성된다. 팩터 생성함수들을 사용하여 생성된 팩터를 출력해보면 팩터는 범주형 자료를 담고 있는 벡터에 수준 정보를 추가한 것임을 알 수 있다. R에서는 이 수준 정보를 이용해 각 범주별 단순 집계나 그래프를 효율적으로 작성할 수 있으므로 범주형 자료는 가능한 벡터가 아닌 팩터로 변환해 데이터 처리하는 것이 좋다.

(1) 범주형 자료를 팩터로 생성하기

범주형 자료는 속성이나 집단의 범주를 나타내는 명목형 자료와 서열의 범주를 나타내는 순서형 자료의 두 가지로 분류된다. 이때 범주형 자료가 갖는 서로 다른 값을 수준(level)이라 한다.

예를 들면, 남자 혹은 여자로 구별되는 성별은 명목형 자료로서 2개의 수준(level) 값인 남자, 여자를 가지며, 단독주택, 아파트, 원룸으로 구별되는 주거 형태는 3개의 수준 값을 갖는 명목형 자료이다. 학점은 5개의 수준 값으로 A, B, C, D, F와 같이 순서형 자료값을 가지며, 7점 척도의 설문지 응답인 1, 2, 3, 4, 5, 6, 7점은 7개의 수준 값을 갖는 순서형 자료이다.

명목형인 범주형 자료를 생성하기 위해서는 함수 factor를 사용하고 순서형인 범주형 자료를 생성하기 위해서는 함수 ordered를 사용한다. 팩터는 벡터와는 달리 데이터 유형이 문자형이면 출력할 때 큰따옴표(" ") 표시가 없는 문자 형태로 나타난다.

① 팩터 함수 factor를 이용한 명목형인 범주형 자료 생성: factor(x, labels, levels)

팩터 함수 factor(x, labels, levels)는 인수인 labels에 의해 수치형 혹은 문자형 데이터 x를 명목형인 범주형 자료로 만든다. labels가 정의하는 벡터의 길이는 1 혹은 데이터 x의 서로 다른 범주의 수와 같아야 한다. 이때 데이터 x의 서로 다른 범주들을 순서화한 목록의 원소들을 labels에 나열된 원소의 순서대로 매치시킨 후 데이터 x의 각 원소를 명목형인 범주형 자료로 만든다.

levels는 명목형 자료가 가질 수 있는 서로 다른 총 범주의 목록이다. 따라서 실제로 데이터 x에는 없는 범주가 levels에 명시될 수도 있다. levels를 사용한 경우에 팩터의 수준은 levels에 나열된 원소들이다. levels를 사용하지 않고 labels만 사용한 경우 팩터의 수준은 labels에 나열된 원소들이다. labels 및 levels를 모두 사용하지 않는 경우 팩터의 수준은 데이터 x의 서로 다른 범주들이다.

팩터의 각 원소에 이름을 지정하려면 원소값 앞에 지정할 이름을 쓴 다음 할당연산자 <-가 아닌 = 를 사용한다. [R-program 4.28]은 함수 factor를 이용하여 명목형인 범주형 자료를 생성하는 예이다.

[R-program 4.28] 팩터 함수 factor를 이용하여 명목형인 범주형 자료 생성 예

```
> #(1) 수치형 벡터를 명목형 자료로 생성
> # labels 및 levels를 모두 사용하지 않은 경우: 팩터의 수준은 서로 다른 범주
> factor(c(21,24,23,22,21,23,24))
[1] 21 24 23 22 21 23 24
Levels: 21 22 23 24
>
> #(2) lebels만 사용한 경우:
> # lebels 벡터의 길이가 데이터의 서로 다른 범주의 수와 같은 경우
> # labels에 나열된 원소 ("A","X","B","Y")를 데이터의 순서화한 수준
> # (21,22,23,24)에 순서대로 대응시켜 명목형 자료 생성
> factor(c(21,24,23,22,21,23,24),labels=c("A","X","B","Y"))
[1] A Y B X A B Y
Levels: A X B Y
>
```

```
> #(3) labels 정의 벡터의 길이가 1인 경우:
> #  데이터의 순서화한 수준 (21,22,23,24)에 labels 원소인 W에 일련 번호를
> # 붙여 만들어진 (W1, W2, W3, W4)를 차례대로 대응시켜 명목형 자료 생성
> factor(c(21,24,23,22,21,23,24),labels=c("W"))
[1] W1 W4 W3 W2 W1 W3 W4
Levels: W1 W2 W3 W4
>
> #(4) 문자형 벡터를 명목형인 자료로 생성
> # labels 및 levels를 모두 사용하지 않은 경우: 팩터의 수준은 서로 다른 범주
> factor(c("banana","apple","banana"))
[1] banana apple  banana
Levels: apple banana
>
> #(5) labels 정의 벡터의 길이가 1인 경우:
> # 데이터의 순서화한 수준 ("apple","banana")에 labels 원소인 fruit에 일련
> # 번호를 붙여 만들어진 (fruit1, fruit2)를 차례대로 대응시켜 명목형 자료 생성
> factor(c("banana","apple","banana"),labels=c("fruit"))
[1] fruit2 fruit1 fruit2
Levels: fruit1 fruit2
>
> #(6) levels를 사용한 경우에 팩터의 수준은 levels에 나열된 원소들
> factor(c("banana","apple","banana"),
+        levels=c("banana","pear", "apple", "strawberry"))
[1] banana apple  banana
Levels: banana pear apple strawberry
>
> #(7) 원소에 대한 이름 지정: 할당 연산자 = 사용
> # 할당 연산자 <- 는 이름 지정이 안됨
> factor(c(Choi="mulberry",Lee="cranberry ",Park<-"blackberry"))
      Choi        Lee
  mulberry cranberry  blackberry
Levels: blackberry cranberry  mulberry
```

② 순서화 함수 ordered를 이용한 순서형인 범주형 자료 생성: ordered(x, labels, levels)

순서화 함수 ordered(x, labels, levels)는 인수인 labels에 의해 수치형 혹은 문자형인 데이터 x를 순서형인 범주형 자료로 만든다. labels가 정의하는 벡터의 길이는 1 혹은 데이터 x의 서로 다른 범주의 수와 같아야 한다. 이때 데이터 x의 서로 다른 범주들을 순서화한 목록의 원소들을 labels에 나열된 원소의 순서대로 매치시킨 후 데이터 x의 각 원소를 순서형인 범주형 자료로 만든다.

levels는 순서형 자료가 가질 수 있는 서로 다른 총 범주의 목록이다. 따라서 실제로 데이터 x에는 없는 범주가 levels에 명시될 수도 있다. levels를 사용한 경우에 팩터의 수준은 levels에 나열된 원소들이며 나열된 순서대로의 순서 형태를 갖는다. levels를 사용하지 않고 labels만 사용한 경우 팩터의 수준은 labels에 나열된 원소들의 순서 형태를 갖는다. labels 및 levels를 모두 사용하지 않는 경우 팩터의 수준은 데이터 x의 서로 다른 범주들이며 수준의 순서는 수치형 데이터의 경우에는 숫자의 크기 순서, 문자형 데이터의 경우에는 알파벳 순서와 같은 사전적인

순서가 자동으로 생성된다.

팩터의 각 원소에 이름을 지정하려면 원소값 앞에 지정할 이름을 쓴 다음 할당연산자 <-가 아닌 =를 사용한다. [R-program 4.29]는 함수 ordered를 사용하여 순서형인 범주형 자료를 생성하는 예이다.

[R-program 4.29] 순서화 함수 ordered를 이용하여 순서형인 범주형 자료 생성 예

```
> #(1) 수치형 벡터를 순서형 자료로 생성
> # 팩터의 수준은 데이터의 서로 다른 숫자로서 수준의 순서는 숫자의 크기 순서
> ordered(c(21,24,23,22,21,23,24))
[1] 21 24 23 22 21 23 24
Levels: 21 < 22 < 23 < 24
>
> #(2) labels만 사용한 경우:
> # labels 벡터의 길이가 데이터의 서로 다른 범주의 수와 같은 경우
> # labels에 나열된 원소 ("A","X","B","Y")를 데이터의 순서화한 수준
> # (21,22,23,24)에 순서대로 대응시켜 순서형 자료 생성
> # 수준의 순서는 labels에 나열된 원소의 순서
> ordered(c(21,24,23,22,21,23,24),labels=c("A","X","B","Y"))
[1] A Y B X A B Y
Levels: A < X < B < Y
>
> #(3) labels 정의 벡터의 길이가 1인 경우:
> # 데이터의 순서화한 수준 (21,22,23,24)에 labels 원소인 W에 일련 번호를
> # 붙여 만들어진 (W1, W2, W3, W4)를 차례대로 대응시켜 순서형 자료 생성
> # 수준의 순서는 W에 연결된 숫자의 크기 순서
> ordered(c(21,24,23,22,21,23,24),labels=c("W"))
[1] W1 W4 W3 W2 W1 W3 W4
Levels: W1 < W2 < W3 < W4
>
> #(4) 문자형 벡터를 순서형 자료로 생성
> # labels 및 levels를 모두 사용하지 않은 경우: 팩터의 수준은 데이터의
> # 서로 다른 범주로서 수준의 순서는 알파벳의 사전적 순서
> ordered(c("banana","apple","banana"))
[1] banana apple  banana
Levels: apple < banana
>
> #(5) levels를 사용한 경우에 팩터의 수준은 levels에 나열된 원소
> # 수준의 순서는 levels에 나열된 순서
> ordered(c("banana","apple","banana"),
+         levels=c("banana","pear", "apple", "strawberry"))
[1] banana apple  banana
Levels: banana < pear < apple < strawberry
>
> #(6) 원소에 대한 이름 지정: 할당연산자 = 사용
> # 할당 연산자 <- 는 이름 지정이 안됨
> ordered(c(Choi="mulberry",Lee="cranberry ",Park<-"blackberry"))
      Choi          Lee
  mulberry cranberry  blackberry
Levels: blackberry < cranberry  < mulberry
```

(2) 팩터 다루기

데이터 처리를 할 때 팩터를 다양하게 처리할 필요가 발생한다. 팩터의 속성을 확인하고, 팩터를 구성하는 일부 원소를 추출하고, 팩터의 일부 원소값들을 변경하는 방법은 다음과 같다.

① 팩터 속성 확인

팩터의 속성에는 데이터 유형(문자형, 복소수형, 수치형, 그리고 논리형 등), 데이터 구조(벡터, 행렬, 배열, 팩터, 데이터 프레임, 시계열, 목록 등), 수준, 길이, 원소 이름 확인 등이 있다. 팩터의 데이터 유형을 알기 위해서는 함수 mode를 사용한다. 이때 팩터의 데이터 유형이 문자형인 경우라도 실제 R에서 저장되는 형태는 수치형이다. 이것은 함수 str를 사용하여 확인할 수 있다. 함수 class는 데이터 구조를 확인해준다. 팩터의 길이 확인은 함수 length를 통하여 알 수 있다. 함수 levels는 팩터의 수준을 확인해주고 함수 names는 팩터 원소의 이름을 확인해준다. [R-program 4.30]은 팩터 속성 확인 함수의 사용 예를 보여준다.

[R-program 4.30] 팩터 속성 확인 함수의 사용 예

```
> #(1) 명목형인 범주형 자료의 속성 확인
> x1 <- factor(c(1,4,3,2,1,3,4)); x1
[1] 1 4 3 2 1 3 4
Levels: 1 2 3 4
> str(x1) #팩터의 실제 저장 형태-숫자로 저장됨
 Factor w/ 4 levels "1","2","3","4": 1 4 3 2 1 3 4
> mode(x1) #팩터의 데이터 유형 확인-수치형
[1] "numeric"
> class(x1) #팩터의 데이터 구조 확인
[1] "factor"
> length(x1) #팩터의 길이(총 원소 수) 확인
[1] 7
> levels(x1) #팩터의 수준 확인
[1] "1" "2" "3" "4"
>
> #(2) 순서형인 범주형 자료의 속성 확인
> x2 <- ordered(c("banana","apple","banana")); x2
[1] banana apple  banana
Levels: apple < banana
> str(x2) #팩터의 실제 저장 형태-숫자로 저장됨
 Ord.factor w/ 2 levels "apple"<"banana": 2 1 2
> mode(x2) #팩터의 데이터 유형 확인-수치형
[1] "numeric"
> class(x2) #팩터의 데이터 구조 확인
[1] "ordered" "factor"
> length(x2) #팩터의 길이(총 원소 수) 확인
[1] 3
> levels(x2) #팩터의 수준 확인
[1] "apple"  "banana"
> x3 <- ordered(c(Choi="mulberry",Lee="cranberry ",Park="blackberry"))
> names(x3) #팩터의 원소 이름 확인
[1] "Choi" "Lee"  "Park"
```

② subset 연산자 대괄호 [ ]를 이용한 팩터 원소 추출

팩터는 기본적으로 벡터와 같으므로 팩터를 구성하는 원소 중에서 필요한 원소값을 가져오기 위해서는 벡터와 같은 방식으로 원소 추출을 한다. 즉, 다음의 형식

팩터 이름 [원소 index 혹은 "원소 이름"]

을 사용한다. 여기서 index는 팩터를 구성하는 원소의 위치 정보를 나타낸다. 만약 원소 이름이 있는 경우는 큰따옴표 (" ") 안에 원소 이름을 넣어 사용할 수 있다.

만약 두 개 이상의 원소를 추출하고자 할 때는 반드시 combine 함수 c, replicate 함수 rep, sequence 함수 seq, 혹은 연산자 콜론(:) 등과 같이 벡터를 생성하는 함수를 사용하여 두 개 이상 원소의 index를 나타내야 한다. 또한, index 앞에 마이너스(−)가 있다면 해당 index를 갖는 원소를 제외한 원소 추출을 의미한다. 이때 특정 원소값만 가져오더라도 원래 수준이 표시된다.

[R-program 4.31]은 subset 연산자 대괄호 [ ]를 이용한 팩터 원소 추출의 예를 보여준다.

[R-program 4.31] subset 연산자 대괄호 [ ]를 이용한 팩터 원소 추출 예

```
> #(1) 명목형인 범주형 자료 x1 생성: 원소 위치 정보로 추출
> x1<- factor(c(1,3,5,3,1),labels=c("Lim","Yoon","Cho")); x1
[1] Lim  Yoon Cho  Yoon Lim
Levels: Lim Yoon Cho
> x1[c(2,5)]  #2,5번째 원소 추출
[1] Yoon Lim
Levels: Lim Yoon Cho
> x1[2:4] #2,3,4번째 원소 추출
[1] Yoon Cho  Yoon
Levels: Lim Yoon Cho
> x1[seq(1,5,2)] #1,3,5번째 원소 추출
[1] Lim Cho Lim
Levels: Lim Yoon Cho
> x1[rep(c(2,5),c(3,4))] #2번째 원소를 3회, 5번째 원소를 4회 추출
[1] Yoon Yoon Yoon Lim  Lim  Lim  Lim
Levels: Lim Yoon Cho
> x1[-c(2,4)]  #2,4번째를 제외한 원소 추출
[1] Lim Cho Lim
Levels: Lim Yoon Cho
>
> #(2) 순서형인 범주형 자료 x2 생성: 원소 위치 정보로 추출
> x2 <- ordered(c("banana","apple","banana")); x2
[1] banana apple  banana
Levels: apple < banana
> x2[2]  #2번째 원소 추출
[1] apple
Levels: apple < banana
> x2[-3]  #3번째를 제외한 원소 추출
[1] banana apple
Levels: apple < banana
>
> #(3) 순서형인 범주형 자료 x3 생성: 원소 이름으로 추출
> x3 <- ordered(c(A="90+",B="80+",C="70+",F="60+")); x3
  A   B   C   F
90+ 80+ 70+ 60+
Levels: 60+ < 70+ < 80+ < 90+
> x3["C"]  #이름이 "C"인 원소 추출
  C
70+
Levels: 60+ < 70+ < 80+ < 90+
> x3[c("A","F")]  #이름이 "A", "F"인 원소 추출
  A   F
90+ 60+
Levels: 60+ < 70+ < 80+ < 90+
```

③ 팩터 원소값 변경

팩터 원소값 변경을 위해서는 먼저 subset 연산자 대괄호 [ ]를 이용하여 원소를 추출한 후에 할당연산자 <- 혹은 = 를 사용하여 원소값 변경을 한다. 이때 2개 이상의 값으로 변경하는 경우에는 반드시 combine 함수 c 등과 같이 벡터 생성함수를 사용하여 변경한다. 또한, 팩터의 원소를 변경할 때에는 기존의 수준에 속해있는 값으로만 변경할 수 있다. 팩터의 원소값 변경 예로서 [R-program 4.32]를 참조한다.

[R-program 4.32] 팩터 원소값 변경 예

```
> #(1) # 순서형인 범주형 자료 x1의 2번째 원소 "apple"를 "pear"로 변경
> x1 <- ordered(c("banana","apple","banana"),
+               levels=c("banana","pear","apple","strawberry")); x1
[1] banana apple  banana
Levels: banana < pear < apple < strawberry
> x1[2] <- "pear" ; x1
[1] banana pear   banana
Levels: banana < pear < apple < strawberry
>
> #(2) # 명목형인 범주형 자료 x2의 2, 5번째 원소를 A, C로 변경
> x2<- factor(c(1,3,5,3,1),labels=c("A","B","C")); x2
[1] A B C B A
Levels: A B C
> x2[c(2,5)] <- c("A","C"); x2
[1] A A C B C
Levels: A B C
>
> #(3) 팩터 x2의 4번째 원소인 "B"를 수준 목록에 없는 "D"로 변경
> # 오류 발생: NA는 값을 이용할 수 없음을 의미하는 예약어
> x2[4] <- "D"; x2
Warning message:
In `[<-.factor`(`*tmp*`, 4, value = "D") :
  invalid factor level, NA generated
[1] A    A    C    <NA> C
Levels: A B C
```

4.5 데이터 프레임

데이터 프레임(data frame)은 행렬과 같이 행과 열이 있는 2차원 데이터 구조를 갖는다.

R에서 자료분석할 때 가장 많이 사용되는 데이터 구조는 데이터 프레임이다. 데이터 프레임의 행은 일반적인 자료의 관측치(case)에 해당하고 열은 변수(variable)에 해당한다. 즉, 관측치의 개수가 모두 같은 변수들은 데이터 프레임으로 구성할 수 있다.

데이터 프레임의 각 열은 벡터에 해당하므로 각 열별로 문자형, 복소수형, 수치형, 논리형의 데이터 유형 중 하나를 사용할 수 있다.

데이터 프레임은 행렬의 집합으로써 작성할 수도 있지만, 많은 경우 벡터의 집합으로 다루어진다. 같은 길이를 갖는 벡터의 집합인 데이터 프레임은 각각의 벡터를 열로 간주하는 표 형식의 데이터로 생각할 수가 있어서 행 단위, 열 단위 기준으로 데이터의 삽입, 삭제, 추출 등을 쉽게 할 수 있다.

(1) 데이터 프레임 생성하기

① data.frame 함수를 이용한 데이터 프레임 생성: data.frame(...)

함수 data.frame(...)으로 데이터 프레임을 생성하는 경우 괄호 (...) 안에 원소로 사용할 수 있는 데이터 객체는 벡터, 팩터, 행렬 등이다. 이들 데이터 객체들의 데이터 유형(문자형, 복소수형, 수치형, 논리형)은 서로 다르더라도 벡터 혹은 팩터의 경우 길이, 행렬의 경우 행의 수가 모두 같아야 한다. 특히 데이터 유형이 문자형인 경우는 자동으로 팩터로 변환된다. 이러한 자동적인 팩터로의 변환을 막기 위해서는 srtringsAsFactors=FALSE 옵션을 사용하거나 함수 I를 사용하여 팩터로 변환되지 않고 문자형 그대로 사용될 수 있다.

데이터 프레임을 구성하는 요소로서 벡터, 팩터, 행렬 등에 열 이름이 지정된 경우는 데이터 프레임에서도 각각의 열 이름을 그대로 사용하지만 열 이름이 지정되어 있지 않으면 벡터 혹은 팩터의 각 원소를 그대로 캡쳐한 듯한 열 이름이 자동으로 생성되며 행렬의 경우는 X1, X2,.. 등과 같이 열 이름이 순서대로 자동 생성된다. 또한, 행렬의 행 이름이 지정된 경우는 행렬의 행 이름이 데이터 프레임의 행 이름으로 사용되며, 행렬의 행 이름이 지정되지 않은 경우는 데이터 프레임의 행 이름은 1, 2, ... 와 같은 숫자가 자동 생성되어 행 이름으로 사용된다. 함수 data.frame을 사용하여 데이터 프레임을 생성한 예는 [R-program 4.33]에서 참조한다.

[R-program 4.33] 데이터 프레임 함수 data.frame을 사용한 데이터 프레임 생성 예

```
> #(1) 수치형 벡터, 문자형 벡터, 수치형 행렬 생성
> id=1:2 #길이가 2인 수치형 벡터
> sex=c("male","female") #길이가 2인 문자형 벡터
> # 행의 수가 2인 2X2 수치형 행렬, 행 및 열 이름이 지정되어 있음
> body <- matrix(c(178,165,73,58),nrow=2,ncol=2,
+                dimnames=list(c("LeeMR","SeongCH"),c("Height","Weight")))
>
> #(2) 수치형 벡터, 문자형 벡터, 수치형 행렬을 혼합하여 데이터 프레임 생성
> # 문자형 벡터 sex가 자동적으로 팩터로 처리
> # 행 및 열이름이 지정된 경우
> y1 <- data.frame(id,sex,body); y1
        id    sex Height Weight
LeeMR    1   male    178     73
SeongCH  2 female    165     58
> str(y1$sex) #문자형 벡터 sex의 팩터 확인
 Factor w/ 2 levels "female","male": 2 1
>
> #(3) 함수 I를 사용하여 문자형 벡터 sex를 문자형으로 처리
> y2 <- data.frame(id,I(sex),body)
> str(y2$sex) #문자형 벡터 sex의 문자형 확인
Class 'AsIs'  chr [1:2] "male" "female"
```

```
>
> #(4) stringsAsFactors=FALSE를 사용하여 문자형 벡터 sex를 문자형으로 처리
> y3 <- data.frame(id,sex,body,stringsAsFactors=FALSE)
> str(y3$sex) #문자형 벡터 sex의 문자형 확인
 chr [1:2] "male" "female"
>
> #(5) 행 및 열 이름이 지정되지 않은 경우: 자동적인 행 및 열 이름 생성
> # 1:2의 열 이름:  X1.2
> # c("male","female")의 열 이름 : c..male....female..
> # matrix(c(178,165,73,58))의 열 이름 : X1, X2
> y4 <- data.frame(1:2,c("male","female"),matrix(c(178,165,73,58),
+                                             nrow=2,ncol=2));
> y4
  X1.2 c..male....female..  X1 X2
1    1                male 178 73
2    2              female 165 58
```

(2) 데이터 프레임 다루기

자료분석에서 다루는 가장 일반적인 자료의 형태는 행은 관측치(case)를 열은 변수를 나타내는 2차원 구조로서 R의 데이터 구조 중에서 데이터 프레임이 가장 유사한 형태를 갖는다. 또한, R 시스템 환경 밖의 외부에서 작성된 데이터 파일로서 텍스트 파일(확장자가 txt), 엑셀 파일(확장자가 csv 혹은 xlsx), SPSS 데이터 파일(확장자가 sav), 혹은 SAS 데이터 파일(확장자가 sas7bdat) 등과 같은 외부 데이터 파일을 R로 불러들여 자료분석하고자 할 때 사용하는 R 함수들은 외부의 데이터를 모두 데이터 프레임으로 변환시킨다(참조: 6.3 외부데이터 파일 입출력). 이러한 관점에서 볼 때 데이터 프레임은 R에 의한 자료분석을 수행할 때 가장 많이 활용되는 데이터 객체이다. 따라서 데이터 프레임을 자료분석하기 위한 여러 가지 데이터 처리 방법들에 대해서는 제5장의 R 데이터 처리에서 별도로 자세히 다루기로 한다.

4.6 시계열

시계열 자료는 시간의 흐름에 따라 관측된 자료이다. R에서 시계열(time series)은 벡터나 행렬에 시간, 일, 월, 년도 등의 시간 정보가 추가된 데이터 객체로서 시계열 자료를 나타내는데 사용된다.

(1) 시계열 생성하기

① ts 함수를 이용한 시계열 생성: ts(x, start, end, frequency, names)

시계열 함수 ts(x, start, end, frequency, names)로 시계열을 생성하는 경우 데이터 x는 벡터

혹은 행렬이 사용될 수 있다. 이때 데이터 x가 벡터인 경우는 1개 시계열을 생성하고 행렬인 경우는 열의 수에 해당하는 개수의 시계열이 생성된다. 그리고 각 열에 해당하는 시계열에 대해 시계열 이름을 지정하려면 함수 names를 사용한다.

함수 ts 내의 인수 frequency는 시계열 자료분석 분야에서 말하는 주기(cycle)를 의미한다. 인수 frequency의 기본값은 1이다. 예를 들면 연도별 시계열인 경우는 frequency=1, 분기별 시계열인 경우는 frequency=4, 월별 시계열인 경우는 frequency=12, 주별 시계열인 경우는 frequency=7이다.

인수 start는 첫 번째 관측치의 시작 시간을 지정해주는데, 원소가 두 개의 정수인 벡터로 정의되는 경우 첫 번째 정수는 시계열의 시작 시점을 나타내며, 두 번째 정수는 한 주기의 시작 시점을 지정해준다. 예를 들면 frequency=4인 경우 start=c(2011, 3)이라면 2011년 3분기부터 시계열이 시작된다는 의미이다. 인수 start가 한 개의 정수로 정의되는 경우는 주기의 첫 번째 시점부터 시작한다. 예를 들면 frequency=4이고 tart=2011이라면 2011년 1분기부터 시계열이 시작된다는 의미이다.

인수 start를 사용하면 마지막 시점은 자료의 개수에 의해 자동으로 결정되므로 인수 end는 사용할 필요가 없다. 만약 인수 start를 사용하지 않으면 인수 end를 반드시 사용해야 하며 인수 end의 사용법은 인수 start의 사용법과 같다. 시계열 함수 ts를 이용한 시계열 생성 예는 [R-program 4.34]를 참조한다.

[R-program 4.34] 시계열 함수 ts를 이용한 시계열 생성 예

```
> #(가) 입력데이터: 길이가 16인 벡터 생성
> x <- c(72,83,71,78,79,71,62,74,76,64,62,57,80,65,74,92)
>
> #(1) 2001년 부터 시작하고 frequency=1(기본 값) 이므로 년도별 시계열
> ts(x,start=2001)
Time Series:
Start = 2001
End = 2016
Frequency = 1
 [1] 72 83 71 78 79 71 62 74 76 64 62 57 80 65 74 92
>
> #(2) 2013년 제1사분기 부터 시작하는 분기별 시계열
> ts(x,start=2013,frequency=4)
     Qtr1 Qtr2 Qtr3 Qtr4
2013   72   83   71   78
2014   79   71   62   74
2015   76   64   62   57
2016   80   65   74   92
>
> #(3) 2011년 제3사분기부터 시작하는 분기별 시계열
> ts(x,start=c(2011,3),frequency=4)
     Qtr1 Qtr2 Qtr3 Qtr4
2011             72   83
2012   71   78   79   71
2013   62   74   76   64
```

```
2014   62   57   80   65
2015   74   92
>
> #(4) 2014년 8월부터 시작하는 월별 시계열
> ts(x,start=c(2014,8),frequency=12)
     Jan Feb Mar Apr May Jun Jul Aug Sep Oct Nov Dec
2014                             72  83  71  78  79
2015  71  62  74  76  64  62  57  80  65  74  92
>
> #(나) 입력데이터 : 25X3 행렬
> #(5) 2011년 5월부터 시작하는 3개(열의 수)의 월별 시계열
> # 시계열이름 "Series1", "Series2",... 자동 생성
> ts(matrix(101:115,nrow=5,ncol=3),start=c(2011,5),frequency=12)
         Series 1 Series 2 Series 3
May 2011      101      106      111
Jun 2011      102      107      112
Jul 2011      103      108      113
Aug 2011      104      109      114
Sep 2011      105      110      115
>
> #(6) 시계열 이름 지정
> ts(matrix(101:115,5,3),start=c(2011,5),frequency=12,
+    names=c("class1","class2","class3"))
         class1 class2 class3
May 2011    101    106    111
Jun 2011    102    107    112
Jul 2011    103    108    113
Aug 2011    104    109    114
Sep 2011    105    110    115
```

(2) 시계열 다루기

시계열의 속성을 확인하고 시계열을 구성하는 일부 원소를 추출하는 방법은 다음과 같다.

① 시계열 속성 확인

시계열의 속성에는 데이터 유형(문자형, 복소수형, 수치형, 그리고 논리형 등), 데이터 구조(벡터, 행렬, 배열, 팩터, 데이터 프레임, 시계열, 목록 등), 시계열의 길이, 시계열의 시작 및 끝 시점과 주기 확인 등이 있다. 데이터 유형을 알려주는 함수로 함수 mode를 사용하며 함수 class는 데이터 구조를 확인해준다. 함수 tsp는 시계열의 시작 및 끝 시점과 주기를 확인해준다. 함수 length는 시계열의 관측치 수를 돌려준다. [R-program 4.35]는 시계열 속성 확인 함수의 사용 예를 보여준다.

[R-program 4.35] 시계열 속성 확인 함수의 사용 예

```
> #(1) 입력데이터: 길이가 16인 벡터 생성
> x <- c(72,83,71,78,79,71,62,74,76,64,62,57,80,65,74,92)
>
> #(2) 2011년 제3사분기부터 시작하는 분기별 시계열
> y <- ts(x,start=c(2011,3),frequency=4) ; y
```

```
     Qtr1 Qtr2 Qtr3 Qtr4
2011           72   83
2012   71   78   79   71
2013   62   74   76   64
2014   62   57   80   65
2015   74   92
>
> #(3) 시계열의 속성 확인
> mode(y)  #시계열 y의 데이터 유형 확인 - 수치형
[1] "numeric"
> class(y) #시계열 y의 데이터 구조 확인 - 시계열
[1] "ts"
> tsp(y)  #시계열 y의 시작 시점, 마지막 시점, 주기 확인
[1] 2011.50 2015.25    4.00
> length(y)  #시계열 y의 길이 확인
[1] 16
```

② subset 연산자 대괄호 [ ] 혹은 조건식을 이용한 시계열 추출

시간의 흐름에 따라 관측되는 시계열 자료는 관측 시점과 함께 나타내므로 시간의 확인이 때때로 필요하다. 함수 time은 시계열의 관측 시간을 확인해준다. 시계열의 일부를 가져오기 위해서는 subset 연산자인 대괄호 [ ]를 사용하거나 조건식을 사용하는 방법이 있다. 조건식을 만드는 관계연산자에 대해서는 [표 3.11]을, 논리연산자에 대해서는 [표 3.12]를 참조한다. [R-program 4.36]은 subset 연산자 대괄호 [ ] 혹은 조건식을 사용한 시계열 추출 예를 보여준다.

[R-program 4.36] subset 연산자 대괄호 [ ] 혹은 조건식을 사용한 시계열 추출 예

```
> #(1) 입력데이터: 길이가 16인 벡터 생성
> x <- c(72,83,71,78,79,71,62,74,76,64,62,57,80,65,74,92)
>
> #(2) 2011년 제3사분기부터 시작하는 분기별 시계열
> y <- ts(x,start=c(2011,3),frequency=4) ; y
     Qtr1 Qtr2 Qtr3 Qtr4
2011           72   83
2012   71   78   79   71
2013   62   74   76   64
2014   62   57   80   65
2015   74   92
>
> #(3) 시계열 y의 시간 추출
> time(y)
        Qtr1    Qtr2    Qtr3    Qtr4
2011                 2011.50 2011.75
2012 2012.00 2012.25 2012.50 2012.75
2013 2013.00 2013.25 2013.50 2013.75
2014 2014.00 2014.25 2014.50 2014.75
2015 2015.00 2015.25
>
> #(4) 시계열 y에서 2014년 2사분기(2014.25)부터의 관측치 추출
> y[time(y) >= 2014.2]
[1] 57 80 65 74 92
```

```
>
> #(5) 시계열 y에서 3번째부터 6번째까지의 관측치의 시간 추출
> time(y)[3:6]
[1] 2012.00 2012.25 2012.50 2012.75
>
> #(6) 시계열 y에서 3번째부터 6번째까지의 관측치 추출
> y[3:6]
[1] 71 78 79 71
>
> #(7) 시계열 y에서 75보다 크고 83보다 작거나 같은 관측치 추출
> y[y>75 & y<=83 ]
[1] 83 78 79 76 80
```

4.7 목록

목록(list)은 벡터, 행렬, 배열, 팩터, 데이터 프레임, 시계열 등과 같이 서로 다른 데이터 구조를 갖는 데이터 객체를 혼합해서 원소로 사용이 가능하다. 이때 각 데이터 객체들의 데이터 유형(문자형, 복소수형, 수치형, 논리형)이 모두 같을 필요는 없으며 길이 또한 같을 필요는 없다. 이에 반해 4.5절에서 다룬 데이터 프레임은 목록의 특별한 경우로서 길이가 모두 같은 벡터, 팩터, 혹은 행의 수가 같은 행렬, 배열들로 구성된 목록은 데이터 프레임으로 변환시킬 수 있다. 목록은 벡터, 행렬, 배열, 팩터, 데이터 프레임, 시계열 등과 같이 여러 종류의 데이터 객체를 하나의 목록에 정리하여 보존할 때 유용한 데이터 구조라 할 수 있다.

(1) 목록 생성하기

① 목록 함수 list를 사용한 목록 생성: list(...)

목록 함수 list(...)로 목록을 생성하는 경우 괄호 (...) 안에 원소로 사용할 수 있는 데이터 객체는 벡터, 행렬, 배열, 팩터, 데이터 프레임, 시계열 등이다.

목록의 원소에 대하여 이름을 지정하기 위해서는 함수 list 내에서 할당연산자 <-가 아닌 =를 사용해야 하며, 이 경우에는 해당 원소에 대하여 '$원소 이름'으로 출력되며, 원소 이름을 사용하지 않은 때는 중첩 대괄호 [[ ]] 안에 자동으로 순서화된 숫자로 구별하여 출력된다. [R-program 4.37]은 목록 함수 list를 사용한 목록 생성 예이다.

[R-program 4.37] 목록 함수 list를 사용한 목록 생성 예

```
> #(1) 2X2 행렬 body1 생성
> body1 <- matrix(c(178,165,73,48),nrow=2,ncol=2,
+                 dimnames=list(c("HongKD","SeongCH"),
+                               c("Height","Weight")))
```

```
> body1
        Height Weight
HongKD     178     73
SeongCH    165     48
>
> #(2) 목록 x1 생성: 원소 이름을 사용하는 경우
> # 데이터 유형 혼합 : 수치형, 문자형, 논리형
> # 데이터 객체 혼합 : 단일 원소, 벡터, 팩터, 데이터 프레임
> x1 <- list(birth=6.24,Gym="Fox",Question=FALSE,
+            fruit=factor(c("banana","apple","melon")),
+            blood=c(118,124,106,112,125),
+            body=data.frame(id=1:2,sex=c("male","female"),body=body1))
> x1
$birth
[1] 6.24

$Gym
[1] "Fox"

$Question
[1] FALSE

$fruit
[1] banana apple  melon
Levels: apple banana melon

$blood
[1] 118 124 106 112 125

$body
        id    sex body.Height body.Weight
HongKD   1   male         178          73
SeongCH  2 female         165          48

>
> #(3) 목록 x2 생성: 원소 이름을 사용하지 않는 경우
> # 데이터 유형 혼합 : 수치형, 문자형, 논리형
> # 데이터 객체 혼합 : 단일 원소, 벡터, 팩터, 행렬
> x2 <- list(6.24,"Fox",FALSE,c(33,44,55),
+            factor(c("banana","apple","melon")),
+            matrix(11:16,nrow=2,ncol=3)
+ )
> x2
[[1]]
[1] 6.24

[[2]]
[1] "Fox"

[[3]]
[1] FALSE

[[4]]
[1] 33 44 55


[[5]]
[1] banana apple  melon
Levels: apple banana melon

[[6]]
     [,1] [,2] [,3]
[1,]   11   13   15
[2,]   12   14   16
```

(2) 목록 다루기

데이터 처리를 할 때 목록을 다양하게 다룰 필요가 발생한다. 목록의 속성을 확인하고, 목록을 구성하는 일부 원소를 추출하고, 추출한 목록의 일부 원소값들을 변경하는 방법은 다음과 같다.

① 목록 속성 확인

목록 속성에는 데이터 유형(문자형, 복소수형, 수치형, 그리고 논리형 등), 데이터 구조(벡터, 행렬, 배열, 팩터, 데이터 프레임, 시계열, 목록 등), 길이 확인, 이름 확인 등이 있다. 데이터 유형을 알려주는 함수로 함수 mode를 사용한다. 함수 class는 데이터 구조를 확인해준다. 함수 str은 목록의 모든 원소에 대한 데이터 유형 혹은 데이터 구조를 확인해준다. 목록의 길이는 함수 length를 통하여 이루어진다.

위 목록 속성 함수들의 인수로 목록 이름 혹은 목록을 구성하는 각 원소의 이름을 입력할 수 있다. 목록의 원소는 벡터, 행렬, 배열, 팩터, 데이터 프레임, 시계열, 목록 등과 같이 여러 형태의 데이터 구조를 가지므로 구체적으로

목록 이름$원소 이름 혹은 목록 이름[[원소 번호]]

와 같이 목록의 원소를 지정하여 목록의 각 원소에 대하여 속성을 확인할 수 있다.

목록은 여러 데이터 구조를 갖는 데이터 객체들의 혼합형이므로 mode(목록 이름)는 "list"라는 값을 돌려주지만, mode(목록 이름$원소 이름)와 같이 구체적으로 목록 내의 특정 원소를 지정하면 특정 원소의 데이터 유형을 확인해준다. 함수 names는 원소 이름을 확인해준다. [R-program 4.38]은 목록 속성 확인 함수의 사용 예를 보여준다.

[R-program 4.38] 목록 속성 확인 함수의 사용 예

```
> #(1) 벡터,팩터,행렬의 3가지 데이터 객체를 혼합한 목록 x 생성
> x <- list(blood=c(118,124,106,112,125),
+           fruit=factor(c("banana","apple","melon")),
+           body1=matrix(c(165,178,58,73),nrow=2,ncol=2)); x
$blood
[1] 118 124 106 112 125

$fruit
[1] banana apple  melon
Levels: apple banana melon

$body1
     [,1] [,2]
[1,]  165   58
```

```
[2,]  178   73

>
> #(2) 데이터 유형 확인
> mode(x) #대상: 목록 x
[1] "list"
> mode(x[[1]]) #대상: 목록 x내의 첫 번째 원소 blood
[1] "numeric"
> # 대상: 목록 x내의 두 번째 원소 fruit
> # 팩터의 원소는 수치형으로 바꾸어 저장되므로 numeric
> mode(x$fruit)
[1] "numeric"
> mode(x[[3]]) #대상: 목록 x내의 세 번째 원소 body1
[1] "numeric"
>
> #(3) 데이터 구조 확인
> class(x) #대상: 목록 x
[1] "list"
> # 대상: 목록 x내의 첫 번째 원소 blood
> # class 함수는 벡터의 경우 데이터 유형 numeric을 반환
> class(x[[1]])
[1] "numeric"
> class(x[[2]]) #대상: 목록 x내의 두 번째 원소 fruit
[1] "factor"
> class(x$body1) #대상: 목록 x내의 세 번째 원소 body1
[1] "matrix"

>
> #(4) 데이터 유형 및 데이터 구조 확인
> str(x) #대상: 목록 x
List of 3
 $ blood: num [1:5] 118 124 106 112 125
 $ fruit: Factor w/ 3 levels "apple","banana",..: 2 1 3
 $ body1: num [1:2, 1:2] 165 178 58 73
> str(x[[3]]) #대상: 목록 x내의 세 번째 원소 body1
 num [1:2, 1:2] 165 178 58 73
>
> #(5) 길이(총 원소 수) 확인
> length(x) #대상: 목록 x
[1] 3
> length(x[[3]])  #대상: 목록 x내의 세 번째 원소 body1
[1] 4
>
> #(6) 목록 x의 각 원소의 이름 확인
> names(x)
[1] "blood" "fruit" "body1"
```

② subset 연산자 중첩 대괄호 [[ ]], 대괄호 [ ] 혹은 연산자 $를 이용한 원소 추출

목록은 원소로서 벡터, 행렬, 배열, 팩터, 데이터 프레임, 시계열 등을 가질 수 있으며 각 원소는 독립적인 데이터 객체이므로 각 원소 내에 자신의 하부 원소들을 갖는다.

목록을 구성하는 원소 중에서 하나의 원소만을 추출하고자 할 때는 subset 연산자인 중첩 대괄호 [[ ]]를 사용하여

목록 이름 [[원소 index]]

와 같은 형식을 취하고, 만약 목록의 원소가 이름을 갖는 경우는

목록 이름 [["원소 이름"]]

의 형식을 사용할 수도 있다. 또는 연산자 $를 사용하여

목록 이름$원소 이름

의 형식으로 원소 추출을 할 수도 있다.

목록으로부터 두 개 이상의 원소를 추출할 때는 대괄호 [ ]를 사용하여 대괄호 내에서 반드시 combine 함수 c와 같은 벡터 생성함수 등을 사용해야 한다.

특정 원소 내에 포함된 하부 원소를 추출하기 위해서는 subset 연산자인 중첩 대괄호 [[ ]]와 대괄호 [ ]를 연이어 사용하여

목록 이름 [[원소 index]][하부 원소 index]

와 같은 형식을 취하고, 만약 목록의 원소가 이름을 갖는 경우는

목록 이름 [["원소 이름"]][하부 원소 index]

의 형식을 취할 수 있다. 혹은 연산자 $를 사용하여

목록 이름 $원소 이름[하부 원소 index]

의 형식으로 하부 원소 추출을 할 수도 있다.

[R-program 4.39]는 subset 연산자 중첩 대괄호 [[ ]], 대괄호 [ ] 혹은 연산자 $를 이용하여 목록으로부터 원소 추출의 여러 예를 보여준다.

[R-program 4.39] subset 연산자 중첩 대괄호 [[ ]], 대괄호 [ ] 및 연산자 $를 사용한 목록 원소 추출 예

```
> #(1) 벡터,팩터,행렬의 3가지 데이터 객체를 혼합한 목록 x 생성
> x <- list(blood=c(118,124,106,112,125),
+           fruit=factor(c("banana","apple","melon")),
+           body1=matrix(c(165,178,58,73),nrow=2,ncol=2)); x
$blood
[1] 118 124 106 112 125

$fruit
[1] banana apple  melon
```

```
Levels: apple banana melon

$body1
     [,1] [,2]
[1,]  165   58
[2,]  178   73

>
> #(2) 목록 x의 첫 번째 원소인 벡터 blood 추출 방법
> x[[1]]
[1] 118 124 106 112 125
> x[["blood"]]
[1] 118 124 106 112 125
> x$blood
[1] 118 124 106 112 125
> #(3) 목록 x의 첫 번째 원소 blood 및 두 번째 원소 fruit 추출 방법
> x[c(1,2)]
$blood
[1] 118 124 106 112 125

$fruit
[1] banana apple  melon
Levels: apple banana melon

> x[c("blood","fruit")]
$blood
[1] 118 124 106 112 125

$fruit
[1] banana apple  melon
Levels: apple banana melon

> x[1:2]
$blood
[1] 118 124 106 112 125

$fruit
[1] banana apple  melon
Levels: apple banana melon
> x[-3]
$blood
[1] 118 124 106 112 125

$fruit
[1] banana apple  melon
Levels: apple banana melon
> #(4) 목록 x의 첫 번째 원소인 벡터 blood 내의 3,4,5번째 원소 추출 방법
> x[[1]][c(3,4,5)]
[1] 106 112 125
> x[["blood"]][-c(1,2)]
[1] 106 112 125
> x$blood[3:5]
[1] 106 112 125
>
```

```
> #(5) 목록 x의 세 번째 원소인 행렬 body1 내의 1행 및 2열 원소 추출 방법
> x[[3]][1,2]
[1] 58
> x$body1[1,2]
[1] 58
```

③ 목록 원소값 변경

목록 내의 원소값 혹은 특정 원소 내의 하부 원소의 변경을 위해서는 먼저 subset 연산자 중첩 대괄호 [[ ]], 대괄호 [ ] 혹은 연산자 $를 이용하여 원소를 추출한 후에 할당연산자 <- 혹은 = 를 사용하여 원소값 변경을 한다. 함수 names는 기존의 원소 이름을 확인하는 데도 사용되지만, 원소의 이름을 변경할 때도 사용된다. 원소값 변경 예로서 [R-program 4.40]을 참조한다.

[R-program 4.40] 목록 원소값 변경 예

```
> #(1) 벡터,팩터,행렬의 3가지 데이터 객체를 혼합한 목록 x 생성
> x <- list(blood=c(118,124,106,112,125),
+           fruit=factor(c("banana","apple","melon")),
+           body1=matrix(c(165,178,58,73),nrow=2,ncol=2)); x
$blood
[1] 118 124 106 112 125

$fruit
[1] banana apple  melon
Levels: apple banana melon

$body1
     [,1] [,2]
[1,]  165   58
[2,]  178   73

>
> #(2) 목록 x의 첫 번째 원소인 길이 5인 수치형 벡터 blood를
> # 길이 2인 문자형 벡터로 변경
> x[[1]] <- c("Kim","Lee"); x[[1]]
[1] "Kim" "Lee"
> x[["blood"]] <- c("Park","Choi"); x[["blood"]]
[1] "Park" "Choi"
> x$blood <- c("Cheong","Kang"); x$blood
[1] "Cheong" "Kang"
>
> #(3) 목록 x의  두 번째 원소인 fruit 내의 2번째 원소인 "apple"을
> # 제외하고 모두 "apple"로 변경
> x[[2]][-2] <- "apple"; x[[2]]
[1] apple apple apple
Levels: apple banana melon
>
> #(4) 목록 x의 3번째 원소인 행렬 body1 내의 2열을 103, 123으로 변경
```

```
> x[[3]][,2] <- c(103,123); x[[3]]
     [,1] [,2]
[1,]  165  103
[2,]  178  123

>
> #(5) 변경된 원소를 갖는 목록 x의 확인
> x
$blood
[1] "Cheong" "Kang"

$fruit
[1] apple apple apple
Levels: apple banana melon

$body1
     [,1] [,2]
[1,]  165  103
[2,]  178  123

>
> #(6) 목록 x의 각 원소 이름 변경
> names(x) <- c("Last_name","Favorite fruits","Overweight"); x
$Last_name
[1] "Cheong" "Kang"

$`Favorite fruits`
[1] apple apple apple
Levels: apple banana melon

$Overweight
     [,1] [,2]
[1,]  165  103
[2,]  178  123
```

4.8 데이터 객체 관리

지금까지 제4장에서는 벡터, 행렬, 배열, 팩터, 데이터 프레임, 시계열, 목록 등과 같은 각 데이터 객체의 데이터 구조와 데이터 처리 방법을 간략하게 다루었다. 주어진 데이터가 특정한 데이터 객체인지를 검증해주는 데이터 객체 검증 함수가 [표 4.1]의 왼편에 제시되어 있다. 각 데이터 객체 검증 함수에 대한 결과는 TRUE 혹은 FALSE와 같은 논리 상수로 반환된다.

또한, 주어진 데이터를 특정 데이터 객체로 변환시켜주는 데이터 객체 변환 함수가 [표 4.1]의 오른편에 제시되어 있다. 이들 데이터 객체 관리 함수에 대한 사용 예는 [R-program 4.41]을 참조한다.

[표 4.1] 데이터 객체 관리함수

검증 함수	설명	변환 함수	설명
is.vector	벡터?	as.vector	벡터로 변환
is.matrix	행렬?	as.matrix	행렬로 변환
is.array	배열?	as.array	배열로 변환
is.factor	팩터?	as.factor	팩터로 변환
is.data.frame	데이터 프레임?	as.data.frame	데이터 프레임으로 변환
is.ts	시계열?	as.ts	시계열로 변환
is.list	목록?	as.list	목록으로 변환

[R-program 4.41] 데이터 객체 관리함수의 사용 예

```
> #(1) 2X3 행렬 x 생성
> x <- matrix(91:96,2,3); x
     [,1] [,2] [,3]
[1,]   91   93   95
[2,]   92   94   96
>
> #(2) 행렬 x가 특정 데이터 객체인지 검증
> is.vector(x) # 행렬 x가 벡터인가?
[1] FALSE
> is.matrix(x) # 행렬 x가 행렬인가?
[1] TRUE
> is.array(x) # 행렬 x가 배열인가? 행렬은 배열의 특수한 경우이다.
[1] TRUE
> is.factor(x) # 행렬 x가 팩터인가?
[1] FALSE
> is.data.frame(x) # 행렬 x가 데이터 프레임인가?
[1] FALSE
> is.list(x) # 행렬 x가 목록인가?
[1] FALSE
> is.ts(x) # 행렬 x가 시계열인가?
[1] FALSE

>
> #(3) 행렬 x를 특정 데이터 객체로 변환
> as.vector(x) # 행렬 x를 벡터로 변환
[1] 91 92 93 94 95 96
> as.factor(x) # 행렬 x를 팩터로 변환
[1] 91 92 93 94 95 96
Levels: 91 92 93 94 95 96
> as.data.frame(x) # 행렬 x를 데이터 프레임으로 변환
  V1 V2 V3
1 91 93 95
2 92 94 96
> as.list(x) # 행렬 x를 목록으로 변환
[[1]]
[1] 91

[[2]]
[1] 92
```

```
[[3]]
[1] 93

[[4]]
[1] 94

[[5]]
[1] 95

[[6]]
[1] 96

> as.ts(x) # 행렬 x를 시계열로 변환
Time Series:
Start = 1
End = 2
Frequency = 1
  Series 1 Series 2 Series 3
1       91       93       95
2       92       94       96
```

01 아래 표에 입력된 데이터는 3명이 가위, 바위, 보를 10번 하여 최종적으로 이긴 사람의 이름을 입력한 것이다. 입력 시에 편의를 위해 이름의 알파벳 첫 글자로만 값을 입력하였다. 먼저 표의 데이터를 벡터로 입력하고 각 값을 다음과 같은 풀 네임으로 바꾸어라. (K - Kim Jeewoo, L - Lee Minho, P - Park Woojin)

Name	L	K	K	P	L	P	K	P	K	L

02 구구단의 1단부터 9단까지의 계산 값을 rep 함수를 사용한 하나의 계산식을 통해 벡터로 입력한 뒤에 9×9의 행렬 형태로 변환하여라.

03 아래 표는 5점 척도의 설문지 조사에서 응답 번호(1~5)를 입력한 것이다. 표의 값을 벡터로 입력한 뒤에 순서 형태의 범주형 자료로 생성하고 각 수준이 다음과 같은 문자 형태로 나타나도록 하여라. (1 - Very Low, 2 - Low, 3 - Medium, 4 - High, 5 - Very High)

Answer	1	4	1	2	3	5	4	2	1	3

04 아래 표의 각 변수에 대하여 적절한 데이터 객체를 만들고 표와 같은 형태의 결과가 나오도록 데이터 프레임으로 결합하여라.

Name	Age	Gender	Grade
James	24	Male	B
Alexis	21	Female	A
Sarah	27	Female	C
Samuel	23	Male	B
Taylor	25	Female	C

5장

R 데이터 처리

일반적으로 자료분석 대상인 데이터 세트는 [그림 5.1]과 같이 가로 방향의 열은 변수들을, 세로 방향의 행으로는 관측치를 나타내는 행렬 형태로 구성된다. [그림 5.1]의 자동차 사양 자료에서 열(변수) 이름은 Type, EngineSize, Cylinders, Horsepower이고, 행(관측치) 이름은 SantaFe, Accent, …, Spectra, Optima 등이다. 또한, 변수 Type은 문자형이고 그 외 나머지 변수들은 수치형이다.

이처럼 데이터 세트를 구성하는 각 열(변수)들은 데이터 유형(문자형, 복소수형, 수치형, 그리고 논리형)이 서로 다를 수 있고 각 관측치들의 수는 모두 같다. 앞서 제4장에서 다루었던 데이터 객체 중에서 이러한 행렬 형태로 구성된 데이터 객체는 행렬 및 데이터 프레임이 있다. 그러나 행렬은 두 개 이상의 데이터 유형으로 혼합 구성될 수 있으나 문자형, 복소수형, 수치형, 그리고 논리형의 우선순위에 따라 오직 하나의 데이터 유형으로 처리되므로 일반적인 데이터 세트의 형식은 아니다.

```
           Type EngineSize Cylinders Horsepower
SantaFe     SUV        2.7         6        173
Accent    Sedan        1.6         4        103
Elantra   Sedan        2.0         4        138
Sonata    Sedan        2.7         6        170
XG350     Sedan        3.5         6        194
Sorento     SUV        3.5         6        192
Rio       Sedan        1.6         4        104
Spectra   Sedan        1.8         4        124
Optima    Sedan        2.7         6        170
```

[그림 5.1] 자동차 사양 데이터 세트

이에 반해서 데이터 프레임은 각 열별로 데이터 유형을 다르게 사용할 수 있다. 뿐만 아니라 엑셀, SPSS, SAS 등과 같이 자료분석을 위해서 널리 사용되고 있는 통계 소프트웨어에서 다루는 데이터를 R에서 불러들일 때 사용하는 R 함수들은 이들 외부 데이터를 모두 데이터 프레임으로 만든다. 따라서 제5장에서는 여러 데이터 객체 중에서 기본적으로는 데이터 프레임을 대상으로 하는 여러 가지 데이터 처리 방법을 다룬다. 또한, 행과 관측치, 그리고 열과 변수를 동일한 의미로 함께 쓰기로 한다.

제5장에서 예제로 사용되는 데이터 프레임은 데이터 프레임 생성 방법(참조: 4.5절)으로 만든 자료를 사용하거나 혹은 R 패키지 datasets에 포함된 데이터 프레임을 주로 사용하였다. 패키지 datasets은 R 함수들의 사용법을 설명하기 위해 사용되는 여러 데이터 유형 혹은 데이터 구조를 갖는 샘플 데이터들을 모아 놓은 패키지이다.

패키지 datasets이 가지고 있는 모든 데이터 세트들에 대한 간략한 설명은 Console 창에서 library(help="datasets") 을 입력하면 Source 창에 그 결과가 나타난다. 또한, 각 데이터 세트에 대한 보다 자세한 설명, 예를 들면 패키지 datasets이 가지고 있는 데이터 세트 USArrests에 대한 보다 자세한 설명 혹은 각 변수에 대한 설명 등을 참조하려면 ?USArrests를 Console 창에 입력한다.

패키지 datasets이 가지고 있는 데이터를 사용하기 위해서는 사전에 패키지 datasets을 설치하고 불러들여야 한다. 패키지 설치에 관해서는 2.3절을 참조한다.

5.1 R 데이터 탐색

데이터 탐색은 자료분석의 첫 단계로서 본격적인 자료분석에 들어가기 전에 데이터에 대한 기본 정보를 알아보는 데 필요한 과정이다. 5.1절에서는 전체 데이터를 다 볼 필요는 없을지라도 몇 개의 관측치를 미리 살펴보고, 데이터의 유형 및 데이터의 구조 등과 같은 데이터 속성을 확인해본다. 또한, 자료분석에 앞서서 결측값 및 중복값의 존재 여부를 파악하고 이들의 처리를 다룬다. 마지막으로 데이터 유형에 따라 기술통계 값을 산출해 보는 데이터 탐색을 다룬다.

(1) 데이터 펼쳐보기

데이터를 살펴보기 위해서 Console 창에 데이터 이름을 입력하면 Console 창에 데이터가 출력된다. 만약 행 및 열의 수가 작은 경우라면 문제 되지 않지만, 대용량 데이터의 경우는 Console 창에 데이터를 출력하는 데 시간이 걸리기도 하고 변수 이름이 나타나는 Console 창의 페이지가 많이 넘겨지므로 변수와 함께 보기가 불편하다. 이럴 때 유용하게 사용되는 함수로 head, tail, 혹은 tbl_df 등이 있다.

함수 head는 전체 데이터의 처음 몇 행을 볼 수 있으며 함수 tail은 마지막 몇 행을 볼 수 있다. 이때 관측치 이름이 있는 경우 관측치 이름이 표시된다. 이에 반해서 함수 tbl_df는 처음 최대 10행을 보여주며 행과 열의 차원 수, 데이터 유형의 정보를 추가로 알 수 있으며, 관측치 이름이 있더라도 관측치 이름은 나타나지 않는다. 함수 tbl_df을 사용하기 위해서는 사전에 패키지 dplyr을 설치하고 불러들여야 한다.

[표 5.1]은 함수 head, tail, 그리고 tbl_df의 형식을 나타내며 [R-program 5.1]은 이들 함수의 사용 예를 보여준다.

[표 5.1] 함수 head, tail 및 tbl_df의 형식

형식	head(x, n=N)
옵션	• x: 데이터 객체 이름 • N: 탐색하고 싶은 관측치의 개수(기본값은 6)
설명	데이터 객체 x의 처음 N행을 보여준다.
형식	tail(x, n=N)
옵션	• x: 데이터 객체 이름 • N: 탐색하고 싶은 관측치의 개수(기본값은 6)
설명	데이터 객체 x의 마지막 N행을 보여준다.
형식	tbl_df(x)
옵션	• x: 데이터 객체 이름
설명	• 데이터 객체 x의 처음 10행을 보여준다. • 사전에 패키지 dplyr을 설치하고 불러들여야 한다.(2.3절 참조)

[R-program 5.1] 함수 head, tail 및 tbl_df의 사용 예

```
> #(1) USArrests: 패키지 datasets의 데이터 프레임
> # 데이터 설명: 1973 년 미국 50 개 주에서 폭행, 살인 및 강간에 대한 10만 명당
> # 체포된 강력 범죄자 수 및 10만명 당 도시 인구 수로서 50X4 데이터 프레임
>
> #(2) 처음 6행 보기: 관측치명이 표시됨
> head(USArrests)
           Murder Assault UrbanPop Rape
Alabama      13.2     236       58 21.2
Alaska       10.0     263       48 44.5
Arizona       8.1     294       80 31.0
Arkansas      8.8     190       50 19.5
California    9.0     276       91 40.6
Colorado      7.9     204       78 38.7
>
> #(3) 마지막 3행 보기: 관측치명이 표시됨
> tail(USArrests,3)
              Murder Assault UrbanPop Rape
West Virginia    5.7      81       39  9.3
Wisconsin        2.6      53       66 10.8
Wyoming          6.8     161       60 15.6
>
> #(4) 처음 10행 보기: 관측치명이 표시되지 않음
> # 사전에 패키지 dplyr 을 설치하고 불러들여야 한다.
> tbl_df(USArrests)
# A tibble: 50 x 4
   Murder Assault UrbanPop  Rape
 *  <dbl>   <int>    <int> <dbl>
 1  13.2      236       58  21.2
 2  10.0      263       48  44.5
 3   8.10     294       80  31.0
 4   8.80     190       50  19.5
 5   9.00     276       91  40.6
 6   7.90     204       78  38.7
```

```
 7    3.30      110       77  11.1
 8    5.90      238       72  15.8
 9   15.4       335       80  31.9
10   17.4       211       60  25.8
# ... with 40 more rows
```

(2) 데이터 속성 확인

데이터 프레임의 속성에는 데이터 유형(문자형, 복소수형, 수치형, 그리고 논리형), 데이터 객체, 길이, 행 혹은 열 이름 확인, 그리고 문자 벡터의 크기 확인 등이 있다.

함수 mode는 데이터 유형을 알려준다. 함수 class는 데이터 객체를 확인해준다. 함수 str를 사용하면 데이터 프레임을 구성하는 모든 원소들의 데이터 유형, 데이터 객체, 변수 이름, 그리고 변수 및 관측치의 수 등을 확인할 수 있다. 함수 length는 데이터 프레임의 열의 수를 돌려준다.

데이터 프레임은 서로 다른 데이터 객체를 원소로 가질 수 있으므로 인수로 데이터 프레임 이름 대신 각 원소의 이름을 입력하면 각 원소에 대한 속성 확인을 할 수 있다. 예를 들면 mode(데이터 프레임 이름)는 list값을 돌려주지만, 연산자 $를 사용하는 mode(데이터 프레임 이름$원소 이름)는 해당 원소의 데이터 유형을 확인해 준다.

한편 함수 attributes는 열 및 행 이름과 데이터 객체를, rownames는 행의 이름을, 그리고 함수 colnames 혹은 names는 열의 이름을 확인해준다.

[R-program 5.2]는 데이터 프레임 속성 확인 함수의 여러 사용 예를 보여준다.

[R-program 5.2] 데이터 프레임 속성 확인 함수의 사용 예

```
> #(1) 데이터 프레임 data1 생성
> id <- c("KIM","LEE","PARK","CHOI","CHEONG") #문자형 벡터 생성
> age <- c(21,27,35,42,57) #수치형 벡터 생성
> score <- c(87,74,79,91,80) #수치형 벡터 생성
> pass <- factor(c("S","F","F","S","F"))  #팩터(명목형인 범주형 벡터) 생성
> data1 <- data.frame(I(id), age, score, pass);
> #함수 I는 문자형 벡터를 팩터로 자동 변환되지 않도록 함
> data1
      id age score pass
1    KIM  21    87    S
2    LEE  27    74    F
3   PARK  35    79    F
4   CHOI  42    91    S
5 CHEONG  57    80    F
>
> #(2) 데이터 유형, 데이터 객체, 열의 수 확인
> mode(data1$id) #원소 id의 데이터 유형 확인
[1] "character"
> class(data1) #data1의 데이터 객체 확인
[1] "data.frame"
```

```
> length(data1) #data1의 열의 수 확인
[1] 4

>
> #(3) 데이터 프레임의 여러 속성 확인
> str(data1)
'data.frame':	5 obs. of  4 variables:
 $ id   :Class 'AsIs'  chr [1:5] "KIM" "LEE" "PARK" "CHOI" ...
 $ age  : num  21 27 35 42 57
 $ score: num  87 74 79 91 80
 $ pass : Factor w/ 2 levels "F","S": 2 1 1 2 1
>
> #(4) 데이터 프레임의 열 및 행 이름 확인
> attributes(data1) #data1의  열 및 행 이름, 데이터 객체 확인
$names
[1] "id"    "age"   "score" "pass"

$row.names
[1] 1 2 3 4 5

$class
[1] "data.frame"

> rownames(data1) #행 이름 확인
[1] "1" "2" "3" "4" "5"
> colnames(data1) #열 이름 확인
[1] "id"    "age"   "score" "pass"
> names(data1) #열 이름 확인
[1] "id"    "age"   "score" "pass"
```

(3) 결측값 탐색 및 처리

일반적으로 R 프로그램 내에서 결측값은 'Not Available'의 의미를 갖는 R 예약어 NA로 표시된다. R에서는 결측값 표시인 NA가 있는 상태에서 통계 함수를 사용하더라도 대부분 제대로 통계 계산을 하지 않고 NA 값을 돌려준다. 따라서 이러한 결측값이 존재하는 행(관측치)들은 자료분석 전에 미리 파악하고 제거 혹은 대체를 결정해야 한다.

관측치가 결측값인지 아닌지를 알아보는 결측값 검증 함수 is.na의 사용법은 이미 [표 3.5]에서 다루었다. 즉, 함수 is.na는 데이터가 결측값이면 TRUE, 결측값이 아니면 FALSE의 논리 상수를 돌려준다. 옵션 na.rm=TRUE는 원래의 데이터 세트에 결측값은 그대로 두고 계산할 때만 결측값을 빼고 계산한다. 그러나 함수 na.omit는 결측값이 존재하는 행을 데이터 세트에서 삭제한다. 함수 complete.cases는 결측값이 존재하지 않는 완전한 관측치의 행은 TRUE, 결측값이 존재하는 관측치의 행은 FALSE의 논리 상수를 반환한다.

[R-program 5.3]에는 결측값 검증, 대체 그리고 삭제에 관한 R 프로그램의 예가 제시되어 있다.

[R-program 5.3] 결측값 검증, 대체 및 삭제 예

```
> #(1) airquality: 패키지 datasets의 데이터 프레임
> # 데이터 설명: 뉴욕의 일일 대기 질 측정자료(1973년 5월~9월)로서
> # 153 x 6 데이터 프레임
>
> data1 <- airquality[1:7,]; data1 #airquality의 1행부터 7행까지만 추출
  Ozone Solar.R Wind Temp Month Day
1    41     190  7.4   67     5   1
2    36     118  8.0   72     5   2
3    12     149 12.6   74     5   3
4    18     313 11.5   62     5   4
5    NA      NA 14.3   56     5   5
6    28      NA 14.9   66     5   6
7    23     299  8.6   65     5   7
> data2 <- data1 #원 데이터 data1을 복사, 즉, data1=data2
> data3 <- data1 #원 데이터 data1을 복사, 즉, data1=data3
>
> #(2) Ozone열에서 결측값을 제외하고 계산한 평균값(26.3333)으로 결측값 대체
> # Ozone열의 결측값 확인
>
> is.na(data1$Ozone)
[1] FALSE FALSE FALSE FALSE  TRUE FALSE FALSE

>
> # is.na(data1$Ozone)의 반환 값이 TRUE인 5번째 행의 결측값에 대해
> # 평균값 대체
>
> data1$Ozone[is.na(data1$Ozone)] <- mean(data1$Ozone, na.rm=TRUE);
> data1
     Ozone Solar.R Wind Temp Month Day
1 41.00000     190  7.4   67     5   1
2 36.00000     118  8.0   72     5   2
3 12.00000     149 12.6   74     5   3
4 18.00000     313 11.5   62     5   4
5 26.33333      NA 14.3   56     5   5
6 28.00000      NA 14.9   66     5   6
7 23.00000     299  8.6   65     5   7
>
> #(4) Solar.R열에서 결측값을 제외하고 계산한 평균값(213.8)으로 결측값 대체
> # Solar.R열의 결측값 확인
>
> is.na(data1$Solar.R)
[1] FALSE FALSE FALSE FALSE  TRUE  TRUE FALSE
>
> # is.na(data1$Solar.R)의 반환 값이 TRUE인 5, 6번째 행의 결측값에 대해
> # 평균값 대체
>
> data1$Solar.R[is.na(data1$Solar.R)] <- mean(data1$Solar.R, na.rm=T);
> data1
     Ozone Solar.R Wind Temp Month Day
1 41.00000   190.0  7.4   67     5   1
2 36.00000   118.0  8.0   72     5   2
3 12.00000   149.0 12.6   74     5   3
4 18.00000   313.0 11.5   62     5   4
5 26.33333   213.8 14.3   56     5   5
6 28.00000   213.8 14.9   66     5   6
7 23.00000   299.0  8.6   65     5   7
```

```
>
> #(5) data2에서 결측값이 없는 행에 대한 논리 상수 반환
>
> complete.cases(data2)
[1]  TRUE  TRUE  TRUE  TRUE FALSE FALSE  TRUE
>
> #(6) data2에서 결측값이 있는 5 및 6행 삭제
> # data2에서 조건문에 의한 행 추출: 함수 complete.cases의 반환 값이
> # TRUE인 행만 남기고 FALSE인 5 및 6행 삭제
>
> data2[complete.cases(data2),]
  Ozone Solar.R Wind Temp Month Day
1    41     190  7.4   67     5   1
2    36     118  8.0   72     5   2
3    12     149 12.6   74     5   3
4    18     313 11.5   62     5   4
7    23     299  8.6   65     5   7
>
> #(7) data3에서 결측값이 있는 5 및 6행 삭제
>
> na.omit(data3)
  Ozone Solar.R Wind Temp Month Day
1    41     190  7.4   67     5   1
2    36     118  8.0   72     5   2
3    12     149 12.6   74     5   3
4    18     313 11.5   62     5   4
7    23     299  8.6   65     5   7
```

(4) 중복 데이터 탐색 및 처리

자료분석을 할 때 데이터가 중복하여 존재한다면 미리 파악하고 이를 처리해야 할 때가 종종 있다. 관측치가 중복되었는지 여부를 알아보는 중복 검증 함수는 duplicated이다. 함수 duplicated는 중복되지 않은 최초의 관측치이면 FALSE를, 이전에 한번이라도 같은 관측치가 존재했다면 TRUE를 반환한다. 함수 unique는 중복이 존재하는 관측치를 제외한 데이터만 반환한다. 즉, 함수 duplicated를 수행했을 때 FALSE인 값을 주는 관측치만 돌려준다. [R-program 5.4]에는 중복 관측치 검증 및 삭제에 관한 R 프로그램 예가 제시되어 있다.

[R-program 5.4] 중복 관측치 검증 및 삭제 예

```
> #(1) 중복 관측치가 있는 데이터 프레임 생성
>
> dupdata <- data.frame(num=c(1,1,2,2,2,3,3,3,3),
+                       char=c("A","A","B","B","B","C","C","C","C"),
+                       value=c(1000,500,300,300,200,1000,1000,800,800)
)
> dupdata
  num char value
1   1    A  1000
2   1    A   500
3   2    B   300
```

```
4   2    B    300
5   2    B    200
6   3    C   1000
7   3    C   1000
8   3    C    800
9   3    C    800
>
> #(2) 중복 관측치 검증: 4, 7, 9행에 중복 관측치 존재
> duplicated(dupdata)
[1] FALSE FALSE FALSE  TRUE FALSE FALSE  TRUE FALSE  TRUE

>
> #(3) 중복 관측치 제거
> dupdata[!duplicated(dupdata),]
  num char value
1   1    A  1000
2   1    A   500
3   2    B   300
5   2    B   200
6   3    C  1000
8   3    C   800
>
> #(4) 중복 관측치 제거
> unique(dupdata)
  num char value
1   1    A  1000
2   1    A   500
3   2    B   300
5   2    B   200
6   3    C  1000
8   3    C   800
```

(5) 기술통계치 탐색

통계적 자료분석의 첫 단계는 기술통계분석이다. 기술통계분석은 수치 요약과 그래프 표현으로 이루어진다. 기술통계치 요약 함수 summary는 주어진 데이터에 대해서 기본적인 수치요약인 기술통계치를 제공한다.

문자형인 열은 데이터 프레임에서는 범주형 자료인 팩터로 자동 전환되는데 팩터의 경우는 수준별 빈도수를 제공한다. 수치형인 열의 경우는 최솟값(Minimum), 제1사분위수(1st Quartile), 중위수(Median), 평균(Mean), 제3사분위수(3rd Quartile), 최댓값(Maximum)을 제공한다. 또한, 결측치가 있는 경우는 결측값(NA)의 개수를 제공한다.

[R-program 5.5]는 기술통계치 요약 함수 summary의 사용 예를 보여준다.

[R-program 5.5] 기술통계치 요약 함수 summary의 사용 예

```
> #(1) Titanic: 패키지 datasets의 배열
> # 데이터 설명: 타이타닉호 승객 자료로서 4차원 4X2X2X2 배열
> # 4차원 배열 Titanic을 32X5 데이터 프레임(df_Titanic)으로 변환
>
```

```
> df_Titanic <- as.data.frame(Titanic)
> head(df_Titanic)
  Class    Sex   Age Survived Freq
1   1st   Male Child       No    0
2   2nd   Male Child       No    0
3   3rd   Male Child       No   35
4  Crew   Male Child       No    0
5   1st Female Child       No    0
6   2nd Female Child       No    0
>
> #(2) 기술통계치 요약: 열이 팩터인 경우 수준별 빈도수 제공
> # 수치형 열인 경우 수치 요약값 제공
> summary(df_Titanic)
  Class       Sex         Age      Survived      Freq
 1st :8   Male  :16   Child:16   No :16   Min.   :  0.00
 2nd :8   Female:16   Adult:16   Yes:16   1st Qu.:  0.75
 3rd :8                                   Median : 13.50
 Crew:8                                   Mean   : 68.78
                                          3rd Qu.: 77.00
                                          Max.   :670.00

> #(3) airquality: 패키지 datasets의 데이터 프레임
> # 데이터 설명: 뉴욕의 일일 대기 질 측정자료(1973년 5월~9월)로서
> # 153 x 6 데이터 프레임
>
> # 결측값(NA)이 있는 경우 결측값 개수 제공
> summary(airquality)
     Ozone           Solar.R          Wind             Temp
 Min.   :  1.00   Min.   :  7.0   Min.   : 1.700   Min.   :56.00
 1st Qu.: 18.00   1st Qu.:115.8   1st Qu.: 7.400   1st Qu.:72.00
 Median : 31.50   Median :205.0   Median : 9.700   Median :79.00
 Mean   : 42.13   Mean   :185.9   Mean   : 9.958   Mean   :77.88
 3rd Qu.: 63.25   3rd Qu.:258.8   3rd Qu.:11.500   3rd Qu.:85.00
 Max.   :168.00   Max.   :334.0   Max.   :20.700   Max.   :97.00
 NA's   :37       NA's   :7
     Month            Day
 Min.   :5.000   Min.   : 1.0
 1st Qu.:6.000   1st Qu.: 8.0
 Median :7.000   Median :16.0
 Mean   :6.993   Mean   :15.8
 3rd Qu.:8.000   3rd Qu.:23.0
 Max.   :9.000   Max.   :31.0
```

5.2 R 데이터 편집

이 절에서는 데이터 프레임으로부터 일부 데이터의 추출 및 변경, 새로운 데이터의 추가, 그리고 기존의 일부 데이터 삭제와 같은 데이터 편집 방법을 다룬다.

(1) 데이터 추출

제4장에서 벡터, 행렬, 배열, 팩터, 시계열, 목록 등과 같은 각 데이터 객체들을 다루는 과정에서 주어진 데이터로부터 일부 데이터를 추출하는 방법들을 이미 간단하게 살펴보았다. 여기서도 기본적으로 같은 추출 방법인 subset 연산자 대괄호 [ ] 혹은 연산자 $를 이용한 원소 추출법과 조건문을 이용한 원소 추출법을 활용하여 데이터를 추출하는 방법을 다룬다.

① subset 연산자 대괄호 [ ] 혹은 연산자 $를 이용한 원소 추출

데이터 프레임으로부터 필요한 원소를 추출하기 위해서 사용할 수 있는 몇 가지 방법으로 subset 연산자 대괄호 [ ] 뿐만 아니라 패키지 dplyr에 포함된 함수 select 혹은 함수 filter를 사용하는 방법 등이 있다. 그러나 이들 중에서 subset 연산자 대괄호 [ ]를 사용하는 방법이 가장 편리하고 모든 방법을 포괄하는 유연한 방식이다. 따라서 여기서는 subset 연산자 대괄호 [ ]를 사용하는 방법을 설명하기로 한다.

데이터 프레임은 행(관측치) 및 열(변수)을 갖는 행렬과 같은 형태이므로 4.2절에서 다루었던 행렬로부터 필요한 원소값을 가져오는 형식과 같은 방법으로 수행된다. 즉, 데이터 프레임으로부터 필요한 원소값을 가져오기 위해서는

데이터 프레임 이름 [행 index 혹은 "행 이름", 열 index 혹은 "열 이름"]

의 형식을 따른다. 즉, 내괄호 내에서 콤마(,)로 차원을 구분하여 콤마 앞에는 행의 위치 정보를 나타내는 행 index 혹은 큰따옴표(" ") 안에 행 이름을 적고 콤마 뒤에는 열의 위치 정보를 나타내는 열 index 혹은 큰따옴표 안에 열 이름을 적는다.

열을 추출할 때 열 이름이 있다면 연산자 $를 사용하여

데이터 프레임 이름$열 이름

의 형식으로 열의 원소들을 추출할 수도 있다.

만약 두 개 이상의 행(열)을 추출하고자 할 때는 반드시 combine 함수 c, replicate 함수 rep, sequence 함수 seq, 혹은 연산자 콜론(:) 등과 같이 벡터를 생성하는 함수를 사용하여 두 개 이상 행(열)의 index를 나타내야 한다.

콤마는 존재하나 콤마 앞에 행 index 혹은 행 이름이 없다면 전체 행을 의미하며, 반대로 콤마는 존재하나 콤마 다음에 열 index 혹은 열 이름이 없다면 전체 열을 의미한다. 그리고 index 앞에 마이너스(−)가 있다면 해당 index를 갖는 행(열)을 제외한 원소 추출을 의미한다. [R-program 5.6]은 subset 연산자 대괄호 [ ] 및 연산자 $를 이용한 데이터 프레임 원소 추출의 여러 예를 보여준다.

[R-program 5.6] subset 연산자 대괄호 [ ] 및 연산자 $를 이용한 데이터 프레임 원소 추출 예

```
> #(1) 데이터 프레임 data1 생성
>
> id <- c("KIM","LEE","PARK","CHOI","CHEONG") #문자형 벡터 생성
> age <- c(21,27,35,42,57) #수치형 벡터 생성
> score <- c(93,83,79,91,80) #수치형 벡터 생성
> pass <- factor(c("S","F","F","S","F")) #팩터(명목형인 범주형 자료) 생성
> data1 <- data.frame(I(id), age, score, pass)
> # 함수 I는 문자형 벡터를 팩터로 자동 변환되지 않도록 함
> rownames(data1) <- c("Statistics","Mathematics","Physics","Biology",
"Chemistry") # 행 이름 지정
>
> data1
                id age score pass
Statistics     KIM  21    93    S
Mathematics    LEE  27    83    F
Physics       PARK  35    79    F
Biology       CHOI  42    91    S
Chemistry   CHEONG  57    80    F
>
> #(2) 행 및 열 index에 의한 원소 추출
>
> data1[2,4] #2행 4열인 원소 추출
[1] F
Levels: F S
>
> data1[3,] #3행인 원소 추출
          id age score pass
Physics PARK  35    79    F
>
> data1[,2] #2열인 원소 추출
[1] 21 27 35 42 57
>
> data1[,c(1,4)] #1열 및 4열인 원소 추출
                id pass
Statistics     KIM    S
Mathematics    LEE    F
Physics       PARK    F
Biology       CHOI    S
Chemistry   CHEONG    F
>
> data1[2:4,c(1,2,4)] #2,3,4행이고 1,2,4열인 원소 추출
              id age pass
Mathematics  LEE  27    F
Physics     PARK  35    F
Biology     CHOI  42    S
>
> data1[seq(1,5,2),-3] #1,3,5행이고 3열를 제외한 1,2,4열의 원소 추출
               id age pass
Statistics    KIM  21    S
Physics      PARK  35    F
Chemistry  CHEONG  57    F
>
> data1[-c(1,4),-c(3,4)] #1,4행을 제외한 2,3,5행이며, 3,4열을 제외한 1,2열인
 원소 추출
```

```
                 id age
Mathematics     LEE  27
Physics        PARK  35
Chemistry    CHEONG  57
>
> data1[rep(1,3),] #1행을 3회 반복한 원소 추출
               id age score pass
Statistics    KIM  21    93    S
Statistics.1 KIM  21    93    S
Statistics.2 KIM  21    93    S

>
> #(3) 행 및 열 이름에 의한 원소 추출
>
> data1["Mathematics","pass"] #2행(Mathematics),4열(pass)인 원소 추출
[1] F
Levels: F S
>
> data1["Physics",] #3행(Physics)인 원소 추출
          id age score pass
Physics PARK  35    79    F
>
> data1[,"id"] #1열(id)인 원소 추출
[1] "KIM"    "LEE"    "PARK"    "CHOI"    "CHEONG"
>
> data1$id #1열(id)인 원소 추출
[1] "KIM"    "LEE"    "PARK"    "CHOI"    "CHEONG"
>
> #2,5행을 제외한 1,3,4행의 1열(id) 및 4열(pass)인 원소 추출
>
> data1[-c(2,5),c("id","pass")]
              id pass
Statistics  KIM    S
Physics    PARK    F
Biology    CHOI    S
```

② 조건식을 이용한 원소 추출

데이터 프레임으로부터 조건식을 이용하여 필요한 원소를 추출하기 위해서는 subset 연산자 대괄호 [ ], 함수 subset( ), 혹은 함수 with( )의 괄호 안에 조건식을 입력하여 원소를 추출할 수 있다. 이 중에서 subset 연산자 대괄호 [ ]를 사용하는 방법이 나든 방법을 포괄하는 가장 편리하고 유연하므로 이를 소개한다. 이 방법은 subset 연산자 대괄호 [ ] 내에서 특정 열(변수)을 지정한 후에 조건식을 만족하는 행(관측치)의 원소를 추출하는 방법이다.

subset 연산자 대괄호 [ ] 내에 조건식을 주는 형식은

데이터 프레임 이름 [조건식 , 열 index 혹은 "열 이름"]

을 따른다. 즉, 콤마 뒤에서 지정하는 특정 열에서 콤마 앞의 조건식이 TRUE인 논리값을 주는 index를 갖는 행을 추출한다. 열 index 혹은 열 이름을 지정하는 방법은 앞서 설명하였던 subset 연산자 대괄호 [ ]에서 원소 추출 방법과 같다.

조건식을 만드는 관계연산자에 대해서는 [표 3.11]을, 논리연산자에 대해서는 [표 3.12]를 참조한다. [R-program 5.7]은 조건식을 이용한 데이터 프레임 원소 추출의 예를 보여준다.

[R-program 5.7] 조건식을 이용한 데이터 프레임 원소 추출

```
> #(1) 데이터 프레임 data1 생성
>
> id <- c("KIM","LEE","PARK","CHOI","CHEONG") #문자형 벡터 생성
> age <- c(21,27,35,42,57) #수치형 벡터 생성
> score <- c(93,83,79,91,80) #수치형 벡터 생성
> pass <- factor(c("S","F","F","S","F")) #팩터(명목형인 범주형 자료) 생성
> data1 <- data.frame(I(id), age, score, pass)
> # 함수 I는 문자형 벡터를 팩터로 자동 변환되지 않도록 함
>
> data1
      id age score pass
1    KIM  21    93    S
2    LEE  27    83    F
3   PARK  35    79    F
4   CHOI  42    91    S
5 CHEONG  57    80    F
>
> #(2) 지정된 열에서 조건식을 만족하는 원소 추출
>
> data1[pass=="S",1]  #1열(id)에서 pass가 "S"인 원소 추출
[1] "KIM"  "CHOI"
>
> # id 및 age 열에서 score가 90이상인 원소 추출
> data1[score>=90,c("id","age")]
    id age
1  KIM  21
4 CHOI  42
>
> # 3열(score)를 제외한 id,age,pass 열에서 age가 25 미만이거나
> # 50보다 큰 원소 추출
> data1[age<25 | age>50,-3]
      id age pass
1    KIM  21    S
5 CHEONG  57    F
>
> # 1열(id),2열(age),3열(score)에서 pass가 "F"가 아닌 원소 추출
> data1[pass!="F",1:3]
    id age score
1  KIM  21    93
4 CHOI  42    91
>
> # 모든 열에서 age가 30 이상이고 score가 85 미만인 원소 추출
> data1[age>=30 & score <85,]
      id age score pass
3   PARK  35    79    F
5 CHEONG  57    80    F
```

(2) 데이터 변경

데이터 프레임으로부터 추출된 원소는 새로운 원소값으로 변경할 수 있다. 또한, 기존의 열(변수) 이름 혹은 행(관측치) 이름을 변경할 수도 있다.

① 원소값 변경

데이터 프레임에서 원소값을 변경할 때는 반드시 기존 열의 데이터 유형 및 구조와 같도록 주의해야 한다. 예를 들면 열의 데이터 객체가 팩터이고 변경할 원소값이 기존의 수준에 없는 원소값이라면 새로운 수준을 먼저 추가하는 작업이 사전에 이루어져야 할 것이다. 데이터 프레임 원소값 변경 예로서 [R-program 5.8]을 참조한다.

[R-program 5.8] 데이터 프레임 원소값 변경 예

```
> #(1) Titanic: 패키지 datasets의 배열
>
> # 데이터 설명: 타이타닉호 승객 자료로서 4차원 4X2X2X2 배열
> # 4차원 배열 Titanic을 32X5 데이터 프레임(df_Titanic)으로 변환
> df_Titanic <- as.data.frame(Titanic)
>
> #(2) 데이터 프레임 df_Titanic 확인
>
> head(df_Titanic)
  Class    Sex   Age Survived Freq
1   1st   Male Child       No    0
2   2nd   Male Child       No    0
3   3rd   Male Child       No   35
4  Crew   Male Child       No    0
5   1st Female Child       No    0
6   2nd Female Child       No    0
>
> #(3) 팩터 Class열의  "2nd" 혹은 "3rd"를 새로운 원소 값 "2nd-3rd"로 변경
>
> # STEP1 : Class열의 데이터 객체가 팩터임을 확인
> class(df_Titanic$Class)
[1] "factor"
>
> # STEP2 : 팩터 Class의 현 수준(level) 확인
> levels(df_Titanic$Class)
[1] "1st"  "2nd"  "3rd"  "Crew"
>
> # STEP3 : 새로운 수준 "2nd-3rd"을 추가
> levels(df_Titanic$Class) <-c(levels(df_Titanic$Class),"2nd-3rd")
> levels(df_Titanic$Class)
[1] "1st"     "2nd"     "3rd"     "Crew"    "2nd-3rd"
>
> # STEP4 : 1열(Class)에서 "2nd" 혹은 "3rd"를 새로운 원소 값
> # "2nd-3rd"로 변경
>
> df_Titanic[df_Titanic$Class=="2nd" | df_Titanic$Class=="3rd",1] <-
+     "2nd-3rd"
>
> # STEP5 : 변경된 데이터 프레임 df_Titanic 확인
> head(df_Titanic)
    Class    Sex   Age Survived Freq
1     1st   Male Child       No    0
2 2nd-3rd   Male Child       No    0
3 2nd-3rd   Male Child       No   35
4    Crew   Male Child       No    0
5     1st Female Child       No    0
6 2nd-3rd Female Child       No    0
>
> #(4) 데이터 프레임 data1 생성
```

```
> id <- c("KIM","LEE","PARK","CHOI","CHEONG") #문자형 벡터 생성
> age <- c(21,27,35,42,57) #수치형 벡터 생성
> score <- c(93,83,79,91,80) #수치형 벡터 생성
> pass <- factor(c("S","F","F","S","F")) #팩터(명목형인 범주형 자료) 생성
> data1 <- data.frame(I(id), age, score, pass)
> # 함수 I는 문자형 벡터를 팩터로 자동 변환되지 않도록 함
>
> data1
      id age score pass
1    KIM  21    93    S
2    LEE  27    83    F
3   PARK  35    79    F
4   CHOI  42    91    S
5 CHEONG  57    80    F
>
> #(5) 4열(pass)에서 age가 30 이상, score가 70이상이고,
> # pass가 "F"인 원소 값은 "S"로 변경
>
> data1[age>=30 & score>=70 & pass=="F",4]<-"S" ; data1
      id age score pass
1    KIM  21    93    S
2    LEE  27    83    F
3   PARK  35    79    S
4   CHOI  42    91    S
5 CHEONG  57    80    S
>
> #(6) 1행, 1,2열인 id="Kim", age=21을 id="Kim, GD", age=29로 변경
> # 2행, 1,2열인 id="LEE", age=27을 id="Lee, CH", age=18로 변경
>
> data1[1:2,1:2] <- c("Kim GD","Lee CH",29,18)
> # => 벡터를 사용하는 경우 열 우선으로 변경
> data1
      id age score pass
1 Kim GD  29    93    S
2 Lee CH  18    83    F
3   PARK  35    79    S
4   CHOI  42    91    S
5 CHEONG  57    80    S
```

② 열 및 행 이름 변경

데이터 프레임에서 기존의 열(변수) 이름을 새로운 이름으로 변경하기 위해서는 함수 names 혹은 함수 colnames를 사용하며, 기존의 행(관측치) 이름을 변경하기 위해서는 함수 rownames를 사용한다. 이에 대한 사용 예는 [R-program 5.9]를 참조한다.

[R-program 5.9] 데이터 프레임에서 열 및 행 이름 변경 예

```
> #(1) mtcars: 패키지 datasets의 데이터 프레임
>
> # 데이터 설명: 1974 Motor Trend US magazin에서 발췌한 자동차 로드 테스트
> # 자료로서 32X11 데이터 프레임
>
> cars1 <- mtcars[,1:10] # mtcars의 첫 10개 열로만 cars1 생성
> head(cars1)
```

```
                  mpg cyl disp  hp drat    wt  qsec vs am gear
Mazda RX4         21.0   6  160 110 3.90 2.620 16.46  0  1    4
Mazda RX4 Wag     21.0   6  160 110 3.90 2.875 17.02  0  1    4
Datsun 710        22.8   4  108  93 3.85 2.320 18.61  1  1    4
Hornet 4 Drive    21.4   6  258 110 3.08 3.215 19.44  1  0    3
Hornet Sportabout 18.7   8  360 175 3.15 3.440 17.02  0  0    3
Valiant           18.1   6  225 105 2.76 3.460 20.22  1  0    3
>
> #(2) 열 이름 변경
> # 기존의 열 이름 "mpg"(1열)를 "miles/gallon"로 변경
> # 기존의 열 이름 "disp"(3열)을 "displacement"로 변경
>
> colnames(cars1)[c(1,3)] <- c("miles/gallon","Displacement")

>
> #(3) 행 이름 변경
> # 기존의 행 이름 "Mazda RX4"(1행)을 "rowname-test1"로 변경
> # 기존의 "Mazda RX4 Wag"(2행)을 "rowname-test2"로 변경
>
> rownames(cars1)[c(1,2)] <- c("rowname-test1","rowname-test2")
>
> #(4) 변경된 열 및 행 이름 확인
>
> head(cars1)
                  miles/gallon cyl Displacement  hp drat    wt
rowname-test1             21.0   6          160 110 3.90 2.620
rowname-test2             21.0   6          160 110 3.90 2.875
Datsun 710                22.8   4          108  93 3.85 2.320
Hornet 4 Drive            21.4   6          258 110 3.08 3.215
Hornet Sportabout         18.7   8          360 175 3.15 3.440
Valiant                   18.1   6          225 105 2.76 3.460
                   qsec vs am gear
rowname-test1     16.46  0  1    4
rowname-test2     17.02  0  1    4
Datsun 710        18.61  1  1    4
Hornet 4 Drive    19.44  1  0    3
Hornet Sportabout 17.02  0  0    3
Valiant           20.22  1  0    3
```

(3) 데이터 추가 및 삭제

기존의 데이터 프레임에 새로운 열(변수) 혹은 행(관측치)을 추가하거나 반대로 기존의 열 혹은 행을 제거하는 일들은 데이터 처리에서 매우 기본적으로 자주 하게 되는 작업이다. 이를 위한 방법 중에서 가장 편리하게 사용되는 방법을 다룬다.

① 열 추가

기존의 데이터 프레임에 새로운 열(변수)을 추가하기 위해서는 subset 연산자 대괄호 [ ] 혹은 함수 within( )의 괄호 내에 조건문을 사용하여 조건문을 만족하는 경우 새로운 원소값을 갖는 열을 추가할 수 있다. 또는 연산으로 새로운 열을 추가할 수도 있다. 그 외의 방법으로 벡터, 행렬, 혹은 데이터 프레임과 같은 데이터 객체를 열 binding 함수인 cbind를 사용하여 기존 데이터 프레임에 붙일 수 있다. 이때 벡터의 길이, 행렬 혹은 데이터 프레임의 행의 수는 반드시

기존 데이터 프레임의 행의 수와 일치해야 한다. 데이터 프레임에서 열을 추가하는 예로 [R-program 5.10]을 참조한다.

[R-program 5.10] 데이터 프레임에서 열 추가 예

```
> #(1) 데이터 프레임 data1 생성
>
> id <- c("KIM","LEE","PARK","CHOI","CHEONG") #문자형 벡터 생성
> age <- c(21,27,35,42,57) #수치형 벡터 생성
> score <- c(93,83,79,91,80) #수치형 벡터 생성
> pass <- factor(c("S","F","F","S","F")) #팩터(명목형인 범주형 자료) 생성
> data1 <- data.frame(I(id), age, score, pass)
> # 함수 I는 문자형 벡터를 팩터로 자동 변환되지 않도록 함
>
> data1
      id age score pass
1    KIM  21    93    S
2    LEE  27    83    F
3   PARK  35    79    F
4   CHOI  42    91    S
5 CHEONG  57    80    F

>
> #(2) subset 연산자 대괄호[조건문]에 의해 새로운 열 agegroup 추가
> # 원소 값 "old" 혹은 "young"을 갖는 새로운 열 agegroup 추가
>
> data1$agegroup[age>35] <- "old"
>
> data1$agegroup[age<=35] <- "young"; data1
      id age score pass agegroup
1    KIM  21    93    S    young
2    LEE  27    83    F    young
3   PARK  35    79    F    young
4   CHOI  42    91    S      old
5 CHEONG  57    80    F      old

>
> #(3) 함수 within(조건문)에 의해 새로운 열 grade 추가
> # 원소 값 "A" 혹은 "B"를 갖는 새로운 열 grade 추가
>
> data1 <- within(data1,{
+     grade <- NA #이 할당은 조건문 앞에 놓여야 함
+     grade[score >= 80] <- "A"
+     grade[score < 80] <- "B"}); data1
      id age score pass agegroup grade
1    KIM  21    93    S    young     A
2    LEE  27    83    F    young     A
3   PARK  35    79    F    young     B
4   CHOI  42    91    S      old     A
5 CHEONG  57    80    F      old     A
>
> #(4) 연산에 의해서 새로운 열 point 추가
>
> data1$point <- (score-age)*0.25; data1
      id age score pass agegroup grade point
1    KIM  21    93    S    young     A 18.00
2    LEE  27    83    F    young     A 14.00
3   PARK  35    79    F    young     B 11.00
4   CHOI  42    91    S      old     A 12.25
5 CHEONG  57    80    F      old     A  5.75

>
> #(5) 열 binding 함수인 cbind를 사용하여 새로운 열 sex 추가
```

```
>
> data1 <- cbind(data1, sex=c("F","M","F","F","M")); data1
      id age score pass agegroup grade point sex
1    KIM  21    93    S    young     A 18.00   F
2    LEE  27    83    F    young     A 14.00   M
3   PARK  35    79    F    young     B 11.00   F
4   CHOI  42    91    S      old     A 12.25   F
5 CHEONG  57    80    F      old     A  5.75   M
>
> #(6) 열 binding 함수인 cbind를 사용하여 새로운 열 2개(5X2행렬) 추가
> # 5X2행렬은 열 우선으로 원소 값 추가
>
> data1 <- cbind(data1,matrix(c(96,76,82,78,92,86,68,72,88,64),nrow=5,
ncol=2));
> data1
      id age score pass agegroup grade point sex  1  2
1    KIM  21    93    S    young     A 18.00   F 96 86
2    LEE  27    83    F    young     A 14.00   M 76 68
3   PARK  35    79    F    young     B 11.00   F 82 72
4   CHOI  42    91    S      old     A 12.25   F 78 88
5 CHEONG  57    80    F      old     A  5.75   M 92 64

>
> #(7) 열 index 9, 10에서 자동 생성되었던 열 이름 1 및 2(열 index 9, 10)를
> # 각각 STAT 및 MATH로 각각 변경
>
> colnames(data1)[c(9,10)] <- c("STAT","MATH"); data1
      id age score pass agegroup grade point sex STAT MATH
1    KIM  21    93    S    young     A 18.00   F   96   86
2    LEE  27    83    F    young     A 14.00   M   76   68
3   PARK  35    79    F    young     B 11.00   F   82   72
4   CHOI  42    91    S      old     A 12.25   F   78   88
5 CHEONG  57    80    F      old     A  5.75   M   92   64
```

② 행 추가

기존의 데이터 프레임에 행(관측치)을 추가하기 위해서는 벡터, 행렬, 혹은 데이터 프레임과 같은 데이터 객체를 행 binding 함수인 rbind를 사용하여 기존 데이터 프레임에 붙일 수 있다. 추가할 벡터의 길이, 행렬 혹은 데이터 프레임의 열의 수는 반드시 기존 데이터 프레임의 열의 수와 일치하여야 하며 데이터 유형 또한 일치해야 한다.

예를 들어 팩터를 포함하는 데이터 프레임에서 행을 추가할 경우, 만약 새로운 수준의 원소 값을 포함한다면 새로운 수준을 미리 추가해야 한다. 두 개의 데이터 프레임을 결합할 때는 열(변수) 이름들이 일치해야 한다. 앞서 열 추가할 때처럼 조건문이나 연산 등에 의해서 행을 추가할 수도 있다. 데이터 프레임에서 행을 추가하는 예로 [R-program 5.11]을참조한다.

[R-program 5.11] 데이터 프레임에서 행 추가 예

```
> #(1) 데이터 프레임 data1 생성
>
> id <- c("KIM","LEE","PARK","CHOI","CHEONG") #문자형 벡터 생성
> age <- c(21,27,35,42,57) #수치형 벡터 생성
> score <- c(93,83,79,91,80) #수치형 벡터 생성
```

```
> pass <- factor(c("S","F","F","S","F")) #팩터(명목형인 범주형 자료) 생성
> data1 <- data.frame(I(id), age, score, pass)
> # 함수 I는 문자형 벡터를 팩터로 자동 변환되지 않도록 함
>
> data1
      id age score pass
1    KIM  21    93    S
2    LEE  27    83    F
3   PARK  35    79    F
4   CHOI  42    91    S
5 CHEONG  57    80    F

>
> #(2) 데이터 프레임 data2 생성
>
> data2 <- data.frame(id=I(c("Jang","Bae")),age=c(32,27),
+                     score=c(54,67),pass=c("F","S")); data2
    id age score pass
1 Jang  32    54    F
2  Bae  27    67    S
>
> #(3) 기존의 데이터 프레임 data1에 새로운 데이터 프레임 data2 추가
> # 두 데이터 프레임의 열 이름이 일치하여야 함
>
> data3 <- rbind(data1,data2); data3
      id age score pass
1    KIM  21    93    S
2    LEE  27    83    F
3   PARK  35    79    F
4   CHOI  42    91    S
5 CHEONG  57    80    F
6   Jang  32    54    F
7    Bae  27    67    S

>
> #(4) 추가할 팩터 pass가 새로운 수준 값 "HOLD"을 갖는 경우
>
> # STEP1 : pass열의 데이터 객체가 팩터임을 확인
> class(data1$pass)
[1] "factor"
>
> # STEP2 : 팩터 pass의 현 수준(level) 확인
> levels(data1$pass)
[1] "F" "S"
>
> # STEP3 : 새로운 수준 "HOLD"를 추가 후 확인
> levels(data1$pass) <- c(levels(data1$pass),"HOLD")
> levels(data1$pass)
[1] "F"    "S"    "HOLD"

>
> # STEP4 : 함수 rbind를 사용하여 2개 행(관측치)을 앞 부분에 추가
> data4 <- rbind(c("Yoon",37,56,"HOLD"),c("Lim",28,76,"S"),data1);
> data4
      id age score pass
1   Yoon  37    56 HOLD
2    Lim  28    76    S
3    KIM  21    93    S
4    LEE  27    83    F
5   PARK  35    79    F
6   CHOI  42    91    S
7 CHEONG  57    80    F
```

```
>
> #(5) combine 함수 c( )을 사용하여 1행을 마지막에 추가
>
> data4[8,] <- c("Ryu",19,82,"S"); data4
      id age score pass
1   Yoon  37    56 HOLD
2    Lim  28    76    S
3    KIM  21    93    S
4    LEE  27    83    F
5   PARK  35    79    F
6   CHOI  42    91    S
7 CHEONG  57    80    F
8    Ryu  19    82    S
>
> #(6) matrix 함수를 사용하여 2개 행(관측치)으로 만든 행렬을 추가
> # 행렬은 옵션 byrow=T에 의해서 행 우선으로 만듦
>
> data4[c(9,10),]<- matrix(c("Yoon",37,56,"HOLD","Lim",28,76,"S"),
+                          nrow=2,ncol=4,byrow=T); data4
       id age score pass
1    Yoon  37    56 HOLD
2     Lim  28    76    S
3     KIM  21    93    S
4     LEE  27    83    F
5    PARK  35    79    F
6    CHOI  42    91    S
7  CHEONG  57    80    F
8     Ryu  19    82    S
9    Yoon  37    56 HOLD
10    Lim  28    76    S
```

③ 행 및 열의 제거

행(관측치) 혹은 열(변수)의 제거는 subset 연산자 대괄호 [ ]를 사용하여 제거하는 것이 가장 간단하고 쉬운 방법이다. 즉, subset 연산자 대괄호 [ ]를 사용하여

데이터 프레임 이름 [−행 index , −열 index]

와 같이 행(열)의 index에 마이너스(−)를 붙임으로서 해당하는 행(열)의 index를 가지는 행(열)을 삭제할 수 있다. 만약 두 개 이상의 행(열)을 삭제하고자 할 때는 반드시 combine 함수 c와 같이 벡터를 생성하는 함수를 사용하여 두 개 이상 행(열)의 index를 나타내야 한다. 또는

데이터 프레임 이름 [조건문 , 열 index]

의 형식에서 열 index를 갖는 열에서 조건문이 FALSE인 관측치를 삭제할 수 있다.

열 이름에 의해 열을 제거할 때는 연산자 %in%을 이용하여 각 열에 대한 논리 상수를 반환한 후 NOT 논리연산자인 느낌표(!)를 사용하여 TRUE와 FALSE 값을 반대로 하여 열 변수 제거에서 조건식처럼 활용한다. [R-program 5.12]는 데이터 프레임에서 행 및 열 제거 예를 보여준다.

[R-program 5.12] 데이터 프레임에서 행 및 열 제거 예

```
> #(1) mtcars: 패키지 datasets의 데이터 프레임
> # 데이터 설명: 1974 Motor Trend US magazin에서 발췌한 자동차 로드 테스트
> # 자료로서 32X11 데이터 프레임
>
> cars1 <- mtcars[,1:10] # mtcars의 첫 10개 열로만 cars1 생성
> head(cars1)
                   mpg cyl disp  hp drat    wt  qsec vs am gear
Mazda RX4         21.0   6  160 110 3.90 2.620 16.46  0  1    4
Mazda RX4 Wag     21.0   6  160 110 3.90 2.875 17.02  0  1    4
Datsun 710        22.8   4  108  93 3.85 2.320 18.61  1  1    4
Hornet 4 Drive    21.4   6  258 110 3.08 3.215 19.44  1  0    3
Hornet Sportabout 18.7   8  360 175 3.15 3.440 17.02  0  0    3
Valiant           18.1   6  225 105 2.76 3.460 20.22  1  0    3
>
> #(2) subset 연산자 [ -행 index , -열 index]를 사용한 행 및 열 제거
>
> cars1 <-cars1[-c(1,3),]  #1(Mazda RX4),3(Datsun 710)번째 행 제거
> head(cars1)
                   mpg cyl  disp  hp drat    wt  qsec vs am gear
Mazda RX4 Wag     21.0   6 160.0 110 3.90 2.875 17.02  0  1    4
Hornet 4 Drive    21.4   6 258.0 110 3.08 3.215 19.44  1  0    3
Hornet Sportabout 18.7   8 360.0 175 3.15 3.440 17.02  0  0    3
Valiant           18.1   6 225.0 105 2.76 3.460 20.22  1  0    3
Duster 360        14.3   8 360.0 245 3.21 3.570 15.84  0  0    3
Merc 240D         24.4   4 146.7  62 3.69 3.190 20.00  1  0    4
>
> cars1 <- cars1[,-c(5,7)]  #5열(drat), 7열(qsec) 제거
> head(cars1)
                   mpg cyl  disp  hp    wt vs am gear
Mazda RX4 Wag     21.0   6 160.0 110 2.875  0  1    4
Hornet 4 Drive    21.4   6 258.0 110 3.215  1  0    3
Hornet Sportabout 18.7   8 360.0 175 3.440  0  0    3
Valiant           18.1   6 225.0 105 3.460  1  0    3
Duster 360        14.3   8 360.0 245 3.570  0  0    3
Merc 240D         24.4   4 146.7  62 3.190  1  0    4
>
> #(3) subset 연산자 [조건문, ]을 사용한 행 제거
> # 열 vs 값이 1이 아니면 TRUE이므로 VS=1인 행 제거
>
> cars1 <-  cars1[cars1$vs!=1,]
> head(cars1)
                   mpg cyl  disp  hp    wt vs am gear
Mazda RX4 Wag     21.0   6 160.0 110 2.875  0  1    4
Hornet Sportabout 18.7   8 360.0 175 3.440  0  0    3
Duster 360        14.3   8 360.0 245 3.570  0  0    3
Merc 450SE        16.4   8 275.8 180 4.070  0  0    3
Merc 450SL        17.3   8 275.8 180 3.730  0  0    3
Merc 450SLC       15.2   8 275.8 180 3.780  0  0    3
>
> # 열 wt 값이 3이상이면 TRUE이므로 wt 값이 4미만인 행 제거
>
> cars1 <- cars1[cars1$wt>=4,]
> head(cars1)
                    mpg cyl  disp  hp    wt vs am gear
Merc 450SE         16.4   8 275.8 180 4.070  0  0    3
Cadillac Fleetwood 10.4   8 472.0 205 5.250  0  0    3
Lincoln Continental 10.4   8 460.0 215 5.424  0  0    3
Chrysler Imperial  14.7   8 440.0 230 5.345  0  0    3
```

```
>
> #(4) 열 이름에 의한 열 제거
> #열 이름 중에서 hp 및 gear열만 TRUE, 그 외는 FALSE 반환
>
> name.logic <- names(cars1) %in% c("hp","gear")
> name.logic
[1] FALSE FALSE FALSE  TRUE FALSE FALSE FALSE  TRUE
> head(cars1[,!name.logic]) #열의 논리 상수가 FALSE인 열(hp, gear) 제거
                     mpg cyl  disp    wt vs am
Merc 450SE          16.4   8 275.8 4.070  0  0
Cadillac Fleetwood  10.4   8 472.0 5.250  0  0
Lincoln Continental 10.4   8 460.0 5.424  0  0
Chrysler Imperial   14.7   8 440.0 5.345  0  0
```

5.3 R 데이터 병합

두 개의 데이터 프레임 x 및 y를 병합(merge)한다는 것은 데이터 프레임 x의 오른쪽 방향으로 y를 붙이는 것을 의미한다. 이러한 목적으로 사용되는 R 함수는 병합 함수 merge이며 이 함수의 형식 및 옵션에 대한 설명은 [표 5.2]를 참조한다.

일반적으로 각 데이터 프레임 x 및 y에 있는 공통된 열(변수) 이름을 기준으로 by 옵션을 사용하여 병합되지만, 필요에 따라서는 각 데이터 프레임별로 by.x 및 by.y 옵션을 사용하여 기준이 되는 열 이름을 각각 개별적으로 다르게 지정할 수도 있다. 이후 지정된 기준 열에서 일치하는 두 데이터 프레임의 행이 추출되어 함께 병합된다. 이때 두 데이터 프레임에 공통이 되는 열 이름이 있다면 이를 구별해주기 위해서 데이터 프레임 x에 속하는 공통 열 이름은 .x가 붙고, 데이터 프레임 y에 속하는 공통 열 이름은 .y를 붙여 구별한다. 또한, 둘 이상의 일치가 있는 경우는 가능한 모든 일치가 각각 한 행씩 결합하여 병합된다. by 옵션들을 사용한 병합 함수 merge의 다양한 사용법은 [R-program 5.13]을 참고한다.

기본적으로 두 개의 데이터 프레임 x와 y의 지정된 기준 열에서 일치하지 않는 행은 병합되지 않고 버려지지만, 만약 옵션 all.x가 TRUE이면 데이터 프레임 x에 속하면서 일치하지 않는 모든 행이 병합 결과에 추가되고, 비슷하게 옵션 all.y가 TRUE이면 데이터 프레임 y에 속하면서 일치하지 않는 모든 행이 병합 결과에 추가된다. 옵션 all이 TRUE이면 데이터 프레임 x 혹은 y의 일치하지 않는 모든 행이 병합 결과에 추가된다. 옵션 all.x, all.y, 혹은 all 등을 사용하면 흔히 병합된 결과 데이터 프레임에는 NA가 표시되는데 이는 R 예약어로서 값을 이용할 수 없음(Not Available), 즉 결측값을 의미한다. 옵션 all.x, all.y, all은 모두 FALSE가 기본값이다. all 옵션을 사용한 병합 함수 merge의 다양한 사용법은 [R-program 5.14]를 참고한다.

[표 5.2] 병합 함수 merge의 형식

형식	merge(x, y, by = "xy 열 이름", by.x = "x 열 이름", by.y = "y 열 이름", all=FALSE, all.X=FALSE, all.Y=FALSE)
주요 옵션	• x: 데이터 프레임 이름, y: 데이터 프레임 이름 • xy 열 이름: 병합 기준을 나타내는 데이터 프레임 x, y에 공통으로 들어 있는 열 이름 • x 열 이름: 병합 기준을 나타내는 데이터 프레임 x에 들어있는 열 이름 • y 열 이름: 병합 기준을 나타내는 데이터 프레임 y에 들어있는 열 이름 • all=FALSE가 기본값이며 TRUE이면 데이터 프레임 x 혹은 y의 일치하지 않는 모든 행이 병합 결과에 추가 • all.x=FALSE가 기본값이며 TRUE이면 데이터 프레임 x에 속하는 일치하지 않는 모든 행이 병합 결과에 추가 • all.y=FALSE가 기본값이며 TRUE이면 데이터 프레임 y에 속하는 일치하지 않는 모든 행이 병합 결과에 추가

[R-program 5.13] 병합 함수 merge를 이용하여 데이터 프레임 간의 병합 예

```
> #(1) 데이터 프레임 x 및 y 생성
>
> x <- data.frame(id=1:5, Stat=c("S","D","F","S","A"), Math=c("A","B",
"S","D","F"), Edu=c("B","F","C","S","D")); x
  id Stat Math Edu
1  1    S    A   B
2  2    D    B   F
3  3    F    S   C
4  4    S    D   S
5  5    A    F   D
>
> y <- data.frame(id=1:5, Stat=c("B","F","S","C","S"), Math=c("S","A",
"B","F","D"), Med=c("A","C","B","A","A")); y
  id Stat Math Med
1  1    B    S   A
2  2    F    A   C
3  3    S    B   B
4  4    C    F   A
5  5    S    D   A

>
> #(2) 공통 열 id를 기준으로 두 데이터 프레임 병합
>
> merge(x,y,by="id")
  id Stat.x Math.x Edu Stat.y Math.y Med
1  1      S      A   B      B      S   A
2  2      D      B   F      F      A   C
3  3      F      S   C      S      B   B
4  4      S      D   S      C      F   A
5  5      A      F   D      S      D   A
>
> #(3) 공통 열 Stat를 기준으로 두 데이터 프레임 병합
> # 두 개 이상 일치가 있는 경우 모든 경우를 결합,
```

```
> # 즉 Stat="S"인 경우 2X2=4개 결합
>
> merge(x,y,by="Stat")
  Stat id.x Math.x Edu id.y Math.y Med
1    F    3      S   C    2      A   C
2    S    1      A   B    3      B   B
3    S    1      A   B    5      D   A
4    S    4      D   S    3      B   B
5    S    4      D   S    5      D   A

>
> #(4) 공통 열 Stat 및 Math를 기준으로 두 데이터 프레임 병합
>
> merge(x,y,by=c("Stat","Math"))
  Stat Math id.x Edu id.y Med
1    S    D    4   S    5   A
>
> #(5) 데이터 프레임 x는 열 Edu를 기준으로,
> # y는 열 Med를 기준으로 두 데이터 프레임 병합
>
> merge(x,y,by.x="Edu",by.y="Med")
  Edu id.x Stat.x Math.x id.y Stat.y Math.y
1   B    1      S      A    3      S      B
2   C    3      F      S    2      F      A
```

[R-program 5.14] all 옵션을 갖는 병합 함수 merge를 이용하여 데이터 프레임 간의 병합 예

```
> #(1) 데이터 프레임 x 및 y 생성
>
> x <- data.frame(id=1:5, Stat=c("S","D","F","S","A"), Math=c("A","B",
"S","D","F"), Edu=c("B","F","C","S","D")); x
  id Stat Math Edu
1  1    S    A   B
2  2    D    B   F
3  3    F    S   C
4  4    S    D   S
5  5    A    F   D
>
> y <- data.frame(id=1:5, Stat=c("B","F","S","C","S"), Math=c("S","A",
"B","F","D"), Med=c("A","C","B","A","A")); y
  id Stat Math Med
1  1    B    S   A
2  2    F    A   C
3  3    S    B   B
4  4    C    F   A
5  5    S    D   A

>
> #(2) 공통 열 Stat를 기준으로 두 데이터 프레임 병합
> # 데이터 프레임 x에서 일치하지 않는 행들도 병합
>
> merge(x,y,by="Stat",all.x=TRUE)
  Stat id.x Math.x Edu id.y Math.y  Med
1    A    5      F   D   NA   <NA> <NA>
2    D    2      B   F   NA   <NA> <NA>
3    F    3      S   C    2      A    C
4    S    1      A   B    3      B    B
5    S    1      A   B    5      D    A
6    S    4      D   S    3      B    B
7    S    4      D   S    5      D    A
```

```
>
> #(3) 공통 열 Stat 및 Math를 기준으로 두 데이터 프레임 병합
> # 데이터 프레임 y에서 일치하지 않는 행들도 병합
>
> merge(x,y,by=c("Stat","Math"),all.y=TRUE)
  Stat Math id.x  Edu id.y Med
1    F    A   NA <NA>    2   C
2    S    B   NA <NA>    3   B
3    S    D    4    S    5   A
4    B    S   NA <NA>    1   A
5    C    F   NA <NA>    4   A

>
> #(4) 데이터 프레임 x는 열 Edu를 기준으로,
> # y는 열 Med를 기준으로 두 데이터 프레임 병합,
> # 데이터 프레임 x 혹은 y에서 일치하지 않는 행들도 병합
>
> merge(x,y,by.x="Edu",by.y="Med",all=TRUE)
  Edu id.x Stat.x Math.x id.y Stat.y Math.y
1   B    1      S      A    3      S      B
2   C    3      F      S    2      F      A
3   D    5      A      F   NA   <NA>   <NA>
4   F    2      D      B   NA   <NA>   <NA>
5   S    4      S      D   NA   <NA>   <NA>
6   A   NA   <NA>   <NA>    1      B      S
7   A   NA   <NA>   <NA>    4      C      F
8   A   NA   <NA>   <NA>    5      S      D
```

5.4 R 데이터 정렬

실제 데이터 처리에서 열(변수)에 따른 정렬(sort)된 행(관측치)을 필요로 하는 경우가 있다. 이 절에서는 데이터 프레임의 관측치를 정렬시킬 때 유용한 함수로서 함수 arrange, sort, order를 다룬다. 이러한 정렬 함수들의 형식은 [표 5.3]을 참조한다.

[표 5.3] 정렬 함수 arrange, sort, order의 형식

형식	arrange(x, col_1, col_2, ...)
주요 옵션	• x: 데이터 프레임 이름 • col_1: 첫 번째로 정렬하고 싶은 열 이름 • col_2: 두 번째로 정렬하고 싶은 열 이름 • ...: 세 번째, 네 번째 등 정렬하고 싶은 열 이름
설명	• 기본적으로는 오름차순 정렬이며 내림차순 정렬의 경우는 함수 desc를 사용한다. 예를 들면, desc(col_1) • 행 이름을 보존하지 않는다. • 사전에 패키지 dplyr를 설치하고 불러들여야 한다(2.3절 참조).

형식	sort(x, decreasing=FALSE)
주요 옵션	• x: 벡터 이름 • decreasing=FALSE는 기본값이며 오름차순 정렬이다. 만약 TRUE이면 내림차순 정렬이다.
설명	• 행 이름을 보존한다.

형식	order(x, decreasing=FALSE)
옵션	• x: 벡터 이름 • decreasing=FALSE는 기본값이며 오름차순 정렬이다. TRUE이면 내림차순 정렬이다.
설명	• 정렬 결과의 원래 index(위치 정보)를 반환한다. • 행 이름을 보존한다.

데이터 프레임을 정렬시킬 때 편리한 정렬 함수 arrange는 데이터 처리에 유용한 패키지 dplyr에서 제공되는 함수이다. 따라서 함수 arrange를 사용하기 위해서는 사전에 패키지 dplyr를 설치하고 함수 library를 사용하여 패키지 dplyr를 불러들여야 한다(2.3절 참조). 함수 arrange에서는 정렬의 대상으로서 벡터를 사용할 수 없고 데이터 프레임이나 테이블과 같은 형태의 데이터만 사용할 수 있다. 데이터 프레임에 있는 여러 열별로 순차적인 정렬이 가능하므로 데이터 프레임 같은 테이블 형태의 데이터 정렬에 유용하다. 이 함수의 단점은 행 이름이 있는 데이터 프레임의 경우에 행 이름을 보존하지 않기 때문에 행 이름을 가져오고자 할 때 따로 변수로 지정해주어야 한다.

함수 sort는 벡터의 정렬에 간편하게 사용할 수 있는 함수이며 관측치 이름을 보존한다. 함수 order는 벡터의 정렬에 사용할 수 있지만, 함수 sort와 사용법이 다르다. 함수 sort는 정렬된 벡터의 결과를 돌려주지만, 함수 order는 정렬된 벡터의 각 원소들에 대한 원래 index(위치 정보)를 반환한다. 자료 처리를 하다보면 때때로 정렬된 결과보다는 정렬된 데이터의 원래 위치가 필요할 때도 있다. 이러한 경우 적절한 함수이다. 따라서 함수 order를 사용하여 최종적으로 정렬된 벡터를 얻고자 할 때는 추가적인 단계가 필요하다. 즉, subset 연산자 대괄호 [ ]에 함수 order의 결과인 index를 사용하여 최종적으로 정렬된 데이터를 얻을 수 있다.

함수 order를 사용하여 데이터 프레임을 정렬하고자 할 때는 데이터 프레임의 열을 정렬하고 싶은 순서로 놓으면 된다. 함수 order는 바로 정렬된 결과를 불러오지 않기는 하지만, 행 이름이 있는 경우 정렬된 결과에도 행 이름을 그대로 보존할 수 있다는 점에서는 함수 arrange보다 편리하다.

벡터 정렬 함수 sort 및 order의 사용 예는 [R-program 5.15]를 참조하며, 데이터 프레임을 정렬하기 위한 함수 arrange 및 order의 사용 예는 [R-program 5.16]을 참조한다.

[R-program 5.15] 벡터 정렬 함수 sort 및 order의 사용 예

```
> #(1) 길이 5인 벡터 KIAcars 생성
> KIAcars <- c(KIA1="morning",KIA2="Ray",KIA3="Soul",KIA4="Sprtage",
+              KIA5="Carnival"); KIAcars
      KIA1       KIA2       KIA3       KIA4       KIA5
 "morning"      "Ray"     "Soul"  "Sprtage" "Carnival"
>
> #(2) 함수 sort: 벡터의 정렬 결과 반환, 원소 이름 보존(기본값은 오름차순 정렬)
> sort(KIAcars)
      KIA5       KIA1       KIA2       KIA3       KIA4
"Carnival"  "morning"      "Ray"     "Soul"  "Sprtage"
>
> #(3) 함수 sort에 decreasing=TRUE 옵션을 사용하여 내림차순 정렬
> sort(KIAcars, decreasing=TRUE)
      KIA4       KIA3       KIA2       KIA1       KIA5
 "Sprtage"     "Soul"      "Ray"  "morning" "Carnival"
>
> #(4) 함수 order: 정렬 전 원index 반환, 원소 이름 보존(기본값은 오름차순 정렬
)
> order(KIAcars)
[1] 5 1 2 3 4
> KIAcars[order(KIAcars)]
      KIA5       KIA1       KIA2       KIA3       KIA4
"Carnival"  "morning"      "Ray"     "Soul"  "Sprtage"
>
> #(5) 함수 order에 decreasing=TRUE 옵션을 사용하여 내림차순 정렬
> order(KIAcars, decreasing=TRUE)
[1] 4 3 2 1 5
> KIAcars[order(KIAcars, decreasing=TRUE)]
      KIA4       KIA3       KIA2       KIA1       KIA5
 "Sprtage"     "Soul"      "Ray"  "morning" "Carnival"
```

[R-program 5.16] 데이터 프레임을 정렬하기 위한 함수 arrange 및 order의 사용 예

```
> #(1) 데이터 프레임 data1 생성
>
> id <- c("KIM","LEE","PARK","CHOI","CHEONG") #문자형 벡터 생성
> age <- c(21,27,35,42,57) #수치형 벡터 생성
> score <- c(93,83,79,91,80) #수치형 벡터 생성
> pass <- factor(c("S","F","F","S","F")) #팩터(명목형인 범주형 자료) 생성
> data1 <- data.frame(I(id), age, score, pass)
> # 함수 I는 문자형 벡터를 팩터로 자동 변환되지 않도록 함
> rownames(data1) <- c("A","B","C","D","E"); #행 이름 생성
>
> data1
      id age score pass
A    KIM  21    93    S
B    LEE  27    83    F
C   PARK  35    79    F
D   CHOI  42    91    S
E CHEONG  57    80    F

>
> #(2) 함수 order를 이용한 데이터 프레임의 정렬(행 이름 보존)
> # 첫 정렬은 pass에 의해 오름차순, 두번째 정렬은 score를 내림차순으로 정렬
> # 내림차순의 경우 열 이름 앞에 마이너스 ( - ) 표시
> # 정렬 결과의 원 index 반환
```

```
>
> index1 <- order(data1$pass,-data1$score); index1
[1] 2 5 3 1 4
> data1[index1,]
      id age score pass
B    LEE  27    83    F
E CHEONG  57    80    F
C   PARK  35    79    F
A    KIM  21    93    S
D   CHOI  42    91    S

>
> #(3) 함수 arrange: 첫 정렬은 pass에 의해 오름차순
> # 두번째 정렬은 score를 내림차순으로 정렬, 관측치 이름 버려짐
> # 함수 arrange를 사용하기 위해서는 패키지 dplyr 설치 후 불러들여야함
>
> arrange(data1,pass,desc(score))
      id age score pass
1    LEE  27    83    F
2 CHEONG  57    80    F
3   PARK  35    79    F
4    KIM  21    93    S
5   CHOI  42    91    S
>
> #(4) 함수 arrange를 사용하여 정렬할 때 행 이름 보존을 위해서
> # 행 이름을 새로운 열 obs에 보존하여 data1의 제일 앞에 붙임
>
> data1 <- cbind(obs=rownames(data1),data1); data1
  obs     id age score pass
A   A    KIM  21    93    S
B   B    LEE  27    83    F
C   C   PARK  35    79    F
D   D   CHOI  42    91    S
E   E CHEONG  57    80    F

>
> arrange(data1,pass,desc(score)) #행 이름이 열 obs에 보존됨
  obs     id age score pass
1   B    LEE  27    83    F
2   E CHEONG  57    80    F
3   C   PARK  35    79    F
4   A    KIM  21    93    S
5   D   CHOI  42    91    S
```

5.5 R 조건문

R에서 조건문은 프로그램 흐름을 제어하는 기능을 갖는 프로그래밍 문법으로 실제 R 프로그래밍에서 매우 유용하게 사용된다. R에서 if, else, else if는 조건문을 만들기 위한 R 예약어이며 함수 ifelse 및 함수 switch는 조건문을 작성할 필요 없이 간편하게 사용할 수 있는 조건 함수이다. 조건문의 작성에는 보통 [표 3.11]의 관계연산자 혹은 [표 3.12]의 논리연산자가 사용된다.

R에서 if-else 종류의 조건문은 조건을 제시하는 조건문과 조건문을 수행할 명령문의 두 가지로 구성된다. 이때 조건문은 소괄호 ( ) 안에 입력하며 조건문은 1개의 논리 상수만 반환한다. 2개 이상의 논리 상수로 구성된 벡터를 반환하더라도 제일 첫 번째 원소에 해당하는 논리 상수만 사용됨에 유의해야 한다. 명령문은 중괄호 { } 안에 입력해야 하지만 명령문이 1개인 경우에 중괄호는 생략해도 된다.

① if 조건문

if 조건문은 R 조건문 중 가장 간단한 형식으로 if 조건문의 형식은 [표 5.4]를 참조하며 사용 예는 [R-program 5.17]을 참조한다.

[표 5.4] if 조건문의 형식

형식	if (조건문) {명령문}
설명	• 조건문이 TRUE이면 명령문을 수행한다. • 조건문은 소괄호 ( ) 내에 있어야 하며 조건문은 1개만 사용 가능하다. • 명령문이 2개 이상인 경우는 명령문들은 반드시 중괄호 내에 있어야 한다. • 명령문이 1개인 경우는 중괄호 { }를 생략할 수 있다.

[R-program 5.17] if 조건문의 사용 예

```
> #(1) mtcars: 패키지 datasets의 데이터 프레임
>
> # 데이터 설명: 1974 Motor Trend US magazin에서 발췌한 자동차 로드 테스트
> # 자료로서 32X11 데이터 프레임
> # mtcars에 있는 첫 4행의 데이터 프레임 data1 생성
>
> data1 <- mtcars[1:4,]; data1
                mpg cyl disp  hp drat    wt  qsec vs am gear carb
Mazda RX4      21.0   6  160 110 3.90 2.620 16.46  0  1    4    4
Mazda RX4 Wag  21.0   6  160 110 3.90 2.875 17.02  0  1    4    4
Datsun 710     22.8   4  108  93 3.85 2.320 18.61  1  1    4    1
Hornet 4 Drive 21.4   6  258 110 3.08 3.215 19.44  1  0    3    1
>
> #(2) 조건문이 1개의 논리 상수를 반환하는 경우:
> # 논리 상수가 TRUE인 경우만 명령문을 수행하여
> # 벡터 vs의 첫번째 원소만 2로 변환
>
> data1$vs[1]==0 #조건문이 1개의 논리 상수 반환
[1] TRUE
>
> if (data1$vs[1]==0) {data1$vs[1] <- 2}
>
> data1
                mpg cyl disp  hp drat    wt  qsec vs am gear carb
Mazda RX4      21.0   6  160 110 3.90 2.620 16.46  2  1    4    4
Mazda RX4 Wag  21.0   6  160 110 3.90 2.875 17.02  0  1    4    4
Datsun 710     22.8   4  108  93 3.85 2.320 18.61  1  1    4    1
Hornet 4 Drive 21.4   6  258 110 3.08 3.215 19.44  1  0    3    1
```

```
>
> #(3) 조건문이 1개의 논리 상수를 반환하는 경우:
> # 논리 상수가 TRUE인 경우만 명령문을 수행하여
> # 벡터 vs의 모든 원소가 2로 변환
> # 명령문이 1개인 경우 중괄호 { } 생략 가능
>
> data1 <- mtcars[1:4,]
>
> data1$vs[1]==0 #조건문이 1개의 논리 상수 반환
[1] TRUE
>
> if (data1$vs[1]==0) data1$vs <- 2
>
> data1
                mpg cyl disp  hp drat    wt  qsec vs am gear carb
Mazda RX4      21.0   6  160 110 3.90 2.620 16.46  2  1    4    4
Mazda RX4 Wag  21.0   6  160 110 3.90 2.875 17.02  2  1    4    4
Datsun 710     22.8   4  108  93 3.85 2.320 18.61  2  1    4    1
Hornet 4 Drive 21.4   6  258 110 3.08 3.215 19.44  2  0    3    1

>
> #(4) 조건문이 2개 이상의 논리 상수를 반환하는 경우 => Warning message 발생
> # 첫 번째 원소에 해당하는 논리 상수가 TRUE인 경우만 명령문을 수행하여
> # 벡터 vs의 모든 원소가 3으로 변환됨
>
> data1 <- mtcars[1:4,]
>
> data1$vs==0 #조건문이 4개의 논리 상수 반환
[1]  TRUE  TRUE FALSE FALSE
>
> if (data1$vs==0) data1$vs <- 3
Warning message:
In if (data1$vs == 0) data1$vs <- 3 :
  the condition has length > 1 and only the first element will be used
>
> data1
                mpg cyl disp  hp drat    wt  qsec vs am gear carb
Mazda RX4      21.0   6  160 110 3.90 2.620 16.46  3  1    4    4
Mazda RX4 Wag  21.0   6  160 110 3.90 2.875 17.02  3  1    4    4
Datsun 710     22.8   4  108  93 3.85 2.320 18.61  3  1    4    1
Hornet 4 Drive 21.4   6  258 110 3.08 3.215 19.44  3  0    3    1

>
> #(5) 조건문이 1개의 논리 상수를 반환하는 경우:
> # 명령문이 2개 이상인 겨우 중괄호 { }안에 세미콜론 ( ; )으로 구분함
>
> data1 <- mtcars[1:4,]
>
> data1$mpg[3]>=22
[1] TRUE
>
> if (data1$mpg[3]>=22) {data1$gear[3] <- 5; data1$carb[3] <- 2}
>
> data1
                mpg cyl disp  hp drat    wt  qsec vs am gear carb
Mazda RX4      21.0   6  160 110 3.90 2.620 16.46  0  1    4    4
Mazda RX4 Wag  21.0   6  160 110 3.90 2.875 17.02  0  1    4    4
Datsun 710     22.8   4  108  93 3.85 2.320 18.61  1  1    5    2
Hornet 4 Drive 21.4   6  258 110 3.08 3.215 19.44  1  0    3    1
```

② if-else 조건문

if 조건문에서는 조건문이 TRUE이면 명령문을 수행하는 것이 전부이지만 if-else 조건문은 조건문이 FALSE인 경우의 명령문 수행도 추가된다. if-else 조건문의 형식은 [표 5.5]를 참조하며 사용 예는 [R-program 5.18]을 참조한다.

[표 5.5] if-else 조건문의 형식

형식	if (조건문) {명령문 1} else {명령문 2}
설명	• 조건문이 TRUE일 때 명령문 1을 수행하고 조건문이 FALSE일 때는 명령문 2를 수행한다. • 조건문은 소괄호 ( ) 내에 있어야 하며 조건문은 1개만 사용 가능하다. • 명령문이 2개 이상인 경우는 명령문들은 반드시 중괄호 내에 있어야 한다. • 명령문이 1개인 경우는 중괄호 { }를 생략할 수 있다.

[R-program 5.18] if-else 조건문의 사용 예

```
> #(1) mtcars: 패키지 datasets의 데이터 프레임
>
> # 데이터 설명: 1974 Motor Trend US magazin에서 발췌한 자동차 로드 테스트
> # 자료로서 32X11 데이터 프레임
> # mtcars에 있는 첫 4행의 데이터 프레임 data1 생성
>
> data1 <- mtcars[1:4,]; data1
                mpg cyl disp  hp drat    wt  qsec vs am gear carb
Mazda RX4      21.0   6  160 110 3.90 2.620 16.46  0  1    4    4
Mazda RX4 Wag  21.0   6  160 110 3.90 2.875 17.02  0  1    4    4
Datsun 710     22.8   4  108  93 3.85 2.320 18.61  1  1    4    1
Hornet 4 Drive 21.4   6  258 110 3.08 3.215 19.44  1  0    3    1
>
> #(2) if (조건문) {명령문1 ; 명령문2} else {명령문3 ; 명령문4}
> # 조건문이 TRUE이면 명령문1, 2를 수행하고 FALSE이면 명령문3, 4를 수행
>
> # (참고) 아래 열 벡터의 각 원소별 4회 반복되는 if-else 조건문은
> # [R-program 5.20]의 조건함수 ifelse에 의해, 혹은 [R-program 5.22]의
> # for-in 반복문에 의해 보다 간단히 프로그래밍 가능
>
> if (data1$cyl[1]==6) {data1$vs[1] <- "v"; data1$gear[1] <- "1/5"}
 else {data1$vs[1] <- "s"; data1$gear[1] <- "3/4"}
> if (data1$cyl[2]==6) {data1$vs[2] <- "v"; data1$gear[2] <- "1/5"}
 else {data1$vs[2] <- "s"; data1$gear[2] <- "3/4"}
> if (data1$cyl[3]==6) {data1$vs[3] <- "v"; data1$gear[3] <- "1/5"}
 else {data1$vs[3] <- "s"; data1$gear[3] <- "3/4"}
> if (data1$cyl[4]==6) {data1$vs[4] <- "v"; data1$gear[4] <- "1/5"}
 else {data1$vs[4] <- "s"; data1$gear[4] <- "3/4"}
>
> data1
                mpg cyl disp  hp drat    wt  qsec vs am gear carb
Mazda RX4      21.0   6  160 110 3.90 2.620 16.46  v  1  1/5    4
Mazda RX4 Wag  21.0   6  160 110 3.90 2.875 17.02  v  1  1/5    4
Datsun 710     22.8   4  108  93 3.85 2.320 18.61  s  1  3/4    1
Hornet 4 Drive 21.4   6  258 110 3.08 3.215 19.44  v  0  1/5    1
```

③ if-else if-else 조건문

if-else 조건문은 조건문이 1개인 경우 사용하며 조건문이 TRUE이냐 FALSE이냐에 따라서 각각의 명령문을 수행한다. 이에 반해서 if-else if-else 조건문은 조건문이 2개인 경우 사용하며 조건문이 1개씩 추가될 때마다 else-if 문이 추가된다. 조건에 따라 서로 배타적인 범주가 k+1개 발생한다면 조건문은 k개 사용해야 한다. if-else if-else 조건문의 형식은 [표 5.6]을 참조하며 사용 예는 [R-program 5.19]를 참조한다.

[표 5.6] if-else if-else 조건문의 형식

<table>
<tr><td>형식</td><td>if (조건문 1) {명령문 1}
else if (조건문 2) {명령문 2}
else if (조건문 3) {명령문 3}
...
else if (조건문 k) {명령문 k}
else {명령문 k+1}</td></tr>
<tr><td>설명</td><td>• 조건문 i(i=1, 2, ⋯, k)가 TRUE이면 명령문 i(i=1, 2, ⋯, k)를 수행한다. 모든 조건문이 FALSE이면 명령문 k+1을 수행한다.
• 소괄호 ( ) 내의 각 조건문은 1개만 사용 가능하다.
• 각 조건문에 해당하는 명령문이 2개 이상인 경우는 명령문들은 반드시 중괄호 내에 있어야 한다.
• 각 조건문에 해당하는 명령문이 1개인 경우는 중괄호 { }를 생략할 수 있다.</td></tr>
</table>

[R-program 5.19] if-else if-else 조건문의 사용 예

```
> #(1) mtcars: 패키지 datasets의 데이터 프레임
>
> # 데이터 설명: 1974 Motor Trend US magazin에서 발췌한 자동차 로드 테스트
> # 자료로서 32X11 데이터 프레임
> # mtcars에 있는 첫 4행의 데이터 프레임 data1 생성
>
> data1 <- mtcars[1:4,]; data1
                mpg cyl disp  hp drat    wt  qsec vs am gear carb
Mazda RX4      21.0   6  160 110 3.90 2.620 16.46  0  1    4    4
Mazda RX4 Wag  21.0   6  160 110 3.90 2.875 17.02  0  1    4    4
Datsun 710     22.8   4  108  93 3.85 2.320 18.61  1  1    4    1
Hornet 4 Drive 21.4   6  258 110 3.08 3.215 19.44  1  0    3    1
>
> #(2) 열 qsec의 값에 따라 4개의 범주로 나누어지므로 조건문 3개가 필요
> # if-else if-else 조건문을 수행하여 새로운 열 QS1 및 QS2가 생성됨
>
> # (참고) 아래 열 변수의 각 원소별 4회 반복되는 if-else if-else 조건문은
> # [R-program 5.20]의 조건함수 ifelse에 의해, 혹은 [R-program 5.22]의
> # for-in 반복문에 의해 보다 간단히 프로그래밍 가능
```

```
>
> if (data1$qsec[1] >= 19) {data1$QS1[1] <- 4; data1$QS2[1] <- "A"
+ } else if (data1$qsec[1] >= 18) {
+     data1$QS1[1] <- 3; data1$QS2[1] <- "A"
+ } else if (data1$qsec[1] >= 17) {
+     data1$QS1[1] <- 2; data1$QS2[1] <- "B"
+ } else  {data1$QS1[1] <- 0; data1$QS2[1] <- "C" }
>
> if (data1$qsec[2] >= 19) {data1$QS1[2] <- 4; data1$QS2[2] <- "A"
+ } else if (data1$qsec[2] >= 18) {
+     data1$QS1[2] <- 3; data1$QS2[2] <- "A"
+ } else if (data1$qsec[2] >= 17) {
+     data1$QS1[2] <- 2; data1$QS2[2] <- "B"
+ } else  {data1$QS1[2] <- 0; data1$QS2[2] <- "C" }
>
> if (data1$qsec[3] >= 19) {data1$QS1[3] <- 4; data1$QS2[3] <- "A"
+ } else if (data1$qsec[3] >= 18) {
+     data1$QS1[3] <- 3; data1$QS2[3] <- "A"
+ } else if (data1$qsec[3] >= 17) {
+     data1$QS1[3] <- 2; data1$QS2[3] <- "B"
+ } else  {data1$QS1[3] <- 0; data1$QS2[3] <- "C" }
>
> if (data1$qsec[4] >= 19) {data1$QS1[4] <- 4; data1$QS2[4] <- "A"
+ } else if (data1$qsec[4] >= 18) {
+     data1$QS1[4] <- 3; data1$QS2[4] <- "A"
+ } else if (data1$qsec[4] >= 17) {
+     data1$QS1[4] <- 2; data1$QS2[4] <- "B"
+ } else  {data1$QS1[4] <- 0; data1$QS2[4] <- "C" }
> data1
                mpg cyl disp  hp drat    wt  qsec vs am gear carb
Mazda RX4      21.0   6  160 110 3.90 2.620 16.46  0  1    4    4
Mazda RX4 Wag  21.0   6  160 110 3.90 2.875 17.02  0  1    4    4
Datsun 710     22.8   4  108  93 3.85 2.320 18.61  1  1    4    1
Hornet 4 Drive 21.4   6  258 110 3.08 3.215 19.44  1  0    3    1
               QS1 QS2
Mazda RX4        0   C
Mazda RX4 Wag    2   B
Datsun 710       3   A
Hornet 4 Drive   4   A
```

④ 조건 함수 ifelse

앞서 설명한 if-else 종류의 조건문들에서는 오직 1개의 논리 상수만 유효하므로 조건문에 사용되는 데이터 객체들은 원소가 1개이다. 따라서 데이터 객체가 벡터인 경우는 벡터의 길이만큼 반복해서 조건문을 사용해야 한다. 이에 반해서 조건 함수 ifelse의 조건문에서 사용되는 데이터 객체는 2개 이상의 원소를 갖는 벡터, 행렬, 혹은 데이터 객체 등이 사용될 수 있다. 따라서 이들 데이터 객체의 총 원소의 수만큼의 논리 상수가 반환되며 각 논리 상수의 TRUE 혹은 FALSE 여부에 따라 지정된 원소값으로 원래의 데이터 객체를 채운다. 조건 함수 ifelse의 형식은 [표 5.7]을 참조하며 사용 예는 [R-program 5.20]을 참조한다.

[표 5.7] 조건 함수 ifelse의 형식

형식	ifelse(x에 대한 조건문, yes, no)
설명	• x는 벡터, 행렬, 데이터 프레임 등의 데이터 객체 • 조건문이 TRUE이면 yes로, FALSE이면 no로 x와 같은 크기를 가지는 할당된 데이터 객체의 전체 요소를 채운다.

[R-program 5.20] 조건 함수 ifelse의 사용 예

```
> #(1) mtcars: 패키지 datasets의 데이터 프레임
>
> # 데이터 설명: 1974 Motor Trend US magazin에서 발췌한 자동차 로드 테스트
> # 자료로서 32X11 데이터 프레임
> # mtcars에 있는 첫 4행의 데이터 프레임 data1 생성
>
> data1 <- mtcars[1:4,]; data1
                mpg cyl disp  hp drat    wt  qsec vs am gear carb
Mazda RX4      21.0   6  160 110 3.90 2.620 16.46  0  1    4    4
Mazda RX4 Wag  21.0   6  160 110 3.90 2.875 17.02  0  1    4    4
Datsun 710     22.8   4  108  93 3.85 2.320 18.61  1  1    4    1
Hornet 4 Drive 21.4   6  258 110 3.08 3.215 19.44  1  0    3    1
>
> #(2) 열 벡터 wt>2.7인 원소는 "heavy"로, wt<=2.7 인 원소는 "light"로 변경
>
> data1$wt <- ifelse(data1$wt>2.7, "heavy","light"); data1
                mpg cyl disp  hp drat    wt  qsec vs am gear carb
Mazda RX4      21.0   6  160 110 3.90 light 16.46  0  1    4    4
Mazda RX4 Wag  21.0   6  160 110 3.90 heavy 17.02  0  1    4    4
Datsun 710     22.8   4  108  93 3.85 light 18.61  1  1    4    1
Hornet 4 Drive 21.4   6  258 110 3.08 heavy 19.44  1  0    3    1
>
> #(3) [R-program 5.18]에서 열 벡터의 각 원소별 4회 반복되는
> # if-else 조건문은 조건함수 ifelse에 의해 보다 간결하게 프로그래밍 가능
>
> data1 <- mtcars[1:4,]
>
> data1$vs <- ifelse(data1$cyl==6,"v","s")
>
> data1$gear <- ifelse(data1$cyl==6,"1/5","3/4")
>
> data1
                mpg cyl disp  hp drat    wt  qsec vs am gear carb
Mazda RX4      21.0   6  160 110 3.90 2.620 16.46  v  1  1/5    4
Mazda RX4 Wag  21.0   6  160 110 3.90 2.875 17.02  v  1  1/5    4
Datsun 710     22.8   4  108  93 3.85 2.320 18.61  s  1  3/4    1
Hornet 4 Drive 21.4   6  258 110 3.08 3.215 19.44  v  0  1/5    1
>
> #(4) [R-program 5.19]에서 열 벡터의 각 원소별 4회 반복되는
> # if-else if-else 조건문은 조건함수 ifelse에 의해 보다 간결하게 프로그래밍
>
> data1 <- mtcars[1:4,]
>
> data1$QS1 <- ifelse(data1$qsec >= 19, 4,ifelse(data1$qsec >= 18,3,
ifelse(data1$qsec >= 17,2,0)))
>
> data1$QS2 <- ifelse(data1$qsec >= 19, "A",ifelse(data1$qsec >= 18,
"A",ifelse(data1$qsec >= 17,"B","C")))
```

```
> data1
                mpg cyl disp  hp drat    wt  qsec vs am gear carb
Mazda RX4      21.0   6  160 110 3.90 2.620 16.46  0  1    4    4
Mazda RX4 Wag  21.0   6  160 110 3.90 2.875 17.02  0  1    4    4
Datsun 710     22.8   4  108  93 3.85 2.320 18.61  1  1    4    1
Hornet 4 Drive 21.4   6  258 110 3.08 3.215 19.44  1  0    3    1
               QS1 QS2
Mazda RX4        0   C
Mazda RX4 Wag    2   B
Datsun 710       3   A
Hornet 4 Drive   4   A
>
> #(5) 벡터 data2의 원소가 음이 아니면 그대로, 음수이면 "negative"값으로 변환
> # 이때 수치형과 문자형의 혼합이므로 우선 순위가 있는 문자형으로 바뀜
>
> data2 <- c(2,4,8,-2,-5)  #길이가 5인 벡터 data2
>
> data2 <- ifelse(data2>=0,data2,"negative"); data2
[1] "2"        "4"        "8"        "negative" "negative"
>
> #(6) 행렬 data3의 원소를 2로 나누어 나머지가 1이면,
> # 즉 홀수이면 999값으로 변환 짝수이면 원래 값을 그대로 둠
>
> #2X6 행렬 data3 생성(행 우선)
> data3 <- matrix(21:32,nrow=2,ncol=6,byrow=T)
> data3
     [,1] [,2] [,3] [,4] [,5] [,6]
[1,]   21   22   23   24   25   26
[2,]   27   28   29   30   31   32
>
> data3 <- ifelse(data3%%2==1,999,data3); data3
     [,1] [,2] [,3] [,4] [,5] [,6]
[1,]  999   22  999   24  999   26
[2,]  999   28  999   30  999   32
```

⑤ 조건 함수 switch

조건 함수 switch는 앞서 설명한 if-else 종류의 조건문 혹은 조건 함수 ifelse처럼 조건문의 TRUE 혹은 FALSE 여부에 따라 명령문을 수행하는 방식이 아니다. 함수 switch의 첫 번째 원소가 문자형 값이면 제시된 목록 중에서 일치하는 문자형 값이 가지고 있는 값을 반환한다. 반면에 함수 switch의 첫 번째 원소가 숫자이면 이 숫자가 순서를 나타내므로 제시된 목록 중에서 해당 순서에 해당하는 값을 반환한다. 조건 함수 switch의 형식은 [표 5.8]을 참조하며 사용 예는 [R-program 5.21]을 참조한다.

[표 5.8] 조건 함수 switch의 형식

형식	switch(x, ...)
옵션	• x는 길이가 1인 데이터 • ...는 반환 목록

설명	• x가 문자형인 경우는 목록(...) 중에서 x와 일치하는 문자가 갖는 값을 반환하고 목록에 x와 일치하는 문자가 없으면서 지정되지 않은 값이 있다면 지정되지 않은 값을 반환한다. 목록에 x와 일치하는 문자가 없으면서 지정되지 않은 값도 없다면 기본값인 NULL을 반환한다. NULL값은 데이터가 없거나 정의되지 않은 값을 의미하는 R 예약어이다. • x가 수치형인 경우는 목록(...) 중에서 x번째의 값을 반환하고 목록에 x번째의 값이 없다면 기본값인 NULL을 반환한다.

[R-program 5.21] 조건 함수 switch의 사용 예

```
> #(1) 데이터가 문자형인 경우 문자와 일치하는 값을 반환
> # 길이가 4인 문자형 벡터 data1 생성
> data1 <- c("I","AA","Bb","CCC") ; data1
[1] "I"   "AA"  "Bb"  "CCC"
>
> # data1[1]="I"이므로 I= 의 "I am"값 반환
> x <- switch(data1[1],AA="two A's;",CCC=1:3,I="I am"); x
[1] "I am"
>
> # data1[4]="CCC"이므로 CCC= 의 1,2,3의 숫자값 반환
> x <- switch(data1[4],AA="two A's;",CCC=1:3,I="I am"); x
[1] 1 2 3
>
> # data1[3]="Bb"인데 Bb= 가 없으므로 기본값 NULL값 반환
> x <- switch(data1[3],AA="two A's;",CCC=1:3,I="I am"); x
NULL
>
> #(2) 데이터가 문자형인 경우 문자와 일치하는 값을 반환
> data2 <- 101:110 ; data2 #길이가 10인 수치형 벡터 data2
 [1] 101 102 103 104 105 106 107 108 109 110
> data3 <- c("mean","sd","median"); data3 #길이가 3인 문자형 벡터 data3
[1] "mean"   "sd"     "median"

>
> # data3[1]="mean"이므로 mean= 의 mean(data2) 수행
> x <- switch(data3[1],mean=mean(data2),sd=sd(data2),"otherwise"); x
[1] 105.5
>
> # data3[2]="sd"이므로 sd= 의 sd(data2) 수행
> x <- switch(data3[2],mean=mean(data2),sd=sd(data2),"otherwise"); x
[1] 3.02765
>
> # data3[3]="median"으로 median= 의 값이 없으면서 = 으로 지정되지 않는 값이
> # 목록에 존재한다면 그 값(otherwise)으로 반환
> x <- switch(data3[3],mean=mean(data2),sd=sd(data2),"otherwise"); x
[1] "otherwise"
>
> #(3) 데이터가 수치형인 경우 수치값은 순서를 의미
> # 첫 수치형 데이터 4는 4번째 원소값 31을 부여
> x <- switch(4,29,28,"AAA",31); x
[1] 31
>
```

```
> # 첫 수치형 데이터 6은 6번째 원소값이 없어 기본값 NULL 부여
> x <- switch(6,29,28,"AAA",31); x
NULL
```

5.6 R 반복문

일련의 명령문들이 반복되는 경우에 R 반복문의 사용에 의해 프로그램 줄 수를 줄일 수 있다. 따라서 반복문은 R 프로그래밍 과정에서 매우 유용하게 쓰인다. R에서 for, in, while, repeat, break, next는 반복문에서 사용되는 R 예약어이다.

① for-in 반복문

for-in 반복문은 반복 횟수를 사전에 명확히 알 수 있는 경우에 유용하며 반복마다 변하는 값을 가지고 명령문을 수행한다. for-in 반복문의 형식은 [표 5.9]를 참조하며 사용 예는 [R-program 5.22]를 참조한다.

[표 5.9] for-in 반복문의 형식

형식	for (변수 in sequence) {명령문}
옵션	• 변수: 반복 때마다 명령문에서 변하는 값을 갖는 변수를 지정한다. • sequence: 지정된 변수가 반복마다 취할 값을 벡터로 지정한다. • 반복문에서 수행할 명령문은 중괄호 { } 내에 있어야 한다.

[R-program 5.22] for-in 반복문의 사용 예

```
> #(1) 1부터 10까지의 합(sum) 계산
>
> sum <- 0
> for (x in 1:10){sum <- sum + x}
> sum
[1] 55
>
> #(2) 3,5,4의 평균(mean) 계산
>
> y <- c(3,5,4)
> sum <- 0
> for (x in y){sum <- sum + x}
> mean <- sum/length(y); mean
[1] 4
```

```
>
> #(3) [R-program 5.18]의 if-else 조건문의 사용 예에서 열 벡터의 각 원소별
> # 4회 반복되는 if-else 조건문은 for-in 반복문에 의해 보다 간단히 프로그래밍
>
> data1 <- mtcars[1:4,];
> data1 #mtcars에 있는 첫 4행의 데이터 프레임 data1
               mpg cyl disp  hp drat    wt  qsec vs am gear carb
Mazda RX4     21.0   6  160 110 3.90 2.620 16.46  0  1    4    4
Mazda RX4 Wag 21.0   6  160 110 3.90 2.875 17.02  0  1    4    4
Datsun 710    22.8   4  108  93 3.85 2.320 18.61  1  1    4    1
Hornet 4 Drive 21.4  6  258 110 3.08 3.215 19.44  1  0    3    1
>
> for (j in 1:4) {
+     if (data1$cyl[j]==6) {
+         data1$vs[j] <- "v"; data1$gear[j] <- "1/5"
+     } else {
+         data1$vs[j] <- "s"; data1$gear[j] <- "3/4"}
+ }
>
> data1;
               mpg cyl disp  hp drat    wt  qsec vs am gear carb
Mazda RX4     21.0   6  160 110 3.90 2.620 16.46  v  1  1/5    4
Mazda RX4 Wag 21.0   6  160 110 3.90 2.875 17.02  v  1  1/5    4
Datsun 710    22.8   4  108  93 3.85 2.320 18.61  s  1  3/4    1
Hornet 4 Drive 21.4  6  258 110 3.08 3.215 19.44  v  0  1/5    1
>
> #(4) [R-program 5.19]의 if-else if-else 조건문의 사용 예에서 열 변수의
> # 각 원소별 4회 반복되는 if-else if-if 조건문은 for-in 반복문에 의해
> # 보다 간단히 프로그래밍
>
> data1 <- mtcars[1:4,];
> data1 #mtcars에 있는 첫 4행의 데이터 프레임 data1
               mpg cyl disp  hp drat    wt  qsec vs am gear carb
Mazda RX4     21.0   6  160 110 3.90 2.620 16.46  0  1    4    4
Mazda RX4 Wag 21.0   6  160 110 3.90 2.875 17.02  0  1    4    4
Datsun 710    22.8   4  108  93 3.85 2.320 18.61  1  1    4    1
Hornet 4 Drive 21.4  6  258 110 3.08 3.215 19.44  1  0    3    1
>
> for (j in 1:4) {
+     if (data1$qsec[j] >= 19) {
+         data1$QS1[j] <- 4; data1$QS2[j] <- "A"
+     } else if (data1$qsec[j] >= 18) {
+         data1$QS1[j] <- 3; data1$QS2[j] <- "A"
+     } else if (data1$qsec[j] >= 17) {
+         data1$QS1[j] <- 2; data1$QS2[j] <- "B"
+     } else  {data1$QS1[j] <- 0; data1$QS2[j] <- "C" }
+ }
>
> data1
               mpg cyl disp  hp drat    wt  qsec vs am gear carb
Mazda RX4     21.0   6  160 110 3.90 2.620 16.46  0  1    4    4
Mazda RX4 Wag 21.0   6  160 110 3.90 2.875 17.02  0  1    4    4
Datsun 710    22.8   4  108  93 3.85 2.320 18.61  1  1    4    1
Hornet 4 Drive 21.4  6  258 110 3.08 3.215 19.44  1  0    3    1
               QS1 QS2
Mazda RX4        0   C
Mazda RX4 Wag    2   B
Datsun 710       3   A
Hornet 4 Drive   4   A
```

② break 및 next 반복 제어문

break 및 next 문은 반복문인 for-in, while, repeat 문에서 반복의 흐름을 제어하는 역할을 한다. break 문 앞에 주어지는 break 조건문이 TRUE이면 반복문의 반복 루프(loop)에서 벗어날 수 있다. 또한 next 문 앞에 주어지는 next 조건문이 TRUE이면 next 문 이후의 명령문을 수행하지 않고 다음 반복 순서부터 명령문을 수행한다. break 및 next 반복 제어문의 형식은 [표 5.10]을 참조하며 사용 예는 [R-program 5.23]을 참조한다.

[표 5.10] break 및 next 반복 제어문의 형식

형식	if (break 조건문) break
설명	break 조건문이 TRUE일 때 반복문(for-in, while, repeat 문)의 반복 루프를 빠져나온다.
형식	if (next 조건문) next
설명	next 조건문이 TRUE일 때 반복문(for-in, while, repeat 문) 내에서 next 문 이후의 명령문은 수행하지 않고 반복문의 처음으로 돌아가 다음 반복 순서를 수행한다.

[R-program 5.23] break 및 next 반복 제어문의 사용 예

```
> #(1) break 반복 제어문의 사용:
> # x=4이면 for-in 반복문의 반복 루프를 빠져 나옴
>
> for (x in 1:5) {
+     if (x == 4) break
+     print(x)
+ }
[1] 1
[1] 2
[1] 3
>
> #(2) next 반복 제어문의 사용 예:
> # y=2이면 next문 이후의 명령문을 수행하지 않고
> # 반복문 처음으로 가서 다음 회차인 y=3을 수행한다.
>
> for (y in 1:5) {
+     if (y == 2) next
+     print(y)
+ }
[1] 1
[1] 3
[1] 4
[1] 5
```

③ while 반복문

while 반복문은 조건문에 의한 반복의 수행을 하므로 반복 횟수를 사전에 알기 어려운 경우에 유용하다. while 반복문은 주어진 조건문이 TRUE이면 명령문을 계속해서 수행한다. 그러나 while의 조건문이 TRUE일지라도 break 문을 활용한다면 while 반복문의 수행을 종료시킬 수 있다. while 반복문의 형식은 [표 5.11]을 참조하며 사용 예는 [R-program 5.24]를 참조한다.

[표 5.11] while 반복문의 형식

형식	while (조건문) {명령문}
설명	• 조건문이 TRUE이면 명령문을 계속해서 수행한다. • 반복문에서 수행할 명령문은 중괄호 { } 내에 있어야 한다.

[R-program 5.24] while 반복문의 사용 예

```
> #(1) 1부터 자연수를 하나씩 더해가다 합이 50을 넘지 않은 최대 합 계산
>
> sum <- 0; n <- 0
> while (sum <= 50){
+     n <- n+1
+     sum <- sum + n;
+     before.n <- n-1; before.sum <- sum-n
+ }
>
> print(paste("The sum of 1 to ",n," is ",sum))
[1] "The sum of 1 to  10  is  55"
> print(paste("The sum of 1 to ",before.n," is ",before.sum,"less than
 50"))
[1] "The sum of 1 to  9  is  45 less than 50"
>
> #(2) 1부터 20까지의 합을 계산하나 합이 50을 넘지 않은 최대 합 계산
> # break 문 사용
>
> sum <- 0; n <- 0
> while (n <= 20){
+     n <- n+1
+     sum <- sum + n;
+     before.n <- n-1; before.sum <- sum-n
+     if (sum >= 50) break
+ }
>
> print(paste("The sum of 1 to ",n," is ",sum))
[1] "The sum of 1 to  10  is  55"
> print(paste("The sum of 1 to ",before.n," is ",before.sum,"less than
 50"))
[1] "The sum of 1 to  9  is  45 less than 50"
```

④ repeat 반복문

반복 제어문인 break 문을 사용하지 않더라도 for-in 반복문에서는 지정된 변수가 주어진 숫자 열벡터의 값을 다 수행할 때까지, 그리고 while 반복문에서는 조건문을 만족할 때까지는 명령문을 수행 완료한다. 반면에 repeat 반복문의 경우 명령문을 먼저 수행하고, 구문 내에서 break 문을 만나 break 조건문을 만족하면 repeat 반복문을 빠져나온다. 만약 break 문을 사용하지 않으면 반복문이 무한으로 실행되기 때문에 break는 repeat 반복문에서 필수 요소이다. repeat 반복문의 형식은 [표 5.12]를 참조하며 사용 예는 [R-program 5.25]를 참조한다.

[표 5.12] break 문을 포함한 repeat 반복문의 형식

형식	repeat {명령문, ...
	    if (break 조건문) break
	    명령문, ...
	}

설명	• break 조건문이 FALSE인 한은 명령문을 계속해서 수행한다. • break 조건문이 TRUE일 때 repeat 반복문을 빠져나온다. • 반복문에서 수행할 명령문은 중괄호 { } 내에 있어야 한다.

[R-program 5.25] break 문을 포함한 repeat 반복문의 사용 예

```
> #(1) 1부터 시작하여 자연수를 계속해서 더해나가나 합이 50 이상 되면
> # break 문을 사용하여 repeat 문을 빠져 나옴
>
> sum <- 0; n <- 0
> repeat{
+     n <- n+1
+     sum <- sum+n;
+     before.n <- n-1; before.sum <- sum-n
+     if (sum >= 50) break
+ }
>
> print(paste("The sum of 1 to ",n," is ",sum))
[1] "The sum of 1 to  10  is  55"
> print(paste("The sum of 1 to ",before.n," is ",before.sum,"less than
50"))
[1] "The sum of 1 to  9  is  45 less than 50"
```

5.7 R 행렬에 의한 연산

R에서 자료분석을 위해 사용하는 데이터 객체는 주로 데이터 프레임의 구조를 가진다. 데이터 프레임은 행렬과 같이 행과 열로 구성된 표 형식이다. 만약 고급의 알고리즘을 구현하여 복잡하게 계산하는 프로그래밍 작업을 하는 경우는 매우 다양한 방법의 데이터 핸들링에 의한 연산이 필요하다. 이러한 연산을 할 때는 데이터 프레임을 행렬로 변환하여 연산하면 보다 자유롭게 수치적 계산을 할 수 있어 효율적이다.

행렬 연산의 기초적인 사용 예는 앞서 4.2절의 [R-program 4.20]에서 소개하였다. 그 밖의 고급의 전문적인 행렬 연산은 사용자 프로그래밍에 의해 수행하여야 할 것이다.

데이터 프레임으로 행렬 연산을 하고자 할 경우에는 데이터 프레임을 먼저 행렬로 변환해야 한다. 일반적으로 연산은 수치형 데이터들을 사용하므로 데이터 프레임에서 팩터 혹은 문자형 데이터가 존재하는 경우 이를 제외한 데이터를 사용해야 한다.

데이터 프레임을 행렬로 변환할 수 있는 함수로는 4.8절 [표 4.1]의 함수 as.matrix가 있다. 그러나 만약 데이터 프레임에 문자형 열이 존재하는 경우 함수 as.matrix로 변환한 행렬의 원소들은 문자형이 수치형에 우선하는 규칙에 의해 수치형 데이터도 모두 문자형으로 변환되는 단점이 있다. 이에 반해 함수 sapply는 is.numeric 옵션을 함께 사용하여 수치형인 열들만 가져올 수 있다. 함수 data.matrix는 데이터 프레임에서 논리형, 복소수형, 혹은 팩터인 열일지라도 가능한 수치형으로 변환하지만, 문자형은 변환하지 못하고 NA를 반환한다.

[표 5.13]는 데이터 프레임을 행렬로 변환하는 데 사용되는 위의 3가지 행렬 변환 함수들의 차이점을 잘 설명해준다. 이 3가지 함수들의 사용 예는 [R-program 5.26]을 참조한다.

[표 5.13] 행렬 변환 함수 as.matrix, sapply 및 data.matrx의 형식

형식	as.matrix(x)
옵션	• x: 벡터, 팩터, 데이터 프레임 등의 데이터 객체
설명	• 데이터 객체 x를 행렬로 변환한다. • 문자형, 복소수형, 수치형, 그리고 논리형의 우선순위에 따라 하나의 데이터 유형으로 통일하여 변환된다.
형식	sapply(x, function)
옵션	• x: 벡터, 목록의 데이터 객체 • function: 데이터 객체 x에 적용할 함수
설명	• 데이터 객체 x의 각 원소에 함수 function을 적용한 결과를 반환한다.
형식	data.matrix(x)
옵션	• x: 데이터 프레임
설명	• 데이터 프레임 x를 행렬로 변환시킨다. • 문자형은 NA, 팩터는 수준 수만큼의 정수, 논리형은 TRUE는 1, FALSE는 0으로, 복소수형은 허수(i)는 버리고 정수 부분만 수치형으로 변환한다.

[R-program 5.26] 행렬 변환 함수 as.matrix, sapply, data.matrix의 사용 예

```
> #(1) 데이터 프레임 data1 생성
>
> id <- c("KIM","LEE","PARK","CHOI","CHEONG") #문자형 벡터 생성
> age <- c(21,27,35,42,57) #수치형 벡터 생성
> score <- c(93,83,79,91,80) #수치형 벡터 생성
> grade <- c(TRUE,FALSE,FALSE,TRUE,TRUE) #논리형 벡터 생성
> #팩터(명목형인 범주형 자료) 생성
> test <- factor(c("pass","fail","fail","pass","hold"))
> data1 <- data.frame(I(id), age, score, grade, test)
> # 함수 I는 문자형 벡터를 팩터로 자동 변환되지 않도록 함
>
> str(data1) #id:문자형 age,score:수치형 grade:논리형, test: 팩터
'data.frame':   5 obs. of  5 variables:
 $ id   :Class 'AsIs'  chr [1:5] "KIM" "LEE" "PARK" "CHOI" ...
 $ age  : num  21 27 35 42 57
```

```
 $ score: num  93 83 79 91 80
 $ grade: logi  TRUE FALSE FALSE TRUE TRUE
 $ test : Factor w/ 3 levels "fail","hold",..: 3 1 1 3 2

>
> #(2) 함수 as.matrix :
> # 수치형 데이터(age,score)를 우선 순위인 문자형으로 변환
>
> data2 <- as.matrix(data1) ; data2
     id       age  score grade   test
[1,] "KIM"    "21" "93"  " TRUE" "pass"
[2,] "LEE"    "27" "83"  "FALSE" "fail"
[3,] "PARK"   "35" "79"  "FALSE" "fail"
[4,] "CHOI"   "42" "91"  " TRUE" "pass"
[5,] "CHEONG" "57" "80"  " TRUE" "hold"

>
> #(3) 함수 sapply의 사용법
>
> # 목록의 각 원소인 벡터에 함수 quantile을 적용
> sapply(list(data1$age, data1$score), quantile)
     [,1] [,2]
0%     21   79
25%    27   80
50%    35   83
75%    42   91
100%   57   93
>
> # 벡터의 각 원소에 함수 mean을 적용
> sapply(data1$age, mean)
[1] 21 27 35 42 57
>
> #(4) 함수 sapply에 함수 is.numeric을 함께 사용하여
> # 데이터 프레임으로 부터 수치형 데이터(age,score)만 가져옴
>
> sapply(data1,is.numeric)
   id   age score grade  test
FALSE  TRUE  TRUE FALSE FALSE

> data3 <- data1[sapply(data1,is.numeric)]; data3
  age score
1  21    93
2  27    83
3  35    79
4  42    91
5  57    80
>
> #(5) 함수 data.matrix :
> # 문자형은 NA(Not Available) 반환
> # 논리형은 TRUE는 1, FALSE는 0의 수치로 변환
> # 팩터는 수준 수만큼의 수치형으로 변환
>
> data4 <- data.matrix(data1); data4
Warning message:
In data.matrix(data1) : NAs introduced by coercion
     id age score grade test
[1,] NA  21    93     1    3
[2,] NA  27    83     0    1
[3,] NA  35    79     0    1
[4,] NA  42    91     1    3
[5,] NA  57    80     1    2
```

5.8 R 데이터 프레임의 행/열별 연산

5.7절에서는 데이터 프레임의 수치형 자료에 대하여 보다 고급의 연산을 위해서 행렬로 변환하는 방법에 대하여 다루었다. 그러나 시뮬레이션 혹은 전문적인 수치분석에서 고급의 연산 작업을 하는 경우를 제외하고 보통의 일상적인 자료분석에서 수행할만한 연산을 위해서는 굳이 데이터 프레임을 행렬로 변환하지 않고도 데이터 프레임의 행/열별 연산이 가능한 편리한 함수들을 사용하면 원하는 결과를 충분히 얻을 수 있다. 이 절에서는 데이터 프레임에 대해 행/열별 연산을 수행하는 함수들을 소개한다.

(1) 행/열별 연산

행/열별 연산 함수 apply는 sum, mean, summary 등과 같은 R 내장함수뿐만 아니라 사용자 정의 함수들을 이용하여 행별 또는 열별로 계산할 수 있는 매우 유용한 함수이다. 함수 apply는 연산 대상을 행 혹은 열로 지정할 수 있으며 연산 함수를 적용하여 얻은 결과는 표 형식으로 반환하는 데 반해서, 함수 lapply는 데이터 프레임의 모든 열벡터에 대하여 연산 함수를 적용하여 얻은 결과를 목록 형식으로 반환한다. [표 5.14]는 행/열별 연산 함수 apply 및 lapply의 형식을 나타낸다. 이 함수들의 사용 예는 [R-program 5.27]을 참조한다.

[표 5.14] 행/열별 연산 함수 apply 및 함수 lapply의 형식

형식	apply(x, margin, function)
옵션	• x: 수치형 행렬, 배열, 혹은 데이터 프레임 • margin: 행 혹은 열 단위의 계산되는 기준을 지정하는 옵션으로 1은 행, 2는 열에 대한 계산을 수행한다. • function: 데이터 x에 적용할 연산 함수로서 R 내장함수 혹은 사용자 정의함수
설명	데이터 객체 x의 행 혹은 열에 대하여 함수 function을 적용하여 계산한 결과를 벡터 혹은 행렬로 반환.
형식	lapply(x, function)
옵션	• x: 수치형 벡터, 행렬, 배열, 혹은 데이터 프레임 • function: 데이터 x에 적용할 함수로서 R 내장함수 혹은 사용자 정의함수
설명	데이터 객체 x의 모든 열벡터에 대하여 연산 함수 function을 적용하여 계산한 결과를 목록 형태로 반환.

[R-program 5.27] 행/열별 연산 함수 apply 및 lapply의 사용 예

```
> #(1) USArrests: 패키지 datasets의 데이터 프레임
>
> # 데이터 설명: 1973 년 미국 50 개 주에서 폭행, 살인 및 강간에 대한 10만 명당
> # 강력 범죄자 수 및 10만명 당 도시 인구 비율로서 50X4 데이터 프레임
>
> # 50개 주중에서 첫 5개 주(행) 및 3개의 강력 범죄인 수만 추출한 data1
> data1 <- USArrests[1:5,c(1,2,4)]; data1
           Murder Assault Rape
Alabama      13.2     236 21.2
Alaska       10.0     263 44.5
Arizona       8.1     294 31.0
Arkansas      8.8     190 19.5
California    9.0     276 40.6
>
> #(2) R 내장함수 sum을 사용한 행 합계: 각 주별  3개 강력 범죄인의 합계
>
> apply(data1,1,sum)
   Alabama     Alaska    Arizona   Arkansas California
     270.4      317.5      333.1      218.3      325.6

>
> #(3) R 내장함수 mean을 사용한 행 평균: 각 주별  3개 강력 범죄인의 평균
>
> apply(data1,1,mean)
   Alabama     Alaska    Arizona   Arkansas California
  90.13333  105.83333  111.03333   72.76667  108.53333
>
> #(4) R 내장함수 sum을 사용한 열 합계: 범죄별 50개 주 범죄인의 합계
>
> apply(data1,2,sum)
 Murder Assault    Rape
   49.1  1259.0   156.8
>
> #(5) R 내장함수 mean을 사용한 열 평균: 범죄별 50개 주 범죄인의 평균
>
> apply(data1,2,mean)
 Murder Assault    Rape
   9.82  251.80   31.36

>
> #(6) 사용자 정의 함수의 적용: 행별 계산이므로 행 우선으로 표현
>
> data2 <- apply(data1,1,function(x) sqrt(x*0.85)/0.12) ; data2
           Alabama    Alaska   Arizona  Arkansas California
Murder    27.91356  24.29563  21.86607  22.79132   23.04886
Assault  118.02777 124.59657 131.73521 105.90221  127.63881
Rape      35.37498  51.25169  42.77688  33.92700   48.95434

>
> #(7) 사용자 정의 함수의 적용: 열별 계산이므로 열 우선으로 표현
>
> data3 <- apply(data1,2,function(x) sqrt(x*0.85)/0.12) ; data3
             Murder  Assault     Rape
Alabama    27.91356 118.0278 35.37498
Alaska     24.29563 124.5966 51.25169
Arizona    21.86607 131.7352 42.77688
Arkansas   22.79132 105.9022 33.92700
California 23.04886 127.6388 48.95434
> class(data3) #행렬 형태로 반환
[1] "matrix"
```

```
>
> #(8) R 내장함수 mean을 사용한 열 평균: 범죄별 50개 주 범죄인의 평균
>
> data4 <- lapply(data1,mean) ; data4
$Murder
[1] 9.82

$Assault
[1] 251.8

$Rape
[1] 31.36

> class(data4) #목록 형태로 반환
[1] "list"
```

실제 2차원 행렬 형식의 데이터 연산 과정에서 행별 또는 열별로 통계치를 구해야 할 경우가 많다. 행렬 통계 함수 rowSums, rowMeans, colSums, 그리고 colMeans는 각각 행 합, 행 평균, 열 합, 열 평균을 계산하는 함수이다. [표 5.15]는 행렬 통계 함수의 형식을 나타낸다. 이 함수들의 사용 예는 [R-program 5.28]을 참조한다.

[R-program 5.27] 및 [R-program 5.28]에서 수치형 데이터 객체 x에 대하여 함수 apply(x, 1, sum), apply(x, 1, mean), apply(x, 2, sum), 그리고 apply(x, 2, mean)의 결과는 각각 rowSums(x), rowMeans(x), colSums(x), 그리고 colMeans(x)의 결과와 일치함을 알 수 있다.

데이터 프레임을 연산 대상으로 하여 행/열별 연산 함수 apply, lapply, 혹은 행렬 통계 함수 rowSums, rowMeans, colSums, colMeans를 사용할 때 주의할 점은 백터 혹은 문자형 열은 제외하고 순수하게 수치형 벡터로만 이루어진 데이터 프레임이 연산의 대상이 되어야 한다.

[표 5.15] 행렬 통계 함수 rowSums, rowMeans, colSums, colMeans의 형식

형식	rowSums(x)	rowMeans(x)	colSums(x)	colMeans(x)
옵션	• x: 수치형 행렬, 배열, 혹은 데이터 프레임			
설명	행 합계	행 평균	열 합계	열 평균

[R-program 5.28] 행렬 통계 함수 rowSums, rowMeans, colSums, colMeans의 사용 예

```
> #(1) USArrests: 패키지 datasets의 데이터 프레임
>
> # 데이터 설명: 1973 년 미국 50 개 주에서 폭행, 살인 및 강간에 대한 10만 명당
> # 강력 범죄자 수 및 10만명 당 도시 인구 비율로서 50X4 데이터 프레임
>
> # 50개 주중에서 첫 5개 주(행) 및 3개의 강력 범죄인 수만 추출한 data1
> data1 <- USArrests[1:5,c(1,2,4)]; data1
           Murder Assault Rape
Alabama      13.2     236 21.2
Alaska       10.0     263 44.5
Arizona       8.1     294 31.0
Arkansas      8.8     190 19.5
California    9.0     276 40.6
```

```
>
> #(2) 행 합계: 각 주별  3개 강력 범죄인의 합계
>
> rowSums(data1)
   Alabama      Alaska    Arizona   Arkansas California
     270.4       317.5      333.1      218.3      325.6

>
> #(3) 행 평균: 각 주별  3개 강력 범죄인의 평균
>
> rowMeans(data1)
   Alabama      Alaska    Arizona   Arkansas California
  90.13333  105.83333  111.03333   72.76667  108.53333
>
> #(4) 열 합계: 범죄별 50개 주 범죄인의 합계
>
> colSums(data1)
 Murder Assault    Rape
   49.1  1259.0   156.8
>
> #(5) 열 평균: 범죄별 50개 주 범죄인의 평균
>
> colMeans(data1)
 Murder Assault    Rape
   9.82  251.80   31.36
```

(2) 범주별 행/열 연산

데이터 프레임은 흔히 범주형 데이터를 표현하는 데이터 객체인 팩터와 수치형 벡터가 함께 구성된 경우가 많다. 이러한 혼합형 데이터 프레임에 대한 자료분석에서는 팩터의 수준별로 자료분석을 필요로 하는 경우가 많다. 이러한 용도로 사용하는 함수로는 tapply, by, 그리고 aggregate가 있으며 이들 범주별 행/열 연산 함수의 형식은 [표 5.16]과 같고 사용 예는 [R-program 5.29]를 참조한다.

[표 5.16] 범주별 행/열 연산 함수 tapply, by, aggregate의 형식

형식	tapply(x, factors, function)
옵션	• x: 수치형 벡터 • factors: 1개 이상의 팩터들로 구성된 목록으로 x와 행의 수가 같아야 한다. • function: 데이터 x에 적용할 연산 함수로서 R 내장함수 혹은 사용자 정의함수
설명	각 팩터의 수준 (조합)별로 벡터 x에 대하여 연산 함수 function을 적용하여 계산한 결과를 반환.
형식	by(x, factors, function)
옵션	• x: 수치형 벡터, 행렬, 배열, 혹은 데이터 프레임 • factors: 1개 이상의 팩터들로 구성된 목록으로 x와 행의 수가 같아야 한다. • function: 데이터 x에 적용할 연산 함수로서 R 내장함수 혹은 사용자 정의함수

설명	각 팩터의 수준(조합)별로 데이터 객체 x의 각 벡터에 대하여 연산 함수 function을 적용하여 계산한 결과를 목록 형태로 반환.
형식	aggregate(x, by, function)
옵션	• x: 수치형 벡터. 행렬, 배열 혹은 데이터 프레임 • by: 2개 이상의 팩터들로 구성된 목록으로 x와 행의 수가 같아야 한다. • function: 데이터 x에 적용할 연산 함수로서 R 내장함수 혹은 사용자 정의함수
설명	각 팩터의 수준 조합별로 데이터 객체 x의 각 벡터에 대하여 연산 함수 function을 적용하여 계산한 결과를 데이터 프레임 형태로 반환.
형식	aggregate(formula, df_name, function)
옵션	• formula: x1 ~ factor1 혹은 cbind(x1, x2,...) ~ factor1 + factor2 + ⋯ , 여기서 x1, x2,... 등은 데이터 프레임의 수치형 벡터, factor1, factor2,... 등은 팩터 • df_name: 데이터 프레임의 이름 • function: 데이터 x1, x2,... 등에 적용할 연산 함수로서 R 내장함수 혹은 사용자 정의함수
설명	각 팩터의 수준(조합)별로 수치형 벡터 x1, x2,... 등에 대하여 연산 함수 function을 적용하여 계산한 결과를 데이터 프레임 형태로 반환.

[R-program 5.29] 범주별 행/열 연산 함수 tapply, by, aggregate의 사용 예

```
> #(1) 데이터 프레임 data1 생성
>
> name <- c("Kim","Lee","Park","Choi","Cheong","Kang",
+           "Cho","Yoon","Jang") #문자형 벡터 생성
> sex <- factor(c("Female","Female","Female","Male","Female","Male",
+                 "Male","Female","Male"))  #명목형 팩터 생성
> year <- ordered(c(2,1,1,2,1,2,1,2,1)) #순서형 팩터 생성
> Statistics <- c(78,89,78,95,88,69,82,77,65) #수치형 벡터 생성
> English <- c(92,75,84,95,90,78,82,79,83) #수치형 벡터 생성
>
> data1 <- data.frame(I(name),sex,year,Statistics,English);
> #함수 I는 문자형 벡터를 팩터로 자동 변환되지 않도록 함

>
> data1
    name    sex year Statistics English
1    Kim Female    2         78      92
2    Lee Female    1         89      75
3   Park Female    1         78      84
4   Choi   Male    2         95      95
5 Cheong Female    1         88      90
6   Kang   Male    2         69      78
7    Cho   Male    1         82      82
8   Yoon Female    2         77      79
9   Jang   Male    1         65      83
> str(data1)
'data.frame':   9 obs. of  5 variables:
 $ name      :Class 'AsIs'  chr [1:9] "Kim" "Lee" "Park" "Choi" ...
 $ sex       : Factor w/ 2 levels "Female","Male": 1 1 1 2 1 2 2 1 2
```

```
 $ year      : Ord.factor w/ 2 levels "1"<"2": 2 1 1 2 1 2 1 2 1
 $ Statistics: num  78 89 78 95 88 69 82 77 65
 $ English   : num  92 75 84 95 90 78 82 79 83

>
> #(2) sex별 Statistics의 중위수
>
> tapply(data1$Statistics,data1$sex,median)
Female   Male
  78.0   75.5
>
> by(data1$Statistics,data1$sex,median)
data1$sex: Female
[1] 78
--------------------------------------------------
data1$sex: Male
[1] 75.5
>
> aggregate(Statistics~sex,data1,median)
     sex Statistics
1 Female       78.0
2   Male       75.5

>
> #(3) sex by year별 English의 표준편차
>
> tapply(data1$English,data1[,c("sex","year")],sd)
        year
sex              1         2
  Female 7.5498344  9.192388
  Male   0.7071068 12.020815
>
> by(data1$English,data1[,2:3],sd)
sex: Female
year: 1
[1] 7.549834
--------------------------------------------------
sex: Male
year: 1
[1] 0.7071068
--------------------------------------------------
sex: Female
year: 2
[1] 9.192388
--------------------------------------------------

sex: Male
year: 2
[1] 12.02082
>
> aggregate(data1$English,data1[,c(2,3)],sd)
     sex year          x
1 Female    1  7.5498344
2   Male    1  0.7071068
3 Female    2  9.1923882
4   Male    2 12.0208153
>
> aggregate(English~sex+year,data1,sd)
     sex year    English
1 Female    1  7.5498344
2   Male    1  0.7071068
3 Female    2  9.1923882
4   Male    2 12.0208153
```

```
>
> #(4) sex by year별 Statistics 및 English의 기술통계치 요약
>
> by(data1[,c("Statistics","English")],data1[,c("sex","year")],summar
y)
sex: Female
year: 1
   Statistics      English
 Min.   :78.0   Min.   :75.0
 1st Qu.:83.0   1st Qu.:79.5
 Median :88.0   Median :84.0
 Mean   :85.0   Mean   :83.0
 3rd Qu.:88.5   3rd Qu.:87.0
 Max.   :89.0   Max.   :90.0
---------------------------------------------------

sex: Male
year: 1
   Statistics       English
 Min.   :65.00   Min.   :82.00
 1st Qu.:69.25   1st Qu.:82.25
 Median :73.50   Median :82.50
 Mean   :73.50   Mean   :82.50
 3rd Qu.:77.75   3rd Qu.:82.75
 Max.   :82.00   Max.   :83.00
---------------------------------------------------
sex: Female
year: 2
   Statistics       English
 Min.   :77.00   Min.   :79.00
 1st Qu.:77.25   1st Qu.:82.25
 Median :77.50   Median :85.50
 Mean   :77.50   Mean   :85.50
 3rd Qu.:77.75   3rd Qu.:88.75
 Max.   :78.00   Max.   :92.00
---------------------------------------------------
sex: Male
year: 2
   Statistics      English
 Min.   :69.0   Min.   :78.00
 1st Qu.:75.5   1st Qu.:82.25
 Median :82.0   Median :86.50
 Mean   :82.0   Mean   :86.50
 3rd Qu.:88.5   3rd Qu.:90.75
 Max.   :95.0   Max.   :93.00
>
> aggregate(data1[,4:5],data1[,c("sex","year")],summary)
     sex year Statistics.Min. Statistics.1st Qu. Statistics.Median
1 Female    1           78.00              83.00             88.00
2   Male    1           65.00              69.25             73.50
3 Female    2           77.00              77.25             77.50
4   Male    2           69.00              75.50             82.00
  Statistics.Mean Statistics.3rd Qu. Statistics.Max. English.Min.
1           85.00              88.50           89.00        75.00
2           73.50              77.75           82.00        82.00
3           77.50              77.75           78.00        79.00
4           82.00              88.50           95.00        78.00
  English.1st Qu. English.Median English.Mean English.3rd Qu.
1           79.50          84.00        83.00           87.00
2           82.25          82.50        82.50           82.75
3           82.25          85.50        85.50           88.75
4           82.25          86.50        86.50           90.75
```

```
  English.Max.
1        90.00
2        83.00
3        92.00
4        95.00

>
> #(5) sex by year별 Statistics 및 English의 사용자 정의 함수에 의한 계산
>
> # 사용자 정의 함수: sample.mean
> sample.mean <- function(y){
+     sum <- 0
+     for (x in y){sum <- sum + x}
+     sample.mean <- sum/length(y)
+ }

>
> aggregate(data1[,c("Statistics","English")],data1[,c("sex","year")]
,sample.mean)
     sex year Statistics English
1 Female    1       85.0    83.0
2   Male    1       73.5    82.5
3 Female    2       77.5    85.5
4   Male    2       82.0    86.5
>
> aggregate(cbind(Statistics,English)~sex+year,data1,sample.mean)
     sex year Statistics English
1 Female    1       85.0    83.0
2   Male    1       73.5    82.5
3 Female    2       77.5    85.5
4   Male    2       82.0    86.5
```

5.9 R 데이터 프레임의 재배열

이 절에서는 데이터 프레임의 구성을 재배열하는 함수들을 소개한다. 4.2절의 [R-program 4.20]에서 다루었던 함수 t는 행렬 연산에서 행과 열을 바꾸는 전치행렬을 구하는 함수이다. 함수 t를 데이터 프레임에서 사용하여도 행과 열이 바뀐 형태의 데이터 프레임을 구할 수 있다. 원 자료에서 변수가 행에 위치할 경우 사용된다.

패키지 reshape에 있는 함수 melt 및 cast는 데이터 프레임의 형태를 재배열하는 데 유용하게 사용되는 함수이다. 이 함수들은 주로 자료분석 혹은 그래픽스에서 데이터 전처리 과정에서 쓰인다.

함수 melt는 데이터 프레임의 열(변수) 중에서 id 역할을 하는 열을 지정해주면 id 지정 열들을 제외한 나머지 열들의 열 이름은 variable이라는 새로운 열 이름의 관측치로 사용되고, 나머지 열들의 관측치들은 value라는 새로운 열 이름하에 관측치가 되도록 데이터 프레임을 재배열한다. 함수 melt가 재배열 후 결과인 데이터 프레임은 함수 cast의 입력 데이터로 사용된다.

함수 cast는 함수 melt를 이용해 재배열된 데이터를 사용하여야 한다. 즉, 함수 melt에 의해 이미 재배열된 데이터 프레임을 다시 원하는 형태로 다양하게 재배열하거나 R 내장함수 혹은 사용자 정의함수를 사용하여 연산할 수도 있다. 또한, 함수 melt를 사용하기 이전의 원래 데이터 프레임의 형태로 바꾸는 것도 가능하다.

함수 melt 및 함수 cast를 사용하려면 사전에 패키지 reshape를 설치하고 사용을 위해 불러와야 한다. 데이터 프레임 재배열 함수 t, melt 및 cast의 형식은 [표 5.17]과 같고 사용 예는 [R-program 5.30]을 참조한다.

[표 5.17] 데이터 프레임 재배열 함수 t, melt, cast의 형식

형식	t(x)
옵션	• x: 행렬, 데이터 프레임
설명	x의 행과 열을 바꾸어 반환
형식	melt(x, id.columns, measure.columns, column.name ="user.column")
옵션	• x: 데이터 프레임 • id.columns: id 열들, 기본값은 수치형 열을 제외한 모든 열들 • measure.columns: 수치형 열들, 기본값은 id 열들을 제외한 모든 열들 • user.column: measure.columns 열들의 열 이름을 저장하는 새로운 열 이름. 기본값은 variable
설명	• 데이터 프레임 x를 함수 cast에 의해 재배열하기 위한 전 단계의 재배열 상태를 만든다. • id.columns 열들을 id 열들로 하고 measure.columns 열들의 열 이름을 자동생성된 variable 열의 관측값으로, measure.columns 열들의 관측값을 자동 생성된 value 열의 관측값으로 데이터 프레임 x를 재배열한다. • 함수 melt를 사용하려면 사전에 패키지 reshape가 설치되고 불러와야 한다.
형식	cast(x, formula, function)
옵션	• x: 데이터 프레임 • formula의 형식은 x1+x2+… ~ y1+y2+… 과 같다. 여기서 x1, x2, ..., y1, y2,...는 x의 열들이다. ~ 이전의 열들은 id 열들로 사용하며, ~ 이후의 열들의 값을 조합하여 열 이름으로 펼쳐 만든다. 이때 열이 2개 이상이면 +로 연결한다. • function: 적용할 연산 함수로서 R 내장함수 혹은 사용자 정의함수
설명	• 함수 melt에 의해 재배열된 데이터 프레임을 다시 다양하게 재배열하고 재배열된 데이터 프레임의 구조에서 연산한다. • 사전에 패키지 reshape 설치하고 불러들여야 한다.(2.3절 참조)

[R-program 5.30] 데이터 프레임 재배열 함수 t, melt, cast의 사용 예

```
> #(1) mtcars: 패키지 datasets의 데이터 프레임
>
> # 데이터 설명: 1974 Motor Trend US magazin에서 발췌한 자동차 로드 테스트
> # 자료로서 32X11 데이터 프레임
> # mtcars에 있는 첫 4행의 3개 열 데이터 프레임 data1 생성
>
> data1 <- mtcars[1:4,c(1,3,8)]; data1
                mpg disp vs
Mazda RX4      21.0  160  0
Mazda RX4 Wag  21.0  160  0
Datsun 710     22.8  108  1
Hornet 4 Drive 21.4  258  1
>
> #(2) 함수 t를 사용하여 데이터 프레임의 행과 열을 바꾸어 재배열
>
> t(data1)
     Mazda RX4 Mazda RX4 Wag Datsun 710 Hornet 4 Drive
mpg         21            21       22.8           21.4
disp       160           160      108.0          258.0
vs           0             0        1.0            1.0
>
> #(3) data1의 행 이름을 열 motors로 만듦
>
> data1$motors <- rownames(data1); data1
                mpg disp vs         motors
Mazda RX4      21.0  160  0      Mazda RX4
Mazda RX4 Wag  21.0  160  0  Mazda RX4 Wag
Datsun 710     22.8  108  1     Datsun 710
Hornet 4 Drive 21.4  258  1 Hornet 4 Drive
>
> #(4) 함수 melt 및 cast를 사용하기 위하여 사전에 패키지 reshape의
> # 설치 및 불러오기가 선행되야 함
>
> #(5) motors 및 vs를 id 열로 하고 나머지 열(mpg 및 disp)들의 이름은
> # 자동 생성된 변수 variable의 관측치로 저장
> # 나머지 열(mpg 및 disp)들의 관측치는 자동 생성된 변수 value의 관측치로 저장
>
> melted1 <- melt(data1,c("motors","vs")); melted1
          motors vs variable value
1      Mazda RX4  0      mpg  21.0
2  Mazda RX4 Wag  0      mpg  21.0
3     Datsun 710  1      mpg  22.8
4 Hornet 4 Drive  1      mpg  21.4
5      Mazda RX4  0     disp 160.0
6  Mazda RX4 Wag  0     disp 160.0
7     Datsun 710  1     disp 108.0
8 Hornet 4 Drive  1     disp 258.0
>
> #(6) 함수 cast의 입력 데이터는 함수 melt의 수행 결과 데이터여야 함
> # motors 및 vs를 id변수로 variable값인 mpg 및 disp를 열이름으로 하여 펼침
> # => 원래 데이터 프레임의 구성으로 변환
>
> cast(melted1,motors+vs~variable)
          motors vs  mpg disp
1     Datsun 710  1 22.8  108
2 Hornet 4 Drive  1 21.4  258
3      Mazda RX4  0 21.0  160
4  Mazda RX4 Wag  0 21.0  160
```

```
>
> #(7) motors 및 variable를 id변수로 vs값인 0 및 1을 열이름으로 하여 펼침
>
> cast(melted1,motors+variable~vs)
         motors variable  0     1
1      Datsun 710      mpg NA  22.8
2      Datsun 710     disp NA 108.0
3 Hornet 4 Drive       mpg NA  21.4
4 Hornet 4 Drive      disp NA 258.0
5       Mazda RX4      mpg 21    NA
6       Mazda RX4     disp 160   NA
7   Mazda RX4 Wag      mpg 21    NA
8   Mazda RX4 Wag     disp 160   NA

>
> #(8) motors를 id변수로 variable값(mpg 및 disp)과 vs값(0 및 1)을
> # 조합하여 만들어진 4개의 열이름 (mpg_0, mpg_1, disp_0, disp_1)으로 펼침
>
> cast(melted1,motors~variable+vs)
         motors mpg_0 mpg_1 disp_0 disp_1
1      Datsun 710    NA  22.8     NA    108
2 Hornet 4 Drive    NA  21.4     NA    258
3       Mazda RX4    21    NA    160     NA
4   Mazda RX4 Wag    21    NA    160     NA
>
> #(9) vs를 id변수로 variable값(mpg 및 disp)과
> # motors값(Datsun 710, Hornet 4 Drive, 등)을 조합하여 만들어진
> # 열이름(mpg_Datsun 710, pg_Hornet 4 Drive, 등)으로 펼침

>
> cast(melted1,vs~variable+motors)
  vs mpg_Datsun 710 mpg_Hornet 4 Drive mpg_Mazda RX4
1  0             NA                 NA            21
2  1           22.8               21.4            NA
  mpg_Mazda RX4 Wag disp_Datsun 710 disp_Hornet 4 Drive
1                21              NA                  NA
2                NA             108                 258
  disp_Mazda RX4 disp_Mazda RX4 Wag
1            160                160
2             NA                 NA
>
> #(10) motors를 id변수로 variable값(mpg 및 disp)을 열이름으로 하여 펼치고
> # R 내장함수 sqrt를 적용하여 제곱근값 반환

>
> cast(melted1,motors~variable,sqrt)
         motors      mpg     disp
1      Datsun 710 4.774935 10.39230
2 Hornet 4 Drive 4.626013 16.06238
3       Mazda RX4 4.582576 12.64911
4   Mazda RX4 Wag 4.582576 12.64911
>
> #(11) variable을 id변수로 motors값(Datsun 710, Hornet 4 Drive, 등)을
> # 열이름으로 펼치고 제시된 사용자 정의 함수를 적용하여 연산한 값 반환
>
> cast(melted1,variable~motors,function(x) sqrt(log(x)))
  variable Datsun 710 Hornet 4 Drive Mazda RX4 Mazda RX4 Wag
1      mpg   1.768265       1.750255  1.744856      1.744856
2     disp   2.163823       2.356472  2.252815      2.252815
```

5.10 R 데이터 처리에 유용한 함수

이 절에서는 R 데이터 처리에 유용한 몇 가지 함수로서 데이터 프레임 활성화 함수, 문자형 데이터와 관련한 함수, 그리고 시간 표현 함수들을 소개한다.

(1) 데이터 프레임 활성화 함수

데이터 프레임 활성화 함수로는 함수 attach 및 detach가 있다. 함수 attach는 데이터 프레임을 활성화시켜 열(변수) 이름을 입력할 때 연산자 $를 사용할 필요 없이 바로 열 이름을 사용하여 연산이 가능하다. 하나의 데이터 프레임을 대상으로 계속 프로그래밍하는 경우 사용하면 유용하다. 그러나 함수 attach로 데이터 프레임이 활성화된 상태라도 새로운 열(변수)을 생성할 때는 새로운 열(변수) 이름은 연산자 $를 사용해 표현해야 하는 점에 유의해야 한다. 한 번 활성화된 데이터 프레임은 함수 detach를 써주지 않으면 계속 활성화되어 있는 상태이므로 주어진 데이터 프레임으로 하는 작업이 완전히 끝난 경우에는 함수 detach를 사용하여 활성화를 해제 시켜주는 것이 좋다.

함수 attach 및 detach의 형식은 [표 5.18]과 같고 사용 예는 [R-program 5.31]을 참조한다.

[표 5.18] 데이터 프레임 활성화 함수 attach 및 detach의 형식

형식	attach(x)
옵션	• x: 활성화하고자 하는 데이터 객체
설명	• 주어진 데이터 객체가 활성화되어 연산자 $를 사용하지 않고 데이터 객체의 열 이름을 바로 불러 사용가능하다. 그러나 데이터 객체에 새로운 열 이름을 생성할 때는 연산자 $를 사용해야 한다.
형식	detach(x)
옵션	• x: 활성화를 종료하고자 하는 데이터 객체
설명	• 함수 attach로 활성화한 데이터 객체에 대하여 활성화 종료를 선언함으로써 이후부터는 열 이름을 바로 사용할 수 없으며 열이 소속된 데이터 객체를 명시하고 연산자 $와 열 이름을 함께 붙여서 사용해야 한다.

[R-program 5.31] 데이터 프레임 활성화 함수 attach 및 detach의 사용 예

```
> #(1) airquality: 패키지 datasets의 데이터 프레임
>
> # 데이터 설명: 뉴욕의 일일 대기 질 측정자료(1973년 5월~9월)로서
> # 153 x 6 데이터 프레임의 1행부터 4행까지만 추출한 data1 생성
>
> data1 <- airquality[1:4,]; data1
```

```
  Ozone Solar.R Wind Temp Month Day
1    41     190  7.4   67     5   1
2    36     118  8.0   72     5   2
3    12     149 12.6   74     5   3
4    18     313 11.5   62     5   4
>
> #(2) data1의 활성화 없이 열(변수)를 사용하면 오류
> # 열(변수) 입력할 때 연산자 $를 사용하여야 함
>
> sqrt_Ozone <- sqrt(Ozone)
Error: object 'Ozone' not found
> data1$sqrt_Ozone <- sqrt(data1$Ozone)
> data1
  Ozone Solar.R Wind Temp Month Day sqrt_Ozone
1    41     190  7.4   67     5   1   6.403124
2    36     118  8.0   72     5   2   6.000000
3    12     149 12.6   74     5   3   3.464102
4    18     313 11.5   62     5   4   4.242641

>
> #(3) 함수 attach를 사용하여 데이터 프레임 data1을 활성화 시킨 후에는
> # 연산자 $를 사용할 필요 없이 바로 열(변수)의 이름 Wind 사용 가능
> # 그러나 새로운 열(변수)에 연산자 $를 사용하지 않았을 때, 즉
> # exp_Wind는 R_GlobalEnv 환경하의 객체이므로 data1의 열에 할당되지 않음
> # 새로운 열(변수) 생성할 때는 연산자 $를 사용해야 함, 즉 data1$log_Wind
>
> attach(data1)  # 데이터 프레임 data1의 활성화 시작
> exp_Wind <- exp(Wind)
> data1$log_Wind <- log(Wind)
> detach(data1) # 데이터 프레임 data1의 활성화 해제
>
> # exp_Wind는 data1의 열이 아니지만 data1$log_Wind는 새로운 열로 생성
>
> data1
  Ozone Solar.R Wind Temp Month Day sqrt_Ozone log_Wind
1    41     190  7.4   67     5   1   6.403124 2.001480
2    36     118  8.0   72     5   2   6.000000 2.079442
3    12     149 12.6   74     5   3   3.464102 2.533697
4    18     313 11.5   62     5   4   4.242641 2.442347
>
> #(4) 함수 detach 사용 이후로는 data1의 소속 열(변수) 사용시에는
> # 연산자 $를 사용하여야 함
>
> log_Wind
Error: object 'log_Wind' not found
>
> data1$log_Wind
[1] 2.001480 2.079442 2.533697 2.442347
```

(2) 데이터 프레임 활성화 연산 함수

데이터 프레임 활성화 연산 함수로 함수 with 및 within이 있다. 몇 줄의 명령어 혹은 식을 이용하여 연산해야 하는 경우는 함수 with 혹은 함수 within을 사용하면 유용하다. 이들 함수 내에서 데이터 프레임을 활성화시킨 후 열(변수) 이름을 입력할 때 연산자 $를 사용할 필요 없이 바로 열 이름을 사용하여 일련의 연산이 가능하다. 그러나 이 비슷해 보이는 두 함수의 사용 후 결과에는 약간의 차이가 있다.

함수 with는 주어진 연산을 할 뿐 연산 후 결과로부터 원 자료인 데이터 프레임을 수정하지는 않는다. 그러나 함수 within은 연산 후 결과로부터 원 자료인 데이터 프레임을 수정한 결과를 반환하거나 혹 원 자료가 수정되지 않은 경우에는 원 자료를 반환한다. 따라서 단지 연산 결과를 보려면 함수 with를 사용하고 연산 후 수정된 자료를 원한다면 함수 within을 사용하는 것이 좋다.

이런 차이에서 보자면 함수 with는 연산함수로서 그래픽 함수, 혹은 통계분석함수의 수행 후 원 자료의 수정이 목적이 아니라 그래프 결과나 통계분석 결과와 같은 연산 결과를 보고 싶을 때 사용한다. 만약 이들 연산 함수를 함수 within에서 함께 사용하면 필히 원 자료도 함께 반환되므로 불필요한 작업이 된다.

함수 with 및 within에서 사용하는 할당연산자로 등호(=)를 사용하면 오류가 발생하므로 할당연산자 <- 혹은 ->를 사용해야 함에 유의한다.

함수 with 및 within의 형식은 [표 5.19]와 같고 사용 예는 [R-program 5.32]를 참조한다.

[표 5.19] 데이터 프레임 활성화 연산 함수 with 및 within의 형식

형식	with(x, {
	    expression 1
	    expression 2
	    ...
	})

옵션	• x: 목록 혹은 데이터 프레임 • expression 1: 첫 번째 연산 식 expression 2: 두번 째 연산 식... 등
설명	• 연산식 내에서 연산자 $ 사용 없이 열(변수) 이름을 바로 사용할 수 있다. • 연산의 결과를 반환하며 데이터 x를 수정하지 않는다. • 할당연산자를 사용할 경우 <- 혹은 ->를 사용해야 한다.

형식	within(x, {
	    expression 1
	    expression 2
	    ...
	})

옵션	• x: 목록 혹은 데이터 프레임 • expression 1: 첫 번째 연산식 expression 2: 두 번째 연산식... 등
설명	• 연산식 내에서 연산자 $ 사용 없이 열(변수) 이름을 바로 사용할 수 있다. • 연산의 결과 및 수정된 데이터 x 혹은 수정되지 않은 원 데이터 x를 반환한다. • 할당연산자를 사용할 경우 <- 혹은 ->를 사용해야 한다.

[R-program 5.32] 데이터 프레임 활성화 연산 함수 with 및 within의 사용 예

```
> #(1) mtcars: 패키지 datasets의 데이터 프레임
> # 데이터 설명: 1974 Motor Trend US magazin에서 발췌한 자동차 로드 테스트
> # 자료로서 32X11 데이터 프레임의 1행부터 5행까지만 추출한 data1 생성
>
> data1 <- mtcars[1:5,]; data1
                   mpg cyl disp  hp drat    wt  qsec vs am gear carb
Mazda RX4         21.0   6  160 110 3.90 2.620 16.46  0  1    4    4
Mazda RX4 Wag     21.0   6  160 110 3.90 2.875 17.02  0  1    4    4
Datsun 710        22.8   4  108  93 3.85 2.320 18.61  1  1    4    1
Hornet 4 Drive    21.4   6  258 110 3.08 3.215 19.44  1  0    3    1
Hornet Sportabout 18.7   8  360 175 3.15 3.440 17.02  0  0    3    2
>
> #(2) 함수 with : 연산 cyl[gear==4] <- "GEAR4"의 수행은 했으나
> # 다른 명령문이 없으므로 반환 결과는 없음
>
> with(data1, cyl[gear==4] <- "GEAR4")
>
> #(3) 함수 with : 연산 {cyl[gear==4] <- "GEAR4; cyl}"의 수행후
> # 명령문 cyl의 결과 반환
>
> with(data1, {cyl[gear==4] <- "GEAR4"; cyl})
[1] "GEAR4" "GEAR4" "GEAR4" "6"     "8"

>
> #(4) 함수 with : 연산 {cyl[gear==4] <- "GEAR4; data1}"의 수행후
> # 명령문 data1의 결과 반환, 원 자료 data1에서 cyl의 수정이 없음에 유의함
>
> with(data1, {cyl[gear==4] <- "GEAR4"; data1})
                   mpg cyl disp  hp drat    wt  qsec vs am gear carb
Mazda RX4         21.0   6  160 110 3.90 2.620 16.46  0  1    4    4
Mazda RX4 Wag     21.0   6  160 110 3.90 2.875 17.02  0  1    4    4
Datsun 710        22.8   4  108  93 3.85 2.320 18.61  1  1    4    1
Hornet 4 Drive    21.4   6  258 110 3.08 3.215 19.44  1  0    3    1
Hornet Sportabout 18.7   8  360 175 3.15 3.440 17.02  0  0    3    2
>
> #(5) 함수 within : 연산 cyl[gear==4]의 수행 결과로서 수정한 원자료 반환
>
> within(data1, cyl[gear==4] <- "GEAR4")
                   mpg   cyl disp  hp drat    wt  qsec vs am gear carb
Mazda RX4         21.0 GEAR4  160 110 3.90 2.620 16.46  0  1    4    4
Mazda RX4 Wag     21.0 GEAR4  160 110 3.90 2.875 17.02  0  1    4    4
Datsun 710        22.8 GEAR4  108  93 3.85 2.320 18.61  1  1    4    1
Hornet 4 Drive    21.4     6  258 110 3.08 3.215 19.44  1  0    3    1
Hornet Sportabout 18.7     8  360 175 3.15 3.440 17.02  0  0    3    2
>
> #(6) 함수 with : 연산  plot(hp, wt)의 수행 결과만 반환
>
> with(mtcars, plot(hp, wt))
```

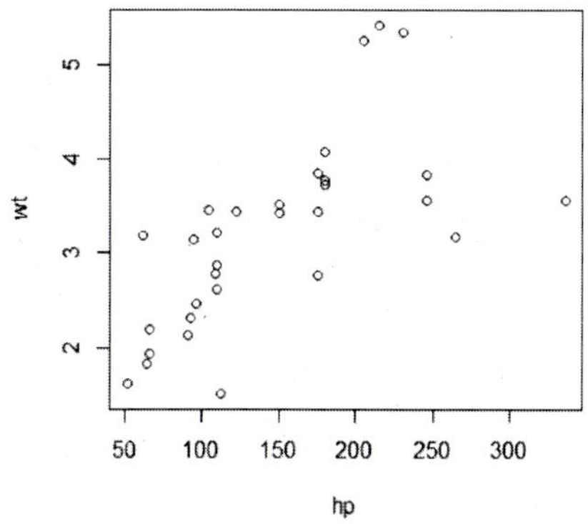

```
>
> #(7) 함수 within : 연산 plot(hp, wt)의 수행 후
> # 그래프 및 변화 없는 원 자료 반환
>
> within(mtcars, plot(hp, wt))
                   mpg cyl  disp  hp drat    wt  qsec vs am gear carb
Mazda RX4         21.0   6 160.0 110 3.90 2.620 16.46  0  1    4    4
Mazda RX4 Wag     21.0   6 160.0 110 3.90 2.875 17.02  0  1    4    4
Datsun 710        22.8   4 108.0  93 3.85 2.320 18.61  1  1    4    1
Hornet 4 Drive    21.4   6 258.0 110 3.08 3.215 19.44  1  0    3    1
Hornet Sportabout 18.7   8 360.0 175 3.15 3.440 17.02  0  0    3    2

                              (중략)

Ferrari Dino      19.7   6 145.0 175 3.62 2.770 15.50  0  1    5    6
Maserati Bora     15.0   8 301.0 335 3.54 3.570 14.60  0  1    5    8
Volvo 142E        21.4   4 121.0 109 4.11 2.780 18.60  1  1    4    2
```

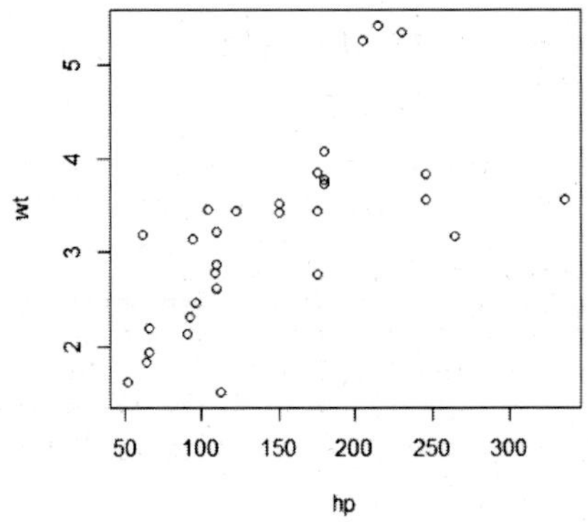

(2) 문자형 데이터 처리 함수

데이터 처리에서 데이터 유형이 수치형인 데이터 객체들은 특별한 경우를 제외하고는 값을 가공 없이 그대로 활용하는 편이다. 하지만 문자형인 데이터 객체들은 사용 용도가 다양할 수 있다. 문자형 데이터 객체들을 다양하게 처리할 때 유용한 함수로서 함수 paste, nchr, sub, gsub, grep, regexpr, gregexpr, strsplit, substr 등이 있다.

① 문자열 연결

함수 paste는 문자열들을 서로 연결해주는 함수이다. 핵심어만 바꾸면서 반복하여 문장을 기술할 때 혹은 반복적인 패턴으로 변수 이름을 만들 때 등 여러 경우에 함수 paste는 유용하게 사용된다. 함수 paste는 특히 함수 print 내에서 문자열을 연결해주는 역할을 하여 함수 print로 R Console 창에 출력할 때 매우 유용하게 사용된다. 이에 대한 예는 6.1절의 [R-program 6.1]에서 소개될 것이다.

함수 paste0는 함수 paste와 형식은 모두 같다. 단지 함수 paste는 2개의 문자열을 연결할 때

사이에 공백을 두는 것이 기본인 반면에 함수 paste0는 2개의 문자열을 연결할 때 사이에 공백을 두지 않고 붙이는 것이 다를 뿐이다.

함수의 paste 및 paste0의 형식은 [표 5.20]을 참조하고 사용 예는 [R-program 5.33]을 참조한다.

[표 5.20] 문자열 연결함수 paste 및 paste0의 형식

형식	• paste(..., sep="sep chr", collapse="collapse chr") • paste0(..., sep="sep chr", collapse="collapse chr")
옵션	• ...: 연결하고자 하는 문자열들의 나열 • sep chr: 연결 대상 문자열들 사이에 넣어줄 문자열로서 함수 paste에서의 기본값 sep=" "은 문자열 사이에 공백 1칸을 두며, 함수 paste0에서의 기본값은 sep="", 즉 공백 없이 붙인다. • collapse chr: 연결 결과를 분리해줄 문자열
설명	• 문자형이 아닌 경우는 문자로 자동 변경된 후 문자열을 연결한다. • 나열된 연결 대상 문자열들의 길이가 맞지 않을 때는 보다 작은 길이를 갖는 문자열을 가장 큰 길이를 갖는 문자열의 길이에 맞추어 복제하여 연결된다.

[R-program 5.33] 문자열 연결함수 paste 및 paste0의 사용 예

```
> #(1) airquality: 패키지 datasets의 데이터 프레임
>
> # 데이터 설명: 뉴욕의 일일 대기 질 측정자료(1973년 5월~9월)로서
> # 153 x 6 데이터 프레임의 1행부터 4행까지만 추출한 data1 생성
>
> data1 <- airquality[1:4,]; data1
  Ozone Solar.R Wind Temp Month Day
1    41     190  7.4   67     5   1
2    36     118  8.0   72     5   2
3    12     149 12.6   74     5   3
4    18     313 11.5   62     5   4
>
> #(2) 문자열 연결함수 paste의 사용 예: 연결 문자열이 있는 경우
>
> # data1의 열 이름을 X1, X2,.., X6으로 변경
> # sep="" => 문자열 사이를 공백 없이 붙여 연결
>
> names(data1) <- paste("X",1:6,sep=""); data1
  X1  X2   X3 X4 X5 X6
1 41 190  7.4 67  5  1
2 36 118  8.0 72  5  2
3 12 149 12.6 74  5  3
4 18 313 11.5 62  5  4
>
> # 두 벡터의 원소별 결합
> # sep의 기본 값은 sep=" "으로 공백으로 문자열 사이를 연결
>
> n1to12 <- paste(1:12, c("st", "nd", "rd", rep("th", 9))); n1to12
 [1] "1 st"  "2 nd"  "3 rd"  "4 th"  "5 th"  "6 th"  "7 th"  "8 th"
 [9] "9 th"  "10 th" "11 th" "12 th"
```

```
>
> # R 상수인 벡터 month.name(월 full name)과 벡터 n1to12의 원소별 결합
> # sep의 기본 값은 sep=" "으로 공백으로 문자열들 사이를 연결
>
> paste(month.name, "is the", n1to12, "month of the year.")
 [1] "January is the 1 st month of the year."
 [2] "February is the 2 nd month of the year."
 [3] "March is the 3 rd month of the year."
 [4] "April is the 4 th month of the year."
 [5] "May is the 5 th month of the year."
 [6] "June is the 6 th month of the year."
 [7] "July is the 7 th month of the year."
 [8] "August is the 8 th month of the year."
 [9] "September is the 9 th month of the year."
[10] "October is the 10 th month of the year."
[11] "November is the 11 th month of the year."
[12] "December is the 12 th month of the year."
>
> # R 상수인 벡터 month.abb(월 약자)와 벡터 n1to12의 원소별 결합
> # sep=": " => 문자열 사이를 콜론&공백으로 연결
> # collapse = "; " => 연결 결과인 문자열간을 세미콜론&공백으로 분리

>
> paste(month.abb, n1to12, sep = ": ", collapse = "; ")
[1] "Jan: 1 st; Feb: 2 nd; Mar: 3 rd; Apr: 4 th; May: 5 th; Jun: 6 th;
Jul: 7 th; Aug: 8 th; Sep: 9 th; Oct: 10 th; Nov: 11 th; Dec: 12 th"
>
> #(3) 문자열 연결함수 paste의 사용 예: 연결할 문자열이 없는 경우
>
> paste(4:0)
[1] "4" "3" "2" "1" "0"
>
> # 함수 sapply에서 벡터 1:5에 대하여 순서(i=1,2,..5)대로 사용자 함수 수행
> # i=1일때 4:0[1:1] => paste(4)
> # i=2일때 4:0[1:2] => paste(c(4,3))
> # i=3일때 4:0[1:3] => paste(c(4,3,2))... 등
>
> sapply(1:5, function(i) paste((4:0)[1:i]))
[[1]]
[1] "4"

[[2]]
[1] "4" "3"

[[3]]
[1] "4" "3" "2"

[[4]]
[1] "4" "3" "2" "1"

[[5]]
[1] "4" "3" "2" "1" "0"

>
> # collapse = "" => 연결 결과인 문자열간을 공백없이 분리
>
> sapply(1:5, function(i) paste((4:0)[1:i], collapse = ""))
[1] "4"     "43"    "432"   "4321"  "43210"
```

```
>
> #(4) 문자열 연결함수 paste 및 paste0의 비교
> # 함수 paste의 기본값 sep=" "는 문자열간에 공백 1개 둠
> # 함수 paste0의 기본값 sep=""는 문자열간에 공백 없이 붙임
> # R 내장상수 : month.name, LETTERS
>
> paste(month.name[1:5],LETTERS[1:5])
[1] "January A"  "February B" "March C"    "April D"    "May E"
>
> paste0(month.name[1:5],LETTERS[1:5])
[1] "JanuaryA"  "FebruaryB" "MarchC"    "AprilD"    "MayE"
```

② 문자열의 길이 확인

함수 nchar는 공백을 포함하여 문자열의 길이를 확인해주는 함수로서 벡터를 구성하는 원소의 개수를 확인하는 length 함수와는 다르다.

③ 문자열 변경

문자형 벡터에서 특정 문자열을 새로운 문자열 값으로 바꾸고자 할 때 함수 sub 혹은 함수 gsub를 사용한다. 함수 sub는 문자형 벡터에서 처음으로 나타나는 특정 문자열 값만을 바꾸고 함수 gsub는 문자형 벡터에 있는 모든 특정 문자열 값을 바꾼다.

④ 문자열 위치 정보

문자형 벡터에서 특정 문자열을 포함하는 벡터를 찾을 때 함수 grep을 사용하면 특정문자열이 속한 벡터 내 원소의 index(원소 번호)를 알 수 있다. 함수 regexpr는 특정 문자열이 처음 시작하는 원소 내 위치와 문자열의 길이를 반환하며, 함수 gregexpr는 특정 문자열이 시작하는 모든 원소 내 위치 및 문자열의 길이를 반환한다.

⑤ 문자열 추출

원 자료(raw data)를 R 프로그램 상에서 불러올 때에 특정 부호에 의해 문자열이 합쳐져서 나타나는 경우가 있다. 예를 들면, 날짜 데이터에서 년, 월, 일이 '2018/06/12'와 같이 slash(/)로 구분되어 있거나, 이름에서 성과 이름이 'Hong Gildong'처럼 공백에 의해 구분되어 하나의 문자열로 나타내는 경우이다. 이러한 경우에 함수 strsplit를 사용하면 구분자인 slash 혹은 공백 등에 의해 문자열을 분리하여 사용가능하다.

문자열에서 원하는 부분만을 가져오고자 할 때는 함수 substr를 사용할 수 있다. 함수 substr는 주어진 문자열에서 시작 부분의 위치와 끝 부분의 위치를 입력하여 그 위치에 놓인 해당 문자열을 반환한다. 함수 substr는 실제 데이터 처리 시에 유용하게 사용되는 함수이다.

이상과 같이 문자형 데이터 객체들을 다양하게 처리할 때 유용한 함수인 nchr, sub, gsub, grep, regexpr, gregexpr, strsplit, substr의 형식은 [표 5.21]을 참조하고 사용 예는 [R-program 5.34]를 참조한다.

[표 5.21] 문자형 데이터 처리 함수 nchr, sub, gsub, grep, regexpr, gregexpr, strsplit, substr의 형식

형식	nchar(x)
옵션	• x: 문자형 벡터
설명	• x의 각 원소의 문자 길이를 반환한다.
형식	sub(pattern, replacement, x)
옵션	• x: 문자형 벡터 • pattern: x 내의 매치시킬 문자열 • replacement: pattern을 대체시킬 문자열
설명	• x의 각 원소에서 처음으로 pattern과 일치하는 문자열을 찾아 replacement로 대체한다.
형식	gsub(pattern, replacement, x)
옵션	• x: 문자형 벡터 • pattern: x 내의 매치시킬 문자열 • replacement: pattern을 대체시킬 문자열
설명	• x의 각 원소에서 pattern과 일치하는 모든 문자열을 찾아 replacement로 대체한다.
형식	grep(pattern, x)
옵션	• x: 문자형 벡터 • pattern: x내의 매치시킬 문자열
설명	• x에서 pattern과 일치하는 문자가 있는 원소 번호를 반환한다.
형식	regexpr(pattern, x)
옵션	• x: 문자형 벡터 • pattern: x 내의 매치시킬 문자열
설명	• x의 각 원소에서 처음으로 pattern과 일치하는 문자열을 찾아 원소 내에서 문자열의 시작 위치 및 문자열의 크기를 반환한다.
형식	strsplit(x, split)
옵션	• x: 문자형 벡터 • split: x에서 문자열을 분리시킬 구분자
설명	x에서 split에 의해 문자열을 분리하여 분리된 분자열을 반환한다.

형식	substr(x, start, stop)
옵션	• x: 문자형 벡터 • start: x의 각 원소에서 추출할 문자열의 시작 위치를 나타내는 자연수 • stop: x의 각 원소에서 추출할 문자열의 마지막 위치를 나타내는 자연수
설명	• x의 각 원소에서 start 위치부터 stop 위치까지의 문자열을 추출한다.

[R-program 5.34] 문자형 데이터 처리 함수 nchr, sub, gsub, grep, regexpr, gregexpr, strsplit, substr의 사용 예

```
> #(1) length=4인 문자형 벡터 char1 생성
>
> char1 <- c("Treasure","love for your family",
+            "love for your spouse",
+            "love for your friends")
>
> #(2) 함수 nchar의 사용: char1 각 원소의 문자 길이 반환
>
> nchar(char1)
[1]  8 20 20 21
>
> #(3) 함수 sub의 사용: char1에서 처음 나오는 r를 R로 변경
>
> sub("r","R",char1)
[1] "TReasure"               "love foR your family"
[3] "love foR your spouse"   "love foR your friends"
>
> #(4) 함수 gsub의 사용: char1에서 모든 r를 R로 변경
>
> gsub("r","R",char1)
[1] "TReasuRe"               "love foR youR family"
[3] "love foR youR spouse"   "love foR youR fRiends"
>
> #(5) 함수 grep의 사용: char1에서 love가 있는 원소의 위치
>
> grep("love",char1)
[1] 2 3 4
>
> #(6) 함수 regexpr의 사용: char1의 각 원소 내에서 for가 처음 나오는
> # 원소 내 위치 및 for의 문자 크기 => for가 없는 원소는 마이너스 표시
>
> regexpr("for",char1)
[1] -1  6  6  6
attr(,"match.length")
[1] -1  3  3  3
attr(,"useBytes")
[1] TRUE
>
> #(7) length=3인 문자형 벡터 day1 생성
>
> day1 <- c("1999/06/24","2010/03/01","2018/06/12")
>
> #(8) 함수 strsplit의 사용: day1의 각 원소에서 "/"로 분리된 문자 반환
>
> strsplit(day1,"/")
```

```
[[1]]
[1] "1999" "06"   "24"

[[2]]
[1] "2010" "03"   "01"

[[3]]
[1] "2018" "06"   "12"

>
> #(9) 함수 substr의 사용:
> # day1의 각 원소에서 첫번째 위치부터 4번째 위치까지의 문자 추출
>
> substr(day1,1,4)
 [1] "1999" "2010" "2018"
```

(3) 시간 처리 함수

앞서 [표 5.21]의 함수 strsplit를 사용하면 날짜 형태인 문자열을 분리할 수 있었다. 그러나 이 방법은 붙어있는 날짜를 단순히 분리만 하는 것이지 문자열 자체를 날짜로 인식하여 읽어 들이지는 못한다. R에는 연, 월, 일의 날짜 혹은 시, 분, 초의 시간을 나타내는 문자열을 읽고 날짜 혹은 시간으로 사용할 수 있는 다양한 함수들이 있다.

함수 Sys.Date()는 현재의 시스템 시간을 연, 월, 일로 표현하는 "2018-06-13"와 같은 형식의 문자형으로 반환하며, 함수 Sys.time() 및 now()는 현재의 시스템 시간을 년, 월, 일, 시, 분, 초로 표현하는 "2018-06-13 17:07:40 KST" 형식의 문자형으로 반환한다. 여기서 KST는 한국 표준 시간(Korean Standard Time)을 의미한다.

실제 데이터에서 연, 월, 일의 날짜를 표현하는 형식은 다양할 수 있다. 예를 들면, '2018-06-12', '06/12/2018', ... 등 여러 형식이 존재한다. 함수 as.Date는 다양한 날짜 형식의 객체를 통일된 하나의 날짜 형식인 '년-월-일'로 변환해준다.

함수 as.Date와 같은 역할을 하지만, 추가적으로 시간이 함께 들어간 날짜 형식의 객체를 변환하고자 할 때는 함수 strptime을 사용한다. 필요에 따라 특별한 형식의 날짜 객체가 존재한다면, R Console 창에서 ?strptime을 입력하여 연, 월, 일, 시, 분, 초 등과 관련한 여러 형식의 옵션과 관련된 설명을 확인할 수 있다.

패키지 lubridate의 함수들을 이용하면 R의 기본적인 함수인 as.Date, strptime에 비해서 조금 더 간편하게 날짜 혹은 시간 객체를 다룰 수 있다. 가장 큰 장점으로는 구분자로서 슬래쉬(/), 마이너스(−), 공백, 마침표(.), 콜론(:) 등을 자동적으로 인식하여 연, 월, 일, 시, 분, 초 등을 구분하기 때문에 매우 다양한 형태의 날짜 혹은 시간 객체를 읽어 들일 수 있어 편리하다. 단, 패키지 lubridate의 함수는 하나의 함수로 포맷을 지정하는 형식이 아니고 연, 월, 일, 시, 분, 초 등의 시간 요소의 위치에 따라 각각의 함수들이 존재하며 이들을 다양하게 조합하여 사용할 수 있다.

날짜 형식인 문자열을 읽어 들이는 패키지 lubridate의 함수로는 대표적으로 ymd, mdy, dmy 함수가 있다. 그 외에 ydm, dym, myd도 존재한다. 이때 y는 연, m은 월, d는 일을 뜻하고 각각의 순서에 맞게 함수를 사용하면 된다. 함수 내에서 구분자를 자동적으로 인식하기 때문에 따로 옵션을 주지 않아도 된다.

시간을 나타내는 문자열을 읽어 들이는 패키지 lubridate의 함수로는 대표적으로 hms, hm, ms 등이 있다. 이때 h는 시각, m은 분, s는 초를 나타낸다. 날짜 함수와 시간 함수를 밑줄(_)로 연결하여 다양한 조합의 함수, 예를 들면 ymd_hms, ymd_hm, ymd_h, mdy_hms,... 등은 날짜, 시간이 모두 포함된 문자열을 읽어 들이는 함수이다.

패키지 lubridate의 함수를 이용하여 원하는 날짜 요소를 추출할 수도 있다. 앞서 함수 strsplit를 사용하여 날짜 요소를 뽑아내는 방법은 구분자를 지정해야 하므로 번거롭다. 그러나 함수 year, month, day, wday, hour, minute, second 등을 사용하여 날짜 형식의 객체에서 연도, 월, 일, 요일, 시각, 분, 초 등의 날짜 요소를 추출 가능하다. 이들 시간 처리 함수의 형식은 [표 5.22]를 참조하고 사용 예는 [R-program 5.35]를 참조한다.

[표 5.22] 시간 처리 함수의 형식

형식	Sys.Date(), Sys.time(), now()
설명	• Sys.Date(): 현재의 시스템 날짜를 "4자릿수 년-월-일" 형식의 문자형으로 반환 • Sys.time() 및 now(): 현재의 시스템 시간을 "4자릿수 년-월-일 시:분:초 KST" 형식의 문자형으로 반환
형식	as.Date(x, format="format")
옵션	• x: 바꾸고자 하는 문자형 날짜 객체 • "format": 날짜 객체 x를 읽을 형식을 나타내는 문자열, 기본값은 1차적으로 "%Y-%m-%d", 2차적으로는 "%Y/%m/%d"의 형식으로 읽기를 시도한다. 여기서 Y는 4자릿수 년도, y는 2자릿수 년도, m은 월, d는 일을 나타낸다.
설명	• 날짜 객체 x를 지정한 format으로 읽어 "2018-06-13"과 같은 형식으로 년, 월, 일 결과 반환
형식	strpftime(x, format="format")
옵션	• x: 바꾸고자 하는 문자형 날짜 혹은 시간 객체 • "format": 날짜 혹은 시간 객체 x를 읽을 형식을 나타내는 문자열, 기본값은 "%Y-%m-%d %H:%M:%S"의 형식으로 읽기를 시도한다. 여기서 Y는 4자릿수 년도, y는 2자릿수 년도, m은 월, d는 일, H는 시간, M은 분, S는 초를 나타낸다.
설명	• 날짜 혹은 시간 객체 x를 시간 format으로 읽는 경우 "2018-06-13 16:34:16 KST"와 같이 년, 월, 일, 시, 분, 초의 결과를 반환한다. • 날짜 혹은 시간 객체 x를 날짜 format으로 읽는 경우 "2018-06-13 KST"와 같이 년, 월, 일의 결과를 반환한다.

[표 5.23] 패키지 lubridate의 시간 처리 함수의 형식

형식	ymd(x), mdy(x), dmy(x), ydm(x), dym(x), myd(x)
옵션	• x: 바꾸고자 하는 문자형 혹은 수치형 날짜 객체로서 주어진 함수의 글자 순서에 맞게 위치해야 한다. 즉, • ymd(x): 날짜 객체 x는 년, 월, 일 순 • mdy(x): 날짜 객체 x는 월, 일, 년 순 • dmy(x): 날짜 객체 x는 일, 월, 년 순 • ydm(x): 날짜 객체 x는 년, 일, 월 순 • dym(x): 날짜 객체 x는 일, 년, 월 순 • myd(x): 날짜 객체 x는 월, 년, 일 순
설명	• 날짜 객체 x를 각 함수의 글자 순으로 읽어 "2018-06-13"과 같은 형식으로 년, 월, 일의 결과를 반환한다.
형식	hms(x), hm(x), ms(x), ymd_hms(x), ymd_hm(x), ymd_h(x), mdy_hms(x),...
옵션	• x: 바꾸고자 하는 문자형 혹은 수치형 날짜 혹은 시간 객체로서 각 함수의 글자 순서에 맞게 위치해야 한다. 즉, 예를 들면 • hms(x): 시간 객체 x는 시, 분, 초 순 • hm(x): 시간 객체 x는 시, 분 순 • ms(x): 시간 객체 x는 분, 초 순 • ymd_hms(x): 날짜 및 시간 객체 x는 년, 월, 일, 시, 분, 초 순 • ymd_hm(x): 날짜 및 시간 객체 x는 년, 월, 일, 시, 분 순 • ymd_h(x): 날짜 및 시간 객체 x는 년, 월, 일, 시, 순 • mdy_hms(x): 날짜 및 시간 객체 x는 월, 일, 년, 시, 분, 초순
설명	• 시간 객체 x를 각 함수의 글자 순으로 읽어 "10H 1M 38S"과 같은 시, 분, 초의 형식으로 결과 반환 • 날짜 및 시간 객체 x를 각 함수의 글자 순으로 읽어 "2018-06-13 16:34:16 UTC"와 같은 형식으로 결과 반환, 여기서 UTC는 세계 공통으로 사용하고 있는 협정 세계시 (Coordinated Universal Time)이다.
형식	year(x), month(x), day(x), wday(x), hour(x), minute(x), second(x)
옵션	• x: 추출 대상이 되는 날짜 혹은 시간 객체로서 함수의 의미에 맞는 년, 월, 일, 시, 분, 초를 추출한다. 즉, 예를 들면 • year(x): 날짜 객체 x로 부터 년 반환 • month(x): 날짜 객체 x로 부터 월 반환 • day(x): 날짜 객체 x로 부터 일 반환 • wday(x): 날짜 객체 x로 부터 요일 반환 • hour(x): 시간 객체 x로 부터 시 반환 • minute(x): 시간 객체 x로 부터 분 반환
설명	• 위 모든 함수들을 사용하려면 사전에 패키지 lubridate를 설치하고 불러들여야 한다. (2.3절 참조)

[R-program 5.35] 시간 처리 함수의 사용 예

```
> #(1) 현재 시스템의 날짜 및 시간
> # 년(4자리)-월(2)-일(2) 표시의 문자형
>
> Sys.Date()
[1] "2018-06-19"
>
> # 년(4자리)-월(2)-일(2)  시간(2):분(2):초(2) 표시의 문자형
>
> Sys.time()
[1] "2018-06-19 15:43:00 KST"
>
> # 년(4자리)-월(2)-일(2)  시간(2):분(2):초(2) 표시의 문자형
>
> now()
[1] "2018-06-19 15:43:00 KST"
>
> #(2) 문자형 날짜 객체를 format=의 형식으로 읽어
> # "2018-06-13"의 형식으로 반환
>
> #현재 시스템시간을 format의 기본값인 "%Y-%m-%d"로 읽음
> as.Date(Sys.time())
[1] "2018-06-19"

>
> as.Date("24/06/99",format="%d/%m/%y")
[1] "1999-06-24"
>
> as.Date("02-28 : 2018",format="%m-%d : %Y")
[1] "2018-02-28"
>
> as.Date("2010@@03**01",format="%Y@@%m**%d")
[1] "2010 03-01"
>
> #(3) 문자형 날짜 혹은 시간 객체를 format=의 형식으로 읽어
> # 시간 형식의 경우 "2018-06-13 16:29:20 KST",
> # 날짜 형식의 경우 "2018-06-13 KST"의 형식으로 반환
>
> strptime("2017~08/15 *** 14-08-23",format="%Y~%m/%d *** %H-%M-%S")
[1] "2017-08-15 14:08:23 KST"
>
> strptime("02-28-2025",format="%m-%d-%Y")
[1] "2025-02-28 KST"
>
> #(4) 아래의 함수들을 사용하기 위해서는 사전에 패키지 lubridate를
> # 설치하고 불러들여야 함
>
> ymd(20200813, 200813,  "2020-08-13", "2020/08/13", "2020 08 13",
+     "2020-8, 13", "202008-13", "20208-13")
[1] "2020-08-13" "2020-08-13" "2020-08-13" "2020-08-13"
[5] "2020-08-13" "2020-08-13" "2020-08-13" "2020-08-13"
>
> mdy(08132021, 081321,  "08-13-2021", "08/13/2021", "08 13 2021",
+     "8-13, 2021", "0813-2021", "813-2021")
[1] "2021-08-13" "2021-08-13" "2021-08-13" "2021-08-13"
[5] "2021-08-13" "2021-08-13" "2021-08-13" "2021-08-13"
>
> dmy(13082022, 130822,  "13-08-2022", "13/08/2022", "13 08 2022",
+     "13-08, 2022", "1308-2022", "138-2022")
```

```
[1] "2022-08-13" "2022-08-13" "2022-08-13" "2022-08-13"
[5] "2022-08-13" "2022-08-13" "2022-08-13" "2022-08-13"
>
> hms("10 1 38", "10,1,38", "10, 01 38", "10:01:38", "10::01::38",
+     "10:01:::38")
[1] "10H 1M 38S" "10H 1M 38S" "10H 1M 38S" "10H 1M 38S"
[5] "10H 1M 38S" "10H 1M 38S"
>
> hm("10 1", "10,1", "10, 01", "10:01", "10::01", "10::::01")
[1] "10H 1M 0S" "10H 1M 0S" "10H 1M 0S" "10H 1M 0S" "10H 1M 0S"
[6] "10H 1M 0S"
>
> ms("1 38", "1,38", "01  38", "01:38", "01::38", "01:::38")
[1] "1M 38S" "1M 38S" "1M 38S" "1M 38S" "1M 38S" "1M 38S"

>
> ymd_hms(20230813100138,230813100138,"2023-08-13 10 1 38",
+         "2023/08/13 10,1,38","2023 08 13 10, 01 38",
+         "2023-8, 13 10:01:38","202308-13 10::01::38",
+         "20238-13 10:01:::38")
[1] "2023-08-13 10:01:38 UTC" "2023-08-13 10:01:38 UTC"
[3] "2023-08-13 10:01:38 UTC" "2023-08-13 10:01:38 UTC"
[5] "2023-08-13 10:01:38 UTC" "2023-08-13 10:01:38 UTC"
[7] "2023-08-13 10:01:38 UTC" "2023-08-13 10:01:38 UTC"
>
> #(5) 아래의 함수들을 사용하기 위해서는 사전에 패키지 lubridate를
> # 설치하고 불러들여야 함
>
> date_time <- now(); date_time #현재의 R 시스템 날짜-시간
[1] "2018-06-19 15:43:01 KST"
> year(date_time) #년 반환
[1] 2018
> month(date_time) #월 반환
[1] 6
> day(date_time) #일 반환
[1] 19

> wday(date_time,label=T) #요일 반환, label=T 옵션을 주면 팩터로 변환
[1] 화
Levels: 일 < 월 < 화 < 수 < 목 < 금 < 토
> hour(date_time) #시 반환
[1] 15
> minute(date_time) #분 반환
[1] 43
> second(date_time) #초 반환
[1] 1.090768
```

연습문제

01 R의 패키지 datasets에 있는 데이터 USArrests는 1973년도 미국 50개 주의 범죄에 관한 데이터이다.

(1) 변수 Murder를 기준으로 상, 하위 3개의 값과 해당 주를 표시하고 해석하여라.

(2) 변수 UrbanPop, Murder, Rape의 순서를 기준으로 상위 7개 값과 해당 주를 표시하고 해석하여라.

02 R의 패키지 datasets에 있는 데이터 세트 USJudgeRatings는 변호사들의 각 특성에 대해 점수를 기록한 데이터이다.

(1) 변수 INTG, DILG, FAMI의 기술통계치를 구하여라.

(2) 각 변수별 관측값을 제1사분위수(1st Quartile), 중위수(Median), 제3사분위수(3rd Quartile)를 기준으로 4개 그룹으로 나누어 각각 D, C, B, A 등급으로 구분하는 벡터 형태의 GradeINTG, GradeDILG, GradeFAMI 변수를 추가하여라.

(3) 변수 GradeINTG, GradeDILG, GradeFAMI 의 순서를 기준으로 상, 하위 5개 값과 해당 변호사들의 이름을 표시하고 해석하여라.

(4) 변수 GradeINTG, GradeDILG, GradeFAMI의 각 등급별 변수 INTG, DILG, FAMI의 평균, 표준편차를 구하여라.

03 아래 표의 첫 번째 데이터는 콘테스트의 각 분야별로 최고 점수를 받은 사람의 점수 기록 데이터이고 두 번째 데이터는 최고 득점자 5명의 기본 인적사항 데이터이다. 다음 두 데이터를 데이터 프레임의 형태로 직접 입력하여 생성하고, 콘테스트 데이터를 기준으로 하여 최고 점수를 받은 사람들의 인적사항이 나타나도록 하나의 데이터로 병합하여라.

Field	Name	Score
IT	Amelia	91
Math	Grace	89
Science	Lucas	94
Language	Amelia	98
History	Howard	91
Art	Grace	86
Music	Henry	92
Physics	Henry	90
Society	Lucas	83
Presentation	Amelia	87

[콘테스트 데이터]

Name	Gender	Age	Nationality
Howard	Male	34	US
Amelia	Female	25	Australia
Grace	Female	37	Canada
Henry	Male	30	US
Lucas	Male	26	Germany

[인적사항 데이터]

04 R의 패키지 datasets에 있는 데이터 sleep은 10명의 환자에 대해 서로 다른 2개의 약(Group=1, 2로 나타냄)을 투여한 후 수면 시간의 증감을 기록한 데이터이다. 데이터 재배열을 통하여 각 환자별로 2개의 약을 투여했을 때의 차이를 diff라는 변수로 저장하여 추가하여라.

05 R의 패키지 datasets에 있는 데이터 airquality는 1973년 5월부터 9월까지 일별 대기 질 성분을 기록한 데이터이다. Month, Day 변수를 제거하고 "(Month)월 (Day)일"과 같은 형식의 값을 행 이름으로 갖는 데이터 프레임을 생성하여라.

06 R의 패키지 datasets에 있는 데이터 airquality는 1973년 5월부터 9월까지 일별 대기 질 성분을 기록한 데이터이다. "Month:05-Day:12"와 같은 형식의 값을 행 이름으로 갖는 데이터 프레임을 생성하여라.

07 R의 패키지 datasets에 있는 데이터 airquality는 1973년 5월부터 9월까지 일별 대기 질 성분을 기록한 데이터이다.

(1) 결측값이 있는 변수의 경우 변수의 평균값으로 결측값을 대체하여라.

(2) Month의 값별로 변수 Ozone, Solar.의 평균, 표준편차를 구한 후 데이터 프레임 airquality1을 생성하여라.

(3) 데이터 프레임 airquality에 airquality1을 Month를 기준으로 병합시킨 데이터 프레임을 생성하여라.

08 R의 패키지 datasets에 있는 데이터 Titanic은 타이타닉호 승객 자료이다. 아래의 변수값들을 얻기 위한 프로그램을 작성하고, 각 변수에 대한 적절한 열 이름을 갖는 데이터 프레임을 생성하여라.

(1) Class별 생존자 수, 생존자 비율, 사망자 수, 사망자 비율

(2) Sex별 생존자 수, 생존자 비율, 사망자 수, 사망자 비율

(4) Age별 생존자 수, 생존자 비율, 사망자 수, 사망자 비율

09 R의 패키지 datasets에 있는 데이터 HairEyeColor는 통계학과 학생들의 머리 및 눈 색깔에 대한 자료이다. 아래의 변수값들을 얻기 위한 프로그램을 작성하고, 각 변수에 대한 적절한 열 이름을 갖는 데이터 프레임을 생성하여라.

(1) Hair 색깔별 학생 수 및 학생 수 비율

(2) Eye 색깔별 학생 수 및 학생 수 비율

(3) Sex별 학생 수 및 학생 수 비율

10 R의 패키지 datasets에 있는 데이터 AirPassengers는 월별 비행기 승객 자료이다. 연도를 나타내는 변수 Year, 분기를 나타내는 변수 Quarter, 분기별 평균 승객을 나타내는 변수 Passengers를 갖는 데이터 프레임을 생성하여라.

11 R의 패키지 datasets에 있는 데이터 AirPassengers은 월별 비행기 승객 자료이다. 월별 승객 수의 평균과 표준편차를 구한 후 각 월을 열 이름으로 하고 평균과 표준편차를 행 이름으로 가지는 데이터 프레임을 생성하여라. (참고) 평균 및 표준편차는 3.5절 [표 3.7]의 R 내장함수를 사용하여 계산하여라.

12 R의 패키지 datasets에 있는 데이터 AirPassengers은 월별 비행기 승객 자료이다. 월별 승객 수에 대한 표준화 점수를 2 이상, 1 이상 2 미만, 0 이상 1 미만, −1 이상 0 미만, −2 이상 −1 미만, −2 미만의 범주로 구분한 후 이를 팩터로 만든다. 그리고 팩터의 수준별로 비행기 승객 수의 평균과 표준편차를 구하고 팩터, 평균, 표준편차에 적절한 열 이름을 가지는 데이터 프레임을 생성하여라. (참고) 평균, 표준편차, 표준화 점수는 3.5절 [표 3.7]의 R 내장함수인 통계함수를 사용하여 계산하여라.

13 아래 왼쪽에 있는 표는 일자, 상품코드를 나타낸 표이다. 값 그대로 데이터 프레임의 형태로 입력하고 오른쪽의 표와 같은 결과가 나타나도록 함수를 사용하여 데이터를 생성하여라. (Price 변수의 경우 문자 형태로 콤마(,)를 포함하도록 한다.)

Date	Code
2015-03-22	CA-1453
2015-06-12	NT-4765
2015-11-05	CA-1453
2016-01-09	SP-9836
2016-09-26	AC-7144
2016-12-01	CA-1453
2017-02-20	AC-7144
2017-04-14	SP-9836
2017-05-16	DT-6132
2017-07-30	DT-6132

Year	Month	Day	Code	Price
2015	3	22	CA1453	1,453
2015	6	12	NT4765	4,765
2015	11	5	CA1453	1,453
2016	1	9	SP9836	9,836
2016	9	26	AC7144	7,144
2016	12	1	CA1453	1,453
2017	2	20	AC7144	7,144
2017	4	14	SP9836	9,836
2017	5	16	DT6132	6,132
2017	7	30	DT6132	6.132

14 1부터 n까지의 곱 중에서 10000을 넘지 않은 가장 큰 곱과 그때의 n의 값을 구하는 프로그램을 작성하여라.

15 n이 자연수일 때 $n!$을 계산하는 프로그램을 작성하여라.

16 n이 자연수일 때 $n!$의 값이 10000을 넘지 않는 가장 큰 $n!$ 의 값과 그때의 n의 값을 계산하는 프로그램을 작성하여라.

17 오일러의 수(Euler's number)라 불리는 수 2.7182818........는

$$e = \lim_{n \to \infty} \sum_{k=0}^{n} (k!)^{-1}$$

의 식으로 표현된다. n의 연속한 수에서 오일러 수의 차가 0.000000001보다 작을 때까지의 오일러의 수 및 n의 값을 구하는 프로그램을 작성하여라.

18 1부터 1000까지의 숫자 범위 내에서 2에서 10까지의 각 숫자들의 배수에 대한 총합계를 구하여 길이가 9인 벡터로 생성하는 프로그램을 작성하여라.

19 구구단 2단부터 9단까지를 계산한 결과값을 9×8의 행렬 형태로 생성하여라.

20 구구단 2단부터 9단까지의 계산 결과를 아래 상자와 같은 형식으로 나타내어라.

2*1=2	3*1=3	…	9*1=9
2*2=4	3*2=6	…	9*2=18
⋮	⋮	⋮	⋮
2*9=18	3*9=27	…	9*9=81

6장

R 입출력

6.1 R Console 출력

R Console 출력 함수, 즉 스크린 출력 함수로 유용한 함수들은 print, cat, sprintf, format 함수 등이 있다. 이들은 모두 문자열과 데이터를 결합하여 다양한 형태로 출력할 수 있다. 함수 print 및 cat은 데이터를 출력할 때 형식을 지정하지 않는 반면에 함수 format과 sprintf는 데이터에 원하는 형식을 지정하여 출력이 가능하다.

함수 print 및 cat은 형식을 주지 않으므로 문자열과 데이터를 결합하여 스크린에 단순히 정보를 나타낼 때 유용하다. 이 함수들은 대화형(interactive)뿐만 아니라 일괄형(batch) 프로그래밍에서도 모두 사용 가능한 출력 함수이다. 특히 R Script 파일[9]을 일괄 수행하면서 프로그램 중간 과정이 Console 창에 나타나도록 할 때 유용하게 사용된다. 예를 들면 프로그램 수행 과정이 긴 시뮬레이션을 할 때 현재 어느 부분을 수행하는지를 알 수 있도록 Console 창에 중간 수행 과정을 출력하여 프로그램 진행 상황이 나타나도록 할 수 있다. 혹은 프로그램 수행 시간은 짧더라도 프로그래밍 오류가 있는 경우에 프로그램 수행 과정을 단계마다 Console 창에 나타나도록 하여 프로그램 오류를 추적할 때도 유용하게 사용된다.

함수 sprintf는 문자열과 지정된 형식을 갖는 데이터를 결합하여 출력할 수 있는 함수이다. 즉, 문자열 내에서 지정된 형식을 갖고 데이터를 바꾸어가며 반복 출력할 때 유용하게 사용된다. 함수 format은 주로 숫자를 지정된 형식으로 출력할 수 있는 함수이다.

이 절에서는 문자열과 데이터를 결합하여 스크린에 출력하는 R Console 출력 함수들의 형식과 다양한 사용 예를 소개한다.

(1) 출력 함수 print 및 cat

함수 print는 하나의 데이터 객체에 대한 출력이 가능하지만, 함수 cat은 2개 이상의 데이터 객체에 대한 출력이 가능하다는 점에서 함수 print보다 더 효율적으로 사용될 수 있다. 그러나 함수 print 내에서 함수 paste를 함께 사용하면 두 개 이상의 데이터 객체에 대해서도 출력할 수 있다. 함수 cat은 R Console 창에 출력뿐만 아니라 내 컴퓨터 디렉토리의 파일로 저장도 가능하다. 함수 cat이 처리할 수 있는 데이터 객체는 벡터의 출력까지만 가능하나 함수 print는 데이터 프레임까지도 출력할 수 있다.

함수 print 및 cat의 형식은 [표 6.1]을 참조하고 사용 예는 [R-program 6.1]을 참조한다.

[9] R 명령어들로 구성된 프로그래밍 파일로서 확장자가 R인 R 프로그램

[표 6.1] 함수 print 및 cat의 형식

형식	print(x, digits = n, quote = TRUE)
옵션	• x: 출력할 1개의 데이터 객체 • n: 유효숫자 수 • quote=TRUE(기본값)이면 " " 안에 문자열을 두며 FALSE이면 " "을 사용하지 않음
설명	• 1개의 데이터 객체 x를 R Console 창에 출력한다. • 2개 이상의 데이터 객체를 출력할 때는 함수 paste를 함께 사용한다. (참조 5.10절 [표 5.20])
형식	cat(... , file = "파일명", sep = "연결문자 ", fill = FALSE, append = FALSE)
옵션	• ...: 출력할 1개 이상의 데이터 객체 • 파일명: R Console 창에 출력하지 않고 컴퓨터 디렉토리에 저장할 파일 이름 • 연결문자: 각 데이터 객체 뒤에 붙을 연결문자 • fill = FALSE(기본값)이면 출력할 때 라인별로 정렬시키지 않으며 TRUE이면 라인별로 자동 정렬된다. • append = FALSE(기본값)는 데이터 객체를 파일에 출력할 때 누적시키지 않고 덮어쓰기를 하며 TRUE인 경우는 계속해서 누적시킨다.
설명	• 1개 이상의 데이터 객체들을 R Console 창에 출력하거나 파일에 저장한다.

[R-program 6.1] 함수 print 및 cat의 사용 예

```
> #(1) Console창에 출력할 데이터 객체의 수
> # 함수 cat : 1개 이상의 데이터 객체를 연결하여 출력
> # 함수 print : 2개 이상의 데이터 객체를 출력하려면 paste함수 활용
>
> cat(1234,"abc","xyz")
1234 abc xyz> print(1234)
[1] 1234
> print(paste(1234,"abc","xyz"))
[1] "1234 abc xyz"
>
> #(2) 데이터 객체 연결 옵션 및 줄바꿈이 사용
> # 함수 cat 및 paste 에서 sep=의 기본값은 공백이므로 공백으로 연결
>
> cat("Now,","I'm busy.","Current time is",
+     as.character(Sys.time()))
Now, I'm busy. Current time is 2018-06-20 12:30:04>
> print(paste("Now,","I'm happy.","Current time is",
+             as.character(Sys.time())))
[1] "Now, I'm happy. Current time is 2018-06-20 12:30:04"
>
> # 옵션 sep="**"의 사용에 의해 각 객체를 연결시 **를 붙임

>
> cat("Now,","I'm happy.","Current time is",
+     as.character(Sys.time()),sep="**")
Now,**I'm happy.**Current time is**2018-06-20 12:30:04>
```

```
> print(paste("Now,","I'm happy.","Current time is",
+             as.character(Sys.time()),sep="**"))
[1] "Now,**I'm happy.**Current time is**2018-06-20 12:30:04"
>
> # 함수 cat의 옵션 sep=에서 \n 에 의해 줄 바꿈
>
> cat("I'm happy.","Current time is",
+     as.character(Sys.time()),sep="**\n")
I'm happy.**
Current time is**
2018-06-20 12:30:04
>
> #(3) 함수 print의 의 사용
>
> pi
[1] 3.141593
> print(pi, digits=4) #유효자릿수 4개로 출력
[1] 3.142

>
> print(month.name)  #quote=TRUE(기본값):  출력 결과가 " "안에 표시가 기본
 [1] "January"   "February"  "March"     "April"     "May"
 [6] "June"      "July"      "August"    "September" "October"
[11] "November"  "December"
>
> print(month.name, quote=FALSE)  #quote=FALSE를 사용하여 " " 표시 없음
 [1] January   February  March     April     May       June
 [7] July      August    September October   November  December

>
> print(mtcars[1:4,1:4])#print 함수는 행렬, 목록, 데이터 프레임 출력 가능
               mpg cyl disp  hp
Mazda RX4      21.0   6  160 110
Mazda RX4 Wag  21.0   6  160 110
Datsun 710     22.8   4  108  93
Hornet 4 Drive 21.4   6  258 110
>
> #(4) 줄바꿈 및 정렬
> # print 함수는 일련번호 붙이며 줄바꿈시에 정렬
>
> print(paste("The solution is",1:6))
[1] "The solution is 1" "The solution is 2" "The solution is 3"
[4] "The solution is 4" "The solution is 5" "The solution is 6"

>
> # cat 함수는 일련번호 붙지 않으며 줄바꿈시에 정렬하지 않음(기본값 fill=FALSE)
>
> cat(paste("The solution is",1:6))
The solution is 1 The solution is 2 The solution is 3 The solution is 4
The solution is 5 The solution is 6
>
> # cat 함수에서 fill=TRUE 옵션 사용에 의한 줄바꿈시에 정렬
>
> cat(paste("The solution is",1:6),fill=TRUE)
The solution is 1 The solution is 2 The solution is 3
The solution is 4 The solution is 5 The solution is 6
>
> #(5) 함수 cat의 파일 출력 사용 예
> # 함수 cat에 의한 출력 결과를 외부 파일 by_cat.txt에 저장
> # 함수 file의 사용법은 [표 6.4] 참조
>
> #file 함수에 의해 cat_file을 open
```

```
>
> cat_file <- file("by_cat.txt",open="w")
>
> # 함수 cat에 의한 출력 결과를 Console 창이 아닌 외부 파일 by_cat.txt에 저장
>
> cat("file text line1: 1 2 3", "file text line2: 4 5 6",
+     "file text line3: 7 8 9", file=cat_file, sep ="\n")
>
> cat("The last line",file=cat_file)
>
> file.show("by_cat.txt") #외부 파일  by_cat.txt의 내용을 보여준다.
>
> close(cat_file)  #file 함수에 의해 open한 cat_file 파일을 종료
```

☞ by_cat.txt

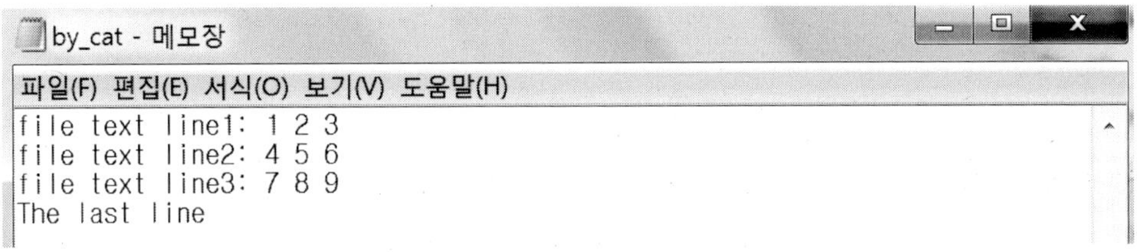

(2) 출력 형식 함수 sprintf

함수 sprintf는 출력하고자 하는 문자열 속에 데이터의 형식을 지정하고 지정된 형식에 맞춘 데이터를 대입한 문자열을 출력한다. 예를 들면 다음과 같은 R 프로그램

```
> height=c(175, 163, 158)
> weight=c(77.2, 52.3, 45.7)
> sex=c("남","여","여")
>
> sprintf("키는 %4.1f cm, 몸무게는 %4.2f kg인 %s학생입니다.",
+         height, weight, sex)
```

에서 출력하고자 하는 문자열은

"키는 %4.1f cm, 몸무게는 %4.2f kg인 %s 학생입니다."

과 같다. 이제 데이터 height, weight, sex에 지정된 형식은 각각 순서대로 %4.1f, %4.2f, %s이다. 지정된 형식으로 각 벡터의 원소들에 차례대로 적용하여 R Console 창에 출력된 결과는 다음과 같다.

```
[1] "키는 175.0 cm, 몸무게는 77.20 kg인 남학생입니다."
[2] "키는 163.0 cm, 몸무게는 52.30 kg인 여학생입니다."
[3] "키는 158.0 cm, 몸무게는 45.70 kg인 여학생입니다."
```

함수 sprintf의 형식은 [표 6.2]와 같다.

[표 6.2] 함수 sprintf의 형식

형식	sprintf("문자열", x1, x2, ...)
옵션	• 문자열: 출력할 문자열로서 데이터 x1, x2, ...에 대한 형식을 지정하고자 할 때는 %로 시작하는 형식 자리를 문자열 내에 포함한다. • x1, x2, ...: 문자열 내에서 지정된 형식을 적용할 데이터로서 원소 혹은 벡터
설명	• 주어진 데이터 x1, x2, ...에 대하여 %로 시작하는 형식을 적용하여 문자열을 출력한다.

함수 sprintf에서 출력 형식 자리는 기호 %로 시작한다. %의 기본 형식은 다음과 같다. 이때 대괄호 [ ] 안의 옵션은 선택적이나 마지막 ① 유형은 필수 옵션이다.

% [⑤ 데이터 순서 지정] [④ 플래그] [③ 너비] [.② 정밀도] ① 유형

각 옵션에 대한 설명은 다음과 같다. ① 유형(type)은 s, d, f, e, E, g, G 등이 있으며 이에 대한 설명은 [표 6.3]을 참조하고 사용 예는 [R-program 6.2]를 참조한다.

[표 6.3] %형식에서 유형 형식

형식	설명	출력 예
%s	문자열 혹은 수치값	Hello!!!
%d	정수	1234
%f	고정식 수치값 형식으로 소수점 이하 6자리까지 표현	1.234567
%e	과학식 수치값 형식(e 사용)으로 소수점 이하 6자리까지 표현	1.234567e+08
%E	과학식 수치값 형식(E 사용)으로 소수점 이하 6자리까지 표현	1.234567E+08
%g	지수 e에서 e-05 이하 e+06 이상 수치값은 %e, 그 외는 %f 사용	
%G	지수 E에서 e-05 이하 E+06 이상 수치값은 %E, 그 외는 %f 사용	

[R-program 6.2] 함수 sprintf의 %형식에서 유형의 사용 예

```
> #(1) 수치 벡터 number1 생성
>
> number1 <- pi*100^c(-2,-1,3,4); number1
[1] 3.141593e-04 3.141593e-02 3.141593e+06 3.141593e+08
>
> #(2) %형식의 유형: s, f, e, E, g, G, d
>
> sprintf("%s", number1) # 문자열 혹은 숫자 출력
[1] "0.000314159265358979" "0.0314159265358979"
[3] "3141592.65358979"     "314159265.358979"
>
> sprintf("%s", "Hello!!") # 문자열 혹은 숫자 출력
[1] "Hello!!"
>
> sprintf("%d", 12345) # 정수 출력
```

```
[1] "12345"
>
> sprintf("%f", number1) # fixed format, 소수 이하 6자리
[1] "0.000314"          "0.031416"          "3141592.653590"
[4] "314159265.358979"

>
> sprintf("%e", number1) # scientific format, e 사용, 소수 이하 6자리
[1] "3.141593e-04" "3.141593e-02" "3.141593e+06" "3.141593e+08"
>
> sprintf("%E", number1) # scientific format, E 사용, 소수 이하 6자리
[1] "3.141593E-04" "3.141593E-02" "3.141593E+06" "3.141593E+08"
>
> # 숫자의 크기에 따라 fixed 혹은 scientific format(e 사용) 혼용
>
> sprintf("%g", number1)
[1] "0.000314159" "0.0314159"   "3.14159e+06" "3.14159e+08"
>
> # 숫자의 크기에 따라 fixed 혹은 scientific format(E 사용) 혼용
>
> sprintf("%G", number1)
[1] "0.000314159" "0.0314159"   "3.14159E+06" "3.14159E+08"
```

② 정밀도는 소수점 다음에 숫자를 입력한 '.n'으로 나타낸다. '.n'은 수치값을 출력하는 유형 s에서는 수치값의 총 자릿수, 유형 f에서는 소수점 이하 자릿수, 그리고 유형 e 혹은 E에서는 유효숫자 개수를 의미한다. 정밀도 옵션 '.n'의 사용 예는 [R-program 6.3]을 참조한다.

[R-program 6.3] 함수 sprintf의 %형식에서 정밀도 옵션의 사용 예

```
> #(1) %형식에서 정밀도 옵션 '.n' 의 의미
> # type s : 자릿수
> # type f, e, E : 소수점 이하 자릿수
> # type g, G : 유효 숫자 갯수
>
> sprintf("%.9s", number1)  # 9개 자릿수(.9s 사용)
[1] "0.0003141" "0.0314159" "3141592.6" "314159265"
>
> sprintf("%.3f", number1)  # 소수점 이하 3 자리(.3f 사용)
[1] "0.000"          "0.031"          "3141592.654"    "314159265.359"
>
> sprintf("%.0f", number1)  # 소수점 이하 0 자리(.0f 사용)
[1] "0"          "0"          "3141593"    "314159265"
>
> sprintf("%.4e", number1)  # 소수점 이하 4 자리(.4e 사용)
[1] "3.1416e-04" "3.1416e-02" "3.1416e+06" "3.1416e+08"

>
> sprintf("%.5E", number1)  # 소수점 이하 5 자리(.5E 사용)
[1] "3.14159E-04" "3.14159E-02" "3.14159E+06" "3.14159E+08"
>
> sprintf("%.7g", number1)  # 유효 숫자 갯수가 7(.7g 사용)
[1] "0.0003141593" "0.03141593"   "3141593"      "3.141593e+08"
>
> sprintf("%.8G", number1)  # 유효 숫자 갯수가 8(.8G 사용)
[1] "0.00031415927" "0.031415927"   "3141592.7"     "3.1415927E+08"
```

③ 너비 옵션은 데이터가 차지하는 너비, 즉 총 자릿수를 의미한다.

④ 데이터는 기본적으로 오른쪽으로 정렬하지만, 플래그 옵션으로서 마이너스(−)를 사용하면 왼쪽으로 정렬한다. 또 다른 플래그 옵션으로 숫자 0은 지정된 너비에서 맨 앞의 숫자 앞에 비어 있는 공백을 0으로 채움을 의미한다. 보통 마이너스 혹은 0과 같은 플래그 옵션을 사용할 때는 너비 옵션과 같이 사용한다. 너비 옵션과 플래그 옵션의 사용 예는 [R-program 6.4]를 참조한다.

[R-program 6.4] 함수 sprintf의 %형식에서 너비 및 플래그 옵션의 사용 예

```
> #(1) %형식에서 width 옵션 및 왼쪽 정렬 플래그 옵션 마이너스 ( - )
> # month.name(R 내장 상수)
>
> # %9s : 문자열을 너비 9, 정렬 기본값(오른쪽)
> sprintf("%9s", month.name[5:9])
[1] "      May" "     June" "     July" "   August" "September"
>
> # %-9s : 문자열을 너비 9, 왼쪽 정렬(- 사용)
> sprintf("%-9s", month.name[5:9])
[1] "May      " "June     " "July     " "August   " "September"
>
> # %5d : 정수를 너비 5, 정렬 기본값(오른쪽)
> sprintf("%5d", c(12, 123, 1234, 12345))
[1] "   12" "  123" " 1234" "12345"
>
> # %-5d : 정수를 너비 5, 왼쪽 정렬(- 사용)
> sprintf("%-5d", c(12, 123, 1234, 12345))
[1] "12   " "123  " "1234 " "12345"

>
> # %+5d : 정수를 너비 5, 정렬 기본값(오른쪽), 양수 + 기호 사용
> sprintf("%+5d", c(12, 123, 1234, 12345))
[1] "  +12"  " +123"  "+1234"  "+12345"
>
> #(2) %형식에서 width 옵션 및 숫자 앞 0 채우기 플래그 옵션
>
> # 5개 자릿수 정수(5d 사용)에서 숫자 앞 공백은 0으로 채움(0 사용)
> sprintf("%05d",1:10)
 [1] "00001" "00002" "00003" "00004" "00005" "00006" "00007"
 [8] "00008" "00009" "00010"
>
> # 소수점 이하 3자리를 갖는 너비 10인 실수(10.3f)에서
> # 숫자 앞 공백은 0으로 채움(0 사용)
>
> sprintf("%010.3f",pi)
[1] "000003.142"
```

⑤ 데이터 순서 지정 옵션 'n$'는 나열된 데이터 중에서 n번째 데이터에 대해서 지정된 형식을 적용함을 의미한다. 이 옵션의 사용 예는 [R-program 6.5]를 참조한다.

[R-program 6.5] 함수 sprintf의 %형식에서 데이터의 순서 지정 옵션의 사용 예

```
> #(1) %형식에서 'n$' 옵션 : 데이터의 순서 지정
>
```

```
> # 3$ : 3번째 데이터 pi를 너비 10, 소수이하 7자리(10.7f)로 출력
> # 1$ : 1번째 데이터 exp(1)을 너비 6, 소수이하 4자리(6.4f)로 출력
> # 2$ : 2번째 데이터 "Good Morning~" 문자 출력(s)
>
> sprintf("The 3rd: %3$10.7f, The 1st: %1$6.4f, The 2nd: %2$s",
+         exp(1),"Good Morning~",pi)
[1] "The 3rd:  3.1415927, The 1st: 2.7183, The 2nd: Good Morning~"
```

너비 옵션 혹은 정밀도 옵션을 나타낼 때 숫자를 바로 적는 대신에 * 표시를 한 후 *의 값으로 데이터를 입력받을 수 있다. 이때 *의 값은 나열된 데이터 중에서 첫 번째 데이터를 사용한다. 이러한 표현법은 너비 혹은 정밀도가 고정되지 않고 데이터에 따라 변화할 때 유용하게 적용될 수 있다. 너비 옵션 혹은 정밀도 옵션에서 *의 사용 예는 [R-program 6.6] 및 [R-program 6.7]을 참조한다.

[R-program 6.6] 함수 sprintf의 %형식에서 너비 혹은 정밀도 값 대체 표시 *의 사용 예

```
> #(1) %형식에서 width를 *로 표시하고
> # width *의 값으로 첫번 째 데이터 10을 대체
> # month.name[1:4]를 너비 10의 문자로 출력
>
> sprintf("%*s",10,month.name[1:4])
[1] "   January" "  February" "     March" "     April"
>
> #(2) %형식에서 decimal point를 *로 표시하고
> # decimal point *의 값으로 첫 번째 데이터 2를 대체
>
> # 너비 5이고 소수점 이하 2번째 자리까지 출력
> sprintf("%5.*f",2,c(pi,1/3,1/6))
[1] " 3.14" " 0.33" " 0.17"
```

함수 sprintf의 장점은 벡터의 각 원소에 대해서 지정된 형식으로 문자열을 반복해서 출력할 수 있는 것이다. 함수 sprintf에 의한 출력 결과는 큰따옴표(" ") 안에 출력되지만, 함수 noquote를 사용하면 큰따옴표 없이 출력된다. [R-program 6.7]은 벡터 데이터에 적용된 함수 sprintf의 다양한 예를 소개한다.

[R-program 6.7] 함수 sprintf의 벡터 출력 예

```
> #(1) 데이터가 단일 원소일 때
>
> # 111, 112,... 는 벡터가 아니고 단일 원소로 구성된 5개 데이터
> # 세 번째 데이터(3$) 113을 정수 출력(d)
> # 다섯 번째 데이터(5$) 115를 정수 출력(d)
>
> sprintf("%3$d ** %5$d", 111, 112, 113, 114, 115)
[1] "113 ** 115"
>
> #(2) 데이터가 벡터일 때
> # 벡터의 각 원소는 지정된 순서대로 모두 %형식을 반복해서 적용
>
> # 두 번째 데이터(2$) 111:115는 정수 출력(d)
> # 첫 번째 데이터(1$) month.abb는 문자열 출력(s)
> # 길이 5인 벡터의 마지막 원소까지 반복해서 %형식을 적용
```

```
>
> sprintf("%2$d**%1$s", month.abb[1:5], 111:115)
[1] "111**Jan" "112**Feb" "113**Mar" "114**Apr" "115**May"

>
> #(3) 벡터의 크기가 맞지 않을때:
> # 큰 크기의 벡터에 맞추어 작은 크기의 벡터를 복제해서 사용
> # "test" => c( "test", "test", "test")
>
> sprintf("%s %d", "test", 1:3)
[1] "test 1" "test 2" "test 3"
>
> #(4) 데이터 프레임의 출력
>
> # 데이터 프레임 data1 생성
>
> cha <- data.frame(name=c("Americano", "Cafelatte",
+                          "Capucchino","Green Tea"),
+                   price=c(3500, 4500, 4800, 3800)); cha
        name price
1  Americano  3500
2  Cafelatte  4500
3 Capucchino  4800
4  Green Tea  3800
>
> # 벡터 name은 s 형식,
> # 벡터 price는 너비 4의 소수점 이하 자리 없음(4.0f)
> # 데이터 프레임의 마지막 행까지 반복해서 출력
>
> sprintf("%s의 가격은 %4.0f원이다.", cha$name, cha$price)
[1] "Americano의 가격은 3500원이다."
[2] "Cafelatte의 가격은 4500원이다."
[3] "Capucchino의 가격은 4800원이다."
[4] "Green Tea의 가격은 3800원이다."
>
> #(5) 예제
> # 첫 번째 데이터 n12는 *의 대체 값으로 소수점 이하 자릿수(.*)
> # 두 번째 데이터(2$) n12는 2자릿수 정수(2d)로 출력
> # 세 번째 데이터(3$) exp(1)는 소수점 이하 자릿수(.*f)로 출력
>
> n12 <- 1:12
> sprintf("e with %2$2d digits = %3$.*f", n12, n12, exp(1))
 [1] "e with  1 digits = 2.7"
 [2] "e with  2 digits = 2.72"
 [3] "e with  3 digits = 2.718"
 [4] "e with  4 digits = 2.7183"
 [5] "e with  5 digits = 2.71828"
 [6] "e with  6 digits = 2.718282"
 [7] "e with  7 digits = 2.7182818"
 [8] "e with  8 digits = 2.71828183"
 [9] "e with  9 digits = 2.718281828"
[10] "e with 10 digits = 2.7182818285"
[11] "e with 11 digits = 2.71828182846"
[12] "e with 12 digits = 2.718281828459"
>
> #(6) noquote : 큰 따옴표(" ")를 없애는 함수
>
> sprintf("%5d", c(12, 123, 1234, 12345))
[1] "   12" "  123" " 1234" "12345"
>
> noquote(sprintf("%5d", c(12, 123, 1234, 12345)))
[1]    12   123  1234 12345
```

(3) 출력 형식 함수 format

함수 format도 함수 sprintf처럼 형식을 지정하여 데이터를 출력할 수 있는 함수이다. 함수 format의 형식은 [표 6.4]를 참조하고 사용 예는 [R-program 6.8]을 참조한다.

[표 6.4] 함수 format의 형식

형식	format(x, scientific = TRUE, digits = n_digits, nsmall = n_small, width = n_width, justify = "to_lineup", trim = FALSE, big.mark = "big.marking", big.interval = n_big.interval, small.mark = "small.marking", small.interval = n_mall.interval)
옵션	• x: R 데이터 객체 • scientific = TRUE(기본값)이면 e를 사용한 과학식 표현. (예) 3.142e + 08, FALSE이면 고정식 표현. (예) 123.4567 • n_digits: 유효숫자 개수 • n_small: 소수점 이하 자릿수 • n_width: 데이터가 차지하는 너비, 즉 총 자릿수 • to_lineup: 왼쪽 정렬은 left, 오른쪽 정렬은 right, 중앙 정렬은 centre • trim = FALSE(기본값)이면 공통의 너비에서 오른쪽으로 정렬하고 첫 숫자 앞은 공백으로 남겨둔다. TRUE이면 첫 숫자 앞의 공백을 삭제하고 왼쪽 정렬이 된다. • big.marking: 소숫점 앞의 숫자를 구분하는 기호 • n_big.interval: big.marking의 간격, 기본값은 3 • small.marking: 소숫점 뒤의 숫자를 구분하는 기호 • small.interval: small.marking의 간격, 기본값은 5

[R-program 6.8] 함수 format의 사용 예

```
> #(1) 수치 벡터 number1 생성
>
> number1 <- pi*100^c(-2,-1,3,4); number1
[1] 3.141593e-04 3.141593e-02 3.141593e+06 3.141593e+08
>
> #(2) 옵션 scientific=FALSE,  digits 및 nsmall의 사용법
> # 옵션 scientific=FALSE 는 fixed format (예) 123.4567
>
> # digits = 2 : 가장 작은 숫자의 유효숫자 2인 값에 소수점 이하 자릿수를 정렬
>
> # digits = 2 & nsmall=6 : 가장 작은 숫자의 유효숫자가 2 이상이고
> # 소수이하 6자리 이상이 되는 최소값에 소수점 이하 자릿수를 정렬
>
> # digits = 2 & nsmall=8 : 가장 작은 숫자의 유효숫자가 2 이상이고
> # 소수이하 8자리 이상이 되는 최소값에 소수점 이하 자릿수를 정렬

>
> cbind(format(number1, digits = 2, scientific=FALSE),
+       format(number1, digits = 2, nsmall=6, scientific=FALSE),
+       format(number1, digits = 2, nsmall=8, scientific=FALSE))
```

```
     [,1]              [,2]                [,3]
[1,] "        0.00031" "        0.000314" "        0.00031416"
[2,] "        0.03142" "        0.031416" "        0.03141593"
[3,] "  3141592.65359" "  3141592.653590" "  3141592.65358979"
[4,] "314159265.35898" "314159265.358979" "314159265.35897928"
>
> #(3) 옵션 trim=TRUE : 데이터 앞의 공백 삭제
> cbind(format(number1, digits = 2, trim=TRUE,
+              scientific=FALSE),
+       format(number1, digits = 2, nsmall=6, trim=TRUE,
+              scientific=FALSE),
+       format(number1, digits = 2, nsmall=8, trim=TRUE,
+              scientific=FALSE))
     [,1]              [,2]                [,3]
[1,] "0.00031"         "0.000314"          "0.00031416"
[2,] "0.03142"         "0.031416"          "0.03141593"
[3,] "3141592.65359"   "3141592.653590"    "3141592.65358979"
[4,] "314159265.35898" "314159265.358979" "314159265.35897928"
>
> #(4) 옵션 scientific=TRUE 및 digits의 사용법
> # 옵션 scientific=TRUE 는 e format (예) 3.142e+08
> # digits=n 은 유효숫자가 n개
>
> cbind(format(number1, digits = 2, scientific=TRUE),
+       format(number1, digits = 3, scientific=TRUE),
+       format(number1, digits = 4, scientific=TRUE))
     [,1]      [,2]       [,3]
[1,] "3.1e-04" "3.14e-04" "3.142e-04"
[2,] "3.1e-02" "3.14e-02" "3.142e-02"
[3,] "3.1e+06" "3.14e+06" "3.142e+06"
[4,] "3.1e+08" "3.14e+08" "3.142e+08"
>
> #(5) 옵션 big.mark 및 big.interval, small.mark 및 small.interval의 사용법
> # 옵션 big.mark : 소숫점 앞 수에 대한 분리 표시 기호
> # 옵션 big.interval=n : big.mark가 표시되는 간격(기본값 n=3)
> # 옵션 small.mark : 소숫점 뒷 수에 대한 분리 표시 기호
> # 옵션 small.interval=n : small.mark가 표시되는 간격(기본값 n=5)
>
> # 평균=1억, 표준편차=10000인 정규분포를 따르는 난수 생성
>
> xdata <- rnorm(4, mean=100000000, sd=1000)
>
> # nsmall=10 : 소수점 이하 10자리
>
> cbind(format(xdata, nsmall=10, scientific=FALSE),
+       format(xdata, nsmall=10, scientific=FALSE, big.mark=",",
+              small.mark=" "),
+       format(xdata, nsmall=10, scientific=FALSE, big.mark="'",
+              big.interval=4, small.mark="/", small.interval=2))
     [,1]                   [,2]
[1,] " 99999892.0565903038" " 99,999,892.05659 03038"
[2,] "100000280.7078800946" "100,000,280.70788 00946"
[3,] "100001461.6179442555" "100,001,461.61794 42555"
[4,] " 99997302.2405170947" " 99,997,302.24051 70947"
     [,3]
[1,] "  9999'9892.05/65/90/30/38"
[2,] "1'0000'0280.70/78/80/09/46"
[3,] "1'0000'1461.61/79/44/25/55"
[4,] "  9999'7302.24/05/17/09/47"
```

```
> #(6) 옵션 width 및 justify의 사용법
> # width=n : 데이터의 너비가 n,
> # justify="left"(문자열의 기본값) => 왼편 정렬
> # justify="right"(수치값의 기본값) => 오른편 정렬
> # month.name :  R 내장 상수인 월 full name
>
> cbind(format(month.name[7:9]),
+       format(month.name[7:9], width=9, justify="left"),
+       format(month.name[7:9], width=13, justify="right"),
+       format(month.name[7:9], width=17, justify="centre"))
     [,1]        [,2]        [,3]            [,4]
[1,] "July     " "July     " "         July" "      July       "
[2,] "August   " "August   " "       August" "     August      "
[3,] "September" "September" "    September" "    September    "
>
> #(7) 데이터 프레임의 형식 지정
>
> mtcars[1:5,1:4]
                   mpg cyl disp  hp
Mazda RX4         21.0   6  160 110
Mazda RX4 Wag     21.0   6  160 110
Datsun 710        22.8   4  108  93
Hornet 4 Drive    21.4   6  258 110
Hornet Sportabout 18.7   8  360 175
>
> # nsmall=3 : 소수점 이하 3자리
>
> format(mtcars[1:5,1:4], nsmall=3)
                     mpg   cyl    disp      hp
Mazda RX4         21.000 6.000 160.000 110.000
Mazda RX4 Wag     21.000 6.000 160.000 110.000
Datsun 710        22.800 4.000 108.000  93.000
Hornet 4 Drive    21.400 6.000 258.000 110.000
Hornet Sportabout 18.700 8.000 360.000 175.000
```

6.2 R 파일 입출력

R 프로그래밍 작업에서 R 프로그램 파일(확장자 R)을 수행 후 얻게 되는 output이나 혹은 message는 통상 R Console 창에 출력하여 바로 확인하지만, 그 외에도 내 컴퓨터 디렉토리 내의 외부 파일로 저장할 필요도 발생한다. 이 절에서는 R 프로그램 파일을 읽고 output 혹은 message를 외부 파일로 저장하는 함수에 대해 다룬다.

(1) R Script 파일 읽기

규모가 있는 R 프로그래밍 작업에서는 많은 사용자 정의 함수들을 만들어 사용하게 된다. 이때 비슷한 역할을 하는 함수들을 모아서 하나의 R Script 파일을 만들 수 있다. R 실행 파일에서 R Script 파일을 불러들일 수 있는 함수가 source 함수이다. 함수 source의 인수로 현재의

작업 라이브러리에 있는 파일이면 파일명만 입력하고 그렇지 않으면 파일이 있는 디렉토리의 경로(path)를 나타낸다. 함수 source의 형식은 [표 6.5]를 참조하고 사용 예는 [R-program 6.9]를 참조한다.

[표 6.5] 함수 source의 형식

형식	source(x)
옵션	• x: R Script 파일명(확장자: R)
설명	• R Script 파일 x를 읽는다.

[R-program 6.9] 함수 source의 사용 예

```
> # 현 작업 디렉토리에 R Script 파일이 있을 때
>
> source("Estimation_Program_RealData_Pareto2.R")
>
> # 현 작업 디렉토리에 R Script 파일이 없을 때는 R Script 파일이 있는
> # 경로(path)를 나타내야 함
>
> source("E:\\MyRwork\\Estimation_Program_RealData_Pareto2.R") # 혹은
> source("E:/MyRwork/Estimation_Program_RealData_Pareto2.R")
```

(2) R 파일 출력

R 프로그램 수행 중 발생하는 output 혹은 message를 내 컴퓨터 디렉토리에 있는 외부 파일에 출력하고자 할 때 사용하는 함수는 sink이다. 특별히 지정하지 않는다면 output을 파일 출력하지만, message를 출력하고자 할 때는 TYPE = message를 지정한다. 함수 sink를 사용한 후에는 파일 출력을 종료하기 위해서 sink()를 사용한다.

함수 sink와 함께 자주 사용하는 함수 file, file.show, close의 형식은 [표 6.6]을 참조하고 사용 예는 [R-program 6.10]을 참조한다.

[표 6.6] 함수 sink, file, file.show, close의 형식

형식	sink(x, append = FALSE, type = c("output", "message"))
옵션	• x: 출력하고자 하는 외부 파일명을 " " 안에 입력하거나 file 함수에 의해 지정한 파일 변수 이름을 " " 없이 입력한다. • 파일 출력을 종료시킬 때는 x를 사용하지 않은 sink()를 사용한다. • append = FALSE(기본값)은 output 혹은 message를 계속해서 누적시키지 않고 덮어쓰기하며 TRUE인 경우는 output 혹은 message를 계속해서 누적시킨다. • type = "message"인 경우 message를 파일 출력하며 type = "output"(기본값)인 경우 output을 파일 출력한다.

설명	• R 프로그램 수행 중에 발생하는 output 혹은 message를 내 컴퓨터 디렉토리의 외부 파일에 출력시킨다. output 혹은 message를 모두 출력시키려면 함수 c를 사용한다.
형식	file("파일명", open="open type")
옵션	• 파일명: 내 컴퓨터 디렉토리에 생성할 외부 파일명 • open type: 가능한 형태는 다음과 같다. r 혹은 rt: 텍스트 모드로 읽기 위해서 open w 혹은 wt: 텍스트 모드로 쓰기 위해서 open a 혹은 at: 텍스트 모드로 누적하여 쓰기 위해서 open r+: 읽고 쓰기 위해서 open a+: 읽고 누적 쓰기 위해서 open
설명	• 내 컴퓨터 디렉토리에 지정된 open type으로 읽기 혹은 쓰기가 가능한 외부 파일을 생성한다.
형식	file.show("파일명")
옵션	• 파일명: 내 컴퓨터 디렉토리에 생성된 외부 파일명
설명	• 내 컴퓨터 디렉토리에 생성된 외부 파일을 열어 내용을 보여준다.
형식	close(x)
옵션	• x: file 함수에 의해 open한 외부 파일에 할당된 파일 변수 이름
설명	• file 함수에 의해 할당된 파일을 종료시킨다.

[R-program 6.10] 함수 sink, file, file.show, close의 사용 예

```
> #(1) 아래 sink 함수 이후 발생하는 output은 현재 작업 디렉토리 내의
> # 파일 output.txt에 출력
>
> sink("output.txt", type="output")
>
> # 같은 표현법
> # out <- file("output.txt", open = "w")
> # sink(out,type="output")
>
> #(2) message를 출력하기 위한 파일 message.txt를 현재 작업 디렉토리에 생성
> # 파일 message.txt에 파일 변수명 msg를 할당
> # 아래 sink 함수 이후 발생하는 message는 파일 message.txt에 출력
>
> msg <- file("message.txt", open = "w") #함수 file로 open한 msg
> sink(msg,type="message")
>
> # 같은 표현법
> # sink("message.txt", type = "message")
>
> #(3) 로그함수 에러 메시지는 파일 message.txt에 출력
> log("a")

>
> #(4) 2X10 행렬 결과는 output.txt에 출력
> matrix(1:20,2,10)
```

```
>
> #(5) print 함수의 결과는 output.txt에 출력
> print("This output is written on output.txt.")
>
> #(6) matrx의 mis typing으로 인한 에러 메시지는 파일 message.txt에 출력
> matrx(1:20,2,10)
>
> #(7) sink 함수의 file이 없으므로 output.txt에 NaN으로 출력되고
> # 이후 부터의 메시지는 Console 창에 나타남
> sink(type = "message")
>
> #(8) sqrt 함수 에러 메시지는 Console 창에 나타남
> sqrt(-2)
Warning message:
In sqrt(-2) : NaNs produced
>
> #(9) output.txt에 output 출력 종료,
> # 이후 발생하는 output은 Console 창에 나타남
> sink()
>
> print("The output after sink() is written on Console.")
[1] "The output after sink() is written on Console."
>
> #(10) 함수 file로 open한 msg를 close
> close(msg)
>
> #(11) output.txt의 보여주기
> file.show("output.txt")
```

☞ output.txt

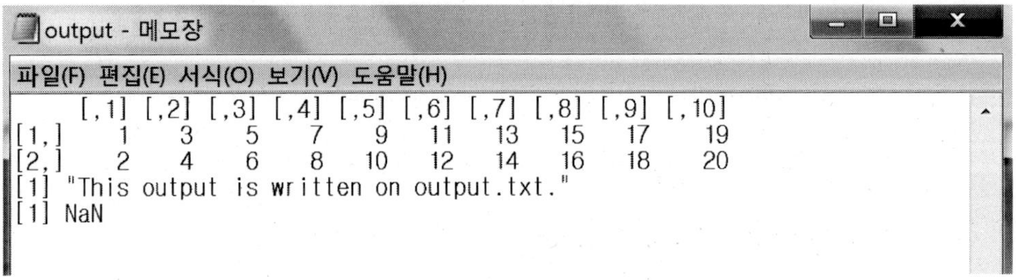

output - 메모장

파일(F) 편집(E) 서식(O) 보기(V) 도움말(H)

```
     [,1] [,2] [,3] [,4] [,5] [,6] [,7] [,8] [,9] [,10]
[1,]    1    3    5    7    9   11   13   15   17    19
[2,]    2    4    6    8   10   12   14   16   18    20
[1] "This output is written on output.txt."
[1] NaN
```

```
>
> #(12) message.txt의 보여주기
> file.show("message.txt")
```

☞ message.txt

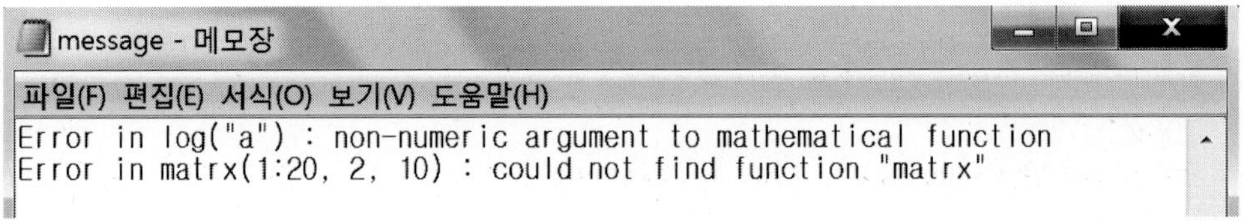

message - 메모장

파일(F) 편집(E) 서식(O) 보기(V) 도움말(H)

```
Error in log("a") : non-numeric argument to mathematical function
Error in matrx(1:20, 2, 10) : could not find function "matrx"
```

6.3 외부 데이터 파일 입출력

R에 의한 데이터 처리, 통계분석, 그래픽 기능 등을 활용하기 위해서 때때로 R 시스템 외부에서 만들어진 다양한 형식의 데이터를 가져와서 작업해야 할 때가 있다. R에서는 text 파일(확장자: txt), excel 파일(확장자: csv, xlsx), SPSS 파일(확장자: sav), SAS 파일(확장자: sas7bdat) 등과 같은 형식의 외부 데이터 파일을 읽어 들여서 데이터 프레임으로 만든다. 외부 데이터 파일을 가져오는 방법은 Rstudio의 Console 창에서 함수를 입력하여 사용하는 방법과 Environment 창에서 메뉴를 사용하는 방법이 있다.

여기서는 Rstudio의 Console 창에서 적절한 함수를 입력하여 외부 데이터 파일을 가져올 수 있는 함수들의 형식을 소개한다. 이때 함수의 옵션은 주로 사용하는 옵션 위주로 설명하고 그 밖의 더욱 자세한 옵션들의 경우 2.6절에서 소개하는 도움말을 사용하여 참조한다.

① 텍스트 파일 입출력

확장자가 txt인 텍스트 파일의 데이터를 R의 데이터 프레임으로 읽어 들이기 위해서는 read.table 함수를 사용한다. 반대로 R의 행렬 혹은 데이터 프레임을 확장자가 txt인 텍스트 파일로 내보내기 위해서는 함수 write.table를 사용한다. 함수 read.table 및 write.table의 형식은 [표 6.7]을 참조하고 함수 read.table 및 write.table의 사용 예는 각각 [R-program 6.11]을 참조한다.

[표 6.7] 함수 read.table 및 write.table의 형식

형식	read.table("파일명", header = FALSE, sep = "")
옵션	• 파일명: 현재 작업 라이브러리에 있는 확장자가 txt인 파일의 이름, 만약 작업 라이브러리 지정이 안 된 경우는 path가 명시되어야 한다. • header = FALSE(기본값)인 경우 변수 이름 V1, V2, V3, ...가 자동 생성된다. TRUE인 경우 첫 번째 행이 변수 이름으로 지정된다. • sep =: 기본값 sep = ""는 텍스트 파일의 값들이 하나 또는 하나 이상의 공백, 탭 구분, 혹은 줄 띄우기 등으로 구분되어 있을 경우 사용되고, sep = ","는 콤마 구분, sep = "\t"는 탭 구분일 경우에만 사용된다.
설명	• 확장자가 txt인 텍스트 파일의 데이터를 읽어 들인다.
형식	write.table(x, "파일명", append = FALSE, quote = TRUE, row.names = TRUE, col.names = TRUE)
옵션	• x: 내 보낼 R의 데이터 객체(행렬 또는 데이터 프레임) • 파일명: 확장자가 txt인 텍스트 파일 이름으로 만약 작업 라이브러리 지정이 안 된 경우는 path가 명시되어야 한다.

옵션	• append = FALSE(기본값)은 같은 이름의 파일이 있다면 output을 덮어쓰며, TRUE인 경우는 output을 추가로 붙여 누적시킨다. • quote = TRUE(기본값)인 경우 행 이름, 열 이름, 그리고 문자 값들은 모두 부호 " "로 표시된다. 보통 텍스트 데이터 파일로 사용하기 위해서는 quote = FALSE로 지정하는 것이 좋다. • row.names = TRUE(기본값)인 경우 행의 이름이 저장되며 FALSE로 지정되면 행의 이름이 저장되지 않는다. • col.names = TRUE(기본값)인 경우 열의 이름이 저장되며 FALSE로 지정되면 열의 이름이 저장되지 않는다.
설명	• R의 데이터 객체(행렬 또는 데이터 프레임)를 텍스트 파일(확장자: txt)로 만들어 현재의 작업 라이브러리 혹은 지정된 path로 내보낸다.

[R-program 6.11] 함수 read.table 및 write.table의 사용 예

☞ text_tab.txt

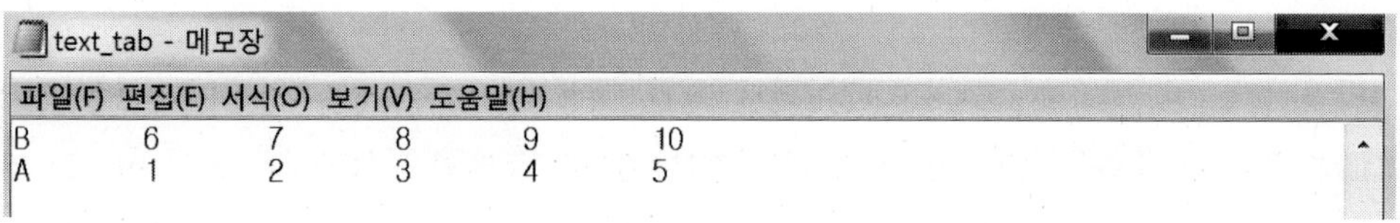


```
> #(1) 공백으로 구분되는 외부 텍스트 파일(확장자: txt) 가져오기
> # header=FALSE가 기본값 이므로 변수 이름 V1,V2,...,V6가 자동 생성됨
>
> read.table("text_tab.txt", sep="")
  V1 V2 V3 V4 V5 V6
1  B  6  7  8  9 10
2  A  1  2  3  4  5
>
> #(2) 탭으로 구분되는 외부 텍스트 파일(확장자: txt) 가져오기
> # header=TRUE이므로 첫행이 변수 이름이 됨, 숫자 6, 7.. 등은 변수 이름이
> # 될수 없으므로 숫자 앞에는 X가 붙어 변수 이름이 만들어짐
>
> read.table("text_tab.txt", header=TRUE, sep="\t")
  B X6 X7 X8 X9 X10
1 A  1  2  3  4   5
```

☞ text_comma.txt

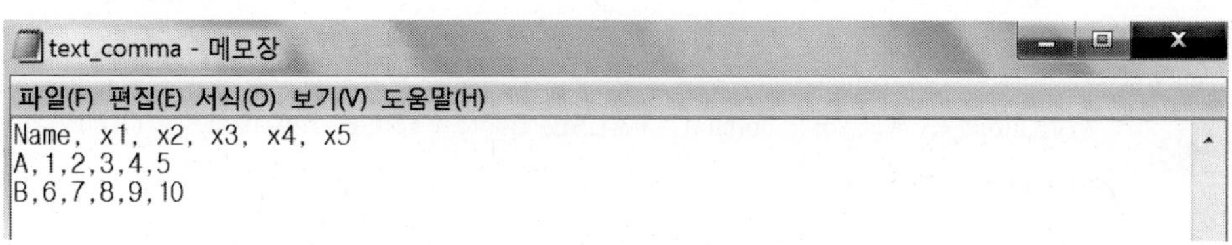


```
>
> #(3) 콤마(,)로 구분되는 텍스트 파일(확장자: txt) 가져오기
>
> txt1 <- read.table("text_comma.txt", header=TRUE, sep=","); txt1
```

```
  Name x1 x2 x3 x4 x5
1    A  1  2  3  4  5
2    B  6  7  8  9 10
> class(txt1)
[1] "data.frame"

>
> #(4) 데이터 프레임 data1 생성
>
> age <- c(21,27,35,42,57) #수치형 벡터 생성
> score <- c(87,74,79,91,80) #수치형 벡터 생성
> pass <- factor(c("S","F","F","S","F"))  #팩터(명목형 범주형 자료) 생성
> data1 <- data.frame(age, score, pass)  #데이터 프레임 data1 생성
> rownames(data1) <- c("KIM","LEE","PARK","CHOI","CHEONG") #행이름 생성
> data1
       age score pass
KIM     21    87    S
LEE     27    74    F
PARK    35    79    F
CHOI    42    91    S
CHEONG  57    80    F
>
> #(5) 데이터 프레임을 텍스트 파일(확장자: txt)로 내보내기
>
> # 옵션 row.names, 옵션 col.names, 옵션 quote가 모두 기본값 TRUE이므로
> # 행 및 열이름이 저장되며  행이름, 열이름, 문자값은 모두 ""로 표시
>
> write.table(data1,"txt_write1.txt")
```

☞ txt_write1.txt

```
txt write1 - 메모장
파일(F) 편집(E) 서식(O) 보기(V) 도움말(H)
"age" "score" "pass"
"KIM" 21 87 "S"
"LEE" 27 74 "F"
"PARK" 35 79 "F"
"CHOI" 42 91 "S"
"CHEONG" 57 80 "F"
```

```
>
> #(6) 옵션 row.names 및 col.names의 값이 FALSE 이며 옵션 quote가 기본값
> # TRUE의 사용에 의해서 행 및 열이름이 저장되지 않으며 문자값은 ""로 표시
>
> write.table(data1,"txt_write2.txt", row.names=FALSE,
+             col.names=FALSE)
```

☞ txt_write2.txt

```
txt_write2 - 메모장
파일(F) 편집(E) 서식(O) 보기(V) 도움말(H)
21 87 "S"
27 74 "F"
35 79 "F"
42 91 "S"
57 80 "F"
```

```
>
> #(7) 옵션 row.names 및 col.names이 모두 기본값 TRUE이므로 행 및 열이름이
> # 저장되며 옵션 quote=FALSE에 의해서 행이름, 열이름, 문자값은 모두 ""로
> # 표시되지 않음
>
> write.table(data1,"txt_write3.txt",quote=FALSE)
```

☞ txt_write3.txt

txt_write3 - 메모장

파일(F) 편집(E) 서식(O) 보기(V) 도움말(H)

```
age score pass
KIM 21 87 S
LEE 27 74 F
PARK 35 79 F
CHOI 42 91 S
CHEONG 57 80 F
```

② 엑셀 파일 입출력

엑셀 파일은 확장자가 csv인 경우와 xlsx인 경우의 두 가지가 있다. 확장자가 csv 및 xlsx인 엑셀 파일을 불러들여 R의 데이터 프레임으로 만들기 위한 함수는 각각 read.csv 및 read.xlsx이다. 엑셀 파일은 여러 개의 Sheet로 구성되는데 확장자가 .csv인 엑셀 파일의 경우는 맨 마지막에 저장된 Sheet를 가져올 수밖에 없으나 확장자가 xlsx인 엑셀 파일은 가져오고자 하는 Sheet 번호를 지정할 수 있다.

R의 데이터 프레임을 확장자가 csv 및 xlsx인 엑셀 파일로 내보내기 위한 함수는 각각 함수 write.csv 및 write.xlsx 이다. 이때 함수 read.xlsx 및 write.xlsx 함수를 사용하기 위해서는 사전에 패키지 openxlsx가 설치된 후 library 함수에 의해 패키지 openxlsx의 사용을 선언해야 한다. 패키지 설치에 관해서는 2.3절을 참고한다.

함수 read.csv, read.xlsx, write.csv 및 write.xlsx의 형식은 [표 6.8]을 참조한다. 그리고 함수 read.csv 및 write.csv의 사용 예는 [R-program 6.12]을 참조하고 함수 read.xlsx 및 write.xlsx의 사용 예는 [R-program 6.13]을 참조한다.

[표 6.8] 함수 read.csv, read.xlsx, write.csv 및 write.xlsx의 형식

형식	read.csv("파일명", header=TRUE)
옵션	• 파일명: 현재 작업 라이브러리에 있는 확장자가 csv인 파일의 이름, 만약 작업 라이브러리 지정이 안 된 경우는 path가 명시되어야 한다. • header=TRUE(기본값)로 지정하는 경우 첫 번째 행이 변수명으로 지정된다. FALSE로 지정하게 되면 변수 이름 V1, V2, V3, ...가 자동 생성된다.
설명	• 확장자가 csv인 엑셀 파일의 데이터를 읽어 들인다. 이때 엑셀 파일에 여러 개의 Sheet가 있는 경우 마지막 시점에 저장된 sheet만 읽어 들인다.

형식	write.csv(x, "파일명", append = FALSE, row.names=TRUE, col.names=TRUE)
옵션	• x: 내 보낼 R의 데이터 객체(행렬 또는 데이터 프레임) • 파일명: 확장자가 csv인 엑셀 파일 이름으로, 만약 작업 라이브러리 지정이 안 된 경우는 path가 명시되어야 한다. • append=FALSE(기본값)은 같은 이름의 파일이 있다면 output을 덮어쓰며, TRUE인 경우는 output을 추가로 붙여 누적시킨다. • row.names=TRUE(기본값)인 경우 행의 이름이 저장되며 FALSE로 지정되면 행의 이름이 저장되지 않는다. • col.names=TRUE(기본값)인 경우 열의 이름이 저장되며 FALSE로 지정되면 열의 이름이 저장되지 않는다.
설명	• R의 데이터 객체(행렬 또는 데이터 프레임)를 엑셀 파일(확장자: csv)로 만들어 현재의 작업 라이브러리 혹은 지정된 path로 내 보낸다.

형식	read.xlsx("파일명", sheet=sheetIndex, colNames=TRUE, rowNames=FALSE)
옵션	• 파일명: 현재 작업 라이브러리에 있는 확장자가 xlsx인 파일의 이름, 만약 작업 라이브러리 지정이 안 된 경우는 path가 명시되어야 한다. • sheetIndex: 엑셀 파일에서 데이터로 불러들이고자 하는 sheet 번호 • colNames=TRUE(기본값)이면 엑셀 파일의 첫 번째 행은 열 이름으로 저장되며 FALSE이면 열의 이름이 저장되지 않는다. • rowNames=FALSE(기본값)이면 행의 이름이 저장되지 않으며 TRUE이면 엑셀 파일의 첫 번째 열이 행 이름으로 저장된다.
설명	• 확장자가 xlsx인 엑셀 파일의 데이터를 읽어 들인다. • 사전에 패키지 openxlsx를 설치하고 불러들여야 한다.(2.3절 참조)

형식	write.xlsx(파일명 1, "파일명 2", row.names=FALSE, col.names=TRUE)
옵션	• 파일명 1: 데이터 프레임 이름 • 파일명 2: 확장자가 xlsx인 엑셀 파일 이름, 만약 작업 라이브러리 지정이 안 뒤 경우는 path가 명시되어야 한다. • row.names=FALSE(기본값)인 경우 행의 이름을 삭제하고 TRUE로 지정되면 행의 이름이 저장된다. • col.names=TRUE(기본값)인 경우 열의 이름이 저장되며 FALSE로 지정되면 열의 이름이 저장되지 않는다.
설명	• 데이터 프레임을 엑셀 파일(확장자: xlsx)로 만들어 현재의 작업 라이브러리 혹은 지정된 path로 내보낸다. • 사전에 패키지 openxlsx를 설치하고 불러들여야 한다.(2.3절 참조)

[R-program 6.12] 함수 read.csv 및 write.csv의 사용 예

☞ csv_file.csv

csv_file - Excel

	A	B	C	D	E	F	G
1	Name	x1	x2	x3	x4	x5	
2	A	1	2	3	4	5	
3	B	6	7	8	9	10	
4							

```
> #(1) 엑셀 파일(확장자: csv) 가져오기
> # header=TRUE가 기본값이므로 첫번째 행을 변수명으로 사용
>
> csv1 <- read.csv("csv_file.csv"); csv1
  Name x1 x2 x3 x4 x5
1    A  1  2  3  4  5
2    B  6  7  8  9 10
> class(csv1)
[1] "data.frame"

>
> #(2) mtcars: 패키지 datasets의 데이터 프레임
> # mtcars에 있는 첫 5행 및 첫 6열의 데이터 프레임 data1 생성
>
> data1 <- mtcars[1:5,1:6]; data1
                   mpg cyl disp  hp drat    wt
Mazda RX4         21.0   6  160 110 3.90 2.620
Mazda RX4 Wag     21.0   6  160 110 3.90 2.875
Datsun 710        22.8   4  108  93 3.85 2.320
Hornet 4 Drive    21.4   6  258 110 3.08 3.215
Hornet Sportabout 18.7   8  360 175 3.15 3.440
>
> #(3) 데이터 프레임 data1을 엑셀 파일(확장자: csv)로 내보내기
> # 옵션 row.names 및 col.names의 값이 기본값 TRUE이므로
> # 행 및 열 이름 저장
>
> write.csv(data1,"csv_write1.csv")
```

☞ csv_write1.csv

csv_write1 - Excel

	A	B	C	D	E	F	G	H
1		mpg	cyl	disp	hp	drat	wt	
2	Mazda RX4	21	6	160	110	3.9	2.62	
3	Mazda RX4 Wag	21	6	160	110	3.9	2.875	
4	Datsun 710	22.8	4	108	93	3.85	2.32	
5	Hornet 4 Drive	21.4	6	258	110	3.08	3.215	
6	Hornet Sportabout	18.7	8	360	175	3.15	3.44	
7								

```
>
> #(4) 데이터 프레임 data1을 엑셀 파일(확장자: csv)로 내보내기
> # 옵션 row.names의 값이 FALSE이고 col.names의 값이 기본값 TRUE이므로
> # 행 이름은 삭제하고 열 이름만 저장
>
> write.csv(data1,"csv_write2.csv", row.names=FALSE)
```

☞ csv_write2.csv

csv_write2 - Excel	B	C	D	E	F	G	H
1 mpg	cyl	disp	hp	drat	wt		
2 21	6	160	110	3.9	2.62		
3 21	6	160	110	3.9	2.875		
4 22.8	4	108	93	3.85	2.32		
5 21.4	6	258	110	3.08	3.215		
6 18.7	8	360	175	3.15	3.44		
7							

[R-program 6.13] 함수 read.xlsx 및 write.xlsx의 사용 예

☞ xlsx_file.xlsx 의 Sheet1

xlsx_file - Excel

	A	B	C	D	E	F	G
1	Name	x1	x2	x3	x5	x6	
2	A	1	2	3	4	5	
3	B	6	7	8	9	10	
4							

Sheet1 Sheet2

```
> # 함수 read.xlsx 및 write.xlsx를 사용하기 위해서
> # 패키지 openxlsx를 설치하고 불러들여야 함
>
> #(1) 엑셀 파일(확장자: xlsx) 가져오기
>
>
> # colNames=TRUE(기본값) 이므로 첫 번째 행을 열 이름으로 사용하고
> # rowNames=TRUE 이므로 첫 번째 열을 행 이름으로 사용한다.
> # sheet = 1이므로 Sheet 1을 사용
>
> xlsx1 <- read.xlsx("xlsx_file.xlsx",sheet=1,colNames=TRUE,
+                    rowNames=TRUE); xlsx1
  x1 x2 x3 x5 x6
A  1  2  3  4  5
B  6  7  8  9 10
> class(xlsx1)
[1] "data.frame"
```

☞ xlsx_file.xlsx 의 Sheet2

xlsx_file - Excel

	A	B	C	D	E	F	G
1	a	b	c				
2	1	2	3				
3							

Sheet1 Sheet2

```
>
> #(2) 엑셀 파일(확장자: xlsx) 가져오기
>
> # colNames=TRUE(기본값) 이므로 첫 번째 행을 열 이름으로 사용하고
> # rowNames=FALSE(기본값) 이므로 첫 번째 열을 행 이름으로 사용하지 않는다.
> # sheet = 2이므로 Sheet 2를 사용
>
> xlsx2 <- read.xlsx("xlsx_file.xlsx",sheet=2,colNames=TRUE,
+                    rowNames=FALSE); xlsx2
```

```
  a b c
1 1 2 3
> class(xlsx2)
[1] "data.frame"

>
> #(3) mtcars: 패키지 datasets의 데이터 프레임
> # mtcars에 있는 첫 5행 및 첫 6열의 데이터 프레임 data1 생성
>
> data1 <- mtcars[1:5,1:6]; data1
                   mpg cyl disp  hp drat    wt
Mazda RX4         21.0   6  160 110 3.90 2.620
Mazda RX4 Wag     21.0   6  160 110 3.90 2.875
Datsun 710        22.8   4  108  93 3.85 2.320
Hornet 4 Drive    21.4   6  258 110 3.08 3.215
Hornet Sportabout 18.7   8  360 175 3.15 3.440
>
> #(4) 데이터 프레임 data1을 엑셀 파일(확장자: xlsx)로 내보내기
> # 옵션 row.names=TRUE 및 col.names=TRUE(기본값)이므로
> # 행 및 열 이름 저장
>
> write.xlsx(data1,"xlsx_write1.xlsx",row.names=TRUE)
```

☞ xlsx_write1.xlsx

	A	B	C	D	E	F	G
1		mpg	cyl	disp	hp	drat	wt
2	Mazda RX4	21	6	160	110	3.9	2.62
3	Mazda RX4 Wag	21	6	160	110	3.9	2.875
4	Datsun 710	22.8	4	108	93	3.85	2.32
5	Hornet 4 Drive	21.4	6	258	110	3.08	3.215
6	Hornet Sportabout	18.7	8	360	175	3.15	3.44

```
>
> #(5) 데이터 프레임 data1을 엑셀 파일(확장자: xlsx)로 내보내기
> # 옵션 row.names=FALSE(기본값)이고 col.names=TRUE(기본값)이므로
> # 행 이름은 삭제하고 열 이름만 저장
>
> write.xlsx(data1,"xlsx_write2.xlsx")
```

☞ xlsx_write2.xlsx

	A	B	C	D	E	F
1	mpg	cyl	disp	hp	drat	wt
2	21	6	160	110	3.9	2.62
3	21	6	160	110	3.9	2.875
4	22.8	4	108	93	3.85	2.32
5	21.4	6	258	110	3.08	3.215
6	18.7	8	360	175	3.15	3.44

③ SPSS 파일 가져오기

확장자가 sav인 SPSS 데이터 파일을 읽어 들여 R의 데이터 프레임으로 만들기 위한 함수는 read_sav이고, R의 데이터 프레임을 확장자가 sav인 SPSS 데이터 파일로 내보내기 위한 함수는 write_sav이다. 이 두 함수를 사용하기 위해서는 사전에 패키지 haven이 설치된 후 library 함수

에 의해 패키지 haven의 사용을 선언해야 한다. 패키지 설치에 관해서는 2.3절을 참고한다.

함수 read_sav 및 write_sav의 형식은 [표 6.9]를 참조하고 사용 예는 [R-program 6.14]를 참조한다.

[표 6.9] 함수 read_sav 및 write_sav의 형식

형식	read_sav("파일명")
옵션	• 파일명: 현재 작업 라이브러리에 있는 확장자가 sav인 SPSS 데이터 파일 이름, 만약 작업 라이브러리 지정이 안 된 경우는 path가 명시되어야 한다.
설명	• 확장자가 sav인 SPSS 데이터 파일을 읽어 들인다. • 사전에 패키지 haven을 설치하고 불러들여야 한다.(2.3절 참조)
형식	write_sav(파일명 1, "파일명 2")
옵션	• 파일명 1: 내 보낼 데이터 프레임 이름 • 파일명 2: 확장자가 sav인 SPSS 데이터 파일 이름, 만약 작업 라이브러리 지정 이 안 된 경우는 path가 명시되어야 한다.
설명	• 데이터 프레임을 확장자가 sav인 SPSS 데이터 파일로 만들어 현재의 작업 라이브러리 혹은 지정된 path로 내보낸다. • 사전에 패키지 haven을 설치하고 불러들여야 한다.(2.3절 참조)

[R-program 6.14] 함수 read_sav 및 write_sav의 사용 예

```
> #(1) SPSS 데이터 파일(확장자: sav) 읽어 들이기
> # 함수 read_sav를 사용하기 위해서 사전에 패키지 haven을 설치하고
> # 불러들여야 함
>
> # 패키지 haven에 있는 SPSS 데이터 파일 iris.sav를 읽어 들인다.
>
> iris_fromSPSS <- read_sav(
+     "C:/Program Files/R/R-3.4.4/library/haven/examples/iris.sav")
>
> head(iris_fromSPSS)
# A tibble: 6 x 5
  Sepal.Length Sepal.Width Petal.Length Petal.Width Species
         <dbl>       <dbl>        <dbl>       <dbl> <dbl+lbl>
1         5.10        3.50         1.40       0.200 1
2         4.90        3.00         1.40       0.200 1
3         4.70        3.20         1.30       0.200 1
4         4.60        3.10         1.50       0.200 1
5         5.00        3.60         1.40       0.200 1
6         5.40        3.90         1.70       0.400 1
>
> class(iris_fromSPSS)
[1] "tbl_df"     "tbl"        "data.frame"

>
> #(2) SPSS 데이터 파일(확장자: sav)로 내보내기
> # 함수 write_sav를 사용하기 위해서 사전에 패키지 haven을 설치하고
> # 불러들여야 함
>
```

```
> # 데이터 프레임 iris_fromSPSS를 라이브러리 E:/MyRwork에
> # irisfromR.sav
>
> write_sav(iris_fromSPSS, "E:/MyRwork/irisfromR.sav")
```

☞ irisfromR.sav

	Sepal.Length	Sepal.Width	Petal.Length	Petal.Width	Species
1	5.10	3.50	1.40	.20	1
2	4.90	3.00	1.40	.20	1
3	4.70	3.20	1.30	.20	1
4	4.60	3.10	1.50	.20	1

④ SAS 파일 가져오기

확장자가 sas7bdat인 SAS 데이터 파일을 읽어 들여 R의 데이터 프레임으로 만들기 위한 함수는 read_sas이고, R의 데이터 프레임을 확장자가 sas7bdat인 SAS 데이터 파일로 내보내기 위한 함수는 write_sas이다. 이 두 함수를 사용하기 위해서는 사전에 패키지 haven이 설치된 후 library 함수에 의해 패키지 haven의 사용을 선언해야 한다. 패키지 설치에 관해서는 2.3절을 참고한다.

함수 read_sas 및 write_sas의 형식은 [표 6.10]을 참조하고 사용 예는 [R-program 6.15]를 참조한다.

[표 6.10] 함수 read_sas 및 write_sas의 형식

형식	read_sas("파일명")
옵션	• 파일명: 현재 작업 라이브러리에 있는 확장자가 sas7bdat인 SAS 데이터 파일 이름, 만약 작업 라이브러리 지정이 안 된 경우는 path가 명시되어야 한다.
설명	• 확장자가 sas7bdat인 SAS 데이터 파일을 읽어 들인다. • 사전에 패키지 haven을 설치하고 불러들여야 한다.(2.3절 참조)
형식	write_sas(파일명 1, "파일명 2")
옵션	• 파일명 1: 내 보낼 데이터 프레임 이름 • 파일명 2: 확장자가 sas7bdat인 SAS 데이터 파일 이름, 만약 작업 라이브러리 지정이 안 된 경우는 path가 명시되어야 한다.
설명	• 데이터 프레임을 확장자가 sas7bdat인 SAS 데이터 파일로 만들어 현재의 작업 라이브러리 혹은 지정된 path로 내보낸다. • 사전에 패키지 haven을 설치하고 불러들여야 한다.(2.3절 참조)

[R-program 6.15] 함수 read_sas 및 write_sas의 사용 예

```
> #(1) SAS 데이터 파일(확장자: sas7bdat) 읽어 들이기
> # 함수 read_sas를 사용하기 위해서 사전에 패키지 haven을 설치하고
> # 불러들여야 함
>
> # 패키지 haven에 있는 SAS 데이터 파일 iris.sas7bdat를 읽어 들인다.
>
> iris_fromSAS <- read_sas(
+     "C:/Program Files/R/R-3.4.4/library/haven/examples/iris.sas7bdat")
>
> head(iris_fromSAS)
# A tibble: 6 x 5
  Sepal_Length Sepal_Width Petal_Length Petal_Width Species
         <dbl>       <dbl>        <dbl>       <dbl> <chr>
1         5.10        3.50         1.40       0.200 setosa
2         4.90        3.00         1.40       0.200 setosa
3         4.70        3.20         1.30       0.200 setosa
4         4.60        3.10         1.50       0.200 setosa
5         5.00        3.60         1.40       0.200 setosa
6         5.40        3.90         1.70       0.400 setosa
>
> class(iris_fromSAS)
[1] "tbl_df"     "tbl"        "data.frame"
>
> #(2) SAS 데이터 파일(확장자: sas7bdat)로 내보내기
> # 함수 write_sav를 사용하기 위해서 사전에 패키지 haven을 설치하고
> # 불러들여야 함
>
> # 데이터 프레임 iris_fromSAS를 라이브러리 E:/MyRwork에
> # irisfromR.sas7bdat로 내보내기
>
> # 함수 write_sas에 의해 내보낸 SAS 데이터 파일은 내 컴퓨터 환경 및
> # SAS version에 따라 SAS 읽기 오류가 발생한다.
>
> write_sas(iris_fromSAS, "E:/MyRwork/irisfromR.sas7bdat")
```

6.4 R 그래프 외부 출력

R에서 작성한 그래프 파일을 때때로 R 시스템 외부로 출력해야 하는 경우에 간단한 방법은 RStudio의 Plots 창에 그려진 그래프를 그래프 파일 확장자(.bmp, .png, .jpeg 등)를 갖는 외부 그래프 파일 혹은 pdf 파일로 저장하면 된다. 그러나 이러한 작업은 그래프 하나마다 매번 외부 그래프 파일로 저장하는 수고를 해야 한다.

R 프로그램의 일괄 수행 중에도 자동적으로 외부 출력이 되도록 하려면 함수 bmp, png, jpeg, pdf 등을 사용하면 된다. 이들 그래프 외부 출력 함수 bmp, png, jpeg, pdf의 형식은 [표 6.11]을 참조하고 사용 예는 [R-program 6.16]을 참조한다.

[표 6.11] 그래프 외부 출력 함수 bmp, png, jpeg, pdf의 형식

형식	bmp(file="bmpname.bmp", ...), png(file="pngname.png", ...), jpeg(file="jpegname.jpeg", ...), 혹은 pdf(file="pdfname.pdf", ...)
옵션	• bmpname: 확장자가 bmp인 그래프 파일 이름 • pngname: 확장자가 png인 그래프 파일 이름 • jpegname: 확장자가 jpeg인 그래프 파일 이름 • pdfname: 확장자가 pdf인 pdf 파일 이름 • ...: 기타 옵션
설명	• R에서 작성한 그래프 파일을 확장자가 bmp, png, jpeg, 혹은 pdf인 파일로 내보낸다. • R 그래프 파일은 현재 작업 라이브러리에 저장되며 만약 작업 라이브러리 지정이 안 된 경우는 저장하고 싶은 디렉토리의 path를 명시한 그래프 파일 이름을 사용한다. • 그래프 파일의 외부 출력 후에는 함수 dev.off()를 사용하여 외부 출력 전 그래픽 환경 설정으로 변경해야 한다.

[R-program 6.16] 그래프 외부 출력 함수 bmp, png, jpeg, pdf의 사용 예

```
> #(1) R 그래프를 bmp 그림 file로 내보내기
>
> bmp(file="sin_function.bmp")
> plot(sin(0:100), type="l", lty=1, col="black",
+       main="BMP file of Sin function")
> dev.off() # 현재의 외부 출력 환경을 닫는다.
>
> #(2) R 그래프를 png 그림 file로 내보내기
>
> png(file="sin_function.png")
> plot(sin(0:100), type="l", lty=1, col="black",
+       main="PNG file of Sin function")
> dev.off()  # 현재의 외부 출력 환경을 닫는다.
>
> #(3) R 그래프를 jpeg 그림 file로 내보내기
>
> jpeg(file="sin_function.jpeg")
> plot(sin(0:100), type="l", lty=1, col="black",
+       main="JPEG file of Sin function")
> dev.off()  # 현재의 외부 출력 환경을 닫는다.
>
> #(4) R 그래프를 pdf file로 내보내기
>
> pdf(file="sin_function.pdf")
> plot(sin(0:100), type="l", lty=1, col="black",
+       main="PDF file of Sin function")
> dev.off()  # 현재의 외부 출력 환경을 닫는다.

☞ sin_function.pdf
```

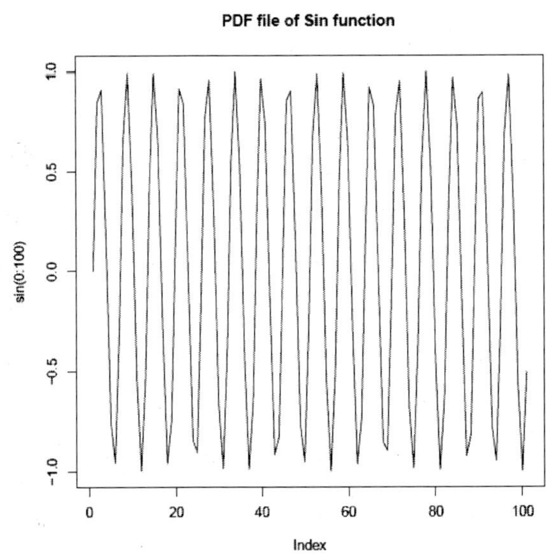
PDF file of Sin function
sin(0:100)
Index
1.0
0.5
0.0
-0.5
-1.0
0
20
40
60
80
100

연습문제

01 다음 표는 콘테스트의 각 분야별로 최고 점수를 받은 사람의 점수 기록 데이터이다.

Field	Name	Score	Field	Name	Score
IT	Amelia	91	Art	Grace	86
Math	Grace	89	Music	Henry	92
Science	Lucas	94	Physics	Henry	90
Language	Amelia	98	Society	Lucas	83
History	Howard	91	Presentation	Amelia	87

고득점자의 분야 및 점수를 아래 상자의 형식과 같이 R Console 창에 출력하여라.

```
1. IT 분야에서 고득점자는 Amelia이고 점수는 91점입니다.
2. Math 분야에서 고득점자는 Grace이고 점수는 89점입니다.
                    ⋮
```

02 제5장의 연습문제 11에서는 월별 비행기 승객 수의 평균과 표준편차를 구한 후 각 월을 열 이름으로 하고 평균과 표준편차를 행 이름으로 가지는 데이터 프레임을 생성하였다. 이제 월별 승객 수가 월별 승객 수 평균보다 큰 경우의 년도, 월, 승객수, 전체 평균을 열로 가지는 데이터 프레임을 생성하고 아래 상자와 같은 형식으로 R Console 창에 출력하여라.

```
1. 2018년 4월의 비행기 승객 수 210은 전체 평균 승객 수 153보다 크다.
2. 2018년 8월의 비행기 승객 수 167은 전체 평균 승객 수 153보다 크다.
                    ⋮
```

03 R의 패키지 datasets에 있는 데이터 eurodist는 유럽의 각 도시 간의 거리 자료이다. 두 도시 및 거리에 적절한 열 이름을 가지는 데이터 프레임을 생성한 후 각 관측치를 읽어 아래 상자와 같은 내용으로 R Console에 출력하여라. 이때 각 도시의 첫 글자, "&" 그리고 거리의 일의 자리 숫자는 행마다 같은 위치에 있도록 출력하여라.

```
1. Barcelona  &  Athens 사이의 거리: 3313
2. Brussels   &  Athens 사이의 거리: 2963
                   ⋮
```

04 다음 표는 연습문제 1에서 콘테스트에 참가한 5명의 기본 인적사항 데이터이다.

Name	Gender	Age	Nationality
Howard	Male	34	US
Amelia	Female	25	Australia
Grace	Female	37	Canada
Henry	Male	30	US
Lucas	Male	26	Germany

위 데이터에 대하여 Name 변수값들은 행 이름으로 하여 데이터 프레임을 만든 후 다음을 수행하여라.

(1) 텍스트 파일(확장자: txt)로 내보내기를 수행하여라. (행 이름, 열 이름 보존)

(2) 엑셀 파일(확장자: csv)로 내보내기를 수행하여라. (행 이름, 열 이름 보존)

(3) 엑셀 파일(확장자: xlsx)로 내보내기를 수행하여라. (행 이름, 열 이름 보존)

(4) SPSS 데이터 파일(확장자: sav)로 내보내기를 수행하여라. (행 이름, 열 이름 보존)

(5) SAS 데이터 파일(확장자: sas7bdat)로 내보내기를 수행하여라. (행 이름, 열 이름 보존)

05 국가통계포털(http://kosis.kr/index/index.do) 사이트에서 국내통계-주제별통계-인구・가구-인구총조사-인구부문-총조사인구 총괄(1925-2010)-총조사인구 총괄(시도/성/연령별)의 순서로 클릭한 후, 통계표 조회에서 항목은 인구, 남자, 여자, 성비 항목을 모두 체크하고, 행정구역별은 전국, 연령별은 계, 그리고 시점은 1925년부터 2010년까지를 선택하였을 때 데이터의 일부를 나타낸 표는 아래와 같다.

	A	B	C	D	E	F	G	H
1	행정구역별	연령별	1925	1925	1925	1925	1930	1930
2	행정구역별	연령별	인구 (명)	남자 (명)	여자 (명)	성비	인구 (명)	남자 (명)
3	전국	계	19020030	9726150	9293880	104.65	20438108	10398889

(1) 위 데이터를 확장자가 csv인 example6_5.csv 파일로 다운로드하여라.

(2) example6_5.csv 파일을 데이터 프레임 이름 census로 읽어 들여라. 이때 행을 연도로 나타내고 열을 변수명(인구, 남자, 여자, 성비)으로 나타내어라.

(3) 데이터 프레임 census를 다음의 외부 파일로 내보내기 하여라.

① 텍스트 파일(확장자: txt) ② 엑셀 파일(확장자: csv) ③ 엑셀 파일(확장자: xlsx)

④ SPSS 데이터 파일(확장자: sav) ⑤ SAS 데이터 파일(확장자: sas7bdat)

(4) (3)의 외부 파일들을 데이터 프레임 census1으로 읽어 들여라.

06 국가통계포털(http://kosis.kr/index/index.do) 사이트에서 e-지방지표-일자리상황-성별 연령별 고용율의 순서로 클릭한 후, 통계표 조회에서 항목은 고용율, 행정구역별은 전국, 특성별은 성별 및 연령, 그리고 시점은 2014년 1월부터 2017년 12까지를 선택하였을 때 데이터의 일부를 나타낸 표는 아래와 같다.

	A	B	C	D	E	F	G	H	I	J
1	행정구역별(1)	특성별(1)	특성별(2)	2014. 01	2014. 02	2014. 03	2014. 04	2014. 05	2014. 06	2014. 07
2	전국	성별	소계	58.8	58.9	59.7	60.9	61.1	61.2	61.4
3			남자	70.6	70.5	71.0	72.1	72.2	72.2	72.6
4			여자	47.6	47.8	48.9	50.0	50.4	50.6	50.6
5		연령별	소계	58.8	58.9	59.7	60.9	61.1	61.2	61.4
6			15 - 19세	8.8	8.7	7.0	6.9	7.3	7.4	8.9
7			20 - 29세	57.2	56.9	56.0	57.0	57.3	57.5	58.9

(1) 위 데이터를 확장자가 csv인 example6_6.xlsx 파일로 다운로드하여라.

(2) example6_6.xlsx 파일을 R 데이터 프레임 이름 employ로 읽어 들여라. 이때 행을 연도-월로 나타내고 열을 성별 소계, 남자, 여자, 연령별 소계, 각 연령별 구간으로 나타내어라.

(3) 데이터 프레임 employ를 다음의 외부 파일로 내보내기 하여라.

① 텍스트 파일(확장자: txt) ② 엑셀 파일(확장자: csv) ③ 엑셀 파일(확장자: xlsx)

④ SPSS 데이터 파일(확장자: sav) ⑤ SAS 데이터 파일(확장자: sas7bdat)

(4) (3)의 외부 파일들을 데이터 프레임 employ1으로 읽어 들여라.

07 기상자료개방포털(https://data.kma.go.kr/cmmn/main.do) 사이트에서 기상관측-지상-종관기상관측 의 순서로 클릭한 후, 자료 조회에서 자료 형태는 년 자료로, 지점은 전체 지역을 택하고, 기간은 2017년, 그리고 요소는 기온 전체를 선택하였을 때 데이터의 일부를 나타낸 표는 다음과 같다. 이 자료는 종관기상관측 자료이다.

	A	B	C	D	E	F	G	H	I
1	지점	일시	평균기온 (°C)	최저기온 (°C)	최저기온 나타난날 (yyyymmdd)	최고기온 (°C)	최고기온 나타난날 (yyyymmdd)	평균최저 기온	평균최고 기온
2	90	2017	13.1	-11.2	20170123	34.9	20170721	8.9	17.4
3	93	2017	11.3	-19	20171213	37.5	20170805	5.3	18.1
4	95	2017	10.5	-18.8	20171213	33.8	20170803	4.5	16.8
5	98	2017	11.8	-16.6	20171213	35.9	20170805	6.4	18.6

지점정보자료는 종관기상관측소의 위도, 경도에 대한 정보를 포함하고 있다. 지점정보자료를 얻기 위해서는 기상관측-지상-종관기상관측-지점정보조회의 순서로 클릭한 후, 자료 조회에서 분류는 종관기상관측을, 그리고 지점은 전체를 선택한다. 아래 표는 지점정보자료 일부를 나타낸다.

	A	B	C	D	F	G	H	I	J
1	지점	시작일	종료일	지점명	위도	경도	노장해발 고도(m)	기압계 (관측장비 지상높이 (m))	기온계 (관측장비 지상높이 (m))
2	90	1968.01.01		속초	38.2509	128.5647	18.06	19.6	1.7
3	93	2016.10.01		북춘천	37.9475	127.7547	95.61	97.01	1.5
4	95	1988.01.01		철원	38.1479	127.3042	155.48	156.98	1.8
5	98	1998.02.01		동두천	37.9019	127.0607	115.62	116.74	1.7

(1) 종관기상관측자료를 확장자가 csv인 example6_7_1.csv 파일로 다운로드하여 R 데이터 프레임 이름 weather로 읽어 들여라.

(2) 지점정보자료를 확장자가 csv인 example6_7_2.csv 파일로 다운로드하여 R 데이터 프레임 이름 location으로 읽어 들여라.

(3) 데이터 프레임 weather 및 location을 지점이라는 공통 변수를 기준으로 병합하여 데이터 프레임 weather1을 생성하여라.

(4) 데이터 프레임 weather1을 다음의 외부 파일로 내보내기 하여라.

① 텍스트 파일(확장자: txt) ② 엑셀 파일(확장자: csv) ③ 엑셀 파일(확장자: xlsx)

④ SPSS 데이터 파일(확장자: sav) ⑤ SAS 데이터 파일(확장자: sas7bdat)

(5) (4)의 외부 파일들을 데이터 프레임 weather2로 읽어 들여라.

7장

R 사용자 정의 함수

함수(function)는 특정한 목표를 갖는 작업을 수행하기 위해 하나 이상의 명령문들로 구성되어 정의된다. 3.5절에서 다루었던 R 내장함수(built-in function)는 R 패키지들에 이미 정의되어 있는 함수들이다. R의 다양한 패키지들은 수많은 내장함수를 제공한다. R 프로그래밍의 대부분은 패키지가 보유하고 있는 다양한 내장함수들을 사용하여 수행되지만, 만약 원하는 값을 제공해주는 내장함수가 없다면 프로그래머가 직접 사용자 정의 함수를 만들어 해결해야 한다. 제7장에서는 R 사용자 정의 함수를 만드는 방법을 소개하고 몇 가지 간단한 사용자 정의 함수의 예제를 살펴보기로 한다.

7.1 사용자 정의 함수의 형식

이미 3.5절에서 한 번 다루었지만 사용자 정의 함수의 기본 형식은 [표 7.1]과 같다. function은 함수를 선언하는 R 예약어이다. 여기서 '함수명'은 사용자가 함수에 주는 이름으로 이름을 부여하는 방법은 3.3절의 R 변수 이름을 주는 규칙을 따른다. 함수는 반드시 중괄호 { } 안에 일련의 명령문들을 넣어야 하지만 만약 단일 명령문으로 구성된 함수의 경우는 중괄호 { }는 선택적이다.

함수를 호출할 때는 인수의 값들을 사용하여 [표 7.2]와 같이 사용자 정의 함수를 호출하여 수행한다. 호출된 사용자 정의 함수는 return 함수에 있는 반환변수 혹은 식의 값을 결과로서 돌려준다.

[표 7.1] 사용자 정의 함수의 기본 형식

```
함수명 <- function(인수1, 인수2, ...)
{
   명령문 1
   명령문 2
   ...
   return(반환변수 혹은 식)
}
```

[표 7.2] 사용자 정의 함수를 호출하는 호출 함수의 형식

```
함수명(인수1 값, 인수2 값, ...)
```

[R-program 7.1]은 사용자 정의 함수에서 정의된 인수에 인수값을 줌으로써 사용자 정의 함수를 호출하여 결과를 얻는 프로그램 예이다. '인수=인수값'의 형식을 사용하는 경우에는 인수

의 순서대로 사용하지 않아도 '인수=인수값'에 명시된 대로 인수값을 호출하지만 '인수='을 사용하지 않는 경우에는 주어진 인수값의 순서대로 인수의 값으로 받아들임을 알 수 있다. 한편 사용자 정의 함수에서 어떤 인수도 사용하지 않은 경우엔 호출 함수에서도 어떤 인수도 사용하지 않는다.

[R-program 7.1] 사용자 정의 함수에서 정의된 인수의 호출 예

```
> #(1) 인수 a, b를 사용한 사용자 정의 함수 minus
>
> minus <- function(a,b) {
+     c <- a-b;
+     print(paste(a," minus ", b, "is", c))
+ }
> minus(7,5)
[1] "7  minus  5 is 2"
> minus(5,7)
[1] "5  minus  7 is -2"
> minus(a=7,b=5)
[1] "7  minus  5 is 2"
> minus(b=5,a=7)
[1] "7  minus  5 is 2"
> minus(a=7,5)
[1] "7  minus  5 is 2"
> minus(7,b=5)
[1] "7  minus  5 is 2"

>
> #(2) 어떤 인수도 사용하지 않은 사용자 정의 함수 hi
>
> hi <- function() {
+     print("Hello! My name is Hong, Gildong")
+ }
> hi()
[1] "Hello! My name is Hong, Gildong"
```

[R-program 7.2]는 사용자 정의 함수에서 기본값(default) 인수를 사용하는 프로그램 예이다. 호출 함수에서 기본값 인수값을 주지 않은 경우에는 사용자 정의 함수에서 정의한 기본값으로 인식하며, 호출 함수에서 기본값 인수값을 제공하는 경우에는 사용자 정의 함수에서 정의한 기본값을 무시하고 호출 함수에서 주어진 값으로 인수값을 대체한다.

[R-program 7.2] 사용자 정의 함수에서 기본값 인수의 사용 예

```
> #(1) 기본값(default) 인수 b=5를 사용한  사용자 정의 함수 minus
>
> minus <- function(a,b=5) {
+     c <- a-b;
+     print(paste(a," minus ", b, "is", c))
+ }
>
```

```
> #(2) 호출함수에서 기본값 인수값을 주지 않은 경우
> minus(7)
[1] "7  minus  5 is 2"
>
> #(3) 호출함수에서 기본값 인수값을 주는 경우
> minus(7,3)
[1] "7  minus  3 is 4"
```

사용자 정의 함수에서 결과는 보통 return 함수 내의 반환변수 혹은 식의 값을 결과로서 돌려준다. [R-program 7.1] 및 [R-program 7.2]에서는 return 함수를 사용하지 않은 경우이다. [R-program 7.3]은 사용자 정의 함수에서 함수 return을 사용하여 결과를 돌려주는 여러 가지 예를 보여주고 있다. 여러 개의 결과값을 돌려줄 때 함수 list를 함수 return과 함께 사용한다.

[R-program 7.3] 사용자 정의 함수에서 함수 return의 사용 예

```
> #(1) 결과값 c를 돌려주지 않는 사용자 정의 함수 minus1
>
> minus1 <- function(a,b) {
+     c <- a-b
+ }
> minus1(7,3)
>
> #(2) 함수 return의 사용없이 결과값 c를 돌려주는 사용자 정의 함수 minus2
>
> minus2 <- function(a,b) {
+     c <- a-b
+     c
+ }
> minus2(7,3)
[1] 4
>
> #(3) 함수 return의 사용으로 결과값 c를 돌려주는 사용자 정의 함수 minus3
>
> minus3 <- function(a,b) {
+     c <- a-b
+     return(c)
+ }
> minus3(7,3)
[1] 4
>
> #(4) 함수 return내에 식의 사용으로 결과값을 돌려주는 사용자 정의 함수 minus4
>
> minus4 <- function(a,b) {
+     return(a-b)
+ }
> minus4(7,3)
[1] 4
>
> #(5) 함수 list 및 return을 사용한 사용자 정의 함수 minus5
> # 여러 개의 결과값을 돌려줄 수 있는 방법
>
> minus5 <- function(a,b) {
+     s1 <- a+b
+     s2 <- a-b
+     s3 <- a*b
+     s4 <- a/b
```

```
+     all <- list(sum=s1, subtraction=s2, multiplication=s3,
+                 deviding=s4)
+     return(all)
+ }
> minus5(7,3)
$sum
[1] 10

$subtraction
[1] 4

$multiplication
[1] 21


$deviding
[1] 2.333333

>
> #(6) 사용자 정의 함수에서 함수 list에 의해 반환한 값을 호출할때
> # 연산자 $를 사용해야 함
>
> result <- minus5(7,3)
> class(result)
[1] "list"
>
> result$sum
[1] 10
> result$subtraction
[1] 4
> result$multiplication
[1] 21
> result$deviding
[1] 2.333333
```

7.2 변수 인정 영역

R 프로그램에서 변수를 사용한다는 것은 기억장소에 변수를 저장하거나 기억장소로부터 저장된 변수를 불러들인다는 것을 의미한다. 이때 변수 사용은 해당 변수가 인정되는 영역 내에서만 사용할 수 있다. 지역(local)변수는 변수가 정의된 함수 내에서만 인정되며 함수 밖을 벗어나면 사용할 수 없다. 그러나 전역(global)변수는 모든 함수 내 혹은 함수 밖 등 프로그램 전역에서 사용할 수 있다. 함수 내에서 정의된 지역변수를 전역변수로 사용하기 위해서는 할당연산자 <-, ->, 혹은 = 대신에 <<- 혹은 ->>를 사용해야 한다. [R-program 7.4]는 지역변수와 전역변수의 인정 영역의 다양한 예를 보여주는 프로그램이다. 함수를 벗어나면 함수 내에서 정의된 변수 혹은 함수들은 보이지 않음을 알 수 있다.

[R-program 7.4] 지역변수와 전역변수의 인정 영역의 예

```
> #(1) 바깥 쪽 사용자 정의 함수 outer_fn
>
> outer_fn <- function(){
+
+     outer_fruit <-"apple"
+
+     #(2) 바깥 쪽 함수 outer_fn 내에서 정의된 안쪽 함수 inner_fn
+
+     inner_fn <- function(){
+
+         # 전역(global) 변수를 지정하기 위해서 <<- 의 사용
+         global_fruit <<- "grape"
+         inner_fruit <-"starawberry"
+
+         # command 1
+         print(paste("The fruit in inner_fn is ", inner_fruit))
+     }
+     # command 2 : 즉, command  1의 수행
+     inner_fn()
+     # command 3
+     print(paste("The fruit in outer_fn is ", outer_fruit))
+     # command 4
+     print(paste("The inner_fruit in inner_fn is ", inner_fruit))
+ }

>
> #(3) 함수 outer_fn을 벗어난 영역에서 함수 inner_fn는 보이지 않음 => 오류
> inner_fn()
Error in inner_fn() : could not find function "inner_fn"
>
> #(4) 함수 outer_fn의 수행
> # command 2(=1), 3, 4의 수행
> # command 4의 수행 실패 이유는 함수 inner_fn 내의 변수 inner_fruit는
> # 함수 inner_fn을 벗어난 영역에서는 보이지 않음 => 오류
>
> outer_fn()
[1] "The fruit in inner_fn is  starawberry"
[1] "The fruit in outer_fn is  apple"

 Error in paste("The inner_fruit in inner_fn is ",         Show Traceback
 inner_fruit) :
   object 'inner_fruit' not found                          Rerun with Debug

>
> #(5) 함수 내의 변수는 함수를 벗어난 영역에서는 보이지 않음 => 오류
> print(inner_fruit)
Error in print(inner_fruit) : object 'inner_fruit' not found
> print(outer_fruit)
Error in print(outer_fruit) : object 'outer_fruit' not found
>
> #(6) 함수 내에서 정의된 전역함수 global_fruit의 호출
>
> global_fruit
[1] "grape"
```

```
>
> #(7) 함수 밖에서 정의된 inner_fruit의 호출
>
> inner_fruit <- "starawberry"
> print(inner_fruit)
[1] "starawberry"
```

7.3 R 사용자 정의 함수 예제

(예제 1) 우리나라에서 주로 사용되는 키 단위(cm)와 몸무게 단위(kg)를 영국이나 미국에서 주로 사용되는 단위인 inch와 pound(lb) 단위로 바꾸는 사용자 정의 함수를 작성하여라. 이때 1 inch는 2.54 cm이고, 1 파운드(lb)는 0.453592kg이다.

[R-program 7.5] 예제 1: 키(cm)와 몸무게(kg) 단위를 inch와 pound로 바꾸는 사용자 정의 함수

```
> #(1) 키(cm) 및 몸무게(kg) 단위를 inch 와 pound로 바꾸는
> # 사용자 정의 함수 inch_pound
>
> inch_pound <- function(cm, kg){
+
+     # 함수 round(x,n)은 x를 반올림해서 소수 이하 n자리까지 나타냄
+     inch <- round(cm/2.54,1)
+     pound <- round(kg/0.453592,1)
+     cat("당신의 키는 ",cm,"cm 이고, 몸무게는 ",kg,"kg 입니다. 또한  \n")
+     cat("당신의 키는 ",inch,"inch 이고, 몸무게는 ",pound,"lb 입니다.\n")
+
+ }
>
> inch_pound(175,68)
당신의 키는  175 cm 이고, 몸무게는  68 kg 입니다. 또한
당신의 키는  68.9 inch 이고, 몸무게는  149.9 lb 입니다.
>
> inch_pound(158,47)
당신의 키는  158 cm 이고, 몸무게는  47 kg 입니다. 또한
당신의 키는  62.2 inch 이고, 몸무게는  103.6 lb 입니다.
```

(예제 2) 신체질량지수(BMI: Body Mass Index)는 체중(kg)을 신장(m)의 제곱으로 나눈 수치이다. 세계보건기구는 BMI가 20 미만일 때를 저체중, 20 이상 23 미만을 정상체중, 23 이상 25 미만이면 과체중, 25 이상 30 미만이면 비만, 그리고 30 이상을 고도비만으로 판정한다. 키(단위: cm)와 몸무게(단위: kg)를 입력했을 때 BMI 지수를 계산하고 체중 상태를 알려주는 사용자 정의 함수를 작성하여라.

[R-program 7.6] 예제 2: BMI를 계산하여 체질량 상태를 알려주는 사용자 정의 함수

```
> #(1) BMI를 계산하여 체질량 상태를 알려주는 사용자 정의 함수 BMI
>
> BMI <- function(cm,kg){
+
+     cat("당신의 키는",cm,"cm 이고, 몸무게는 ",kg,"kg 입니다.\n")
+     bmi <- round(kg/(cm/100)^2,1)
+     result <- ifelse(bmi<20,"저체중",
+                      ifelse(bmi<23,"정상",
+                             ifelse(bmi<25,"과체중",
+                                    ifelse(bmi<30,"비만","고도비만"))))
+     cat("당신의 신체질량지수(BMI)는",bmi,"로 ",result,"입니다.\n")
+
+ }
>
> BMI(165,45)
당신의 키는 165 cm 이고, 몸무게는  45 kg 입니다.
당신의 신체질량지수(BMI)는 16.5 로  저체중 입니다.
>
> BMI(174,73)
당신의 키는 174 cm 이고, 몸무게는  73 kg 입니다.
당신의 신체질량지수(BMI)는 24.1 로  과체중 입니다.
```

(예제 3) 화씨(°F)와 섭씨(℃)는 모두 세계적으로 흔히 사용되는 온도 눈금 단위이다. 우리나라에서 주로 사용하는 온도 단위인 섭씨를 화씨로 변환 식은 °F = (9/5) · ℃ + 32 이다. 섭씨온도를 화씨온도로 바꾸는 사용자 정의 함수를 생성하는데 섭씨온도가 x부터 y까지 r만큼 증가하도록 하여 변환되는 화씨온도의 결과가 출력되도록 하여라. 단, 소수점 첫째 자리까지 반올림하여라.

[R-program 7.7] 예제 3: 섭씨온도를 화씨온도로 변환하는 사용자 정의 함수

```
> #(1) 섭씨온도를 화씨온도로 변환하는 사용자 정의 함수 CtoF
>
> CtoF <- function(x,y,r){
+
+     C_temperature <- seq(x,y,r)
+     F_temperature <- round((9/5)*C_temperature+32,1)
+     cbind(C_temperature,F_temperature)
+
+ }
>
> CtoF(20,25,1)
     C_temperature F_temperature
[1,]            20          68.0
[2,]            21          69.8
[3,]            22          71.6
[4,]            23          73.4
[5,]            24          75.2
[6,]            25          77.0
```

```
>
> CtoF(-1,0,0.5)
     C_temperature F_temperature
[1,]          -1.0          30.2
[2,]          -0.5          31.1
[3,]           0.0          32.0
```

(예제 4) 실수를 입력하였을 때 소수점 이하를 포함하지 않은 정수이면 정수만 출력하고 소수점 이하를 포함하는 경우 정수와 소수점 이하를 구분하여 문장 형식으로 결과를 출력하는 함수를 생성하여라.

[R-program 7.8] 예제 4: 실수를 정수 부분과 소수점 이하 부분을 구분하는 사용자 정의 함수

```
> #(1) 실수를 정수 부분과 소숫점 이하 부분을 구분하는 사용자 정의 함수 Number
>
> Number <- function(x){
+
+     integer <- trunc(x)
+     if (integer==x){
+         cat("입력한 숫자는",x,"이고 정수입니다.")
+     } else {
+         cat("입력한 숫자는",x,"이고 정수 값은 ",integer,
+             ", 소수점 이하 값은 ",x-integer,"입니다.")
+     }
+
+ }
>
> Number(3.1415)
입력한 숫자는 3.1415 이고 정수 값은  3 , 소수점 이하 값은  0.1415 입니다.
>
> Number(5)
입력한 숫자는 5 이고 정수입니다.
```

(예제 5) 고객이 은행에 예금을 들었을 때 은행에서 고객에게 제공하는 이자는 단리와 복리로 분류된다. 단리란 맡긴 원금에 대해서만 이자가 붙기 때문에 단리 이자의 경우는 항상 일정한 이자가 붙는다. 이에 반해서 복리이자는 원금뿐만 아니라 매월 발생하는 이자에도 이자가 붙는다. 예금 원금, 연이율, 예치 기간(개월), 단리 또는 복리(1: 단리, 2: 복리)에 대한 값을 입력하였을 때, 각 이자 계산방식에 따른 만기 금액(세전)을 구하는 사용자 정의 함수를 생성하여라. 이때 단리(1) 혹은 복리(2) 방법이 아닌 이자 계산방식의 경우는 오류 메시지를 생성한다.

[R-program 7.9] 예제 5: 단리 혹은 복리에 따라 세전 만기 금액을 계산하는 사용자 정의 함수

```
> #(1) 단리 혹은 복리에 따라 세전 만기 금액을 계산하는 사용자 정의 함수
> # total_amount
>
```

```
> total_amount <- function(deposit, interest, month, method){
+
+     # deposit(예금원금), interest(연이율), month(개월 수),
+     # method(이자 계산 방식 1: 단리, 2: 복리)
+
+     method1 <- switch(method,"단리","복리","단리도 복리도 아님")
+     deposit1 <- noquote(format(deposit,digits=0,scientific=FALSE,
+                                big.mark=","))
+
+     # '\n'은 줄 바꿈 기호
+
+     cat(" (1) 예금원금 :",deposit1,"원","\n",
+         "(2) 연이율 :",interest,"\n",
+         "(3) 개월 수 :",month,"\n",
+         "(4) 이자 계산 방식 :",method1,"\n")
+     cat("--------------------------------------\n")

+
+     if (method == 1){
+
+         total1 <- deposit*(1+interest/12*month)
+         total <- noquote(format(total1,digits=0,scientific=FALSE,
+                                 big.mark=","))
+         cat("=> 세전 만기 금액은",total,"원 입니다.\n")
+
+     } else if (method ==2){
+
+         total1 <- deposit*(1+interest/12)^month
+         total <-  noquote(format(total1,digits=0,scientific=FALSE,
+                                  big.mark=","))
+         cat("=> 세전 만기 금액은",total,"원 입니다.\n")
+
+     } else {
+         cat("** ERROR: method의 인수에는 1(단리) 또는 2(복리) 값만 입력 가
능합니다.**\n")
+     }
+
+ }

>
> #(2) 사용자 정의 함수 total_amount의 호출
>
> total_amount(25000000,0.021,24,1)
 (1) 예금원금 : 25,000,000 원
 (2) 연이율 : 0.021
 (3) 개월 수 : 24
 (4) 이자 계산 방식 : 단리
--------------------------------------
=> 세전 만기 금액은 26,050,000 원 입니다.

>
> total_amount(15800000,0.012,36,3)
 (1) 예금원금 : 15,800,000 원
 (2) 연이율 : 0.012
 (3) 개월 수 : 36
 (4) 이자 계산 방식 : 단리도 복리도 아님
--------------------------------------
** ERROR: method의 인수에는 1(단리) 또는 2(복리) 값만 입력 가능합니다.**
>
> total_amount(18000000,0.013,36,2)
 (1) 예금원금 : 18,000,000 원
 (2) 연이율 : 0.013
```

```
  (3) 개월 수 : 36
  (4) 이자 계산 방식 : 복리
------------------------------------
=> 세전 만기 금액은 18,715,474 원 입니다.
```

(예제 6) 사용자가 6가지의 숫자를 입력하여 로또 시뮬레이션을 통해 맞힌 번호의 개수와 당첨되었을 때 등수 결과를 보여주는 사용자 정의 함수를 생성하여라. 단, 로또 시뮬레이션 번호는 함수 sample를 사용하여 생성하고 사용자의 번호와의 비교는 함수 match를 사용하여라.

[R-program 7.10] 예제 6: 로또 시뮬레이션 사용자 정의 함수

```
> #(1) 로또 시뮬레이션 사용자 정의 함수 lotto
>
> lotto <- function(user_vector){
+
+     # 함수 sample을 사용하여 1부터 45까지의 수 중에서 7개의 수를
+     # 랜덤하게 비복원추출
+
+     lottoresult <- sample(1:45,7,replace=F)
+     lottoc <- lottoresult[-7]
+     lottob <- lottoresult[7]
+     cat("사용자 입력 번호 : ",paste(user_vector,collapse=" "),"\n")
+     cat("로또 추첨 번호 : ",paste(lottoc,collapse=" "),
+         " (보너스 번호 : ",lottob,")","\n")
+
+     # 함수 match를 사용하여 lottoresult의 각 원소가 user_vector의
+     # 원소와 일치하는 user_vector의 위치를 반환
+
+     if (sum(!is.na(match(lottoresult,user_vector))) < 3){
+         cat(sum(!is.na(match(lottoresult,user_vector))),
+             "개 숫자 일치 : 미래엔 행운의 주인이시길 기원합니다.\n")
+     } else if (sum(!is.na(match(lottoresult,user_vector))) == 3){
+         cat("3개 숫자 일치 : 5등")
+     } else if (sum(!is.na(match(lottoresult,user_vector))) == 4){
+         cat("4개 숫자 일치 : 4등")
+     } else if (sum(!is.na(match(lottoresult,user_vector))) == 5){
+         cat("5개 숫자 일치 : 3등")
+     } else if (sum(!is.na(match(lottoresult,user_vector))) == 6){
+         ifelse(is.na(match(lottoresult,user_vector)[7]),
+                cat("6개 숫자 일치 : 1등"),
+                cat("5개 숫자, 보너스 숫자 일치 : 2등"))
+     }
+
+ }
>
> lotto(c(3,7,11,20,27,33))
사용자 입력 번호 :  3 7 11 20 27 33
로또 추첨 번호 :  22 15 11 37 13 43  (보너스 번호 :  41 )
1 개 숫자 일치 : 미래엔 행운의 주인이시길 기원합니다.
```

(예제 7) 대학생들의 학점 데이터를 입력하였을 때 학점에 대한 평균 평점을 계산하는 사용자 정의 함수를 생성하여라. 단, 학점 데이터는 데이터 프레임 형태로 1열에 배정 학점(열 이름: score, 숫자), 2열에 교과목 학점(열 이름: grade, 문자)을 입력하여야 한다. 이때 각 학점에 대응되는 평점은 다음과 같다. A+: 4.5, A0: 4.0, B+: 3.5, B0: 3.0, C+: 2.5, C0: 2.0, D+: 1.5, D0: 1.0, F: 0.

[R-program 7.11] 예제 7: 학점에 대한 평균 평점을 계산하는 사용자 정의 함수

```
> #(1) 학점에 대한 평균 평점을 계산하는 사용자 정의 함수 GPA
>
> # 함수 gsub는 data$grade에서 "A+"는 "4.5"로 대체함을 의미
>
> # 함수 gsub의 첫 번째 원소의 문자열의 부호 +는 + 직전 문자열까지만
> # 대체하도록 하는 특수한 의미를 갖는 부호이므로 fixed=TRUE 옵션을
> # 사용하므로서 +를 포함한 exact matching을 수행하도록 함
>
> # 학점에 대응되는 평점은 A+ : 4.5, A0 : 4.0, B+ : 3.5, B0 : 3.0,
> # C+ : 2.5, C0 : 2.0, D+ : 1.5, D0 : 1.0, F : 0
>
> GPA <- function(data){
+
+     data$grade <- gsub("A+",4.5,data$grade,fixed=T)
+     data$grade <- gsub("A0",4.0,data$grade)
+     data$grade <- gsub("B+",3.5,data$grade,fixed=T)
+     data$grade <- gsub("B0",3.0,data$grade)
+     data$grade <- gsub("C+",2.5,data$grade,fixed=T)
+     data$grade <- gsub("C0",2.0,data$grade)
+     data$grade <- gsub("D+",1.5,data$grade,fixed=T)
+     data$grade <- gsub("D0",1.0,data$grade)
+     data$grade <- gsub("F",0,data$grade)
+     data$grade <- as.numeric(data$grade)
+
+     average <- sum(data$score * data$grade)/sum(data$score)
+     cat("당신의 평균 평점은",average,"입니다.\n")
+ }
>
> # 입력 데이터: data frame의 형태로 1열에 학점수(score, 숫자)
> # 2열에 교과목 학점(grade, 문자) 입력
>
> data <- data.frame(score=c(3,3,3,2,3,3),
+                       grade=c("A0","A+","B0","B+","B0","C+")); data
  score grade
1     3    A0
2     3    A+
3     3    B0
4     2    B+
5     3    B0
6     3    C+
>
> GPA(data)
당신의 평균 평점은 3.411765 입니다.
```

연습문제

01 주민번호의 첫 6자리 중 첫 두 숫자는 생년의 4자리 연도 숫자 중에서 마지막 두 자리의 숫자이고, 다음 두 숫자는 생월의 숫자, 그리고 마지막 두 숫자는 생일의 숫자가 차지한다. 주민번호의 뒷 번호 7자리 중 첫 숫자는 2000년 이후 여자는 4, 남자는 3, 그리고 2000년 이전 여자는 2, 남자는 1이다. 남자 1명과 여자 2명의 주민등록번호 앞 7자리 수를 입력하면 아래 상자와 같이 R Console 창에 출력되는 사용자 정의 함수를 작성하여라.

```
귀하는 2018년 6월 21일에 태어난 여자입니다.
```

02 현재 R 시스템의 시간으로부터 아래 상자와 같은 형식으로 R Console 창에 출력되는 사용자 정의 함수를 작성하여 시간 간격을 두고 3회 출력하여라.

```
현재 시각은 2018년 6월 15일 오후 9시 21분 56초입니다.
```

03 2부터 시작하여 자연수 n 까지 수 중에서 짝수들 합, 즉 $2+4+6+\cdots+n$ 이 100 이상이 되는 최솟값 n을 구하는 사용자 정의 함수를 작성하여라.

04 정육면체 주사위를 2개 던졌을 때 나오는 눈의 합이 9가 되는 경우를 R Console 창에 출력하는 사용자 정의 함수를 출력하여라.

05 정사면체 주사위를 3개 던졌을 때 나오는 눈의 곱이 10 이상 30 미만이 되는 경우를 R Console 창에 출력하는 사용자 정의 함수를 출력하여라.

06 양의 정수 k를 입력하면 $k!$를 계산하여 그 결과를 아래 상자와 같은 형식으로 R Console 창에 출력하는 사용자 정의 함수를 작성한 후 5개의 양의 정수를 입력하여 사용자 정의 함수를 수행하여라.

> 3!은 6이다.

07 사람이 태어난 해의 지지(地支)를 동물 이름으로 상징하여 매치시킨 것이 태어난 해의 띠이다. 띠에는 쥐띠・소띠・범띠・토끼띠・용띠・뱀띠・말띠・양띠・잔나비띠・닭띠・개띠・돼지띠와 같이 모두 12가지 띠가 있다. 가족의 태어난 해를 입력하여 아래 상자와 같이 R Console 창에 출력하는 사용자 정의 함수를 작성하여라.

> 태어난 해를 입력하시오: 2018 년 ====> 귀하는 개띠입니다.

08 n개의 데이터 $x_1, x_2, x_3, \ldots, x_n$가 있을 때 표준편차 s를 계산하는 공식은 다음과 같다.

$$s = \sqrt{\frac{1}{n-1}\sum_{i=1}^{n}(x_i - \overline{x})^2}$$

아래에 주어진 데이터 세트에 대하여 표준편차 s를 계산하는 사용자 정의 함수에 의해서 계산한 결과와 3.5절 [표 3.7]의 R 내장함수 sd를 사용한 결과를 R Console 창에 함께 출력하여 비교하여라. 이때 비교 결과 수치를 이해하기 쉽게 출력하여라.

(참고) 함수 rnorm은 정규분포를 따르는 데이터를 생성해주는 함수이다. 예를 들면, 함수

```
rnorm(100, mean=0, sd=1)
```

는 평균이 0이고 표준편차가 1인 데이터 100개를 벡터로 반환한다.

(1) 1부터 100까지 숫자들로 구성된 데이터 세트

(2) 함수 rnorm으로 생성한 평균이 70이고 표준편차가 5인 30개의 데이터 세트

(3) 함수 rnorm으로 생성한 평균이 70이고 표준편차가 5인 100개의 데이터 세트

(4) 함수 rnorm으로 생성한 평균이 70이고 표준편차가 5인 1000개의 데이터 세트

09 아래에 주어진 데이터 세트에 대하여 최솟값을 구하는 사용자 정의 함수에 의해 계산한 결과와 3.5절 [표 3.7]의 R 내장함수 min을 사용하여 계산한 결과를 R Console 창에 함께 출력하여 비교하여라. 이때 비교 결과 수치를 이해하기 쉽게 출력하여라.

(1) 함수 rnorm(10, mean=0, sd=1)에 의해 생성한 데이터 세트
(2) 함수 rnorm(30, mean=100, sd=10)에 의해 생성한 데이터 세트

10 아래에 주어진 데이터 세트에 대하여 최댓값을 구하는 사용자 정의 함수에 의해 계산한 결과와 3.5절 [표 3.7]의 R 내장함수 max를 사용하여 계산한 결과를 R Console 창에 함께 출력하여 비교하여라. 이때 비교 결과 수치를 이해하기 쉽게 출력하여라.

(1) 함수 rnorm(10, mean=0, sd=1)에 의해 생성한 데이터 세트
(2) 함수 rnorm(30, mean=100, sd=10)에 의해 생성한 데이터 세트

11 n개의 데이터 $x_1, x_2, x_3, \ldots, x_n$를 최솟값에서 최댓값까지 오름차순 나열하여 n이 홀수일 때는 $n/2$번째 데이터가 중위수(median)이고, n이 짝수일 때는 $n/2$번째 데이터와 $(n+1)/2$번째 데이터를 평균한 수가 중위수이다. 아래에 주어진 데이터 세트에 대하여 중위수를 계산하는 사용자 정의 함수에 의해서 계산한 결과와 3.5절 [표 3.7]의 R 내장함수 median을 사용하여 계산한 결과를 R Console 창에 함께 출력하여 비교하여라. 이때 비교 결과 수치를 이해하기 쉽게 출력하여라.

(1) 1부터 50까지 숫자들로 구성된 데이터 세트
(2) 1부터 101까지 숫자들로 구성된 데이터 세트
(3) 함수 rnorm(10, mean=100, sd=10)에 의해 생성한 데이터 세트
(4) 함수 rnorm(11, mean=100, sd=10)에 의해 생성한 데이터 세트

12 2개의 숫자를 입력하면 2개의 입력 숫자, 각 숫자의 약수, 공약수, 최대 공약수를 아래 상자와 같이 R Console 창에 출력하는 사용자 정의 함수를 작성한 후, 2개의 숫자를 3회 입력하여 사용자 정의 함수를 수행하여라.

```
-----------------------------------------------
두 개의 자연수를 입력하시오. 12, 18
-----------------------------------------------
(1) 12의 약수: 1, 2, 3, 4, 6, 12
(2) 18의 약수: 1, 2, 3, 6, 12
(3) 공약수: 1, 2, 3, 6
(4) 최대 공약수: 6
-----------------------------------------------
```

13 5명 학생의 학번, 국어, 영어, 수학 점수가 입력될 때마다 3과목 점수의 평균이 60점 이상이면 합격, 그렇지 않으면 불합격임을 판별하여 (1), (2), (3)을 함께 처리하는 사용자 정의 함수를 작성하여라. 이때 평균 점수는 소수 이하 자리는 버린다.

(1) R Console 창에 아래 상자와 같은 형식으로 출력한다.

(2) 학번, 국어 점수, 영어 점수, 수학 점수, 평균 점수, 그리고 합격 여부에 대해 적절한 열 이름을 가지며, 각 열 이름에 대한 관측치가 누적되는 5행, 6열의 텍스트 파일 pass.txt를 만든다.

(3) 최종 5개의 관측치가 저장된 텍스트 파일 pass.txt를 R 시스템에서 읽어 들인 데이터 프레임을 R Console 창에 출력한다.

```
------------------------------------------------------------------------------------
학 번: 2018-0301
------------------------------------------------------------------------------------
 국어    영어    수학    평균
  82      75      69      75
====================================================================================
=> 당신의 평균 성적 75점은 60점(기준 점수) 이상이므로 합격입니다.
```

14 원의 반지름이 3회 입력될 때마다 원의 면적, 둘레, 부피를 계산하여 (1), (2), (3)을 함께 처리하는 사용자 정의 함수를 작성하여라.

(1) R Console 창에 아래 상자와 같은 형식으로 출력한다.

(2) 반지름, 면적, 둘레, 부피에 적절한 열 이름을 가지며, 각 열 이름에 대한 관측치가 누적되는 3행, 4열의 엑셀 파일 circle.csv를 만든다.

(3) 최종 3개의 관측치가 저장된 엑셀 파일 circle.csv를 R 시스템에서 읽어 들인 데이터 프레임을 R Console 창에 출력한다.

```
**************************
      반지름: 5 cm
**************************
－면적: 28.2743 cm^2
－둘레: 18.8495 cm
－부피: 37.6991 cm^3
--------------------------------------
```

15 5명 학생에 대한 입력 데이터는 이름, 학번, 통계학 점수, SPSS 실습 점수, SAS 실습 점수로 구성된 데이터 프레임이다. 5명 학생의 3과목 성적의 반올림한 평균 및 표준편차가 일괄적으로 아래와 같이 R Console 창 및 statistics.txt에 출력되도록 하는 사용자 정의 함수를 정의 하여라.

```
이름: 김수현
학번: 20170301
---------------------------------------------
(1) 통계학 점수: 88 점
(2) SPSS 실습 점수: 76 점
(3) SAS 실습 점수: 83 점
=============================
평    균: 82점
표준편차: 6점
```

16 3명 대학생의 이름, 학번, 학년, 성별, 출신 고등학교, 평균 평점과 같은 개인 정보 사항에 대한 질문을 입력할 때마다 다음 (1), (2), (3)을 일괄 수행하는 사용자 정의 함수를 작성하여라. 이때 입력 당시의 시간 정보도 함께 출력되도록 한다.

(1) 아래 표와 같이 R Console 창에 출력된다.

(2) 각 학생이 입력한 정보들은 student.csv 파일에 누적된다. 단, 6개 질문 및 입력 시 시간 정보에 대해 적절한 열 이름을 주어 7열의 데이터 세트가 되도록 한다.

(3) 3번째 학생이 마지막으로 정보를 입력한 후 최종 만들어진 student.csv 파일을 R에서 읽어 들인 데이터 프레임을 R Console 창에 출력한다.

① 학생의 이름은? 이수지 ② 학생의 학번은? 20150301 ③ 학생의 학년은? 3학년 ④ 학생의 성별은? 여 ⑤ 학생의 출신 고등학교는? 한국고등학교 ⑥ 학생의 평균 평점은? 4.1 위 정보에 대한 입력 시간: 2018-06-15 오후 5시 22분 21초

17 두 개의 확률변수 X와 Y에 대하여 다음과 같이 n개의 관측 데이터 쌍이 있다.

$$(x,\ y) = (x_1,\ y_1),\ (x_2,\ y_2),\ \dots\ ,\ (x_n,\ y_n)$$

이때 x와 y와 간에 선형적 함수관계가 있고 랜덤오차항 $\{\varepsilon_1, \varepsilon_2, \dots, \varepsilon_n\}$ 의 평균이 0이고 표준편차가 σ인 정규분포, 즉 $N(0, \sigma^2)$를 따른다고 가정할 때

$$y_i = \beta_0 + \beta_1 x_i + \varepsilon_i, \qquad i = 1,2,\dots,n$$

와 같은 회귀모형을 고려할 수 있다. 이때 최소제곱추정법에 의한 회귀계수 β_0, β_1의 추정값을 각각 b_0와 b_1이라 하면 b_0와 b_1의 값은 다음과 같다.

$$\begin{cases} b_0 = \bar{y} - b_1 \bar{x} \\ b_1 = \dfrac{\sum_{i=1}^{n} (x_i - \bar{x})(y_i - \bar{y})}{\sum_{i=1}^{n} (x_i - \bar{x})^2} \end{cases}$$

따라서 회귀추정식은 $\hat{y} = b_0 + b_1 x$ 와 같다.

(1) 회귀추정식을 구하는 사용자 정의 함수를 작성하여라.

(2) 랜덤오차항의 분포가 $N(0, \sigma^2 = 5^2)$ 이고 $\beta_0 = 70$, $\beta_1 = 1.3$, $n = 30$ 인 데이터 $(x, y) = (x_1, y_1), (x_2, y_2), \ldots, (x_n, y_n)$ 를 생성하여라.

(3) (2)에서 생성된 데이터 쌍에 대하여 (1)에서 작성한 사용자 정의 함수에 의해서 회귀추정식을 구하여라.

(4) R의 회귀추정식을 구하는 내장함수를 수행한 결과와 비교하여라.

8장

R 기초 그래픽스

일반적으로 복잡한 데이터를 숫자로만 들여다보는 것보다는 시각적으로 잘 표현된 그래프와 함께 보면 보다 쉽게 데이터의 특성을 파악할 수 있다. R은 데이터 객체에 따라 다양한 그래프들을 그릴 수 있는 매우 유용한 그래픽스 전용 패키지들을 가지고 있다. 제8장에서는 R 프로그램에서 기본적으로 사용할 수 있는 그래픽 함수들을 이용하여 그래프를 그리는 방법에 대해서 설명한다.

데이터의 시각적 표현인 그래픽스(graphics)에 활용되는 데이터는 크게 범주형과 수치형 데이터로 구분된다. 범주형 데이터는 속성 또는 범주로 구분 가능한 데이터이다. 예를 들어 남자 혹은 여자로 구별되는 성별 데이터, 중졸, 고졸, 대졸 등으로 구분되는 학력 데이터, 혹은 A, B, C, D, F와 같이 구분되는 학점 데이터 등은 범주형 데이터이다. 수치형 데이터는 데이터 숫자의 크기가 의미가 있는 데이터이다. 수치형 데이터의 예로는 몸무게, 키, 점수 등이 있다. 이 책에서는 수치형 데이터를 연속형 데이터와 같은 의미로 사용하였다.

제8장의 R 기초 그래픽스에서는 범주형 혹은 수치형 데이터에 맞는 적절한 기초 그래픽 함수를 소개한다. 세부적으로 8.1절에서는 수치형 데이터를, 그리고 8.2절에서는 범주형 데이터를 그래프로 그릴 수 있는 기본형 그래픽 함수들을 소개한다. 추가적인 옵션에 대해서는 8.3절 및 8.4절에서 다루기로 한다. 마지막으로 8.5절에서는 그래프에 수식 표현식을 넣는 함수의 사용법을 다룬다.

제8장에서는 주로 패키지 datasets에 있는 자료에 대해 여러 그래픽 함수를 적용하였다. 따라서 R 프로그램 실습을 위해서는 패키지 datasets을 설치하고 불러들여 패키지 사용을 선언해야 한다(2.3절 참조). RStudio의 Console 창에서 library(help="datasets")를 입력하면 패키지 datasets이 가지고 있는 여러 데이터들에 대한 간단한 설명이 Source창에 나타난다. 만약 패키지 datasets의 데이터 airquality의 구체적인 설명을 알고 싶으면 Rstudio의 Console 창에서 ?airquality를 입력하면 데이터 airquality에 대한 상세한 설명이 Help 창에 나타난다.

8.1 연속형 그래프

다음 [표 8.1]은 수치형(연속형) 데이터를 그래프로 그릴 수 있는 연속형 그래픽 함수이다.

[표 8.1] 연속형 그래픽 함수

함수	패키지	함수가 그리는 그래프
plot	graphics	산점도 혹은 선 그래프
pairs	graphics	행렬 산점도
sunflowerplot	graphics	중복되는 개수를 꽃잎의 개수로 나타낸 해바라기 그래프

coplot	graphics	조건별 산점도
scatterplot3d	scatterplot3d	3차원 산점도
persp	graphics	3차원 투시도
stripchart	graphics	줄 그래프
boxplot	graphics	상자 그래프
hist	graphics	히스토그램
matplot	graphics	다중 산점도 혹은 다중 선 그래프
symbols	graphics	제3변수를 버블로 표현한 버블 그래프
contour	graphics	제3변수를 등고선으로 표현한 등고선 그래프
image	graphics	제3변수를 색깔로 표현한 이미지 그래프
stars	graphics	다변량 관측치를 별모양으로 표현한 별 그래프.
stars	graphics	다변량 관측치를 원판 조각으로 표현한 나이팅게일 그래프
faces	aplpack	다변량 관측치를 얼굴로 표현한 체르노프 얼굴 그래프
radarchart	fmsb	다변량 관측치를 레이더 모양으로 표현한 레이더 그래프
parcoord	MASS	다변량 관측치를 평행 좌표선으로 표현한 평행 축 그래프

8.1.1 점 · 선 그래프: plot {graphics}

2차원 xy-평면상에서 변수 x와 y를 관측값 (x, y), 즉 2차원 데이터를 점으로 표현한 그래프를 보통 산점도(scatter plot)라 부르는, 점 그래프라 하고 데이터 점을 이어서 선으로 표현한 그래프를 선 그래프라 한다. 점 · 선 그래프를 그릴 수 있는 함수 plot은 R에서 가장 기본이 되는 그래픽 함수로써 패키지 graphics의 함수이다.

점 혹은 선 그래프는 기본적으로 관측값 (x, y)를 2차원 상의 x-축, y-축에 표현하여 만들어지므로 plot 함수에 두 개의 데이터 객체의 이름을 입력하지만, 함수 내에 하나의 데이터 객체 이름만 입력한 경우는 x-축에 관측치 번호가, y-축에 입력한 데이터 객체의 값이 표현된다. 함수 plot에서는 데이터 점을 이어서 수직선 혹은 계단 그래프로도 나타낼 수 있다.

함수 plot의 기본 형식은 [표 8.2]를 참고하고 사용 예는 [R-program 8.1]을 참조한다.

함수 plot 내에서 사용 가능한 옵션은 매우 다양하다. 주요 옵션들 위주로 [표 8.3]부터 [표 8.7]까지 제시하였는데 이들 옵션은 8.1절 및 8.2절에서 소개하는 패키지 graphics의 대부분의 그래픽 함수들에서 사용 가능한 옵션들로서 선택적이다.

[표 8.2] 점 · 선 그래프 함수 plot의 형식

형식	plot(x, y, type="plot-type", ...)
옵션	• x: x-축에 나타낼 데이터 객체로서 벡터 • y: y-축에 나타낼 데이터 객체로서 벡터 • plot-type: [표 8.4]의 옵션으로 선택적이며 기본형은 type="p"인 산점도 • ...: [표 8.3], [표 8.5], [표 8.6], [표 8.7], 혹은 그 밖의 옵션들로 선택적
설명	• x 및 y가 모두 지정되었을 때는 점 (x, y)를 2차원 상의 x-축, y-축에 표현하는 그래프를 그린다. 옵션 type의 선택 값에 따라 점, 선, 점선, 수직선, 혹은 계단 그래프를 그릴 수 있다. • x 혹은 y 중 1개만 지정되었을 때는 x-축에는 관측치 번호, y-축에는 데이터 객체를 나타내는 그래프를 그린다.

[표 8.3] 점 · 선 그래프 함수 plot의 주요 옵션

옵션	설명
type	그래프의 타입을 지정([표 8.4] 참조)
main	그래프의 주 제목을 지정
sub	그래프의 부제목을 지정
xlab	x-축의 이름을 지정
ylab	y-축의 이름을 지정
xlim	x-축의 범위를 지정
ylim	y-축의 범위를 지정
axes	FALSE이면 x-축, y-축이 없음
xaxt	"n"이면 x-축의 눈금을 나타내지 않는다.
yaxt	"n"이면 y-축의 눈금을 나타내지 않는다.
las	축 이름의 방향을 지정, 0은 축에 평행(기본값), 1은 (수평), 2는 축에 수직, 3은 수직.
pch	그래프 점의 모양을 지정 ([표 8.6] 참조)
lty	그래프 선의 모양을 지정 ([표 8.7] 참조)
lwd	그래프 선의 굵기를 지정(기본값은 1)
col	그래프 점, 선의 색깔을 지정 ([표 8.5] 참조)
col.axis	축 눈금 이름 글씨의 색깔을 지정
col.lab	축 이름 글씨의 색깔을 지정
col.main	주 제목 글씨의 색깔을 지정
col.sub	부제목 글씨의 색깔을 지정

cex	그래프 점의 크기를 기본값에 대한 상대적인 수치로 지정
cex.axis	축 눈금 이름 글씨의 크기를 기본값에 대한 상대적인 수치로 지정
cex.lab	축 이름 글씨 크기를 기본값에 대한 상대적인 수치로 지정
cex.main	주제목 글씨 크기를 기본값에 대한 상대적인 수치로 지정
cex.sub	부제목 글씨 크기를 기본값에 대한 상대적인 수치로 지정
font	그래프 점이 글씨일 때 글씨체를 지정, 1은 일반 텍스트(기본값), 2는 굵은 체, 3은 기울임 체, 4는 굵은 기울임 체, 5는 Adobe 기호 인코딩에서 부호 글꼴
font.axis	축 눈금 이름 글씨체를 지정
font.lab	축 이름 글씨체를 지정
font.main	주제목 글씨체를 지정
font.sub	부제목 글씨체를 지정
mfrow	행을 기준으로 한 그래프의 영역 분할
mfcol	열을 기준으로 한 그래프의 영역 분할
mar	그래프 내부 마진의 크기를 지정한 라인(line) 수
mai	그래프 내부 마진의 크기를 지정한 inch 값
oma	그래프 외부 마진의 크기를 지정한 라인(line) 수
omi	그래프 외부 마진의 크기를 지정한 inch 값

함수 plot의 옵션 type은 점 · 선 그래프의 모양을 결정해주는 옵션으로 [표 8.4]와 같다.

[표 8.4] 옵션 type의 선택 옵션

형식	설명
type="p"	점 모양의 그래프(기본값)
type="l"	선 모양의 그래프
type="b"	점과 선 모양을 동시에 나타낸 그래프(점과 선이 겹치지 않음)
type="c"	점과 선 모양을 동시에 나타낸 그래프에서 점 모양의 그래프 부분을 제거
type="o"	점과 선 모양을 동시에 나타낸 그래프(점과 선이 겹침)
type="h"	x-축 상의 x값에서 데이터 점까지 연결한 수직선 그래프
type="s"	점의 연결 순서가 수평, 수직인 계단 모양의 그래프
type="S"	점의 연결 순서가 수직, 수평인 계단 모양의 그래프
type="n"	x-축과 y-축 내에 그래프를 나타내지 않음(빈 그래프)

함수 plot의 옵션 col은 그래프에서 점, 선의 색깔뿐만 아니라 여러 용도로 사용되는 글씨의 색깔을 결정해주는 옵션으로서 색깔 번호 혹은 큰 따옴표(" ") 내에 색깔 이름을 입력하여 사용한다. [표 8.5]에는 주요한 몇 가지 색깔이 제시되었다. 그러나 이러한 색깔 이외에도 R Console 창에서 colors()를 입력하여 나타나는 657가지의 색깔 이름 중에서 선택하여 사용할 수 있다. 또한, R Console 창에서 demo("colors")를 입력하면 각 색깔의 실제 이미지를 확인할 수도 있다.

[표 8.5] 옵션 col의 선택 옵션

형식	설명
col=0 또는 col="white"	흰색
col=1 또는 col="black"	검은색(기본값)
col=2 또는 col="red"	빨간색
col=3 또는 col="green"	초록색
col=4 또는 col="blue"	파란색
col=5 또는 col="turquoise"	청록색
col=6 또는 col="magenta"	자홍색
col=7 또는 col="yellow"	노란색
col=8 또는 col="gray"	회색

함수 plot의 옵션 pch는 그래프에서 점의 모양을 결정해주는 옵션으로 [표 8.6]과 같다.

[표 8.6] 옵션 pch의 선택 옵션

형식	pch=pch.no, pch="text", 혹은 pch="symbol"
옵션	• pch.no: 아래 모양에 대응되는 번호(기본값은 1) □ 0 ○ 1 △ 2 + 3 × 4 ◇ 5 ▽ 6 ⊠ 7 ✳ 8 ⊕ 9 ⊕ 10 ✡ 11 ⊞ 12 ⊗ 13 ⊠ 14 ■ 15 ● 16 ▲ 17 ◆ 18 ● 19 • 20 ○ 21 □ 22 ◇ 23 △ 24 ▽ 25 • text 혹은 symbol: text의 예로는 pch="R", symbol의 예로는 pch="@"와 같이 사용할 수 있다.

함수 plot의 옵션 lty는 선의 모양을 결정해주는 옵션으로 [표 8.7]과 같다.

[표 8.7] 옵션 lty의 선택 옵션

형식	설명
lty=0 또는 lty="blank"	투명한 선 모양으로 지정
lty=1 또는 lty="solid"	실선 모양으로 지정
lty=2 또는 lty="dashed"	대쉬선 모양으로 지정
lty=3 또는 lty="dotted"	점선 모양으로 지정
lty=4 또는 lty="dotdash"	점선과 대쉬선이 혼합된 모양으로 지정
lty=5 또는 lty="longdash"	긴 대쉬선 모양으로 지정
lty=6 또는 lty="twodash"	이중 대쉬선 모양으로 지정

[R-program 8.1] 점 · 선 그래프 함수 plot의 사용 예

```
> #(1) airquality: 패키지 datasets의 데이터 프레임
>
> # 데이터 설명: 뉴욕의 일일 대기 질 측정자료(1973년 5월~9월)로서
> # 153 x 6 데이터 프레임
>
> #(2) [그림 8.1] 산점도, 점 그래프(기본형, type="p)
>
> # x-축 : 패키지 airquality의 Wind 열
> # y-축 : 패키지 airquality의 Temp 열
>
> plot(airquality$Wind, airquality$Temp)
```

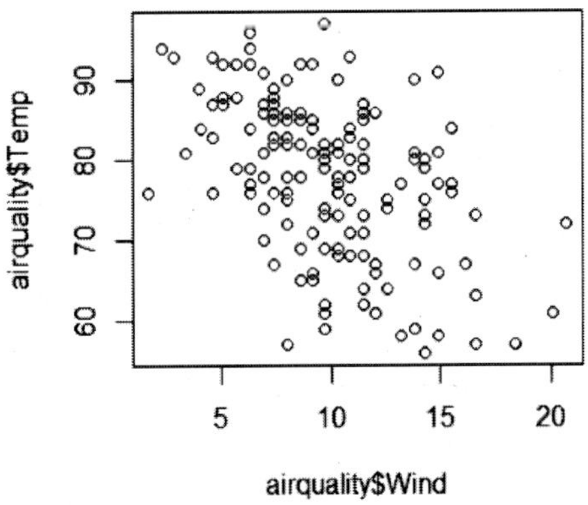


```
> #(3) [그림 8.2] 다양한 옵션을 사용한 산점도, 점 그래프(기본형, type="p)
>
> # pch(점 모양), lty(선 타입), col(산점도 점의 색깔)
> # main(주제목), sub(부제목), xlab(x-축 이름), ylab(y-축 이름)
> # xlim(x-축 범위), ylim(y-축 범위)
>
> plot(airquality$Wind, airquality$Temp, type="p", pch=1, lty=1, col=4,
+      main="Daily Temperature and Wind in New York",
+      sub="May to September 1973",
+      xlab="Wind", ylab="Temperature(F)", xlim=c(0,25), ylim=c(50,100))
```

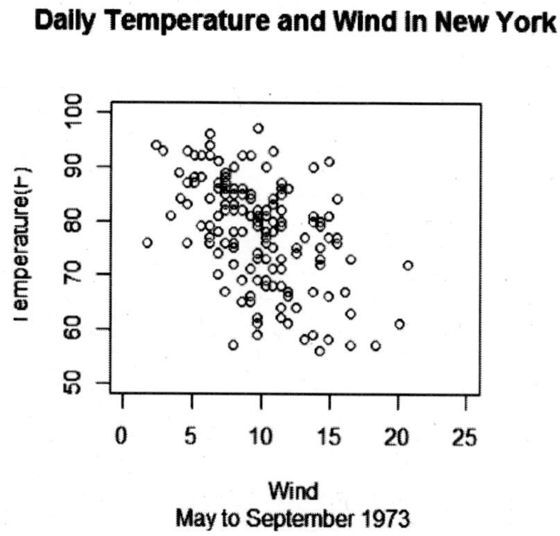


```
> #(4) [그림 8.3] 점선그래프(type="o")
>
> # 데이터 객체를 1개만 입력한 경우
> # 그래프 제목(main), 부 제목(sub), x-축(xlab) 및 y-축(ylab) 제목 옵션 사용
> # x-축 범위(xlim) 및 y-축 범위(ylim) 옵션 사용
> # x-축 : 관측치 번호
> # y-축 : 패키지 airquality의 Temp 열
>
> plot(airquality$Temp, type="o", pch=20, lty=1, col=4,
+      main="Daily air quality in New York", sub="May to September 1973",
+      xlab="Time", ylab="Temperature(F)")
```

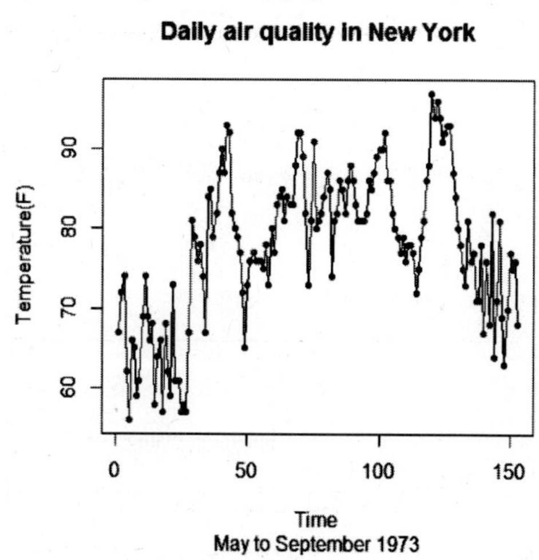


```
> #(5) [그림 8.4] 수직선 그래프(type="h")
>
> # x-축 상의 x 값에서 데이터 점까지 연결한 수직선
>
> x <- c(3,7,4,5,8,6)
> y <- c(4,5,6,7,3,5)
> plot(x,y,type="h")
```

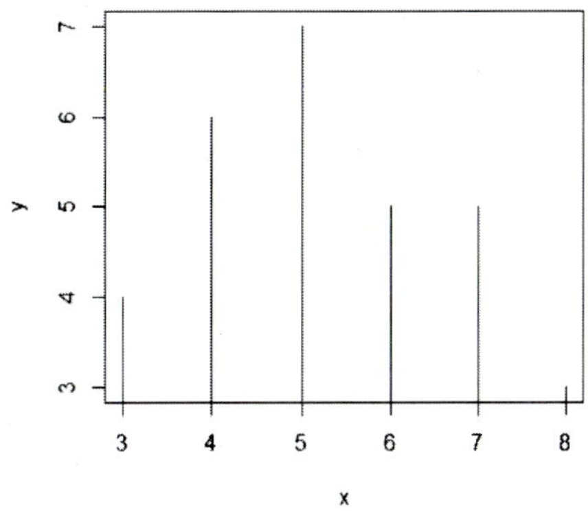

```
> #(6) [그림 8.5] 계단 그래프(type="s")
>
> # 수평 => 수직의 순서로 점을 연결하는 계단 그래프
>
> x <- c(3,7,4,5,8,6)
> y <- c(4,5,6,7,3,5)
> plot(x,y,type="s")
```

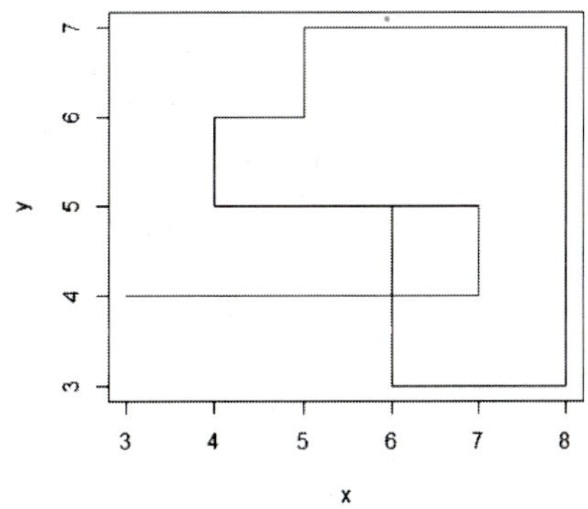

```
> #(7) [그림 8.6] 계단 그래프(type="S")
>
> # 수직 => 수평의 순서로 점을 연결하는 계단 그래프
>
> x <- c(3,7,4,5,8,6)
> y <- c(4,5,6,7,3,5)
> plot(x,y,type="S")
```

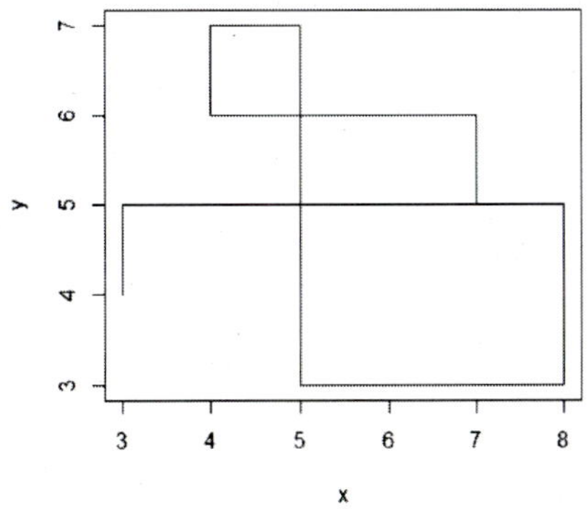

8.1.2 행렬 산점도: pairs {graphics}

함수 plot를 사용하면 [R-program 8.1]의 [그림 8.1]과 같은 하나의 점 그래프, 즉 산점도 (scatter plot)를 그릴 수 있다. 이에 반해 행렬 산점도 함수 pairs는 세 개 이상의 수치형 변수들에 대하여 각 변수 쌍 간의 산점도들을 하나의 행렬 창에 넣어 표현한다.

함수 pairs의 기본 형식은 [표 8.8]을 참고하고 사용 예는 [R-program 8.2]를 참조한다.

[표 8.8] 행렬 산점도 함수 pairs의 형식

형식	pairs(x1, x2, x3, ... , ...)
옵션	• x1, x2, x3, ...: 데이터 객체들 • ...: 기타 옵션
설명	• 주어진 데이터 객체들 x1, x2, x3, ...의 각 쌍 간에 산점도를 하나의 행렬 창에 넣어 표현한다.

[R-program 8.2] 행렬 산점도 함수 pairs의 사용 예

```
> #(1) iris: 패키지 datasets의 데이터 프레임
>
> # 데이터 설명: Fisher의 붓꽃자료로서 150X5 데이터 프레임
>
> #(2) [그림 8.7] 행렬 산점도
>
> pairs(iris[,1:4]) #iris의 첫 4열로 구성된 데이터 프레임
```

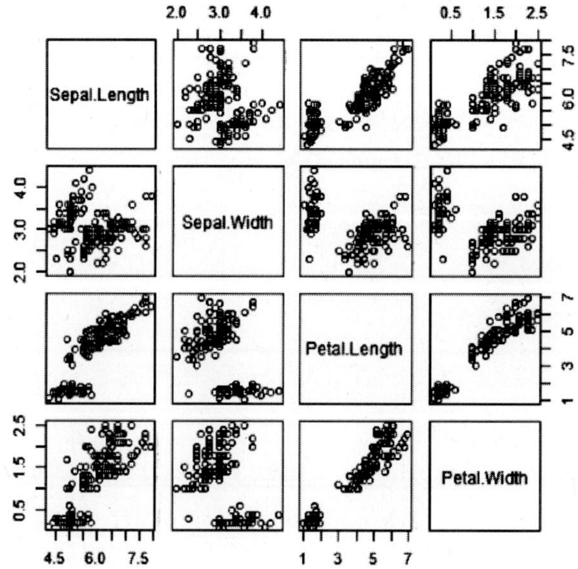

8.1.3 해바라기 그래프: sunflowerplot {graphics}

해바라기 그래프(sunflower graph)는 2차원 데이터를 산점도로 나타내는데, 일반적인 산점도와는 달리 중복되는 값이 있는 경우에 중복 데이터 점을 중심으로 중복되는 개수를 꽃잎의 개수로 나타낸 그래프이다. 해바라기 그림은 함수 sunflowerplot을 사용하여 그릴 수 있다.

함수 sunflowerplot의 기본 형식은 [표 8.9]를 참조하고 사용 예는 [R-program 8.3]을 참조한다.

[표 8.9] 해바라기 그래프 함수 sunflowerplot의 형식

형식	sunflowerplot(x, y, ...)
옵션	• x: x-축에 나타낼 데이터 객체 • y: y-축에 나타낼 데이터 객체 • ...: 기타 옵션
설명	• 2차원 산점도에서 중복되는 데이터 개수를 꽃잎의 개수로 표현한 해바라기 그래프를 그린다.

[R-program 8.3] 해바라기 그래프 함수 sunflowerplot의 사용 예

```
> #(1) iris: 패키지 datasets의 데이터 프레임
>
> # 데이터 설명: Fisher의 붓꽃자료로서 150X5 데이터 프레임
>
> #(2) [그림 8.8] 해바라기 그래프
>
> # x-축 : 열 Sepal.Length, y-축 : 열 Sepal.Width
>
> sunflowerplot(iris$Sepal.Length, iris$Sepal.Width)
```

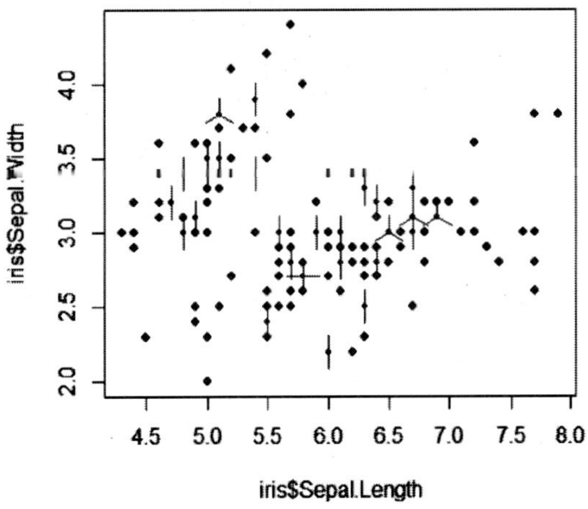

8.1.4 조건부 그래프: coplot {graphics}

조건부 그래프(conditioning graph)는 조건별 산점도를 그리는 함수이다. 일반적으로 조건에는 범주형 데이터 객체인 팩터 혹은 문자형의 데이터를 사용하지만, 만약 수치형 데이터인 경우에는 자동으로 구간이 나누어져 그룹처럼 된다. 조건부 그래프는 범주형 데이터의 범주 혹은 수치형 데이터의 구간별로 관심 있는 수치형 데이터의 산점도를 그릴 때 매우 유용하다. 조건부 그래프는 함수 coplot으로 그린다.

함수 coplot의 기본 형식은 [표 8.10]을 참조하고 사용 예는 [R-program 8.4]를 참조한다.

[표 8.10] 조건부 그래프 함수 coplot의 형식

형식	coplot(formula, data, ...)
옵션	• formula: formula 형태가 y ~ x | a이면 열(변수) a의 조건하에 수치형 열 x를 x-축에 수치형 열 y를 y-축에 그린다. formula 형태가 y ~ x | a * b이면 열(변수) a와 b의 조합의 조건하에 수치형 열 x를 x-축에 수치형 열 y를 y-축에 그린다. • data: formula에 포함된 열(변수)을 갖는 데이터 프레임 • ...: 기타 옵션
설명	• 주어진 조건 변수의 값별로 수치형 변수 쌍의 산점도를 그린다.

[R-program 8.4] 조건부 그래프 함수 coplot의 사용 예

```
> #(1) mtcars: 패키지 datasets의 데이터 프레임
>
> # 데이터 설명: 1974 Motor Trend US magazin에서 발췌한 자동차 로드 테스트
> # 자료로서 32X11 데이터 프레임
> # 32개 자동차에 대한 11개 평가 항목
>
> #(2) [그림 8.9] 조건부 그래프(조건이 1개인 경우)
>
> # 4, 6, 8의 3개 값만을 갖는 열 cyl를 factor 함수를 이용하여 팩터로 변환
> # cyl 값 4, 6, 8의 조건 하에 x축엔 열 disp, y축엔 열 mpg를 그린 산점도
>
> # 산점도의 배치는 아래에서 위로, 왼편에서 오른 편의 순서로 자동 배치
> # 아래 왼편 산점도: cyl=4의 조건 하에 산점도
> # 아래 오른편 산점도: cyl=6의 조건 하에 산점도
> # 위 왼편 산점도: cyl=6의 조건 하에 산점도
>
> coplot(mpg~disp | factor(cyl), mtcars)
```

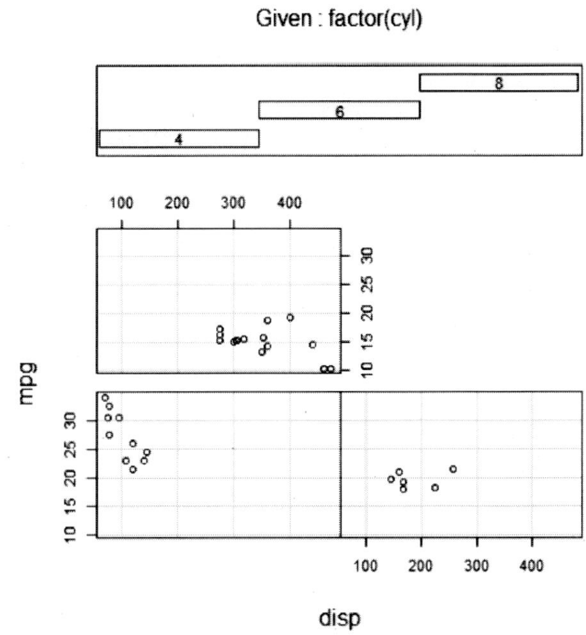


```
> #(3) [그림 8.10] 조건부 그래프(조건이 2개인 경우)
>
> # cyl 값 4, 6, 8의 조건과 연속형 열 wt의 자동화 그룹의 조합하에
> # x축엔 열 disp, y축엔 열 mpg를 그린 산점도
>
> # 산점도의 배치는 각 조건의 조합에 해당하는 행렬의 cell에 자동 배치
>
> coplot(mpg~disp | factor(cyl)*wt, mtcars)
```

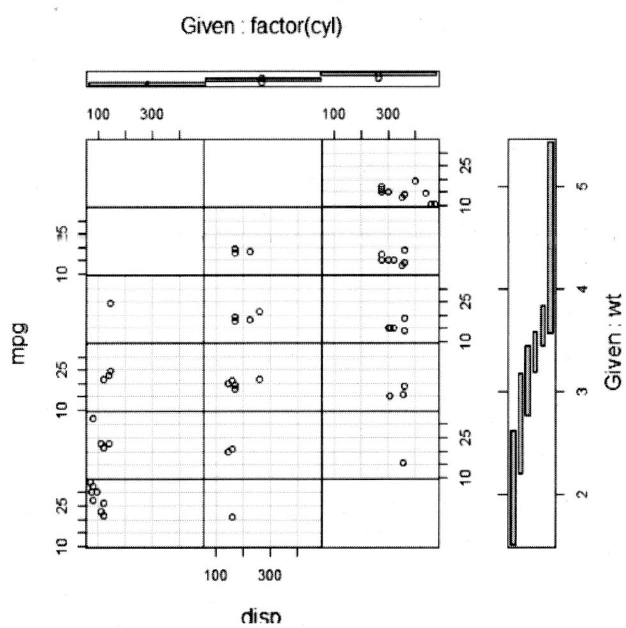

8.1.5 3차원 산점도: scatterplot3d {scatterplot3d}

3차원 산점도는 2개의 수치형 변수의 관측값 (x, y)를 xy-평면상에 나타내고 제3의 수치형 변수 z를 z-축 위에서 점으로 표현한 관측값 (x, y, z)의 산점도이다. 3차원 산점도는 패키지 scatterplot3d의 함수 scatterplot3d로 그릴 수 있으므로 사전에 패키지 scatterplot3d를 설치하고 불러들여야 한다.

함수 scatterplot3d 함수의 기본 형식은 [표 8.11]을 참조하고 사용 예는 [R-program 8.5]를 참조한다.

[표 8.11] 3차원 산점도 함수 scatterplot3d의 형식

형식	scatterplot3d(x, y, z, type="p", ...)
옵션	• x: x-축 좌표에 나타낼 수치형 데이터 객체 • y: y-축 좌표에 나타낼 수치형 데이터 객체 • z: z-축 좌표에 나타낼 수치형 데이터 객체 • type="p"(기본값)는 데이터 점으로만 나타낸 3차원 산점도이며, type="h"는 데이터 점에서 xy-평면 위에 수직선을 내린 3차원 산점도이다. type=의 또 다른 값은 [표 8.4]를 참조한다. • ...: 기타 옵션
설명	• 3개 수치형 변수의 3차원 산점도를 그린다. • 사전에 패키지 scatterplot3d를 설치하고 불러들여야 한다. (2.3절 참조)

[R-program 8.5] 3차원 산점도 함수 scatterplot3d의 사용 예

```
> #(1) mtcars: 패키지 datasets의 데이터 프레임
>
> # 데이터 설명: 1974 Motor Trend US magazin에서 발췌한 자동차 로드 테스트
> # 자료로서 32X11 데이터 프레임
> # mtcars[,c(1,3,4)] : # 32개 자동차에 대한 1,3,4열 평가 항목
>
> #(2) 함수 scatterplot3d를 사용하기 위해서는 패키지 scatterplot3d를
> # 설치후 불러들여야 함
>
> #(3) [그림 8.11] 3차원 산점도
>
> # 3개의 열(변수)를 x-축, y-축, z-축의 3차원 상에 나타낸 그래프
> # type="h"는 수직선 산점도
> # x-축 : mpg, y-축: disp, z-축 : hp
>
> scatterplot3d(mtcars[,c(1,3,4)],type="h")
```

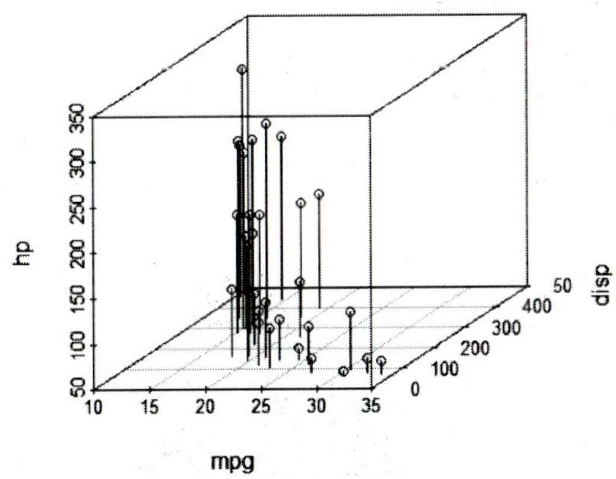

8.1.6 3차원 투시도: persp {graphics}

3차원 투시도(perspective graph)는 3개의 수치형 변수의 데이터를 3차원상에서 표현하는 그래프이지만 함수 scatterplot3d가 그리는 3차원 산점도와는 다르게 2개의 수치형 변수의 관측값 (x, y)를 xy-평면상에 나타내고 제3의 수치형 변수 z를 z-축 위에서 점이 아닌 단면의 형태로 표현하여 입체감을 주는 그래프이다. 3차원 투시도는 함수 persp를 사용하여 그린다.

함수 persps의 기본 형식은 [표 8.12]를 참조하고 사용 예는 [R-program 8.6]을 참조한다.

[표 8.12] 3차원 투시도 함수 persps의 형식

형식	persp(x, y, z, theta, phi, ...)
옵션	• x: x-축에 나타낼 수치형 데이터 객체 • y: y-축에 나타낼 수치형 데이터 객체 • z: z-축에 나타낼 수치형 데이터 객체 • theta: 수평 각도, 기본값은 0.15 • phi: 수직 각도, 기본값은 0.15 • ...: 기타 옵션
설명	• 3차원 데이터에 대해 3차원 투시도를 그린다.

[R-program 8.6] 3차원 투시도 함수 persp의 사용 예

```
> #(1) volcano: 패키지 datasets의 행렬
>
> # 데이터 설명: 뉴질랜드의 마웅가-화우(Maunga-whau) 화산의 지형을
> # 10m x 10m 격자로 나누어 측정한 지형 정보를 87X61 행렬의 형태로 저장
> # 행은 동서 방향 그리드, 열은 남쪽에서 북쪽 그리드에 해당
>
```

```
> #(2) [그림 8.12] 3차원 투시도 그래프
>
> # x-축 : 1:87, y-축 : 1:61, z-축 : 행렬 volcano의 값
> # 3차원 투시도를 잘 체감할 수 있도록 수평 각도 옵션 theta 및 수직 각도 옵션 phi를
> # 시험적으로 조정한다.
>
> persp(1:nrow(volcano), 1:ncol(volcano), volcano, theta=135, phi=30)
```

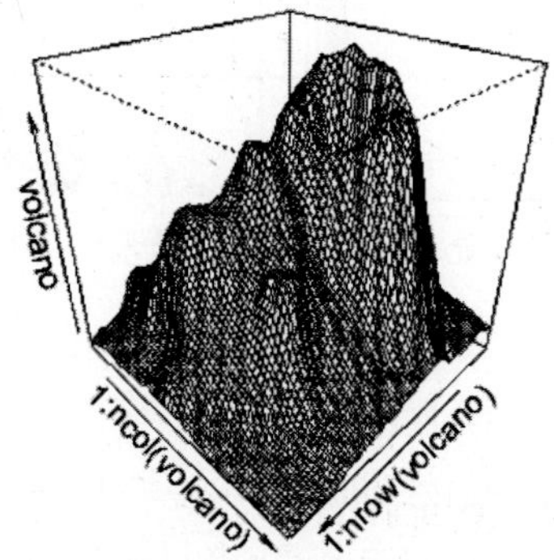

8.1.7 줄 그래프: stripchart {graphics}

줄 그래프(strip graph)는 데이터의 값을 단순히 점으로만 표현한 그림으로 함수 stripchart로 그릴 수 있다. 관측치의 수가 작은 경우에 8.1.8절의 boxplot 함수를 대체하여 값들의 분포를 확인할 때 사용할 수 있다.

함수 stripchart의 기본 형식은 [표 8.13]을 참고하고 사용 예는 [R-program 8.7]을 참조한다.

[표 8.13] 줄 그래프 함수 stripchart의 형식

형식	stripchart(x, vertical=FALSE, ...)
옵션	• x: 데이터 객체 • vertical=FALSE(기본값)는 수평 줄 그래프를 그리며, TRUE인 경우는 수직 줄 그래프를 그린다. • ...: 기타 옵션
설명	• 주어진 데이터 객체의 줄 그래프를 그린다.

[R-program 8.7] 줄 그래프 함수 stripchart의 사용 예

```
> #(1) airquality: 패키지 datasets의 데이터 프레임
>
> # 데이터 설명: 뉴욕의 일일 대기 질 측정자료(1973년 5월~9월)로서
> # 153 x 6 데이터 프레임
>
> #(2) [그림 8.13] 수평 줄 그래프 : vertical=FALSE(기본값)
>
> stripchart(airquality$Ozone)
```

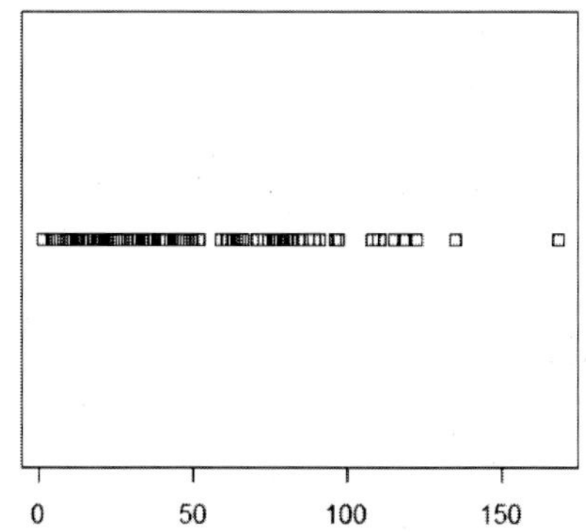

```
> #(3) [그림 8.14] 수직 줄 그래프 : vertical=TRUE
>
> stripchart(airquality$Ozone, vertical=TRUE)
```

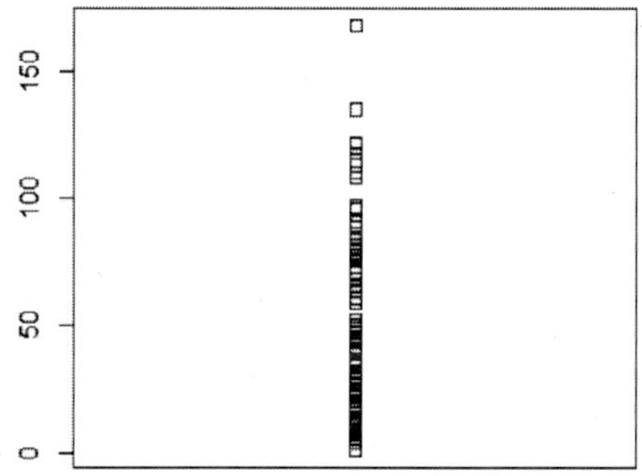

8.1.8 상자 그래프: boxplot {graphics}

데이터의 분포를 파악하는 데 유용한 그래프로 상자 그래프(box graph)가 있다. 상자와 수염 그래프로도 불리는 상자 그래프는 함수 boxplot으로 그릴 수 있다. 데이터의 최솟값, 제1사분위수, 중앙값, 제3사분위수, 최댓값과 같은 기술통계치를 이용하여 상자와 수염을 나타내고 이상치는 수염이 바깥쪽에 인 모양의 점으로 표시한다. 또한, 2개 이상의 변수에 대하여 나란히 그린 상자 그래프는 분포를 비교하는 데 도움이 된다.

함수 boxplot의 기본 형식은 [표 8.14]를 참고하고 사용 예는 [R-program 8.8]을 참조한다.

[표 8.14] 상자 그래프 함수 boxplot의 형식

형식	boxplot(x1, x2, ... , horizontal=FALSE, ...)
옵션	• x1, x2, ...: 1개 이상의 데이터 객체 • horizontal=FALSE(기본값)는 꼬리가 위, 아래로 뻗은 수직 상자 그래프를 그리며, TRUE인 경우는 꼬리가 좌, 우로 뻗은 수평 상자 그래프를 그린다. • ...: 기타 옵션
설명	• 주어진 데이터 객체의 상자 그래프를 그린다.

[R-program 8.8] 상자 그래프 함수 boxplot의 사용 예

```
> #(1) iris: 패키지 datasets의 데이터 프레임
>
> # 데이터 설명: Fisher의 붓꽃자료로서 150X5 데이터 프레임
> # iris[,c(2,4)] : 데이터 프레임 iris의 2, 4열
>
> #(2) [그림 8.15] 수직 상자 그래프 : horizontal=FALSE(기본값)
>
> boxplot(iris[,c(2,4)])
```

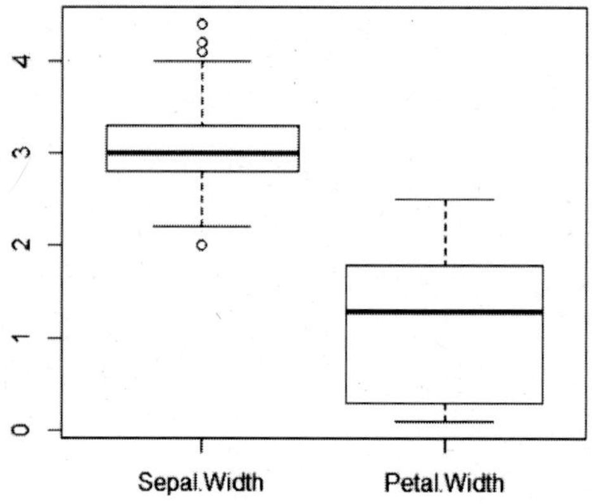


```
> #(3) [그림 8.16] 수평 상자 그래프 : horizontal=TRUE
>
> boxplot(iris[,c(2,4)], horizontal=TRUE)
```

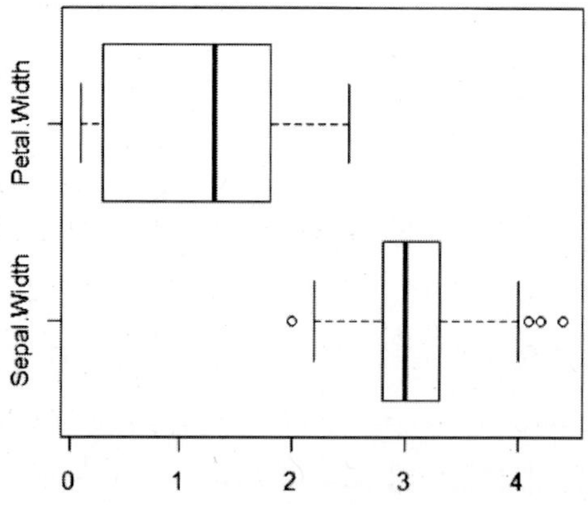

8.1.9 히스토그램: hist {graphics}

수치형 데이터의 분포를 파악하는데 유용한 히스토그램(histogram)은 x-축에는 데이터의 구간을 나타내고 y-축에는 수치형 데이터의 구간별 빈도 혹은 확률을 막대로 표현한 그래프이다. 히스토그램을 그리기 위한 함수는 hist이다.

함수 hist에서 구간에 관한 정보를 주는 옵션이 breaks이다. 보통은 옵션 breaks의 기본값인 구간 계산 알고리즘인 "Sturges"를 사용하면 된다. 또는 break 옵션에 벡터를 입력하여 원하는

구간으로 나누어 그릴 수도 있다. 만약 break 옵션에 구간의 개수를 지정하면 지정된 개수에 근접하면서 적절한 구간의 개수를 계산하여 그려준다.

hist 함수의 기본 형식은 [표 8.15]를 참고하고 사용 예는 [R-program 8.9]를 참조한다.

[표 8.15] 히스토그램 함수 hist의 형식

형식	hist(x, breaks = interval_information, freq=TRUE, ...)
옵션	• x: 데이터 객체 • interval_information: 히스토그램의 x-축에 표현할 구간의 수, 구간의 시작점과 끝점들로 구성된 벡터, 혹은 그러한 구간점 벡터를 계산하는 함수, 혹은 구간점 계산 알고리즘 이름으로 "Sturges"(기본값) • freq=TRUE(기본값)이면 막대의 길이로 구간별 데이터의 빈도를 나타내고 FALSE이면 막대의 길이로 확률을 나타낸다. • ...: 기타 옵션
설명	• 주어진 데이터 객체의 히스토그램을 그린다.

[R-program 8.9] 히스토그램 함수 hist의 사용 예

```
> #(1) airquality: 패키지 datasets의 데이터 프레임
>
> # 데이터 설명: 뉴욕의 일일 대기 질 측정자료(1973년 5월~9월)로서
> # 153 x 6 데이터 프레임
>
> #(2) [그림 8.17] 히스토그램
> # 구간 계산법이 기본값인 breaks="Sturges"
> # 막대의 길이 : 구간별 데이터의 빈도(freq=TRUE(기본값))
>
> hist(airquality$Temp)
```

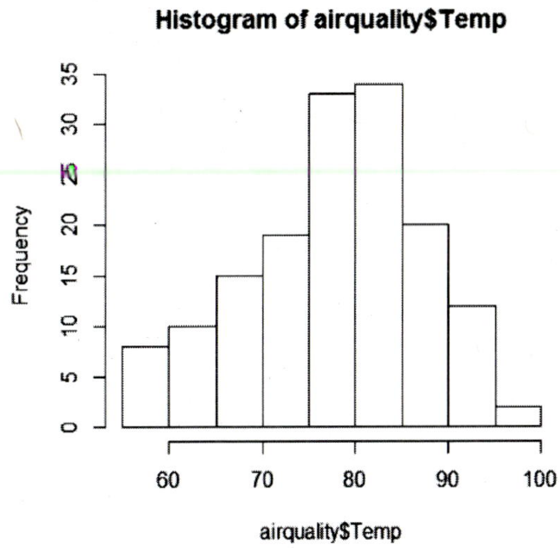

```
> #(3) [그림 8.18] 히스토그램
> # 구간점을 벡터로 입력 : breaks=c(50,70,90,110)
> # 막대의 길이 : 구간별 데이터의 확률(freq=FALSE)
> # => 막대의 총 면적이 1
>
> hist(airquality$Temp, breaks=c(50,70,90,110), freq=FALSE)
```

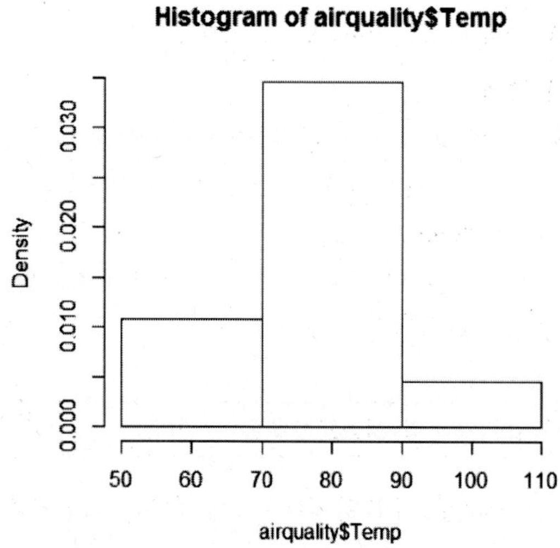


```
> #(4) [그림 8.19] 히스토그램
> # 구간점의 개수를 입력 : breaks=20
> # => 입력된 20개에 가까우면서 적절한 개수의 히스토그램 작성
> # 막대의 길이 : 구간별 데이터의 빈도(freq=TRUE(기본값))
>
> hist(airquality$Temp, breaks=20)
```

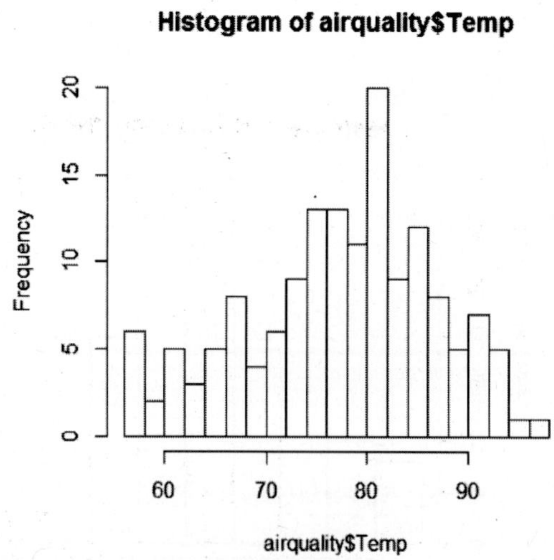

8.1.10 매트 그래프: matplot {graphics}

매트 그래프는 하나의 그래프 내에서 범위가 비슷한 2개 이상 수치형 변수들의 분포를 원래

의 자룟값 그대로 함께 보고자 할 때 유용한 그래프이다. 기본형 매트 그래프는 각 변수를 숫자와 색깔로 구별해주지만 다양한 옵션을 사용하면 부호, 문자, 선의 형태 등으로 구별하여 변수를 다르게 나타낼 수 있다. 매트 그래프는 함수 matplot으로 그릴 수 있다.

함수 matplot의 기본 형식은 [표 8.16]을 참조하고 사용 예는 [R-program 8.10]을 참조한다.

[표 8.16] 매트 그래프 함수 matplot의 형식

형식	matplot(x, y type="plot.type", col=color, lty=line.type, lwd=lwd.value, pch=point.type, ...)
옵션	• x: x-축 좌표의 데이터 객체로서 열의 수가 최소 1개 이상 최대 y의 열 수와 같아야 하고 또한 x의 행의 수는 y의 행 수와 같아야 한다. • y: y-축 좌표의 데이터 객체로서 열의 수가 최소 2개 이상이고 y의 행 수는 x의 행 수와 같아야 한다. • plot.type: 그래프 형태를 지정, 기본값은 "p"로 산점도([표 8.4] 참조) • color: 점 혹은 선의 색깔을 지정([표 8.5] 참조) • line.type: 선의 모양을 지정([표 8.7] 참조) • lwd.value: 선의 굵기를 나타내는 수치 • point.type: 점의 모양을 지정([표 8.6] 참조) • ...: 기타 옵션
설명	• 주어진 데이터 객체들의 매트 그래프를 그린다.

[R-program 8.10] 매트 그래프 함수 matplot의 사용 예

```
> #(1) iris: 패키지 datasets의 데이터 프레임
>
> # 데이터 설명: Fisher의 붓꽃자료로서 150X5 데이터 프레임
> # iris[,1:4] : 데이터 프레임 iris의 1,2,3,4열
>
> #(2) [그림 8.20] 매트 그래프(다중 산점도)
>
> # type="p" ; 산점도(기본형)
>
> matplot(iris[,1:4])
```

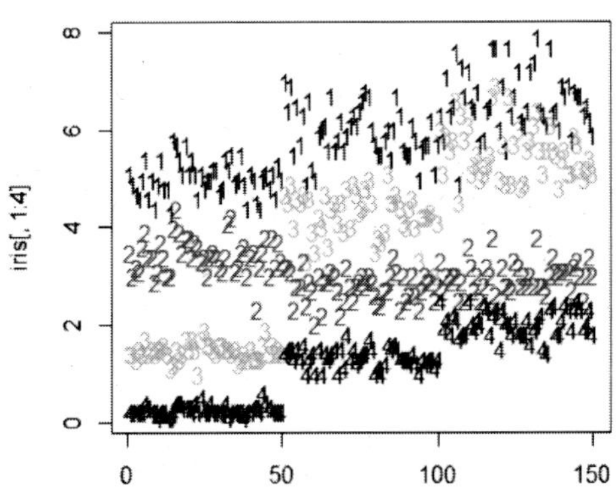

```
> #(3) [그림 8.21] 매트 그래프(다중 선 그래프)
>
> # type="l" : 선 그래프
>
> matplot(iris[,1:4], type="l", col=c("black","red","blue","brown"),
+         lty=1:4)
```

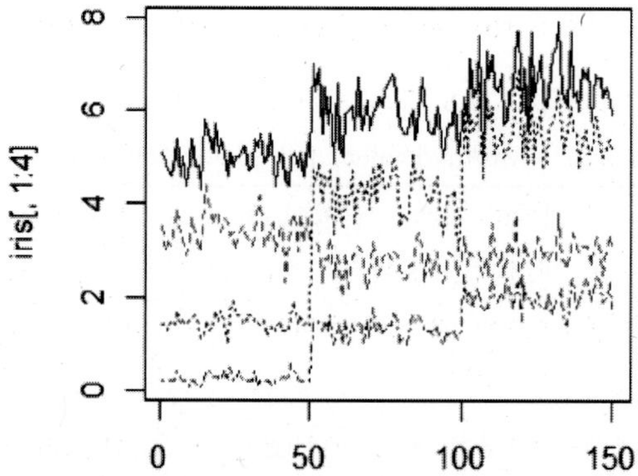


```
> #(4) [그림 8.22] 매트 그래프(다중 산점도)
>
> # matlab(x1, cbind(y1,y2))인 경우 : x1=1:10, y1=11:20, y2=21:30
> # y의 열의 수가 2개 이상인데 x의 열의 수가 1개인 경우는
> # x의 열이 y의 열 수만큼 복제되어 그려짐
> # 즉, (x, y)=(x1, y1)의 그래프와 (x, y)=(x1, y2)의 2개 그래프
>
> matplot(1:10, cbind(11:20, 21:30))
```

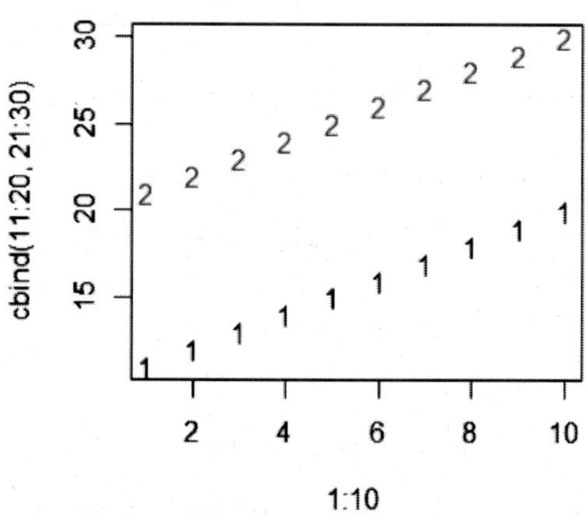


```
> #(5) [그림 8.23] 매트 그래프(다중 산점도)
>
> # matlab(cbind(x1,x2), cbind(y1,y2))인 경우 :
> # x1=1:10, x2=11:20, y1=21:30, y2=20:11
> # 즉, (x, y)=(x1, y1)의 그래프와 (x, y)=(x2, y2)의 2개 그래프
>
> matplot(cbind(1:10, 11:20), cbind(21:30, 20:11))
```

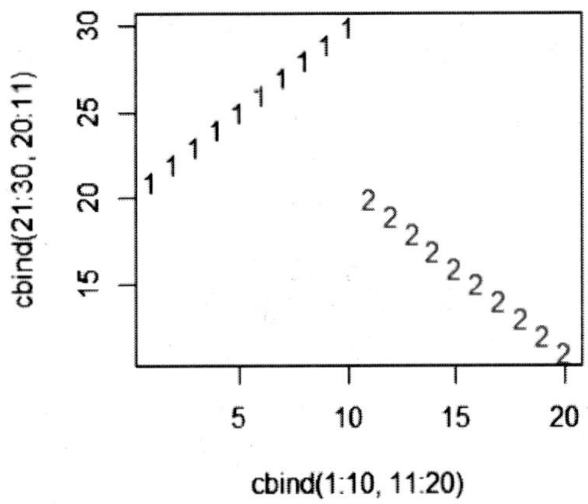

8.1.11 버블 그래프: symbols {graphics}

3개의 수치형 변수 x, y, z에 대하여 관측값 (x, y)를 xy-평면상에 나타내고 제3의 변수 z를 버블, 등고선 혹은 색깔로 표현한 그래프로 버블 그래프(8.1.11절), 등고선 그래프(8.1.12절), 칼라 이미지 그래프(8.1.13절)가 있다.

버블 그래프(bubble graph)는 3개의 수치형 변수 x, y, z에 대하여 관측값 (x, y)를 xy-평면상에 나타내고 제3의 변수 z를 값의 크기에 비례하는 원 모양의 버블 형태로 나타낸 그래프이다. 2차원 평면상에서 3차원 데이터를 효과적으로 시각화할 수 있다. 버블 그래프는 함수 symbols를 사용하여 그린다.

함수 symbols의 기본 형식은 [표 8.17]을 참조하고 사용 예는 [R-program 8.11]을 참조한다.

[표 8.17] 버블 그래프 함수 symbols의 형식

형식	symbols(x, y, circles=z, ...)
옵션	• x: x-축에 나타낼 수치형 데이터 객체 • y: y-축에 나타낼 수치형 데이터 객체 • z: xy-평면 위에서 버블로 나타낼 수치형 데이터 객체 • ...: 기타 옵션
설명	• 3차원 수치형 데이터에 대해 버블 그래프를 그린다.

[R-program 8.11] 버블 그래프 함수 symbols의 사용 예

```
> #(1) mtcars: 패키지 datasets의 데이터 프레임
>
> # 데이터 설명: 1974 Motor Trend US magazin에서 발췌한 자동차 로드 테스트
> # 자료로서 32X11 데이터 프레임
>
> #(2) [그림 8.24] 버블 그래프
>
```

```
> # mtcars[,c(1,3)] : x-축에 1열 mpg, y-축에 3열 cyl의 데이터 값이 버블의 중심
> # mtcars[,4] : 4열 hp의 값을 원(circles) 모양 버블의 크기로 표현
>
> symbols(mtcars[,c(1,3)], circles=mtcars[,4])
```

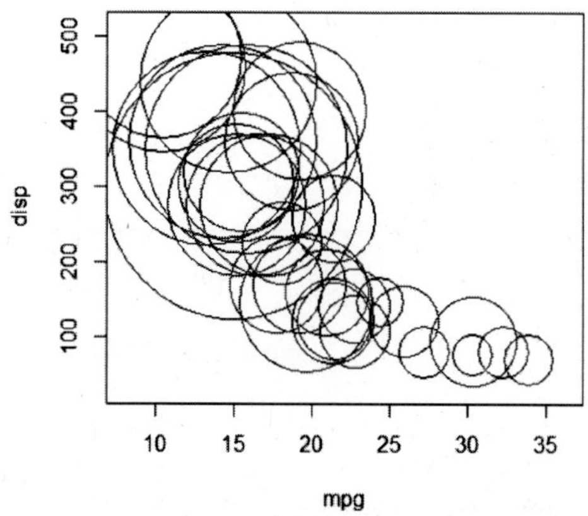

8.1.12 등고선 그래프: contour {graphics}

등고선 그래프(contour graph)는 3차원 데이터를 등고선의 형태로 나타낸 그래프이다. 3개의 수치형 변수 x, y, z에 대하여 관측값 (x, y)를 xy-평면상에 나타내고 제3의 변수 z의 같은 값을 선으로 연결한 그래프이다. 등고선 그래프는 함수 contour를 사용하여 그린다.

함수 contour의 기본 형식은 [표 8.18]을 참조하고 사용 예는 [R-program 8.12]를 참조한다.

[표 8.18] 등고선 그래프 함수 contour의 형식

형식	contour(x, y, z, nlevels=n.levels, ...)
옵션	• x: x-축에 나타낼 수치형 데이터 객체 • y: y-축에 나타낼 수치형 데이터 객체 • z: xy-평면 위에서 등고선으로 표현할 수치형 데이터 객체 • n.levels: z-축 값에 대하여 같은 값을 나타내는 선의 개수(기본값은 10) • ...: 기타 옵션
설명	• 3차원 수치형 데이터에 대해 등고선 그래프를 그린다.

[R-program 8.12] 등고선 그래프 함수 contour의 사용 예

```
> #(1) volcano: 패키지 datasets의 행렬
>
> # 데이터 설명: 뉴질랜드의 마웅가-화우(Maunga-whau) 화산의 지형을
> # 10m x 10m 격자로 나누어 측정한 지형 정보를 87X61 행렬의 형태로 저장
> # 행은 동서 방향 그리드, 열은 남쪽에서 북쪽 그리드에 해당
>
> #(2) [그림 8.25] 등고선 그래프
>
```

```
> # x-축 : 1:87, y-축 : 1:61, z-축 : 행렬 volcano의 값
> # nlevels=15 : z-축 값에 대하여 같은 값을 나타내는 선의 개수를 15개로 지정
>
> contour(1:nrow(volcano), 1:ncol(volcano), volcano, nlevels=15)
```

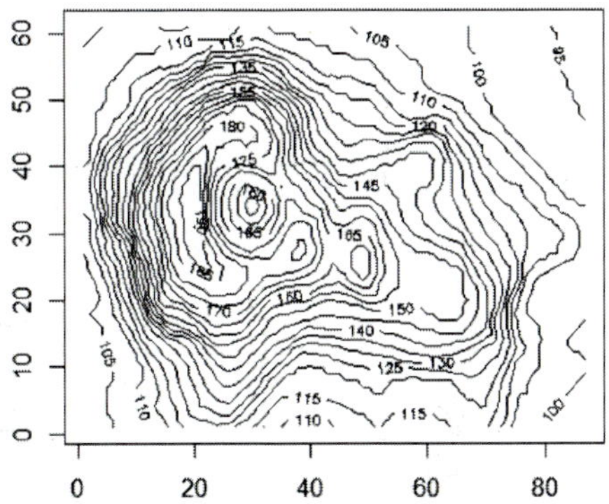

8.1.13 칼라 이미지 그래프: image {graphics}

등고선 그래프는 3개의 수치형 변수 x, y, z에 대하여 관측값 (x, y)를 xy-평면상에 나타내고 제3의 변수 z의 같은 값을 선으로 연결한 그래프인 반면에, 칼라 이미지 그래프(color image graph)는 제3의 변수 z의 같은 값을 같은 색깔로 표현한 그래프이다. 함수 image는 칼라 이미지 그래프를 그릴 수 있다.

함수 image의 기본 형식은 [표 8.19]를 참조하고 사용 예는 [R-program 8.13]을 참조한다.

[표 8.19] 칼라 이미지 그래프 함수 image의 형식

형식	image(x, y, z, col=color.palette.function(k), ...)
옵션	• x: x-축에 나타낼 수치형 데이터 객체 • y: y-축에 나타낼 수치형 데이터 객체 • z: xy-평면 위에서 색깔로 표현할 수치형 데이터 객체 • color.palette.function(k): 기본값은 col=heat.colors(12) 이다. 그 외에도 col=의 값으로 rainbow(k), topo.colors(k), terraicolor.nos(k)를 사용할 수 있다. 여기서 k는 각 함수에서 나타낼 색깔의 수로 1 이상의 값을 사용한다. • ...: 기타 옵션
설명	• 3차원 수치형 데이터에 대해 칼라 이미지 그래프를 그린다.

[R-program 8.13] 칼라 이미지 그래프 함수 image의 사용 예

```
> #(1) volcano: 패키지 datasets의 행렬
>
> # 데이터 설명: 뉴질랜드의 마웅가-화우(Maunga-whau) 화산의 지형을
> # 10m x 10m 격자로 나누어 측정한 지형 정보를 87X61 행렬의 형태로 저장
```

```
> # 행은 동서 방향 그리드, 열은 남쪽에서 북쪽 그리드에 해당
>
> #(2) [그림 8.26] 칼라 이미지 그래프
>
> # x-축 : 1:87, y-축 : 1:61, z-축 : 행렬 volcano의 값
> # 색깔 함수로 topo.colors(50)을 사용
>
> image(1:nrow(volcano), 1:ncol(volcano), volcano, col= topo.colors(50))
```

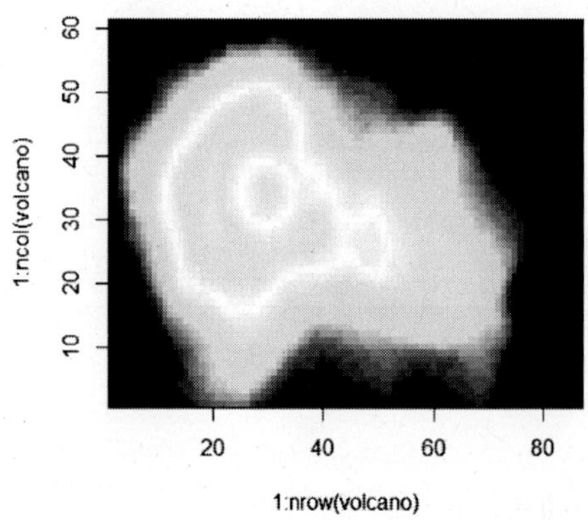

8.1.14 별 그래프: stars {graphics}

수치형 변수가 3개 이상으로 구성된 다변량 자료를 2차원 평면상에 나타내기는 어려운 일이다. 그런데 각 관측치가 갖는 3차원 이상의 변수를 비교하여 관측치의 특성을 한눈에 파악할 수 있는 그래픽 방법이 있다. 별 그래프(8.1.14절), 나이팅게일 그래프(8.1.15절), 체르노프 얼굴 그래프(8.1.16절), 레이더 그래프(8.1.17절), 평행 축 그래프(8.1.18절)는 각각 관측치를 별, 원판 조각, 얼굴, 레이더, 혹은 평행 축 선으로 나타내어 관측치들의 특성을 살펴볼 수 있다.

별 그래프(star graph)는 관측치가 가지고 있는 각 변수값을 표준화하여 관측치마다 하나의 별 모양 그림으로 나타낸다. 즉, 관측치 1개는 별 1개를 나타내고 각별(관측치)에서는 각 변수를 별의 중심점으로부터 뻗은 선의 길이로 나타내어 각 변수의 상대적 크기에 의해 관측치를 서로 비교할 수 있다. 별 그래프는 함수 stars를 사용하여 그린다.

stars 함수의 기본 형식은 [표 8.20]을 참조하고 사용 예는 [R-program 8.14]를 참조한다.

[표 8.20] 별 그래프 함수 star의 형식

형식	stars(x, key.loc=c(x,y), labels=c(...), ...)
옵션	• x: 행렬 혹은 데이터 프레임 • c(x,y): 별의 중심점으로부터 뻗은 각 선에 1대1로 매칭시킬 열(변수) 정의 범례의 위치 좌표

옵션	• c(...): 행(관측치) 이름이 없는 경우 관측치 이름을 지정하는 벡터 • ...: 기타 옵션
설명	• 관측치들의 별 그래프를 그린다.

[R-program 8.14] 별 그래프 함수 star의 사용 예

```
> #(1) USJudgeRatings: 패키지 datasets의 데이터 프레임
>
> # 데이터 설명: 미국 고등 법원의 변호사 평가 자료로서 43X12 데이터 프레임
> # 43명의 변호사에 대한 12개 평가 항목
> # USJudgeRatings[1:5,] : 첫 5명 변호사에 대한 12개 평가 항목
>
> #(2) [그림 8.27] 별 그래프
>
> # 첫 5개의 관측치(변호사)에 대한 별
> # 열 이름 정의 별에서 각 선에 할당된 12개 열 이름(평가 항목)의 정의
> # 열 이름 정의 별의 위치 지정 : key.loc = c(5, 2)
>
> stars(USJudgeRatings[1:5,],key.loc = c(5, 2))
```

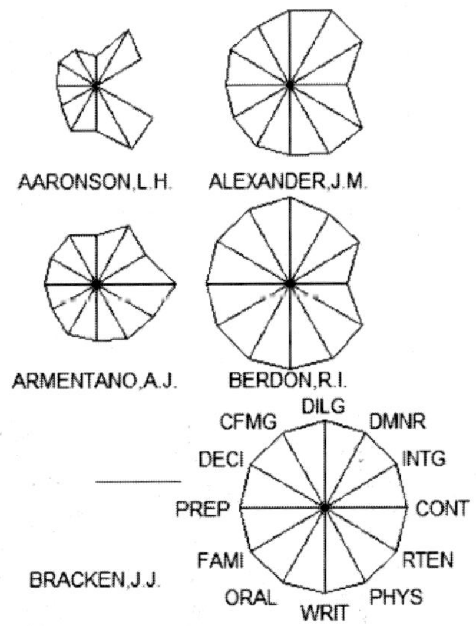

8.1.15 나이팅게일 그래프: stars {graphics}

앞의 함수 stars의 옵션에 'draw.segments=TRUE'를 추가하면 나이팅게일 그래프가 그려진다. 나이팅게일 그래프는 별 모양이 아닌 원 조각들로 구성된 원판으로 표현되는데 관측치 1개는 원판 1개를 나타내고 각 원판(관측치)에서는 조각의 면적이 해당 변수의 크기를 나타낸다.

나이팅게일 그래프를 그리기 위한 함수 star의 기본 형식은 [표 8.21]을 참조하고 사용 예는 [R-program 8.15]를 참조한다.

[표 8.21] 나이팅게일 그래프를 그리기 위한 별 그래프 함수 star의 형식

형식	stars(x, key.loc=c(x,y), labels=c(...), draw.segments=TRUE, ...)
옵션	• x: 행렬 혹은 데이터 프레임 • c(x,y): 조각 원판의 중심점으로부터 뻗은 각 선에 1대1로 매칭시킬 열(변수) 정의 범례의 위치 좌표 • c(...): 행(관측치) 이름이 없는 경우 관측치 이름을 지정하는 벡터 • draw.segments=TRUE이면 별 그림이 아닌 나이팅게일 그래프를 그린다. • ...: 기타 옵션
설명	• 관측치들의 나이팅게일 그래프를 그린다.

[R-program 8.15] 나이팅게일 그래프를 그리기 위한 별 그래프 함수 star의 사용 예

```
> #(1) mtcars: 패키지 datasets의 데이터 프레임
>
> # 데이터 설명: 1974 Motor Trend US magazin에서 발췌한 자동차 로드 테스트
> # 자료로서 32X11 데이터 프레임
> # 32개 자동차에 대한 11개 평가 항목
> # mtcars[1:10,c(1,3,4,5,6)] : 첫 10개 자동차에 대한 1,3,4,5,6열 평가 항목
>
> #(2) [그림 8.28] 나이팅게일 그래프
>
> # 첫 10개의 관측치(자동차)에 대한 조각 원판 그림
> # 열 이름 정의 원판에서 각 선에 할당된 1,3,4,5,6 열 이름(평가 항목)의 정의
> # 열 이름 정의 원판의 위치 지정 : key.loc = c(5, 2)
> # 별 그래프가 아닌 나이팅게일 그래프를 그리기 위한 옵션 : draw.segments=T
>
> stars(mtcars[1:10,c(1,3,4,5,6)], key.loc = c(5, 2), draw.segments=T)
```

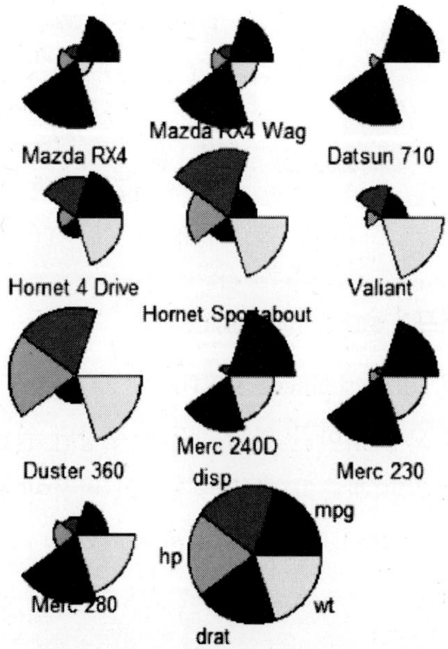

8.1.16 체르노프 얼굴 그래프: faces {aplpack}

체르노프 얼굴 그래프(Chernoff face graph)는 관측치마다 각 변수값을 표준화하여 얼굴 모양의 그래프로 나타낸다. 관측치 1개는 얼굴 1개를 나타내고 각 얼굴(관측치)에서는 얼굴의 15개의 부위를 15개의 변수에 매치시켜 표현한다. 얼굴의 부위 수만큼 총 15개의 변수를 활용할 수 있지만, 변수의 수가 얼굴 부위 수 15개보다 작은 경우 다시 첫 번째 변수부터 비어 있는 얼굴 부위와 매치된다. 각 얼굴의 상단에는 관측치(행) 이름이 기본적으로 표시된다.

체르노프 얼굴 그래프는 패키지 aplpack의 함수 faces 함수로 그릴 수 있으므로 사전에 패키지 aplpack을 설치하고 불러들여야 한다.

함수 faces 함수의 기본 형식은 [표 8.22]를 참조하고 사용 예는 [R-program 8.16]을 참조한다.

[표 8.22] 체르노프 얼굴 그래프 함수 faces의 형식

형식	faces(x, face.type=type.no, cex=cex.value, nrow.plot=nrow, ncol.plot=ncol, labels=c(...), ...)
옵션	• x: 행렬 혹은 데이터 프레임 • type.no: type.no=0이면 선으로만 나타낸 얼굴 그림이고, 1(기본값)이면 채색된 얼굴 그림이며, 2는 산타클로스 얼굴 그림으로 나타낸다. • cex.value: 행(관측치) 이름의 글씨 크기 cex=2(기본값)의 경우 글씨 크기가 큰 편이므로 줄여주는 것이 보기에 좋다. • nrow, ncol: 행의 수가 nrow이고 열의 수가 ncol인 행렬에 얼굴 그림 배치 • c(...): 행(관측치) 이름이 없는 경우 관측치 이름을 지정하는 벡터 • ...: 기타 옵션
설명	• 관측치들의 체르노프 얼굴 그래프를 그린다. • 사전에 패키지 aplpack를 설치하고 불러들여야 한다. (2.3절 참조)

[R-program 8.16] 체르노프 얼굴 그래프 함수 faces의 사용 예

```
> #(1) mtcars: 패키지 datasets의 데이터 프레임
>
> # 데이터 설명: 1974 Motor Trend US magazin에서 발췌한 자동차 로드 테스트
> # 자료로서 32X11 데이터 프레임
> # 32개 자동차에 대한 11개 평가 항목
> # mtcars[1:10,c(1,3,4,5,6)] : 첫 10개 자동차에 대한 1,3,4,5,6열 평가 항목
>
> #(2) 함수 faces를 사용하기 위해서는 패키지 aplpack을 설치후 불러들여야 함
>
> #(3) [그림 8.29] 체르노프 얼굴 그래프(체르노프 얼굴 선 그림)
>
> # 첫 6개의 관측치(자동차)에 대한 체르노프 얼굴 그림
> # face.type=0(선 얼굴), 1(기본값, 색깔로 나타낸 얼굴), 2(산타클로스 얼굴)
> # 관측치 이름의 크기 옵션 cex=2(기본값)가 큰 경우 적절한 값으로 수정
> # nrow.plot=3, ncol.plot=2 => 3행 2열의 행렬에 얼굴을 배치
>
```

```
> #(4) 아래는 얼굴 각 부위에 대응시킨 열(변수) 이름
>
> faces(mtcars[1:6,c(1,3,4,5,6)], face.type=0, cex=1,
+       nrow.plot=3, ncol.plot=2)
      effect of variables:
       modified item       Var
       "height of face   " "mpg"
       "width of face    " "disp"
       "structure of face" "hp"
       "height of mouth  " "drat"
       "width of mouth   " "wt"
       "smiling          " "mpg"
       "height of eyes   " "disp"
       "width of eyes    " "hp"
       "height of hair   " "drat"
       "width of hair   "  "wt"
       "style of hair   "  "mpg"
       "height of nose  "  "disp"
       "width of nose   "  "hp"
       "width of ear    "  "drat"
       "height of ear   "  "wt"
```

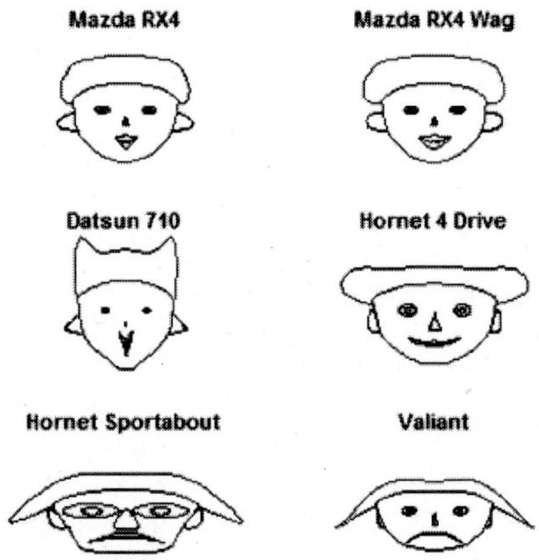


```
> #(5) [그림 8.30] 체르노프 얼굴 그래프(산타클로스 얼굴 그림)
> faces(mtcars[1:6,c(1,3,4,5,6)], face.type=2, cex=1,
+       nrow.plot=3, ncol.plot=2)
```

8.1.17 레이더 그래프: radarchart {fmsb}

레이더 모양으로 그리는 레이더 그래프(radar graph)는 1개의 관측치마다 1개의 레이더로 표현하는 것은 별 그래프와 유사하지만, 레이더 그래프는 별 그래프처럼 모든 관측치를 독립적으로 그리지 않고 하나의 그래프 영역 내에 여러 관측치(레이더)들을 겹쳐서 나타낸다. 따라서 관측치의 수가 너무 많아지면 구분하기 힘들기 때문에 적은 수의 관측치 간의 비교에 주로 사용한다. 레이더 그래프는 패키지 fmsb의 함수 radarchart로 그릴 수 있으므로 사전에 패키지 fmsb를 설치하고 불러들여야 한다.

레이더 그래프를 그리기 위해서는 데이터의 전처리 과정이 필요하다. 기본적으로 데이터 프레임 형태만 사용할 수 있고 먼저 원 데이터 프레임을 표준화한 후 표준화된 데이터 프레임을 대상으로 데이터를 새구성하는데 먼저 첫 1행에는 각 변수에 대한 최댓값, 2행에는 각 변수에 대한 최솟값, 그리고 3행부터 표준화한 데이터 프레임으로 재구성한다.

함수 radarchart의 기본 형식은 [표 8.23]을 참조하고 사용 예는 [R-program 8.17]을 참조한다.

[표 8.23] 레이더 그래프 함수 radarchart의 형식

형식	radarcharts(x, ...)
옵션	• x: 원 데이터 프레임을 표준화한 데이터 프레임이 3행부터 놓이고 첫 행은 표준화한 데이터 프레임의 각 열(변수)의 최댓값의 행, 두 번째 행은 최솟값의 행이 놓이도록 한 데이터 프레임 • ...: 기타 옵션
설명	• 관측치들의 레이더 그래프를 그린다. • 사전에 패키지 fmsb를 설치하고 불러들여야 한다. (2.3절 참조)

[R-program 8.17] 레이더 그래프 함수 radarchart의 사용 예

```
> #(1) mtcars: 패키지 datasets의 데이터 프레임
>
> # 데이터 설명: 1974 Motor Trend US magazin에서 발췌한 자동차 로드 테스트
> # 자료로서 32X11 데이터 프레임
> # 32개 자동차에 대한 11개 평가 항목
>
> #(2) 데이터 프레임 cars1 생성
>
> # 첫 6개 자동차에 대한 1,3,4,5,6열 평가 항목
>
> cars1 <- mtcars[1:6,c(1,3,4,5,6)]
>
> #(3) 함수 radarchart를 사용하기 위해서는 패키지 fmsb를 설치후 불러들여야 함
>
> #(4) 함수 radarchart의 입력 데이터를 만들기 위한 데이터 전처리 과정
>
> #각 관측치에서 열의 평균을 뺀값을 열의 표준편차로 나누어 표준화
> cars1_scale <- scale(cars1)
>
> cars1_max <- apply(cars1_scale,2,max) #각 열의 최댓값으로 이루어진 행
>
> cars1_min <- apply(cars1_scale,2,min) #각 열의 최솟값으로 이루어진 행
>
> cars <- as.data.frame(rbind(cars1_max, cars1_min, cars1_scale))
>
> cars #첫 행은 최댓값행, 둘째 행은 최솟값행, 다음은 표준화한 데이터 프레임

                       mpg       disp         hp       drat         wt
cars1_max        1.3021186  1.6480708  1.9881551  0.9136629  1.0181543
cars1_min       -1.3587324 -1.1549472 -0.8307853 -1.3506321 -1.4426850
Mazda RX4        0.2830693 -0.5765467 -0.2463708  0.9136629 -0.7950957
Mazda RX4 Wag    0.2830693 -0.5765467 -0.2463708  0.9136629 -0.2446448
Datsun 710       1.3021186 -1.1549472 -0.8307853  0.8143517 -1.4426850
Hornet 4 Drive   0.5095247  0.5135159 -0.2463708 -0.7150405  0.4892897
```

```
Hornet Sportabout -1.0190493  1.6480708  1.9881551 -0.5760049  0.9749816
Valiant           -1.3587324  0.1464540 -0.4182574 -1.3506321  1.0181543

> #(5) [그림 8.31] 레이더 그래프
>
> radarchart(cars)
```

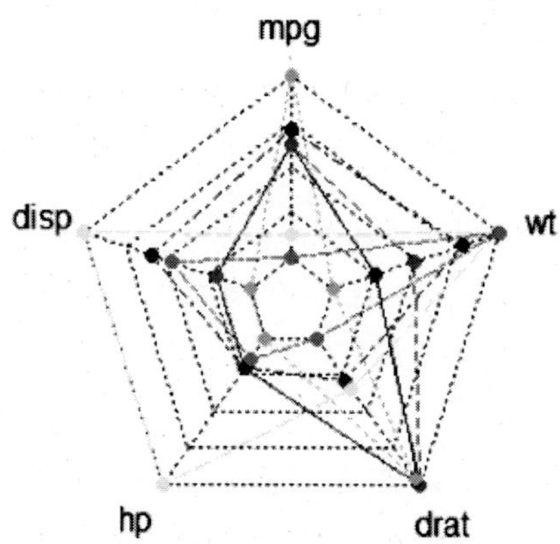

8.1.18 평행 좌표 그래프: parcoord {MASS}

평행 좌표 그래프(parallel coordinate graph)는 하나의 그래프에 관측치에 해당하는 평행 좌표 선들을 겹쳐 그림으로서 비슷한 형태를 갖는 관측치들의 군집화 상태를 파악하기에 유용한 그래프이다. 평행 좌표 그래프에서는 1개의 관측치가 갖는 각 변수값을 연결하여 그려진 1개의 평행선이 1개의 관측치를 나타낸다. 평행 좌표 그래프는 패키지 MASS의 함수 parcoord로 그릴 수 있으므로 사전에 패키지 MASS를 설치하고 불러들여야 한다.

함수 parcoord의 기본 형식은 [표 8.24]를 참조하고 사용 예는 [R-program 8.18]을 참조한다.

[표 8.24] 평행 좌표 함수 parcoord의 형식

형식	parcoord(x, ...)
옵션	• x: 행렬 혹은 데이터 프레임 • ...: 기타 옵션
설명	• 관측치들의 평행 좌표 그래프를 그린다. • 사전에 패키지 MASS를 설치하고 불러들여야 한다. (2.3절 참조)

[R-program 8.18] 평행 좌표 그래프 함수 parcoord의 사용 예

```
> #(1) iris: 패키지 datasets의 데이터 프레임
>
> # 데이터 설명: Fisher의 붓꽃자료로서 150X5 데이터 프레임
> # iris[,1:4] : 데이터 프레임 iris의 1~4열
>
```

```
> #(2) 함수  parcoord를 사용하기 위해서는 패키지 MASS를
> # 설치후 불러들여야 함
>
> #(3) [그림 8.32]  평행 좌표 그래프
>
> parcoord(iris[,1:4])
```

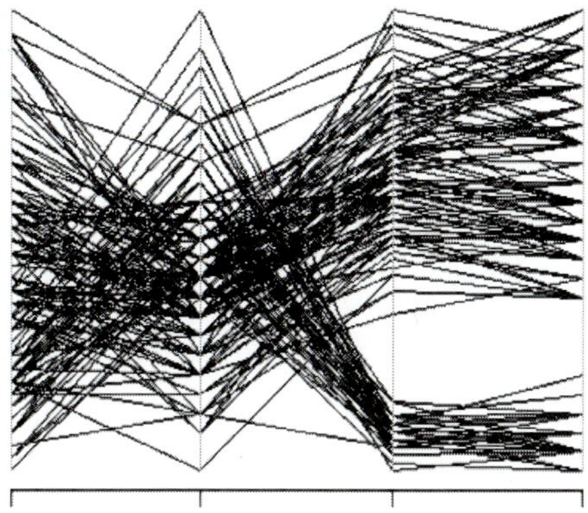

8.2 범주형 그래프

다음 [표 8.25]는 범주형 데이터를 그래프로 그릴 수 있는 범주형 그래픽 함수이다.

[표 8.25] 범주형 그래픽 함수

함수	패키지	함수가 그리는 그래프
barplot	graphics	막대 그래프
spine	vcd	비율 막대 그래프(스피누그램)
pie	graphics	원 그래프
pie3D	plotrix	3차원 원 그래프
fan.plot	plotrix	원 조각들을 겹쳐 표현한 팬 그래프
mosaic	vcd	모든 범주들의 수준 조합에 대하여 빈도를 모자이크 형태로 나타낸 모자이크 그래프
assocplot	graphics	2차원 분할표를 표현한 연관성 그래프

8.2.1 막대 그래프: barplot {graphics}

막대 그래프(bar graph)는 일반적으로 범주형 데이터가 갖는 값인 각 범주가 갖는 빈도를 비교하거나 혹은 각 범주가 갖는 수치를 비교할 때 유용하다. 막대 그래프와 모양이 유사한 그래프로 앞서 다루었던 히스토그램은 연속형 데이터에 대해서 구간을 나누어 구간에 해당하는 빈도를 막대로 표시하는 그래프이다. 일반적으로 히스토그램은 연속형 데이터를 대상으로 하는 그래프이므로 막대를 서로 붙여 그리지만, 막대 그래프는 범주형 데이터를 대상으로 하는 그래프이므로 막대의 사이에 간격이 있는 점이 다르다. 함수 barplot는 막대 그래프를 그릴 수 있다.

막대 그래프에서 막대의 높이가 단순히 수치가 아니라 빈도인 경우는 함수 barplot의 입력 데이터가 빈도를 나타내는 수치여야 하므로 데이터를 사전에 빈도표 형태로 만들어야 한다. 데이터 프레임 형태의 원래 자료는 보통 함수 table을 사용하여 빈도표를 만들 수 있다.

범주형 변수가 한 가지일 때, 예를 들면 성별의 경우 막대의 길이는 범주형 데이터값인 남, 여가 갖는 수치 혹은 빈도로 표현한다. 그러나 범주형 변수가 두 가지일 경우에 예를 들면 성별 및 학력의 경우는 성별마다 학력의 범주 값을 누적시킨 수직 누적 막대 그래프로 나타내거나 혹은 성별마다 학력의 범주를 병렬해서 나타내는 수평 누적 막대 그래프로 표현한다.

함수 barplot의 기본 형식은 [표 8.26]을 참조한다. 범주형 변수가 두 가지일 경우에 입력 데이터는 행렬 형태의 2차원 빈도표인데 이때 열이 x-축에, 행이 y-축에 표현된다. 특히 함수 barplot로 막대 그래프를 그릴 때는 적절한 주 제목, 부제목, x-축 및 y-축의 이름을 지정하는 것이 막대 그래프를 해석하는 데 도움이 된다. 함수 barplot의 사용 예로서 범주형 변수가 한 가지일 때는 [R-program 8.19], 두 가지일 때는 [R-program 8.20]을 참조한다.

[표 8.26] 막대 그래프 함수 barplot의 형식

형식	barplot(height, beside=FALSE, names.arg=bar.name, legend=legend.name, horiz=FALSE, density=density.value, col=color.bar, border=color.border, angle=angle.value, main="main.title", sub="sub.title", xlab="x-axis.label", ylab="y-axis.label", xlim=x.limit, ylim=y.limit, space=space.value, width=width.value, ...)
옵션	• height: 막대를 설명하는 값의 벡터 또는 행렬이다. height가 벡터일 때 벡터의 각 값이 막대들의 높이가 되는 막대 그래프가 그려진다. height가 행렬로 표현된 빈도표이면 열이 x-축이 되고 행이 y-축이 된다. 또한, height가 행렬이고 beside=FALSE이면 행렬의 열의 값들이 수직 누적 막대를 구성하는 조각 막대들의 높이에 해당한다. height가 행렬이고 beside=TRUE이면 행렬의 열의 값들은 수평 누적 막대의 각 막대의 높이에 해당한다. • beside = FALSE(기본값)이면 수직 누적 막대 그래프, TRUE이면 수평 누적 막대 그래프를 그린다.

옵션	• bar.name: 각 막대의 이름을 지정한다. • legend.name: 범례의 이름을 지정한다. • horiz = FALSE(기본값)이면 세로 막대 그래프, TRUE이면 가로 막대 그래프를 그린다. • density.value: 막대를 칠하는 선의 밀도를 지정 • color.bar: 막대의 색깔을 지정([표 8.5] 참조) • color.border: 막대의 테두리 색깔을 지정([표 8.5] 참조) • angle.value: 막대를 칠하는 선의 각도를 지정 • main.title: 주 제목을 지정 • sub.title: 부제목을 지정 • x-axis.label: x-축의 이름을 지정 • y-axis.label: y-축의 이름을 지정 • x.limit: x-축의 범위를 지정 • y.limit: y-축의 범위를 지정 • space.value: 막대 사이의 간격을 지정 • width.value: 막대의 폭을 지정 • ...: 기타 옵션
설명	• 1개의 범주형 변수가 갖는 수치 혹은 빈도를 나타내는 막대 그래프를 그린다. • 2개의 범주형 변수가 갖는 수치 혹은 빈도를 나타내는 누적 막대 그래프를 그린다.

[R-program 8.19] 범주형 변수가 1개인 경우 막대 그래프 함수 barplot의 사용 예

```
> #(1) mtcars: 패키지 datasets의 데이터 프레임
>
> # 데이터 설명: 1974 Motor Trend US magazin에서 발췌한 자동차 로드 테스트
> # 자료로서 32X11 데이터 프레임
>
> #(2) 함수 barplot의 입력 데이터로 사용할 빈도표 만들기
>
> # 데이터 프레임 mtcars의 변수 am은 0혹은 1의 값을 갖음
> # 함수 table : 빈도표 생성 함수
>
> table1 <- table(mtcars$am); table1

 0  1
19 13
>
> #(3) [그림 8.33] 막대 그래프 : 범주형 변수가 1개인 경우
>
> # 기본형 barplot
>
> barplot(table1)
```

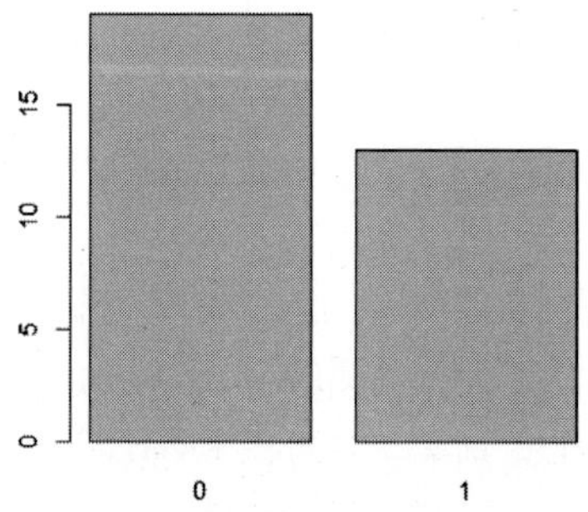

```
> #(4) [그림 8.34] 가로 막대 그래프 : 범주형 변수가 1개인 경우
>
> # 옵션 horiz=T : 가로 막대 그래프
> # 옵션 names.arg에서 막대의 이름을 지정
> # 옵션 las=1 : 막대의 이름을 x-축에 수평으로 배치
> # 옵션 density에서 막대를 채우는 선의 밀도 지정
>
> barplot(table1, horiz=T, names.arg=c("automatic","manual"),
+         main="Motor Cars Load Test", xlab="Frequency",
+         las=1, density=100)
```

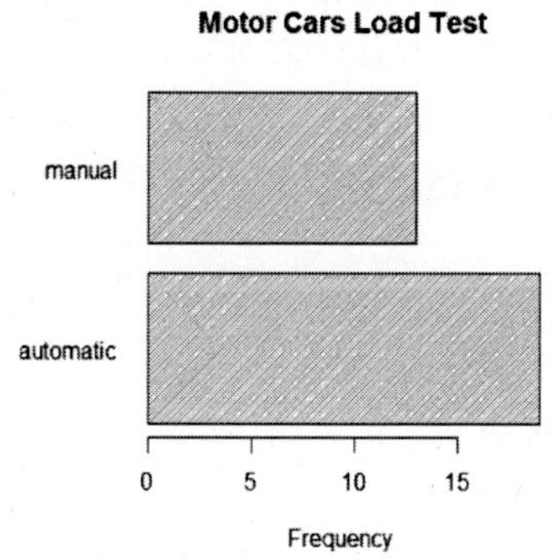

[R-program 8.20] 범주형 변수가 2개인 경우 막대 그래프 함수 barplot의 사용 예

```
> #(1) HairEyeColor: 패키지 datasets의 배열
>
> # 데이터 설명: 592명 통계학과 학생들의 hair, eye color 및 sex 별
> # 빈도 자료를 4(Hair)X4(Eye)X2(Sex) 3차원 배열의 형태로 저장
> # ----------------------------------------
> # 차원  name    levels
> # ----------------------------------------
> #   1   Hair    Black, Brown, Red, Blond
> #   2   Eye     Brown, Blue, Hazel, Green
> #   3   Sex     Male, Female
> # ----------------------------------------

>
> #(2) HairEyeColor[,1,] => Eye=1(Brown)인 경우에 4(Hair)X2(Sex) 빈도표
>
> HairEyeColor[,1,]
       Sex
Hair    Male Female
  Black   32     36
  Brown   53     66
```

```
  Red        10       16
  Blond       3        4
>
> #(3) [그림 8.35] 수직 누적 막대 그래프 : 범주형 변수가 2개인 경우
>
> # 옵션 legend에 의해서 HairEyeColor[,1,]의 행 이름을 범례로 사용
> # 옵션 main 내에서 \n은 줄바꿈 실행
> # 열(Sex)이 x-축, 행(Hair)이 y-축

>
> barplot(HairEyeColor[,1,],
+          main="Hair Colors by Sex of Students \n with Brown Eye Color",
+          ylab="Frequency of Hair Color", legend=rownames(HairEyeColor[,1,]))
```

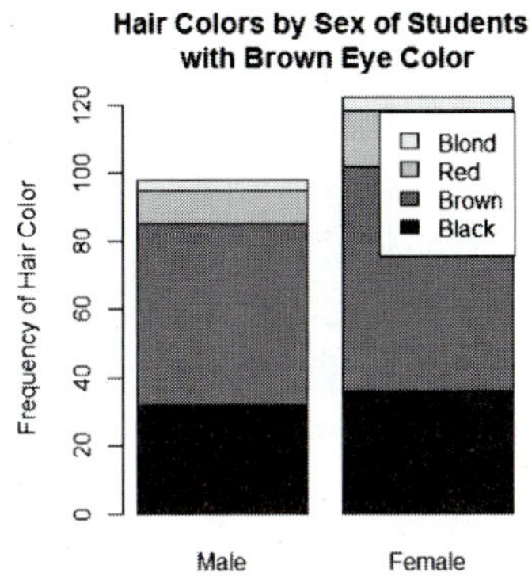


```
> #(4) [그림 8.36] 수직 누적 막대 그래프 : 범주형 변수가 2개인 경우
>
> t(HairEyeColor[,1,]) # Eye=1(Brown)인 경우에 2(Sex)X4(Hair) 빈도표
        Hair
Sex       Black Brown Red Blond
  Male       32    53  10     3
  Female     36    66  16     4
>
> # beside=FALSE(기본값) 이면 수직 누적 막대 그래프
> # 열(Hair)이 x-축, 행(Sex)이 y-축
>
> barplot(t(HairEyeColor[,1,]),
+          main="Sex by Hair Colors of Students \n with Brown Eye Color",
+          xlab="Hair Color", ylab="Frequency of Sex",
+          legend=rownames(t(HairEyeColor[,1,])))
```

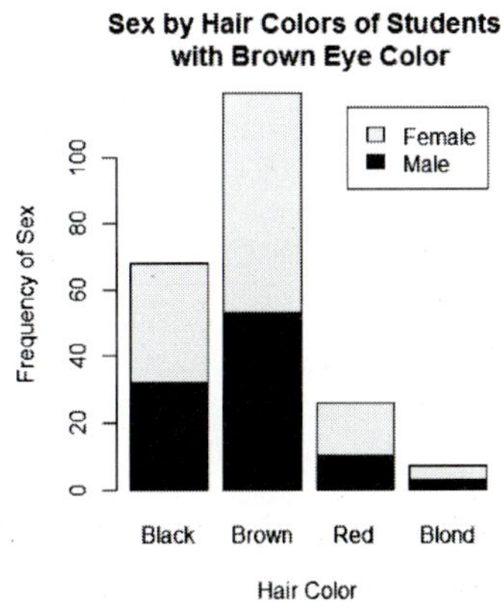

```
> #(5) [그림 8.37] 수평 누적 막대 그래프 : 범주형 변수가 2개인 경우
>
> # beside=TRUE 이면 수평 누적 막대 그래프
> # 열(Sex)이 x-축, 행(Hair)이 y-축
>
> barplot(HairEyeColor[,1,],
+         main="Hair Colors by Sex of Students \n with Brown Eye Color",
+         ylab="Frequency of Hair Color", beside=TRUE,
+         legend=c("Black Hair", "Brown Hair", "Red Hair", "Blond Hair"))
```

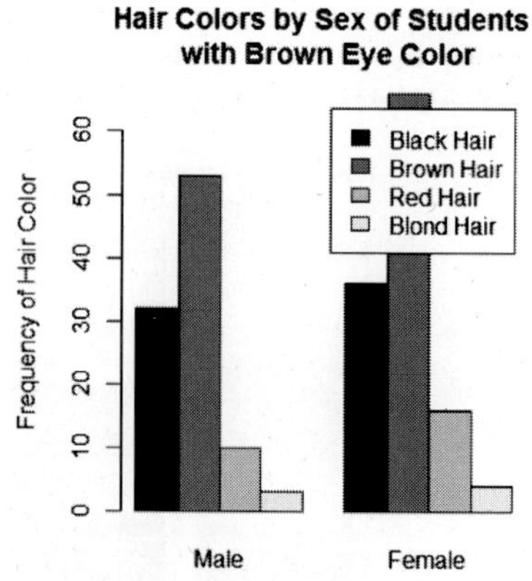

8.2.2 비율 막대 그래프: spine {vcd}

또 다른 막대 그래프의 한 종류로 스피노그램(spinograms)이 있다. 보통의 막대 그래프의 높이는 빈도를 의미하지만 스피노그램은 빈도가 아닌 전체도수에 대해 해당 범주가 차지하는 비율로, 즉 상대도수로 표시된다. 따라서 스피노그램은 높이가 1인 비율 막대 그래프로 그려진다.

비율 막대 그래프는 두 가지 범주형 변수를 대상으로 범주별 단순한 빈도 비교가 아닌 범주별 비율 비교를 하고자 할 때 유용하다. 또한, x-축을 기준해서 막대의 길이로 범주 간 절대적 크기의 비교도 가능하다. 비율 막대 그래프인 스피노그램은 패키지 vcd의 함수 spine으로 그릴 수 있으므로 사전에 패키지 vcd를 설치하고 불러들여야 한다.

함수 spine의 기본 형식은 [표 8.27]을 참조하고 함수 spine의 사용 예는 [R-program 8.21]을 참조한다. 함수 spine은 함수 barplot과는 달리 입력 데이터인 행렬 형태의 2차원 빈도표에서 행이 x-축에, 열이 y-축에 표현됨에 유의한다.

[표 8.27] 비율 막대 그래프 함수 spine의 형식

형식	spine(x, ...)
옵션	• x: 행렬 형태의 빈도표 • ...: 기타 옵션
설명	• 두 가지 범주형 변수를 대상으로 비율 막대 그래프를 그린다. • 사전에 패키지 vcd를 설치하고 불러들여야 한다. (2.3절 참조)

[R-program 8.21] 비율 막대 그래프 함수 spine의 사용 예

```
> #(1) HairEyeColor: 패키지 datasets의 배열
>
> # 데이터 설명: 592명 통계학과 학생들의 hair, eye color 및 sex 별
> # 빈도 자료를 4(Hair)X4(Eye)X2(Sex) 3차원 배열의 형태로 저장
> # ------------------------------------------
> # 차원  name    levels
> # ------------------------------------------
> #   1   Hair    Black, Brown, Red, Blond
> #   2   Eye     Brown, Blue, Hazel, Green
> #   3   Sex     Male, Female
> # ------------------------------------------
>
> #(2) HairEyeColor[,1,] => Eye=1(Brown)인 경우에 4(Hair)X2(Sex) 빈도표
> # t(HairEyeColor[,1,]) # Eye=1(Brown)인 경우에 2(Sex)X4(Hair) 빈도표
>
> t(HairEyeColor[,1,])
        Hair
Sex      Black Brown Red Blond
  Male      32    53  10     3
  Female    36    66  16     4

>
> #(3) 함수 spine을 사용하기 위해서는 사전에 패키지 vcd를 설치 후 불러들임
>
> #(4) [그림 8.38] 비율 막대 그래프, 스피노그램

>
> # 행(Sex)이 x-축, 열(Hair)이 y-축 => 함수 barplot과 반대임
>
> spine(t(HairEyeColor[,1,]),
+       main="Hair Colors by Sex of Students with Brown Eye Color",
+       ylab="Proportion of Hair Colors" )
```

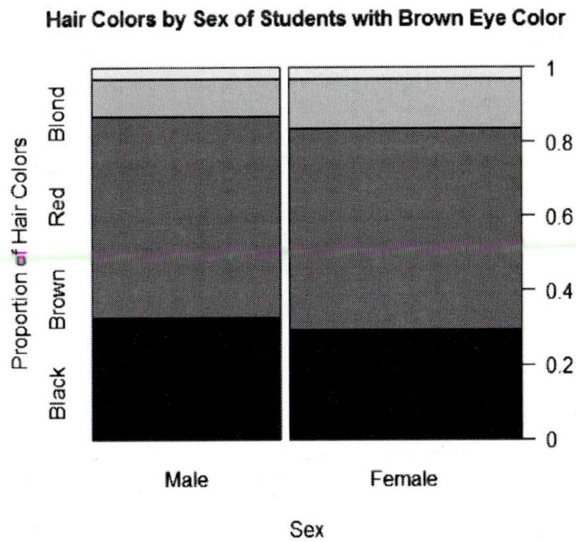

8.2.3 원 그래프: pie {graphics}

원 그래프(pie graph)는 하나의 범주형 변수가 갖는 범주의 수치 혹은 빈도를 표현하는 그래프이다. 함수 pie는 원 그래프를 그릴 수 있다. 원 그래프를 구성하는 각각의 원 조각들의 크기는 각 범주의 수치 혹은 빈도를 총 수치 합 혹은 총 빈도수로 각각 나눈 비율에 해당한다. 원 그래프도 막대 그래프처럼 원 조각의 크기가 빈도수를 나타내도록 하려면 입력 데이터가 빈도표가 되도록 사전에 만들어 주어야 한다.

함수 pie 함수의 기본 형식은 [표 8.28]을 참조하고 사용 예는 [R-program 8.22]를 참조한다.

[표 8.28] 원 그래프 함수 pie의 형식

형식	pie(x, labels=piece.name, col=piece.color, ...)
옵션	• x: 수치 혹은 빈도 벡터 • piece.name: 원 조각들의 이름을 지정 • piece.color: 원 조각들의 색을 지정([표 8.5] 참조) • ...: 기타 옵션
설명	• 하나의 범주형 변수를 대상으로 원 그래프를 그린다.

[R-program 8.22] 원 그래프 함수 pie의 사용 예

```
> #(1) HairEyeColor: 패키지 datasets의 배열
>
> # 데이터 설명: 592명 통계학과 학생들의 hair, eye color 및 sex 별
> # 빈도 자료를 4(Hair)X4(Eye)X2(Sex) 3차원 배열의 형태로 저장
> # ----------------------------------------
> # 차원  name    levels
> # ----------------------------------------
> #   1   Hair    Black, Brown, Red, Blond
> #   2   Eye     Brown, Blue, Hazel, Green
> #   3   Sex     Male, Female
> # ----------------------------------------
>
> #(2) Black Hair(1행) & Female(2행렬)인 경우 Eye의 빈도표
>
> HairEyeColor[1,,2]
Brown  Blue Hazel Green
   36     9     5     2
>
> #(3) [그림 8.39] 원 그래프
>
> # 원 조각이 빈도를 의미
>
> pie(HairEyeColor[1,,2],
+     main="Eye Colors of Female Students \n with Black Hairs")
```

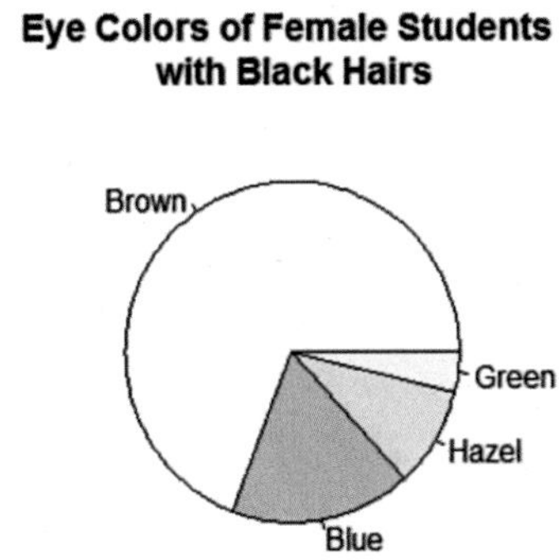


```
> #(4) [그림 8.40] 원 그래프
>
> # 원 조각이 범주의 특정 수치를 의미
> # 옵션 col로 색깔 지정, 옵션 labels로 원조각 이름 지정
>
> pie(c(155, 276, 823), main="Fruits Sales",
+     col=c("yellow", "purple", "red"), labels=c("Pear", "Grape","Apple"))
```

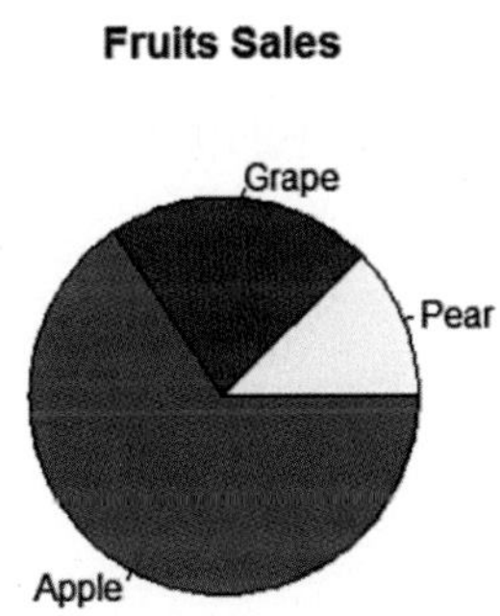

8.2.4 3차원 원 그래프: pie3D {plotrix}

3차원 원 그래프는 원 그래프에 높이를 더하여 입체감을 표현한 그래프이다. 3차원 원 그래프는 패키지 plotrix의 함수 pie3D로 그릴 수 있으므로 사전에 패키지 plotrix를 설치하고 불러들여야 한다.

함수 pie3D 옵션의 기본 형식은 [표 8.29]을 참조하고 사용 예는 [R-program 8.23]을 참조한다.

[표 8.29] 3차원 원 그래프 함수 pie3D의 형식

형식	pie3D(x, radius=radisus.value, height=height.value, labels=piece.name, col=piece.color, border=border.color, ...)
옵션	• x: 수치 혹은 빈도 벡터 • radisus.value: 원의 반지름(기본값은 1) • height.value: 원통의 높이(기본값은 0.1)

	• piece.name: 원통의 각 조각의 이름 • piece.color: 원통의 각 조각 색깔([표 8.5] 참조) • border.color: 원통의 각 조각 둘레 선 색깔([표 8.5] 참조)
설명	• 한 가지 범주형 변수를 대상으로 3차원 원 그래프를 그린다. • 사전에 패키지 plotrix를 설치하고 불러들여야 한다. (2.3절 참조)

[R-program 8.23] 3차원 원 그래프 함수 pie3D의 사용 예

```
> #(1) HairEyeColor: 패키지 datasets의 배열
>
> # 데이터 설명: 592명 통계학과 학생들의 hair, eye color 및 sex 별
> # 빈도 자료를 4(Hair)X4(Eye)X2(Sex) 3차원 배열의 형태로 저장
> # ------------------------------------------
> # 차원  name    levels
> # ------------------------------------------
> #   1   Hair    Black, Brown, Red, Blond
> #   2   Eye     Brown, Blue, Hazel, Green
> #   3   Sex     Male, Female
> # ------------------------------------------
>
> #(2) Black Hair(1행) & Female(2행렬)인 경우 Eye의 빈도표
>
> HairEyeColor[1,,2]
Brown  Blue Hazel Green
   36     9     5     2
>
> #(3) 함수 pie3D를 사용하기 위해서는 사전에 패키지 plotrix를 설치후 불러들임
>
> #(3) [그림 8.41] 3차원 원 그래프
>
> pie3D(HairEyeColor[1,,2],
+         main="Eye Colors of Female Students \n with Black Hairs",
+         labels=names(HairEyeColor[1,,2]), height=0.3,
+         col=c("brown","blue","yellow","green"))
```

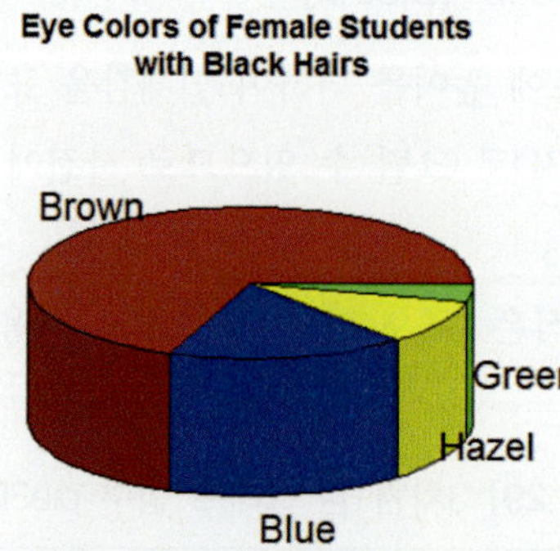

8.2.5 팬 그래프: fan.plot {plotrix}

팬 그래프(fan graph)는 원 그래프에서의 원 조각들을 가장 큰 원 조각 위에 조각의 크기순으로 겹쳐서 나타내는 그래프이다. 팬 그래프는 패키지 plotrix의 함수 fan.plot으로 그릴 수 있으

므로 사전에 패키지 plotrix를 설치하고 불러들여야 한다.

함수 fan.plot의 기본 형식은 [표 8.30]을 참조하고 사용 예는 [R-program 8.24]를 참조한다.

[표 8.30] 팬 그래프 함수 fan.plot의 형식

형식	fan.plot(x, radius=radisus.value, col=piece.color, labels=piece.name, label.radius=label.radius.value, ...)
옵션	• x: 수치 혹은 빈도 벡터 • radisus.value: 팬의 반지름(기본값은 1) • piece.color: 팬의 각 조각 색깔([표 8.5] 참조) • piece.name: 팬의 각 조각 이름 • label.radius.value: 팬 중심으로부터 팬 조각 이름의 위치 지정(기본값 1.2) • ...: 기타 옵션
설명	• 한 가지 범주형 변수를 대상으로 팬 그래프를 그린다. • 사전에 패키지 plotrix를 설치하고 불러들여야 한다. (2.3절 참조)

[R-program 8.24] 팬 그래프 함수 fan.plot의 사용 예

```
> #(1) HairEyeColor: 패키지 datasets의 배열
>
> # 데이터 설명: 592명 통계학과 학생들의 hair, eye color 및 sex 별
> # 빈도 자료를 4(Hair)X4(Eye)X2(Sex) 3차원 배열의 형태로 저장
> # ----------------------------------------
> # 차원  name    levels
> # ----------------------------------------
> #   1   Hair    Black, Brown, Red, Blond
> #   2   Eye     Brown, Blue, Hazel, Green
> #   3   Sex     Male, Female
> # ----------------------------------------
>
> #(2) Black Hair(1행) & Female(2행렬)인 경우 Eye의 빈도표
>
> HairEyeColor[1,,2]
Brown  Blue Hazel Green
   36     9     5     2
>
> #(3) 함수 fan.plot를 사용하기 위해서는 사전에 패키지 plotrix를 설치후 불러들임

>
> #(4) [그림 8.42] 팬 그래프
>
> # 옵션 radius로 팬의 반지름 지정
> # 옵션 label.radius로 팬 중심으로 부터 팬조각 이름의 위치 지정
>
> fan.plot(HairEyeColor[1,,2],
+          main="Eye Colors of Female Students \n with Black Hairs",
+          label.radius=0.4, radius=0.4,
+          col=c("brown","blue","yellow","green"),
+          labels=c("Brown eyes","Blue eyes","Light brown eyes","Green eyes"))
```

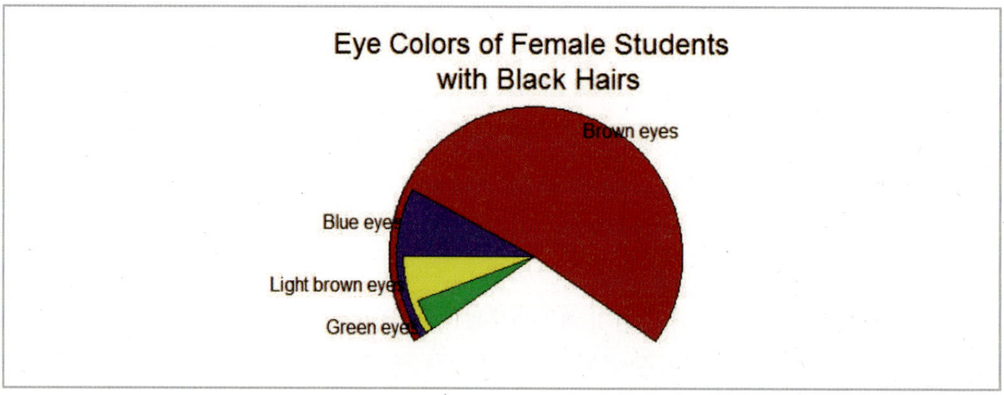

8.2.6 모자이크 그래프: mosaic {vcd}

모자이크 그래프(mosaic graph)는 두 개 이상의 범주형 변수들이 갖는 모든 범주의 수준 조합에 대하여 빈도를 모자이크 형태로 나타낸다. 모자이크 그래프는 패키지 vcd의 함수 mosaic로 그릴 수 있으므로 사전에 패키지 vcd를 설치하고 불러들여야 한다.

함수 mosaic의 기본 형식은 [표 8.31]을 참조하고 사용 예는 [R-program 8.25]를 참조한다.

[표 8.31] 모자이크 그래프 함수 mosaic의 형식

형식	mosaic(x, ...)
옵션	• x: 2차원 이상의 배열 • ...: 기타 옵션
설명	• 두 가지 이상의 범주형 변수를 대상으로 모자이크 그래프를 그린다. • 사전에 패키지 vcd를 설치하고 불러들여야 한다. (2.3절 참조)

[R-program 8.25] 모자이크 그래프 함수 mosaic의 사용 예

```
> #(1) Titanic: 패키지 datasets의 배열
>
> # 데이터 설명: 타이타닉호 승객의 class, sex, age 및 srvived 별
> # 빈도 자료를 4(Class)X2(Sex)X2(Age)X2(Survived) 4차원 배열의 형태로 저장
> # 4차원 배열의 형태로 저장
> # ------------------------------------------
> # 차원  name        levels
> # ------------------------------------------
> #   1   Class     1st, 2nd, 3rd, Crew
> #   2   Sex       Male, Female
> #   3   Age       Child, Adult
> #   4   Survived   No, Yes
> # ------------------------------------------
>
> #(2) Adult(2행렬)인 경우 4(Class)X2(Sex)X2(Survived) 3차원 배열
> Titanic[,,2,]
, , Survived = No
```

```
      Sex
Class  Male Female
  1st   118      4
  2nd   154     13
  3rd   387     89
  Crew  670      3


, , Survived = Yes

      Sex
Class  Male Female
  1st    57    140
  2nd    14     80
  3rd    75     76
  Crew  192     20

>
> #(3) 함수 mosaic를 사용하기 위해서는 사전에 패키지 vcd를 설치후 불러들임
>
> #(4) [그림 8.43] 모자이크 그래프
>
> mosaic(Titanic[,,2,], main="Frequency of Adults")
```

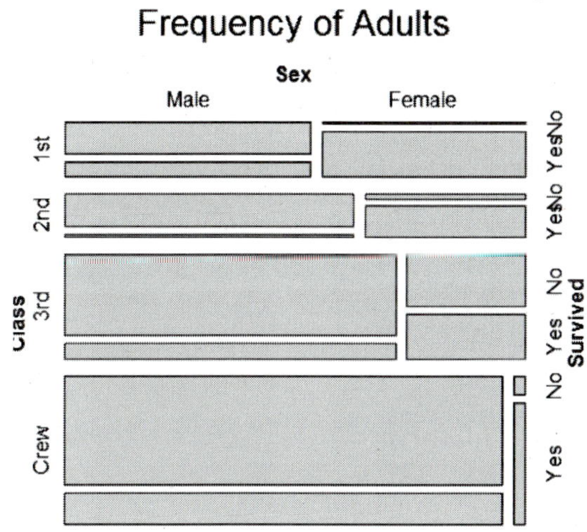

8.2.7 연관성 그래프: assocplot {graphics}

연관성 그래프(association graph)는 2차원 분할표(contingency table) 형태의 데이터를 Cohen-Friendly association 그래프로 나타낸 그림으로서 일반적인 2차원 그래프가 아닌 2차원 분할표에서 행과 열의 독립 여부를 파악할 수 있는 그래프이다. 연관성 그래프는 함수 assocplot를 사용하여 그릴 수 있다.

함수 assocplot의 기본 형식은 [표 8.32]를 참조하고 사용 예는 [R-program 8.26]를 참조한다.

[표 8.32] 연관성 그래프 함수 assocplot의 형식

형식	assocplot(x, col = c(color1, color2), ...)
옵션	• x: 행렬 형태의 2차원 분할표 • color1: 셀의 관측도수가 기대도수보다 크면 color1색으로 나타냄(기본값은 검은색, [표 8.5] 참조) • color2: 셀의 관측도수가 기대도수보다 작으면 color2색으로 나타냄(기본값은 빨간색), [표 8.5] 참조) • ...: 기타 옵션
설명	• 2차원 분할표에서 행 변수와 열 변수 간의 연관성을 파악할 수 있는 연관성 그래프를 그린다.

[R-program 8.26] 연관성 그래프 함수 assocplot의 사용 예

```
> #(1) HairEyeColor: 패키지 datasets의 배열
>
> # 데이터 설명: 592명 통계학과 학생들의 hair, eye color, 및 sex 자료를
> # 4(Hair)X4(Eye)X2(Sex) 3차원 배열의 형태로 저장
> # ------------------------------------------
> # 차원  name    levels
> # ------------------------------------------
> #   1   Hair    Black, Brown, Red, Blond
> #   2   Eye     Brown, Blue, Hazel, Green
> #   3   Sex     Male, Female
> # ------------------------------------------
>
> #(2) 2차원 분할표
> # HairEyeColor[,,1] : Male의 Hair 및 Eye 간의 분할표
>
> HairEyeColor[,,1]
       Eye
Hair    Brown Blue Hazel Green
  Black    32   11    10     3
  Brown    53   50    25    15
  Red      10   10     7     7
  Blond     3   30     5     8
>
> #(3) [그림 8.44] 연관성 그래프
> # Male의 Hair 및 Eye 간의 연관성 그래프
>
> assocplot(HairEyeColor[,,1])
```

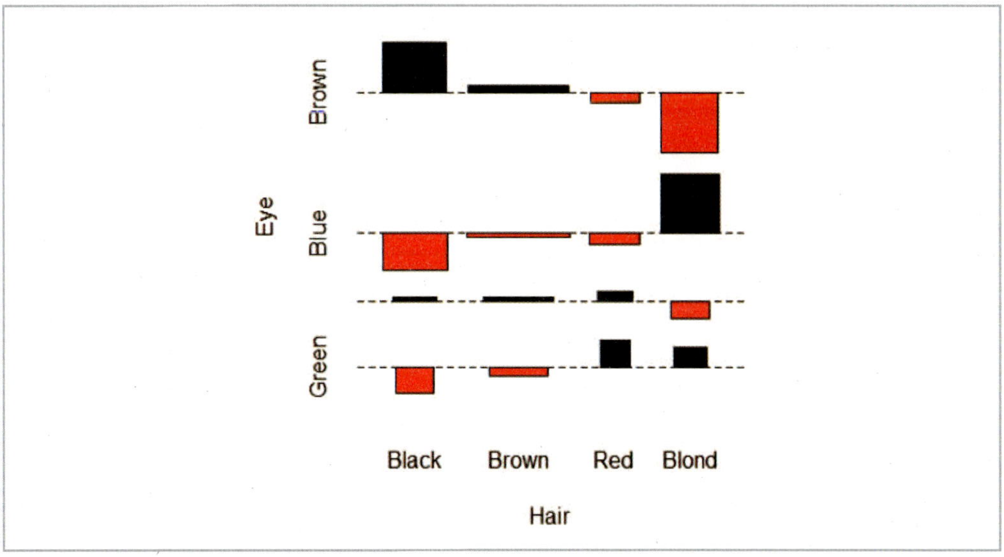

8.3 그래프 추가 옵션

지금까지 8.1절 및 8.2절에서는 연속형 혹은 범주형 자료에 적합한 그래프로서 가능한 다양한 그래프를 다루려다 보니 기본 옵션 위주로 다루었다. 실제 R 그래픽스 작업을 하다 보면 데이터의 특성에 맞는 더욱더 세부적인 그래픽 작업을 필요로 할 때가 종종 발생한다. 이 절에서는 그래프를 보기 좋고 이해하기 쉽게 그리는 데 도움이 되는 여러 옵션에 대해서 살펴보기로 한다.

8.3.1 제목 추가: title {graphics}

8.1절 및 8.2절에서 다루었던 모든 그래픽 함수는 그래프의 이해도를 높이는 제목(title)과 관련된 옵션들을 가지고 있다. 그래프에서 제목의 종류로는 크게 주 제목(main title), 부제목(sub title), x-축 이름(x-axis label), 그리고 y-축 이름(y-axis label)으로 구성되어 있다. main title은 그래프의 상단에 굵은 글씨로, sub title은 그래프의 하단에 더 작은 글씨로, x-axis label 및 y-axis label은 각각 그래프의 x-축, y-축에 표시된다. 이러한 제목들은 8.1절 및 8.2절에서 다루었던 그래픽 함수들 내에서 제목 관련 옵션을 사용하여 지정할 수 있다.

패키지 graphics의 그래픽 함수들을 사용할 때 그래프 제목을 지정할 수 있는 또 다른 방법으로는 함수 title을 이용해 추가로 별도의 제목 지정이 가능하다. 제목에 사용되는 글씨의 크기, 색깔, 글씨체는 각각 옵션 cex, col, font로 지정할 수 있다.

함수 title의 기본 형식은 [표 8.33]을 참조하고 사용 예는 [R-program 8.27]을 참조한다.

함수 plot를 사용할 때는 x-축, y-축 제목이 자동으로 생성되기 때문에 xlab="" 및 ylab=""를 통하여 자동 생성된 축 제목을 삭제하지 않으면 자동 생성 축 제목과 사용자 정의 축 제목이 동시에 나타난다.

[표 8.33] 제목 추가 함수 title의 형식

형식	title(main=list("main.title", cex=size.value, col=color, font=font.no), sub=list("sub.title", cex=size.value, col=color, font=font.no), xlab=list("x-axis.label", cex=size.value, col=color, font=font.no), ylab=list("y-axis.label", cex=size.value, col=color, font=font.no), ...) 혹은 title(main="main.title", cex.main=size.value, col.main=color, font.main=font.no, sub="sub.title", cex.sub=size.value, col.sub=color, font.sub=font.no, xlab="x-axis.label", ylab="y-axis.label", cex.lab=size.value, col.lab=color, font.lab=font.no)
옵션	• main.title: 주 제목 • sub.title: 부제목 • x-axis.label: x-축 이름 • y-axis.label: y-축 이름 • size.value: 제목 혹은 축 이름의 글씨 크기 • color: 제목 혹은 축 이름의 글씨 색깔([표 8.5] 참조) • font.no: 제목 혹은 축 이름의 글씨체([표 8.3]의 옵션 font 참조) • ...: 기타 옵션
설명	• 패키지 graphics의 그래픽 함수로 그린 그래프에 그래프의 제목 혹은 축 이름, 글씨의 크기, 색깔, 글씨체를 추가로 지정한다.

[R-program 8.27] 제목 추가 함수 title의 사용 예

```
> #(1) [그림 8.45] (좌) 자동 생성된 제목 (우) 자동 생성된 축 제목을 삭제
>
> plot(1:30)
> plot(1:30, xlab="", ylab="")
```

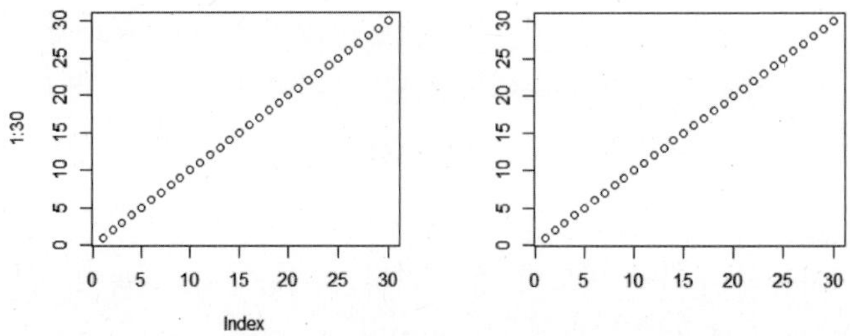

```
> #(2) [그림 8.46] 함수 title의 사용에 의해 기존 그림에 제목 추가
>
> title(main = list("My main title", cex=2, col="red", font=1),
+       sub = list("My sub title", cex=1.2, col="black", font=2),
+       xlab= list("My x-axis label", cex=0.8, col="blue", font=3),
+       ylab= list("My y-axis label", cex=0.8, col="brown", font=4))
```

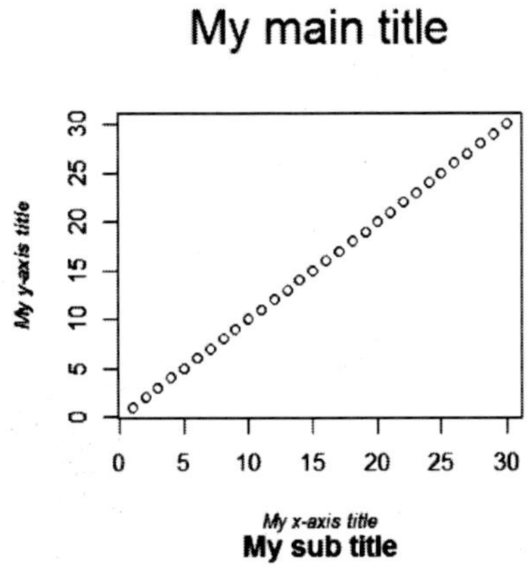

8.3.2 점 추가: points {graphics}

함수 points는 패키지 graphics의 그래픽 함수로 그린 그래프에 점을 추가할 수 있는 함수이다. 함수 points의 형식은 [표 8.34]를 참조하고 사용 예는 [R-program 8.28]을 참조한다

기존에 이미 그려진 그림에 점 혹은 선을 추가할 때는 x-축 및 y-축의 범위를 지정하는 옵션 xlim 및 ylim을 써야 하는 경우가 종종 발생한다. 원래 그림은 원 데이터의 최솟값 및 최댓값에 맞추어 축이 자동으로 결정되어 그려지기 때문에 새로 추가하는 점 혹은 선이 이러한 기존 데이터의 범위를 벗어날 때는 추가하는 데이터의 일부만 그려지거나 혹은 전혀 추가되지 않는 상황도 발생할 수 있음에 유의한다.

[표 8.34] 점 추가 함수 points의 형식

형식	points(x, y, type=plot.type, col=point.color, pch=point.symbol. cex=cex.value, ...)
옵션	• x: x-축에 나타낼 벡터 • y: y-축에 나타낼 벡터 • plot.type: 그래프 형태를 지정, 기본값은 "p"로 산점도([표 8.4] 참조) • point.color: 점의 색깔을 지정([표 8.5] 참조) • point.symbol: 점의 모양을 지정([표 8.6] 참조) • cex.value: 점의 굵기를 나타내는 수치 • ...: 기타 옵션
설명	• 패키지 graphics의 그래픽 함수로 그린 그래프에 점을 추가한다.

[R-program 8.28] 점 추가 함수 point의 사용 예

```
> #(1) iris: 패키지 datasets의 데이터 프레임
>
> # 데이터 설명: Fisher의 붓꽃자료로서 150X5 데이터 프레임
>
> #(2) [그림 8.47] 산점도
>
> # 점 (x, y)=(Sepal.Length, Sepal.Width)
> # xlim=c(0,8): x-축의 범위를 (0, 8)로 지정
> # ylim=c(0,5): y-축의 범위를 (0, 5)로 지정
>
> plot(iris$Sepal.Length, iris$Sepal.Width, xlim=c(0,8), ylim=c(0,5))
```

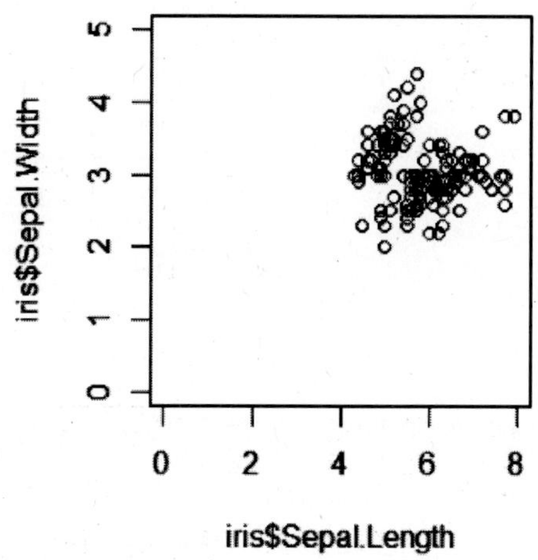


```
> #(3) [그림 8.48] 점을 추가한 산점도
>
> # 새로운 점 (x, y)=(Petal.Length, Petal.Width)를 추가
>
> points(iris$Petal.Length, iris$Petal.Width, pch=8, col="red", cex=1)
```

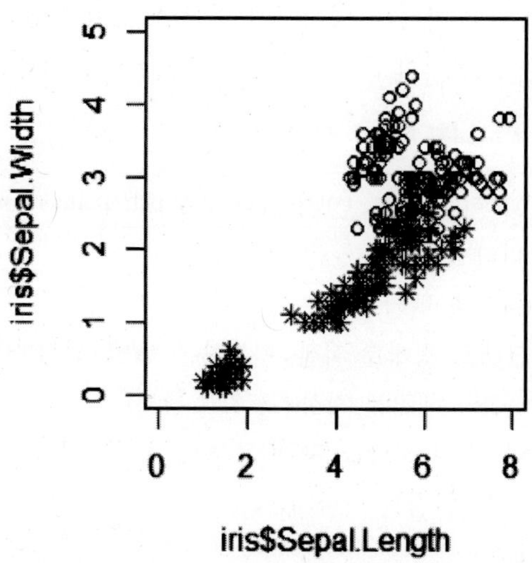

8.3.3 선 추가: lines {graphics}

함수 lines는 패키지 graphics의 그래픽 함수로 그린 그래프에 선을 추가할 수 있는 함수이다. 함수 lines의 형식은 [표 8.35]를 참조하고 사용 예는 [R-program 8.29]를 참조한다.

[표 8.35] 선 추가 함수 lines의 형식

형식	lines(x, y, type="plot.type", col=color, lty=line.type, lwd=lwd.value, ...)
옵션	• x: x-축에 나타낼 벡터 • y: y-축에 나타낼 벡터 • plot.type: 그래프 형태를 지정, 기본값은 "l"로 선 그래프([표 8.4] 참조) • color: 선의 색깔을 지정([표 8.5] 참조) • line.type: 선의 모양을 지정([표 8.7] 참조) • lwd.value: 선의 굵기를 나타내는 수치 • ...: 기타 옵션
설명	• 패키지 graphics의 그래픽 함수로 그린 그래프에 점을 추가한다.

[R-program 8.29] 선 추가 함수 lines의 사용 예

```
> #(1) airquality: 패키지 datasets의 데이터 프레임
>
> # 데이터 설명: 뉴욕의 일일 대기 질 측정자료(1973년 5월~9월)로서
> # 153 x 6 데이터 프레임
>
> #(2) [그림 8.49] 선 그래프
> # 점 (x, y)=(Index, Temp), type="l" : 선 그래프
> # ylim=c(0, 100): y-축의 범위를 (0, 100)으로 지정
>
> plot(airquality$Temp,type="l", ylim=c(0, 100))
```

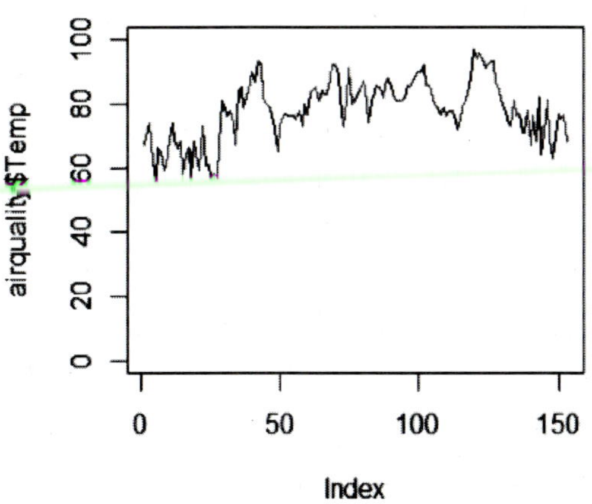


```
> #(3) [그림 8.50] 선을 추가한 그래프
>
> # 점 (x, y)=(Index, ind), lty=1 : 실선, lwd=2 : 선의 굵기
>
> lines(airquality$Wind, col="red", lty=1, lwd=2)
```

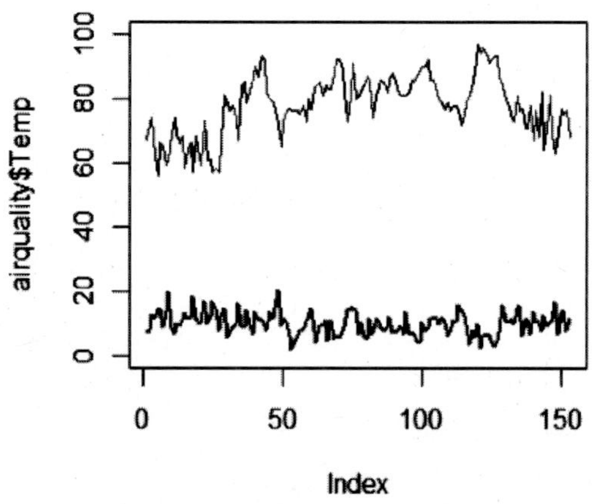

8.3.4 직선 추가: abline {graphics}

함수 abline은 패키지 graphics의 그래픽 함수로 그린 그래프에 수평선 및 수직선을 포함하여 절편과 기울기를 가진 직선을 추가로 그릴 수 있다. 함수 abline의 형식은 [표 8.36]을 참조하고 사용 예는 [R-program 8.30]을 참조한다.

[표 8.36] 직선 추가 함수 abline의 형식

형식	abline(a=intercept, b=slope, h=horizontal, v=vertical, col=color, lty=line.type, lwd=lwd.value, ...)
옵션	• intercept: 직선의 절편 • slope: 직선의 기울기 • horizontal: 수평선을 나타내는 y-축 값(들) • vertical: 수직선을 나타내는 x-축 값(들) • color: 선의 색깔을 지정([표 8.5] 참조) • line.type: 선의 모양을 지정([표 8.7] 참조) • lwd.value: 선의 굵기를 나타내는 수치 • ...: 기타 옵션
설명	• 패키지 graphics의 그래픽 함수로 그린 그래프에 직선을 추가한다.

[R-program 8.30] 직선 추가 함수 abline의 사용 예

```
> #(1) iris: 패키지 datasets의 데이터 프레임
>
> # 데이터 설명: Fisher의 붓꽃자료로서 150X5 데이터 프레임
>
> #(2) [그림 8.51] 산점도
>
```

```
> # 점 (x, y)=(Sepal.Length, Sepal.Width)
> # xlim=c(0, 8): x-축의 범위를 (0, 8)로 지정
> # ylim=c(0, 5): y-축의 범위를 (0, 5)로 지적
>
> plot(iris$Sepal.Length, iris$Sepal.Width, xlim=c(0, 8), ylim=c(0, 5))
```

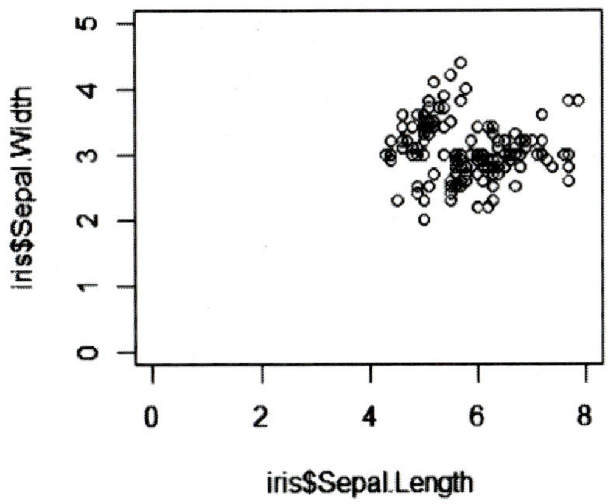


```
> #(3) [그림 8.52] 직선을 추가한 산점도
>
> # 직선의 식: y=0.4x+1, lty=1 : 실선, lwd=2 : 선의 굵기
>
> abline(a=1, b=0.4, lty=1, lwd=2, col="blue")
```

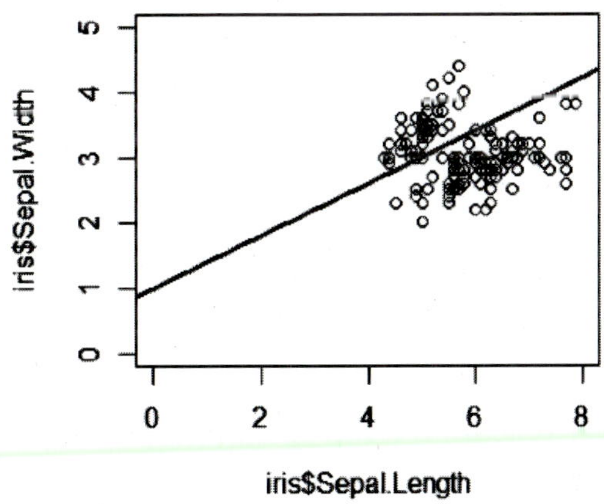

8.3.5 화살표 추가: arrows {graphics}

화살표는 원하는 점이나 선을 강조하고자 할 때 유용하다. 함수 arrows는 패키지 graphics의 그래픽 함수로 그린 그래프에서 화살표를 추가할 수 있는 함수이다. 화살표의 시작점과 끝점을 지정함으로써 화살표가 강조할 위치를 지정해준다.

함수 arrows의 형식은 [표 8.37]을 참조하고 사용 예는 [R-program 8.31]을 참조한다.

[표 8.37] 화살표 추가 함수 arrows의 형식

형식	arrows(x0, y0, x1, y1, length=length.value, angle=angle.value, code=n.code, col=color, lty=line.typeo, lwd=lwd.value, ...)
옵션	• x0: 화살표 시작점의 x-축 좌표값 혹은 벡터 • y0: 화살표 시작점의 y-축 좌표값 혹은 벡터 • x1: 화살표가 끝나는 점의 x-축 좌표값 혹은 벡터 • y1: 화살표가 끝나는 점의 y-축 좌표값 혹은 벡터 • length.value: 화살촉의 길이(단위 inch, 기본값은 0.25) • angle.value: 화살촉과 화살대의 각도(기본값은 30도) • n.code: 1일 경우 (x0, y0) 좌표의 위치에, 2의 값일 경우 (x1, y1) 좌표의 위치에, 3의 값일 경우 양쪽에 화살촉이 표시된다. (기본값 2) • color: 선의 색깔을 지정([표 8.5] 참조) • line.type: 선의 모양을 지정([표 8.7] 참조) • lwd.value: 선의 굵기를 나타내는 수치 • ...: 기타 옵션
설명	• 패키지 graphics의 그래픽 함수로 그린 그래프에서 화살표를 추가한다.

[R-program 8.31] 화살표 추가 함수 arrows의 사용 예

```
> #(1) iris: 패키지 datasets의 데이터 프레임
>
> # 데이터 설명: Fisher의 붓꽃자료로서 150X5 데이터 프레임
>
> #(2) [그림 8.53] 점을 추가한 산점도
>
> # 점 (x, y)=(Sepal.Length, Sepal.Width)에
> # 새로운 점 (x, y)=(Petal.Length, Petal.Width)를 추가
> # xlim=c(0, 8): x-축의 범위를 (0, 8)로 지정
> # ylim=c(0, 5): y-축의 범위를 (0, 5)로 지정
>
> plot(iris$Sepal.Length, iris$Sepal.Width, xlim=c(0,8), ylim=c(0,5))
> points(iris$Petal.Length, iris$Petal.Width, col="red", pch=0)
```

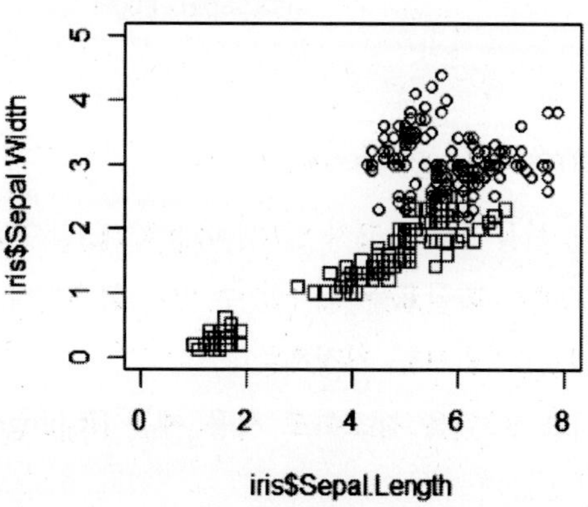

```
> #(3) [그림 8.54] 화살표를 추가한 산점도
> # arrows(3, 4, 4, 3.5): 검정색 화살표 시작점 (x,y)=(3, 4), 끝점 (x,y)=(4, 3.5)
> # arrows(3, 2.5, 4, 2): 빨강색 화살표 시작점 (x,y)=(3, 2.5), 끝점 (x,y)=(4, 2)
>
> arrows(3, 4, 4, 3.5)
> arrows(3, 2.5, 4, 2, col="red")
```

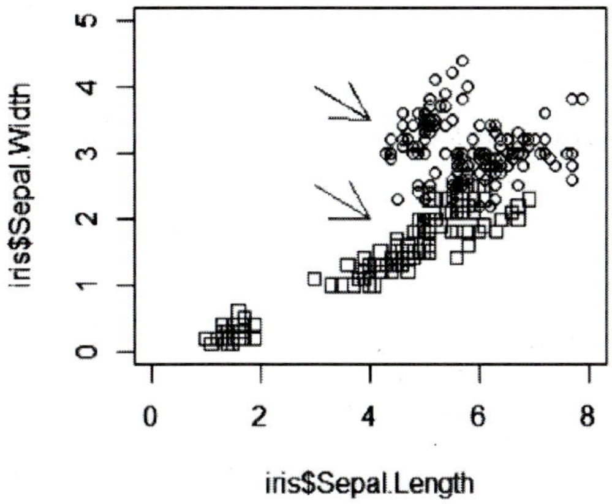

8.3.6 선분 추가: segments {graphics}

함수 segments는 패키지 graphics의 그래픽 함수로 그린 그래프에서 두 개의 점 사이를 이어 선분을 추가할 수 있는 함수이다. 함수 lines와 같이 입력 좌표 점으로서 벡터를 사용할 수 있어서 하나의 선이 아닌 다수의 점을 잇는 선분들을 추가할 수 있다.

함수 segments의 형식은 [표 8.38]을 참조하고 사용 예는 [R-program 8.32]를 참조한다.

[표 8.38] 선분 추가 함수 segments의 형식

형식	segments(x0, y0, x1, y1, col=color, lty=line.type, lwd=lwd.value, ...)
옵션	• x0: 선분 시작점의 x축 좌표값 혹은 벡터 • y0: 선분 시작점의 y축 좌표값 혹은 벡터 • x1: 선분 끝나는 점의 x축 좌표값 혹은 벡터 • y1: 선분 끝나는 점의 y축 좌표값 혹은 벡터 • color: 선의 색깔을 지정([표 8.5] 참조) • line.type: 선의 모양을 지정([표 8.7] 참조) • lwd.value: 선의 굵기를 나타내는 수치 • ...: 기타 옵션
설명	• 패키지 graphics의 그래픽 함수로 그린 그래프에서 선분을 추가한다.

[R-program 8.32] 선분 추가 함수 segments의 사용 예

```
> #(1) stackloss: 패키지 datasets의 데이터 프레임
>
> # 데이터 설명: 암모니아를 질산으로 산화시키는 설비의 운영 데이터로서
> # 21x4 데이터 프레임
>
> #(2) [그림 8.55] 산점도
>
> # 점 (x, y)=(Index, stack.loss)
>
> plot(stackloss$stack.loss)
```

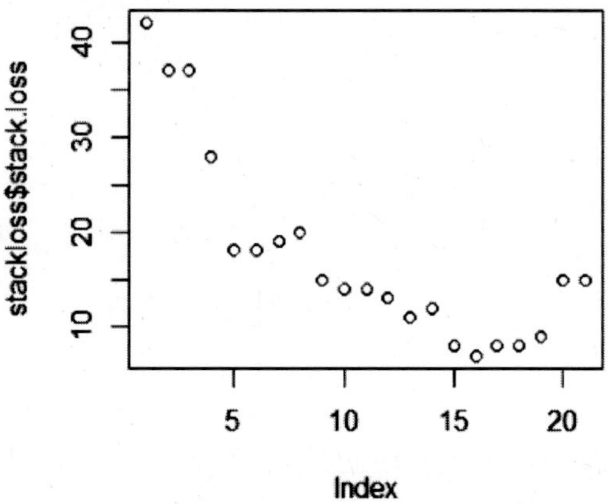


```
> #(3) [그림 8.56] 선분 4개를 추가한 산점도
>
> # 선분 1개는 시작점 좌표 (x0, y0) 및 끝점 좌표 (x1, y1)으로 구성됨
>
> # 4개 선분의 시작점 좌표: (x0, y0)=(i, stackloss$stack.loss[i]), i=1,2,3,4
> #=> 시작점들의 벡터: x0_벡터=1:4, y0_벡터=stackloss$stack.loss[1:4]
>
> # 4개 선분의   끝점 좌표: (x1, y1)=(i, stackloss$stack.loss[i]), i=2,3,4,5
> #=> 끝점들의 벡터: x1_벡터=2:5, y1_벡터=stackloss$stack.loss[2:5]
>
> segments(1:4, stackloss$stack.loss[1:4], 2:5, stackloss$stack.loss[2:5],
+          col="blue", lty=3, lwd=1.8)
```

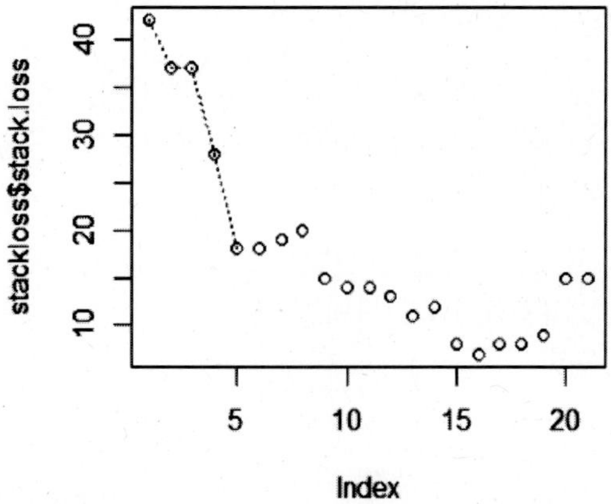

8.3.7 그래프 영역 내에서 텍스트 추가: text {graphics}

좋은 그래프는 보기도 좋아야 하지만 이해할 수 있는 그래프여야 한다. 그래프의 이해도를 높이기 위해서 그래프에 설명을 위한 텍스트를 추가할 수 있다. 텍스트 추가는 그래프 영역 내에서의 텍스트 추가와 그래프 영역 밖에서의 텍스트 추가로 나누어 설명한다.

함수 text는 패키지 graphics의 그래픽 함수로 그린 그래프 영역 내에서 문자열 혹은 수식과 관련된 텍스트를 추가할 수 있다. 점 그래프 위에서 점들이 나타내는 특정 관측치의 이름, 선 그래프 위에서 각 선이 나타내는 그룹의 이름 등을 표시할 때, 혹은 그래프와 관련된 수식을 나타낼 때 유용하다. 수식과 관련된 텍스트를 입력할 수 있는 함수 expression의 사용법은 8.5절에서 다룬다.

함수 text의 형식은 [표 8.39]를 참조하고 사용 예는 [R-program 8.33]을 참조한다.

[표 8.39] 그래프 영역 내에서 텍스트 추가 함수 text의 형식

형식	text(x, y, labels, pos, col=color, font=font.no, cex=cex.value, ...)
옵션	• x: 텍스트를 쓰려는 위치의 x-축 좌표값 혹은 벡터 • y: 텍스트를 쓰려는 위치의 y-축 좌표값 혹은 벡터 • labels: 쓰려는 텍스트의 "문자열" 혹은 식 • pos: 점 (x, y)를 중심으로 문자가 추가되는 방향으로서 1은 아래쪽, 2는 왼쪽, 3은 위쪽, 4는 오른쪽을 나타낸다. 지정하지 않으면 점 (x, y) 위에 나타낸다. • color: 글씨의 색깔을 지정([표 8.5] 참조) • font.no: 글씨체를 지정([표 8.3]의 옵션 font 참조) • cex.value: 글씨의 크기를 지정
설명	• 패키지 graphics의 그래픽 함수로 그린 그래프 영역 내에서 텍스트를 추가한다.

[R-program 8.33] 그래프 영역 내에서 텍스트 추가 함수 text의 사용 예

```
> #(1) iris: 패키지 datasets의 데이터 프레임
>
> # 데이터 설명: Fisher의 붓꽃자료로서 150X5 데이터 프레임
>
> #(2) [그림 8.57] 새로운 점 및 화살표를 추가한 산점도
>
> # 점 (x, y)=(Sepal.Length, Sepal.Width)에
> # 새로운 점 (x, y)=(Petal.Length, Petal.Width)를 추가
>
> plot(iris$Sepal.Length, iris$Sepal.Width, xlim=c(0,8), ylim=c(0,5))
> points(iris$Petal.Length, iris$Petal.Width, col="red", pch=0)
>
> # 1개의 화살표 추가
> # arrows(3, 2.5, 4, 2): 빨강색 화살표 시작점 (x,y)=(3, 2.5), 끝점 (x,y)=(4, 2)
>
> arrows(3, 2.5, 4, 2, col="red")
```

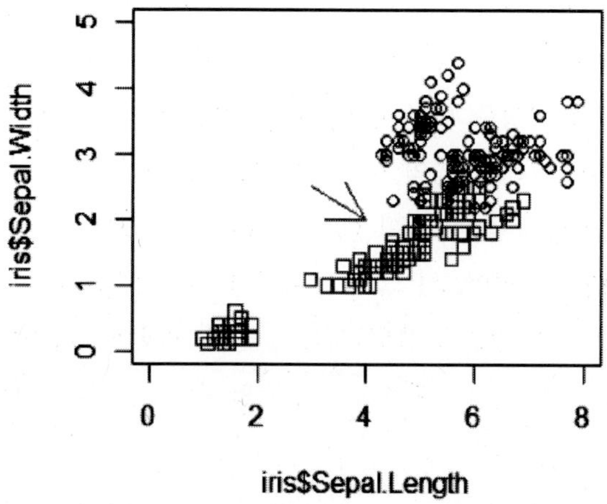


```
> #(3) [그림 8.58] 텍스트 및 식을 추가한 산점도
>
> # 점 (x, y)=(2.5, 3)을 중심으로 아랫쪽(pos=1)에 텍스트 "Petal"을 나타냄
> text(2.5, 3, "Petal", pos=1, col="red")
>
> # 점 (x, y)=(2.5, 3.5)를 중심으로 윗쪽(pos=3)에 식을 나타냄
> text(2.5, 3.5, expression(hat(beta) == (X^t * X)^{-1} * X^t * y), pos=3)
```

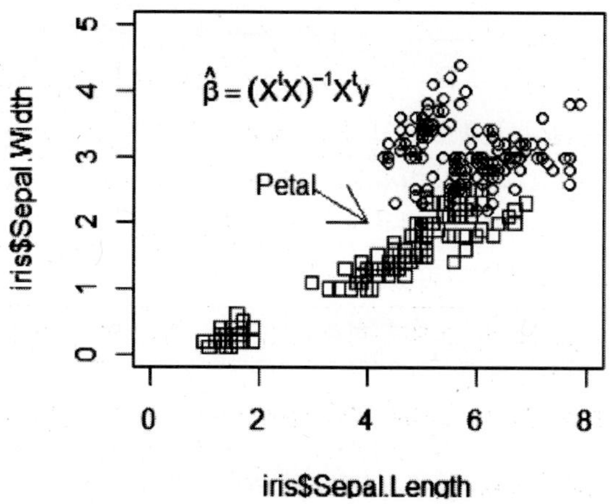

8.3.8 그래프 영역 밖에서 텍스트 추가: mtext {graphics}

함수 mtext는 패키지 graphics의 그래픽 함수로 그린 그래프 바깥 여백(margin)의 상, 하, 좌, 우측 영역에 텍스트를 추가할 수 있는 함수이다.

함수 mtext의 형식은 [표 8.40]을 참조하고 사용 예는 [R-program 8.34]를 참조한다.

[표 8.40] 그래프 바깥 여백에서 텍스트 추가 함수 mtext의 형식

형식	mtext("text", side=n.side, adj=n.adj, line=line.value, outer=FALSE, col=color, font=font.no, cex=cex.value, ...)
옵션	• text: 텍스트 • n.side: 텍스트를 쓰려는 그래프 바깥 영역의 위치로 1은 아래쪽, 2는 왼쪽, 3(기본값)은 위쪽, 4는 오른쪽 • n.adj: 텍스트의 정렬 기준으로 0은 텍스트의 왼쪽 또는 아래쪽으로의 정렬, 1은 위쪽 또는 오른쪽으로의 정렬, 옵션값을 주지 않을 때 가운데 정렬(기본값) • line.value: 그래프 바깥 영역 가장자리로부터 텍스트까지의 거리로서 기본값은 0 • outer: outer=FALSE(기본값)이면 그래프 내부 마진(margin)에 문자가 나타나고 TRUE 값이면 외부 마진에 문자가 나타난다. (내부 마진 및 외부 마진의 정의는 8.4절 참조) • color: 글씨의 색깔을 지정([표 8.5] 참조) • font.no: 글씨체를 지정([표 8.3]의 옵션 font 참조) • cex.value: 글씨의 크기를 지정 • ...: 기타 옵션
설명	• 패키지 graphics의 그래픽 함수로 그린 그래프 바깥 여백에 텍스트를 추가한다.

[R-program 8.34] 그래프 바깥 여백에서 텍스트 추가 함수 mtext의 사용 예

```
> #(1) [그림 8.59] 좌표 축만 있는 빈 그래프
>
> # type="n" : 빈 그래프 형식
> # x-축: 1, 2, 3, y-축: -1, 0, 1
> # 점 (x, y)=(2, 0)을 중심으로 텍스트 "Blank Graph"를 추가
>
> plot(1:3, -1:1, main="Test of function-mtext", type="n")
> text(2, 0, "Blank Graph \n written by function-text", col="blue", cex=1.5)
```

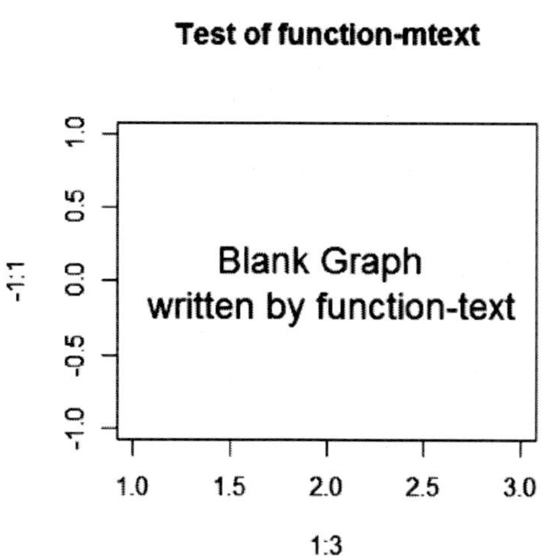

```
> #(2) [그림 8.60] 그래프 바깥 여백에 텍스트를 추가한 그래프
>
> #(2-1) side=1(그래프 바깥의 아래쪽), adj=0(왼쪽 혹은 아래쪽으로 텍스트 정렬)
>
> mtext("My bottom margin text", side=1, adj=0, font=1, cex=0.5)
>
> #(2-2) side=2(그래프 바깥의 왼쪽), adj=1(위쪽 혹은 오른쪽으로 텍스트 정렬)
>
> mtext("My left margin text", side=2, adj=1, font=2, cex=0.7)
>
> #(2-3) side=3(기본값, 그래프 바깥의 위쪽), adj=1(위쪽 혹은 오른쪽으로 텍스트 정렬)
> # line=0.5(그래프 영역 가장 자리로 부터 텍스트까지의 거리, 기본값은 0)
>
> mtext("My top margin text, 2018/07/01/Sunday",
+       adj=1, line=0.5, font=3, cex=0.7)
>
> #(2-4) side=4(기본값, 그래프 바깥의 오른쪽), adj 값 주지 않을 때는 가운데 정렬
>
> mtext("My right margin text", side=4, font=4, cex=1)
```

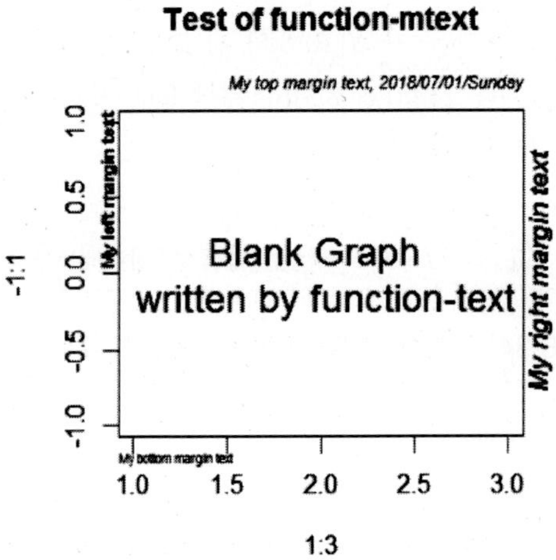

8.3.9 x-축, y-축 추가: axis {graphics}

함수 axis는 패키지 graphics의 그래픽 함수로 그린 기존의 그래프 내에서 x-축 및 y-축과 관련된 값들을 추가할 수 있다. 함수 axis는 사용자가 원하는 대로 축의 방향과 위치, 축 눈금, 축선과 축 눈금의 색깔 및 두께 등을 지정할 수 있다. 그런데 axis 함수를 사용하여 x-축 및 y-축과 관련된 값들을 완전히 새로이 추가하려면 기존의 그래프에 x-축 및 y-축이 없는 상태에서 가능하다. 이를 위해서는 기존의 그래픽 함수 내에서 axes=FALSE 옵션을 사용하면 된다. 혹은 기존의 축은 그대로 사용하되 x-축 눈금과 관련된 값들만 추가하려면 기존의 그래픽 함수 내에서 xaxt="n" 옵션을 사용하고, y-축 눈금과 관련된 값들만 추가하려면 yaxt="n"을 미리 사용해 놓아야 한다. 그렇지 않으면 기존의 축 위에 함수 axis로 추가한 결과가 겹쳐 그려지게 된다.

함수 axis의 형식은 [표 8.41]을 참조하고 사용 예는 [R-program 8.35]를 참조한다.

[표 8.41] 좌표축 추가 함수 axis의 형식

형식	axis(side=n.side, at=at.vec, labels=labels.vec, cex.axis=cex.value, tick=TRUE, pos=pos.value, font=font.no, lty=line.type, lwd=lwd.value, lwd.ticks=lwd.value.tick, col=color, col.ticks=color.ticks, tck=tick.value, las=n.las, ...)
옵션	• n.side: 축이 놓일 위치로서 1은 아래쪽, 2는 왼쪽, 3은 위쪽, 4는 오른쪽 • at.vec: 축 눈금의 위치를 지정하는 벡터 • labels.vec: 축의 눈금에 나타낼 값의 벡터, labels=TRUE이면 축의 눈금에 자동으로 값이 주어진다. • cex.value: labels의 글씨 크기 • tick=TRUE(기본값)이면 눈금과 축 선이 그려지고 FALSE이면 그려지지 않는다. • pos.value: 해당하는 축이 다른 축과 교차되는 지점의 상대 축의 값을 입력한다. • font.no: labels의 글씨체([표 8.3]의 옵션 font 참조) • line.type: 축 선과 축 눈금의 선 타입, 기본값은 1 혹은 "solid"([표 8.7] 참조) • lwd.value: 축 선의 굵기 • lwd.value.ticks: 축 눈금의 굵기 • color: 축 선의 색깔을 지정([표 8.5] 참조) • color.ticks: 축 눈금의 색깔을 지정([표 8.5] 참조) • tck.value: 눈금의 방향과 길이를 설정하는 옵션으로 양수 값이면 그래프의 안쪽으로, 음수 값이면 그래프의 바깥(기본값) 방향으로 눈금이 만들어진다. 길이는 수치로 지정한다. • n.las: 축을 기준으로 labels의 방향으로 0(기본값)이면 labels값이 축에 평행, 1이면 수평, 2이면 축에 수직, 3이면 수직으로 배치한다. • ...: 기타 옵션
설명	• 패키지 graphics의 그래픽 함수로 그린 그래프에서 좌표축을 추가한다.

[R-program 8.35] 좌표축 추가 함수 axis의 사용 예

```
> #(1) mtcars: 패키지 datasets의 데이터 프레임
>
> # 데이터 설명: 1974 Motor Trend US magazin에서 발췌한 자동차 로드 테스트
> # 자료로서 32X11 데이터 프레임
>
> #(2) [그림 8.61] 좌표축을 추가한 산점도
>
> with(mtcars, {
+
+     # 점 (x, y)=(mpg, disp)의 산점도에서 축을 추가하려면 기존 그래프의
+     # 좌표 축을 삭제: axes=FALSE
+
```

```
+     plot(mpg, disp, axes=FALSE)
+
+     # side=1 : 축이 놓일 위치가 아래 즉, x-축
+     # at=seq(10,40,10) : 눈금의 위치가 10, 20, 30, 40
+     # labels=c("mpg10","mpg20","mpg30","mpg40") : 위 4개 눈금의 이름
+     # cex.axis=1.0 : labels의 크기가 1.0
+     # pos=50 : 두 축이 교차하는 상대 축, 즉 y-축의 시작 위치 y=50
+     # las=0(기본값) : labels값이 축에 평행
+     # tck(기본값) : 축 눈금이 축의 바깥 쪽에 생성
+
+     axis(side=1, at=seq(10, 40, 10),
+          labels=c("mpg10","mpg20","mpg30","mpg40"), cex.axis=1.0,
+          pos=50, col="red", col.ticks="black", lwd = 1)
+
+     # side=2 : 축이 놓일 위치가 왼쪽 즉, y-축
+     # at=seq(50, 500, 50) : 눈금의 위치가 50, 100, 150, 200, ..., 500
+     # labels=TRUE : 위에서 정의된 눈금 수치가 자동으로 생성
+     # cex.axis=0.8 : labels의 크기가 0.8
+     # pos=10 : 두 축이 교차하는 상대 축, 즉 x-축의 시작 위치 x=10
+     # las=1 : labels값이 수평
+     # tck=0.1 : 양수이므로 축 눈금이 축의 안 쪽에 생성, 축 눈금의 길이는 0.1
+
+     axis(side=2, at=seq(50,500,50), labels=TRUE, cex.axis=0.8,
+          pos=10, font=4, tck=0.1, las=1)
+
+     title(main=list("Axis Examples", cex=2, col="black", font=3))
+ })
```

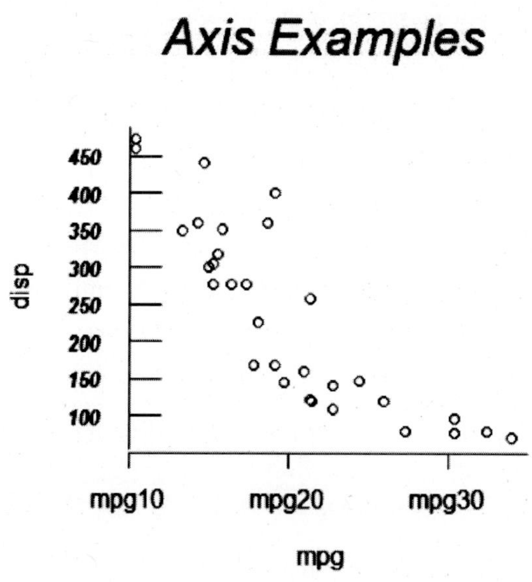


```
> #(2) [그림 8.62] 좌표 눈금을 삭제한 산점도
>
> # 점 (x, y)=(mpg, disp)의 산점도에서 눈금 관련 사항을 추가하려면
> # 기존 그래프에서 눈금 관련 사항을 삭제: xaxt="n", yaxt="n"
>
> plot(mtcars$mpg, mtcars$disp, xaxt="n", yaxt="n")
```

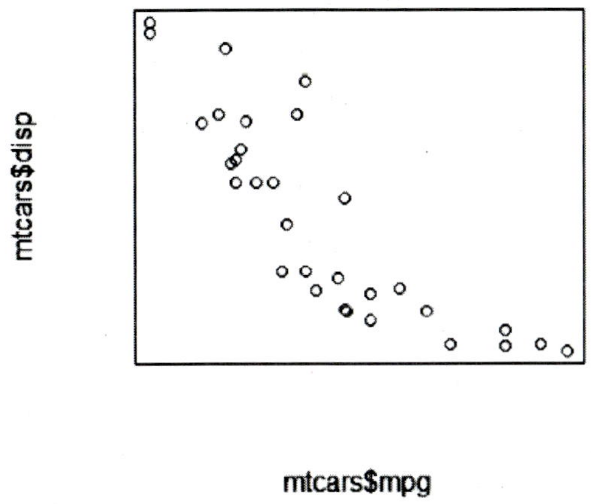


```
> #(3) [그림 8.63] 좌표 눈금을 추가한 산점도
>
> # x-축에 눈금 및 눈금 이름 추가
>
> axis(1, at=c(10, 20, 30), labels=c("mpg10","mpg20","mpg30"))
>
> # y-축에 눈금 및 눈금 이름 추가
>
> axis(2, at=seq(100,500,100), labels=TRUE)
```

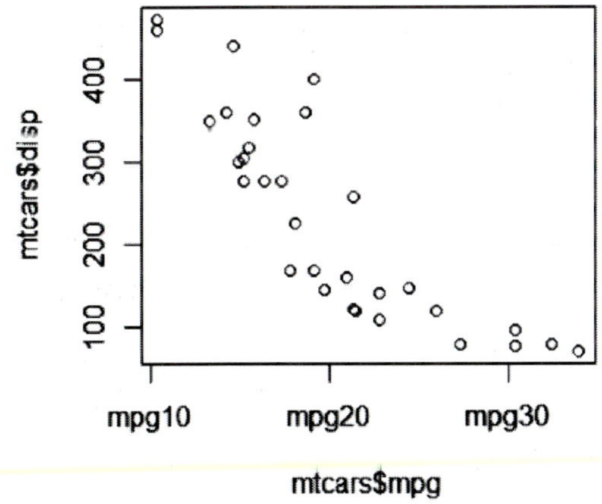

8.3.10 Legend 추가: legend {graphics}

2개 이상의 변수를 하나의 그래프 위에 나타내는 다중 그래프에서는 점 혹은 선의 모양이나 색깔에 의해서 구별은 되지만 구체적으로 어느 변수가 어느 그래프를 대표하는지를 알 수는 없다. 범례(legend)를 주면 이러한 불명확성이 해소되어 변수가 대표하는 그래프의 구별에 도움이 된다. 1개의 변수만 그래프 위에 나타낼 때도 때때로 그래프의 이해를 돕기 위해서 추가적인 설명이 필요할 때 범례를 활용하면 도움이 된다. 함수 legend를 사용하면 패키지 graphics의 그래픽 함수로 그린 그래프에서 범례를 추가할 수 있다.

함수 legend의 형식은 [표 8.42]를 참조하고 사용 예는 [R-program 8.36]을 참조한다. 이때 legend 함수의 첫 번째 인수로 locator(1) 옵션을 사용했을 때는 R Studio의 Plot 창에 나타난 그래프 내에서 범례를 두고 싶은 위치에 십자(+) 표시 커저를 클릭하면 커저가 위치하는 점 아래 방향 우측으로 범례가 만들어진다. 이 방법은 좌표를 지정하는 방법에 비해 매우 편리하다.

[표 8.42] 범례 추가 함수 legend의 형식

형식	legend(loc.coordinate 혹은 loc.name 혹은 locator(1), legend col=color, cex=cex.value, lty=line.type, lwd=lwd.value, pch=point.type, text.width=text.width.value, text.col=color.text, text.font=text.font.no, title="title.text", title.col=color.title, horiz=FALSE, ...)
옵션	• loc.coordinate: 범례가 놓일 좌표를 x, y로 입력 혹은 loc.name: 범례가 놓일 위치 이름으로서 "bottomright", "bottom", "bottomleft", "left", "topleft", "top", "topright", "right","center" 등으로 입력 혹은 locator(1): 커저로 위치를 지정 • legend: 범례에 나타낼 문자열 혹은 식의 벡터 • color: 범례에 나타나는 점 혹은 선의 색깔([표 8.5] 참조) • cex.value: 범례 텍스트의 크기를 지정 • line.type: 범례에 나타나는 선의 모양을 지정([표 8.7] 참조) • lwd.value: 범례에 나타나는 선의 굵기를 나타내는 수치 • point.type: 범례에 나타나는 점의 모양을 지정([표 8.6] 참조) • text.width.value: 범례 텍스트의 굵기 • color.text: 범례 텍스트의 색깔을 지정([표 8.5] 참조) • text.font.no: 범례 텍스트의 글씨체([표 8.3]의 옵션 font 참조) • title.text: 범례 제목 • color.title: 범례 제목의 색깔을 지정([표 8.5] 참조) • horiz=FALSE(기본값)이면 범례가 수직으로, TRUE이면 수평으로 전개된다. • ...: 기타 옵션
설명	• 패키지 graphics의 그래픽 함수로 그린 그래프에 범례를 추가한다.

[R-program 8.36] 범례 추가 함수 legend의 사용 예

```
> #(1) 벡터 x 생성 :  -2*pi 에서 2*pi 까지의 수 중에서 개수가 30인 등차수열
>
> x <- seq(-2*pi,2*pi, length= 30); x
 [1] -6.2831853 -5.8498622 -5.4165391 -4.9832159 -4.5498928 -4.1165697
 [7] -3.6832466 -3.2499234 -2.8166003 -2.3832772 -1.9499541 -1.5166309
[13] -1.0833078 -0.6499847 -0.2166616  0.2166616  0.6499847  1.0833078
[19]  1.5166309  1.9499541  2.3832772  2.8166003  3.2499234  3.6832466
[25]  4.1165697  4.5498928  4.9832159  5.4165391  5.8498622  6.2831853
```

```
>
> #(2) [그림 8.64] sine 및 cosine 함수의 그래프
>
> # sin(x) 그래프 : type="l" & lty=1(실선), xlab="", ylab=""(x 및 y축 이름 삭제)
>
> plot(x, sin(x), type="l", lty=1, col="black", ylim=c(-4.5,4.5),
+      xlab="", ylab="")
>
> title(main=list("Legend Examples", cex=2, col="black", font=4),
+       xlab=list(expression(paste("x=-2",pi,"~2",pi)),
+                 cex=1.2, col="black", font=3))
>
> # cos(x) 그래프 : type="o"(점선을 동시에 나타냄), lty=3(점선), pch=20(검정색 점)
>
> lines(x, cos(x), type="o", lty=3, pch=20, col="blue")
>
> # h=-4:4 : y=-4, -3, ..., 3, 4의 수평선
> # v=pi/2*(-4:4) : x=pi/2*(-4), pi/2*(-3), ..., pi/2*3, pi/2*4의 수직선
>
> abline(h=-4:4, v=pi/2*(-4:4), col="gray")
```

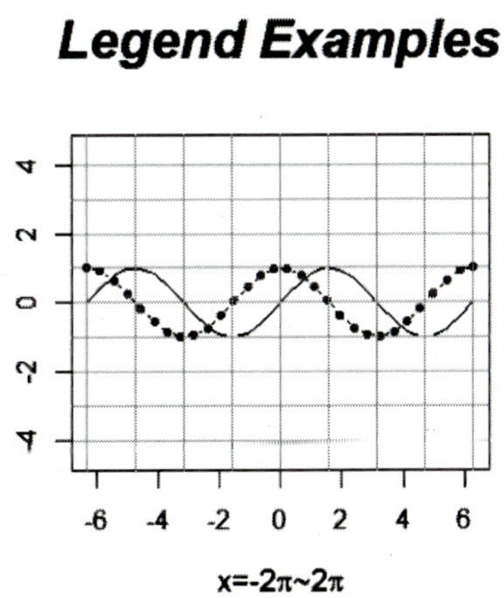


```
> #(3) [그림 8.65] 여러 범례를 갖는 sine 및 cosine 함수의 그래프
>
> # (3-1) "topleft"(왼편 위쪽), horiz=TRUE(범례 요소의 수평 배열)
>
> legend("topleft", c("sin(x)","cos(x)"), lty=c(1,3), pch=c(NA,20),
+        col=c("black","blue"), cex=1, text.col="black", text.font=1,
+        title="topleft", horiz=TRUE)
>
> # (3-2) "topright"(오른편 위쪽), horiz=FALSE(기본값, 범례 요소의 수직 배열)
>
> legend("topright", c("sin(x)","cos(x)"), lty=c(1,3), pch=c(NA,20),
+        col=c("black","blue"), cex=0.8, text.col="black", text.font=2,
+        title=expression(paste("x : -2",pi,"~2",pi)), title.col="black")
>
>
> # (3-3) 범례 좌표 (x ,y)=(-4.8, -1.5), horiz=FALSE(기본값, 범례 요소의 수직 배열)
>
> legend(-4.8, -1.5, c("sin(x)","cos(x)"), lty=c(1,3), pch=c(NA,20),
+        col=c("black","blue"), cex=0.9, text.col="red", text.font=2,
+        title="(x,y)=(-4.8,-1.5)", title.col="black")
>
> # (3-4) locator(1) : plot 창의 그래프 위에 십자표시(+) 커저를 클릭하여
> # 범례 위치를 지정, horiz=FALSE(기본값, 범례 요소의 수직 배열)
```

```
>
> legend(locator(1), c("sin(x)","cos(x)"), lty=c(1,3), pch=c(NA,20),
+        col=c("black","blue"), cex=0.7, text.col="black", text.font=2,
+        title="locator(1)", title.col="black")
```

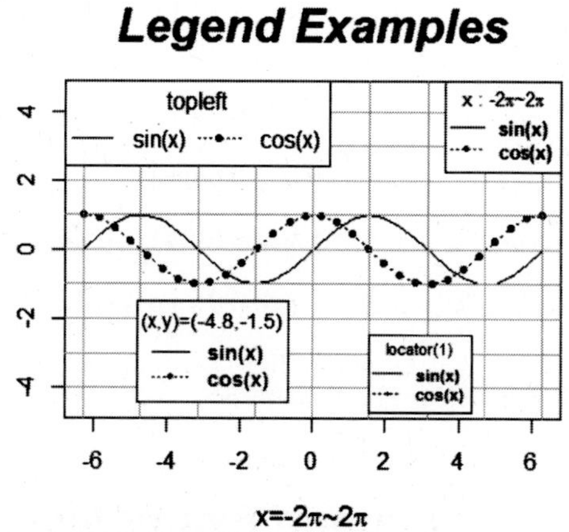

8.3.11 격자선 추가: grid {graphics}

그래프 내에 x-축으로부터 그려진 수직선과 y-축으로부터 그려진 수평선이 교차하면서 바둑판 같은 선이 생기는데 이것을 격자(grid)선이라 한다. 그래프에 격자선을 그려 넣으면 데이터의 크기를 보다 이해하기가 쉽다. 함수 grid는 패키지 graphics의 그래픽 함수로 그린 그래프에 격자를 추가할 수 있는 함수이다. 기본 옵션값을 갖는 grid 함수만으로도 x-축 눈금 및 y-축 눈금에 적절하게 연한 회색의 점선 형태의 격자선이 자동으로 그려진다. 그러나 사용자가 원하는 개수, 원하는 색깔의 격자선을 지정하면 각 축을 기준으로 입력된 개수만큼 같은 크기로 분할된 격자선이 그려진다.

함수 grid의 형식은 [표 8.43]을 참조하고 사용 예는 [R-program 8.37]을 참조한다. 만약 원하는 눈금에 격자선을 만들고 싶을 때는 앞서 설명한 함수 abline을 사용한다.

[표 8.43] 격자선 추가 함수 grid의 형식

형식	grid(n.x, n.y, col=color, lty=line.type, lwd=lwd.value, ...)
옵션	• n.x: x-축 격자선의 개수 • n.y: y-축 격자선의 개수 • color: 격자선의 색깔을 지정([표 8.5] 참조) • line.type: 선의 모양(기본값은 "dotted")을 지정([표 8.7] 참조) • lwd.value: 선의 굵기 • ...: 기타 옵션
설명	• 패키지 graphics의 그래픽 함수로 그린 그래프에 격자선을 추가한다.

[R-program 8.37] 격자선 추가 함수 grid의 사용 예

```
> #(1) mtcars: 패키지 datasets의 데이터 프레임
>
> # 데이터 설명: 1974 Motor Trend US magazin에서 발췌한 자동차 로드 테스트
> # 자료로서 32X11 데이터 프레임
>
> #(2) [그림 8.66] 격자선 표시 산점도
>
> with(mtcars,{
+     plot(mpg,disp)
+     title(main="Grid Example")
+     grid()})
```

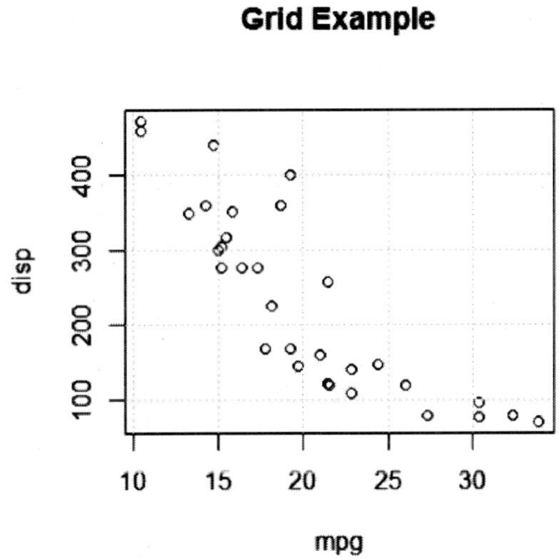

8.3.12 그래프 상자 추가: box {graphics}

함수 box는 패키지 graphics의 그래픽 함수로 그린 그래프에 그래프의 테두리 선인 상자를 추가할 수 있다. 함수 box의 형식은 [표 8.44]를 참조하고 사용 예는 [R-program 8.38]을 참조한다.

[표 8.44] 그래프 상자 추가 함수 box의 형식

형식	box(col=color, lty=line.type, lwd=lwd.value, ...)
옵션	• color: 상자 테두리 선의 색깔을 지정([표 8.5] 참조) • line.type: 상자 테두리 선의 형태를 지정([표 8.7] 참조) • lwd.value: 상자 테두리 선의 굵기를 지정 • ...: 기타 옵션
설명	• 패키지 graphics의 그래픽 함수로 그린 그래프에 그래프의 테두리 선인 상자를 추가한다.

[R-program 8.38] 그래프 상자 추가 함수 box의 사용 예

```
> #(1) [그림 8.67] 그래프 상자가 없는 계단 그래프
>
> # axes = FALSE: 좌표 축을 추가하기 위해 좌표 축을 없앰
>
> plot(1:7, c(10689956,7306828,4192074,2333927,2151879,1176847,1055567),
+      type="s", axes = FALSE, xlab="", ylab="")
>
> # 새로운 좌표 축, 제목, 격자 선을 추가한 그래프
>
> axis(1, at=1:7, labels=c("김","이","박","최","정","강","조"))
>
> axis(2, at=seq(0,12000000,3000000),
+      labels=c("0","3백만","6백만","9백만","12백만"), las=1)
>
> title(main="우리나라 성씨 순위")
>
> grid()
```

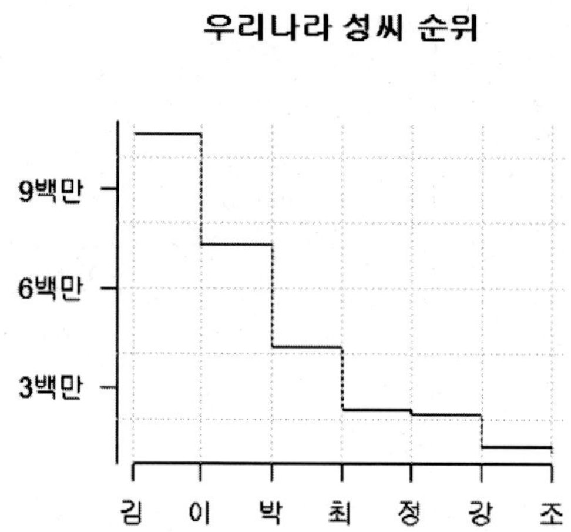


```
> #(2) [그림 8.68] 그래프 상자가 있는 계단 그래프
>
> box()
```

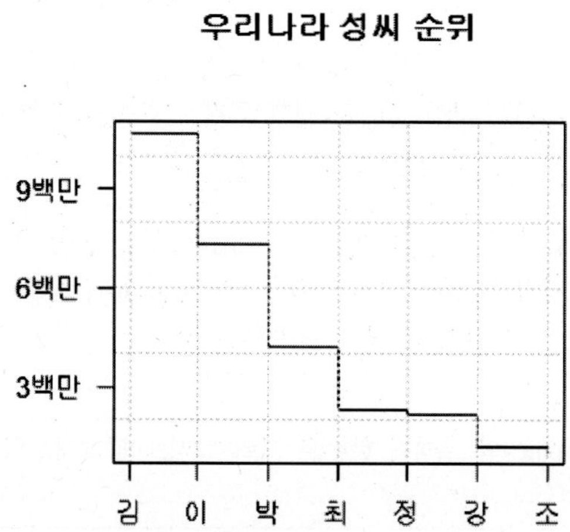

8.4 그래프 영역과 여백

지금까지는 하나의 그래프 영역에 하나의 그래프만을 그렸다. 이제 하나의 그래프 영역에 여러 개의 그래프를 그리는 그래프 영역 분할뿐만 아니라 그래프 여백을 나타내는 마진을 조정하는 방법에 관해서 다룬다.

8.4.1 그래프의 영역 분할: par {graphics} 혹은 layout {graphics}

하나의 그래프 영역을 여러 영역으로 분할하여 2개 이상의 그래프들을 그리는 함수로 par 함수와 layout 함수가 있다. 함수 par에서는 옵션 mfrow 혹은 옵션 mfcol을 사용하면 된다. 이때 옵션 mfrow는 행을 기준으로 한 분할로서 가로 순서로 그래프들이 그려지고, 옵션 mfcol은 열을 기준으로 한 분할로서 세로 순서로 그래프들이 그려진다.

그래프의 영역을 분할하는 또 다른 함수로 layout 함수가 있다. 함수 layout은 옵션 mfrow 혹은 옵션 mfcol을 사용하여 그래프 영역 분할을 하는 함수 par보다 영역 분할이 자유롭다. 예를 들어, 그래프를 3개 그리고자 할 때 함수 par를 사용하면 2행 2열로 영역 분할을 한 경우에 마지막 4번째 칸은 비어 있는 그래프를 보이게 된다. 그러나 함수 layout을 사용하면 비어 있는 4번째 칸을 3번째 칸과 결합하여 큰 하나의 칸으로 만들어 3번째 그래프를 보여줄 수 있다. 또한, 비어 있는 칸을 만들 수 있어서 원하는 형태의 그래프 배열이 가능하다. 함수 layout 내의 그래프 배치에 관한 옵션은 행렬 생성 함수 matrix를 사용한다.

함수 par 및 layout의 형식은 [표 8.45]와 같다. 함수 par의 사용 예는 [R-program 8.39]를, 그리고 함수 layout의 사용 예는 [R-program 8.40]을 참조한다.

[표 8.45] 그래프 영역 분할 함수 par 및 함수 layout의 형식

형식	par(mfrow=c(nrow, ncol))
옵션	• nrow는 행의 개수, ncol은 열의 개수
설명	• 그래프 영역이 nrow개의 행과 ncol개의 열로 분할된 후 그래프들은 먼저 1행의 왼쪽에서 오른쪽으로, 다음 2행의 왼쪽에서 오른쪽으로 등과 같이 차례대로 행렬에 배치된다.
형식	par(mfcol=c(nrow, ncol))
옵션	• nrow은 행의 개수, ncol는 열의 개수
설명	• 그래프 영역이 nrow개의 행과 ncol개의 열로 분할된 후 그래프들을 먼저 1열의 위쪽에서 아래쪽으로, 다음 2열의 위쪽에서 아래쪽으로 등과 같이 차례대로 행렬에 배치된다.

형식	layout(mat, widths=col.widths, heights=row.heights)
옵션	• mat는 그래프 영역의 layout을 나타낸 행렬 • col.widths는 그래프의 각 열의 너비를 상대적으로 표시한 벡터 • row.heights는 그래프의 각 행의 높이를 상대적으로 표시한 벡터
설명	• 그래프 영역이 행렬 형식으로 분할된 후 옵션 widths 및 heights에 의해 각 그래프의 크기 조절이 가능하다.

[R-program 8.39] 그래프 영역 분할 함수 par의 사용 예

```
> #(1) mtcars: 패키지 datasets의 데이터 프레임
>
> # 데이터 설명: 1974 Motor Trend US magazin에서 발췌한 자동차 로드 테스트
> # 자료로서 32X11 데이터 프레임
>
> #(2) [그림 8.69] 하나의 영역에 그린 4개의 그래프 : par(mfrow)의 사용
>
> # type="I" : 선 그래프
> # par(mfrow=c(2,2)) : 2행 2열의 4칸에서 mpg, cyl, disp, hp를
> # 1행-왼편-오른편 => 2행-왼편-오른편의 순서로 배치
>
> with(mtcars,{
+     par(mfrow=c(2,2))
+     plot(mpg, type="l")
+     plot(cyl, type="l")
+     plot(disp, type="l")
+     plot(hp, type="l")
+ })
```

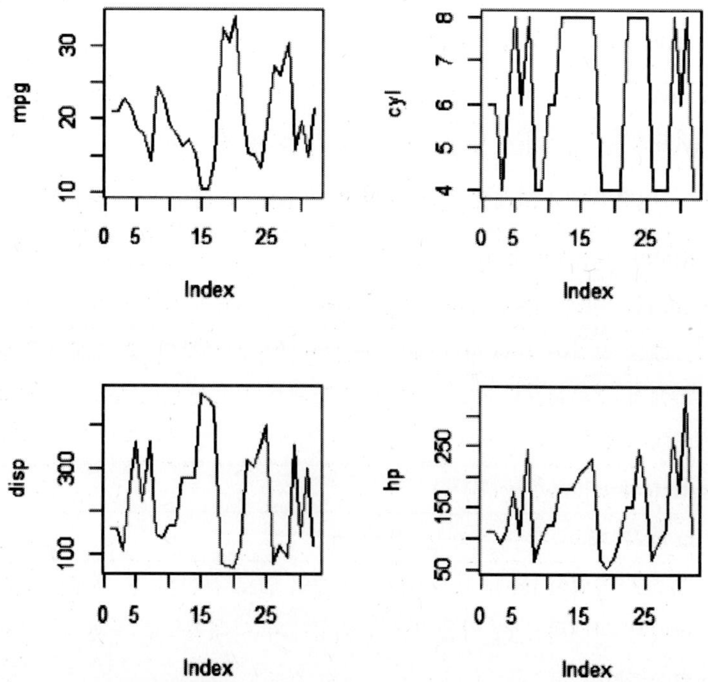

```
> #(3) [그림 8.70] 하나의 영역에 그린 4개의 그래프 : par(mfcol)의 사용
>
> # par(mfcol=c(2,2)) : 2행 2열의 4칸에서 mpg, cyl, disp, hp를
> # 1열-위쪽-아래쪽 => 2열-위쪽-아래쪽의 순서로 배치
>
> with(mtcars,{
+     par(mfcol=c(2,2))
+     plot(mpg, type="l")
+     plot(cyl, type="l")
+     plot(disp, type="l")
+     plot(hp, type="l")
+ })
```

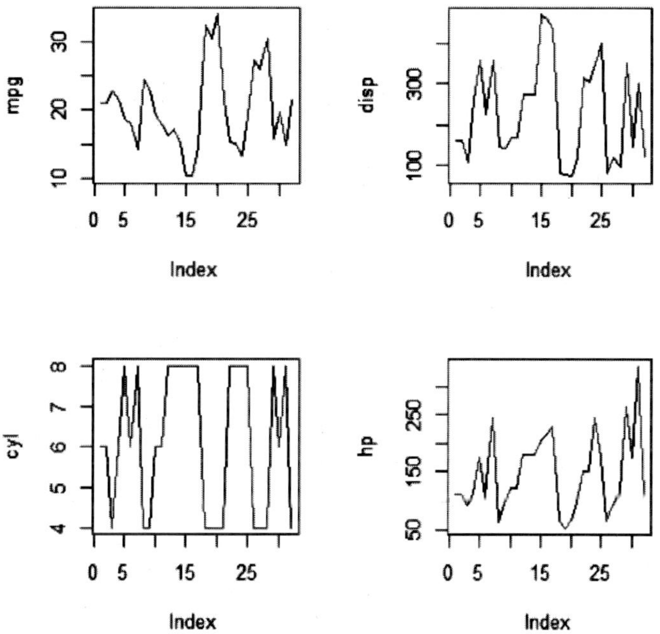

[R-program 8.40] 그래프 영역 분할 함수 layout의 사용 예

```
> #(1) mtcars: 패키지 datasets의 데이터 프레임
>
> # 데이터 설명: 1974 Motor Trend US magazin에서 발췌한 자동차 로드 테스트
> # 자료로서 32X11 데이터 프레임
>
> #(2) [그림 8.71] 하나의 영역에 그린 3개의 그래프
>
> # layout(matrix(c(1,1,2,3), nrow=2, ncol=2, byrow=T))의 의미 :
> # 2행(nrow=2) 2열(ncol=2)의 행렬로 그래프 영역을 분할 후에 그래프를
> # 행 우선(byrow=T)으로 배치, c(1,1,2,3)이므로 1행의 1, 2열에 그래프1(mpg),
> # 2행 1열에 그래프2(cyl)가, 2행 2열에 그래프3(disp)이 배치
> # 즉, c(1,1,2,3)의 원소 값은 그래프 번호
>
> with(mtcars,{
+     layout(matrix(c(1,1,2,3), nrow=2, ncol=2, byrow=T))
+     plot(mpg, type="l")
+     plot(cyl, type="l")
+     plot(disp, type="l")
+ })
```

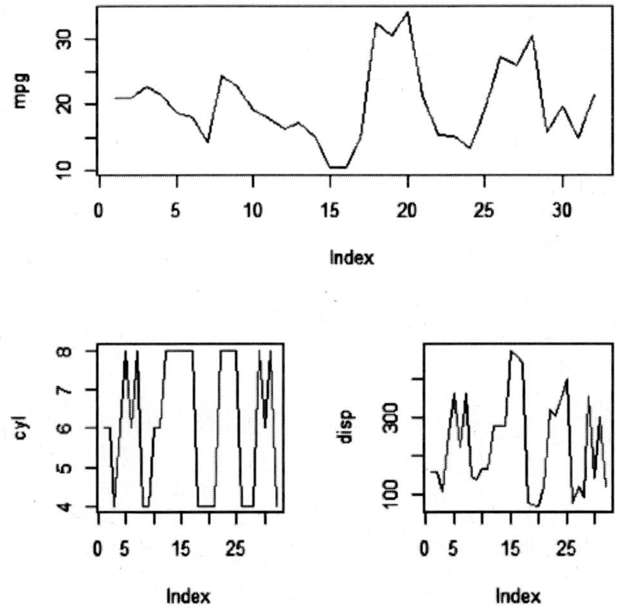


```
> #(3) [그림 8.72] 하나의 영역에 그린 3개의 그래프 : 각 그래프의 상대적 크기 조절
>
> # widths=c(2,1) : 첫 번째 열 너비는 두 번째 열 너비의 2배로 그림
> # heights=c(1,2) : 두 번째 행 높이는 첫 번째 행 높이의 2배로 그림
>
> with(mtcars,{
+     layout(matrix(c(1,1,2,3), nrow=2, ncol=2, byrow=T),
+            widths=c(2,1), heights=c(1,2))
+     plot(mpg, type="l")
+     plot(cyl, type="l")
+     plot(disp, type="l")
+ })
```

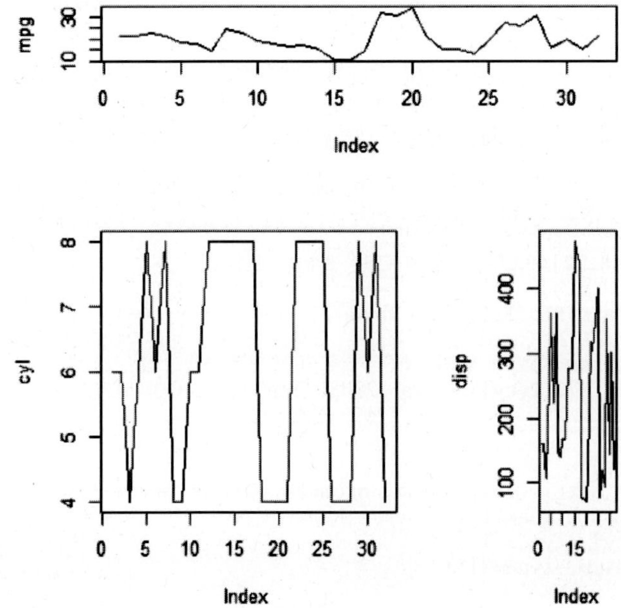

```
> #(4) [그림 8.73] 하나의 영역에 그린 2개의 그래프
>
> # layout(matrix(c(1,0,0,2), 2, 2, byrow=T))의 의미 :
> # 2행(nrow=2) 2열(ncol=2)의 행렬로 그래프 영역을 분할 후에
> # 그래프를 행 우선(byrow=T)으로 배치, c(1,0,0,2)이므로
> # 1행의 1열에 그래프1(mpg)이, 2행 2열에 그래프2(cyl)가 배치되므로
> # 나머지 cell인 1행 2열, 2행 1열은 비워 있음
>
> with(mtcars,{
+     layout(matrix(c(1,0,0,2), 2, 2, byrow=T))
+     plot(mpg, type="l")
+     plot(cyl, type="l")
+ })
```

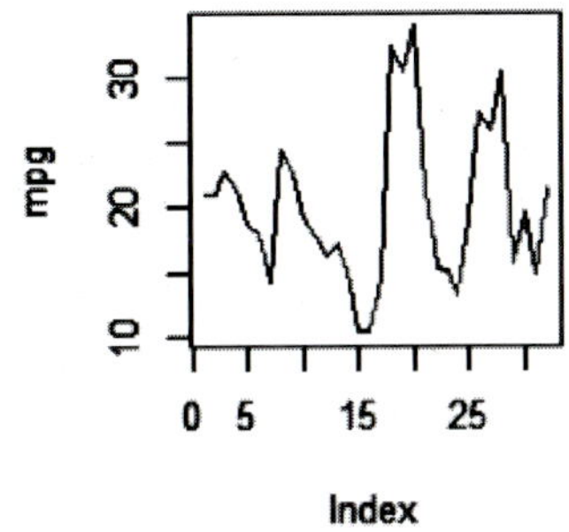

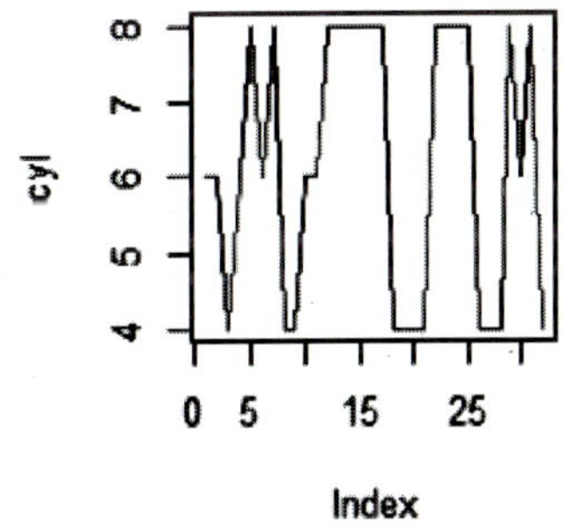

8.4.2 그래프 마진 조정: par {graphics}

그래프를 그리다 보면 예상과는 다르게 그래프의 가장자리가 잘려서 안 보이는 경우가 종종 발생한다. 이러한 이유는 그래프 여백이 적절하게 설정되지 않아서이다. 그래프의 여백을 나타내는 마진(margin)을 조정하기 위해서는 함수 par 내에 옵션 mar를 사용하여 그래프의 마진 조정을 할 수 있다.

그래프의 마진은 내부 마진과 외부 마진으로 구성된다. 내부 마진은 한 그래프의 4개 가장자리인 상, 하, 좌, 우측의 여백을 의미한다. 외부 마진은 여러 개의 그래프를 하나의 그래프 영역에 그릴 때 여러 개의 그래프를 하나의 그래프 묶음으로 보고 그래프 묶음의 4개 가장자리인 상, 하, 좌, 우측의 여백을 의미한다.

내부 마진의 경우 기본값인 mar=c(5.1, 4.1, 4.1, 2.1)로 적용된다. 각각의 값들은 그래프 아래쪽, 왼쪽, 위쪽, 오른쪽 부분의 마진에 해당하는 크기를 나타내는 라인(line) 수이다. 간혹 축의 값, 축의 이름, 그래프 제목 등이 길어서 그래프 상에서 일부분이 보이지 않게 되는 경우 내부 마진 벡터의 값을 가감해서 해결할 수 있다. 라인 단위로 조절하는 mar 옵션 외에 인치(inch) 단위로 조정하는 mai 옵션도 있다.

함수 par는 한 번 설정되면 계속 유지되기 때문에 사용하고 나서 다시 기본 설정으로 바꾸어 주는 것이 좋다. 즉, 기본값 마진 함수 'par(mar=c(5.1, 4.1, 4.1, 2.1))'를 사용하거나 혹은 'dev.off()'라는 그래픽 디바이스를 닫는 역할을 수행하는 함수를 사용하여 그래픽 옵션을 초기 설정으로 되돌릴 수 있다.

외부 마진의 기본값은 oma=c(0, 0, 0, 0)이다. 각각의 값들은 내부 마진 옵션과 마찬가지로 그래프 묶음의 아래쪽, 왼쪽, 위쪽, 오른쪽 부분의 마진에 해당하는 크기를 나타내는 라인(line) 수이다. 라인 단위로 조절하는 oma 옵션 외에 인치(inch) 단위로 조정하는 omi 옵션도 있다.

그래프 마진을 조정하는 함수 par의 형식은 [표 8.46]을 참조하고 사용 예는 [R-program 8.41]을 참조한다.

[표 8.46] 그래프 마진 조정 함수 par의 형식

형식	par(mar=margin.line.vec, mai=margin.inch.vec, oma=group.margin,line.vec, omi=group.margin,inch.vec, ...)
옵션	• margin.line.vec: 한 그래프의 네 면에 지정할 여백의 크기를 라인(line)의 수로 나타내는 c(아래쪽, 왼쪽, 위쪽, 오른쪽) 형식의 숫자 벡터로서 기본값은 c(5.1, 4.1, 4.1, 2.1) • margin.inch.vec: 한 그래프의 네 면에 지정할 여백의 크기를 인치(inch)로 나타내는 c(아래쪽, 왼쪽, 위쪽, 오른쪽) 형식의 숫자 벡터 • group.margin,line.vec: 그래프 묶음의 네 면에 지정할 여백의 크기를 라인(line)의 수로 나타내는 c(아래쪽, 왼쪽, 위쪽, 오른쪽) 형식의 숫자 벡터로서 기본값은 c (0, 0, 0, 0) • group.margin,inch.vec: 그래프 묶음의 네 면에 지정할 여백의 크기를 인치(inch)로 나타내는 c(아래쪽, 왼쪽, 위쪽, 오른쪽) 형식의 숫자 벡터 • ...: 기타 옵션
설명	• 그래프 영역의 마진을 조정한다.

[R-program 8.41] 그래프 마진 조정 함수 par의 사용 예

```
> #(1) iris: 패키지 datasets의 데이터 프레임
>
> # 데이터 설명: Fisher의 붓꽃자료로서 150X5 데이터 프레임
>
> #(2) [그림 8.74] 기본 내부 마진 하에서의 산점도
>
> default.margin <- c(5.1, 4.1, 4.1, 2.1) # 기본 내부 마진 설정을 저장
> par(mar=default.margin) #기본 내부 마진
> with(iris, plot(Sepal.Length, Sepal.Width,
+                main="Basic-Small-Large Size Margin Examples"))
```

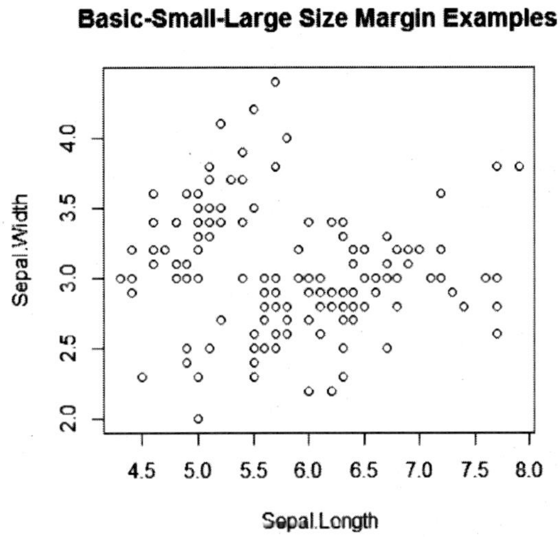


```
> #(3) [그림 8.75] 기본보다 작은 마진 하에서의 산점도
>
> # 기본 내부 마진의 4면에서 모두 2만큼 줄인 마진 하에서
> # x-축 및 y-축 이름이 잘려 안보임
>
> par(mar=default.margin+c(-2, -2, -2, -2))
> with(iris, plot(Sepal.Length, Sepal.Width,
+                main="Basic-Small-Large Size Margin Examples"))
```

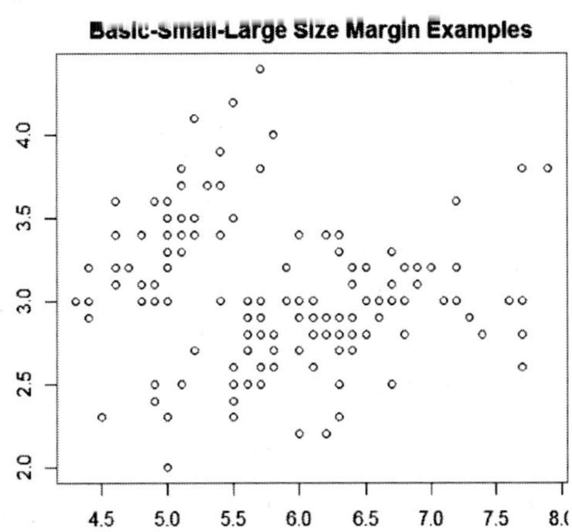

```
> #(4) [그림 8.76] 기본보다 큰 마진 하에서의 산점도
>
> # 기본 내부 마진의 4면에서 모두 2만큼 늘인 마진 하에서는
> # 그래프 밖 여백을 확보해야 하므로 그래프가 작아짐
>
> par(mar=default.margin+c(2, 2, 2, 2))
> with(iris, plot(Sepal.Length, Sepal.Width,
+                 main="Basic-Small-Large Size Margin Examples"))
```

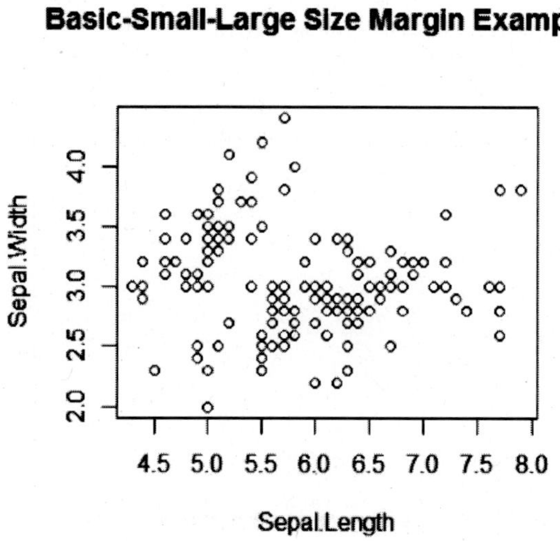


```
> #(5) [그림 8.77] 기본 내부 마진 하에서의 산점도
>
> # 다시 기본 내부 마진 설정으로의 변경
> # par(mar = default.margin) 대신에 함수 dev.off() 를 사용해도 같은 효과
>
> par(mar=default.margin) #기본 내부 마진
> with(iris, plot(Sepal.Length, Sepal.Width,
+                 main="Basic-Small-Large Size Margin Examples"))
```

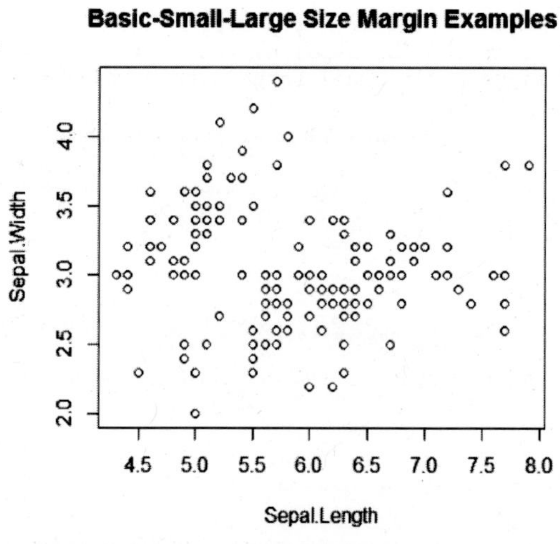

8.5 그래프 수식 출력

자연과학 혹은 공학 분야에서는 그리스 문자 α, β, π, ϕ, μ, σ, ... 혹은 수학 기호 $\int$, lim, ... 등을 포함하는 수식을 매우 빈번하게 텍스트로 사용한다. 그래프를 그릴 때도 그래프의 제목, 그래프 내에 텍스트, 혹은 범례 등에 수식을 표현하여 그래프의 해석에 도움이 될 수 있다.

수식 표현은 기본적으로 R 수식 표현법을 기본적으로 따르긴 하지만 정규 R 수식의 표현과는 다른 규칙을 따른다. 함수 expression은 수식을 표현해주는 함수이다. 즉, 다양한 수학적 기호를 사용하거나, 위 혹은 아래 첨자를 생성하고, 분수를 만드는 등의 수식 표현 작업이 가능하다.

R Console 창에서 demo(plotmath)를 입력하면 [표 8.47]과 같은 수학적 표현식의 규칙을 보여주는 몇 가지 표를 보여준다. 함수 expression 내에서 [표 8.47]의 왼편과 같은 표현식을 입력하면 오른편과 같이 출력됨을 의미한다. 그래프 수식 출력 함수 expression을 사용한 예는 [R-program 8.42]를 참조한다.

[표 8.47] 그래프 수식 출력 함수 expression 내에서 사용할 수식 표현 규칙
(왼쪽: 입력, 오른쪽: 출력 결과)

Arithmetic Operators		Lists	
x+y	x+y	list(x, y, z)	x, y, z
x-y	x-y	Relations	
x*y	xy	x==y	x=y
x/y	x/y	x!=y	$x \neq y$
x %+-% y	$x \pm y$	x<y	$x < y$
x %/% y	$x \div y$	x<=y	$x \leq y$
x %*% y	$x \times y$	x>y	$x > y$
x %.% y	$x \cdot y$	x>=y	$x \geq y$
-x	-x	x %~~% y	$x \approx y$
+x	+x	x %=~% y	$x \cong y$
Sub/Superscripts		x %==% y	$x \equiv y$
x[i]	x_i	x %prop% y	$x \propto y$
x^2	x^2	x %~% y	$x \sim y$
Juxtaposition		Typeface	
x*y	xy	plain(x)	x
paste(x, y, z)	xyz	italic(x)	*x*
Radicals		bold(x)	**x**
sqrt(x)	$\sqrt{x}$	bolditalic(x)	***x***
sqrt(x,y)	$\sqrt[y]{x}$	underline(x)	$\underline{x}$

Ellipsis	
list(x[1], ..., x[n])	$x_1, \ldots, x_n$
x[1] + ... + x[n]	$x_1 + \ldots + x_n$
list(x[1], cdots, x[n])	$x_1, \cdots, x_n$
x[1] + cdots + x[n]	$x_1 + \cdots + x_n$

Set Relations	
x %subset% y	$x \subset y$
x %subseteq% y	$x \subseteq y$
x %supset% y	$x \supset y$
x %supseteq% y	$x \supseteq y$
x %notsubset% y	$x \not\subset y$
x %in% y	$x \in y$
x %notin% y	$x \notin y$

Accents	
hat(x)	$\hat{x}$
tilde(x)	$\tilde{x}$
ring(x)	$\mathring{x}$
bar(xy)	$\overline{xy}$
widehat(xy)	$\widehat{xy}$
widetilde(xy)	$\widetilde{xy}$

Arrows	
x % <-> % y	$x \leftrightarrow y$
x % -> % y	$x \rightarrow y$
x % <- % y	$x \leftarrow y$
x % up % y	$x \uparrow y$
x % down % y	$x \downarrow y$
x % <=> % y	$x \Leftrightarrow y$
x % => % y	$x \Rightarrow y$
x % <= % y	$x \Leftarrow y$
x % dblup % y	$x \Uparrow y$
x % dbldown % y	$x \Downarrow y$

Symbolic Names	
Alpha - Omega	A - Ω
alpha - omega	α - ω
phi1 + sigma1	$\varphi + \varsigma$
Upsilon1	Υ
infinity	∞
32 * degree	32°
60 * minute	$60'$
30 * second	$30''$

Style	
displaystyle(x)	$\displaystyle x$
textstyle(x)	$\textstyle x$
scriptstyle(x)	$\scriptstyle x$
scriptscriptstyle(x)	$\scriptscriptstyle x$
Spacing	
x~~y	$x \; y$

x + phantom(0) + y	$x + + y$
x + over(1, phantom(0))	$x + \frac{1}{}$
Fractions	
frac(x, y)	$\frac{x}{y}$
over(x, y)	$\frac{x}{y}$
atop(x, y)	${x \atop y}$

Big Operators	
sum(x[i], i = 1, n)	$\sum_{1}^{n} x_i$
prod(plain(P)(X == x), x)	$\prod_{x} P(X = x)$
integral(f(x) * dx, a, b)	$\int_{a}^{b} f(x)dx$
union(A[i], i == 1, n)	$\bigcup_{i=1}^{n} A_i$
intersect(A[i], i == 1, n)	$\bigcap_{i=1}^{n} A_i$
lim(f(x), x %->% 0)	$\lim_{x \to 0} f(x)$
min(g(x), x>= 0)	$\min_{x \geq 0} g(x)$
inf(S)	$\inf S$
sup(S)	$\sup S$

Grouping	
{}(x, y)	(x, y)
(x + y) * z	(x + y)z
x ^ y+z	$x^y + z$
x ^ (y + z)	$x^{(y + z)}$
x ^ {y + z}	$x^{y + z}$
group("(", list(a, b), "]")	(a, b]
bgroup("(", atop(x, y), ")")	$\left(\begin{matrix} x \\ y \end{matrix}\right)$
group(lceil, x, rceil)	$\lceil x \rceil$
group(lfloor, x, rfloor)	$\lfloor x \rfloor$
group("|", x, "|")	$\|x\|$

[R-program 8.42] 그래프 수식 출력 함수 expression의 사용 예

```
> #(1) 2개의 데이터 세트 생성
>
> # x=seq(-4,4,length=101)일 때 y=sin(x)
> # x=seq(-4,4,length=101)일 때 y=cos(x)
>
> x <- seq(-4,4,length=101)
> head(cbind(x, sin(x), cos(x)))
         x
[1,] -4.00 0.7568025 -0.6536436
[2,] -3.92 0.7021463 -0.7120327
[3,] -3.84 0.6429987 -0.7658672
[4,] -3.76 0.5797382 -0.8148028
[5,] -3.68 0.5127693 -0.8585264
[6,] -3.60 0.4425204 -0.8967584

> #(2) [그림 8.78] 수식을 나타낸 sin 및 cosine 함수 그래프
>
> # 제목을 나타내기 위한 함수 main, xlab, ylab의 expression 내에서
> # 2개 이상의 원소를 사용할 때는 함수 paste로 연결해야 함
> # 함수 paste로 연결하지 않으면 1번째 원소만 사용함
>
> # 축 눈금을 추가하기 위하여 기존 그래프에서 축 눈금 삭제 : xaxt="n", yaxt="n"
>
> matplot(x, y=cbind(sin(x), cos(x)),
+         type="l", xaxt="n", yaxt="n", col.main="blue",
+         main=expression(paste("Two Trigonometric function : sin(",
+                         theta, ") and cos(",theta, ")")),
+         xlab=expression(theta, phi), #2번째 원소 phi는 사용하지 않음
+         ylab=expression(paste("sin(", theta,") and cos(",theta,")")))
>
> # 함수 axis내의 expression에서는 at의 원소 개수에 상응하는 개수의
> # label을 사용해야 함
>
> axis(1, at = c(-pi, -pi/2, 0, pi/2, pi),
+      labels = expression(-pi, -pi/2, 0, pi/2, pi))
>
> axis(side=2, labels=TRUE)
```

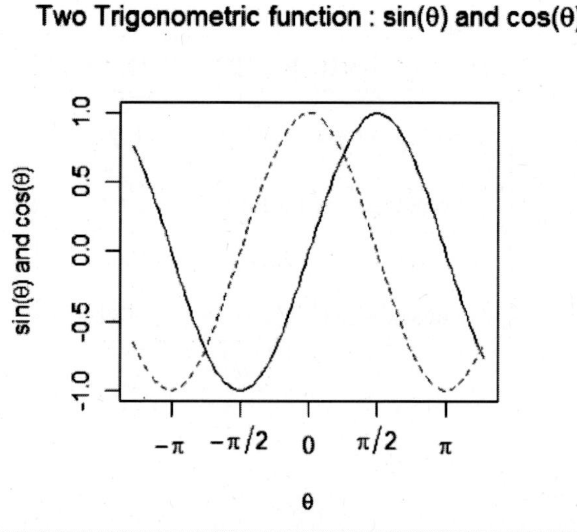

```
> #(3) [그림 8.79] 복잡한 수식을 나타낸 산점도
>
> plot(1:10, 1:10)
>
> text(4, 9, expression(hat(beta) == (X^t * X)^{-1} * X^t * y))
>
> text(3, 6, expression(bar(x) == sum(frac(x[i], n), i==1, n)))
>
> text(8, 5, expression(paste(frac(1, sigma*sqrt(2*pi)), " ",
+                          e^{frac(-(x-mu)^2, 2*sigma^2)})))
```

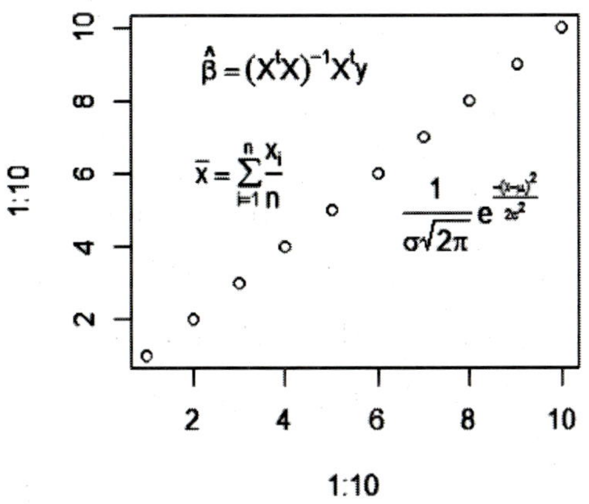

연습문제

☞ 아래의 여러 문제에서 그래프를 작성할 때 그래프의 이해를 돕기 위한 적절한 그래프 제목, 부제목, 축 이름, 축 눈금 이름 등을 활용하여라.

☞ 아래의 여러 문제에서 그래프를 작성한 후 그래프에서 파악할 수 있는 데이터의 특성에 대하여 설명하여라.

01 R의 패키지 Lock5Data에 있는 데이터 BodyFat는 100명의 남자에 대해 신체 정보를 기록한 데이터이다.

(1) 전체 남자들의 Height에 대해 적절한 그래프를 그려라.

(2) xy-평면 위에서 Height 및 Weight 별로 Age가 40세 이상과 40세 미만으로 나누어 비교할 수 있는 그래프를 그려라.

(3) Bodyfat 변수에 대한 히스토그램을 그려라.

(4) (3)의 히스토그램을 확장자가 bmp, png, jpeg, pdf인 외부 출력 파일로 만들어라. (6.4절 참조)

02 R의 패키지 Lock5Data에 있는 데이터 MarriageAges는 100명의 부부에 대해서 남, 여 각각 결혼한 나이를 기록한 데이터이다. Husband와 Wife의 결혼 나이 분포를 비교하기에 적절한 그래프를 그려라.

03 R의 패키지 Lock5Data에 있는 데이터 HappyPlanetIndex는 143개의 국가에 대해 행복과 건강에 관련된 측정 지수들을 나타낸 데이터이다.

(1) HPI(Happy Planet Index) 값이 가장 큰 상위 5개 국가 및 가장 작은 하위 4개 국가에 대해서 행복과 건강에 관련된 변수 5개를 선택하여 데이터 프레임 HPIdata를 생성하여라.

(2) HPIdata의 9개 국가에 대한 행복과 건강을 비교하기에 적합한 그래프를 그려라.

(3) (2)에서 그린 그래프를 확장자가 bmp, png, jpeg, pdf인 외부 출력 파일로 만들어라. (6.4절 참조)

04 R의 패키지 Lock5Data에 있는 데이터 CocaineTreatment는 코카인 중독에 대한 3가지 치료약에 대하여 재발 여부를 기록한 데이터이다. 이 데이터의 특성을 파악하기에 적절한 그래프를 그려라.

05 R의 패키지 Lock5Data에 있는 데이터 SalaryGender는 남녀, 박사 학위 여부, 나이에 따른 급여를 나타낸 데이터이다. 나이를 x-축으로 하고 급여를 y-축으로 하는 산점도를 그리는데 조건 변수를 남녀, 박사 학위 여부로 하여 각각의 조건부 그래프를 그려라.

06 R의 패키지 Lock5Data에 있는 데이터 CommuteAtlanta는 Atlanta에 사는 사람들을 대상으로 통근 시간과 거리 등에 대해 기록한 데이터이다. 그래프 영역을 4개(2×2)로 분할하여 각 영역에 다음과 같은 순서대로 그래프를 그려라. (1) Age 변수에 대한 히스토그램, (2) Time(x-축)과 Distance(y-축) 간의 산점도, (3) Sex 변수에 대한 막대 그래프, (4) Distance와 Time에 대한 상자 그래프를 그려라.

07 6장 연습문제 5번에서 생성한 데이터 프레임 census를 사용하여 물음에 답하여라.

(1) 연도(x-축)에 따른 인구(y-축)의 선 그래프를 그려라.

(2) 남자 및 여자의 인구 분포를 파악할 수 있는 상자그림을 나란히 그려라.

(3) 연도(x-축)에 따른 성비(y-축)의 점선 그래프를 그리는데 100인 값을 기준으로 점선으로 된 수평선을 추가하여라.

08 6장 연습문제 6번에서 생성한 데이터 프레임 employ1을 사용하여 물음에 답하여라.

(1) 소계 변수에 대해 y-축을 기준으로 하는 선 그래프를 그리는데 그래프의 테두리와 x-축, y-축을 나타나지 않게 하여라. 단, x-축은 기본 값(index)으로 나타나게 하여라. (y-축 범위는 35에서 75로 지정)

(2) 위의 (1) 결과에서 남자, 여자 변수에 대해 y-축을 기준으로 선을 추가하는데 각각의 색깔을 파란색, 빨간색으로 하여라.

(3) 위의 (2) 결과에서 그래프의 테두리를 추가하고 x-축에서 1, 13, 25, 37번째의 값에 대한 눈금을 해당 관측치의 행 이름으로 나타나도록 하여라.

(4) 위의 (3) 결과에서 y-축의 값을 35부터 75까지 5단위로 눈금을 나타내어라.

(5) 그래프의 우측 하단에 각 변수 이름에 대한 선 색깔을 구분한 범례를 표시하여라.

09 R의 패키지 Lock5Data에 있는 데이터 AllCountries는 World Bank website에서 수집한 자료로서 세계 215개 나라의 국가 특성에 관한 변수 25개로 구성되어 있다. 5개 이하의 관심 있는 변수와 7개 이하의 관심 있는 나라를 선택한 후에 별 그래프, 나이팅게일 그래프, 체르노프 얼굴 그래프, 레이더 그래프를 그려라. 각 나라의 어떤 특성이 나타나는지를 논의하여라.

10 R의 패키지 Lock5Data에 있는 관심 있는 데이터를 선택한 후 제8장에서 학습한 여러 가지 그래프 함수를 적용하여 그래프를 그려보고 자료의 특성을 논의하여라.

11 확률변수 X가 평균 μ와 표준편차 σ를 가지는 정규분포 $N(\mu,\sigma^2)$ 를 따를 때 X의 확률밀도함수는 다음과 같다.

$$f(x) = \frac{1}{\sqrt{2\pi\sigma^2}} \cdot \exp\left\{-\frac{(x-\mu)^2}{2}\right\}, \quad -\infty < x < \infty.$$

(1) $N(\mu,\sigma^2)$분포의 확률밀도함수 $f(x)$를 그릴 수 있는 사용자 정의 함수를 작성하여라.

(2) $N(0,\ 3)$의 확률밀도함수의 그래프를 그린 후에 그래프를 이해하기 쉽게 수식으로 표현하여라.

(3) (2)의 $N(0,\ 3)$의 확률밀도함수 그래프 위에 $N(-5,\ 0.5)$, $N(5,\ 1)$의 확률밀도함수 그래프를 겹쳐 그린 후에 3개의 그래프를 구별하기 쉽게 표현하여라.

9장

R 고급 그래픽스 – 패키지 lattice

데이터의 시각적 표현인 그래픽스(graphics)에 활용되는 데이터에서 변수의 유형을 크게 범주형과 수치형 변수로 구분하자. 범주형 변수는 속성 또는 범주로 구분 가능한 값을 갖는 변수이다. 예를 들어 남자 혹은 여자로 구별되는 성별, 대학교 1, 2, 3, 4학년으로 구분되는 학년, 혹은 동, 서, 남, 북쪽 지역으로 구분되는 지역 변수 등은 범주형 변수이다. 4장에서 논의한 R 데이터 객체 중 팩터는 범주형 데이터이다. 수치형 변수는 데이터 숫자의 크기가 의미가 있는 데이터이다. 수치형 변수의 예로는 몸무게, 키, 점수, 가격, 혈압, 칼로리, 빈도 등이 있다.

제8장의 R 기초 그래픽스에서는 주로 패키지 graphics의 그래픽 함수로 여러 종류의 기본적인 그래프를 그려보았다. 제9장에서 다루게 될 패키지 lattice는 범주형 변수가 갖는 각 범주별(즉, 팩터의 수준별) 그래프를 기본 옵션만을 갖는 그래픽 함수로도 쉽게 그릴 수 있도록 특화된 패키지이다. 또한, 패키지 lattice는 그래프를 그릴 현재의 R 시스템 영역에 맞추어 그래프의 좌표축과 여백 등이 자동으로 계산되어 그려진다.

제9장에서 수치형 변수가 하나인 데이터를 일변량(univariate), 수치형 변수가 2개인 데이터를 이변량(bivariate), 수치형 변수가 3개 이상인 데이터를 다변량(multivariate) 데이터라고 하자.

9.1절, 9.2절, 9.3절, 9.4절에서는 각각 일변량, 이변량, 다변량, 그리고 시계열 데이터에 대해 그릴 수 있는 패키지 lattice의 그래픽 함수들을 소개한다. 이때 각 함수에 대해서 최소한의 기본 옵션을 사용하여 그린 그래프 위주로 설명하고, 더욱 자세한 옵션의 사용에 대해서는 9.5절에서 별도로 다룬다.

패키지 lattice를 사용하기 위해서는 사전에 lattice를 설치한 후 불러들여 패키지 사용을 선언해야 한다(2.3절 참조).

패키지 lattice의 여러 그래픽 함수에서는 변수를 입력할 때 식(formula)의 형태로 변수를 입력한다. [표 9.1]은 식을 입력하는 기본 형식이다.

[표 9.1] 패키지 lattice의 그래픽 함수에서 변수들을 입력하는 형식

형식	y ~ x | c
옵션	• x: x-축에 나타낼 변수로 반드시 하나의 변수가 입력되어야 한다. 예외적으로 만약 x를 x1+x2로 표현한 경우는 3차원 그래프에서 x1은 x-축, x2는 y-축에 나타낼 변수이다. • y: y-축에 나타낼 변수로 선택적이다. 2개 이상이면 y를 y1+y2+… 와 같이 표현한다. 예외적으로 3차원 그래프에서는 y가 z-축에 나타낼 변수이다. • c: 조건 변수로 선택적이다. 조건 변수로는 범주형 변수가 사용된다. 2개 이상이면 c를 c1*c2*…와 같이 입력한다.

설명	• y ~ x | c의 경우 범주형 변수인 조건 변수 c의 값인 범주의 조건하에서 x-축에 변수 x를, y-축에 변수 y를 나타낸다. • y ~ x1+x2 | c의 경우 범주형 변수인 조건 변수 c의 값인 범주의 조건하에서 x-축에 변수 x1을, y-축에 변수 x2를, z-축에 변수 y를 나타낸다. • 위에서 플러스(+)와 스타 부호(*)는 서로 대체할 수 있다.

[표 9.2]는 x-축 및 y-축에 표현하는 2차원 그래프, 혹은 3차원인 경우 z-축을 추가한 3차원 그래프에서 각 축의 변수를 식의 형태로 입력한 예를 보여준다.

[표 9.2] 패키지 lattice의 그래픽 함수에서 변수의 입력 형식 예

변수 입력 식	설명
Approval ~ Candidate	x-축에 변수 Candidate를 y-축에 변수 Approval을 나타낸다.
Approval + Margin ~ Candidate	x-축에 변수 Candidate를 y-축에 변수 Approval과 Margin을 나타낸다.
Year ~ GPA | Gender	변수 Gender 값의 조건하에서 x-축에 변수 GPA를 y-축에 변수 Year를 나타낸다.
~ GPA | Gender*Smoke	변수 Gender 및 Smoke 값 조건하에서 x-축에 변수 GPA를 나타낸다.
GPA ~ Weight+Heigh	x-축에 변수 Weight, y-축에 변수 Height, z-축에 변수 GPA를 니디낸디.
GPA ~ Weight+Height | Gender	변수 Gender 값 조건하에서 x-축에 변수 Weight, y-축에 변수 Height, z-축에 변수 GPA를 나타낸다.
Height ~ Weight | Year*Award	변수 Year 및 Award 값 조건하에서 x-축에 변수 Weight를 y-축에 변수 Height를 나타낸다.

제9장에서는 주로 패키지 Lock5Data 혹은 패키지 datasets에 있는 자료에 대해 lattice 패키지의 여러 그래픽 함수를 적용하였다. 따라서 R 프로그램 실습을 위해서는 각 패키지를 설치하고 불러들여 패키지 사용을 선언해야 한다(2.3절 참조). RStudio의 Console 창에서 library(help= "Lock5Data")를 입력하면 패키지 Lock5Data가 가지고 있는 여러 데이터 세트들에 대한 간단한 설명이 Source 창에 나타난다. 만약 패키지 Lock5Data의 데이터 중 ElectionMargin의 구체적인 설명을 알고 싶으면 Rstudio의 Console 창에서 ?ElectionMargin을 입력하면 데이터 ElectionMargin에 대한 상세한 설명이 Help 창에 나타난다.

9.1 일변량 그래프

다음 [표 9.3]은 수치형 변수가 1개인 일변량 데이터에 대한 그래프를 그릴 수 있는 패키지 lattice의 그래픽 함수들이다.

[표 9.3] 패키지 lattice의 일변량 그래픽 함수

함수	함수가 그리는 그래프
barchart	막대 그래프
dotplot, stripplot	줄 그래프
bwplot	상자 그래프
densityplot	커널 밀도 그래프
histogram	히스토그램
qqmath	일변량 Q-Q 플롯

9.1.1 막대 그래프: barchart {lattice}

함수 barchart는 8.2.1절의 함수 barplot와 같이 막대 그래프를 그리는 데 사용한다. 이때 막대의 길이는 범주형 변수의 빈도 혹은 범주별 수치형 변수의 값을 의미한다. 함수 barchart 내에서 변수를 입력할 때는 앞서 설명한 [표 9.1] 및 [표 9.2]와 같은 식의 형태로 변수를 입력하여야 한다. 가장 기본적인 형태는

$$y \sim x \mid c$$

이다. 이때 x-축 변수 또는 y-축 변수 중 하나는 범주형 변수를 입력해야 하며 x가 범주형 변수라면 세로 막대 그래프가, y가 범주형 변수라면 가로 막대 그래프가 그려진다. 조건 변수 c가 있다면 범주형 변수인 조건 변수가 갖는 각 범주의 조건하에서 막대 그래프들이 그려진다.

막대 그래프 함수 barchart의 사용 예는 [R-program 9.1]을 참조한다. 함수 barchart의 주요 옵션으로는 제8장에서 다룬 패키지 graphics의 여러 그래픽 함수처럼 main, xlab, ylab, xlim, ylim 등의 옵션이 사용될 수 있다. 이들의 사용에 대해서는 9.5절에서 다룬다.

[R-program 9.1] 막대 그래프 함수 barchart의 사용 예

```
> #(1) ElectionMargin : 패키지 Lock5Data의 데이터 프레임
> # 데이터 설명: 1940년~2012년에 현직 대통령이 출마한 미국 대선 자료
> # 12X5 데이터 프레임
>
```

```
> str(ElectionMargin)
'data.frame':   12 obs. of  5 variables:
 $ Year      : int  1940 1948 1956 1964 1972 1976 1980 1984 1992 1996 ...
 $ Candidate: Factor w/ 12 levels "Carter","Clinton",..: 11 12 3 7 8 4 1 10 5 2
 ...
 $ Approval : int  62 50 70 67 57 48 31 57 39 55 ...
 $ Margin   : num  10 4.5 15.4 22.6 23.2 -2.1 -9.7 18.2 -5.5 8.5 ...
 $ Result   : Factor w/ 2 levels "Lost","Won": 2 2 2 2 2 1 1 2 1 2 ...
>
> #(2) [그림 9.1] 범주형 변수의 범주별 수치형 변수의 세로 막대 그래프
>
> # 변수 Candidate의 범주별, 변수 Approval의 세로 막대 그래프
> # x-축 변수-범주형(Candidate), y-축 변수-수치형(Approval)
>
> barchart(Approval ~ Candidate, data=ElectionMargin,
+          xlab="Candidate", main="President Election Margin")
```

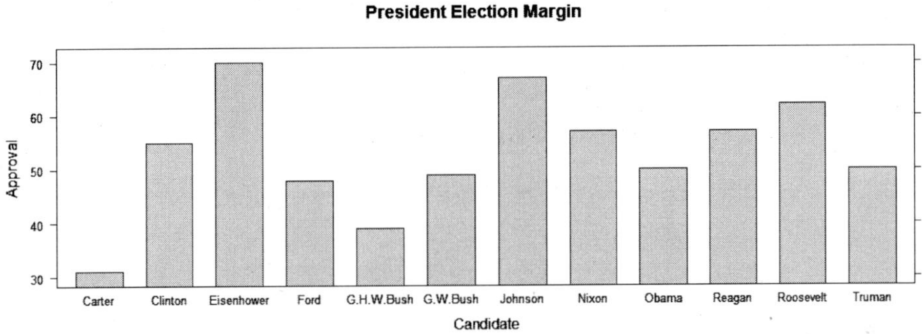


```
> #(3) [그림 9.2] 범주형 변수의 범주별 수치형 변수의 가로 막대 그래프
>
> # 변수 Candidate의 범주별, 변수 Approval의 가로 막대 그래프
> # x-축 변수-수치형(Approval), y-축 변수-범주형(Candidate)
>
> barchart(Candidate ~ Approval, data=ElectionMargin,
+          ylab="Candidate", main="President Election Margin" )
```

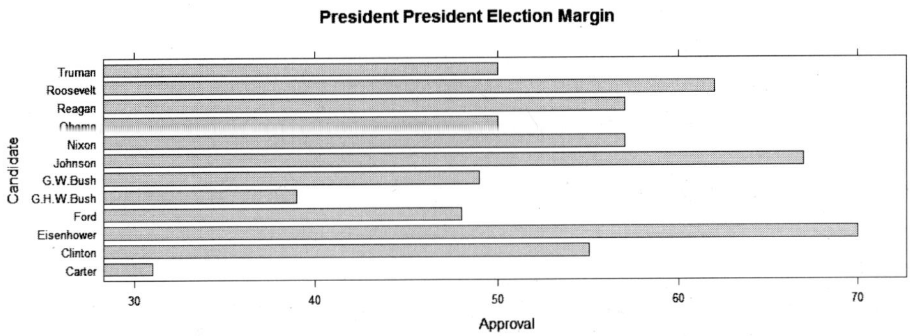


```
> #(4) [그림 9.3] 범주형 변수의 범주별 2개 수치형 변수의 병렬형 막대 그래프
>
> # 변수 Candidate의 범주별, 변수 Approval 및 Margin의 병렬형 막대 그래프
> # x-축 변수-범주형(Candidate), y-축 변수-수치형(Approval, Margin)
> # 옵션 auto.key=TRUE : 범례 표시
>
> barchart(Approval + Margin ~ Candidate, data=ElectionMargin,
+          auto.key=T, xlab="Candidate", main="President Election Margin")
```

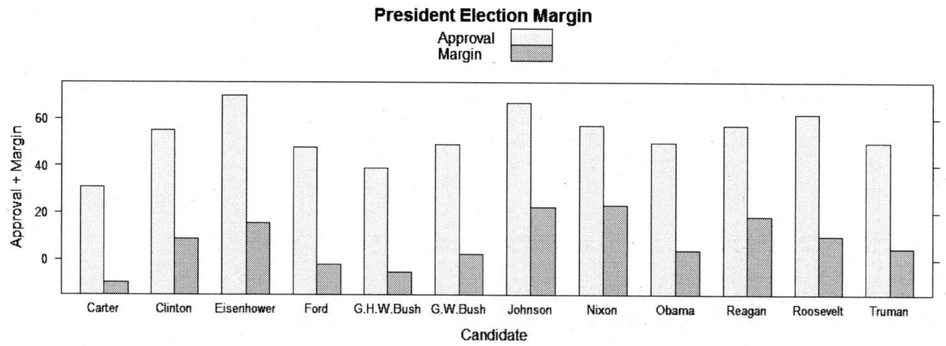


```
> #(5) [그림 9.4] 2개 범주형 변수의 범주 조합별 수치형 변수의 막대 그래프
>
> # 조건 변수 Result의 범주별, 변수 Year의 범주별, 변수 Approval의 막대 그래프
> # x-축 변수-범주형(Year), y-축 변수-수치형(Approval), 조건변수-범주형(Result)
> # factor(Year) : 변수 Year가 정수형이므로 팩터로 변환하여 범주형 변수로 만듬
>
> barchart(Approval ~ factor(Year) | Result, data=ElectionMargin,
+          xlab="Year", main="President Election Margin")
```

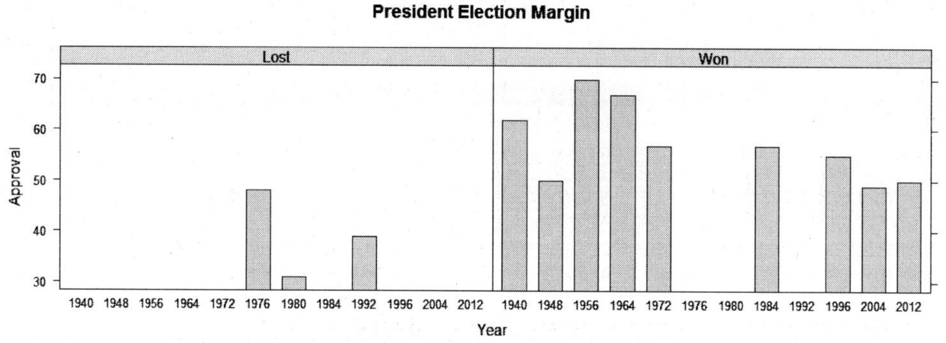


```
> #(6) Titanic: 패키지 datasets의 배열
>
> # 데이터 설명: 타이타닉호 승객의 class, sex, age 및 srvived 별
> # 빈도 자료를 4(Class)X2(Sex)X2(Age)X2(Survived) 4차원 배열의 형태로 저장
>
> # 배열 Titanic을 사용하기 위해서는 사전에 패키지 datasets을 설치하고
> # 불러들여야 한다.
>
> df_Titanic <- as.data.frame(Titanic) #32X4 데이터 프레임(df_Titanic)으로 변환
>
> str(df_Titanic)
'data.frame':	32 obs. of  5 variables:
 $ Class   : Factor w/ 4 levels "1st","2nd","3rd",..: 1 2 3 4 1 2 3 4 1 2 ...
 $ Sex     : Factor w/ 2 levels "Male","Female": 1 1 1 1 2 2 2 2 1 1 ...
 $ Age     : Factor w/ 2 levels "Child","Adult": 1 1 1 1 1 1 1 1 2 2 ...
 $ Survived: Factor w/ 2 levels "No","Yes": 1 1 1 1 1 1 1 1 1 1 ...
 $ Freq    : num  0 0 35 0 0 0 17 0 118 154 ...
>
> #(7) [그림 9.5] 3개 범주형 변수의 범주 조합별 수치형 변수(상대돗수)의 막대 그래프
>
> # 범주형 변수 Sex, Age, Survived의 범주별, 변수 Freq의 합 계산
> # 함수 aggregate의 사용 예 : [R-program 5.29] 참조
>
```

```
> data1 <- aggregate(Freq ~ Sex+Age+Survived, df_Titanic, sum); data1
     Sex   Age Survived Freq
1   Male Child       No   35
2 Female Child       No   17
3   Male Adult       No 1329
4 Female Adult       No  109
5   Male Child      Yes   29
6 Female Child      Yes   28
7   Male Adult      Yes  338
8 Female Adult      Yes  316
>
> # 조건 변수 Sex 및 Age의 조합별 조건 하에서, 변수 Survived의 범주별
> # 변수 Freq의 평균, 즉 상대돗수의 막대 그래프
> # x-축 변수-범주형(Survived), y-축 변수-수치형(상대돗수), 조건변수-범주형(Sex*Age)
>
> barchart(Freq/sum(Freq) ~ Survived | Sex+Age, data=data1,
+          xlab="Survived", ylab="Relative frequency",
+          main="Survived People in Titanic")
```

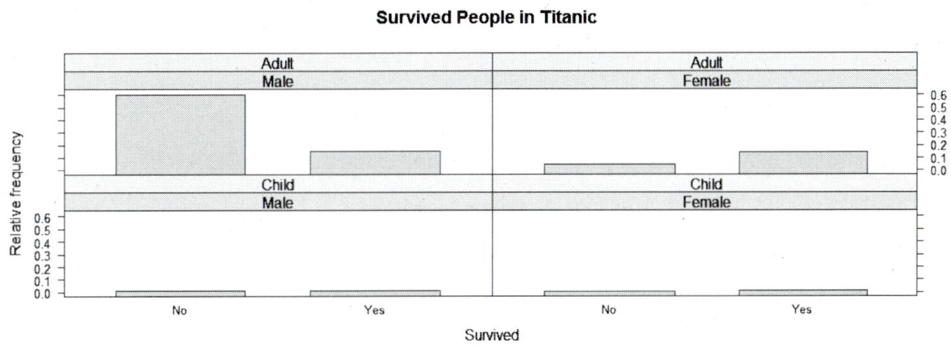

9.1.2 줄 그래프: dotplot {lattice}, stripplot {lattice}

함수 dotplot 및 stripplot는 8.1.7절의 함수 stripchart와 같이 개수가 많지 않은 수치형 변수의 분포를 파악할 수 있는 줄 그래프를 그리는 데 사용한다. 함수 dotplot은 진한 점들을 가는 선으로 연결하여 그린 그래프지만 함수 stripplot은 속이 비어 있는 점으로 나타내며 선이 연결되어 있지 않은 띠 모양으로 그려진 그림이다.

함수 dotplot 및 함수 stripplot에서 [표 8.4]의 옵션 type, [표 8.6]의 옵션 pch, 그리고 [표 8.7]의 옵션 lty의 선택으로 점 혹은 선의 형태를 다양하게 정할 수 있다.

줄 그래프 함수 dotplot 및 stripplot의 사용 예는 [R-program 9.2]를 참조한다.

[R-program 9.2] 줄 그래프 함수 dotplot 및 stripplot의 사용 예

```
> #(1) StudentSurvey: 패키지 Lock5Data의 데이터 프레임
> # 데이터 설명: 기초통계학을 수강한 362명 학생들의 17개 문항에 대한
> # 설문 자료로서 362X17 데이터 프레임
>
```

```
> str(StudentSurvey)
'data.frame':	362 obs. of  17 variables:
 $ Year      : Factor w/ 5 levels "","FirstYear",..: 4 5 2 3 5 5 2 5 3 2 ...
 $ Gender    : Factor w/ 2 levels "F","M": 2 1 2 2 1 1 1 2 1 1 ...
 $ Smoke     : Factor w/ 2 levels "No","Yes": 1 2 1 1 1 1 1 1 1 1 ...
 $ Award     : Factor w/ 3 levels "Academy","Nobel",..: 3 1 2 2 2 2 3 3 2 2 ...
 $ HigherSAT : Factor w/ 3 levels "","Math","Verbal": 2 2 2 2 3 3 2 2 3 2 ...
 $ Exercise  : num  10 4 14 3 3 5 10 13 3 12 ...
 $ TV        : int  1 7 5 1 3 4 10 8 6 1 ...
 $ Height    : int  71 66 72 63 65 65 66 74 61 60 ...
 $ Weight    : int  180 120 208 110 150 114 128 235 NA 115 ...
 $ Siblings  : int  4 2 2 1 1 2 1 1 2 7 ...
 $ BirthOrder: int  4 2 1 1 1 2 1 1 2 8 ...
 $ VerbalSAT : int  540 520 550 490 720 600 640 660 550 670 ...
 $ MathSAT   : int  670 630 560 630 450 550 680 710 550 700 ...
 $ SAT       : int  1210 1150 1110 1120 1170 1150 1320 1370 1100 1370 ...
 $ GPA       : num  3.13 2.5 2.55 3.1 2.7 3.2 2.77 3.3 2.8 3.7 ...
 $ Pulse     : int  54 66 130 78 40 80 94 77 60 94 ...
 $ Piercings : int  0 3 0 0 6 4 8 0 7 2 ...

>
> #(2) [그림 9.6] 수치형 변수의 줄 그래프
>
> # 변수 GPA의 줄그래프: x-축 변수-수치형(GPA)
>
> dotplot(~ GPA, data=StudentSurvey, main="Student Survey")
```

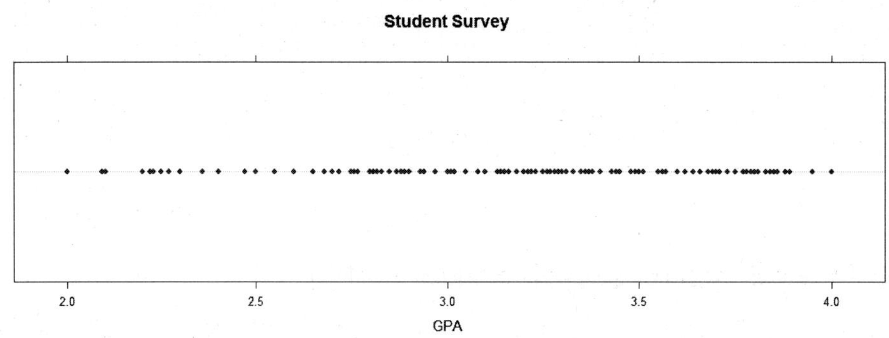


```
> #(3) [그림 9.7] 2개 범주형 변수의 범주 조합별 수치형 변수의 줄 그래프
>
> # 변수 Smoke의 범주별, 변수 Gender의 범주별, 변수 GPA의 줄그래프
> # x-축 변수-수치형(GPA), y-축 변수-범주형(Gender), 조건변수-범주형(Smoke)
>
> dotplot(Gender ~ GPA  | Smoke, data=StudentSurvey,
+          ylab="Gender", main="Student Survey")
```

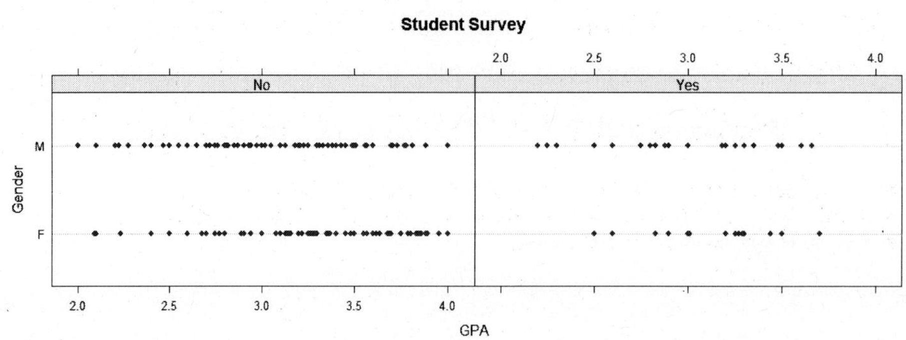

```
> #(4) [그림 9.8] 2개 범주형 변수의 범주 조합별 수치형 변수의 줄 그래프
>
> # 함수 dotplot에 의한 줄 그래프 : 채워진 점을 연한 선으로 이은 그래프
> # 함수 stripplot에 의한 줄 그래프 : 비워 있는 점을 잇지 않은 그래프
>
> # 변수 Gender 및 Smoke의 범주별, 변수 GPA의 줄 그래프
> # x-축 변수-수치형(GPA), 조건변수-범주형(Gender, Smoke)
>
> stripplot(~ GPA | Gender*Smoke, data=StudentSurvey, main="Student Survey")
```

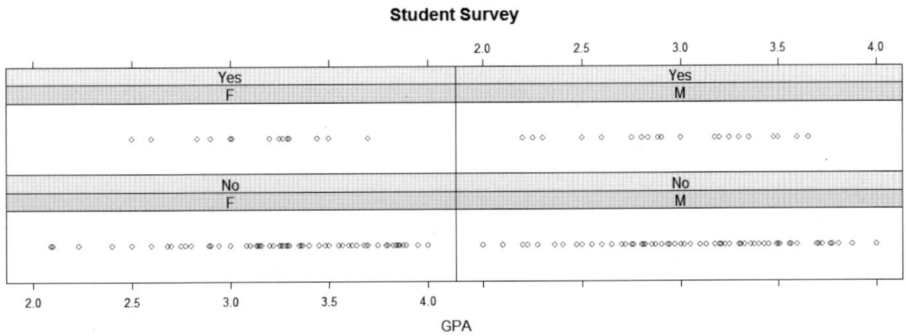


```
> #(5) 결측값을 제외한 범주형 변수의 범주 조합별 수치형 변수의 평균 계산
>
> # 범주형 변수 Year : 결측값이 2개, Gender : 결측값 없음
>
> summary(StudentSurvey)
       Year      Gender   Smoke        Award        HigherSAT
           :  2  F:169   No :319   Academy: 31        :  7
 FirstYear: 94   M:193   Yes: 43   Nobel  :149   Math  :205
 Junior   : 35                     Olympic:182   Verbal:150
 Senior   : 36
 Sophomore:195

                              (중략)

> # 변수 Year의 값이 결측치인 경우를 제외하지 않으면 결측값도 1개의 범주가 됨
> # StudentSurvey[StudentSurvey$Year!="",] : 변수 Year의 값이 결측치인 경우를 제외
>
> # 범주형 변수 Year 및 Gender의 범주별, 변수 GPA의 평균 계산
> # 함수 aggregate의 사용 예 : 「R-program 5.29」 참조
>
> data1 <- aggregate(GPA ~ Year+Gender,
+                    StudentSurvey[StudentSurvey$Year!="",], mean); data1
       Year Gender      GPA
1 FirstYear      F 3.193684
2    Junior      F 3.243889
3    Senior      F 3.358000
4 Sophomore      F 3.237812
5 FirstYear      M 2.975116
6    Junior      M 3.225882
7    Senior      M 3.100000
8 Sophomore      M 3.112990
>
```

```
> #(6) [그림 9.9] 2개 범주형 변수의 범주 조합별 수치형 변수의 줄 그래프
>
> # 변수 Gender의 범주별, Year의 범주별 GPA 평균의 줄 그래프
> # x-축 변수-수치형(GPA), y-축 변수-범주형(year)
>
> stripplot(Year ~ GPA | Gender, data=data1,
+           xlab="Mean of GPA", main="Student Survey")
```

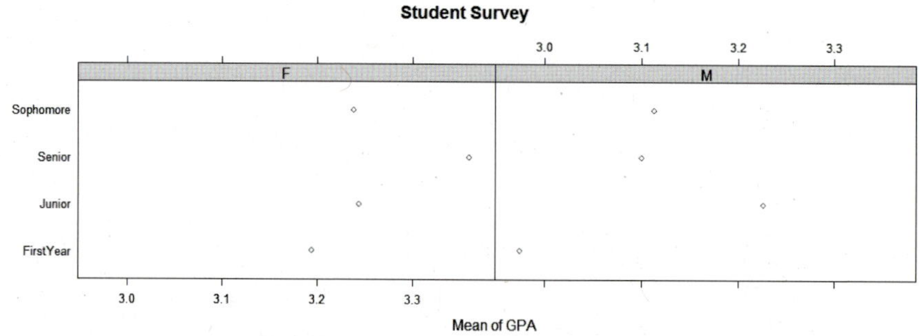


```
> #(7) [그림 9.10] 2개 범주형 변수의 범주별 수치형 변수의 줄 그래프
>
> # 변수 Gender의 범주별, Year의 범주별 GPA 평균의 줄 그래프
> # x-축 변수-수치형(GPA), y-축 변수-범주형(year)
>
> # groups=Gender : 변수 Gender에 따라 점의 색깔을 다르게 표현
> # type="o" : 점과 선을 동시에 표현([표 8.3]의 옵션 type 참조)
> # auto.key=T : 범례 표시
>
> dotplot(Year ~ GPA, data=data1, groups=Gender, type="o", auto.key=T,
+         xlab="Mean of GPA", main="Student Survey")
```

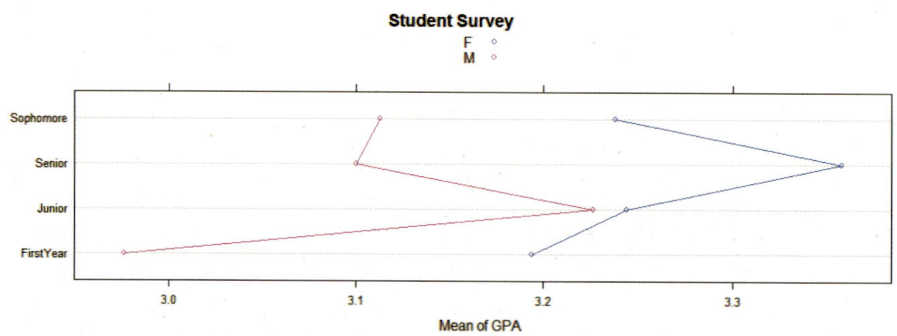

9.1.3 상자 그래프: bwplot {lattice}

함수 bwplot는 8.1.8절의 함수 boxplot와 같이 수치형 데이터의 상자 그래프를 그리는 데 사용한다. 함수 boxplot가 많아야 1개 범주형 변수의 범주별 상자 그래프를 그릴 수 있는 데 반해 함수 bwplot는 2개 이상의 범주형 변수에 대해서도 각 범주 조합별 상자 그래프를 그릴 수 있다. 함수 내의 변수를 입력하는 방식은 앞서 설명한 함수 barchart와 같은 형식을 따른다.

상자 그래프 함수 bwplot의 사용 예는 [R-program 9.3]을 참조한다.

[R-program 9.3] 상자 그래프 함수 bwplot의 사용 예

```
> #(1) StudentSurvey: 패키지 Lock5Data의 데이터 프레임
> # 데이터 설명: 기초통계학을 수강한 362명 학생들의 17개 문항에 대한
> # 설문 자료로서 362X17 데이터 프레임
>
> str(StudentSurvey[, c("Gender", "GPA", "Award")])
'data.frame':   362 obs. of  3 variables:
 $ Gender: Factor w/ 2 levels "F","M": 2 1 2 2 1 1 1 2 1 1 ...
 $ GPA   : num  3.13 2.5 2.55 3.1 2.7 3.2 2.77 3.3 2.8 3.7 ...
 $ Award : Factor w/ 3 levels "Academy","Nobel",..: 3 1 2 2 2 2 3 3 2 2 ...
>
> #(2) [그림 9.11] 범주형 변수의 범주별 수치형 변수의 세로 상자 그래프
>
> # 변수 Gender의 범주별, 변수 GPA의 세로 상자 그래프
> # x-축 변수-범주형(Gender), y-축 변수-수치형(GPA)
>
> bwplot(GPA ~ Gender, data=StudentSurvey,
+        xlab="Gender", main="Student Survey")
```

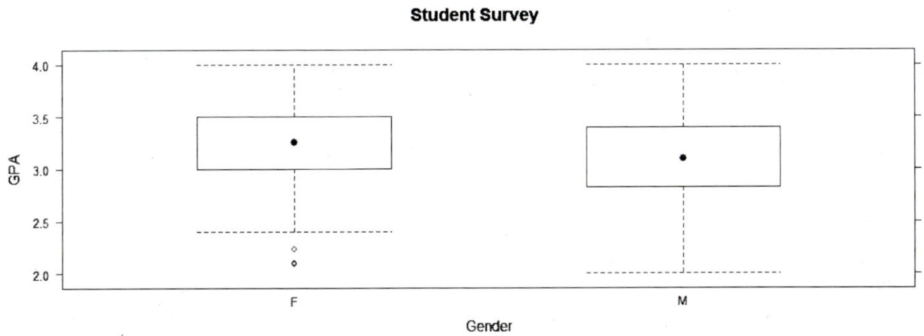


```
> #(3) [그림 9.12] 범주형 변수의 범주별 수치형 변수의 가로 상자 그래프
>
> # 변수 Gender의 범주별, 변수 GPA의 가로 상자 그래프
> # x-축 변수-수치형(GPA), y-축 변수-범주형(Gender)
>
> bwplot(Gender ~ GPA, data=StudentSurvey,
+        ylab="Gender", main="Student Survey")
```

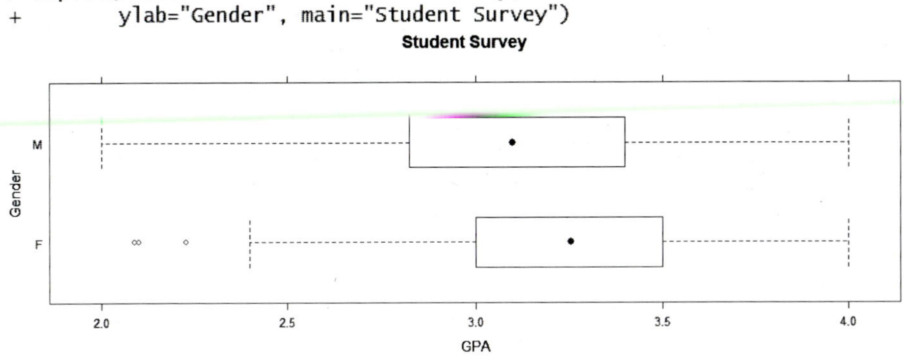


```
> #(4) [그림 9.13] 2개 범주형 변수의 범주 조합별 수치형 변수의 상자 그래프
>
> # 변수 Award의 범주별, 변수 Gender의 범주별, 변수 GPA의 상자 그래프
> # x-축 변수-범주형(Gender), y-축 변수-수치형(GPA), 조건변수-범주형(Award)
>
> bwplot(GPA  ~ Gender | Award, data=StudentSurvey,
+        xlab="Gender", main="Student Survey")
```

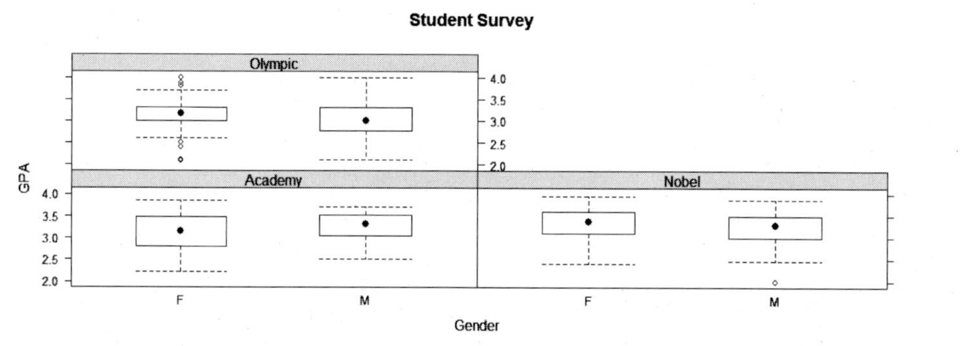

9.1.4 커널 밀도 그래프: densityplot {lattice}

함수 densityplot은 수치형 변수의 커널 밀도(kernel density) 그래프를 그리는 데 사용한다. 함수 densityplot에서는 x-축에만 수치형 변수가 사용되고 y-축은 커널 밀도를 나타내므로 y-축에는 다른 변수를 사용하지 않는다. 함수 densityplot가 그리는 커널 밀도 그래프에서는 y-축의 커널 밀도뿐만 아니라 x-축 가까이에 줄 그래프를 함께 그려줌으로써 수치형 변수의 밀도를 짐작하는 데 도움이 된다.

커널 밀도 그래프 함수 densityplot의 사용 예는 [R-program 9.4]를 참조한다.

[R-program 9.4] 커널 밀도 그래프 함수 densityplot의 사용 예

```
> #(1) StudentSurvey: 패키지 Lock5Data의 데이터 프레임
> # 데이터 설명: 기초통계학을 수강한 362명 학생들의 17개 문항에 대한
> # 설문 자료로서 362X17 데이터 프레임
>
> str(StudentSurvey[, c("Gender", "GPA", "Smoke")])
'data.frame':	362 obs. of  3 variables:
 $ Gender: Factor w/ 2 levels "F","M": 2 1 2 2 1 1 1 2 1 1 ...
 $ GPA   : num  3.13 2.5 2.55 3.1 2.7 3.2 2.77 3.3 2.8 3.7 ...
 $ Smoke : Factor w/ 2 levels "No","Yes": 1 2 1 1 1 1 1 1 1 1 ...
>
> #(2) [그림 9.14] 수치형 변수의 커널 밀도 그래프
>
> # 변수 GPA의 커널 밀도 그래프: x-축 변수-수치형(GPA)
> densityplot(~ GPA, data=StudentSurvey, main="Student Survey")
```

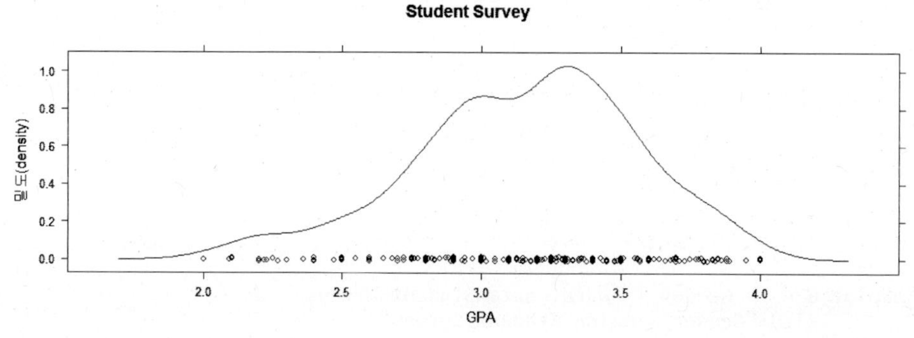

```
> #(3) [그림 9.15] 범주형 변수의 범주별 수치형 변수의 커널 밀도 그래프
>
> # 변수 Gender의 범주별, 변수 GPA의 커널 밀도그래프
> # x-축 변수-수치형(GPA), 조건변수-범주형(Gender)
>
> densityplot(~ GPA | Gender, data=StudentSurvey, main="Student Survey")
```

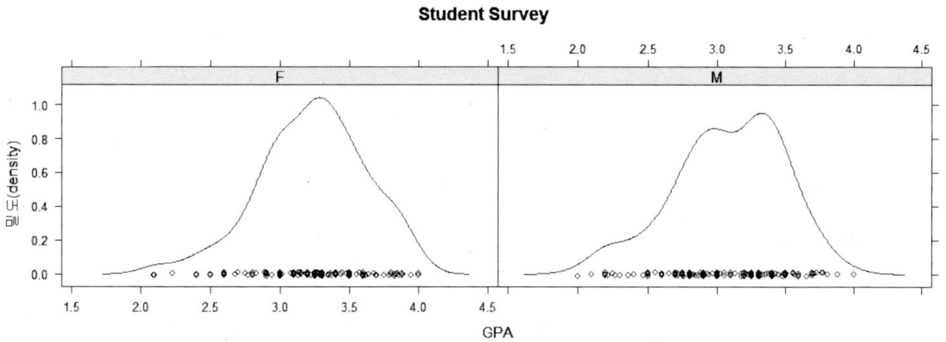


```
> #(4) [그림 9.16] 2개 범주형 변수의 범주 조합별 수치형 변수의 커널 밀도 그래프
>
> # 변수 Gender 및 Smoke의 범주별, 변수 GPA의 커널 밀도그래프
> # x-축 변수-수치형(GPA), 조건변수-범주형(Gender, Smoke)
>
> densityplot(~ GPA | Gender*Smoke, data=StudentSurvey, main="Student Survey")
```

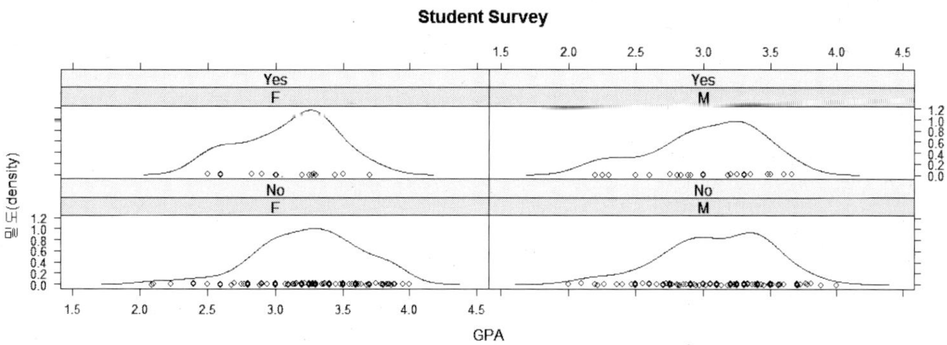

9.1.5 히스토그램: histogram {lattice}

함수 histogram은 8.1.9절의 함수 hist와 같이 수치형 변수의 히스토그램을 그리는 데 사용한다. 함수 histogram은 함수 densityplot처럼 x-축에만 수치형 변수가 사용되고 y-축에는 변수를 사용하지 않는다. 이때 옵션 type="count"를 사용하면 y-축에는 빈도, type="density"를 사용하면 y-축에는 확률밀도, 그리고 기본값은 type="percent"로서 y-축에 상대빈도가 표현된다.

히스토그램 함수 histogram의 사용 예는 [R-program 9.5]를 참조한다.

[R-program 9.5] 히스토그램 함수 histogram의 사용 예

```
> #(1) StudentSurvey: 패키지 Lock5Data의 데이터 프레임
> # 데이터 설명: 기초통계학을 수강한 362명 학생들의 17개 문항에 대한
> # 설문 자료로서 362X17 데이터 프레임
>
> str(StudentSurvey[, c("Gender", "GPA", "Smoke")])
'data.frame':   362 obs. of  3 variables:
 $ Gender: Factor w/ 2 levels "F","M": 2 1 2 2 1 1 1 2 1 1 ...
 $ GPA   : num  3.13 2.5 2.55 3.1 2.7 3.2 2.77 3.3 2.8 3.7 ...
 $ Smoke : Factor w/ 2 levels "No","Yes": 1 2 1 1 1 1 1 1 1 1 ...
>
> #(2) [그림 9.17] 수치형 변수의 히스토그램
>
> # 변수 GPA의 히스토그램: x-축 변수-수치형(GPA), y-축(기본값)-상대돗수(type="percent")
>
> histogram(~ GPA, data=StudentSurvey, main="Student Survey")
```

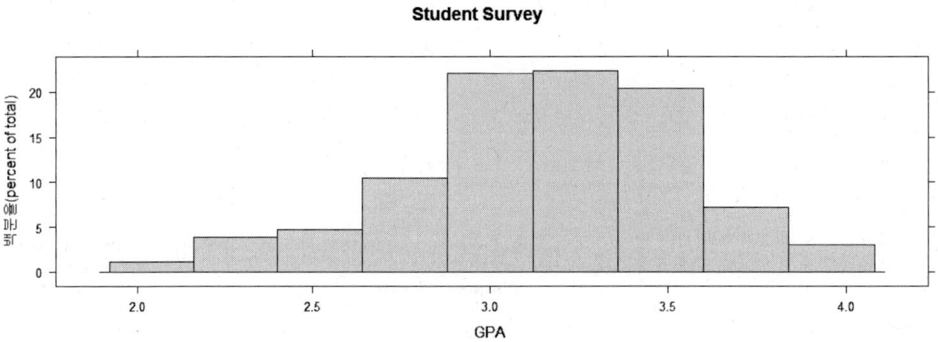


```
> #(3) [그림 9.18] 2개 범주형 변수의 범주 조합별 수치형 변수의 히스토그램
>
> # 변수 Gender 및 Smoke의 범주별, GPA의 히스토그램
> # x-축 변수-수치형(GPA), y-축 표시-빈도(type="density")
>
> histogram( ~GPA | Gender*Smoke, data=StudentSurvey,
+            type="density", main="Student Survey")
```

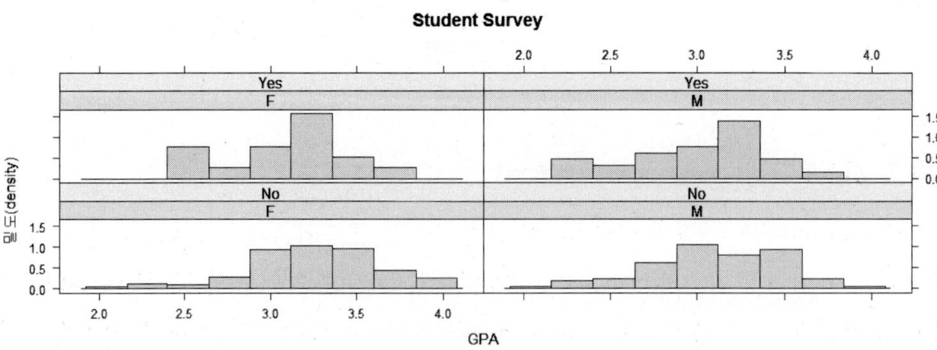

9.1.6 일변량 Q–Q 플롯: qqmath {lattice}

통계학에서 Q-Q(quantile-quantile) 플롯은 두 데이터의 분위수(quantile)를 각각 x축 및 y축에 나타내어 두 데이터가 따르는 확률분포가 같은지를 비교하는 그래프이다. 함수 qqmath는 x-축에 특정한 확률분포 분위수를 나타내고 y-축에 수치형 변수의 분위수를 나타내는 Q-Q 플롯을 그리는 함수이다. 따라서 함수 qqmath를 사용하여 Q-Q 플롯을 그리면 주어진 수치형 변수가 특정한 확률분포를 따르는지를 검토할 수 있다.

앞서 함수 densityplot 및 histogram과 같이 식의 입력에서 x-축 변수로는 수치형 변수가 사용되고 y-축 변수는 사용하지 않는다. 그러나 실제 그려지는 Q-Q 플롯에서는 입력과 반대로 x-축에는 특정 확률분포 분위수가, 그리고 y-축에는 입력한 수치형 변수의 분위수가 나타난다.

함수 qqmath에서 옵션 distribution을 사용하여 원하는 확률분포의 분위수 함수를 지정해줄 수 있다. 이때 distribution 옵션으로 표준정규분포, 균일분포, 지수분포, t-분포 등과 같이 확률분포들의 분위수 함수를 사용할 수 있다. 예를 들면 기본값인 표준정규분포의 분위수 함수는 qnorm, 균일분포는 qunif, 지수분포는 qexp, t-분포는 qt 등이 있다. 만약 모수의 값을 특별히 지정해야 하는 분위수 함수의 경우는 사용자 정의 함수를 만들어 사용한다.

함수 qqmath가 그리는 일변량 Q-Q 플롯의 해석은 일변량 Q-Q 플롯에 표현되는 점들이 거의 직선 위에 놓이면 y-축의 수치형 변수는 x-축의 특정한 확률분포를 따른다고 판단한다. 따라서 Q-Q 플롯 위에 직선을 함께 나타내 주면 주어진 데이터가 특정 확률분포에 적합한지를 판단하는 데에 도움이 된다.

함수 qqmath의 사용 예는 [R-program 9.6]을 참조한다.

[R-program 9.6] 일변량 Q–Q 플롯 함수 qqmath의 사용 예

```
> #(1) StudentSurvey: 패키지 Lock5Data의 데이터 프레임
> # 데이터 설명: 기초통계학을 수강한 362명 학생들의 17개 문항에 대한
> # 설문 자료로서 362X17 데이터 프레임
>
> str(StudentSurvey[, c("Gender", "GPA", "Smoke")])
'data.frame':	362 obs. of  3 variables:
 $ Gender: Factor w/ 2 levels "F","M": 2 1 2 2 1 1 1 2 1 1 ...
 $ GPA   : num  3.13 2.5 2.55 3.1 2.7 3.2 2.77 3.3 2.8 3.7 ...
 $ Smoke : Factor w/ 2 levels "No","Yes": 1 2 1 1 1 1 1 1 1 1 ...
>
> #(2) [그림 9.19] 수치형 변수의 Q-Q 플롯
>
> # 변수 GPA의 Q-Q 플롯 : x-축 변수-수치형(GPA)
> # distribution = qnorm : 기본값(평균 0 분산 1인 표준 정규분포의 분위수 함수)
>
> # 옵션 panel(9.5.11절 참조)에 사용자 정의 함수 사용:
> # => panel.qqmathline 및 panel.qqmath의 수행
> # => Q-Q 플롯 위에 직선을 함께 그릴 수 있는 함수
>
> qqmath(~ GPA, data=StudentSurvey, main="Student Survey",
+        panel = function(x, ...) {
```

```
+           panel.qqmathline(x, ...)
+           panel.qqmath(x, ...)
+       })
```

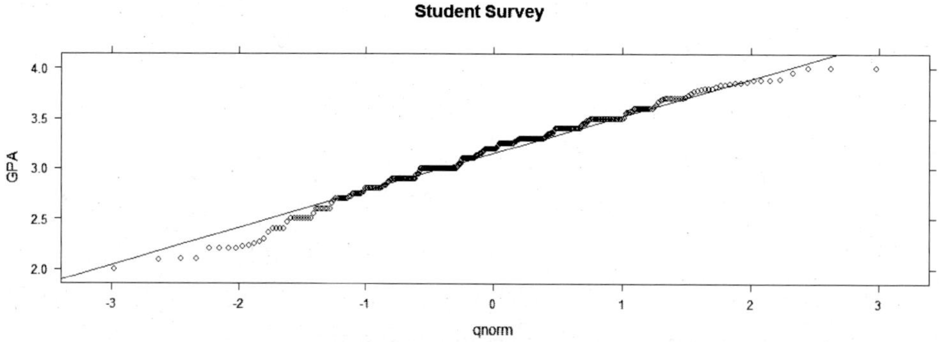


```
> #(3) [그림 9.20] 2개 범주형 변수의 범주 조합별 수치형 변수의 Q-Q 플롯
>
> # 변수 Gender 및 Smoke의 범주별, 변수 GPA의 Q-Q 플롯
> # 사용자 정의 함수 distribution : 자유도(df)가 8인 t-분포의 분위수 함수
> # 사용자 정의 함수 panel : Q-Q 플롯 위에 직선을 함께 그릴 수 있는 함수
>
> qqmath(~ GPA | Gender*Smoke, data=StudentSurvey, main="Student Survey",
+       distribution = function(p) qt(p, df=8),
+       panel = function(x, ...) {
+           panel.qqmathline(x, ...)
+           panel.qqmath(x, ...)
+       })
```

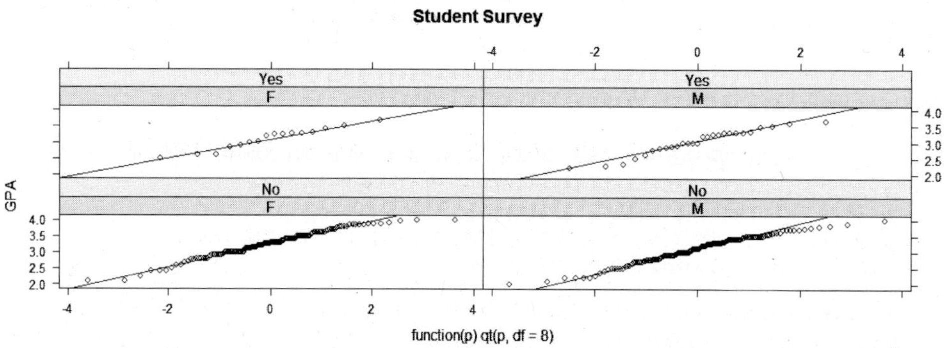

9.2 이변량 그래프

9.2절에서는 수치형 이변량 데이터에 적용하여 그릴 수 있는 그래프들을 소개한다. [표 9.4]는 수치형 변수가 2개인 이변량 데이터에 대해 적용하여 그릴 수 있는 패키지 lattice의 그래픽 함수들이다.

[표 9.4] 패키지 lattice의 이변량 그래픽 함수

함수	함수가 그리는 그래프
qq	이변량 Q-Q 플롯
xyplot	산점도
splom	행렬 산점도

9.2.1 이변량 Q-Q 플롯: qq {lattice}

함수 qq는 9.1.6절의 함수 qqmath와 같이 수치형 데이터의 Q-Q 플롯을 그리는 데 사용한다. 함수 qqmath가 그리는 Q-Q 플롯은 한 데이터의 확률분포가 특정한 이론적 확률분포와 같은지를 검토하기 위한 함수지만, 함수 qq가 그리는 Q-Q 플롯은 두 개의 데이터 세트가 같은 분포를 갖는지 검토하기 위한 함수이다. 함수 qq는 y=x의 직선을 Q-Q 플롯 위에 함께 표시해준다.

함수 qq에서 식을 입력할 때 '이항 범주형 변수 ~ 수치형 변수 | 조건 변수'의 형식처럼 x-축 변수로는 수치형 변수를 입력하고 y-축 변수로는 두 개의 범주로 나누어지는 이항 범주형 변수를 입력한다. 이를 통해 이항 범주형 변수의 2개 범주별 수치형 변수의 분포가 같은지를 검토할 수 있다.

함수 qq의 사용 예는 [R-program 9.7]을 참조한다.

[R-program 9.7] 이변량 Q-Q 플롯 함수 qq의 사용 예

```
> #(1) StudentSurvey: 패키지 Lock5Data의 데이터 프레임
> # 데이터 설명: 기초통계학을 수강한 362명 학생들의 17개 문항에 대한
> # 설문 자료로서 362X17 데이터 프레임
>
> str(StudentSurvey[, c("Gender", "GPA", "Smoke")])
'data.frame':	362 obs. of  3 variables:
 $ Gender: Factor w/ 2 levels "F","M": 2 1 2 2 1 1 1 2 1 1 ...
 $ GPA   : num  3.13 2.5 2.55 3.1 2.7 3.2 2.77 3.3 2.8 3.7 ...
 $ Smoke : Factor w/ 2 levels "No","Yes": 1 2 1 1 1 1 1 1 1 1 ...
>
> #(2) [그림 9.21] 이항 범주 하에 수치형 변수의 Q-Q 플롯
>
> # 변수 Gender별, 변수 GPA의 분포가 같은지를 검토하는 이변량 Q-Q 플롯
> # x-축 변수-수치형(GPA), y-축 변수-이항 범주형(Gender)
>
> qq(Gender ~ GPA, data=StudentSurvey, main="Student Survey")
```

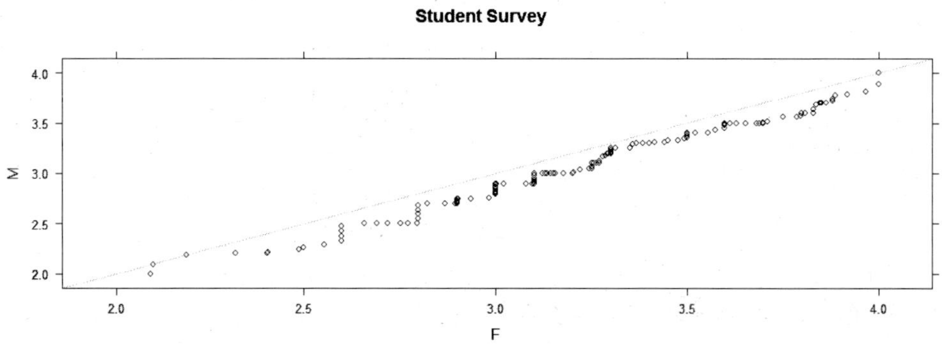


```
> #(3) [그림 9.22] 범주형 변수의 범주별, 이항 범주 하에 수치형 변수의 Q-Q 플롯
>
> # 변수 Smoke의 범주별, 변수 GPA의 분포가 변수 Gender별로 같은지를
> # 검토하는 이변량 Q-Q 플롯
> # x-축 변수-수치형(GPA), y-축 변수-이항 범주형(Gender), 조건변수-범주형(Smoke)
>
> qq(Gender ~ GPA | Smoke, data=StudentSurvey, main="Student Survey" )
```

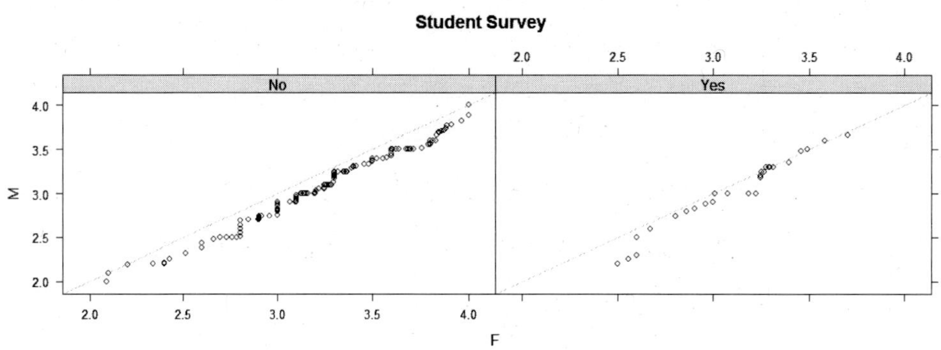

9.2.2 산점도: xyplot {lattice}

함수 xyplot은 수치형 이변량 변수 간의 산점도를 그리는 함수로서 같은 용도의 8.1.1절의 함수 plot 혹은 조건부 산점도를 그리는 8.1.4절의 함수 coplot과 비슷하다. 산점도의 형태는 [표 8.4]의 옵션 type을 사용할 수 있으며 그 외 사용 가능한 type의 값으로 "g"는 격자선, 그리고 "smooth"는 평활곡선을 나타낸다. 또한, [표 8.6]의 옵션 pch, 그리고 [표 8.7]의 옵션 lty의 선택으로 다양한 형태의 산점도를 그릴 수 있다.

산점도 함수 xyplot의 사용 예는 [R-program 9.8]을 참조한다.

[R-program 9.8] 산점도 함수 xyplot의 사용 예

```
> #(1) StudentSurvey: 패키지 Lock5Data의 데이터 프레임
> # 데이터 설명: 기초통계학을 수강한 362명 학생들의 17개 문항에 대한
> # 설문 자료로서 362X17 데이터 프레임
>
```

```
> str(StudentSurvey[, c("Height", "Weight", "Gender")])
'data.frame':	362 obs. of  3 variables:
 $ Height: int  71 66 72 63 65 65 66 74 61 60 ...
 $ Weight: int  180 120 208 110 150 114 128 235 NA 115 ...
 $ Gender: Factor w/ 2 levels "F","M": 2 1 2 2 1 1 1 2 1 1 ...
>
> #(2) [그림 9.23] 수치형 이변량 변수의 산점도
>
> # 수치형 이변량 변수 Weight, Height 간의 산점도
> # x-축 변수-수치형(Weight), y-축 변수-수치형(Height)
>
> xyplot(Height ~ Weight, data=StudentSurvey, main="Student Survey")
```

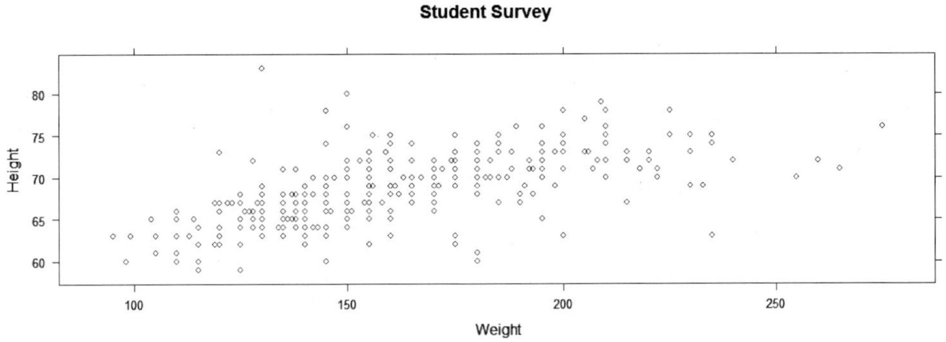


```
> #(3) [그림 9.24] 범주형 변수의 범주별 수치형 이변량 변수의 산점도
>
> # 변수 Gender의 범주별, 로그 변환 변수 Weight, Height 간의 산점도
> # x-축 변수-수치형(log(Weight)), y-축 변수-수치형(log(Height)),
> # 조건변수-범주형(Gender)
>
> # type=c("p","g","smooth") : 점("p"), 격자선("g"), 평활곡선("smooth") 표시
>
> xyplot(log(Height) ~ log(Weight) | Gender, data=StudentSurvey,
+        type=c("p","g","smooth"), main="Student Survey")
```

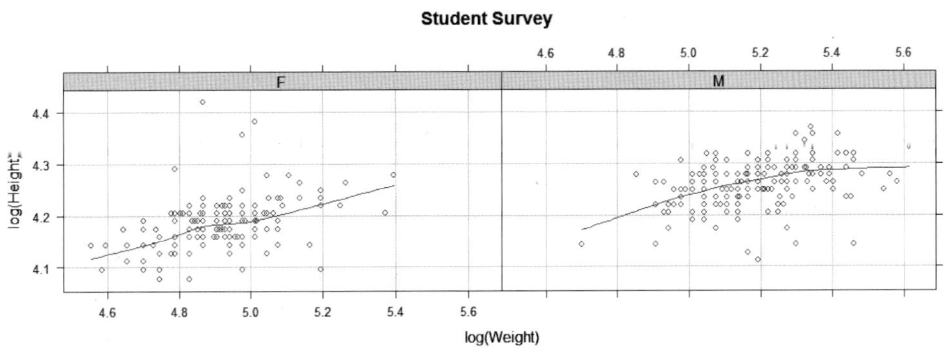

9.2.3 행렬 산점도: splom {lattice}

함수 splom은 8.1.2절의 함수 pairs와 같이 2쌍 이상의 수치형 변수 중에서 이변량 변수 간의 산점도를 행렬의 형태로 표현한 행렬 산점도를 그릴 수 있다. 행렬 산점도에서 x-축 변수들은

또한 모두 y-축 변수들이 되므로 함수 splom에서 변수의 입력 방식은 '~ x-축 변수들 | 조건 변수' 형태로 변수 이름을 입력한다. 함수 splom이 8.1.2절의 함수 pairs와 다른 점은 범주형 조건 변수들을 추가하여 범주형 조건 변수들이 갖는 범주의 조합하에서 이변량 변수 간의 행렬 산점도를 비교할 수 있다.

행렬 산점도 함수 splom의 사용 예는 [R-program 9.9]를 참조한다.

[R-program 9.9] 행렬 산점도 함수 splom의 사용 예

```
> #(1) StudentSurvey: 패키지 Lock5Data의 데이터 프레임
> # 데이터 설명: 기초통계학을 수강한 362명 학생들의 17개 문항에 대한
> # 설문 자료로서 362X17 데이터 프레임
>
> str(StudentSurvey[, c("VerbalSAT", "MathSAT", "SAT", "GPA")])
'data.frame':	362 obs. of  4 variables:
 $ VerbalSAT: int  540 520 550 490 720 600 640 660 550 670 ...
 $ MathSAT  : int  670 630 560 630 450 550 680 710 550 700 ...
 $ SAT      : int  1210 1150 1110 1120 1170 1150 1320 1370 1100 1370 ...
 $ GPA      : num  3.13 2.5 2.55 3.1 2.7 3.2 2.77 3.3 2.8 3.7 ...
>
>
> #(2) [그림 9.25] 4개 수치형 변수들의 이변량 행렬 산점도
>
> # 변수 VerbalSAT, MathSAT, SAT, GPA들의 행렬 산점도
> # x-축 및 y-축 변수 : 수치형(VerbalSAT, MathSAT, SAT, GPA)
> # 옵션 pscales=0 : x 및 y-축 눈금을 나타내지 않도록 함
>
> splom(~StudentSurvey[,c("VerbalSAT", "MathSAT", "SAT", "GPA")],
+       pscales=0, main="Student Survey")
```

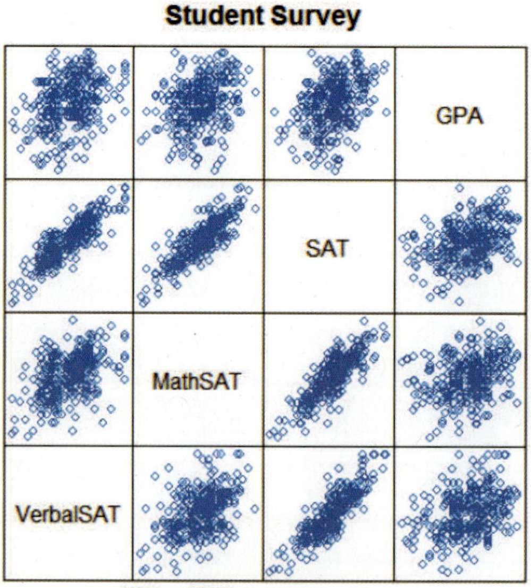

산점도 행렬(scatter plot matrix)

```
> #(3) [그림 9.26] 범주형 변수의 범주별 4개 수치형 변수들의 이변량 행렬 산점도
>
> # 변수 Gender의 범주별, 변수 VerbalSAT(8열), MathSAT(9열), SAT(12열),
> # GPA(13열)들의 행렬 산점도
> # x 및 y-축 변수-수치형(VerbalSAT, MathSAT, SAT, GPA), 조건 변수-범주형(Gender)
```

```
> # 옵션 pscales=0 : x 및 y-축 눈금을 나타내지 않도록 함
>
> splom(~ StudentSurvey[,c(8,9,12,13)] | Gender, data=StudentSurvey,
+       pscales=0, main="Student Survey")
```

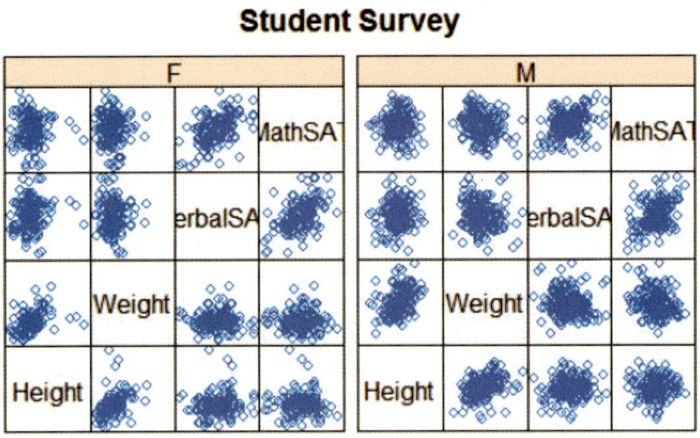

산점도 행렬(scatter plot matrix)

```
> #(4) [그림 9.27] 범주형 변수의 범주별 4개 수치형 변수들의 이변량 행렬 산점도
>
> # Gender의 범주를 색깔로 구분한 행렬 산점도
> # 옵션 auto.key=TRUE : Gender의 범례 표시
>
> splom(~ StudentSurvey[,c(8,9,12,13)], data=StudentSurvey,
+       groups=Gender, pscales=0, auto.key=T, main="Student Survey")
```

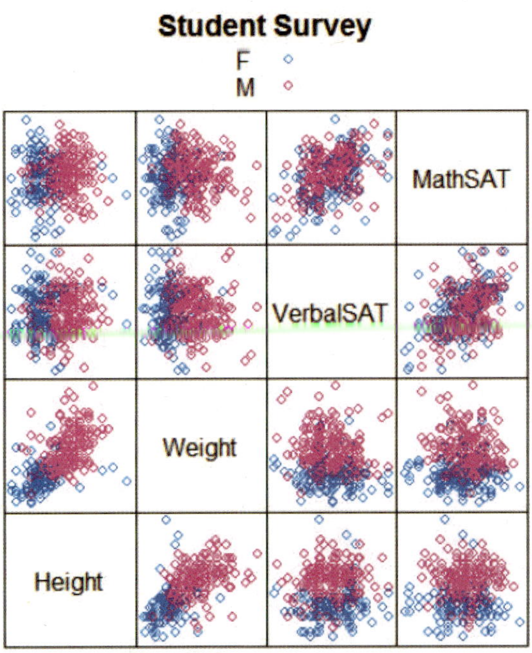

산점도 행렬(scatter plot matrix)

9.3 다변량 그래프

이 절에서 다변량(multivariate) 데이터란 수치형 변수가 3개 이상인 데이터를 의미한다. 9.3 절에서는 수치형 다변량 데이터에 적용하여 그릴 수 있는 그래프들을 소개한다. [표 9.5]는 다변량 데이터에 대해 적용하여 그릴 수 있는 패키지 lattice의 그래픽 함수들이다.

[표 9.5] 패키지 lattice의 다변량 그래픽 함수

함수	함수가 그리는 그래프
cloud	3차원 산점도
wireframe	3차원 투시도
levelplot	칼라 이미지 그래프
contourplot	등고선 그래프
parallel	평행 좌표 그래프

9.3.1 3차원 산점도: cloud {lattice}

3차원 산점도는 2개의 수치형 변수의 관측값 (x, y)를 xy-평면상에 나타내고 제3의 수치형 변수 z를 z-축 위에서 점으로 표현한 관측값 (x, y, z)의 산점도이다. 함수 cloud는 8.1.5절의 함수 scatterplot3d와 같이 3차원 산점도로 그릴 수 있다. 함수 cloud가 함수 scatterplot3d와 다른 점은 범주형 조건 변수들을 추가하여 범주형 조건 변수들이 갖는 범주의 조합하에서 3차원 산점도를 비교할 수 있다.

함수 cloud에서 사용하는 데이터는 변수 x 및 y 값들의 모든 쌍(pairs)이 격자좌표 값으로 사용되며, 각 격자 값에서 반드시 대응되는 z 값이 있어야 한다. 만약 격자좌표 값을 만들어야 하는 경우는 함수 expand.grid를 사용한다. 이에 대한 사용 예는 9.3.2절의 [R-program 9.11]을 참조한다. 또한 함수 cloud에서 변수의 입력 방식은 'z-축 변수 ~ x-축 변수 + y-축 변수 | 조건 변수'의 형식으로 변수 이름을 입력하여야 한다.

3차원 산점도 함수 cloud의 사용 예는 [R-program 9.10]을 참조한다.

[R-program 9.10] 3차원 산점도

```
> #(1) StudentSurvey: 패키지 Lock5Data의 데이터 프레임
> # 데이터 설명: 기초통계학을 수강한 362명 학생들의 17개 문항에 대한
> # 설문 자료로서 362X17 데이터 프레임
>
> str(StudentSurvey[, c("Weight", "Height", "GPA")])
'data.frame':   362 obs. of  3 variables:
 $ Weight: int  180 120 208 110 150 114 128 235 NA 115 ...
```

```
 $ Height: int  71 66 72 63 65 65 66 74 61 60 ...
 $ GPA    : num  3.13 2.5 2.55 3.1 2.7 3.2 2.77 3.3 2.8 3.7 ...
>
> #(2) [그림 9.28] 3개 수치형 변수들의 3차원 산점도
>
> # 변수 Weight, Height, GPA 간의 3차원 산점도
> # x-축 변수-수치형(Weight), y-축 변수-수치형(Height), z축 변수-수치형(GPA)
> # 옵션 type="h" :  수직선("h") 형태의 3차원 산점도([표 8.3]의 옵션 type 참조)
>
> cloud(GPA ~ Weight*Height, data=StudentSurvey,
+       type="h", main="Student Survey")
```

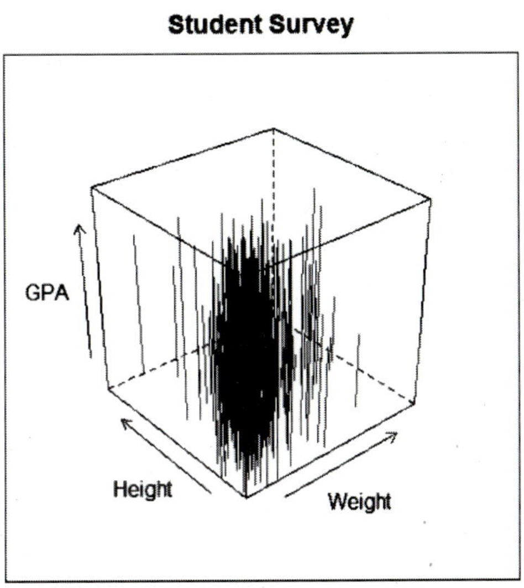


```
> #(3) [그림 9.29] 범주형 변수의 범주별 3차원 산점도
>
> # 변수 Gender의 범주별, 변수 Weight, Height, GPA 간의 3차원 산점도
> # x-축 변수-수치형(Weight), y-축 변수-수치형(Height), z축 변수-수치형(GPA),
> # 조건변수-범주형(Gender)
> # 옵션 type=c("p","h") : 점("p"), 수직선("h") 형태의 3차원 산점도
> # 옵션 distance=0.7 : 3차원 산점도의 각도 조정
> # 옵션 zoom=1 : 3차원 산점도의 줌 조정
>
> cloud(GPA ~ Weight+Height | Gender, data=StudentSurvey,
+       type=c("p","h"), distance=0.7, zoom=1, main="Student Survey")
```

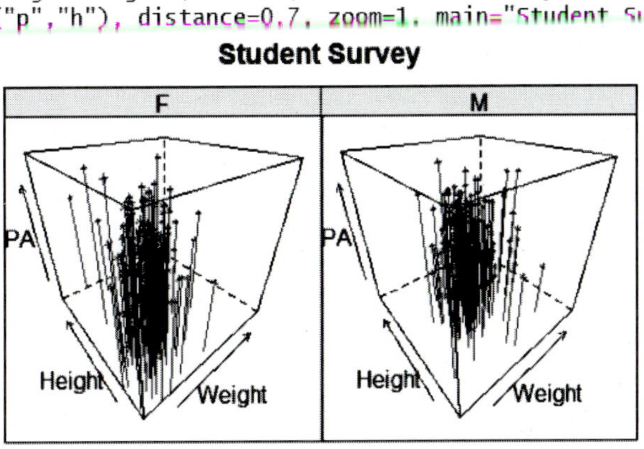

9.3.2 3차원 투시도: wireframe {lattice}

3차원 산점도가 3개의 수치형 변수의 데이터를 3차원 공간상에 점 혹은 선으로 표현하는 데 반해 3차원 투시도는 점이 아닌 단면의 형태로 표현하여 입체감을 주는 그래프이다. 함수 wireframe은 8.1.6절의 함수 persp와 같이 3개의 수치형 변수의 3차원 투시도를 그릴 수 있다. 함수 wireframe가 함수 persp와 다른 점은 범주형 조건 변수들을 추가하여 범주형 조건 변수들이 갖는 범주의 조합하에서 3차원 투시도를 비교할 수 있다.

함수 wireframe에서 사용되는 입력 데이터는 xy-평면 위에 나타낼 변수 x 및 y 값들의 모든 쌍(pairs)이 격자좌표 값으로 사용되며, 각 격자 값에서 반드시 대응되는 z값이 있어야 한다. 만약 격자좌표 값을 만들어야 하는 경우는 함수 expand.grid를 사용한다. 또한 함수 wireframe에서 변수의 입력 방식은 'z-축 변수 ~ x-축 변수 + y-축 변수 | 조건 변수' 형태로 변수 이름을 입력하여야 한다. 그러나 행렬 형태의 데이터는 행렬 데이터 이름을 입력하면 된다.

함수 wireframe은 기본적으로 음영에 의한 단면으로 입체감을 표현하지만, shade=TRUE 옵션을 사용하면 색깔에 의해 입체감이 나타난다.

함수 wireframe의 사용법은 [R-program 9.11]을 참조한다.

[R-program 9.11] 3차원 투시도 함수 wireframe의 사용 예

```
> #(1) 함수 expand.grid : 주어진 x, y값으로 부터 격자점 생성
>
> x1=c(1,2,3); y1=c(5,6)
> grid=expand.grid(x=x1, y=y1); grid
  x y
1 1 5
2 2 5
3 3 5
4 1 6
5 2 6
6 3 6
>
> #(2) 3차원 좌표의 입력 데이터 생성 시뮬레이션
>
> x1=seq(-5,5,0.1) #x축 격좌 좌표로 사용할 벡터 x1 생성
> y1=seq(-5,5,0.1) #y축 격좌 좌표로 사용할 벡터 y1 생성
>
> # 벡터 x1 및 y1의 값들의 모든 쌍으로부터 격자점 생성
> grid <- expand.grid(x=x1, y=y1)
>
> # 격자점 좌표 (x,y)에서 계산된 변수 z의 생성
>
> grid$z <- sin(1.3*grid$x)*cos(.9*grid$y)+cos(.8*grid$x)*sin(1.9*grid$y)
> +cos(grid$y*.2*grid$x)

>
> # 3차원 데이터의 내용 살펴보기
> head(grid,3)
     x  y            z
1 -5.0 -5 -0.003775661
2 -4.9 -5 -0.035232863
3 -4.8 -5 -0.066656233
```

```
> tail(grid,3)
        x y           z
10199 4.8 5 0.066656233
10200 4.9 5 0.035232863
10201 5.0 5 0.003775661
>
> #(3) [그림 9.30] 3개 수치형 변수들의 3차원 투시도
>
> wireframe(z ~ x+y, data=grid, main="Perspective Plot",
+           sub="Levels of z by shaded section")
```

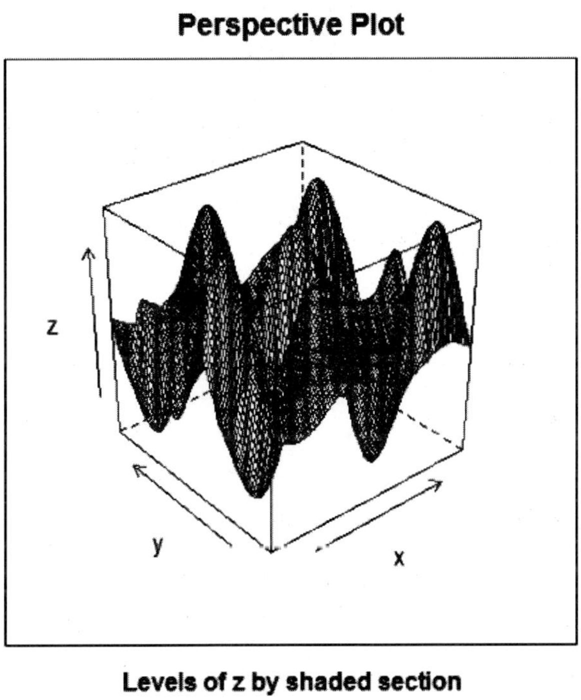


```
> #(4) volcano: 패키지 datasets의 행렬
> # 데이터 설명: 뉴질랜드의 마웅가-화우(Maunga-whau) 화산의 지형을
> # 10m x 10m 격자로 나누어 측정한 지형 정보를 87X61 행렬의 형태로 저장
> # 행은 동서 방향 그리드, 열은 남쪽에서 북쪽 그리드에 해당
>
> str(volcano)
 num [1:87, 1:61] 100 101 102 103 104 105 105 106 107 108 ...
> class(volcano)
[1] "matrix"
> dim(volcano)
[1] 87 61
>
> #(5) [그림 9.31] 3개 수치형 변수들의 3차원 칼라 투시도
>
> # x-축 격자점 : 1:87, y-축 격자점 :1:61,
> # 격자점 (x, y)에 대응되는 z값은 volcano[x,y]
> # 옵션 shade=TRUE 를 사용하여 색깔로 입체감을 표현,
> # zoom=0.7을 사용하여 그래프 기본 size의 축소
> # 입력 데이터가 행렬인 경우 바로 행렬 이름을 사용 가능함
>
> wireframe(volcano, shade=T, zoom=0.7, main="Volcano",
+           sub="Levels of z by colors")
```

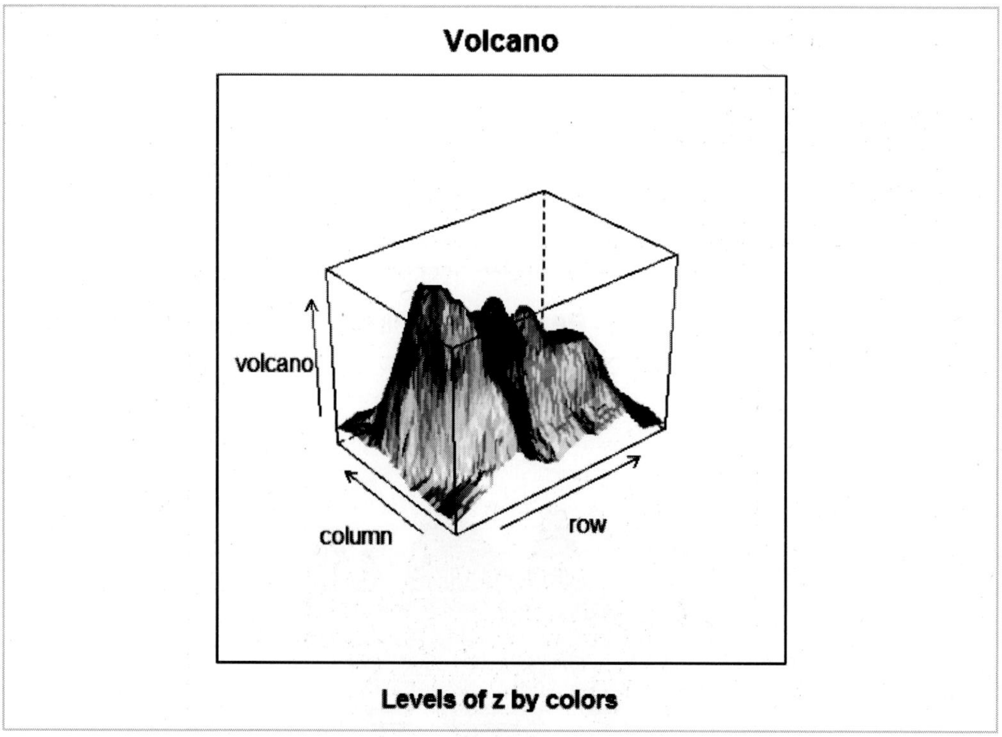

9.3.3 칼라 이미지 그래프: levelplot {lattice}

칼라 이미지 그래프(image graph)는 3개의 수치형 변수 x, y, z에 대하여 이변량 (x, y)를 xy-평면상에 나타내고 제3의 변수 z의 같은 범위 내의 값을 같은 색깔로 표현한 2차원 평면상의 그래프이다. 함수 levelplot은 8.1.13절의 함수 image와 같이 세 변수 x, y, z를 2차원 xy-평면에 나타내는 칼라 이미지 그래프를 그릴 수 있다. 함수 levelplot이 함수 image와 다른 점은 범주형 조건 변수들을 추가하여 범주형 조건 변수들이 갖는 범주의 조합하에서 칼라 이미지 그래프를 비교할 수 있다.

함수 levelplot에서 사용되는 입력 데이터도 9.3.2절에서 소개한 3차원 투시도 함수 wireframe 처럼 xy-평면 위에 나타낼 변수 x 및 y 값들의 모든 쌍(pairs)이 격자좌표 값으로 사용되며, 각 격자점에서 반드시 대응되는 z 값이 있어야 한다. 만약 격자좌표 값을 만들어야 하는 경우는 함수 expand.grid를 사용한다. 또한, 함수 levelplot에서 변수의 입력 방식은 'z-축 변수 ~ x-축 변수 + y-축 변수 | 조건 변수' 형태로 변수 이름을 입력하여야 한다.

함수 levelplot에서 옵션 cuts은 z-축 변수에 대해 나타내는 색깔의 수준 수를 지정하는 옵션이다. 기본값은 cuts=15로서 16개의 색깔로 구분하여 z-축 변수값을 표현한다. 만약 cuts=3이면 z-축 변수값을 4개의 색깔로 구분하여 나타낸다.

칼라 이미지 그래프 함수 levelplot의 사용법은 [R-program 9.12]를 참조한다.

[R-program 9.12] 칼라 이미지 그래프 함수 levelplot의 사용 예

```
> #(1) 3차원 좌표의 입력 데이터 생성 시뮬레이션
>
> x1=seq(-5,5,0.1) #x축 격좌 좌표로 사용할 벡터 x1 생성
> y1=seq(-5,5,0.1) #y축 격좌 좌표로 사용할 벡터 y1 생성
>
> # 벡터 x1 및 y1의 값들의 모든 쌍으로부터 격자점 생성
> grid <- expand.grid(x=x1, y=y1)
>
> # 격자점 좌표 (x,y)에서 계산된 변수 z의 생성
>
> grid$z <- sin(1.3*grid$x)*cos(.9*grid$y)+cos(.8*grid$x)*sin(1.9*grid$y)
> +cos(grid$y*.2*grid$x)

>
> # 3차원 데이터의의 내용 살펴보기
> head(grid,3)
     x  y            z
1 -5.0 -5 -0.003775661
2 -4.9 -5 -0.035232863
3 -4.8 -5 -0.066656233
> tail(grid,3)
        x y           z
10199 4.8 5 0.066656233
10200 4.9 5 0.035232863
10201 5.0 5 0.003775661
>
> #(2) [그림 9.32] 3개 수치형 변수들의 칼라 이미지 그래프
>
> # 옵션 cuts=15(기본값) : z축 변수에 사용하는 색깔의 수준 수는 15+1=16
>
> levelplot(z ~ x+y, data=grid, main="Color Image Graph",
+            sub-"Levels of Z by colors" )
```

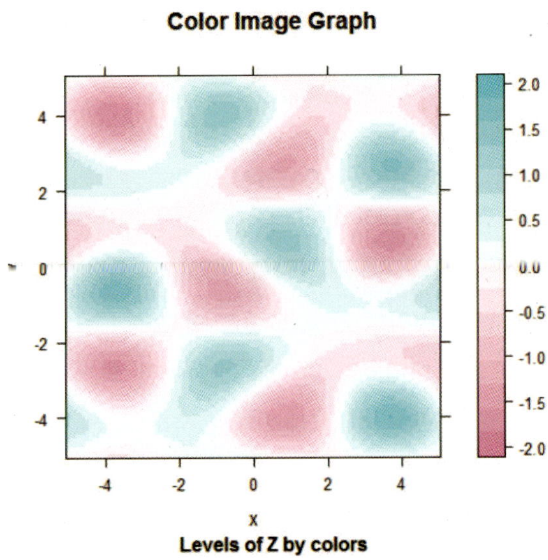


```
> #(3) StudentSurvey: 패키지 Lock5Data의 데이터 프레임
> # 데이터 설명: 기초통계학을 수강한 362명 학생들의 17개 문항에 대한
> # 설문 자료로서 362X17 데이터 프레임
>
> str(StudentSurvey[, c("GPA", "Weight", "Height", "Gender")])
```

```
'data.frame':	362 obs. of  4 variables:
 $ GPA   : num  3.13 2.5 2.55 3.1 2.7 3.2 2.77 3.3 2.8 3.7 ...
 $ Weight: int  180 120 208 110 150 114 128 235 NA 115 ...
 $ Height: int  71 66 72 63 65 65 66 74 61 60 ...
 $ Gender: Factor w/ 2 levels "F","M": 2 1 2 2 1 1 1 2 1 1 ...
>
> #(4) [그림 9.33] 범주형 변수의 범주별 3개 수치형 변수들의 칼라 이미지 그래프
>
> # 변수 Gender의 범주별, 변수 Weight, Height, GPA 간의 칼라 이미지 그래프
> # x-축 변수-수치형(Weight), y-축 변수-수치형(Height), z축 변수-수치형(GPA),
> # 조건변수-범주형(Gender)
>
> # 옵션 cuts=3 : z축 변수에 사용하는 색깔의 수준 수는 3+1=4
>
> levelplot(GPA ~ Weight + Height | Gender, data=StudentSurvey,
+           cuts=3, main="Student Survey", sub="Levels of GPA by colors")
```

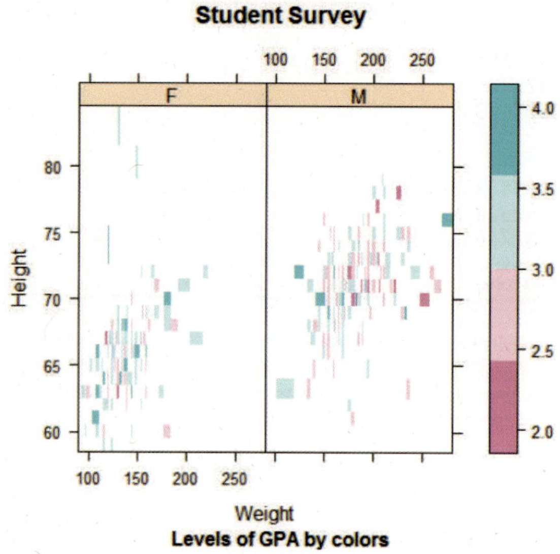

9.3.4 등고선 그래프: contourplot {lattice}

등고선 그래프(contour graph)는 3개의 수치형 변수 x, y, z에 대하여 (x, y)를 xy-평면상에 나타내고 제3의 변수 z의 같은 범위의 값을 선으로 연결하여 등고선 형태로 나타낸 그래프이다. 특히 칼라로 나타낸 등고선 그래프는 앞서 9.3.3절에서 소개한 함수 levelplot에 의해 그린 칼라 이미지 그래프에 등고선을 추가한 그래프와 유사하다.

함수 contourplot은 8.1.12절의 함수 contour와 같이 세 변수 x, y, z를 2차원 xy-평면상에 등고선으로 나타내는 등고선 그래프를 그릴 수 있다. 함수 contourplot이 함수 contour와 다른 점은 범주형 조건 변수들을 추가하여 범주형 조건 변수들이 갖는 범주의 조합하에서 등고선 그래프를 비교할 수 있다.

함수 contourplot 역시 앞서 설명한 3차원 산점도 함수 cloud, 3차원 투시도 함수 wireframe,

그리고 칼라 이미지 그래프 함수 levelplot처럼 사용되는 데이터는 변수 x 및 y의 값들의 모든 쌍(pairs)이 격자좌표 값으로 사용되며, 각 격자 값에서 반드시 대응되는 z 값이 있어야 한다. 만약 격자좌표 값을 만들어야 하는 경우는 함수 expand.grid를 사용한다.

함수 contourplot에서 변수의 입력 방식은 'z-축 변수 ~ x-축 변수 + y-축 변수 | 조건 변수' 형태로 변수를 입력해야 한다. 그러나 행렬 형태의 데이터는 행렬의 이름을 입력하면 된다.

옵션 Region의 기본값인 Region=FALSE의 경우는 색깔로 구분되지 않으며 오직 등고선으로 z 값을 표현한 등고선 그래프가 그려지며, 옵션 Region=TRUE를 사용했을 때는 색깔 및 등고선으로 z 값을 표현한 색깔 등고선 그래프가 그려진다.

등고선 그래프 함수 contourplot의 사용법은 [R-program 9.13]을 참조한다.

[R-program 9.13] 등고선 그래프 함수 contourplot의 사용 예

```
> #(1) 3차원 좌표의 입력 데이터 생성 시뮬레이션
>
> x1=seq(-5,5,0.1) #x-축 격좌 좌표로 사용할 벡터 x1 생성
> y1=seq(-5,5,0.1) #y-축 격좌 좌표로 사용할 벡터 y1 생성
>
> # 벡터 x1 및 y1의 값들의 모든 쌍으로부터 격자점 생성
> grid <- expand.grid(x=x1, y=y1)
>
> # 격자점 좌표 (x,y)에서 계산된 변수 z의 생성
>
> grid$z <- sin(1.3*grid$x)*cos(.9*grid$y)+cos(.8*grid$x)*sin(1.9*grid$y)
> +cos(grid$y*.2*grid$x)
  [1]  0.283662185  0.186512369  0.087498983 -0.012388663
  [5] -0.112152527 -0.210795799 -0.307332870 -0.400799172
  [9] -0.490260821 -0.574823947 -0.653643621 -0.725932304


                              (중략)

>
> # 3차원 데이터의의 내용 살펴보기
> head(grid,3)
     x  y            z
1 -5.0 -5 -0.003775661
2 -4.9 -5 -0.035232863
3 -4.8 -5 -0.066656233
> tail(grid,3)
        x y           z
10199 4.8 5 0.066656233
10200 4.9 5 0.035232863
10201 5.0 5 0.003775661
>
> #(2) [그림 9.34] 3개 수치형 변수들의 등고선 그래프
>
> # 옵션 region=FALSE(기본값) : z 값을 등고선으로만 나타냄
>
> contourplot(z ~ x+y, data=grid, main="Contour Plot",
+             sub="Levels of z by contour" )
```

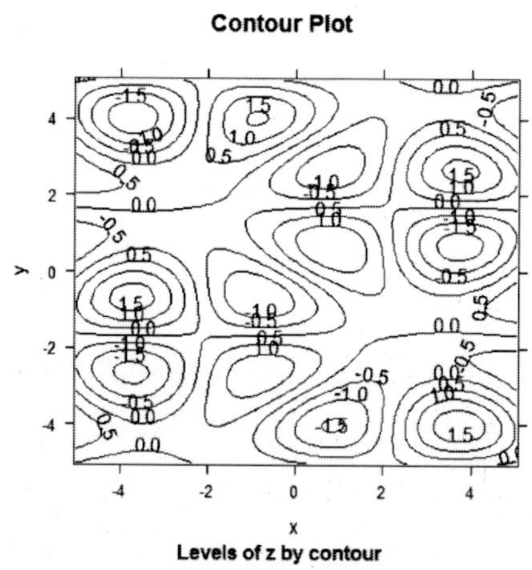


```
> #(3) volcano: 패키지 datasets의 행렬
> # 데이터 설명: 뉴질랜드의 마웅가-화우(Maunga-whau) 화산의 지형을
> # 10m x 10m 격자로 나누어 측정한 지형 정보를 87X61 행렬의 형태로 저장
> # 행은 동서 방향 그리드, 열은 남쪽에서 북쪽 그리드에 해당
>
> str(volcano)
 num [1:87, 1:61] 100 101 102 103 104 105 105 106 107 108 ...
> class(volcano)
[1] "matrix"
> dim(volcano)
[1] 87 61

>
> #(4) [그림 9.35] 3개 수치형 변수들의 칼라 등고선 그래프
>
> # x-축 격자점 : 1:87, y-축 격자점 :1:61,
> # 격자점 (x, y)에 대응되는 z값은 volcano[x,y]
> # 옵션 region=TRUE : z 값을 등고선 및 색깔로 나타냄
> # 옵션 cuts=6 : z 값을 6+1=7가지 색깔로 표현
> # 입력 데이터가 행렬인 경우 바로 행렬 이름을 사용 가능함
>
> contourplot(volcano, region=TRUE, cuts=6, main="Volcano",
+             sub="Levels of z by colors and contour")
```

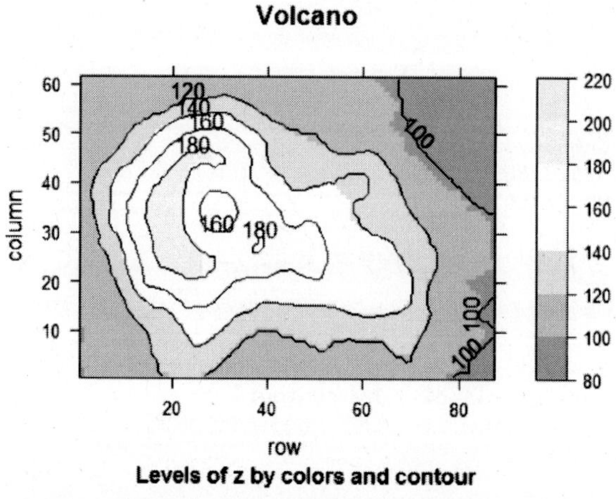

9.3.5 평행 좌표 그래프: parallelplot {lattice}

평행 좌표 그래프는 하나의 그래프에 관측치에 해당하는 평행 좌표 선들을 겹쳐 그림으로서 비슷한 형태를 보이는 관측치들 군집의 특성을 파악하기에 유용한 그래프이다. 평행 좌표 그래프에서는 1개의 관측치가 갖는 각 변수 좌표값을 연결하여 그려진 1개의 평행선이 1개의 관측치를 나타낸다.

함수 parallelplot은 8.1.18절의 함수 parcoord와 같이 평행 좌표 그래프를 그릴 수 있다. 함수 parallelplot이 함수 parcoord와 다른 점은 범주형 조건 변수들을 추가하여 범주형 조건 변수들이 갖는 범주의 조합하에서 평행 좌표 그래프를 비교할 수 있다. 또한, 함수 parcoord에서는 변수가 x-축에 표시되는데 함수 parallelplot에서는 변수가 y-축에 표시되는 점이 다르다.

함수 parallelplot에서 변수의 입력 방식은 '~ y-축 변수들 | 조건 변수들' 형태로 변수값을 입력한다.

평행 좌표 그래프 함수 parallelplot의 사용 예는 [R-program 9.14]를 참조한다.

[R-program 9.14] 평행 좌표 그래프 함수 parallelplot의 사용 예

```
> #(1) Cereal : 패키지 Lock5Data의 데이터 프레임
> # 데이터 설명: 아침 식사용 시리얼 30개의 샘플에 대한 영양 정보를
> # 갖는 자료로서 30X10 데이터 프레임
>
> str(Cereal)
'data.frame':   30 obs. of  10 variables:
 $ Name     : Factor w/ 30 levels "AppleJacks","Boo Berry",..: 1 2 3 4 5 6 7 8 9
 10 ...
 $ Company : Factor w/ 3 levels "G","K","Q": 2 1 3 1 3 1 1 2 2 2 ...
 $ Serving : num  1 1 0.75 0.75 1 1 1 1 1 1 ...
 $ Calories: int  117 118 144 169 130 117 117 101 117 113 ...
 $ Fat     : num  0.6 0.8 2.1 4.4 1.2 1 0.9 0.1 0.2 0.3 ...
 $ Sodium  : int  143 211 269 408 135 171 178 202 120 229 ...
 $ Carbs   : int  27 27 31 32 29 26 26 24 28 26 ...
 $ Fiber   : num  0.5 0.1 1.1 1.7 0.8 0.8 0.5 0.8 0.3 0.1 ...
 $ Sugars  : num  15 14 16 13.3 16 14 13 3 15 3 ...
 $ Protein : num  1 1 1.3 2.7 1 1 1 2 1 2 ...
>
> #(2) [그림 9.36] 3개 수치형 변수들의 평행 좌표 그래프
>
> # 변수 Calories(4열), Fat(5열), Sodium(6열)들의 평행 좌표 그래프
> # y-축 변수-수치형(Calories, Fat, Sodium)
>
> parallelplot(~ Cereal[,4:6], main="Breakfast Cereal")
```

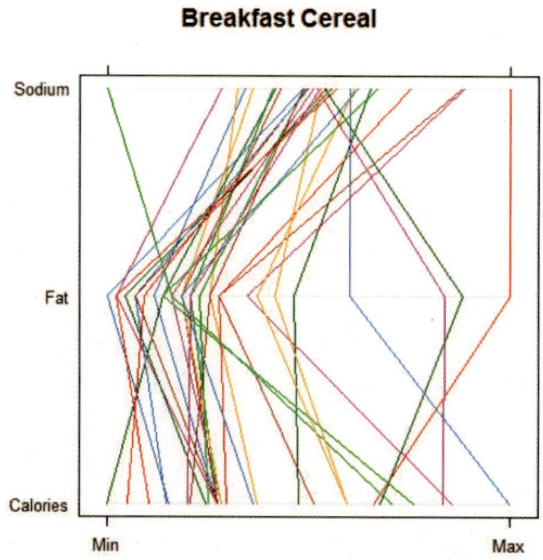


```
> #(3) [그림 9.37] 범주형 변수의 범주별 3개 수치형 변수들의 평행 좌표 그래프
>
> # 변수 Company의 범주별, Calories, Fat, Sodium들의 평행 좌표 그래프
> # y-축 변수-수치형(Calories, Fat, Sodium), 조건 변수-범주형(Company)
>
> parallelplot(~ Cereal[, c("Calories", "Fat", "Sodium")] | Company,
+              data=Cereal, main="Breakfast Cereal by Company: G, K, Q")
```

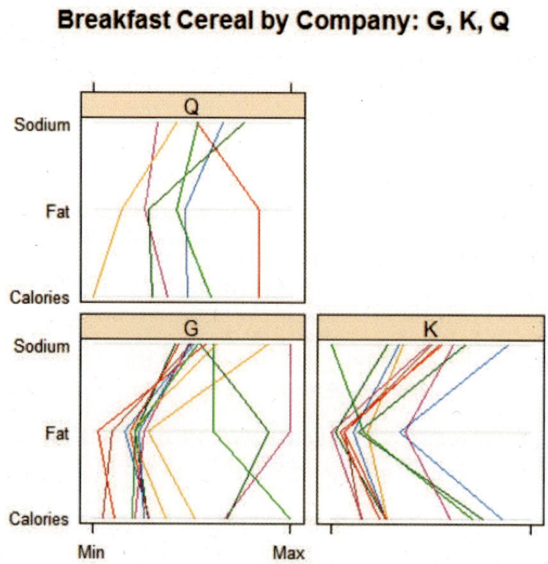


```
> #(4) [그림 9.38] 범주형 변수의 범주별 3개 수치형 변수들의 평행 좌표 그래프
>
> # 옵션 groups=Company : 범주를 색깔로 구분한 평행 좌표 그래프
> # 옵션 auto.key=TRUE : 색깔의 범례 표시
>
> parallelplot(~ Cereal[,c("Calories", "Fat", "Sodium")],
+              data=Cereal, groups=Company, auto.key=T,
+              main="Breakfast Cereal by Company: G, K, Q")
```

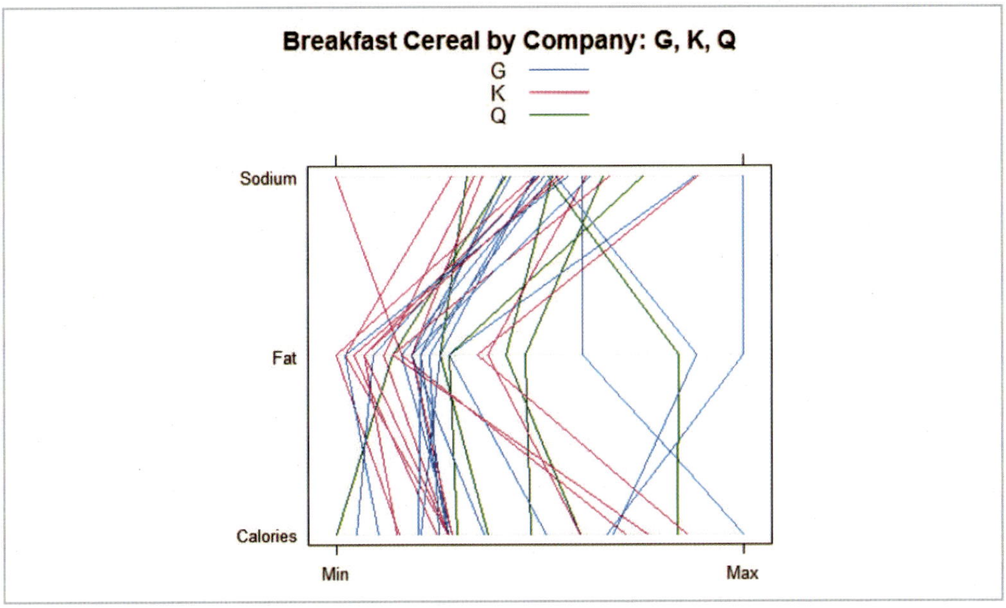

9.4 시계열 그래프

시계열자료는 시간의 흐름에 따라 관측된 자료이다. 4.6절에서 다루었던 R 데이터 객체 중 하나인 시계열(time series)은 일변량 시계열의 경우 벡터에, 다변량 시계열의 경우 행렬에 시간, 일, 월, 년도 등의 시간 정보가 추가된다. 시계열 자료분석의 첫 단계는 시계열그림을 그려보는 것이다. 시계열그림은 보통 x-축에 시간을 나타내고 y-축에 시계열의 값을 나타내는 선 그래프이다.

시계열그림을 그릴 수 있는 패키지 lattice의 함수는 9.2.2절에서 다루었던 함수 xyplot이다. 따라서 시계열그림을 그릴 때도 함수 xyplot이 사용할 수 있는 옵션을 같이 사용하지만, 특히 시계열그림을 그릴 때 자주 쓰는 옵션을 [표 9.6]에 요약하였다.

시계열 그래프 함수 xyplot의 사용 예는 [R-program 9.15]를 참조한다.

[표 9.6] 시계열 그래프 함수 xyplot의 주요 옵션

옵션	설명
screens	다변량 시계열의 경우 각 시계열이 그려질 패널 번호를 지정하거나 패널 이름을 준다.
superpose	superpose=TRUE이면 겹쳐 그린다.

cut	시계열을 나누어 그릴 패널 수를 지정한다. cut=TRUE이면 자동으로 패널 수를 최대 6개까지로 정한다.
strip, strip.left	옵션 cut을 사용하여 시계열을 나누어 패널에 그릴 때 패널을 구별해주는 제목을 주는 옵션으로 strip=TRUE이면 각 패널의 상단에 제목을 만들고, strip.left=TRUE이면 각 패널의 왼편에 제목을 만든다. 시계열의 각 패널이 충분히 구별된다면 strip=FALSE를 사용한다.

[R-program 9.15] 시계열 그래프 함수 xyplot의 사용 예

```
> #(1) sunspot.year : 패키지 datasets의 시계열
> # 데이터 설명 : 1700년부터 1988년까지 매년 발생하는 태양 흑점의 수로
> # 289개 관측치를 갖는  일변량 시계열
>
> sunspot.year
Time Series:
Start = 1700
End = 1988
Frequency = 1
  [1]   5.0  11.0  16.0  23.0  36.0  58.0  29.0  20.0  10.0   8.0   3.0
 [12]   0.0   0.0   2.0  11.0  27.0  47.0  63.0  60.0  39.0  28.0  26.0

                              (중략)
>
> #(2) [그림 9.39] 일변량 시계열을 4개의 패널로 나누어 나타낸 시계열그림
>
> # 옵션 cut=4 : 일변량 시계열을 4개의 패널로 나누어 나타낸다.
> # 옵션 strip=FALSE : 각 패널을 구별해주는 자동 제목을 나타내지 않는다.
>
> xyplot(sunspot.year, aspect = "xy", cut=4, strip=FALSE,
+        main="Yearly numbers of Sunspots", xlab="Year", ylab="Numbers")
```

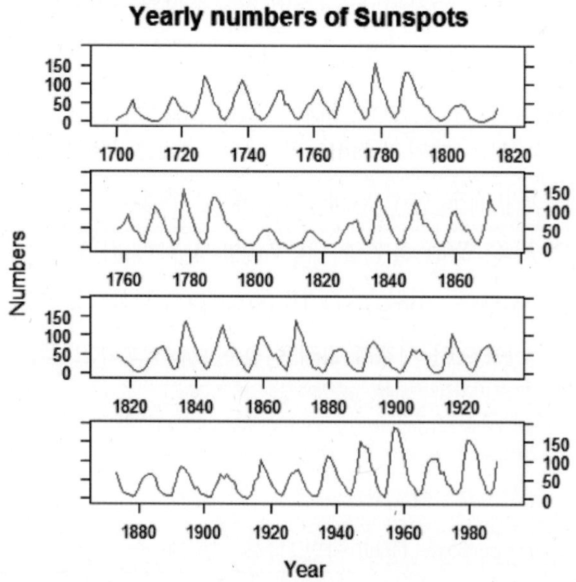

```
> #(3) EuStockMarkets : 패키지 datasets의 시계열
> # 데이터 설명 : 1991년 부터 1998까지의 주요 유럽 주식 시장
> # (독일 DAX, 스위스 SMI, 프랑스 CAC, 영국 FTSE)의 일일 종가자료로서
> # 1860개 관측치를 갖는 4 변수의 다변량 시계열
>
> EuStockMarkets
Time Series:
Start = c(1991, 130)
End = c(1998, 169)
Frequency = 260
             DAX    SMI    CAC   FTSE
1991.496 1628.75 1678.1 1772.8 2443.6
1991.500 1613.63 1688.5 1750.5 2460.2
1991.504 1606.51 1678.6 1718.0 2448.2
1991.508 1621.04 1684.1 1708.1 2470.4
```

(중략)

```
> #(4) [그림 9.40] 다변량 시계열을 각각 나타낸 시계열그림
>
> # 옵션 superpose=FALSE(기본값) : 다변량 시계열의 경우 겹쳐 그리지 않는다.
>
> xyplot(EuStockMarkets,
+        main="Daily Closing Prices of \n Major European Stock Indices,\n
+        1991-1998")
```

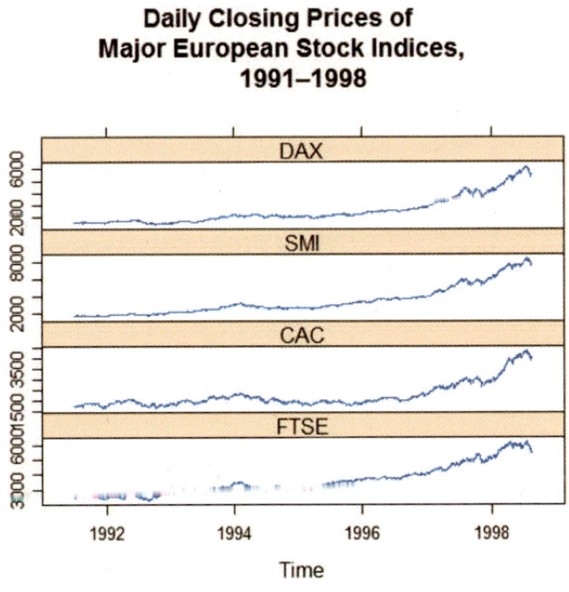


```
> #(5) [그림 9.41] 다변량 시계열을 하나의 패널에 나타낸 시계열그림
>
> # 옵션 superpose=TRUE : 다변량 시계열의 경우 겹쳐 그린다.
> # 옵션 ylim=c(0,max(EuStockMarkets) : y-축의 범위를 0에서 시계열의 최대값
>
> xyplot(EuStockMarkets, superpose=TRUE,
+        ylim = c(0, max(EuStockMarkets)),
+        main="Daily Closing Prices of \n Major European Stock Indices,\n
+        1991-1998")
```

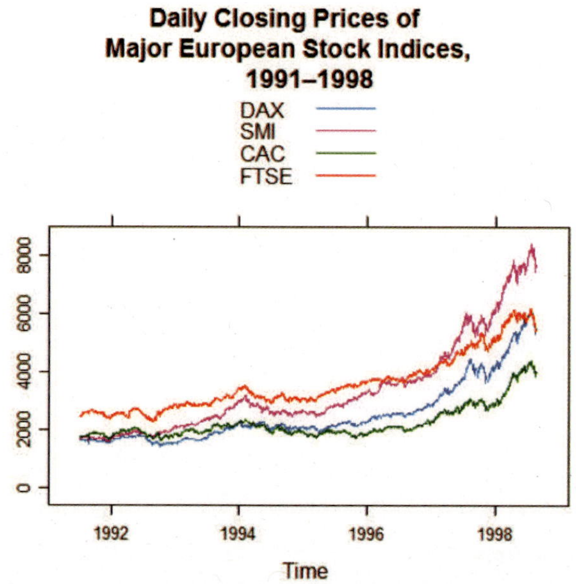


```
> #(6) [그림 9.42] 다변량 시계열을 2개의 패널에 나타낸 시계열그림
>
> # 옵션 screens=list(FTSE="UK", "Continental") : 시계열 FTSE는 패널 UK에
> # 그리고, 나머지 3개 시계열은 패널 Continental에 그린다.

> # 옵션 superpose=TRUE : 패널 Continental에 그리는 3개 시계열은 겹쳐 그린다.
> # 옵션 color : DAX(빨강색),  FTSE(파랑색), 그 외는 검정색
> # 옵션 lty : SMI(2: 점선), DAX, CAC, FTSE는 기본값인 실선
> # 옵션 lwd : 시계열 순서대로 선의 굵기가 DAX(1), SMI(3), CAC(1), FTSE(3)
>
> xyplot(EuStockMarkets, screens=list(FTSE="UK", "Continental"),
+        superpose=TRUE, col=list(DAX="red", FTSE="blue", "black"),
+        lty=list(SMI=2), lwd=c(1, 3))
```

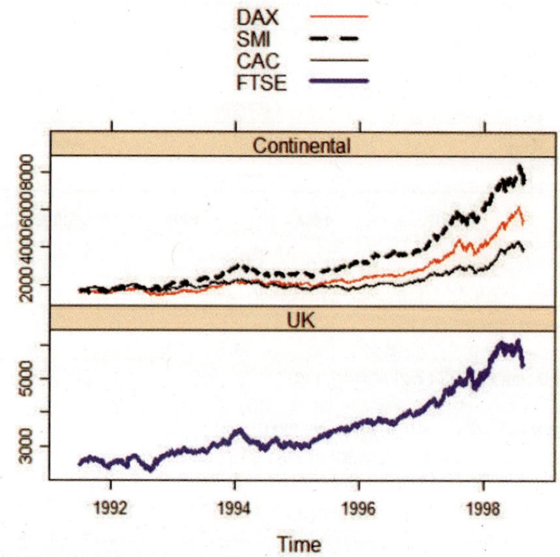

```
> #(7) [그림 9.43] 다변량 시계열을 2개의 패널에 나타낸 시계열그림
>
> # 옵션 par.settings=standard.theme(color = FALSE) : 다변량 시계열의 경우
> # 색깔로 구분하지 않고 자동으로 선 타입으로 구별해준다.
>
> xyplot(EuStockMarkets, screens=list(FTSE = "UK", "Continental"),
+        superpose=TRUE, par.settings=standard.theme(color = FALSE))
```

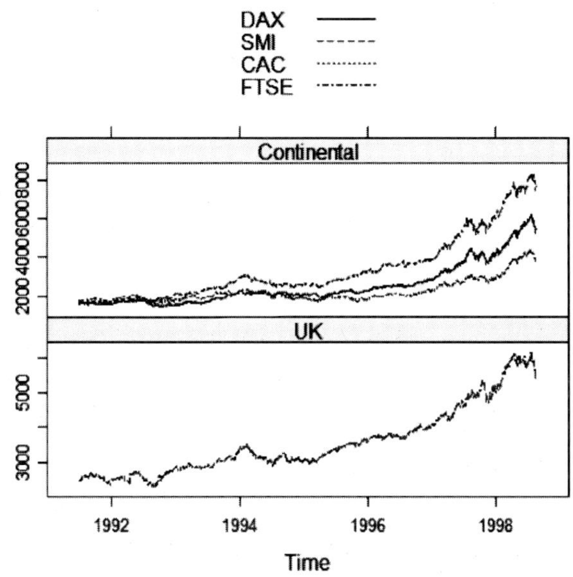


```
> #(8) 길이가 5인 3개의 시계열로 구성된 다변량 시계열 z 생성
>
> z <- ts(cbind(a = 1:5, b = 11:15, c = 21:25) + rnorm(5))
> z
Time Series:
Start = 1
End = 5
Frequency = 1
          a        b        c
1 0.9438713 10.94387 20.94387
2 1.8442045 11.84420 21.84420
3 1.5292476 11.52925 21.52925
4 3.5218499 13.52185 23.52185
5 5.4179410 15.41794 25.41794
>
> #(9) [그림 9.44] 다변량 시계열을 1개의 패널에 나타낸 시계열그림
>
> xyplot(z, screens=1)
```

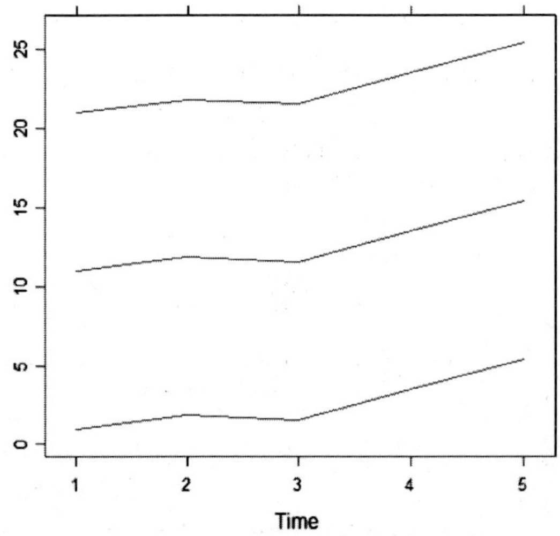


```
> #(10) [그림 9.45] 다변량 시계열을 2개의 패널에 나누어 그린 시계열그림
>
> # 옵션 screens=list(a="primary (a)", "other (b & c)") : 시계열 a는
> # 패널 primary (a)에 나머지 시계열은 패널 other (b & c)에 그린다.
>
> # 아래 옵션 type은 [표 8.3], 옵션 pch는 [표 8.5] 참조
>
> # 옵션 type : 시계열 a는 점(p)과 x-축 점에서 데이터 점까지 수직선(h)을 그린다.
> #             시계열 b는 점(p)과 점의 연결이 수평, 수직인 계단(s)으로 나타낸다.
> #             시계열 c는 점과 선을 겹쳐 그린다.(o)
>
> # 옵션 pch :  시계열 a는 점을 세모(2)로 표시
> #             시계열 b는 점을 기본값 동그라미 점(1)으로 표시
> #             시계열 c는 점을 플러스(3)로 표시
>
> # auto.key = list(type = "o") : 범례를 점과 선을 동시에 나타내어 표시
>
> xyplot(z, screens=list(a="primary (a)", "other (b & c)"),
+        type = list(a = c("p", "h"), b = c("p", "s"), "o"),
+        pch = list(a = 2, c = 3), auto.key = list(type = "o"))
```

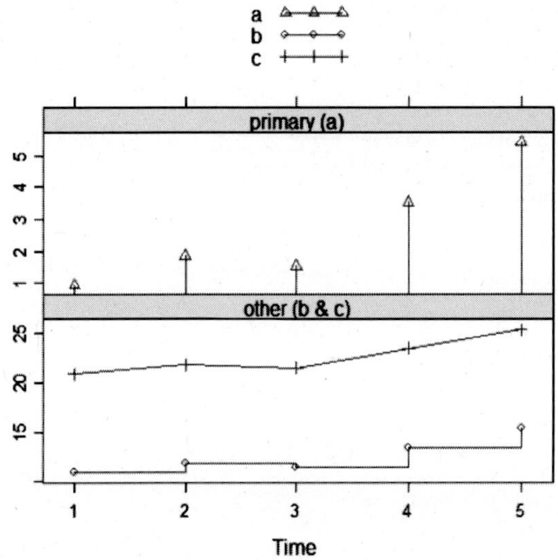

9.5 패키지 lattice의 그래픽 옵션

앞서 9.1절부터 9.4절에서는 여러 종류의 데이터에 대하여 패키지 lattice의 그래픽 함수들이 가지고 있는 최소한의 기본 옵션만을 사용하여 그래프를 그려보았다. 그러나 패키지 lattice에서는 그래픽 함수들 내의 여러 가지 옵션들을 사용하여 더욱 수준 높은 그래프를 그릴 수 있다. 9.5절에서는 패키지 lattice의 그래픽 함수 내에서 사용할 수 있는 여러 옵션을 자세하게 소개한다. [표 9.7]에 이들 주요 옵션들을 정리하였다.

[표 9.7] 패키지 lattice의 주요 그래픽 옵션

옵션	설명
aspect	그래프의 가로 및 세로 길이 비율을 조정
as.table	그래프의 배치 순서 조정
auto.key	자동으로 범례 생성
between	그래프 사이의 간격 조정
drop.unused.levels	그래프에 사용되지 않는 범주에 대해서 그래프상에 표시할지의 여부 결정
groups	하나의 그래프 위에 색깔을 다르게 하여 범주 구분
index.cond	범주의 수준에 따라 그래프에 표시되는 순서를 결정
layout	범주의 수준에 따라 배치되는 그래프의 행, 열, 페이지 수를 지정
main, sub, xlab, ylab	제목, 부제목, x-축 이름, y-축 이름 지정
outer	변수 입력 식 내의 덧셈 연산자 '+' 의 역할을 범주 구분으로 사용할지 여부 조정
panel	그래프의 형태 결정
panel.groups	그래프 내의 범주에 따른 요소에 적용할 수 있는 panel 옵션
prepanel	aspect 옵션 사용 이후의 데이터에 적용하는 panel 옵션
scales	x-축, y-축의 형태 조절
subscripts	데이터의 관측치 번호를 나타내는 변수로 활용
subset	그래프에 사용할 데이터의 조건 지정
xlim, ylim	x-축, y-축의 범위 조절

9.5.1 옵션 aspect

옵션 aspect는 그래프의 가로 및 세로 길이의 비율을 조정할 수 있다. 기본값인 aspect="fill"은 그래프가 나타나는 공간 크기에 자동으로 맞추어 가능한 채워져서 나타난다. 숫자 값을 입력하면 '세로 길이/가로 길이'의 비율 값으로써 그래프가 그려진다. 그 외에 aspect="xy"는 45도 banking rule에 의해 그래프 크기가 결정되며, aspect="iso"는 x-축, y-축에서의 실제 변수값의 구간의 길이가 같게 적용되어 그래프 크기가 결정된다.

옵션 aspect 옵션의 사용 예로서 [R-program 9.16]을 참조한다.

[R-program 9.16] 옵션 aspect의 사용 예

```
> #(1) RestaurantTips : 패키지 Lock5Data의 데이터 프레임
> # 데이터 설명: 뉴욕 소재의 First Crush 바에서 2주에 걸쳐 수집한
> # 레스토랑 청구서로 부터 얻은 팁 데이터로서 157X7 데이터 프레임
>
> str(RestaurantTips)
'data.frame':   157 obs. of  7 variables:
 $ Bill  : num  23.7 36.1 32 17.4 15.4 ...
 $ Tip   : num  10 7 5.01 3.61 3 2.5 3.44 2.42 3 2 ...
 $ Credit: Factor w/ 2 levels "n","y": 1 1 2 2 1 1 1 1 1 1 ...
 $ Guests: int  2 3 2 2 2 2 2 2 2 2 ...
 $ Day   : Factor w/ 5 levels "f","m","t","th",..: 1 1 1 1 1 1 1 1 1 1 ...
 $ Server: Factor w/ 3 levels "A","B","C": 1 2 1 2 2 1 2 1 1 2 ...
 $ PctTip: num  42.2 19.4 15.7 20.8 19.5 13.4 16 12.4 12.7 10.7 ...
>
> #(2) [그림 9.46] 기본 옵션 aspect="fill" 사용
>
> # 변수  PctTip 및 Bill 간의 산점도
> # x-축 변수-수치형(PctTip), y-축 변수-수치형(Bill)
>
> xyplot(Bill ~ PctTip, RestaurantTips, main="Restaurant Tips")
```

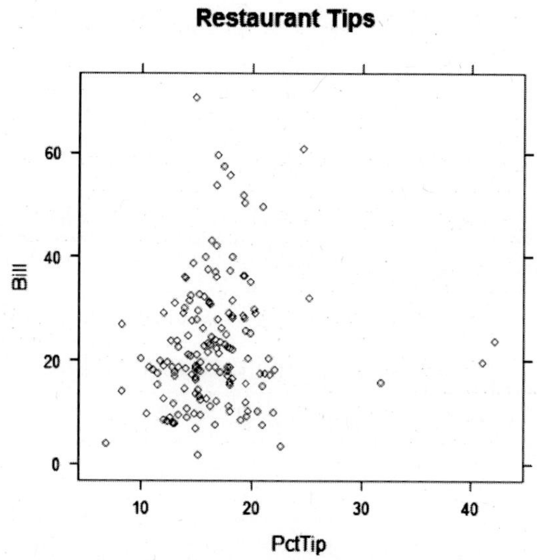

```
> #(3) [그림 9.47] 옵션 aspect=0.3 사용
>
> # 그래프의 세로 길이 : 가로 길이 - 3:10
>
> xyplot(Bill ~ PctTip, RestaurantTips, aspect=0.3, main="RestaurantTips")
```

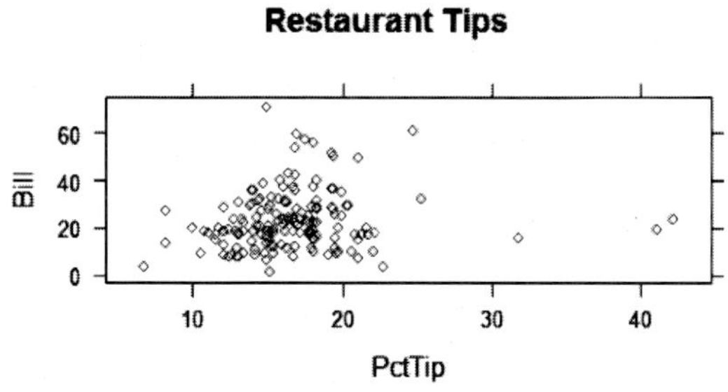


```
> #(4) [그림 9.48] 옵션 aspect="xy" 사용
>
> # 옵션 aspect="xy" : 45도 banking rule에 의한 비율
>
> xyplot(Bill ~ PctTip, RestaurantTips, aspect="xy", main="RestaurantTips")
```

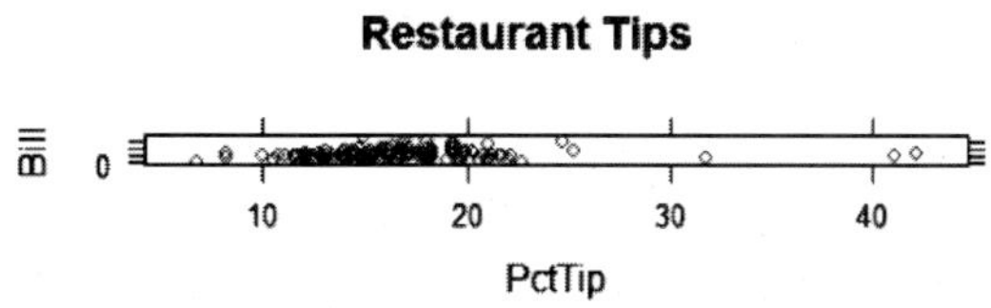


```
> #(5) [그림 9.49] 옵션 aspect="iso" 사용
>
> # 옵션 aspect="iso" :x-축, y-축에서의 실제 변수 값의 구간의 길이가 동일하게
> # 적용되어 그래프의 가로 및 세로 길이가 결정
>
> xyplot(Bill ~ PctTip, RestaurantTips, aspect="iso", main="RestaurantTips")
```

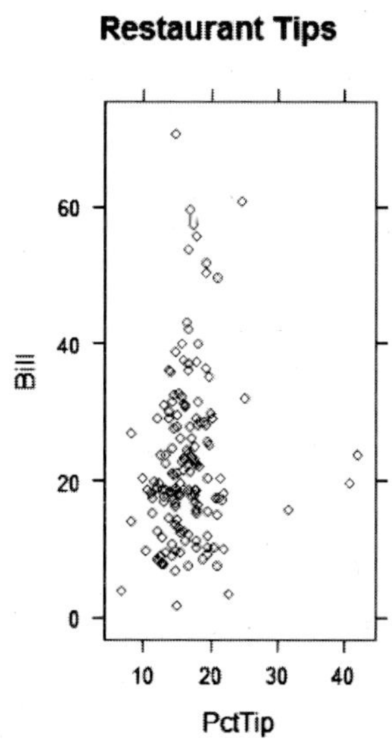

9.5.2 옵션 as.table

옵션 as.table은 조건 변수의 각 범주에 따라 그린 그래프에서 배치 순서를 변경할 수 있는 옵션이다. 옵션 as.table의 기본 옵션값은 FALSE이고 이때 배치의 순서는 하단의 왼편부터 시작하여 오른편으로, 그리고 다시 상단의 왼편에서 오른편으로의 순서로 배치한다. TRUE 값을 사용하면 기존의 순서에서 하단과 상단의 방향만 서로 바뀌어 배치된다.

옵션 as.table의 사용 예로서 [R-program 9.17]을 참조한다.

[R-program 9.17] 옵션 as.table의 사용 예

```
> #(1) RestaurantTips : 패키지 Lock5Data의 데이터 프레임
> # 데이터 설명: 뉴욕 소재의 First Crush 바에서 2주에 걸쳐 수집한
> # 레스토랑 청구서로 부터 얻은 팁 데이터로서 157X7 데이터 프레임
>
> str(RestaurantTips[, c("Bill", "Tip", "Day")])
'data.frame':   157 obs. of  3 variables:
 $ Bill: num  23.7 36.1 32 17.4 15.4 ...
 $ Tip : num  10 7 5.01 3.61 3 2.5 3.44 2.42 3 2 ...
 $ Day : Factor w/ 5 levels "f","m","t","th",..: 1 1 1 1 1 1 1 1 1 1 ...
>
> #(2) [그림 9.50] 기본 옵션 as.table=FALSE 사용
>
> # 변수 Day의 범주별, 변수 Tip 및 Bill 간의 산점도
> # x-축 변수-수치형(Tip), y-축 변수-수치형(Bill), 조건 변수-범주형(Day)
>
> # 기본 옵션 as.table=FALSE : 조건 변수 Day="f", "m", "t", "th", "w"를
> # 아래왼쪽 -> 아래오른쪽 -> 위왼쪽 -> 위오른쪽의 순서로 배치
>
> xyplot(Bill ~ Tip | Day, RestaurantTips, main="Restaurant Tips")
```

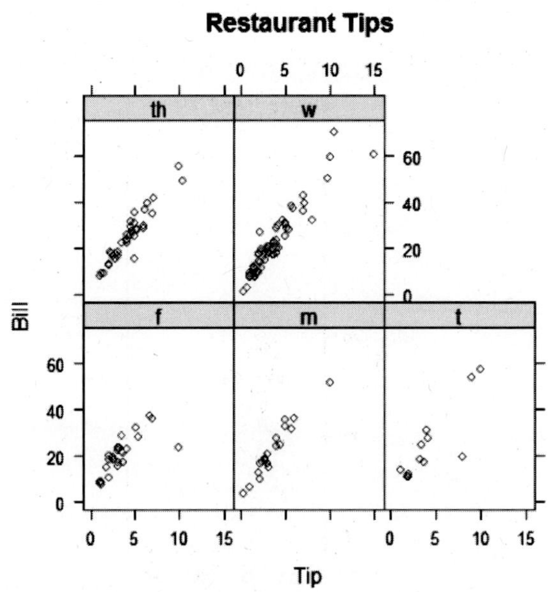

```
> #(3) [그림 9.51] 기본 옵션 as.table=TRUE 사용
>
> # 옵션 as.table=TRUE : 조건 변수 Day="f", "m", "t", "th", "w"를
> # 위왼쪽 -> 위오른쪽 -> 아래왼쪽 -> 아래오른쪽의 순서로 배치
>
> xyplot(Bill ~ Tip | Day, RestaurantTips, as.table=T,
+        main="Restaurant Tips")
```

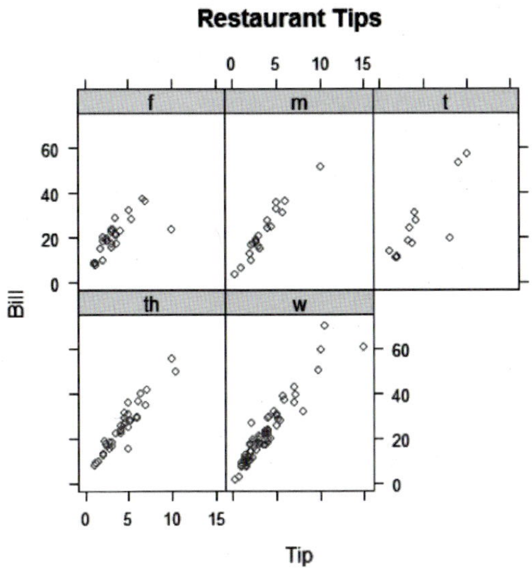

9.5.3 옵션 auto.kcy

옵션 auto.key는 그래프 범례를 다루는 옵션이다. 기본 옵션값인 FALSE는 범례를 만들지 않는다. 옵션 auto.key의 값을 TRUE로 설정해주면 자동으로 범례가 그래프의 상단에 만들어진다. 옵션 auto.key 내의 세부적인 옵션을 지정하고자 하는 경우 함수 list를 사용하여 나열한다. 예를 들어 아래와 같은 옵션 auto.key 목록 예를 들어 보자.

```
auto.key=list(space=“right”, columns=2, between=1, border=T)
auto.key=list(x=0.5, y=0.7, col=c(“blue”,“red”), background=“gray”)
```

위의 auto.key 옵션 목록에서 세부 옵션 space는 범례의 위치를 그래프를 중심으로 그래프 밖의 어느 쪽에 놓는지를 지정해준다. 기본값은 "top"으로 [R-program 9.18]의 [그림 9.52]처럼 그래프 밖의 위쪽에 범례가 위치한다. 그 외에 "left", "right", "bottom"을 사용할 수 있다. 또는 구체적으로 xy-좌표 위의 위치로 지정해 줄 수 있다. 예를 들어 x=0.5, y=0.7은 범례의 시작이 그래프 x-축의 50% 및 y-축의 70% 지점에서 시작함을 의미한다.

세부 옵션 columns=n은 열(column) n개에 범례를 표시함을 의미한다. 이때 n은 하나의 그래프에 겹쳐 그리는 변수의 수에 해당한다. 기본값은 [R-program 9.18]의 [그림 9.52]처럼 행으로 범례를 나타낸다. 즉, 이때는 겹쳐 그리는 변수가 Bill 및 Tip으로 2개이므로 rows=2를 의미한다.

border=TRUE는 범례 주위에 경계선을 나타내는 즉, 상자 안에 범례를 놓는다. background="gray"는 범례 배경색을 gray로 나타낸다. bwtween=1은 범례 구분 표시 부호와 텍스트의 간격을 1만큼 띄운다. col=c("blue","red")는 범례의 첫 번째 변수 관련 내용의 색깔은 "blue"로 두 번째 변수 관련 내용의 색깔은 "red"로 함을 의미한다.

그 밖에 key 옵션을 통해 수동적으로 범례에 대한 세부적인 부분을 조절할 수 있지만 복잡한 옵션 2개 요소로 구성되어 있으므로 이 절에서는 옵션 auto.key만 다루도록 한다.

옵션 auto.key의 사용 예로서 [R-program 9.18]을 참조한다.

[R-program 9.18] 옵션 auto.key의 사용 예

```
> #(1) RestaurantTips : 패키지 Lock5Data의 데이터 프레임
> # 데이터 설명: 뉴욕 소재의 First Crush 바에서 2주에 걸쳐 수집한
> # 레스토랑 청구서로 부터 얻은 팁 데이터로서 157X7 데이터 프레임
>
> str(RestaurantTips[, c("Bill", "Tip", "PctTip")])
'data.frame':   157 obs. of  3 variables:
 $ Bill   : num  23.7 36.1 32 17.4 15.4 ...
 $ Tip    : num  10 7 5.01 3.61 3 2.5 3.44 2.42 3 2 ...
 $ PctTip: num  42.2 19.4 15.7 20.8 19.5 13.4 16 12.4 12.7 10.7 ...
>
> #(2) [그림 9.52] 옵션 auto.key=TRUE 사용
>
> # 변수 PctTip과 Bill 및 PctTip과 Tip 간의 산점도
> # x-축 변수-수치형(Tip), y-축 변수-수치형(Bill 및 Tip)
>
> # 옵션 auto.key=TRUE : 범례가 그래프 밖 상단에 장동으로 만들어짐,
> # 범례 내용이 행으로 배열
>
> xyplot(Bill+Tip ~ PctTip, RestaurantTips, auto.key=TRUE,
+         main="Restaurant Tips")
```

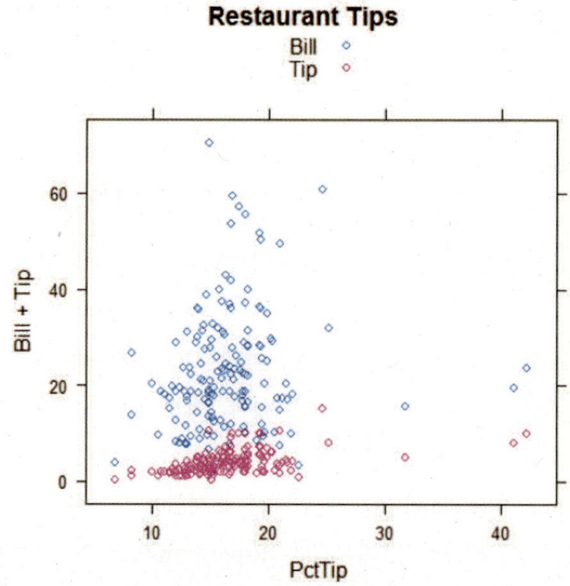

```
> #(3) [그림 9.53] 옵션 auto.key=list(...) 사용
>
> # 세부 옵션 columns=2 : 범례 내용이 열로 배열, 2는 구별해야 하는 y의 갯수
> # 세부 옵션 x=0.65, y=0.95 : 범례의 시작이 x-축의 65%, y-축의 95%인 위치
> # 세부 옵션 border=TRUE : 범례를 상자에 넣는다.
> # 세부 옵션 between=1 : 범례 내에서 부호와 변수 이름간의 간격이 1
> # 세부 옵션 background="gray"  : 범례 배경은 회색
> # 세부 옵션 col=c("blue","red") : 범례 첫번째 열은 파랑색, 두번째 열은 빨강색
>
> xyplot(Bill+Tip ~ PctTip, RestaurantTips, main="Restaurant Tips",
+        auto.key=list(columns=2, x=0.65, y=0.95, border=T, between=1,
+                      background="gray", col=c("blue","red")))
```

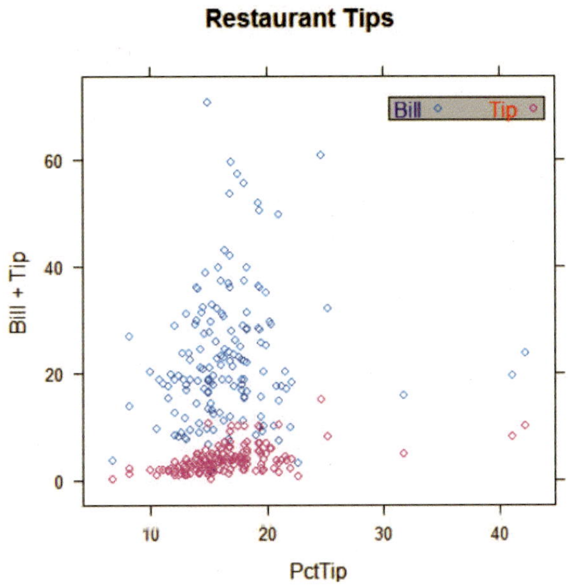

9.5.4 옵션 between

옵션 between은 조건 변수의 각 범주에 따라 행렬의 형태로 그려진 그래프에서 각 그래프 사이의 간격을 조정할 수 있는 옵션이다. 옵션 between 값으로는 함수 list를 사용해 그래프가 나타나는 각 행 혹은 열의 간격 값을 지정해주어야 한다. 함수 list 내에 x값으로는 열 간격 값을, y 값으로는 행 간격 값을 지정한다. 또한, 행 또는 열에 그래프가 3개 이상이 나타날 경우는 벡터를 사용하여 각 간격을 여러 값으로 지정할 수 있다. 예를 들어 아래와 같은 옵션 between의 예를 들어 보자.

```
between=list(x=3, y=1)
between=list(x=c(2,0), y=1)
```

위의 옵션 between의 함수 list 내에서 x=3, y=1인 경우 열들의 간격은 3이고 행들의 간격은 1이다. x=c(2,0), y=1인 경우, 열들의 간격은 차례대로 2, 0이고 행들의 간격은 1이다. 간격 0은

간격을 두지 않고 붙임을 의미한다.

옵션 between의 사용 예로서 [R-program 9.19]를 참조한다.

[R-program 9.19] 옵션 between의 사용 예

```
> #(1) RestaurantTips : 패키지 Lock5Data의 데이터 프레임
> # 데이터 설명: 뉴욕 소재의 First Crush 바에서 2주에 걸쳐 수집한
> # 레스토랑 청구서로 부터 얻은 팁 데이터로서 157X7 데이터 프레임
>
> str(RestaurantTips[, c("Bill", "Tip", "Day")])
'data.frame':   157 obs. of  3 variables:
 $ Bill: num  23.7 36.1 32 17.4 15.4 ...
 $ Tip : num  10 7 5.01 3.61 3 2.5 3.44 2.42 3 2 ...
 $ Day : Factor w/ 5 levels "f","m","t","th",..: 1 1 1 1 1 1 1 1 1 1 ...
>
> #(2) [그림 9.54] 옵션 between=list(...) 사용
>
> # Day의 범주별, 변수 Tip 및 Bill 간의 산점도
> # x-축 변수-수치형(Tip), y-축 변수-수치형(Bill), 조건 변수-범주형(Day)
>
> # 옵션 between=list(x=3,y=1) : 그래프의 열 간격은 3, 행 간격은 1
>
> xyplot(Bill ~ Tip | Day, RestaurantTips, between=list(x=3,y=1),
+        main="Restaurant Tips")
```

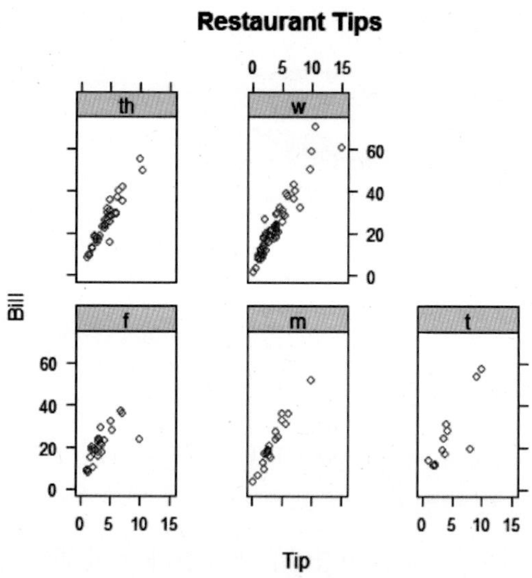


```
> #(3) [그림 9.55] 옵션 between=list(...) 사용
>
> # 옵션 between=list(x=c(2,0),y=1) : 그래프의  열 간격은 차례대로 2, 0,
> # 행 간격은 1열
>
> xyplot(Bill ~ Tip | Day, RestaurantTips, between=list(x=c(2,0),y=1),
+        main="Restaurant Tips")
```

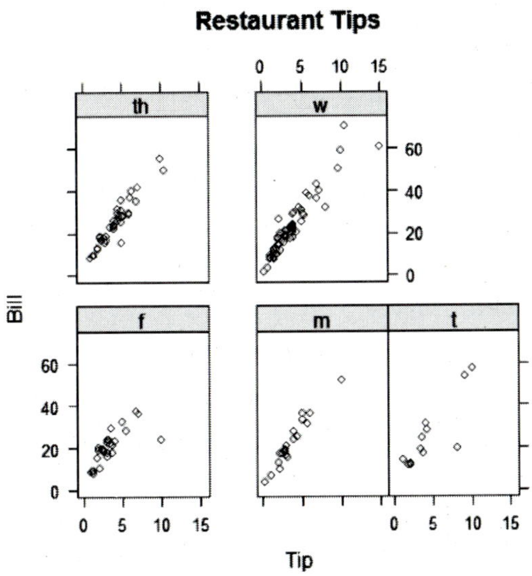

9.5.5 옵션 drop.unused.levels

옵션 drop.unused.levels는 조건 변수의 각 범주에 따라 행렬의 형태로 그려진 그래프에서 그래프에 사용되지 않는 범주에 대해서 그래프 위에 표시할지 여부를 결정하는 옵션이다. 기본 옵션값은 TRUE로 사용되지 않는 범주를 그래프에 표시하지 않는다. 옵션값을 FALSE로 지정해주면 특정 범주를 제외하더라도 그래프상에서는 해당 범주에 대한 빈 그래프가 그려진다. 주로 조건식 혹은 옵션 subset과 같이 사용된다.

옵션 drop.unused.levels을 사용한 예는 [R-program 9.20]을 참조한다.

[R-program 9.20] 옵션 drop.unused.levels의 사용 예

```
> #(1) StudentSurvey: 패키지 Lock5Data의 데이터 프레임
> # 데이터 설명: 기초통계학을 수강한 362명 학생들의 17개 문항에 대한
> # 설문 자료로서 362X17 데이터 프레임
>
> str(StudentSurvey[, c("Height", "Weight", "Year")])
'data.frame':	362 obs. of  3 variables:
 $ Height: int  71 66 72 63 65 65 66 74 61 60 ...
 $ Weight: int  180 120 208 110 150 114 128 235 NA 115 ...
 $ Year  : Factor w/ 5 levels "","FirstYear",..: 4 5 2 3 5 5 2 5 3 2 ...
>
> # 변수 Year : 결측값인 범주가 존재함
>
> summary(StudentSurvey[, c("Height", "Weight", "Year")])
     Height          Weight             Year    
 Min.   :59.00   Min.   : 95.0            :  2  
 1st Qu.:65.00   1st Qu.:138.0   FirstYear: 94  
 Median :68.00   Median :155.0   Junior   : 35  
 Mean   :68.42   Mean   :159.8   Senior   : 36  
 3rd Qu.:71.00   3rd Qu.:180.0   Sophomore:195  
```

```
 Max.   :83.00   Max.   :275.0
 NA's   :7       NA's   :5

> #(2) [그림 9.56] 기본 옵션 drop.unused.levels=TRUE의 사용
>
> # 변수 Year의 범주별, 변수 Weight 및 Height간의 산점도
> # x-축 변수-수치형(Weight), y-축 변수-수치형(Height), 조건 변수-범주형(Year)
>
> # 기본 옵션 drop.unused.levels=TRUE : Year가 결측값인 범주는 제외
>
> xyplot(Height ~ Weight | Year[Year!=""], StudentSurvey,
+        main="Student Survey")
```

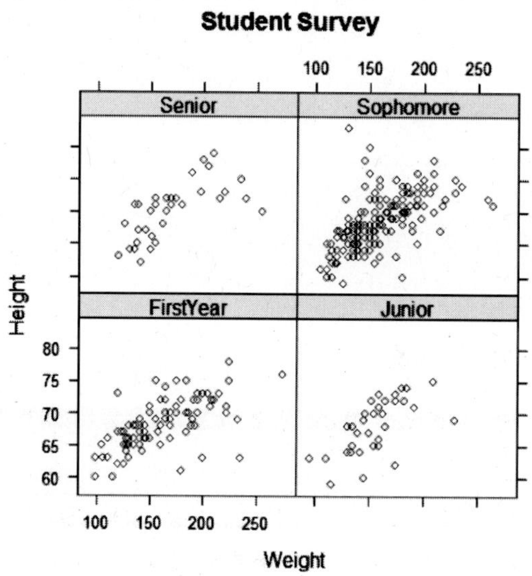


```
> #(3) [그림 9.57] 옵션 drop.unused.levels=FALSE의 사용
>
> # 옵션 drop.unused.levels=FALSE : Year가 결측값인 범주도 그래프에 나타냄
>
> xyplot(Height ~ Weight | Year[Year!=""], StudentSurvey,
+        drop.unused.levels=F, main="Student Survey")
```

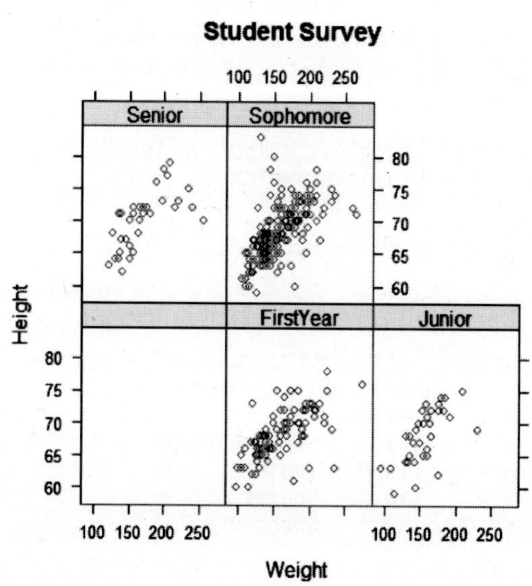

9.5.6 옵션 groups

그래픽 함수 내의 변수 입력 식에서 연산자 | 다음에 조건 변수를 사용하면 조건 변수의 범주별로 각각의 그래프가 그려진다. 그러나 옵션 groups를 사용하면 범주별이 아닌 범주를 모두 통합한 전체 관측치 대상으로 그래프가 그려지며 각 범주는 하나의 그래프 위에서 색깔로 구분하여 나타난다. 이때 옵션 auto.key=TRUE와 함께 써서 각 그룹의 색깔에 대한 범례를 줄 수 있다.

옵션 groups의 사용 예는 [R-program 9.21]을 참조한다.

[R-program 9.21] 옵션 groups의 사용 예

```
> #(1) StudentSurvey: 패키지 Lock5Data의 데이터 프레임
> # 데이터 설명: 기초통계학을 수강한 362명 학생들의 17개 문항에 대한
> # 설문 자료로서 362X17 데이터 프레임
>
> str(StudentSurvey[, c("Height", "Weight", "Gender", "Smoke")])
'data.frame':   362 obs. of  4 variables:
 $ Height: int  71 66 72 63 65 65 66 74 61 60 ...
 $ Weight: int  180 120 208 110 150 114 128 235 NA 115 ...
 $ Gender: Factor w/ 2 levels "F","M": 2 1 2 2 1 1 1 2 1 1 ...
 $ Smoke : Factor w/ 2 levels "No","Yes": 1 2 1 1 1 1 1 1 1 1 ...
>
> #(2) [그림 9.58] 옵션 groups를 사용하지 않음
>
> # 변수 Gender의 범주별, 변수 Weight 및 Height간의 산점도
> # x-축 변수-수치형(Weight), y-축 변수-수치형(Height), 조건 변수-범주형(Gender)
>
> # 옵션 groups를 사용하지 않음 : Gender의 범주별 그래프
>
> xyplot(Height ~ Weight | Gender, StudentSurvey, main="Student Survey")
```

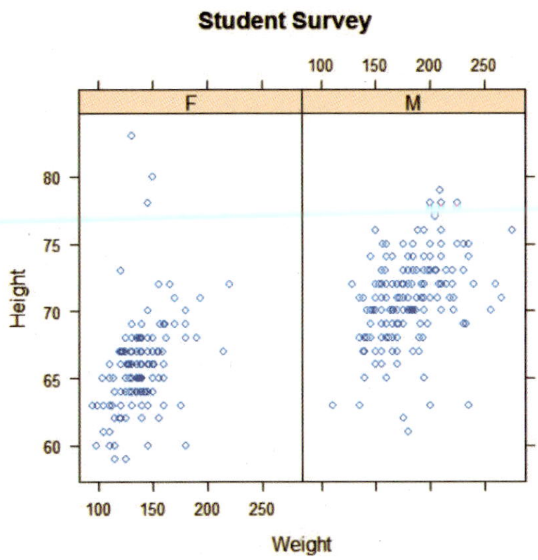

```
> #(3) [그림 9.59] 옵션 groups를 사용(범주형 변수가 1개인 경우)
>
> # 옵션 groups=Gender 를 사용 : 하나의 그래프에 Gender의 모든 범주를 나타냄
> # 옵션 auto.key=TRUE : Gender의 범주를 색깔로 구분한 범례를 나타냄
>
> xyplot(Height ~ Weight, StudentSurvey, main="Student Survey",
+         groups=Gender, auto.key=T)
```

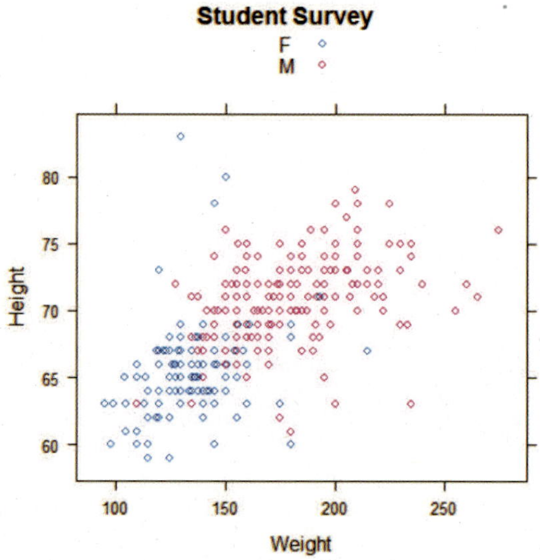


```
> #(4) [그림 9.60] 옵션 groups를 사용(범주형 변수가 2개인 경우)
>
> # 변수 Gender 및 Smoke의 범주별, 변수 Weight 및 Height간의 산점도
> # x-축 변수-수치형(Weight), y-축 변수-수치형(Height), 조건 변수-범주형(Gender)
> # Gender의 범주별로 따로 그리며 groups=Smoke 옵션을 사용하여
> # Smoke의 범주는 색깔로 구분하여 표시
>
> xyplot(Height ~ Weight | Gender, StudentSurvey, groups=Smoke,
+         auto.key=list(space="right"), main="Student Survey")
```

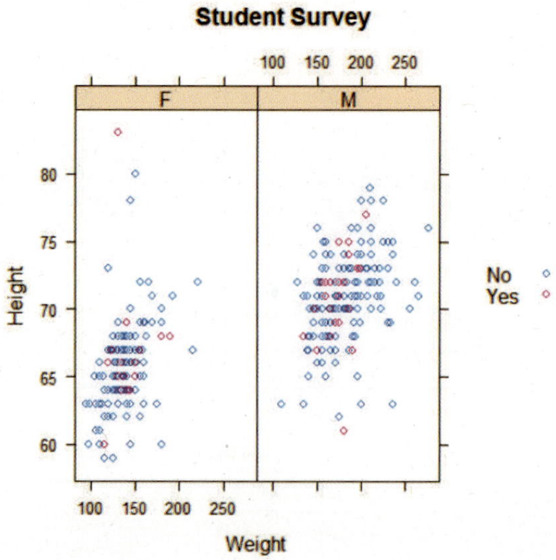

9.5.7 옵션 index.cond

옵션 index.cond는 범주별 그래프를 그릴 때, 그래프에 표시되는 범주의 순서를 결정한다. 범주형 변수의 R 데이터 객체는 팩터이고 팩터의 수준이 범주형 변수의 범주에 해당한다. 따라서 함수 levels로 팩터의 수준을 확인할 수 있는데, 원하는 수준의 순서로 표시하고자 하면 해당 변수의 수준에 대한 index 값을 순서대로 입력하면 된다. 순서에 대한 벡터값은 함수 list 내에 입력하면 된다.

옵션 index.cond의 사용 예는 [R-program 9.22]를 참조한다.

[R-program 9.22] 옵션 index.cond의 사용 예

```
> #(1) StudentSurvey: 패키지 Lock5Data의 데이터 프레임
> # 데이터 설명: 기초통계학을 수강한 362명 학생들의 17개 문항에 대한
> # 설문 자료로서 362X17 데이터 프레임
>
> str(StudentSurvey[, c("Height", "Weight", "Award")])
'data.frame':   362 obs. of  3 variables:
 $ Height: int  71 66 72 63 65 65 66 74 61 60 ...
 $ Weight: int  180 120 208 110 150 114 128 235 NA 115 ...
 $ Award : Factor w/ 3 levels "Academy","Nobel",..: 3 1 2 2 2 2 3 3 2 2 ...
>
> #(2) [그림 9.61] 옵션 index.cond 를 사용하지 않음
>
> # 변수 Award의 범주별, 변수 Weight 및 Height간의 산점도

> # x-축 변수-수치형(Weight), y-축 변수-수치형(Height), 조건 변수-범주형(Ward)
>
> # 범주형 변수 Award의 수준을 확인
>
> levels(StudentSurvey$Award)
[1] "Academy" "Nobel"   "Olympic"
>
> # 옵션 index.cond 를 사용하지 않음 :
> # 범주 수준의 순서("Academy", "Nobel","Olympic")에 따른 그래프의 나열
>
> # 기본 옵션 as.table=FALSE 사용으로 그래프를
> # 아래왼쪽 -> 아래오른쪽 -> 위왼쪽 -> 위오른쪽의 순서로 배치
>
> xyplot(Height ~ Weight | Award, StudentSurvey, main="Student Survey")
```

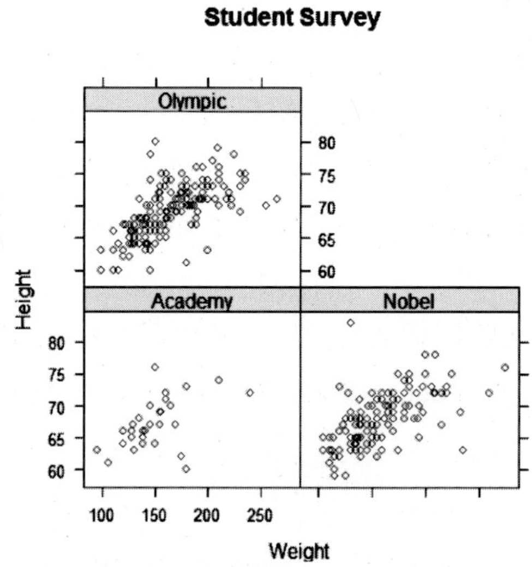


```
> #(3) [그림 9.62] 옵션 index.cond 를 사용
>
> # 옵션 index.cond=list(c(3,1,2)) : 범주 수준 순서에서 3번째("Olympic"),
> # 1번째("Academy"), 2번째("Nobel")의 순서로 그래프 나열
>
> xyplot(Height  ~Weight | Award, StudentSurvey,
+        index.cond=list(c(3,1,2)), main="Student Survey")
```

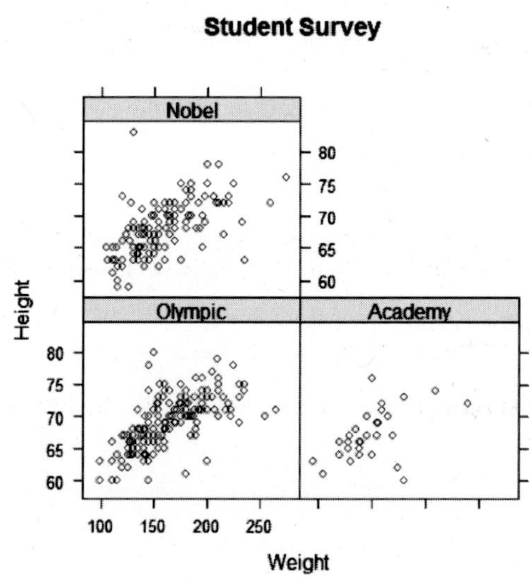

9.5.8 옵션 layout

옵션 layout은 범주형 변수의 범주별 그래프를 그릴 때, 각 그래프가 배치되는 그래프의 행, 열, 페이지 수를 지정한다. 옵션 layout에서는 기본적으로 열의 수, 행의 수, 페이지 수 순서로 입력해야 하는데 열의 수, 행의 수는 필수로 입력해야 한다. 예를 들면 'layout=c(2, 3)'은 그래프를 2열 3행의 행렬에 배치한다는 의미이다.

옵션 layout의 사용 예는 [R-program 9.23]을 참조한다.

[R-program 9.23] 옵션 layout의 사용 예

```
> #(1) StudentSurvey: 패키지 Lock5Data의 데이터 프레임
> # 데이터 설명: 기초통계학을 수강한 362명 학생들의 17개 문항에 대한
> # 설문 자료로서 362X17 데이터 프레임
>
> str(StudentSurvey[, c("Height", "Weight", "Year")])
'data.frame':   362 obs. of  3 variables:
 $ Height: int  71 66 72 63 65 65 66 74 61 60 ...
 $ Weight: int  180 120 208 110 150 114 128 235 NA 115 ...
 $ Year  : Factor w/ 5 levels "","FirstYear",..: 4 5 2 3 5 5 2 5 3 2 ...
>
> #(2) [그림 9.63] 옵션 layout을 사용하지 않음
>
> # 변수 Year의 범주별, 변수 Weight 및 Height간의 산점도
> # x-축 변수-수치형(Weight), y-축 변수-수치형(Height), 조건 변수-범주형(Year)
>
> # 옵션 layout을 사용하지 않음 : 행의 수 및 열의 수 자동 결정
>
> xyplot(Height ~ Weight | Year, StudentSurvey,
+        main="Student Survey")
```

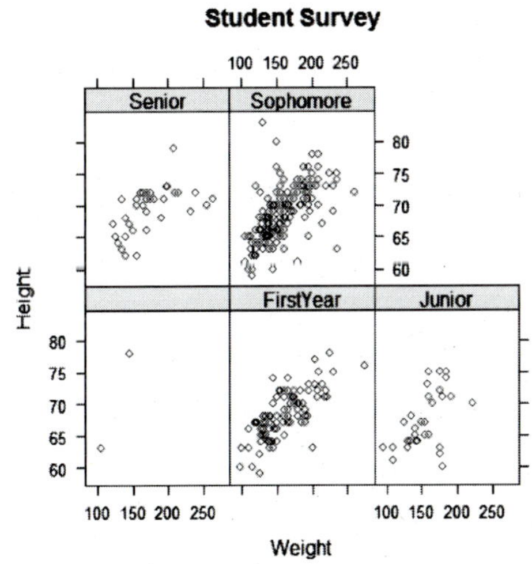


```
> #(3) [그림 9.64] 옵션 layout를 사용
>
> # 옵션 layout=c(2,3) : 열의 수 2 및 행의 수 3인 행렬에 그래프를 배치
>
> xyplot(Height ~ Weight  |Year, StudentSurvey,
+        layout=c(2,3), main="Student Survey")
```

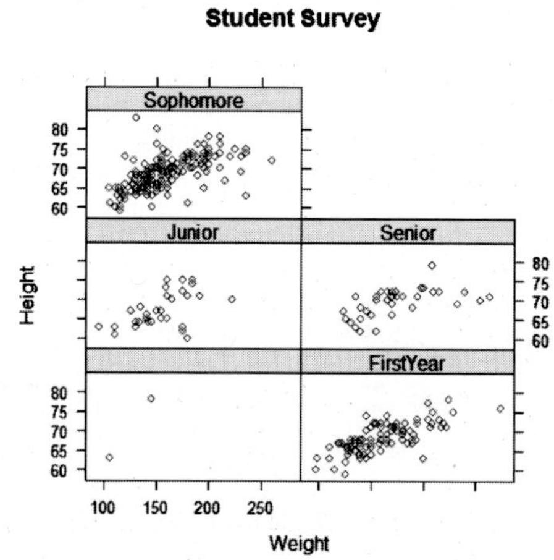

9.5.9 옵션 main, sub, xlab, ylab

제목 옵션들인 main, sub, xlab, ylab 옵션은 8.1절의 함수 plot에서 [표 8.3]의 옵션과 같이 각각 그래프의 제목, 부제목, x-축 이름, y-축 이름을 지정한다.

제목 옵션들을 사용한 예는 [R-program 9.24]를 참조한다.

[R-program 9.24] 제목 옵션 main, sub, xlab, ylab의 사용 예

```
> #(1) [그림 9.65] 옵션 main, sub, xlab, ylab의 사용
>
> # 변수 Weight 및 Height간의 산점도
> # x-축 변수-수치형(Weight), y-축 변수-수치형(Height)
>
> # 옵션 main(주제목), sub(부제목), xlab(x-축 제목), ylab(y-축 제목)
>
> xyplot(Height ~ Weight, StudentSurvey,
+        main="Scatter plot of Weight and Height",
+        sub="Class : Statistics with 392 students ",
+        xlab="Weight in pounds", ylab="Height in inches")
```

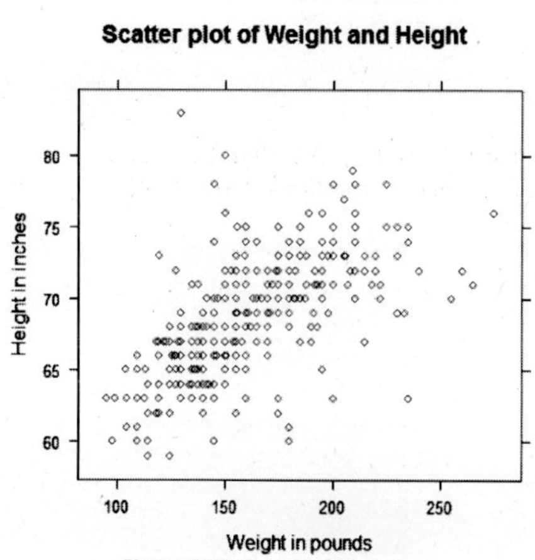

9.5.10 옵션 outer

옵션 outer의 기본값인 FALSE의 경우에, 그래픽 함수 내의 변수를 입력하는 식에서 연산자 ~의 양쪽에 해당하는 y-축 혹은 x-축 변수가 연산자 +로 결합하고 있는 각각의 변수에 대하여 각각의 그래프를 그리는 것이 아니라 하나의 그래프 위에서 겹쳐 그리며 서로 다른 변수는 색깔로 구분한다. 이때 각 변수를 구분하기 위해서는 옵션 auto.key을 함께 사용하는 편이 좋다. 옵션 outer의 값으로 TRUE값을 주면 연산자 +로 결합한 각각의 변수에 대하여 각각 구분된 그래프를 그린다.

옵션 outer의 사용 예는 [R-program 9.25]를 참조한다.

[R-program 9.25] 옵션 outer의 사용 예

```
> #(1) RestaurantTips : 패키지 Lock5Data의 데이터 프레임
> # 데이터 설명: 뉴욕 소재의 First Crush 바에서 2주에 걸쳐 수집한
> # 레스토랑 청구서로 부터 얻은 팁 데이터로서 157X7 데이터 프레임
>
> str(RestaurantTips[, c("Bill", "Tip", "PctTip")])
'data.frame':   157 obs. of  3 variables:
 $ Bill   : num  23.7 36.1 32 17.4 15.4 ...
 $ Tip    : num  10 7 5.01 3.61 3 2.5 3.44 2.42 3 2 ...
 $ PctTip: num  42.2 19.4 15.7 20.8 19.5 13.4 16 12.4 12.7 10.7 ...
>
> #(2) [그림 9.66] 기본 옵션 outer=FALSE 사용
>
> # 변수 PctTip과 Bill간의 산점도 및 변수 PctTip과 Tip간의 산점도
> # x-축 변수-수치형(PctTip), y-축 변수-수치형(Bill 및 Tip)
>
> # 기본 옵션 outer=FALSE 사용 => 하나의 그래프에 Bill 및 Tip을 나타냄
> # 옵션 auto.key=list(space="right") : Bill 및 Tip의 색깔로 구분한 범례 표시
>
> xyplot(Bill+Tip ~ PctTip, RestaurantTips, outer=F,
+        auto.key=list(space="right"), main="Restaurant Tips")
```

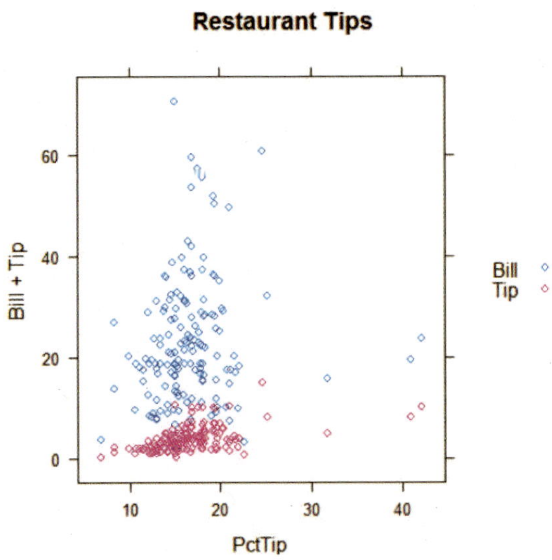

```
> #(3) [그림 9.67] 옵션 outer=TRUE 사용
>
> # 옵션 outer=TRUE 사용 => Bill 및 Tip을 각 그래프에 따로 나타냄
>
> xyplot(Bill+Tip ~ PctTip, RestaurantTips, outer=T, main="Restaurant Tips")
```

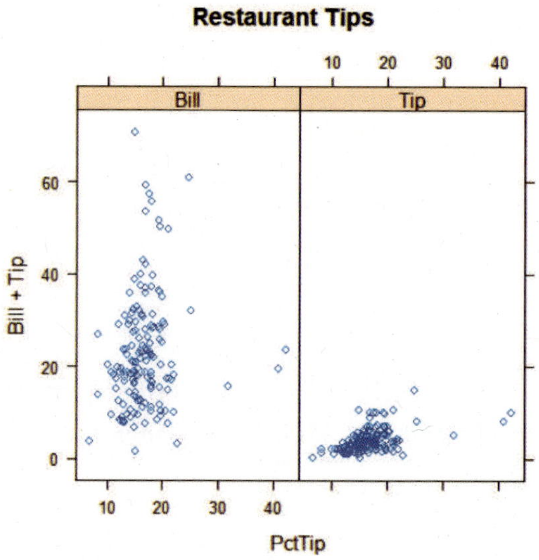

9.5.11 옵션 panel

옵션 panel은 그래프의 형태를 결정하는 옵션이다. 각 그래프 함수들은 자신들의 기본적인 panel을 가지고 있지만, 만약 사용자가 그래프의 형태를 수정하고자 할 경우 그래프 함수 내에서 panel 옵션을 사용할 수 있다. 따라서 panel 옵션에 사용되는 값으로는 그래프 함수 이름이 들어가는 "panel.barchart", "panel.bwplot", "panel.cloud" 등이 있고, 그 외에 격자를 표시하는 "panel.grid", 텍스트를 표시하는 "panel.text" 등이 있다.

옵션 panel의 사용 예는 [R-program 9.26]을 참조한다

[R-program 9.26] 옵션 panel의 사용 예

```
> #(1) StudentSurvey: 패키지 Lock5Data의 데이터 프레임
> # 데이터 설명: 기초통계학을 수강한 362명 학생들의 17개 문항에 대한
> # 설문 자료로서 362X17 데이터 프레임
>
> str(StudentSurvey[, c("Gender", "GPA")])
'data.frame':   362 obs. of  2 variables:
 $ Gender: Factor w/ 2 levels "F","M": 2 1 2 2 1 1 1 2 1 1 ...
 $ GPA   : num  3.13 2.5 2.55 3.1 2.7 3.2 2.77 3.3 2.8 3.7 ...
>
> #(2) [그림 9.68] 옵션 panel을 사용하지 않음
>
> # 변수 Gender의 범주별 변수 GPA의 상자 그래프
> # x-축 변수-수치형(GPA), y-축 변수-범주형(Gender)
```

```
>
> bwplot(Gender ~ GPA, StudentSurvey, main="Student Survey")
```

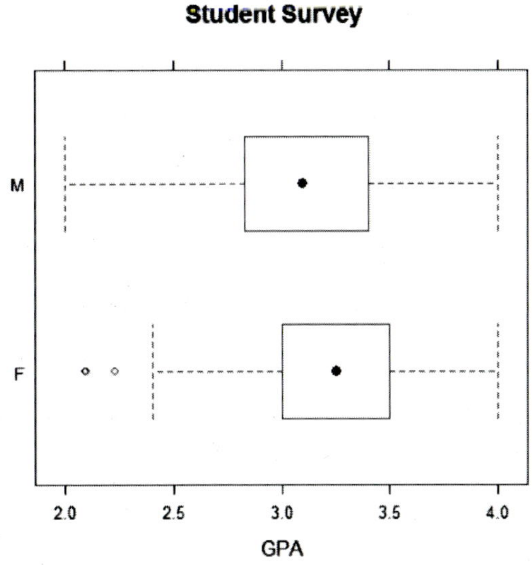


```
> #(3) [그림 9.69] 옵션 panel을 사용
>
> # 옵션 panel="panel.dotplot" : 상자 그래프가 줄 그래프 dotplot으로 변경
>
> bwplot(Gender ~ GPA, StudentSurvey, panel="panel.dotplot",
+         main="Student Survey")
```

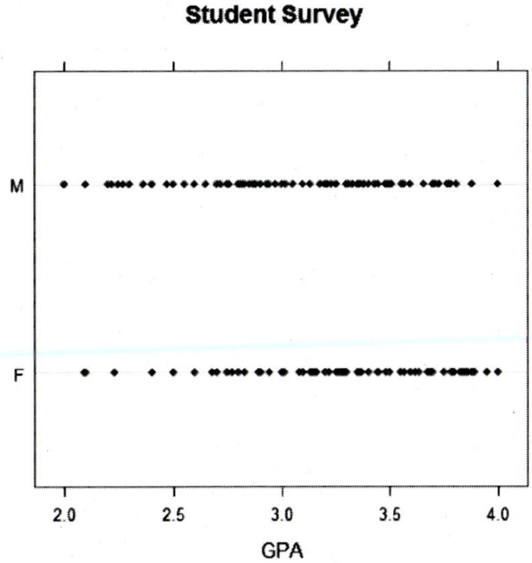


```
> #(4) [그림 9.70] 옵션 panel을 사용
>
> # 옵션 panel에 사용자 정의 함수 : panel.grid 및  panel.dotplot의 수행
>
> bwplot(Gender~GPA, StudentSurvey, main="Student Survey",
+         panel=function(x,y) {panel.grid(); panel.dotplot(x,y)})
```

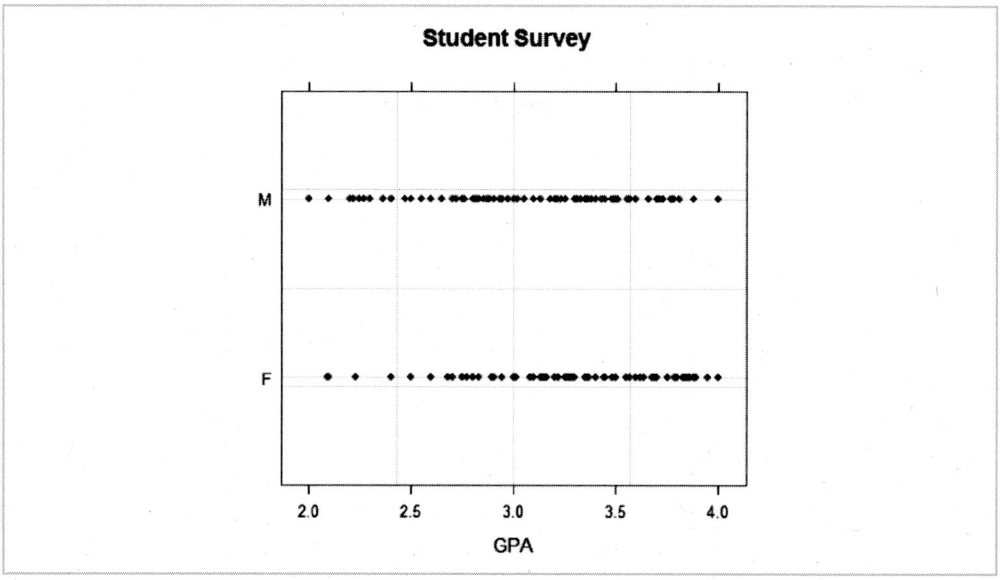

9.5.12 옵션 panel.groups

옵션 panel.groups은 앞서 옵션 panel의 값이 "panel=panel.superpose"로 설정된 경우 사용할 수 있는 옵션으로, 그래프 내에서 범주의 수준별로 적용할 수 있는 panel 옵션이라고 할 수 있다. 따라서 그래프 함수에 의한 전체적인 틀은 바뀌지 않지만, 그래프 내 요소의 형태만 바뀌게 된다. 옵션 panel.groups를 사용하기 위해서는 그래픽 함수 내의 변수 입력식에서 연산자 |를 사용하여 범주형 변수를 입력하거나 옵션 groups를 사용하여 범주형 변수를 입력하여야 한다. 옵션 panel.groups에도 옵션 panel에 사용할 수 있는 값들을 입력할 수 있다.

옵션 panel.groups의 사용 예는 [R-program 9.27]을 참조한다.

[R-program 9.27] 옵션 panel.groups의 사용 예

```
> #(1) StudentSurvey: 패키지 Lock5Data의 데이터 프레임
> # 데이터 설명: 기초통계학을 수강한 362명 학생들의 17개 문항에 대한
> # 설문 자료로서 362X17 데이터 프레임
>
> str(StudentSurvey[, c("Height", "Weight", "Gender")])
'data.frame':   362 obs. of  3 variables:
 $ Height: int  71 66 72 63 65 65 66 74 61 60 ...
 $ Weight: int  180 120 208 110 150 114 128 235 NA 115 ...
 $ Gender: Factor w/ 2 levels "F","M": 2 1 2 2 1 1 1 2 1 1 ...
>
> #(2) [그림 9.71] 옵션 panel.groups를 사용하지 않음
>
> # 변수 Gender의 범주별, 변수 Weight 및 Height간의 산점도
> # x-축 변수-수치형(Weight), y-축 변수-수치형(Height), 조건 변수-범주형(Gender)
>
```

```
> # 옵션 groups=Gender 사용 및 옵션 panel.groups을 사용하지 않음 :
> # => 하나의 그래프 내에서 범주형 변수 Gender의 범주는 색깔로 구분한 산점도
>
> xyplot(Height ~ Weight, StudentSurvey, groups=Gender,
+        auto.key=list(space="right"),
+        main="Scatter Plot of Height on Weight by Gender")
```

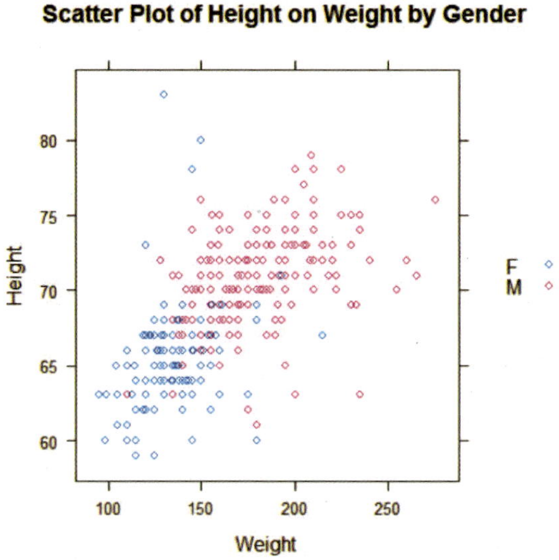


```
> #(3) [그림 9.72] 옵션 panel.groups를 사용
>
> # 옵션 groups=Gender 사용 및 옵션 panel.groups="panel.lmline"를 사용 :
> # => 하나의 그래프 내에서 범주형 변수 Gender별 산점도를 선형회귀 적합선으로 전환
> # panel="panel.superpose" : 옵션 panel.groups를 사용할 때 반드시 함께 사용
>
> xyplot(Height ~ Weight, StudentSurvey,
+        main="Regression line of Height on Weight by Gender",
+        groups=Gender, auto.key=list(space="right"),
+        panel="panel.superpose", panel.groups="panel.lmline")
```

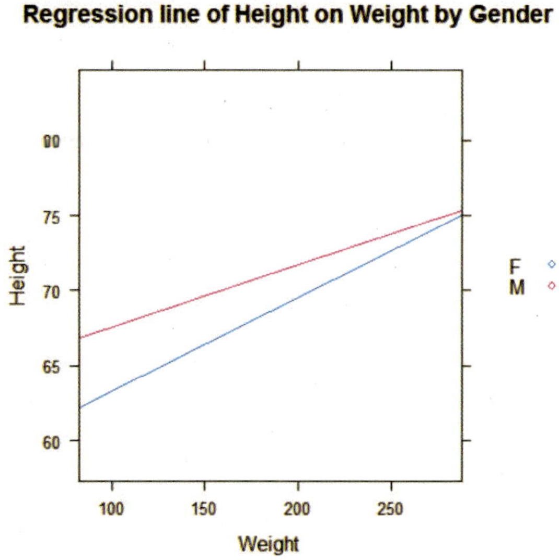

9.5.13 옵션 prepanel

옵션 prepanel은 옵션 aspect 사용 이후의 데이터에 적용하는 옵션이다. 옵션 aspect를 통해 그래프의 가로 및 세로 길이의 비율을 조정하게 되면 그래프상에서의 좌표값이 달라지기 때문에 기존의 panel 옵션을 사용하면 좌표값이 달라지기 전의 데이터를 사용하게 되어 다른 결과가 나올 수 있다. 이럴 때 prepanel 옵션을 사용하여야 변형된 좌표에 대해 적절한 그래프를 그릴 수 있다. 옵션 prepanel에 사용 가능한 함수로는 prepanel.lmline, prepanel.loess, prepanel.qqmathline 등이 있다.

옵션 prepanel의 사용 예는 [R-program 9.28]을 참조한다.

[R-program 9.28] prepanel 옵션의 사용 예

```
> #(1) StudentSurvey: 패키지 Lock5Data의 데이터 프레임
> # 데이터 설명: 기초통계학을 수강한 362명 학생들의 17개 문항에 대한
> # 설문 자료로서 362X17 데이터 프레임
>
> str(StudentSurvey[, c("Height", "Weight", "Award")])
'data.frame':   362 obs. of  3 variables:
 $ Height: int  71 66 72 63 65 65 66 74 61 60 ...
 $ Weight: int  180 120 208 110 150 114 128 235 NA 115 ...
 $ Award : Factor w/ 3 levels "Academy","Nobel",..: 3 1 2 2 2 2 3 3 2 2 ...
>
> #(2) [그림 9.73] 옵션 prepanel을 사용하지 않음
>
> # 변수 Award의 범주별 변수 Weight 및 Height간의 산점도
> # x-축 변수-수치형(Weight), y-축 변수-수치형(Height), 조건 변수-범주형(Award)
>
> # 옵션 panel로 사용자 정의 함수 사용: 함수 panel.xyplot 및 panel.loess의 수행
> # 함수 panel.loess : LOESS smoothing(국소회귀평활) 선 추정
>
> xyplot(Height ~ Weight | Award, aspect="xy", StudentSurvey,
+        panel=function(x,y) {panel.xyplot(x,y); panel.loess(x,y)},
+        main="Student Survey")
```

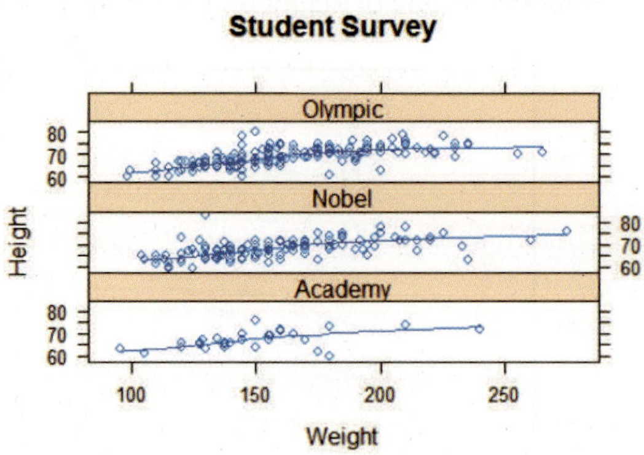


```
> #(3) [그림 9.74] 옵션 prepanel을 사용
>
> # 옵션 aspect="xy"를 사용했을 때 좌표 값의 변화로 인해 옵션 panel 사용 후
> # 옵션 prepanel을 사용해야 정확한 그래프를 작성할 수 있음
>
```

```
> xyplot(Height ~ Weight | Award, aspect="xy", StudentSurvey,
+        panel=function(x,y) {panel.xyplot(x,y); panel.loess(x,y)},
+        prepanel=function(x,y) {prepanel.loess(x,y)}, main="Student Survey")
```

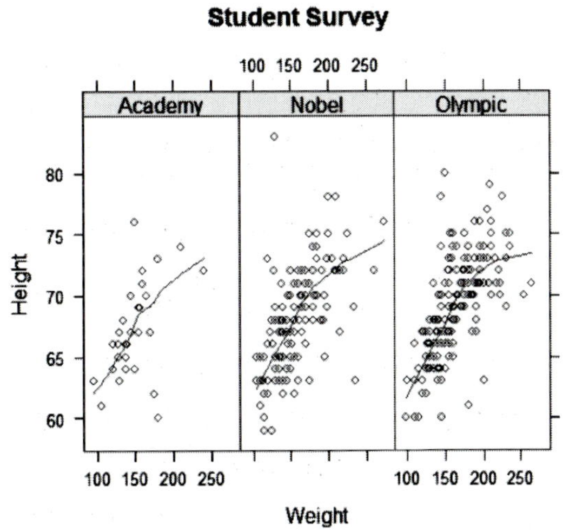

9.5.14 옵션 scales

옵션 scales는 x-축 및 y-축의 형태를 조절할 수 있는 옵션이다. scales의 세부 옵션들은 함수 list 내에 입력할 수 있다. 세부 옵션 중 relation은 범주별 그래프에 대하여 축의 눈금을 나타내는 방법을 결정하는데, 기본값인 "same" 값을 사용하면 모든 범주별 그래프에 대해 공통의 축을 가지고, "free" 값을 사용하면 그래프들을 따로 그린 것처럼 축이 각 그래프의 데이터에 맞게 독립적인 축을 갖는다. "sliced" 값을 사용하면 각 그래프의 데이터에 맞게 독립적인 축을 갖지만, 비율이 같도록 그려준다.

세부 옵션 alternating의 기본값은 TRUE로 범주별 그래프에 축 눈금의 이름을 좌측 및 하단부터 표시한 후 다음 그래프부터는 교차적으로 표시하고, 0 값을 사용하면 축 눈금의 이름을 표시하지 않는다. 또한 FALSE 또는 1의 값을 사용하면 좌측과 하단에만 축 눈금의 이름을 표시하고, 2의 값을 사용하면 우측과 상단에만, 3의 값을 사용하면 모든 방향에 대해 축 눈금의 이름을 표시한다.

세부 옵션 draw의 기본값은 TRUE로 각 축에 대해 축 눈금과 축 눈금의 이름을 모두 표시하고, FALSE를 사용하면 축 눈금과 축 눈금의 이름을 표시하지 않는다. 세부 옵션 tick.number는 각 축에 대해 표시할 눈금의 대략적인 개수를 지정한다. 그 외에 cex, col, font, labels 등의 세부 옵션들이 사용할 수 있다.

옵션 scale의 사용 예는 [R-program 9.29]를 참조한다.

[R-program 9.29] 옵션 scale의 사용 예

```
> #(1) StudentSurvey: 패키지 Lock5Data의 데이터 프레임
> # 데이터 설명: 기초통계학을 수강한 362명 학생들의 17개 문항에 대한
> # 설문 자료로서 362X17 데이터 프레임
>
> str(StudentSurvey[, c("Height", "Weight", "Gender")])
'data.frame':   362 obs. of  3 variables:
 $ Height: int  71 66 72 63 65 65 66 74 61 60 ...
 $ Weight: int  180 120 208 110 150 114 128 235 NA 115 ...
 $ Gender: Factor w/ 2 levels "F","M": 2 1 2 2 1 1 1 2 1 1 ...
>
> #(2) [그림 9.75] 기본 옵션 scales=list(relation="same")의 사용
>
> # 변수 Gender의 범주별, 변수 Weight 및 Height간의 산점도
> # x-축 변수-수치형(Weight), y-축 변수-수치형(Height), 조건 변수-범주형(Gender)
>
> # 기본 옵션 scales=list(relation="same") : 범주별 같은 축 눈금 사용
>
> xyplot(Height ~ Weight | Gender, StudentSurvey, main="Student Survey")
```

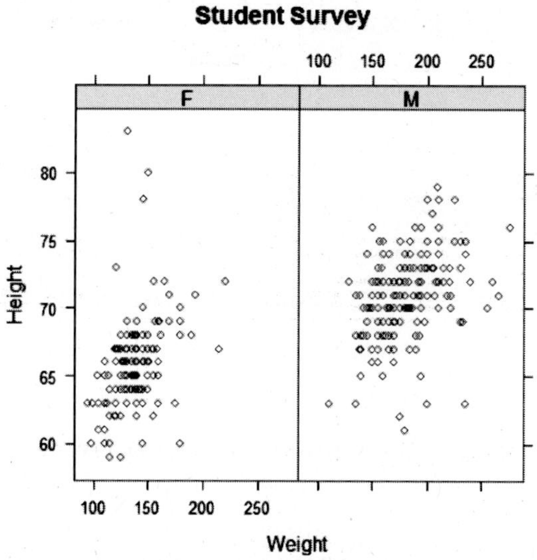


```
> #(3) [그림 9.76] 옵션 scales=list(relation="free")의 사용
>
>
> # 옵션 scales=list(relation="free") : 범주별 자료에 적합한 눈금을 독립적으로 사용
>
> xyplot(Height ~ Weight | Gender, StudentSurvey,
+        scales=list(relation="free"), main="Student Survey")
```

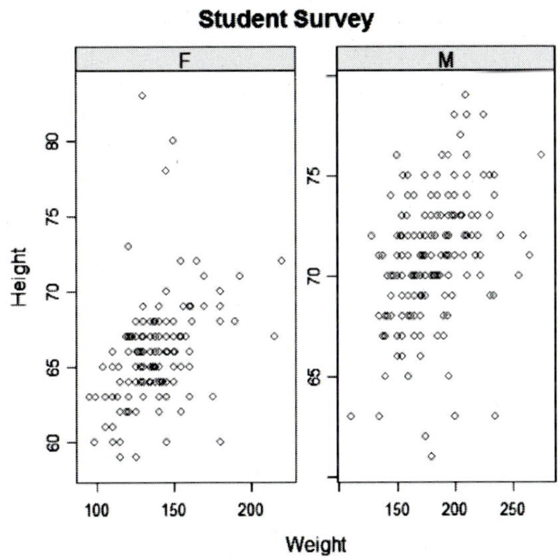


```
> #(4) [그림 9.77] 옵션 scales=list(relation="sliced")의 사용
>
> # 옵션 scales=list(relation="sliced") :
> # 범주별 자료에 적합한 눈금을 독립적으로 사용하되 비율이 같게
>
> xyplot(Height ~ Weight | Gender, StudentSurvey,
+        scales=list(relation="sliced"), main="Student Survey")
```

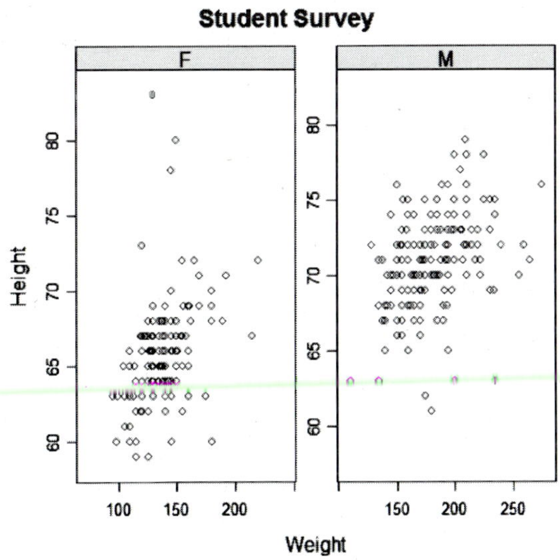


```
> #(5) [그림 9.78] 옵션 scales=list(alternating=0)의 사용
>
> # 옵션 scales=list(alternating=0) : 축 눈금 이름을 표시하지 않음
>
> xyplot(Height ~ Weight | Gender, StudentSurvey,
+        scales=list(alternating=0), main="Student Survey")
```

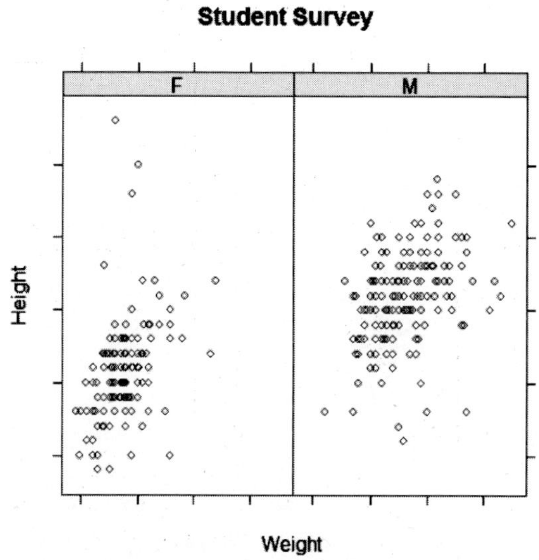


```
> #(6) [그림 9.79] 옵션 scales=list(alternating=3)의 사용
>
> # 옵션 scales=list(alternating=3) : 모든 방향에 축 눈금 이름을 표시함
>
> xyplot(Height ~ Weight | Gender, StudentSurvey,
+        scales=list(alternating=3), main="Student Survey")
```

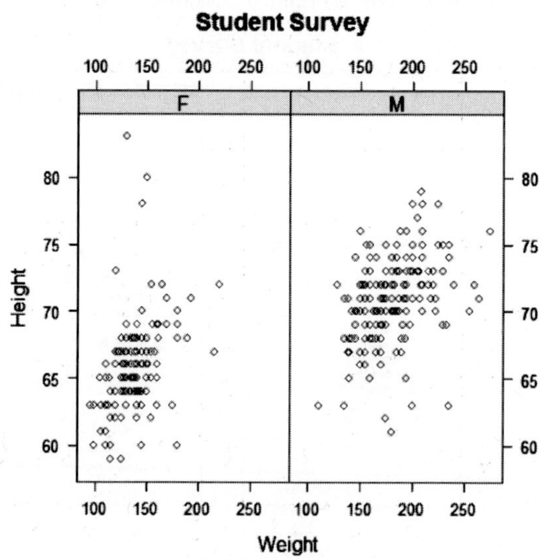


```
> #(7) [그림 9.80] 옵션 scales=list(draw=F)의 사용
>
> # 옵션 scales=list(draw=FALSE) : 축 눈금 및 축 눈금 이름을 모두 표시하지 않음
>
> xyplot(Height ~ Weight | Gender, StudentSurvey,
+        scales=list(draw=F), main="Student Survey")
```

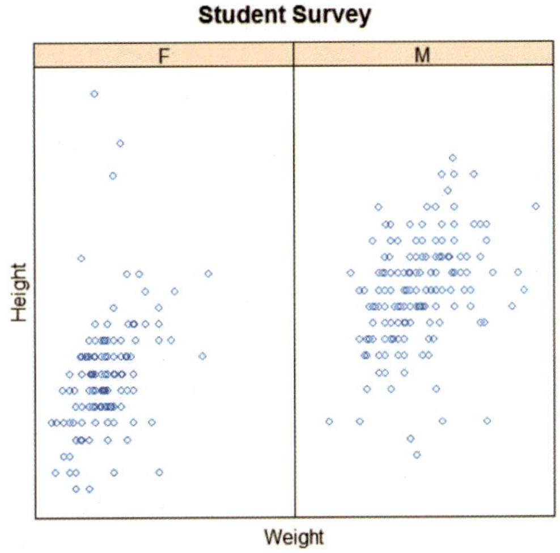


```
> #(8) [그림 9.81] 옵션 scales=list(tick.number=10)의 사용
>
> # 옵션 scales=list(tick.number=10) :
> # 축 눈금의 갯수를 대략 10개를 중심으로 데이터에 맞게 적절하게 결정
>
> xyplot(Height ~ Weight | Gender, StudentSurvey,
+        scales=list(tick.number=10), main="Student Survey")
```

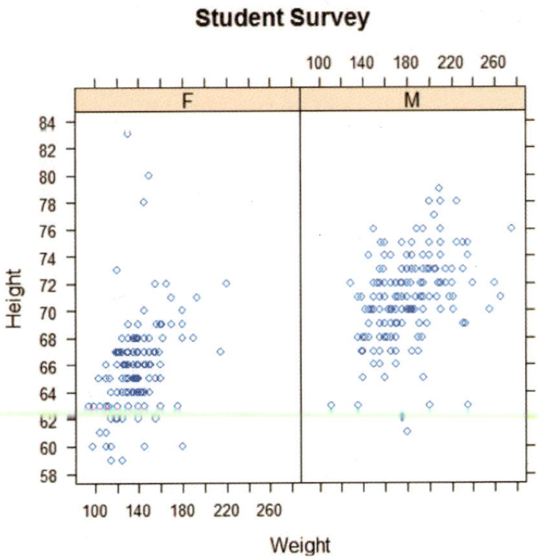

9.5.15 옵션 subscripts

옵션 subscripts는 데이터의 관측치 번호를 나타낼 수 있는 옵션이다. 주로 옵션 panel의 사용자 정의 함수 내에서 옵션을 지정한다.

옵션 subscripts의 사용 예는 [R-program 9.56]을 참조한다.

[R-program 9.30] 옵션 subscripts의 사용 예

```
> #(1) Cereal : 패키지 Lock5Data의 데이터 프레임
> # 데이터 설명: 아침 식사용 시리얼 30개의 샘플에 대한 영양 정보를
> # 갖는 자료로서 30X10 데이터 프레임
>
> str(Cereal[, c("Calories", "Fat", "Company")])
'data.frame':   30 obs. of  3 variables:
 $ Calories: int  117 118 144 169 130 117 117 101 117 113 ...
 $ Fat     : num  0.6 0.8 2.1 4.4 1.2 1 0.9 0.1 0.2 0.3 ...
 $ Company : Factor w/ 3 levels "G","K","Q": 2 1 3 1 3 1 1 2 2 2 ...
>
> #(2) [그림 9.82] 옵션  subscripts를 사용하지 않음
>
> # 변수 Company의 범주별, 변수 Fat 및 Calories간의 산점도
> # x 변수-수치형(Fat), y-축 변수-수치형(Calories), 조건 변수-범주형(Company)
>
> # 옵션 groups=Company 및 auto.key: 범주형 변수 Company의 범주(G, K, Q)별로
> # 색깔로 구분하여 하나의 그래프에 같이 그린다.
>
> xyplot(Calories ~ Fat, Cereal, groups=Company,
+        auto.key=list(space="right"), main="Breakfast Cereal")
```

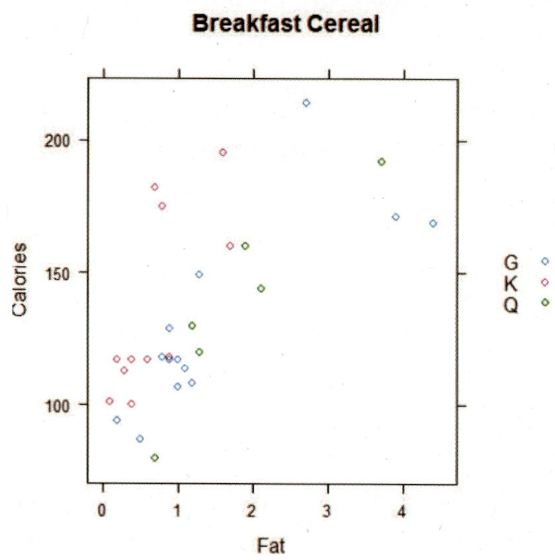


```
> #(3) [그림 9.83] 옵션  subscripts를 사용
>
> # 옵션 panel의 사용자 함수 내에서 옵션 subscripts를 사용하여 그래프 내에
> # 관측치 번호 표시
>
> xyplot(Calories ~ Fat, Cereal, groups=Company, auto.key=list(space="right"),
+        panel=function(x,y,subscripts,groups){
+            panel.xyplot(x,y); ltext(x,y,subscripts,groups)
+        },
+        main="Breakfast Cereal")
```

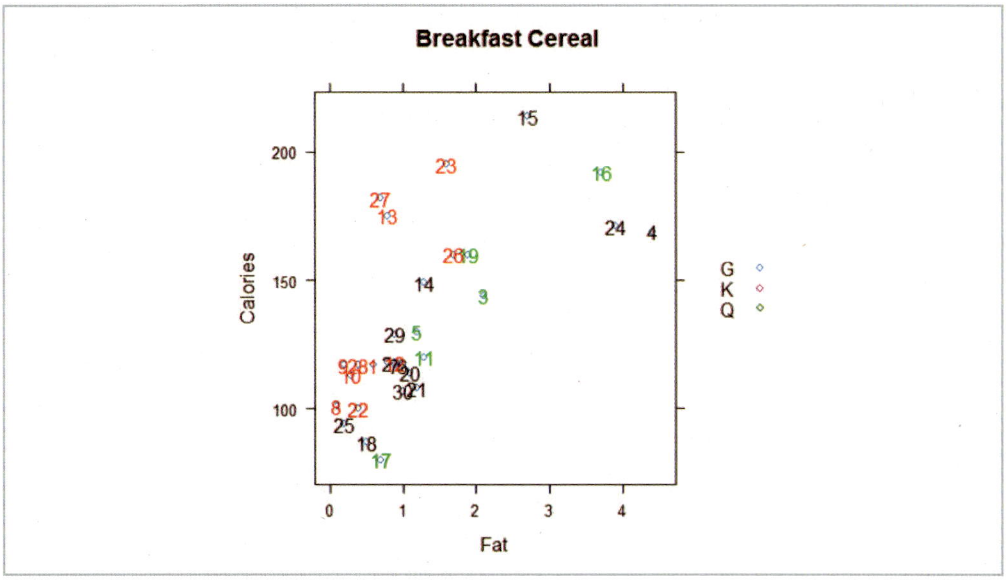

9.5.16 옵션 subset

옵션 subset은 그래프에 사용할 데이터의 조건을 지정한다. 조건식 형태로 입력함으로써 그래프에 사용할 데이터 일부분을 결정한다. 함수 lattice 내의 데이터 입력 형식에서 '데이터 이름 [ ] '의 연산자 대괄호 [ ] 안에 조건식을 사용한 결과와 같다.

옵션 subset의 사용 예는 [R-program 9.31]을 참조한다.

[R-program 9.31] 옵션 subset의 사용 예

```
> #(1) StudentSurvey: 패키지 Lock5Data의 데이터 프레임
> # 데이터 설명: 기초통계학을 수강한 362명 학생들의 17개 문항에 대한
> # 설문 자료로서 362X17 데이터 프레임
>
> str(StudentSurvey[, c("Height", "Weight", "Gender")])
'data.frame':   362 obs. of  3 variables:
 $ Height: int  71 66 72 63 65 65 66 74 61 60 ...
 $ Weight: int  180 120 208 110 150 114 128 235 NA 115 ...
 $ Gender: Factor w/ 2 levels "F","M": 2 1 2 2 1 1 1 2 1 1 ...
>
> #(2) [그림 9.84] 옵션 subset의 사용
>
> # 변수 Gender의 범주별, 변수 Weight 및 Height간의 산점도
> # x-축 변수-수치형(Weight), y-축 변수-수치형(Height), 조건 변수-범주형(Gender)
>
> # 옵션 subset= Height>60 & Weight>=120 :
> # Height>60 & Weight>=120>인 관측치에 대한 산점도
>
> xyplot(Height ~ Weight | Gender, StudentSurvey,
+        subset=Height>60 & Weight>=120, main="Student Survey")
>
> # 아래의 프로그래밍도 위 프로그래밍과 같은 의미임
>
```

```
> # xyplot(Height ~ Weight | Gender, StudentSurvey[StudentSurvey$Height>60 &
StudentSurvey$Weight>=120,], main="Student Survey")
```

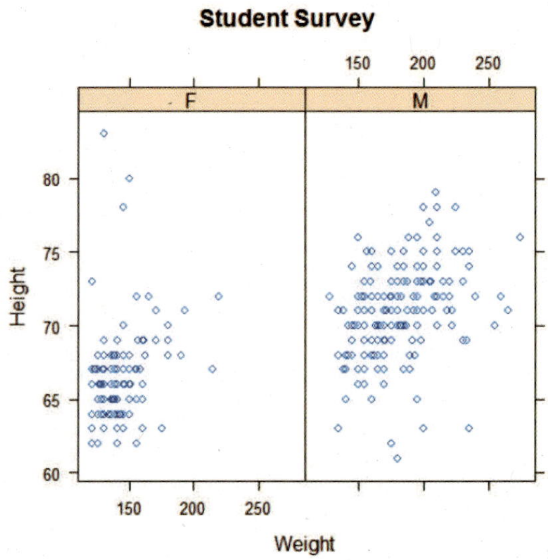

9.5.17 옵션 xlim 및 ylim

옵션 xlim 및 ylim 옵션은 x축 및 y축의 범위를 조절한다.

옵션 xlim 및 ylim의 사용 예는 [R-program 9.32]를 참조한다.

[R-program 9.32] 옵션 xlim 및 ylim의 사용 예

```
> #(1) StudentSurvey: 패키지 Lock5Data의 데이터 프레임
> # 데이터 설명: 기초통계학을 수강한 362명 학생들의 17개 문항에 대한
> # 설문 자료로서 362X17 데이터 프레임
>
> str(StudentSurvey[, c("Height", "Weight")])
'data.frame':   362 obs. of  2 variables:
 $ Height: int  71 66 72 63 65 65 66 74 61 60 ...
 $ Weight: int  180 120 208 110 150 114 128 235 NA 115 ...
>
> #(2) [그림 9.85] 옵션 xlim 및 ylim 옵션의 사용 안함
>
> # 변수 Weight 및 Height간의 산점도
> # x-축 변수-수치형(Weight), y-축 변수-수치형(Height)
>
> # 옵션 xlim 및 ylim 옵션의 사용 안함 : 축 범위는 자동적으로 결정
>
> xyplot(Height ~ Weight, StudentSurvey, main="Student Survey")
```

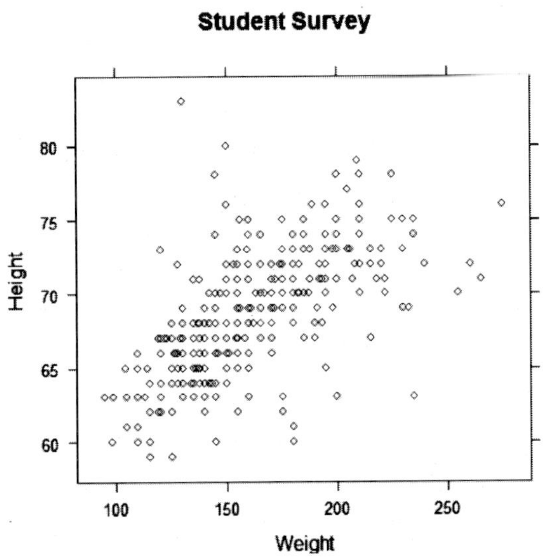


```
> #(2) [그림 9.86] 옵션 xlim 및 ylim 옵션의 사용
>
> # 옵션 xlim=c(50,300) : x-축의 범위는 최소값 50에서 최대값 300까지
> # 옵션 xlim=c(50,90) : y-축의 범위는 최소값 50에서 최대값 90까지
>
> xyplot(Height ~ Weight, StudentSurvey, xlim=c(50,300),ylim=c(50,90),
+         main="Student Survey")
```

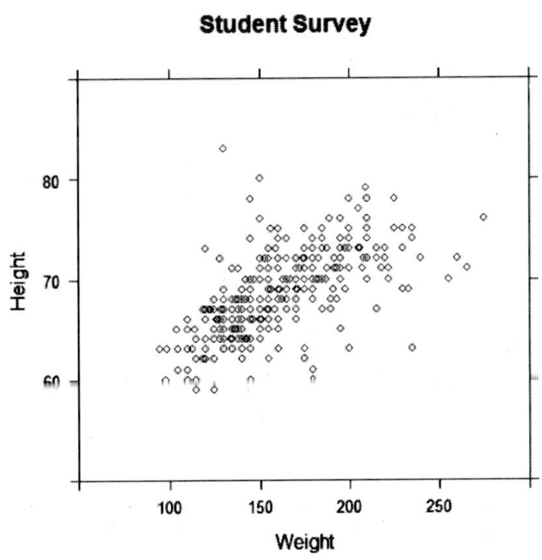

연습문제

☞ 아래의 여러 문제에서 그래프를 작성할 때 그래프의 이해를 돕기 위한 적절한 그래프 제목, 부제목, 축 이름, 축 눈금 이름 등을 활용하여라.

☞ 아래의 여러 문제에서 그래프를 작성한 후 그래프에서 파악할 수 있는 데이터의 특성에 대하여 설명하여라.

01 R의 패키지 Lock5Data에 있는 데이터 프레임 HollywoodMovies2011은 2011년도 할리우드에서 개봉했던 136편의 영화에 대한 14개 변수에 대한 영화 정보를 갖는 데이터이다.

(1) 변수 RottenTomatoes, AudienceScore, WorldGross, Profitability, OpeningWeekend의 행렬 산점도를 그려라.

(2) 상위 빈도를 갖는 4개 Genre의 범주별로 변수 WorldGross의 상자 그래프를 그려라.

(3) 상위 빈도를 갖는 4개 Genre의 범주별로 변수 Profitability의 커널 밀도 그래프를 그려라.

(4) 평균 0, 표준편차 1로 표준화한 변수 Profitability의 분포가 표준정규분포를 따르는지를 Q-Q 플롯을 그려서 검토하여라.

02 R의 패키지 Lock5Data에 있는 데이터 프레임 HollywoodMovies2011은 2011년도 할리우드에서 개봉했던 136편의 영화에 대한 14개 변수에 대한 영화 정보를 갖는 데이터이다. 변수 Profitability의 제1사분위수, 제2사분위수(중위수) 그리고 제3사분위수를 기준으로 4개의 등급으로 나누어 각 등급에 속한 관측치에 "Profit1", "Profit2", "Profit3", "Profit4"의 값을 주는 팩터 Profit.rank를 만든다.

(1) Profit.rank의 범주별로 변수 RottenTomatoes, AudienceScore, WorldGross, OpeningWeekend의 평균값을 나타내는 막대 그래프를 각각 그려라.

(2) Profit.rank의 범주별로 변수 RottenTomatoes, AudienceScore, WorldGross, OpeningWeekend의 평행 좌표 그래프를 그려라.

03 R의 패키지 Lock5Data에 있는 데이터 프레임 HollywoodMovies2011은 2011년도 할리우드에서 개봉했던 136편의 영화에 대한 14개 변수에 대한 영하 정보를 갖는 데이터이다. 변수 AudienceScore의 제1사분위수, 제2사분위수(중위수) 그리고 제3사분위수를 기준으로 4개의 등급으로 나누어 각 등급에 속한 관측치에 "AS1", "AS3", "AS3", "AS4"의 값을 주는 팩터 Audiscore.rank를 만든다.

(1) Audiscore.rank의 범주별로 변수 RottenTomatoes, WorldGross, Profitability, OpeningWeekend의 평균값을 나타내는 막대 그래프를 각각 그려라.

(2) Audiscore.rank의 범주별로 변수 RottenTomatoes, WorldGross, Profitability, OpeningWeekend의 줄 그래프를 각각 그려라.

(3) Audiscore.rank의 범주별로 변수 RottenTomatoes, WorldGross, Profitability, OpeningWeekend의 상자 그래프를 그려라.

04 R의 패키지 Lock5Data에 있는 데이터 프레임 HollywoodMovies2011은 2011년도 할리우드에서 개봉했던 136편의 영화에 대한 14개 변수에 대한 영화 정보를 갖는 데이터이다. 변수 RottenTomatoes의 중위수를 기준으로 2개의 등급으로 나누어 각 등급에 속한 관측치에 "Low.RT", "High.RT"의 값을 주는 팩터 RT.rank를 만든다. 또한 OpeningWeekend의 중위수를 기준으로 2개의 등급으로 나누어 각 등급에 속한 관측치에 "Low.OW", "High.OW"의 값을 주는 팩터 OW.rank를 만든다.

(1) RT.rank 및 OW.rank의 범주의 조합별로 변수 WorldGross, Profitability, AudienceScore의 평균값을 나타내는 막대 그래프를 각각 그려라.

(2) RT.rank 및 OW.rank의 범주의 조합별로 변수 WorldGross, Profitability, AudienceScore의 상자 그래프를 각각 그려라.

05 R의 패키지 Lock5Data에 있는 데이터 프레임 HollywoodMovies2011은 2011년도 할리우드에서 개봉했던 136편의 영화에 대한 14개 변수에 대한 영화 정보를 갖는 데이터이다.

(1) OpeningWeekend 값이 큰 상위 5개 영화에 대하여 Movie별 AudienceScore 값을 나타내는 막대 그래프를 그려라.

(2) OpeningWeekend 값이 큰 상위 3개 영화에 대하여 Movie별 AudienceScore, RottenTomatoes 값을 동시에 나타내는 막대 그래프를 그려라.

(3) OpeningWeekend 값이 큰 상위 3개 영화에 대하여 Movie별 AudienceScore 및 Profitability의 값을 동시에 나타내는 막대 그래프를 그려라.

(4) OpeningWeekend 값이 최대값 및 중위수에 해당하는 2개 영화에 대하여 영화별 AudienceScore, Profitability, OpeningWeekend의 값을 동시에 나타내는 막대 그래프를 그려라.

06 R의 패키지 Lock5Data에 있는 데이터 프레임 NutritionStudy는 영양과 건강에 관련된 17개 변수에 대해 315명의 정보를 갖는 데이터이다.

(1) 변수 Fat을 x-축으로, Quetelet를 y-축으로, Calories를 z-축으로 하고 수직선 형태로 표현한 3차원 산점도를 그려라.

(2) 변수 Quetelet, Calories, Fat, Fiber, Cholesterol에 대한 행렬 산점도를 그려라.

07 R의 패키지 Lock5Data에 있는 ColaCalcium은 다이어트 콜라와 물을 마셨을 때 배출되는 칼슘의 양에 관한 데이터로서 2개 변수에 대해 16명의 관측 자료이다.

(1) 평균 0 및 표준편차 1 로 표준화한 변수 Calcium의 분포가 표준정규분포를 따르는지 Q-Q 플롯을 그려 검토하여라.

(2) Drink의 범주별 변수 Calcium의 커널 밀도 그래프를 그려라.

(3) Drink의 범주별 변수 Calcium의 점 그래프를 그려라.

(4) Drink의 범주별 변수 Calcium의 분포가 같은지를 검토하기 위해서 Q-Q 플롯을 그려라.

08 6장 연습문제 5번에서 생성한 데이터 프레임 census를 사용하여 아래에 답하여라.

(1) 패키지 lattice의 그래프 함수들을 사용하기 위해 데이터의 재배열이 필요하다. 먼저, 데이터 프레임 census의 행 이름을 연도 변수로 입력하여라.

(2) 패키지 reshape의 함수 melt를 사용하여 각 연도에 대해 변수값들이 나타나도록 재배열하여라. 단, 남자와 여자 변수에 대해서만 데이터를 사용하고 재배열한 데이터는 census1으로 생성하여라.

(3) census1 데이터에서 남자, 여자에 대한 상자 그래프를 그려라.

09 월 평균 KOSPI 지수 시계열(1991년 1월~2017년 12월)을 6개의 패널에 나누어 그려라.

10 월 평균 KOSPI 지수 및 KOSDAQ 지수 시계열(2001년 1월~2017년 12월)을 2개의 패널에 나누어 그려라.

11 R의 패키지 Lock5Data에 있는 관심 있는 데이터를 선택한 후 제9장에서 학습한 패키지 lattice의 여러 가지 그래프 함수를 적용하여 그래프를 그려보고 자료의 특성을 논의하여라.

10장

R 고급 그래픽스 - 패키지 ggplot2

10.1 패키지 ggplot2 – 함수 ggplot

제10장에서는 R 그래픽 패키지인 ggplot2를 사용하여 보다 높은 수준의 그래프를 그리는 방법에 대해서 소개한다. 현재 R 시스템에서 그래프를 그릴 수 있는 몇몇 패키지들이 존재하지만 패키지 ggplot2는 제8장에서 다루었던 기초 그래픽스를 위한 패키지 graphics 혹은 제9장의 패키지 lattice에 비해 R 프로그래밍 측면에서는 더 어렵고 복잡하지만 익숙해지면 훨씬 다양하고 시각적인 그래프들을 그릴 수 있는 장점이 있다.

함수 qplot는 패키지 ggplot2에서 가장 기초가 되는 그래픽스 함수이다. 패키지 graphics의 기본 그래픽 함수인 plot 함수와 매우 유사하므로 생략하고 제10장에서는 함수 ggplot를 소개하기로 한다.

함수 ggplot는 보통의 그래픽 함수처럼 하나의 함수로 그리는 것이 아니며 여러 개의 그래픽 함수들을 다양하게 결합하여 사용자가 원하는 형태의 그래프를 그릴 수 있다. 다른 그래픽 함수에 비해 보다 상세한 설정이 가능하고 자유자재로 그래프들을 그릴 수 있는 반면에 문법적인 구조로 이루어져 있어 처음 접했을 때 어려움을 느낄 수 있고 원하는 그래프를 그리기 위해서는 어느 정도의 학습이 필요하다. 함수 ggplot의 문법이 간단하지 않은 구조로 이루어져 있지만, 어느 정도 익숙해진다면 데이터를 시각화하는 데 매우 유용한 함수가 될 것이다.

[표 10.1]에 요약되어 있는 것처럼 함수 ggplot의 구성은 크게 그래프의 핵심적인 요소를 구성하는 Layer, 데이터가 그래프의 각 요소에 어떻게 적용되는지를 설정하는 Scale, 그래프에서 좌표를 나타내는 요소를 결정하는 Coordinate System, 데이터들을 여러 그래프 패널로 나누어 나타내주는 Facet, 그리고 그래프의 요소가 데이터의 어떤 값을 나타내는지 보여주는 Guide로 이루어져 있다.

[표 10.1] 함수 ggplot의 구성

구성	설명
Layer	그래프의 핵심적인 요소로서 데이터, 변수, 그래프 종류, 그래프 요소들의 배치, 변수의 통계적 변환 등을 조정한다.
Scale	변수별 외관적 요소를 지정하고, 범례 및 제목에 관해 조정한다.
Coordinate System	축 좌표 요소를 조정한다.
Facet	여러 변수들을 하나의 그림에 나타낸다.
Guide	그래프의 요소가 데이터의 어떤 값을 나타내는지 보여주는 역할을 한다.

함수 ggplot를 사용하여 그래프를 그릴 때는 몇 가지 다른 결합 방식으로 같은 그래프를 그릴 수 있다. 예를 들면, 첫 번째는 옵션이 없는 ggplot 함수에 나머지 모든 옵션을 입력한 layer 함수를 추가한다. 두 번째는 옵션이 없는 ggplot 함수에 나머지 모든 옵션을 입력한 geom_ 함수를 추가한다. 세 번째는 ggplot 함수 내에 그래프를 그릴 대상이 되는 데이터와 변수를 지정하고 그 외의 나머지 옵션들은 geom_ 함수 내에 넣어 사용하는 방법이다. 제10장에서는 함수 ggplot를 사용하여 그래프를 그릴 때 세 번째 방법을 사용하여 프로그래밍하는 것으로 통일한다.

[표 10.2] 함수 ggplot의 명령어 결합 방식

1	ggplot() + layer(data 이름, aes(x=x-축 변수 이름, y=y-축 변수 이름), ...)
2	ggplot() + geom_함수(data=data 이름, aes(x=x-축 변수 이름, y=y-축 변수 이름), ...)
3	ggplot(data 이름, aes(x=x-축 변수 이름, y=y-축 변수 이름)) + geom_함수(...)

패키지 ggplot2를 사용하기 위해서는 사전에 패키지 ggplot2를 설치한 후 불러들여 패키지 사용을 선언해야 한다(2.3절 참조). [R-program 10.1]은 [표 10.2]의 3가지 명령어 결합 방식에 의해 같은 그림을 보여주는 프로그램의 예이다.

[R-program 10.1] 함수 ggplot의 명령어 결합 방식의 3가지 예

```
> #(1) StudentSurvey: 패키지 Lock5Data의 데이터 프레임
> # 데이터 설명: 기초통계학을 수강한 362명 학생들의 17개 문항에 대한
> # 설문 자료로서 362X17 데이터 프레임
>
> str(StudentSurvey[, c("VerbalSAT", "MathSAT")])
'data.frame':   362 obs. of  2 variables:
 $ VerbalSAT: int  540 520 550 490 720 600 640 660 550 670 ...
 $ MathSAT  : int  670 630 560 630 450 550 680 710 550 700 ...
>
> #(2) 아래 세가지 명령어 결합방식에 의한 그래픽 결과는 똑같이 [그림 10.1]
>
> #(3) 첫 번째 명령어 결합 방식
>
> ggplot() + layer(StudentSurvey, aes(x=VerbalSAT, y=MathSAT),
+                  geom='point', position='identity', stat='identity')
>
> #(4) 두 번째 명령어 결합 방식
>
> ggplot() +
+     geom_point(data=StudentSurvey, aes(x=VerbalSAT, y=MathSAT),
+                stat='identity')

>
> #(5) [그림 10.1] 세 번째 명령어 결합 방식
>
> # 변수 VerbalSAT 및 MathSAT 의 산점도
> # x-축 변수-수치형(VerbalSAT), y-축 변수-수치형(MathSAT)
>
> ggplot(StudentSurvey, aes(x=VerbalSAT, y=MathSAT)) +
+     geom_point(stat='identity')
```

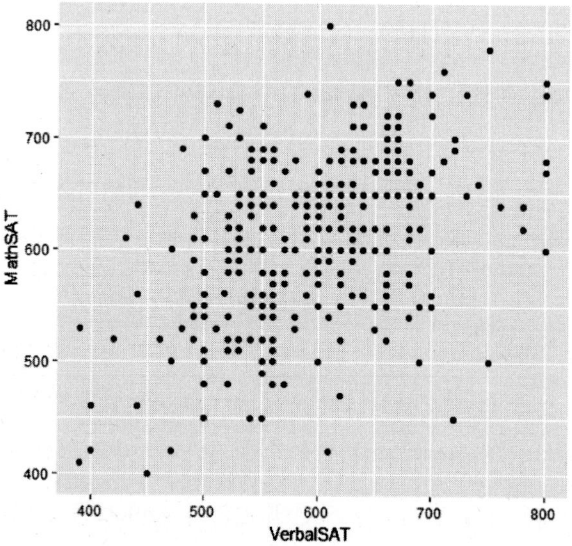

이제 함수 ggplot의 구성 요소들을 사용하여 시각화하는 과정을 여러 프로그램 예제를 통해 자세하게 알아본다. 제10장에서도 제9장에서와 마찬가지로 시각적인 그래픽 요소를 활용하는 여러 프로그램 예제를 보여주기 위해 패키지 Lock5Data, datasets, 혹은 ggplot2가 가지고 있는 데이터들을 활용하였다. 따라서 R 프로그램 실습을 위해서는 위에서 언급한 패키지들을 설치하고 불러들여 패키지 사용을 선언해야 한다(2.3절 참조).

패키지가 보유하고 있는 데이터에 대한 그래프를 그릴 때 때때로 변수들에 대한 이해가 필요하다. 예를 들어 RStudio의 Console 창에서 library(help="Lock5Data")를 입력하면 패키지 Lock5Data가 가지고 있는 여러 데이터 세트들에 대한 간단한 설명이 Source 창에 나타난다. 만약 패키지 Lock5Data의 데이터 중 StudentSurvey의 자세한 설명을 알고 싶으면 Rstudio의 Console 창에서 ?StudentSurvey을 입력하면 데이터 StudentSurvey에 대한 상세한 설명이 Help 창에 나타난다.

10.2 함수 ggplot의 구성 – Layer

함수 ggplot의 핵심적인 구성 요소인 Layer에는 5가지 요소가 존재한다. 먼저 그래프를 그리는 대상이 되는 데이터로서 데이터 프레임, 데이터의 값들이 그래프의 요소들과 대응되도록 하는 외적 그래픽 요소(Aesthetic Graphic Object), 그래프의 형태를 지정할 수 있는 기하학적 그래픽 요소(Geometric Graphic Object), 그래프 내의 요소들이 어떻게 배치될지를 지정할 수 있는 위치(Position), 데이터의 값이 그래프에 어떠한 형태로 반영될지를 지정할 수 있는 통계적 변환(Statistical Transformation)이 있다. 기본적으로 함수 ggplot에는 하나 이상의 Layer가 구성되어야 그래프로 표현이 된다.

[표 10.3] 함수 ggplot를 구성하는 Layer의 5가지 구성 요소

구성 요소	설명
데이터	데이터 프레임 형태의 데이터를 지정한다.
외적 그래픽 요소	x-축, y-축 변수 지정 및 범주형 변수의 범주별 혹은 수치형 변수의 크기별로 다르게 나타내고자 하는 외적 요소(색상, 모양, 크기, 투명도 등)를 지정한다.
기하학적 그래픽 요소	그래프의 형태와 같은 기하학적 요소를 지정한다.
위치	그래프 내의 각 요소의 위치를 지정한다.
통계적 변환	그래프를 그리기 전 데이터의 통계적 변환을 지정한다.

10.2.1 데이터 및 외적 그래픽 요소 지정

그래프를 그릴 대상인 데이터 세트 및 변수들을 지정하기 위해서는 함수 ggplot 내에 데이터 프레임의 이름을 입력하고 외적 그래픽 요소(aesthetic graphic object)를 지정하는 함수 aes 내에 x-축 및 y-축 변수 이름을 지정한다. 그 밖에 외적 그래픽 요소로서 함수 ggplot의 aes 함수 내에서 사용할 수 있는 옵션은 colour, shape, alpha, size, fill 등이 있다. 이러한 옵션들은 geom_ 함수의 aes 함수 내에서 사용할 수도 있으며 제10장에서 주로 사용하였던 방법이다.

이때 colour는 점 혹은 선의 색상, shape는 모양, alpha는 투명도, size는 크기를 조정하는 옵션이고 fill은 면을 채우는 옵션이다. 이러한 옵션들에 팩터 형태의 범주형 변수를 지정하면 범주형 변수가 갖는 범주별로 서로 다른 색상, 모양, 투명도, 크기 혹은 면의 채움으로 구별하여 그래프가 그려진다.

[R-program 10.2] 데이터 지정 및 그래프 외적 요소 함수 aes의 사용 예

```
> #(1) Cereal : 패키지 Lock5Data의 데이터 프레임
> # 데이터 설명: 아침 식사용 시리얼 30개의 샘플에 대한 영양 정보를
> # 갖는 자료로서 30X10 데이터 프레임
>
> str(Cereal[, c("Calories", "Fat", "Company", "Sugars")])
'data.frame':	30 obs. of  4 variables:
 $ Calories: int  117 118 144 169 130 117 117 101 117 113 ...
 $ Fat     : num  0.6 0.8 2.1 4.4 1.2 1 0.9 0.1 0.2 0.3 ...
 $ Company : Factor w/ 3 levels "G","K","Q": 2 1 3 1 3 1 1 2 2 2 ...
 $ Sugars  : num  15 14 16 13.3 16 14 13 3 15 3 ...
>
```

```
> #(2) 데이터, x-축 및 y-축 변수 지정
> # 데이터-Cereal, x-축 변수-수치형(Calories), y-축 변수-수치형(Fat)
>
> g1 <- ggplot(data=Cereal, aes(x=Calories, y=Fat))
>
> #(3) [그림 10.2] 범주형 변수 Company의 범주별 점의 색깔을 다르게 하는 산점도
>
> # 변수 Calories 및 Fat의 산점도
>
> # 함수 geom_point : x-축 및 y-축에  수치형 변수를 나타내고, 두 수치형 변수의
> # 좌표 값을 점으로 나타낸 산점도
>
> g1 + geom_point(aes(colour=Company))
```

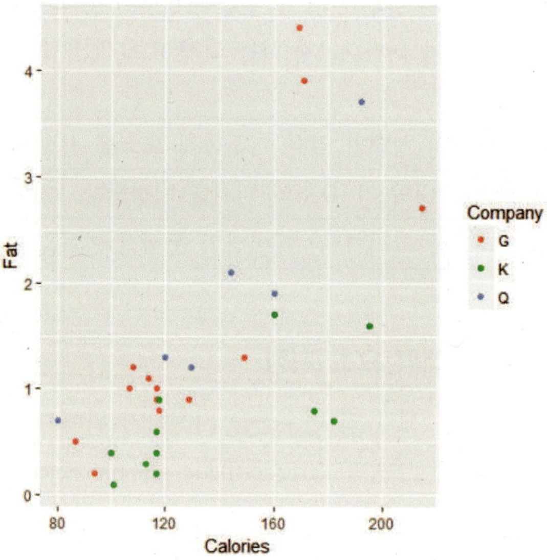


```
> #(4) [그림 10.3] 범주형 변수 Company의 범주별 점의 모양을 다르게 하는 산점도
>
> g1 + geom_point(aes(shape=Company))
```

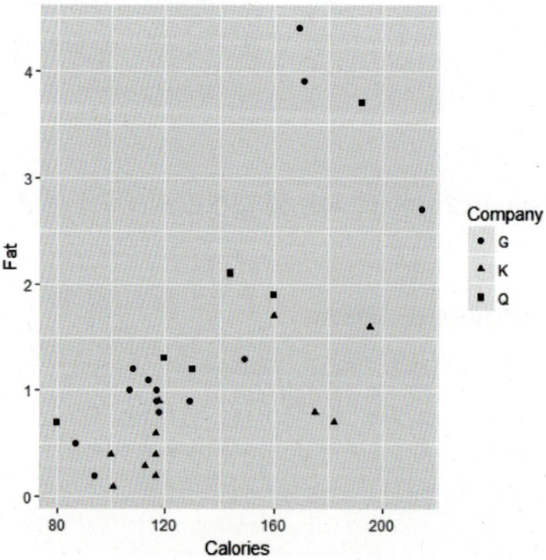

```
> #(5) [그림 10.4] 범주형 변수 Company의 범주별 투명도를 다르게 하는 산점도
>
> g1 + geom_point(aes(alpha=Company))
```

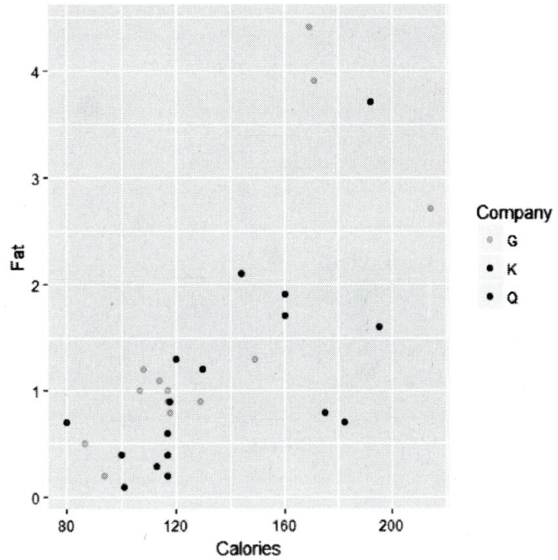


```
> #(6) [그림 10.5] 범주형 변수 Company의 범주별 점의 크기를 다르게 하는 산점도
>
> g1 + geom_point(aes(size=Company))
```

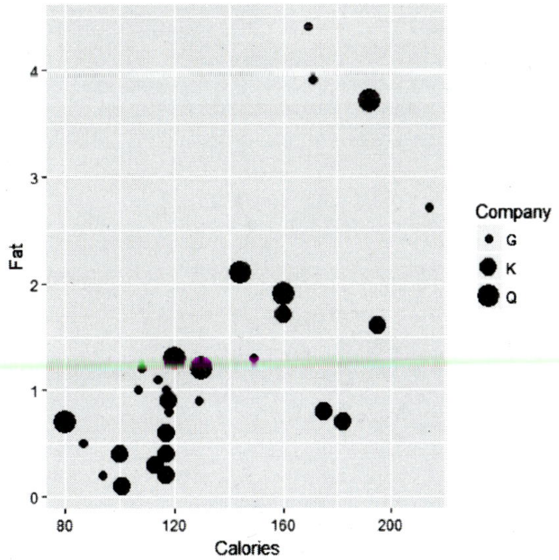


```
> #(7) [그림 10.6] 수치형 변수 Sugars의 값의 크기에 따라 점의 크기를 다르게 하는 산점도
>
> g1 + geom_point(aes(size=Sugars))
```

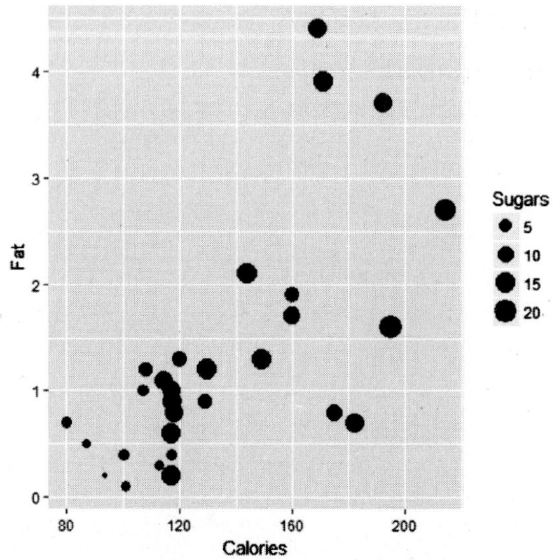


```
> #(8) [그림 10.7] 점의 색상을 파란색, 점의 크기를 3으로 하는 산점도
>
> # 비교: 함수 aes를 사용하지 않음
>
> g1 + geom_point(colour="blue", size=3)
```

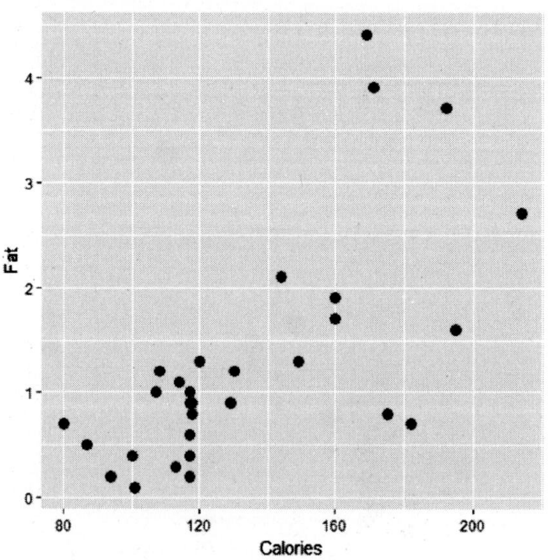


```
> #(9) 데이터 및 x-축 변수 지정
> # 데이터-Cereal, x-축 변수-수치형(Calories)
>
> g2 <- ggplot(data=Cereal, aes(x=Calories))
>
> #(10) [그림 10.8] 범주형 변수 Company의 범주별 면의 채움을 다르게 하는 히스토그램
>
> # 변수 Calories의 히스토그램
> # 함수 geom_histogram : 히스토그램 함수
>
> g2 + geom_histogram(aes(fill=Company))
```

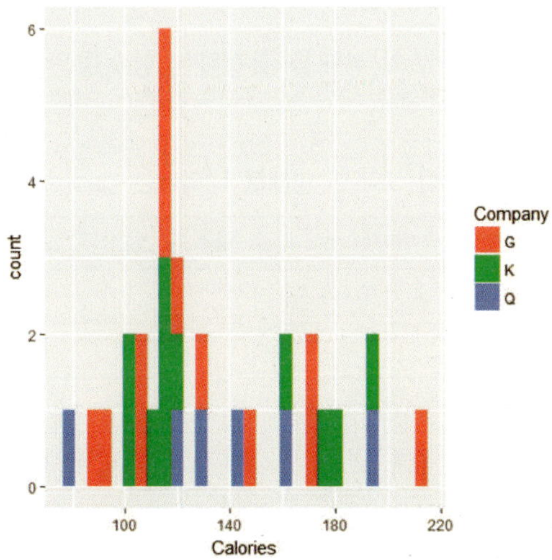


```
> #(11) diamonds : 패키지 ggplot2의 데이터 프레임
> # 데이터 설명: 53940개 다이아몬드의 가격과 기타 다이아몬드의 특성을
> # 담은 53940x10 데이터 프레임
>
> str(diamonds[, c("carat", "price")])
Classes 'tbl_df', 'tbl' and 'data.frame':       53940 obs. of  2 variables:
 $ carat: num  0.23 0.21 0.23 0.29 0.31 0.24 0.24 0.26 0.22 0.23 ...
 $ price: int  326 326 327 334 335 336 336 337 337 338 ...
>
> #(12) 데이터 및 x-축, y-축 변수 지정
> # 데이터 프레임-diamonds, x-축 변수-수치형(carat), y-축 변수-수치형(price)
>
> g3 <- ggplot(data=diamonds, aes(x=carat, y=price))
>
> #(13) [그림 10.9] 점의 투명도를 1/10로 하는 산점도
>
> # 변수 carat 및 price의 산점도
> # 비교: 함수 aes를 사용하지 않음
>
> g3 + geom_point(alpha = 1/10)
```

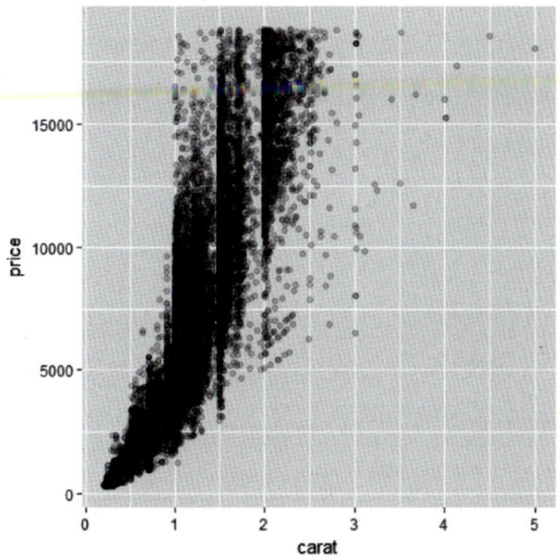

10.2.2 기하학적 그래픽 요소 지정

기하학적 그래픽 요소, 즉 그래프의 형태를 결정하는 함수들은 [표 10.4]와 같이 geom_ 함수로 주어진다.

[표 10.4] 그래프 형태를 나타내는 geom_ 함수

함수	함수가 그리는 그래프
geom_abline	절편과 기울기를 가진 직선
geom_hbline	수평선
geom_vbline	수직선
geom_bar	x-축에 범주형 변수, y-축에 빈도를 나타내는 막대 그래프
geom_col	x-축에 범주형 변수, y-축에 수치형 변수의 합을 나타내는 막대 그래프
geom_histogram	히스토그램
geom_freqpoly	히스토그램을 선으로 나타낸 빈도다각형
geom_density	일변량 수치형 변수에 대한 커널밀도곡선
geom_density_2d	이변량 수치형 변수에 대한 등고선 형태의 2차원 커널밀도곡선
geom_dotplot	히스토그램 형태의 점도표
geom_bin2d	이변량에 대한 빈도를 사각형의 색상으로 나타낸 빈도사각형 히트맵
geom_hex	이변량에 대한 빈도를 육각형의 색상으로 나타낸 빈도육각형 히트맵
geom_count	이변량에 대한 빈도를 원의 크기로 나타낸 빈도원형 그래프
geom_boxplot	상자 그래프
geom_violin	상자 그래프 용도와 비슷한 바이올린 그래프
geom_quantile	분위수 회귀직선
geom_raster geom_tile geom_rect	이변량에 대한 빈도를 사각형의 크기로 나타내거나 혹은 이변량의 2차원 그래프에서 제3변수의 값을 사각형의 색상으로 나타낸 직사각형 히트맵
geom_contour	등고선 그래프
geom_point geom_jitter	산점도 분산화 산점도
geom_segment	두 점을 잇는 직선 선분
geom_curve	두 점을 잇는 곡선 선분
geom_line	x-축 순서에 따른 y 값을 잇는 선 그래프
geom_step	x-축 순서에 따른 y 값을 계단형으로 잇는 계단 선 그래프
geom_path	데이터 순서에 따라 관측치들을 잇는 통로 선 그래프

geom_polygon	통로 선 그래프에서 최초 데이터와 마지막 데이터를 연결하여 면을 채우는 통로 면 그래프
geom_smooth	두 변수의 관련성을 추정한 평활선과 신뢰구간을 나타낸 그래프
geom_ribbon	최솟값과 최댓값에 의해 정의되는 연속적인 구간을 갖는 수치형 구간 면 그래프
geom_linerange	구간을 선으로 표현한 구간 그래프
geom_pointrange	구간을 선으로 표현하고 y 값을 구간에 점으로 나타낸 구간 그래프
geom_crossbar	구간을 상자로 표현하고 y 값을 상자의 가로 선으로 표현한 구간 그래프
geom_errorbar	구간을 工자로 표현한 구간 그래프
geom_errorbarh	함수 geom_errorbar와 축만 바꾸어 그린 구간 그래프
geom_text	그래프 위에 문자형 데이터의 텍스트 값을 나타낸 그래프
geom_label	그래프 위에 문자형 데이터의 텍스트 값을 상자 안에 나타낸 그래프

10.2.2.1 직선, 수평선 및 수직선 그래프

산점도 혹은 이미 그려진 그래프에 함수 geom_abline을 추가 사용하여 기울기를 갖는 직선을 겹쳐 그릴 수 있다. 함수 geom_hline을 사용하면 수평선, 혹은 함수 geom_vline을 추가 사용하면 수직선을 겹쳐 그릴 수 있다. 물론 이러한 선들을 단독으로 그릴 수도 있다.

직선 그래프 함수 geom_abline, 수평선 그래프 함수 geom_hline, 및 수직선 그래프 함수 geom_vline의 사용 예는 [R-program 10.3]을 참조한다.

[R-program 10.3] 직선, 수평선 및 수직선 그래프의 예

```
> #(1) Cereal : 패키지 Lock5Data의 데이터 프레임
> # 데이터 설명: 아침 식사용 시리얼 30개의 샘플에 대한 영양 정보를
> # 갖는 자료로서 30X10 데이터 프레임
>
> str(Cereal[, c("Calories", "Fat")])
'data.frame':   30 obs. of  2 variables:
 $ Calories: int  117 118 144 169 130 117 117 101 117 113 ...
 $ Fat     : num  0.6 0.8 2.1 4.4 1.2 1 0.9 0.1 0.2 0.3 ...
>
> #(2) 변수 Calories 및 Fat의 산점도
>
> # 데이터-Cereal, x-축 변수-수치형(Calories), y-축 변수-수치형(Fat)
>
> # 함수 geom_point : x-축 및 y-축에  수치형 변수를 나타내고, 두 수치형 변수의
> # 좌표 값을 점으로 나타낸 산점도
>
> g <- ggplot(data=Cereal, aes(x=Calories,y=Fat)) + geom_point()
>
> #(3) [그림 10.10] 직선을 추가한 산점도
>
```

```
> # 함수 geom_abline(slope=0.025,intercept=-2) : 기울기=0.025, 절편=-2 인 직선
>
> g + geom_abline(slope=0.025,intercept=-2)
```

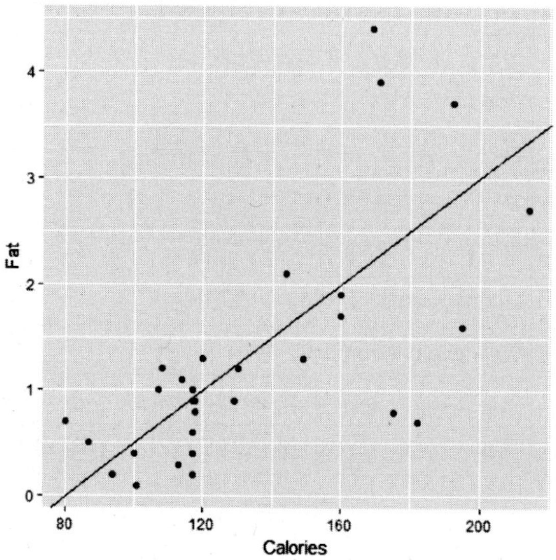

```
> #(4) [그림 10.11] 수평선을 추가한 산점도
>
> # 함수 geom_hline(yintercept=1) : y=1인 수평선
>
> g + geom_hline(yintercept=1)
```

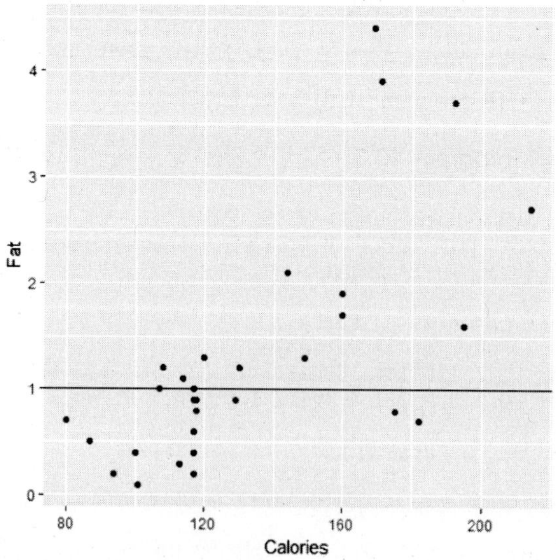

```
> #(5) [그림 10.12] 수직선을 추가한 산점도
>
> # 함수 geom_vline(xintercept=130) : x=130인 수직선
>
> g + geom_vline(xintercept=130)
```

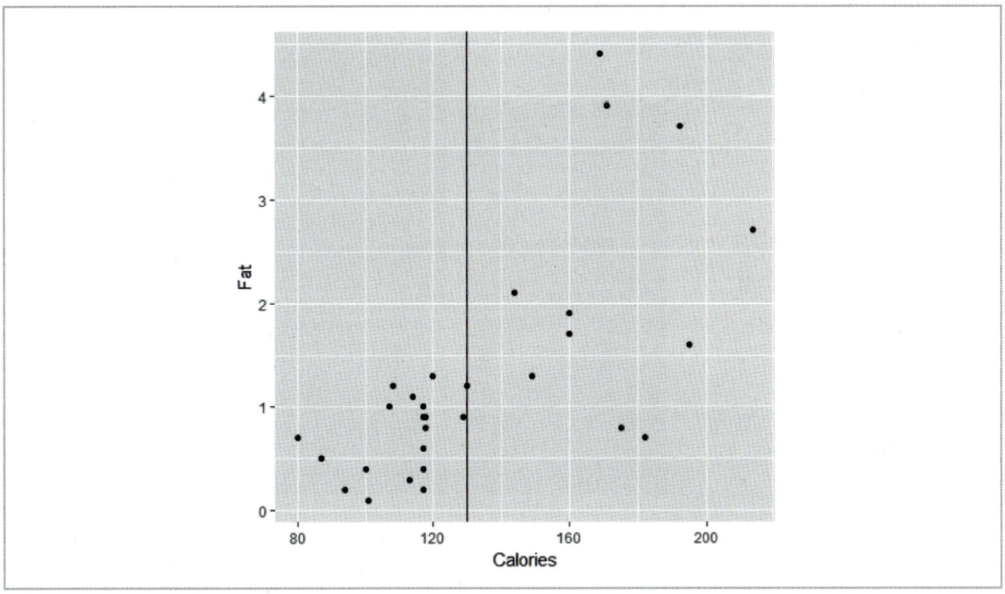

10.2.2.2 막대 그래프

함수 geom_bar를 사용하면 x-축에 범주형 변수를, y-축에 빈도를 나타내는 막대 그래프를 그릴 수 있으며, 함수 geom_col 함수를 사용하면 x-축에 범주형 변수를, y-축에 수치형 변수의 합을 나타내는 막대 그래프를 그릴 수 있다. 이때 범주형 변수에 대해 fill 옵션을 갖는 함수 aes를 함께 사용하면 범주형 변수의 범주별로 면의 색깔을 다르게 하여 구별하는 막대 그래프를 그릴 수 있다.

막대 그래프 함수 geom_bar 및 geom_col의 사용 예는 [R-program 10.4]를 참조한다.

[R-program 10.4] 막대 그래프의 예

```
> #(1) StudentSurvey: 패키지 Lock5Data의 데이터 프레임
> # 데이터 설명: 기초통계학을 수강한 362명 학생들의 17개 문항에 대한
> # 설문 자료로서 362X17 데이터 프레임
>
> str(StudentSurvey[, c("Gender", "Smoke", "Height")])
'data.frame':	362 obs. of  3 variables:
 $ Gender: Factor w/ 2 levels "F","M": 2 1 2 2 1 1 1 2 1 1 ...
 $ Smoke : Factor w/ 2 levels "No","Yes": 1 2 1 1 1 1 1 1 1 1 ...
 $ Height: int  71 66 72 63 65 65 66 74 61 60 ...
>
> #(2) [그림 10.13] 범주형 변수 Gender 별로 빈도를 나타내는 막대그래프
>
> # 데이터-StudentSurvey, x-축 변수-범주형(Gender), y-축-빈도(자동적)
> # 함수 geom_bar : y-축에 빈도표시 막대그래프
>
> g1 <- ggplot(data=StudentSurvey, aes(x=Gender)) + geom_bar(); g1
```

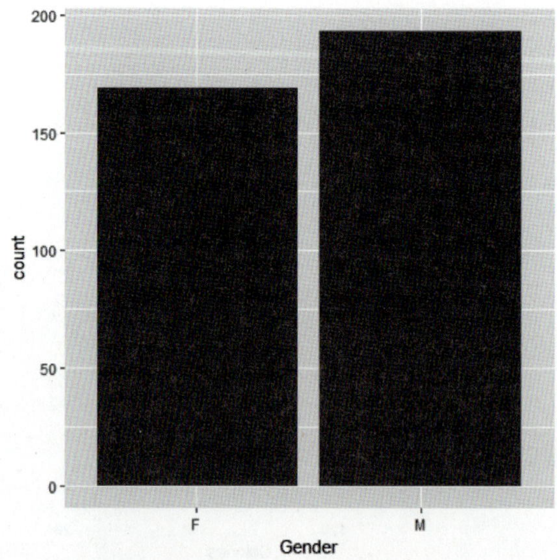


```
> #(3) [그림 10.14] 범주형 변수 Gender 별로 빈도를 나타내는 막대그래프 :
> # 범주형 변수 Smoke의 범주별 색깔로 구별
>
> g1 + geom_bar(aes(fill=Smoke))
```

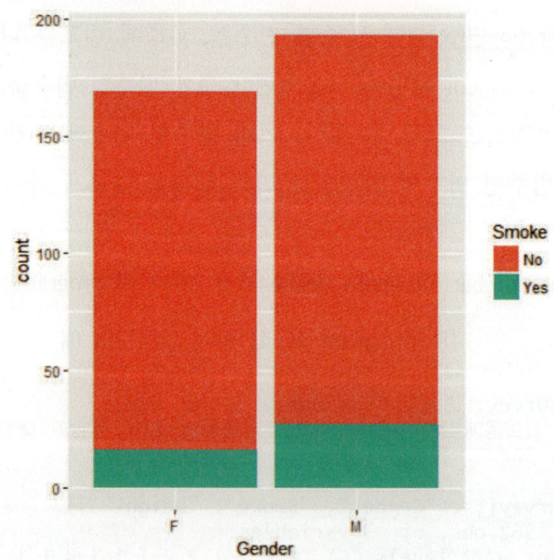


```
> #(4) [그림 10.15] 범주형 변수 Gender 별로 수치형 변수 Height의 합을 나타내는 막대그래프
>
> # 데이터-StudentSurvey, x-축 변수-범주형(Gender), y-축-수치형(Height) 변수 합
> # 함수 geom_col : y-축에 수치형 변수의 합을 나타내는 막대그래프
>
> g2 <- ggplot(data=StudentSurvey, aes(x=Gender, y=Height))
> g2 + geom_col()
```

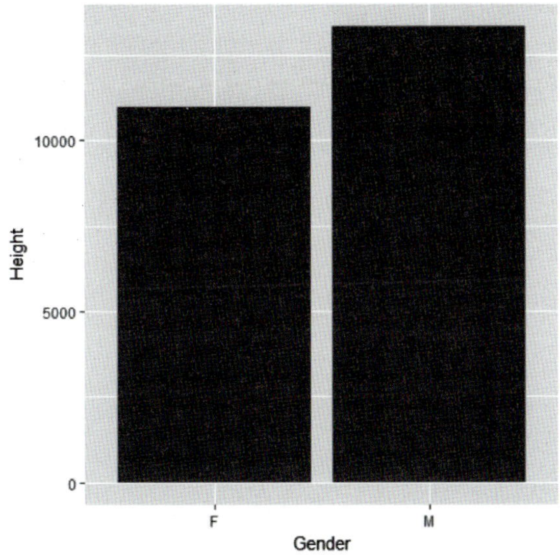


```
> #(5) [그림 10.16] 범주형 변수 Gender 별로 수치형 변수 Height의 합을 나타내는 막대그래프
> # 범주형 변수 Smoke의 범주별 색깔로 구별
>
> g2 + geom_col(aes(fill=Smoke))
```

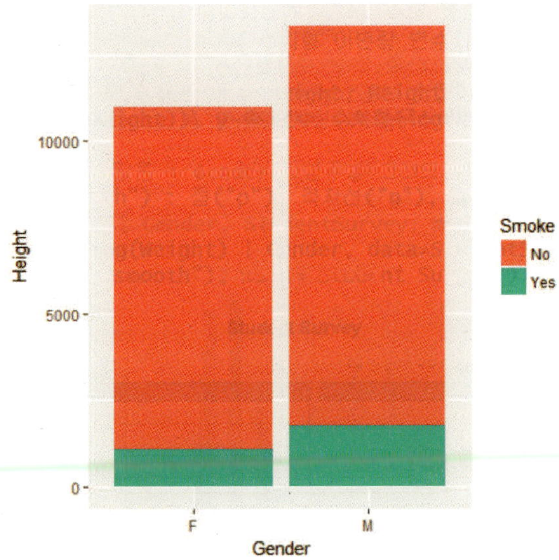

10.2.2.3 히스토그램 및 빈도다각형

히스토그램(histogram)은 x-축에는 수치형 데이터의 구간을 나타내고 y-축에는 구간별 데이터의 빈도 혹은 확률을 표현한 그래프이다. 히스토그램 막대의 맨 위 끝의 중앙을 이어 만든 그래프가 빈도다각형(frequency polygon)이다. 히스토그램과 빈도다각형은 보통 수치형 데이터의 분포를 파악하는 데 유용한 그래프이다.

히스토그램은 함수 geom_histogram으로 그릴 수 있으며 빈도다각형은 함수 geom_freqpoly로 그릴 수 있다. 두 함수 모두 x-축에 수치형 변수만 지정하면 자동으로 y-축에 빈도를 나타낸다. 또한, 막대 구간의 폭을 나타내는 옵션 bandwidth를 조정하여 더욱 평활한 분포 혹은 더욱 날카로운 형태의 분포를 그릴 수 있다. 범주형 변수의 범주별 히스토그램을 그리기 위해서는 함수 geom_histogram 함수는 fill 옵션을 갖는 aes 함수를 함께 사용하고, 함수 geom_freqpoly는 colour 옵션을 갖는 aes 함수를 함께 사용한다.

히스토그램 함수 geom_histogram 및 빈도다각형 함수 geom_freqpoly의 사용 예는 [R-program 10.5]를 참조한다.

[R-program 10.5] 히스토그램 및 빈도다각형의 예

```
> #(1) StudentSurvey: 패키지 Lock5Data의 데이터 프레임
> # 데이터 설명: 기초통계학을 수강한 362명 학생들의 17개 문항에 대한
> # 설문 자료로서 362X17 데이터 프레임
>
> str(StudentSurvey[, c("SAT", "Gender")])
'data.frame':	362 obs. of  2 variables:
 $ SAT   : int  1210 1150 1110 1120 1170 1150 1320 1370 1100 1370 ...
 $ Gender: Factor w/ 2 levels "F","M": 2 1 2 2 1 1 1 2 1 1 ...
>
> #(2) [그림 10.17] 수치형 변수 SAT의 히스토그램
>
> # 데이터-StudentSurvey, x-축 변수-수치형(SAT), y-축 : 빈도표시(자동적)
>
> g <- ggplot(data=StudentSurvey, aes(x=SAT))
>
> # 함수 geom_histogram : x-축에 수치형 변수, y-축에 빈도를 나타내는 히스토그램
> # 기본형 히스토그램: 구간 폭(binwidth)의 기본값 30이 사용됨
>
> g + geom_histogram()
```

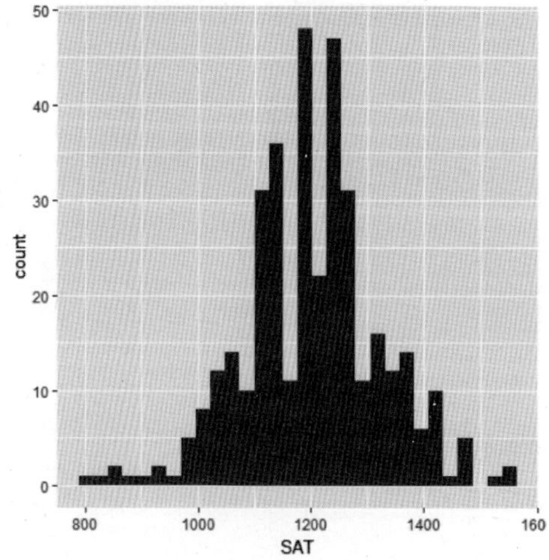


```
> #(3) [그림 10.18] 수치형 변수 SAT의 히스토그램 :
> # 범주형 변수 Gender의 범주별 색깔로 구분하고 구간 폭을 100으로 조정
>
> g + geom_histogram(aes(fill=Gender), binwidth=100)
```

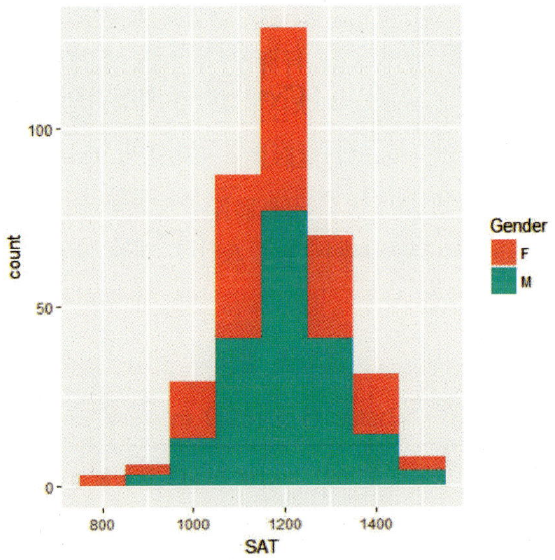


```
> #(4) [그림 10.19] 수치형 변수 SAT의 빈도다각형 :
> # 범주형 변수 Gender의 범주별 색깔로 구분하고 구간 폭을 50으로 조정
>
> # 함수 geom_freqpoly : 빈도다각형
>
> g + geom_freqpoly(aes(colour=Gender), binwidth=50)
```

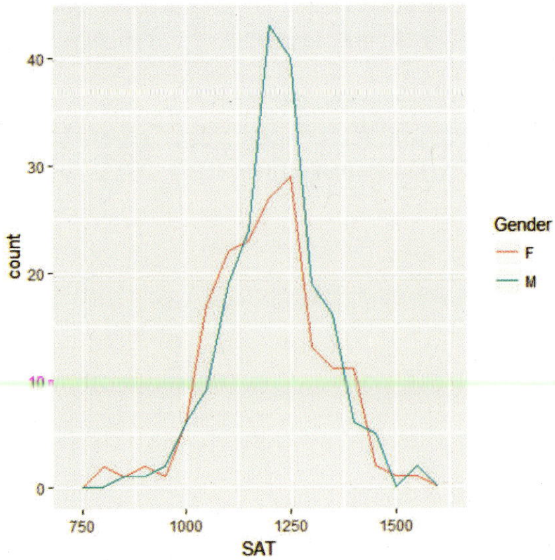

10.2.2.4 커널밀도곡선

함수 geom_density는 수치형 변수의 분포에 대해 커널 함수를 이용하여 확률밀도함수를 추정해서 그려주는 함수로서 추정된 확률밀도함수를 커널밀도곡선(kernel density curve)이라 한다. 커널밀도곡선은 커널 함수의 bandwidth를 조정하여 매끄러운 평활 곡선 혹은 굴곡이 있는

곡선으로 추정된다. 커널밀도곡선은 히스토그램의 매끄러운 버전으로 보통 통계분석에서는 히스토그램과 커널밀도곡선의 두 그래프를 함께 겹쳐 그리기도 한다.

함수 geom_density는 x-축에 수치형 변수만 지정하면 자동적으로 y-축에 확률밀도를 나타내는 density가 표현된다. 만약 히스토그램과 커널밀도곡선의 두 그래프를 함께 겹쳐 그린다면 y-축에 density를 표시하도록 지정한다. 커널밀도곡선의 평활의 정도를 결정하는 커널 함수의 bandwidth를 조정하기 위해서는 옵션 adjust를 사용한다. 예를 들면 adjust=1/2를 사용하면 커널 함수의 bandwidth 기본값의 1/2을 사용한다는 의미이다. 이 수치가 클수록 보다 평활된 매끄러운 커널밀도곡선을 그린다.

함수 geom_density의 사용 예는 [R-program 10.6]을 참조한다.

[R-program 10.6] 커널밀도곡선의 예

```
> #(1) StudentSurvey: 패키지 Lock5Data의 데이터 프레임
> # 데이터 설명: 기초통계학을 수강한 362명 학생들의 17개 문항에 대한
> # 설문 자료로서 362X17 데이터 프레임
>
> str(StudentSurvey[, c("SAT", "Gender")])
'data.frame':	362 obs. of  2 variables:
 $ SAT   : int  1210 1150 1110 1120 1170 1150 1320 1370 1100 1370 ...
 $ Gender: Factor w/ 2 levels "F","M": 2 1 2 2 1 1 1 2 1 1 ...
>
> #(2) [그림 10.20] 수치형 변수 SAT의 커널밀도곡선
>
> # 데이터-StudentSurvey, x-축 변수-수치형(SAT), y-축-확률밀도(자동적)
>
> g1 <- ggplot(data=StudentSurvey, aes(x=SAT))
>
> # 함수 geom_density : x-축에 수치형 변수, y-축에 확률밀도를 나타내는 커널밀도곡선
> # 기본형 커널밀도곡선: 커널함수의 bandwidth 값으로 기본값 사용
>
> g1 + geom_density()
```

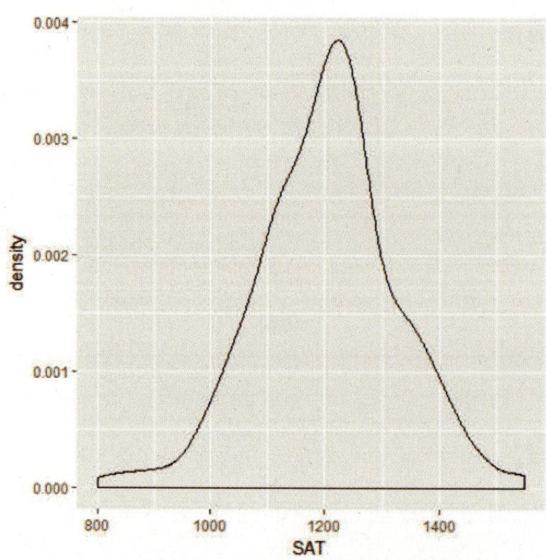

```
> #(3) [그림 10.20.1] 범주형 변수 Gender의 범주별 수치형 변수 SAT의 커널밀도곡선
> # 범주형 변수 Gender의 범주별 면 채움으로 구별하고
> # 커널함수의 bandwidth 값으로 기본값의 1/5 사용 => 굴곡이 많은 커널밀도곡선
>
> g1 + geom_density(aes(fill=Gender), adjust=1/5)
```

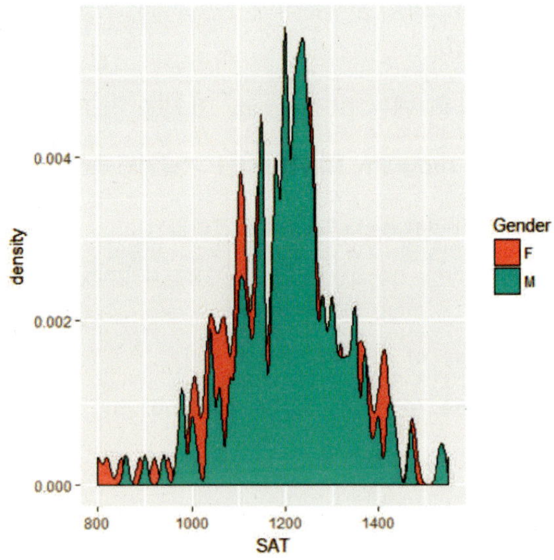


```
> #(4) [그림 10.21] 히스토그램 위에 겹쳐 그린 커널밀도곡선
>
> g2<-ggplot(data=StudentSurvey, aes(x=SAT, y=..density..))
>
> # 함수 geom_histogram내 옵션 : 구간폭(50), 면 채움 색깔(blue),
> # 막대 경계선 색깔(black), 색깔 투명도(0.5)를 갖는 히스토그램
>
> g2 +
+     geom_histogram(binwidth=50, fill="blue", colour="black", alpha=0.5) +
+     geom_density()
```

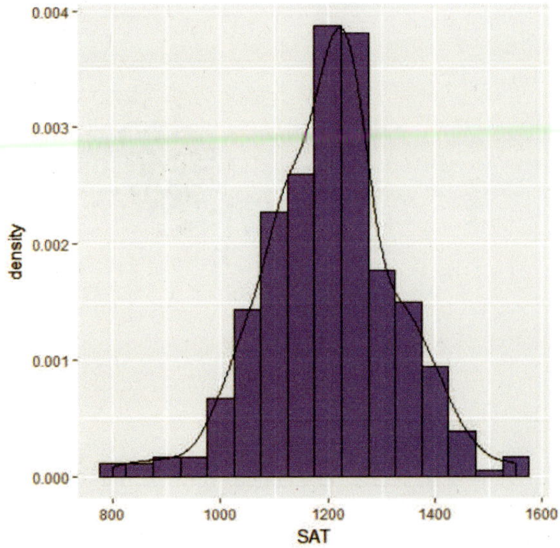

10.2.2.5 2차원 커널밀도곡선

함수 geom_density_2d는 수치형 이변량분포에 대해 커널 함수를 이용하여 확률밀도함수를 추정한 후 커널밀도 추정치가 같은 이변량 변수값을 연결하여 만든 등고선 형태의 2차원 커널밀도곡선을 그려주는 함수이다. 보통 통계분석에서는 2차원 커널밀도곡선 위에 데이터를 함께 나타내기도 한다.

함수 geom_density_2d의 사용 예는 [R-program 10.7]을 참조한다.

[R-program 10.7] 2차원 커널밀도곡선의 예

```
> #(1) faithful : 패키지 datasets의 데이터 프레임
> # 데이터 설명 : 미국 와이오밍 주의 옐로 스톤 국립 공원에 있는 Old Faithful
> # 간헐천의 분출과 분출 기간 사이의 대기 시간 자료로서 272X2 데이터 프레임
>
> str(faithful)
'data.frame':   272 obs. of  2 variables:
 $ eruptions: num  3.6 1.8 3.33 2.28 4.53 ...
 $ waiting  : num  79 54 74 62 85 55 88 85 51 85 ...
>
> #(2) [그림 10.22] 데이터도 함께 나타낸 수치형 이변량 변수 eruptions 및 waiting의
> # 2차원 커널밀도곡선
>
> # 데이터-faithful, x-축 변수-수치형(eruptions), y-축-수치형(waiting)
>
> # 함수 geom_density_2d : x-축 및 y-축에  수치형 변수를 나타내고,
> # 두 수치형 변수의 좌표 값에서의 확률밀도를 등고선으로 나타낸 2차원 커널밀도곡선
>
> # 함수 geom_point : x-축 및 y-축에  수치형 변수를 나타내고, 두 수치형 변수의
> # 좌표 값을 점으로 나타낸 산점도
>
> # 등고선 그림이 잘리지 않게 x-축 및 y-축의 최소값 및 최대값 지정: xlim, ylim
>
> g1 <- ggplot(faithful, aes(x=eruptions, y=waiting))
> g1 + geom_density_2d() + geom_point() + xlim(0.5, 6) + ylim(40, 110)
```

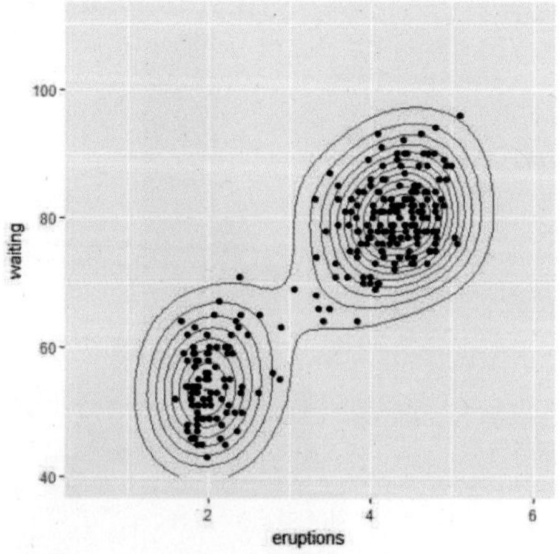


```
> #(3)  [그림 10.23] 수치형 이변량 변수 eruptions 및 waiting의 2차원 커널밀도곡선
>
> # 데이터-StudentSurvey, x-축 변수-수치형(Height), y-축-수치형(Weight)
> # 범주형 변수 Gender의 범주별 색깔로 구별한  2차원 커널밀도곡선
```

```
>
> g2<-ggplot(data=StudentSurvey, aes(x=Height, y=Weight))
> g2 + geom_density_2d(aes(colour=Gender))
```

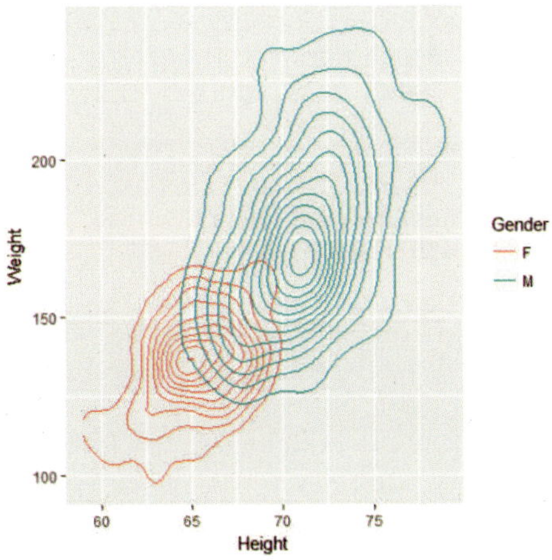

10.2.2.6 점도표

함수 geom_dotplot는 수치형 변수를 x-축에 나타낸 후 구간별로 y-축에 점을 쌓아 올리는 점도표를 그려주는 함수이다. 점도표는 마치 히스토그램처럼 수치형 데이터의 분포를 파악하는 데 도움이 된다. 점도표에서 점의 너비는 구간의 길이에 해당하며 binwidth 옵션에 의해 점의 크기가 결정된다. 따라서 먼저 기본형의 점도표를 그려본 후 나타나는 점의 크기를 고려하여 binwidth 옵션을 조정하는 편이 좋다.

점도표에서 y-축 눈금의 수치 레이블은 알고리즘에 따라 자동으로 조정되는 것으로 의미가 없으므로 때때로 y-축 눈금의 수치 레이블이 주는 혼동을 피하기 위하여 레이블 없는 y-축 눈금을 그리기도 한다. 점도표에서 범주형 변수의 범주별 점도표를 그리기 위해서 이전의 다른 그래프에서처럼 fill 옵션이나 colour 옵션을 함수 aes와 같이 사용하는 경우는 흔히 점도표가 겹쳐져서 구별되지 않으므로 점도표의 경우에는 범주형 변수를 x-축에, 그리고 수치형 변수를 y-축에 지정하여 각각의 점도표를 그리는 것이 범주별 비교에 좋다. 함수 geom_dotplot의 사용 예는 [R-program 10.8]을 참조한다.

[R-program 10.8] 점도표의 예

```
> #(1) faithful : 패키지 datasets의 데이터 프레임
> # 데이터 설명 : 미국 와이오밍 주의 옐로 스톤 국립 공원에 있는 Old Faithful
> # 간헐천의 분출과 분출 기간 사이의 대기 시간 자료로서 272X2 데이터 프레임
>
> str(faithful)
'data.frame':	272 obs. of  2 variables:
 $ eruptions: num  3.6 1.8 3.33 2.28 4.53 ...
 $ waiting  : num  79 54 74 62 85 55 88 85 51 85 ...
```

```
>
> #(2) [그림 10.24] 수치형 변수 eruptions 의 점도표
>
> # 데이터-faithful, x-축 변수-수치형(eruptions)
>
> # 함수 geom_dotplot : x-축에 수치형 변수의 구간(점의 폭)을 나타내고
> # y-축에 구간에 해당하는 관측치를 점으로 쌓아올려 그리는 점도표
>
> # binwidth=0.08 : 점의 폭이 0.08
>
> g1 <- ggplot(faithful, aes(x=eruptions))
> g1 + geom_dotplot(binwidth = 0.08)
```

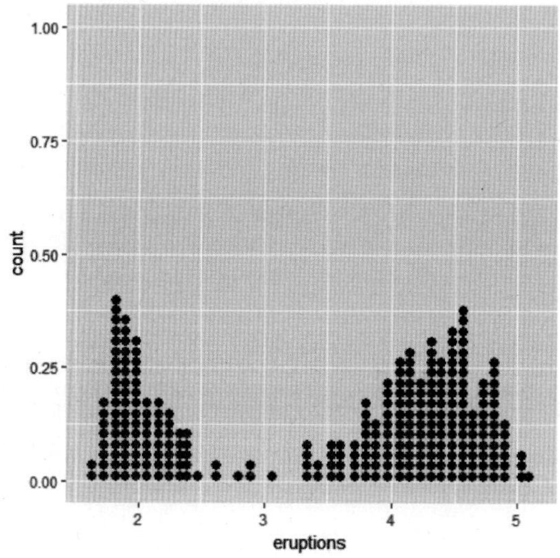


```
> #(3) [그림 10.25] 수치형 변수 eruptions 의 점도표 :
> # y-축의 눈금 및 레이블 표시를 하지 않은 점도표
>
> # 함수 scale_y_continuous 사용법은 10.3.2절의 [R-program 10.30] 참조
>
> g1 + geom_dotplot(binwidth = 0.08) + scale_y_continuous(NULL, breaks = NULL)
```

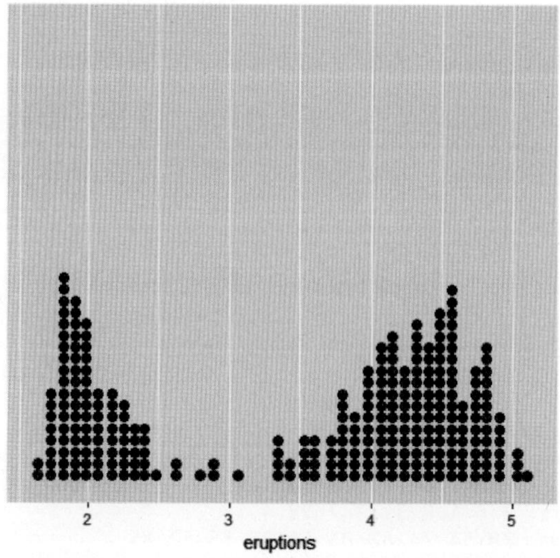

```
> #(4) StudentSurvey: 패키지 Lock5Data의 데이터 프레임
> # 데이터 설명: 기초통계학을 수강한 362명 학생들의 17개 문항에 대한
> # 설문 자료로서 362X17 데이터 프레임
>
> str(StudentSurvey[, c("Gender", "Weight")])
'data.frame':   362 obs. of  2 variables:
 $ Gender: Factor w/ 2 levels "F","M": 2 1 2 2 1 1 1 2 1 1 ...
 $ Weight: int  180 120 208 110 150 114 128 235 NA 115 ...
>
> #(5) [그림 10.26] 범주형 변수 Gender의 범주별 수치형 변수 Weight의 점도표
>
> # binaxis="y" : 수치형 변수의 구간 축이 y-축
> # binwidth=3 : 점의 폭이 3
>
> g2 <- ggplot(data=StudentSurvey, aes(x=Gender, y=Weight))
> g2 + geom_dotplot(binaxis="y", binwidth=3)
```

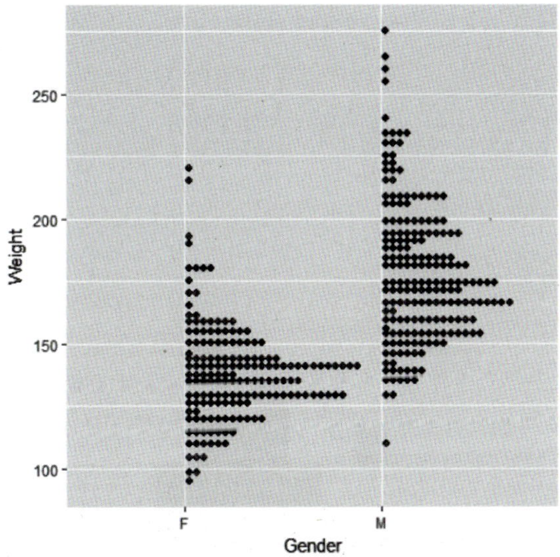

10.2.2.7 빈도사각형 히트맵, 빈도육각형 히트맵 및 빈도원형 그래프

함수 geom_bin2d는 x-축 및 y-축에 수치형 변수를 나타내고, 두 수치형 변수의 xy-좌표값에서 빈도 크기를 색상을 달리하는 사각형으로 나타낸 빈도사각형 히트맵(heat map)을 그리는 함수이다. x-축 혹은 y-축에서 구간의 길이를 지정하는 옵션 binwidth 혹은 구간의 개수를 지정하는 옵션 bins에 의해 사각형의 크기가 결정된다.

함수 geom_hex는 함수 geom_bin2d와 같으나 단지 다른 점은 빈도를 나타내는 모양이 사각형이 아닌 육각형에 의해 그려진다. 옵션 binwidth 혹은 bins를 사용하는 것도 함수 geom_bin2d와 같다. 단, 이 함수를 사용하기 위해서는 사전에 패키지 hexbin을 설치하고 패키지의 사용 선언이 되어야 한다(2.3절 참조).

함수 geom_count는 x-축 및 y-축에 수치형 변수를 나타내고, 두 수치형 변수의 xy-좌표값에서 빈도의 크기를 원형의 크기를 달리하여 나타낸 빈도원형 그래프를 그리는 함수이다.

함수 geom_bin2d, geom_hex, 그리고 geom_count의 사용 예는 [R-program 10.9]를 참조한다.

[R-program 10.9] 빈도사각형 히트맵, 빈도육각형 히트맵 및 빈도원형 그래프의 예

```
> #(1) StudentSurvey: 패키지 Lock5Data의 데이터 프레임
> # 데이터 설명: 기초통계학을 수강한 362명 학생들의 17개 문항에 대한
> # 설문 자료로서 362X17 데이터 프레임
>
> str(StudentSurvey[, c("Height", "Weight")])
'data.frame':   362 obs. of  2 variables:
 $ Height: int  71 66 72 63 65 65 66 74 61 60 ...
 $ Weight: int  180 120 208 110 150 114 128 235 NA 115 ...
>
> #(2) [그림 10.27] 수치형 변수 Height 및 Weight의 빈도 사각형 히트맵
>
> # 데이터-StudentSurvey, x-축 변수-수치형(Height), y-축-수치형(Weight)
>
> # 함수 geom_bin2d : x-축 및 y-축에 수치형 변수를 나타내고, 두 변수의 xy-좌표
> # 값에서의 빈도의 크기를 색깔을 달리한 사각형으로 나타낸 빈도 사각형 히트맵
>
> # bins=10 : 구간의 개수는 10
>
> g <- ggplot(data=StudentSurvey, aes(x=Height, y=Weight))
> g + geom_bin2d(bins=10)
```

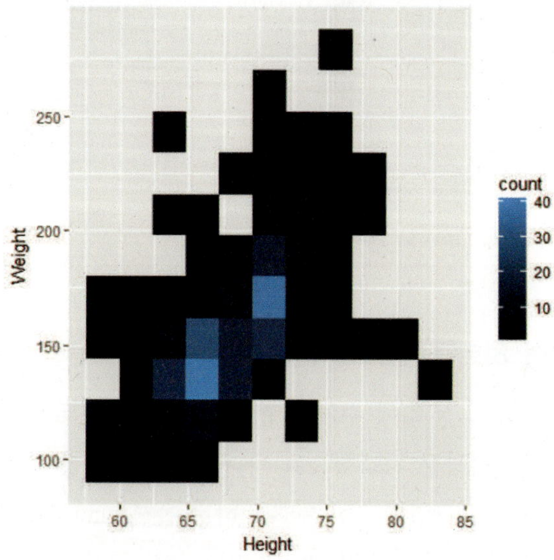


```
> #(3) [그림 10.28] 수치형 변수 Height 및 Weight의 빈도 사각형 히트맵 :
> # 빈도 사각형 히트맵 구간의 폭을 조정
>
> # 옵션 binwidth=c(1,50) : Height 및 Weight는 구간 폭을 각각 1 및 50을 사용
>
> g + geom_bin2d(binwidth=c(1,50))
```

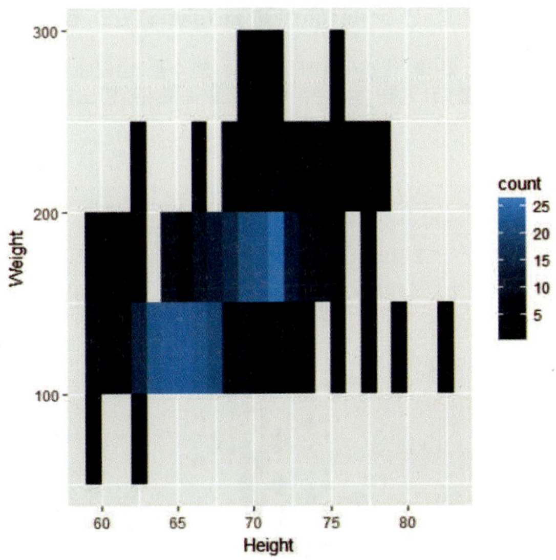


```
> #(4) 빈도 육각형 히트맵을 그릴 수 있는 함수 geom_hex를 사용하기 위해서는
> # 사전에 패키지 hexbin을 설치하고 사용을 위해 불러들여야 한다.
>
> #(5) [그림 10.29] 수치형 변수 Height 및 Weight의 빈도 육각형 히트맵
>
> # 함수 geom_geom_hex : x-축 및 y-축에 수치형 변수를 나타내고, 두 변수의 xy-좌표
> # 값에서의 빈도의 크기를 색깔을 달리한 육각형으로 나타낸 빈도 사각형 히트맵
>
> #  bins=20 : 구간의 개수는 20
>
> g + geom_hex(bins=20)
```

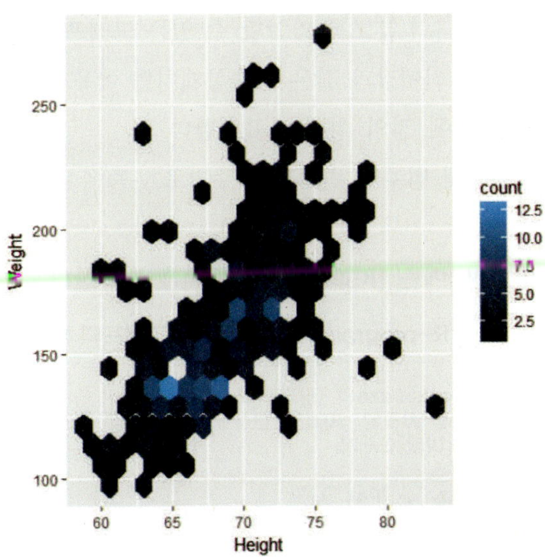

```
> #(6) [그림 10.30] 수치형 변수 Height 및 Weight의 빈도 원형 그래프
>
> # 함수 geom_count :  x-축 및 y-축에 수치형 변수를 나타내고, 두 변수의 xy-좌표
> # 값에서의 빈도의 크기를 크기를 달리한 원형으로 나타낸 빈도 원형 그래프
>
> g + geom_count()
```

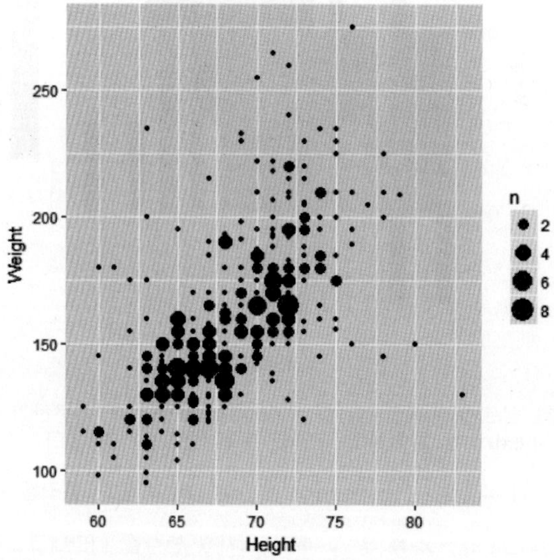

10.2.2.8 상자 그래프

상자 그래프는 수치형 데이터의 분포를 파악할 수 있는 그래프로서 데이터의 최솟값, 제1사분위수, 중앙값, 제3사분위수, 최댓값과 같은 기술통계치를 이용하여 상자와 수염을 나타내고 이상치는 상자의 수염 바깥쪽에 점의 형태로 표시한다.

함수 geom_boxplot는 x-축에 범주형 변수의 범주별로 y-축에 수치형 변수의 상자 그래프를 그릴 수 있는 함수이다.

함수 geom_boxplot의 사용 예는 [R-program 10.10]을 참조한다.

[R-program 10.10] 상자 그래프의 예

```
> #(1) Cereal : 패키지 Lock5Data의 데이터 프레임
> # 데이터 설명: 아침 식사용 시리얼 30개의 샘플에 대한 영양 정보를
> # 갖는 자료로서 30X10 데이터 프레임
>
> str(Cereal[, c("Company", "Fat")])
'data.frame':   30 obs. of  2 variables:
 $ Company: Factor w/ 3 levels "G","K","Q": 2 1 3 1 3 1 1 2 2 2 ...
 $ Fat    : num  0.6 0.8 2.1 4.4 1.2 1 0.9 0.1 0.2 0.3 ...
>
> #(2) [그림 10.31] 범주형 변수 Company의 범주별 수치형 변수 Fat의 상자 그래프
>
> # 데이터-Cereal, x-축 변수-범주형(Company), y-축 변수-수치형(Fat)
>
```

```
> # 함수 geom_boxplot : x-축에 범주형 변수를, y-축에 수치형 변수의 분포를
> # 나타내는 상자 그래프
>
> # 옵션 fill="gray" : 상자의 채움색은 회색
> # 옵션 colour="blue" : 상자 테두리 색은 파란색
> # 옵션 outlier.colour="red" : 이상치의 색은 빨간색
>
> g <- ggplot(data=Cereal, aes(x=Company, y=Fat))
> g + geom_boxplot(fill="gray", colour="blue", outlier.colour="red")
```

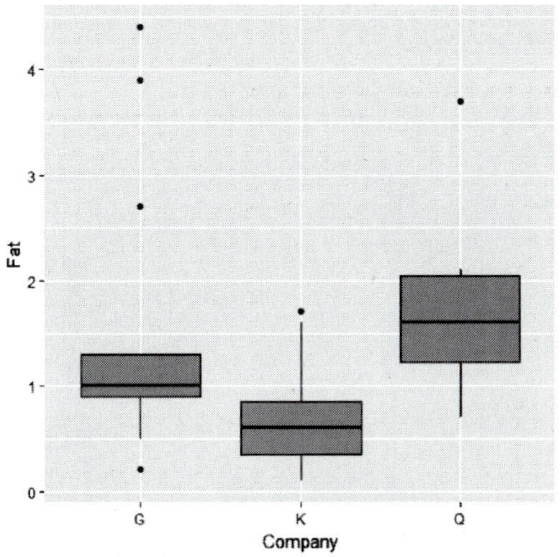

10.2.2.9 바이올린 그래프

함수 geom_violin는 x-축에 범주형 변수를, y-축에 수치형 변수의 분포를 바이올린의 모양으로 그려주는 함수이다. 이 함수는 상자그림과 비슷하게 수치형 변수의 분포를 파악하는 데 도움이 된다. 바이올린의 모양은 옵션 scale의 값에 따라 달라진다. 기본값인 scale="area"인 경우는 모든 바이올린의 면적은 동일하게 유지한다. scale="count"인 경우는 각 범주별 관측치의 개수에 비례하여 바이올린의 면적이 조정된다. scale="width"인 경우는 모든 바이올린이 똑같은 최대 너비를 갖도록 한다.

함수 geom_violin 함수의 사용 예는 [R-program 10.11]을 참조한다.

[R-program 10.11] 바이올린 그래프의 예

```
> #(1) Cereal : 패키지 Lock5Data의 데이터 프레임
> # 데이터 설명: 아침 식사용 시리얼 30개의 샘플에 대한 영양 정보를
> # 갖는 자료로서 30X10 데이터 프레임
>
> str(Cereal[, c("Company", "Fat")])
'data.frame':	30 obs. of  2 variables:
 $ Company: Factor w/ 3 levels "G","K","Q": 2 1 3 1 3 1 1 2 2 2 ...
 $ Fat    : num  0.6 0.8 2.1 4.4 1.2 1 0.9 0.1 0.2 0.3 ...
>
> #(2) [그림 10.32] 범주형 변수 Company의 범주별 수치형 변수 Fat의 바이올린 그래프
```

```
>
> # 데이터-Cereal, x-축 변수-범주형(Company), y-축 변수-수치형(Fat)
>
> # 함수 geom_boxplot : x-축에 범주형 변수를, y-축에 수치형 변수를 나타내는 바이올린 그래프
>
> # 함수 geom_geom_violin 함수: x-축에 범주형 변수를, y-축에 수치형 변수의
> # 분포를 바이올린 모양으로 나타낸 그래프
>
> # 옵션 fill="gray" : 바이올린의 채움색은 회색
> # 옵션 colour="blue" : 바이올린의 테두리 선의 색은 파란색
> # 옵션 draw_quantiles=c(0.25,0.5,0.75) : 제1, 2, 3 사분위수 표시
> # 옵션 sclae="area"(기본값) : 모든 바이올린의 면적을 동일하게
>
> g <- ggplot(data=Cereal, aes(x=Company,y=Fat))
> g + geom_violin(fill="gray", colour="blue", draw_quantiles=c(0.25,0.5,0.75))
```

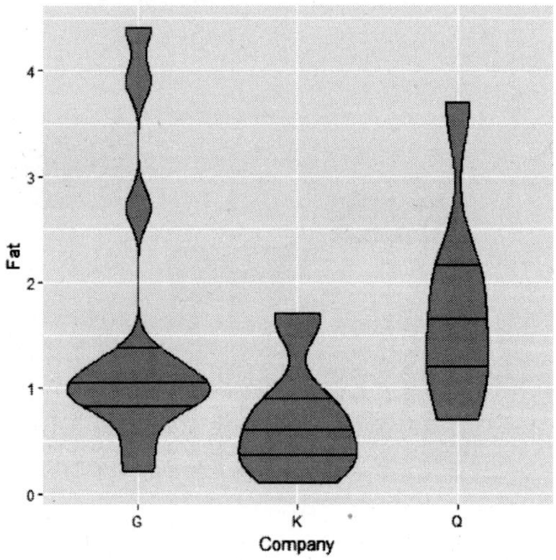

10.2.2.10 분위수 회귀직선

분위수 회귀분석은 회귀분석의 한 유형으로 보통 회귀분석에서 회귀직선은 예측변수의 특정 값에서 반응변수의 조건부 평균 추정을 의미한다. 분위수 회귀분석에서 분위수 회귀직선은 예측변수의 특정 값에서 반응변수의 조건부 중위수 또는 기타 분위수 추정을 의미한다.

함수 geom_quantile은 x-축의 수치형 변수(예측변수) 위에서 적합되는 y-축 수치형 변수(반응변수)의 분위수 회귀직선을 그려주는 함수이다. 옵션 quantile을 사용하여 다양한 분위수에 대한 분위수 회귀직선을 적합시킬 수 있다.

함수 geom_quantile의 사용 예는 [R-program 10.12]를 참조한다.

[R-program 10.12] 분위수 회귀직선의 예

```
> #(1) mpg : 패키지 ggplot2의 데이터 프레임
> # 데이터 설명: 1999년에서 2008년까지 출시된 38개 인기 차의 연비 자료로서
> # 234x11 데이터 프레임
>
```

```
> str(mpg)
Classes 'tbl_df', 'tbl' and 'data.frame':       234 obs. of  11 variables:
 $ manufacturer: chr  "audi" "audi" "audi" "audi" ...
 $ model       : chr  "a4" "a4" "a4" "a4" ...
 $ displ       : num  1.8 1.8 2 2 2.8 2.8 3.1 1.8 1.8 2 ...
 $ year        : int  1999 1999 2008 2008 1999 1999 2008 1999 1999 2008 ...
 $ cyl         : int  4 4 4 4 6 6 6 4 4 4 ...
 $ trans       : chr  "auto(l5)" "manual(m5)" "manual(m6)" "auto(av)" ...
 $ drv         : chr  "f" "f" "f" "f" ...
 $ cty         : int  18 21 20 21 16 18 18 18 16 20 ...
 $ hwy         : int  29 29 31 30 26 26 27 26 25 28 ...
 $ fl          : chr  "p" "p" "p" "p" ...
 $ class       : chr  "compact" "compact" "compact" "compact" ...

>
> #(2) [그림 10.33] 수치형 변수 displ 에서 적합되는 수치형 변수 1 / hwy의 분위수 회귀직선
>
> # 데이터-mpg, x-축 변수-수치형(displ), y-축 변수-수치형(1 / hwy)
>
> # 함수 geom_point : x-축 및 y-축에  수치형 변수를 나타내고, 두 수치형 변수의
> # 좌표 값을 점으로 나타낸 산점도
>
> # 함수 geom_quantile : x-축의 수치형 변수(예측변수) 에서 적합되는 y-축
> # 수치형 변수(반응변수)의 분위수 회귀직선
>
> # 기본값 옵션 quantile=c(0.25, 0.5, 0.75) : 제 1, 2, 3 사분위수 회귀직선
>
> g <- ggplot(mpg, aes(x=displ, y=1 / hwy)) + geom_point()
> g + geom_quantile()
```

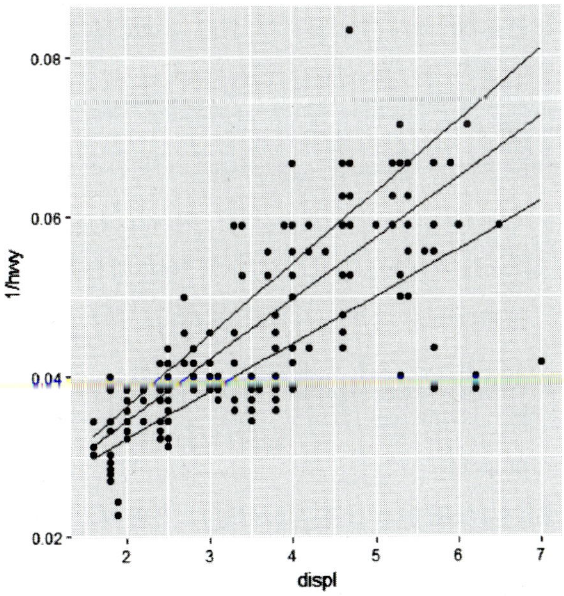


```
> #(3) [그림 10.34] 수치형 변수 displ 에서 적합되는 수치형 변수 1 / hwy의 분위수 회귀직선
>
> # 옵션 quantiles = seq(0.1, 0.9, by = 0.1) : 제 0.1, 0.2, ..., 0.9 분위수 회귀직선
> # 옵션 colour = "black" : 분위수 회귀직선의 색깔은 검정색
> # 옵션 size=1 : 분위수 회귀직선의 굵기는 1
>
> g + geom_quantile(quantiles = seq(0.1, 0.9, by = 0.1), colour = "black", size=1)
```

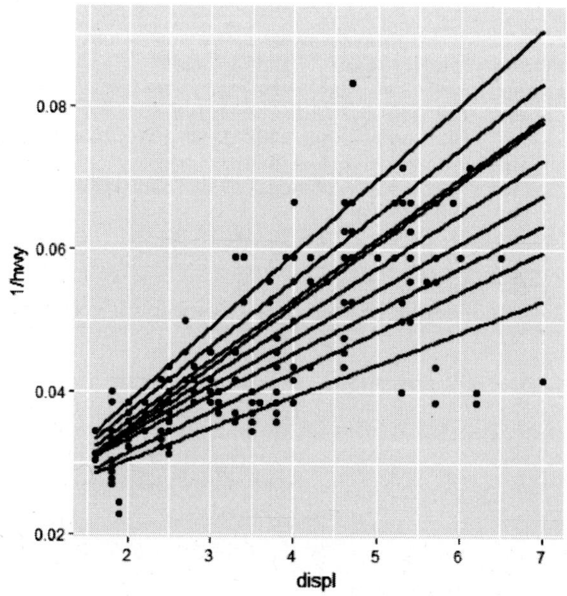

10.2.2.11 직사각형 히트맵

함수 geom_raster, 함수 geom_rect 함수 그리고 함수 geom_tile은 두 개의 수치형 변수의 xy-좌표값에서 제3의 수치형 혹은 범주형 변수의 값을 크기 및 색상이 다른 직사각형 히트맵으로 그리는 함수이다. 함수 geom_rect와 함수 geom_tile은 거의 비슷하나 단지 직사각형의 형태를 결정하는 옵션의 지정이 다르다. 즉, 함수 geom_rect는 직사각형의 4개 꼭지점을 지정하여 형태를 결정하기 위해서 직사각형 가로변의 최솟값 및 최댓값(xmin 및 xmax 옵션), 세로변의 최솟값 및 최댓값(ymin 및 ymax 옵션)이 주어져야 한다. 반면에 함수 geom_tile은 직사각형의 너비(width 옵션) 혹은 높이(height 옵션) 지정에 의해 직사각형의 형태가 결정된다. 함수 geom_raster는 모든 직사각형의 크기가 동일하게 조정된다.

함수 geom_raster, 함수 geom_rect 그리고 함수 geom_tile 함수의 사용 예를 보여주는 [R-program 10.13]에서 program과 결과로 얻어지는 직사각형 히트맵을 좌표축의 레이블과 함께 맞추어보면 이 함수들이 어떠한 크기의 직사각형에 의해 제3의 변수를 표현하는지 이해할 수 있다.

[R-program 10.13] 직사각형 히트맵의 예

```
> #(1) 데이터 프레임  data1 생성: 수치형 변수(xvec, yvec, wvec), 범주형 변수(zvec)
>
> data1 <- data.frame(
+     xvec = rep(c(2,  7,  12), 2),
+     yvec = rep(c(1, 5), each = 3),
```

```
+     zvec = factor(rep(1:3, each = 2)),
+     wvec = rep(diff(c(0,  1,   3)), 3))
>
> #(2) 직사각형 가로변의 최솟값(xmin) 및 최댓값(xmax),
> # 세로변의 최솟값(ymin) 및 최댓값(ymax)
>
> within(data1, {xmin=xvec-wvec/2; xmax=xvec+wvec/2;
+ ymin=yvec; ymax=yvec+1})
  xvec yvec zvec wvec ymax ymin xmax xmin
1    2    1    1    1    2    1  2.5  1.5
2    7    1    1    2    2    1  8.0  6.0
3   12    1    2    1    2    1 12.5 11.5
4    2    5    2    2    6    5  3.0  1.0
5    7    5    3    1    6    5  7.5  6.5
6   12    5    3    2    6    5 13.0 11.0

>
> #(3) 축 눈금 표시
>
> # 함수 scale_y_continuous 사용법은 10.3.2절의 [R-program 10.30] 참조
>
> # 함수 scale_x_continuous : x-축 눈금 표시
>
> sx <- scale_x_continuous(breaks=rep(1:15))
>
> # 함수 scale_y_continuous : y-축 눈금 표시
>
> sy <- scale_y_continuous(breaks=rep(1:7))
>
> #(4) [그림 10.35] 수치형 이변량 xy-좌표에서 범주형 변수의 직사각형 히트맵
>
> # 함수 geom_raster : 수치형 이변량 xy-좌표에서 제3의 변수(범주형 혹은 수치형)의 값을
> # 색깔을 달리하는 직사각형으로 나타내는 직사각형 히트맵
>
> # 데이터-data1, x 축: 수치형(xvec), y-축: 수치형(yvec), 제3의 변수: 범주형(zvec)
> # 옵션 fill = zvec : 범주형 변수 zvec에 의한 직사각형의 면을 채운다.
>
> g <- ggplot(data=data1, aes(x=xvec, y=yvec))
> g + geom_raster(aes(fill=zvec)) + sx + sy
```

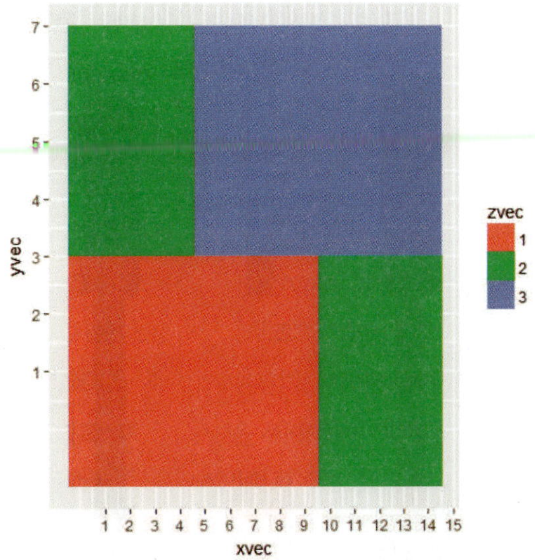

```
> #(5) [그림 10.36] 수치형 이변량 xy-좌표에서 범주형 변수의 직사각형 히트맵
>
> # 함수 geom_rect : 수치형 이변량 xy-좌표에서 제3의 변수(범주형 혹은 수치형)의 값을
> # 색깔을 달리하는 직사각형으로  나타내는 직사각형 히트맵
>
> # 직사각형 가로변의 최솟값 및 최댓값, 세로변의 최솟값 및 최댓값이 주어져야 함
>
> g +
+     geom_rect(aes(fill=zvec, xmin=xvec-wvec/2, xmax=xvec+wvec/2,
+                   ymin=yvec, ymax=yvec+1)) + sx + sy
```

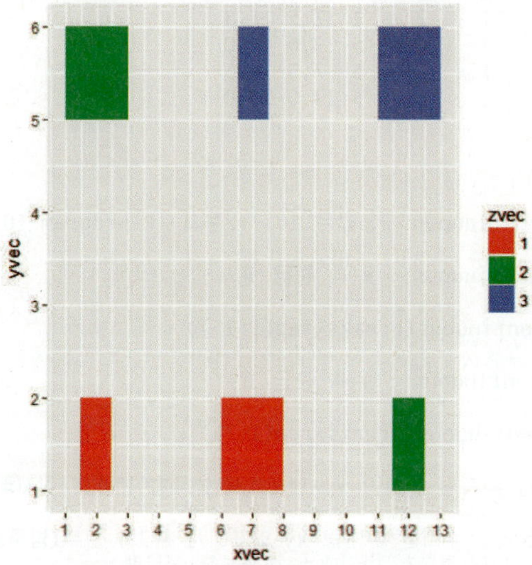


```
> #(6) [그림 10.37] 수치형 이변량 xy-좌표에서 범주형 변수의 직사각형 히트맵
>
> # 함수 geom_tile : 수치형 이변량 xy-좌표에서 제3의 변수(범주형 혹은 수치형)의 값을
> # 색깔을 달리하는 직사각형으로 나타내는 직사각형 히트맵
>
> # 직사각형의 너비(width 옵션) 지정에 의해 직사각형의 형태가 결정됨
>
> g + geom_tile(aes(fill = zvec, width=wvec)) + sx + sy
```

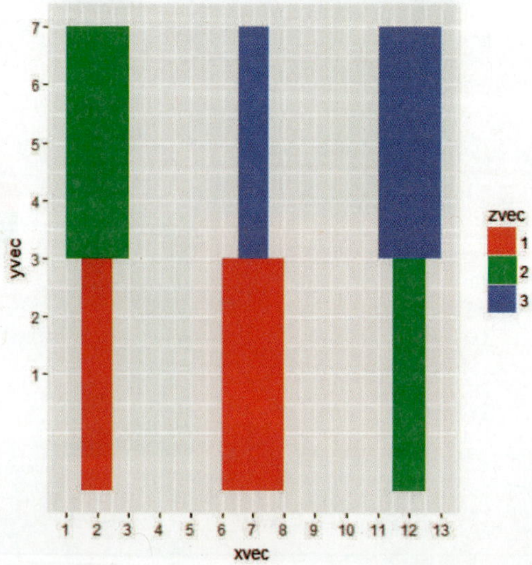

```
> #(7) [그림 10.38] 수치형 이변량 xy-좌표에서 범주형 변수의 직사각형 히트맵
>
> # 직사각형의 높이(height 옵션) 지정에 의해 직사각형의 형태가 결정됨
>
> g + geom_tile(aes(fill = zvec, height=wvec)) + sx + sy
```

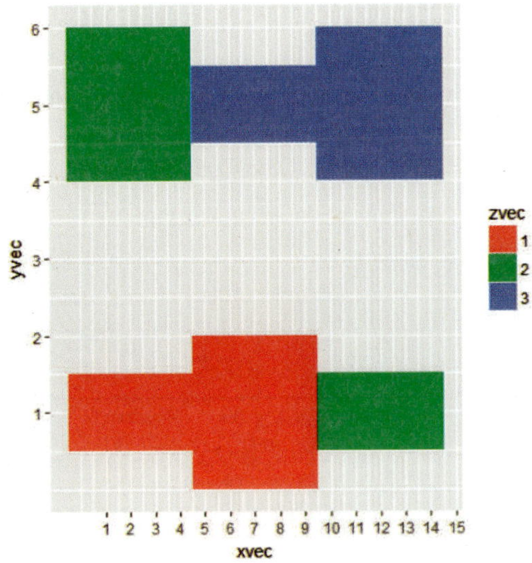

10.2.2.12 등고선 그래프

함수 geom_contour는 x-축 및 y-축에 수치형 변수를 나타내고, 두 수치형 변수의 xy-좌표값에서 제3의 수치형 변수값을 등고선으로 나타내는 함수이다. 등고선의 밀도는 등고선의 개수(bins 옵션) 혹은 등고선 간격(binwidth 옵션)의 지정에 따라 달라진다. 수치형 변수들의 xy-좌표축에서 제3의 변수값을 직사각형으로 그리는 함수 geom_raster 혹은 함수 geom_tile을 함수 geom_contour와 함께 사용하면 보다 입체감 있는 등고선을 그릴 수 있다.

함수 geom_contour의 사용 예는 [R-program 10.14]를 참조한다.

[R-program 10.14] 등고선 그래프의 예

```
> #(1) faithfuld : 패키지 ggplot2의 데이터 프레임
>
> # 데이터 설명 : 미국 와이오밍 주의 옐로 스톤 국립 공원에 있는 Old Faithful
> # 간헐천의 분출과 분출 기간 사이의 대기 시간 자료로 부터 추정한 2차원 밀도
> # 추정 자료로서 5625X3 데이터 프레임
>
> str(faithfuld)
Classes 'tbl_df', 'tbl' and 'data.frame':	5625 obs. of  3 variables:
 $ eruptions: num  1.6 1.65 1.69 1.74 1.79 ...
 $ waiting  : num  43 43 43 43 43 43 43 43 43 43 ...
 $ density  : num  0.00322 0.00384 0.00444 0.00498 0.00542 ...
>
> #(2) [그림 10.39] 수치형 변수 xy-좌표 위에서 수치형 변수 density의 등고선 그래프
```

```
>
> # 데이터-faithfuld, x-축 변수: 수치형(eruptions), y-축 변수: 수치형(waiting),
> # 제3의 변수: 수치형(density)
>
> # 함수 geom_contour: x-축 및 y-축에  수치형 변수를 나타내고, xy-좌표 값에서의
> # 제3의 변수 값을 등고선으로 그리는 함수
>
> # 옵션 bins = 7 : 등고선의 갯수를 7개
>
> g <- ggplot(data=faithfuld, aes(x=eruptions, y=waiting, z=density))
> g + geom_contour(bins=7)
```

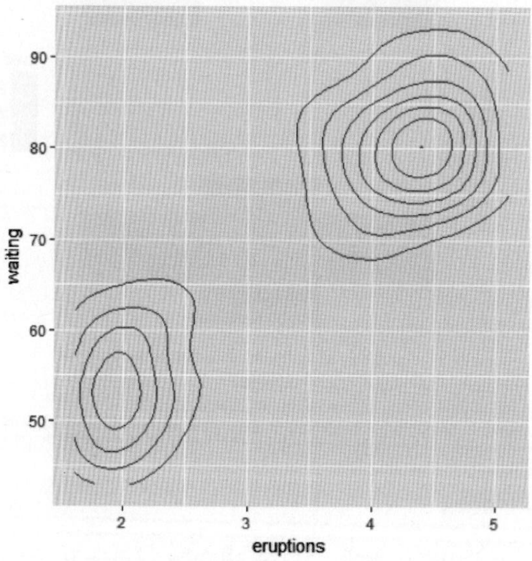


```
> #(3) [그림 10.40] 수치형 변수 xy-좌표 위에서 수치형 변수 density의 등고선 그래프
>
> # 옵션 binwidth = 0.002 : 등고선의 간격을 0.002
>
> g + geom_contour(binwidth=0.002)
```

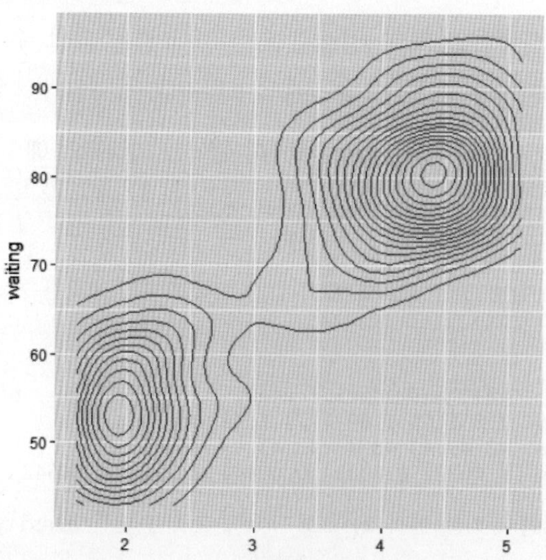

```
> #(4) [그림 10.41] 수치형 변수 xy-좌표 위에서 수치형 변수 density의 등고선 그래프
>
> # 등고선을 색의 수준에 의해 표현
>
> g + geom_contour(aes(colour = ..level..))
```

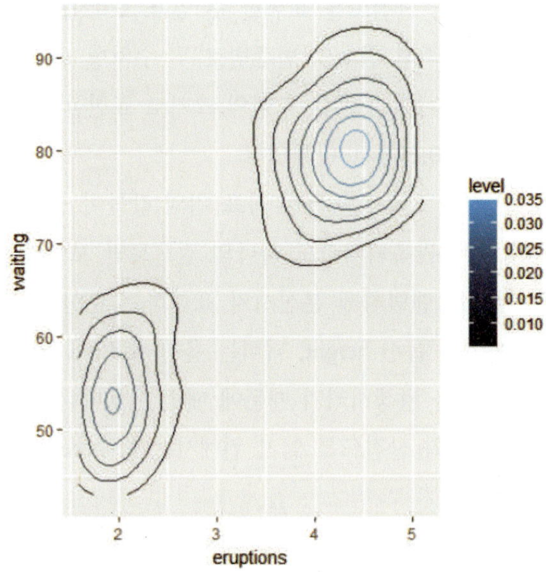


```
> #(5) [그림 10.42] 수치형 변수 xy-좌표 위에서 수치형 변수 density의 등고선 그래프
>
> # 제3의 변수 값을 직사각형으로 채워 놓은 위에 하얀색 등고선으로 그리고  겹쳐 그림
>
> g + geom_raster(aes(fill=density)) + geom_contour(colour="white")
```

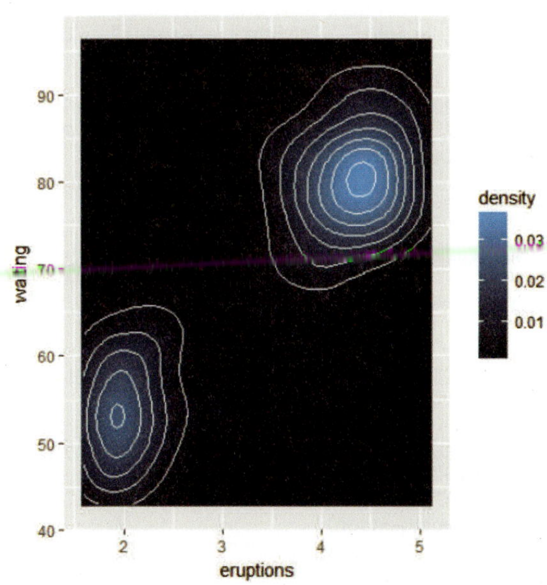

10.2.2.13 산점도 및 분산화 산점도

일반적으로 산점도(scatter plot)는 x-축 및 y-축에 두 수치형 변수값인 (x, y)를 점으로 나타내어 두 변수 간의 관계를 파악할 수 있는 그래프이다. 함수 geom_point는 산점도를 그리는 함수이다. 함수 geom_point는 다양한 산점도를 표현할 수 있다. x-축에 범주형 변수를, y-축에 수치형 변수를 나타내기도 하고, 범주형 변수의 범주별로 두 수치형 변수의 산점도를 비교할 수도 있으며, 혹은 제 3의 수치형 변수를 점 혹은 도형의 크기로 표현할 수도 있다. 산점도를 그리는 프로그램은 이미 [R-program 10.2]에서 다루었다.

함수 geom_point로 그린 산점도에서는 특정 좌표 위의 값들이 중복해서 관측된 경우에는 겹쳐 그리기 때문에 아무리 많이 관측되더라도 하나의 점으로만 보이게 된다. 함수 jitter는 일정한 범위 안에서 중복된 점들을 랜덤하게 분산시켜 표현하는 분산화 산점도를 그려준다. 이때 점이 흩뿌려지는 범위의 높이는 옵션 height, 너비는 옵션 width에 의해 조정한다. 점을 랜덤하게 흩뿌리기 위해서 랜덤 변수를 발생시키기 때문에 매번 시행마다 점들의 흩뿌린 결과가 달라진다. 만약 시행마다 같은 분산화 산점도를 얻기 위해서는 함수 set.seed에서 같은 seed number를 사용하면 된다.

함수 geom_point 및 함수 geom_jitter의 사용 예는 [R-program 10.15]를 참조한다.

[R-program 10.15] 산점도 및 분산화 산점도의 예

```
> #(1) StudentSurvey: 패키지 Lock5Data의 데이터 프레임
> # 데이터 설명: 기초통계학을 수강한 362명 학생들의 17개 문항에 대한
> # 설문 자료로서 362X17 데이터 프레임
>
> str(StudentSurvey[, c("Height", "Weight", "Gender", "Exercise")])
'data.frame':   362 obs. of  4 variables:
 $ Height  : int  71 66 72 63 65 65 66 74 61 60 ...
 $ Weight  : int  180 120 208 110 150 114 128 235 NA 115 ...
 $ Gender  : Factor w/ 2 levels "F","M": 2 1 2 2 1 1 1 2 1 1 ...
 $ Exercise: num  10 4 14 3 3 5 10 13 3 12 ...
>
> #(2) [그림 10.43] 범주형 변수 Gender의 범주별 산점도
>
> # 데이터-StudentSurvey, x-축 변수-수치형(Height), y-축 변수-수치형(Weight)
>
> # 함수 geom_point : x-축 및 y-축에  수치형 변수를 나타내고, 두 수치형 변수의
> # 좌표 값을 점으로 나타낸 산점도
>
> # 크기 4.5인 검정색 점위에 크기가 3.5인 분홍색 점을 겹쳐 그리고, 그 점 위에
> # Gender의 범주별로 모양으로 구별하여 표현
>
> g <- ggplot(data=StudentSurvey,aes(x=Height, y=Weight))
> g + geom_point(colour="black", size=4.5) +
+     geom_point(colour="pink", size=3.5) +
+     geom_point(aes(shape=Gender))
```

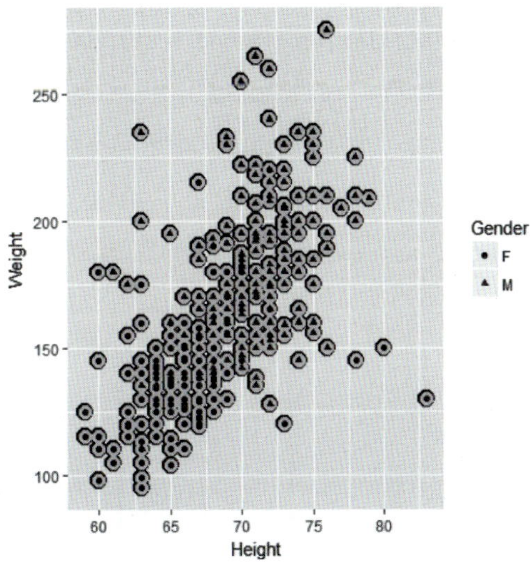


```
> #(3) [그림 10.44] 수치형 변수 Exercise의 수준별 산점도
>
> # 수치형 변수 Exercise의 수준별 색깔로 구별
>
> g + geom_point(aes(colour=Exercise))
```

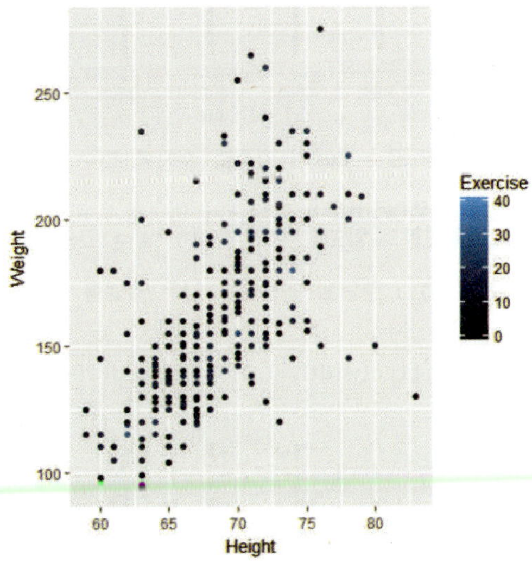


```
> #(4) diamonds : 패키지 ggplot2의 데이터 프레임
> # 데이터 설명: 53940개 다이아몬드의 가격과 기타 다이아몬드의 특성을
> # 담은 53940x10 데이터 프레임
>
> str(diamonds[, c("cut", "price")])
Classes 'tbl_df', 'tbl' and 'data.frame':       53940 obs. of  2 variables:
 $ cut  : Ord.factor w/ 5 levels "Fair"<"Good"<..: 5 4 2 4 2 3 3 3 1 3 ...
 $ price: int  326 326 327 334 335 336 336 337 337 338 ...
>
> #(5) 데이터 프레임 data1 생성
>
> # 함수 sample : 1부터 53940(=length(diamonds$cut))까지의 정수 중에서 랜덤하게
> # 2000개를 추출한 index를 갖는 표본을 diamonds로 부터 추출
```

```
>
> data1 <- diamonds[sample(1:length(diamonds$cut),2000), ]
>
> #(6) [그림 10.44.1] 범주형 변수 cut의 범주별 수치형 변수 price의 산점도
>
> # 데이터-diamonds, x-축 변수-범주형(cut), y-축 변수-수치형(price)
>
> # 같은 price값들이 중복되어 관측치들의 밀도를 알기 어려움
>
> g <- ggplot(data=data1, aes(x=cut, y=price))
> g + geom_point()
```

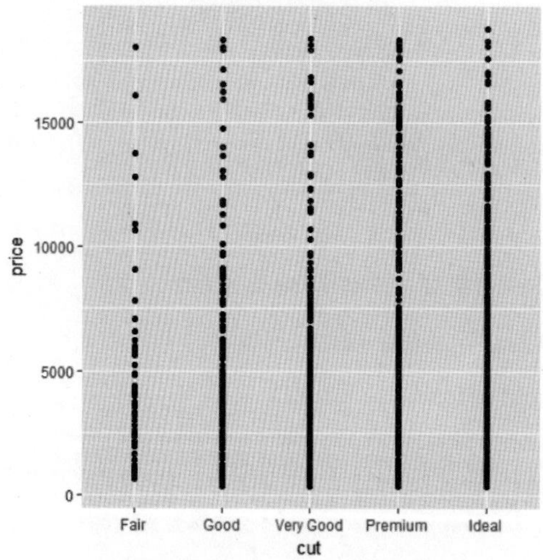


```
> #(7) [그림 10.44.2] 범주형 변수 cut의 범주별 수치형 변수 price의 분산화 산점도
>
> # 같은 price값들이 일정 범위(width=0.3)내에서 랜덤하게 분산화되어 [그림 10.44.1]에서
> # 동일하게 관측되었던 관측치들의 밀도를 보다 자세히 알수 있음
>
> # 옵션 set.seed(20180719) : 랜덤화 과정에서 같은 결과를 얻기 위해선 같은 seed number를
> # 사용한다.
>
> g + geom_point()+geom_jitter(width=0.3, set.seed(20180719))
```

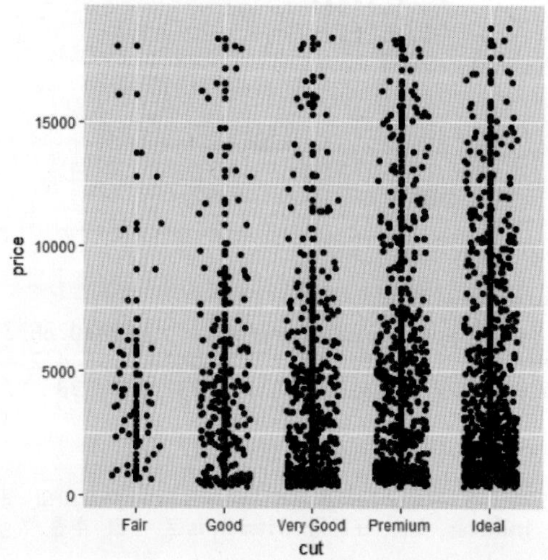

10.2.2.14 직선 선분 및 곡선 선분

함수 geom_segment는 두 점을 잇는 직선 선분을 그리는 함수이며 함수 gcom_curve는 두 짐을 잇는 곡선 선분을 그리는 함수이다. 이들 함수를 사용할 때는 두 점 중 시작점 좌표(x, y)와 끝점 좌표(xend, yend)를 입력해야 한다.

함수 geom_segment 및 geom_curve의 사용 예는 [R-program 10.16]을 참조한다.

[R-program 10.16] 직선 선분 및 곡선 선분의 예

```
> #(1) mtcars: 패키지 datasets의 데이터 프레임
> # 데이터 설명: 1974 Motor Trend US magazin에서 발췌한 자동차 로드 테스트
> # 자료로서 32X11 데이터 프레임
>
> str(mtcars[, c("wt", "mpg")])
'data.frame':   32 obs. of  2 variables:
 $ wt : num  2.62 2.88 2.32 3.21 3.44 ...
 $ mpg: num  21 21 22.8 21.4 18.7 18.1 14.3 24.4 22.8 19.2 ...
>
> #(2) 데이터 프레임 data1 생성
>
> data1 <- data.frame(x1 = 2.62, x2 = 3.57, y1 = 21.0, y2 = 15.0); data1
    x1   x2 y1 y2
1 2.62 3.57 21 15

>
> #(3) [그림 10.45] 두 점을 잇는 직선 선분과 곡선 선분
>
> # 데이터-mtcars, x-축 변수-수치형(wt), y-축 변수-수치형(mpg)
>
> # 함수 geom_point : x-축 및 y-축에  수치형 변수를 나타내고, 두 수치형 변수의
> # 좌표 값을 점으로 나다낸 산점도
>
> # 함수 geom_curve : 두 점 (x1, y1) 및 (x2, y2)를 잇는 곡선 선분
>
> # 함수 geom_segment : 두 점 (x1, y1) 및 (x2, y2)를 잇는 직선 선분
>
> g <- ggplot(mtcars, aes(wt, mpg)) + geom_point()
> g + geom_curve(data=data1,
+                   aes(x=x1, y=y1, xend=x2, yend=y2, colour="curve"), size=1.2)+
+     geom_segment(data=data1,
+                     aes(x=x1, y=y1, xend=x2, yend=y2, colour="segment"), size=1.2
)
```

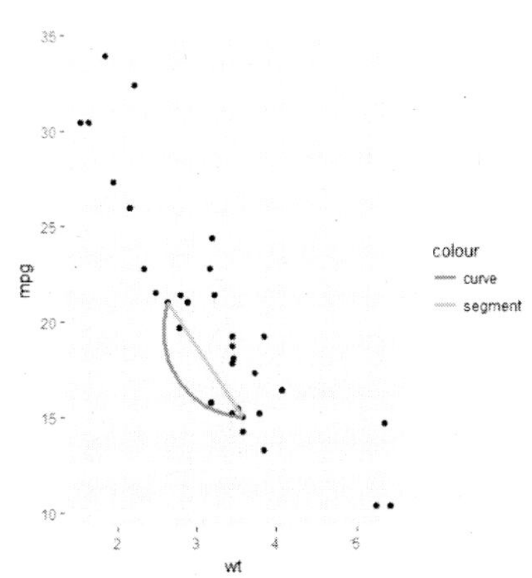

10.2.2.15 선 그래프, 계단 선 그래프, 통로 선 그래프, 통로 면 그래프

함수 geom_line는 x-축 변수값의 순서대로 y-축 변수값을 이어 그리는 선 그래프를 그려주는 함수로서 주로 x-축에 시간 변수를 나타내고 y-축 변수의 시계열그림을 그릴 때 유용한 함수이다.

선 그래프에서는 현재 y 값과 다음 y 값을 바로 연결하지만, 계단 선 그래프에서는 바로 다음 y 값을 만나기 직전까지 현재 y 값을 같은 값으로 유지함으로써 계단 형태의 선 그래프가 만들어진다. 함수 geom_step은 선 그래프에서 언제 변화가 분명히 일어났는지를 쉽게 알아낼 수 있는 계단 선 그래프를 그려주는 함수이다. 선 그래프와 계단 선 그래프의 차이점은 [R-program 10.17]의 [그림 10.47]을 보면 명확해진다.

함수 geom_path는 데이터에 나타나는 순서대로 관측치를 연결하는 통로 선 그래프를 그리는 함수이다. 함수 geom_polygon은 통로 면 그래프를 그리는 함수로서 함수 geom_path와 거의 비슷하지만 처음 시작점과 마지막 끝점을 연결하며, 그 내부는 면으로 채워지는 점만 다르다.

함수 geom_line, geom_step, geom_path, 그리고 함수 geom_polygon의 사용 예는 [R-program 10.17]을 참조한다.

[R-program 10.17] 선 그래프, 계단 선 그래프, 통로 선 그래프, 통로 면 그래프의 예

```
> #(1) economics : 패키지 ggplot2의 데이터 프레임
> # 미국의 5개 경제 시계열자료로서 길이는 478
>
> str(economics)
Classes 'tbl_df', 'tbl' and 'data.frame':        574 obs. of  6 variables:
 $ date    : Date, format: "1967-07-01" "1967-08-01" ...
 $ pce     : num  507 510 516 513 518 ...
 $ pop     : int  198712 198911 199113 199311 199498 199657 199808 199920 200056
 200208 ...
 $ psavert : num  12.5 12.5 11.7 12.5 12.5 12.1 11.7 12.2 11.6 12.2 ...
 $ uempmed : num  4.5 4.7 4.6 4.9 4.7 4.8 5.1 4.5 4.1 4.6 ...
 $ unemploy: int  2944 2945 2958 3143 3066 3018 2878 3001 2877 2709 ...

>
> #(2) 데이터 프레임 recent 생성: economics에서 2013-01-01 이후 데이터만 추출
>
> recent <- economics[economics$date > as.Date("2013-01-01"),]; recent
# A tibble: 27 x 6
   date          pce    pop psavert uempmed unemploy
   <date>      <dbl>  <int>   <dbl>   <dbl>    <int>
 1 2013-02-01 11371. 315869    4.70    17.5    11967
 2 2013-03-01 11379. 316041    4.90    17.7    11653
 3 2013-04-01 11373. 316220    5.10    17.1    11735
 4 2013-05-01 11407. 316395    5.20    17.0    11671
 5 2013-06-01 11462. 316594    5.30    16.6    11736
 6 2013-07-01 11485. 316799    5.10    16.3    11357
 7 2013-08-01 11512. 317019    5.30    16.8    11241
 8 2013-09-01 11560. 317253    5.20    16.5    11251
 9 2013-10-01 11602. 317470    4.70    16.1    11161
10 2013-11-01 11672. 317679    4.30    17.0    10814
# ... with 17 more rows
```

```
>
> #(3) [그림 10.46] 선 그래프
>
> # 데이터-recent, x-축 변수-시간변수(date), y-축 변수-수치형(unemploy)
>
> # 함수 geom_line : x-축 변수 값의 순서대로 y-축 변수 값을 이어 그리는 선 그래프
>
> g1 <- ggplot(recent, aes(date, unemploy))
> g1 + geom_line()
```

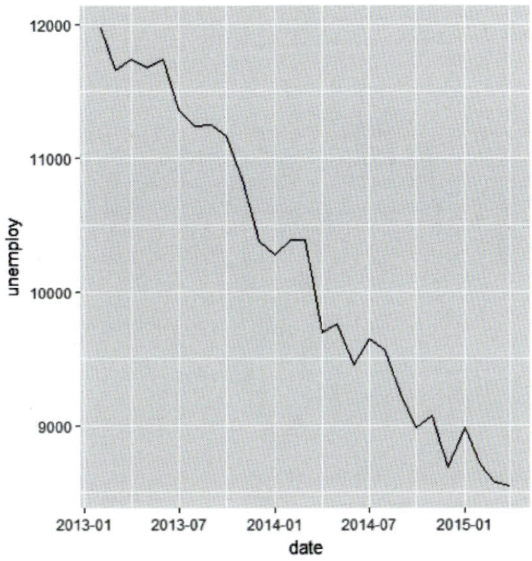


```
> #(4) [그림 10.47] 선 그래프와 계단 선 그래프의 비교
>
> # 함수 geom_step : x-축 변수 값의 순서대로 y-축 변수 값을 이어 그리는 데
> # 바로 다음 y 값을 만나기 직전까지는 현재 y 값을 같은 값으로 유지함으로서
> # 계단 형태의 선 그래프
>
> g1 + geom_line(aes(colour="line")) + geom_step(aes(colour="step"))
```

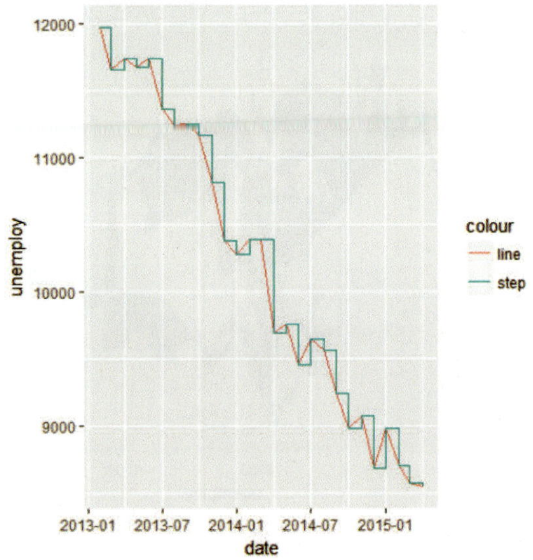

```
> #(5) [그림 10.48] 통로 선 그래프
>
> # 데이터-recent, x-축 변수-수치형(unemploy), y-축 변수-수치형(psavert)
>
> # 함수 geom_path : 데이터의 순서대로 관측치를 연결하는 통로 선 그래프
>
> g2 <- ggplot(economics, aes(unemploy, psavert))
> g2 + geom_path()
```

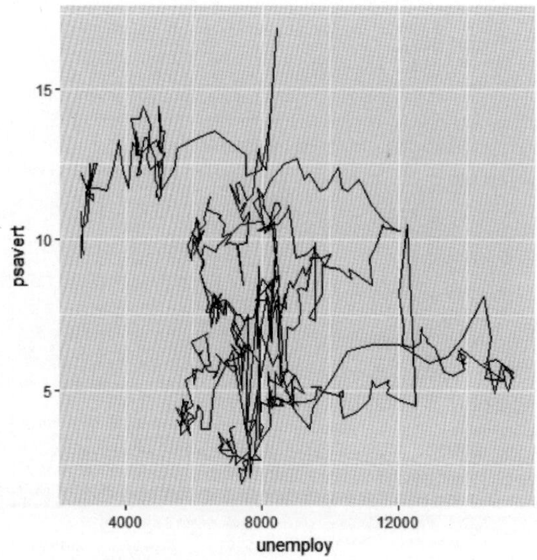


```
> #(6) [그림 10.49] 통로 면 그래프
>
> # 함수 geom_polygon : 데이터의 순서대로 관측치를 연결한 후, 처음 시작점과 마지막 끝점을
> # 연결하여 그 내부는 면으로 채워지는 통로 면 그래프
>
> g2 + geom_polygon()
```

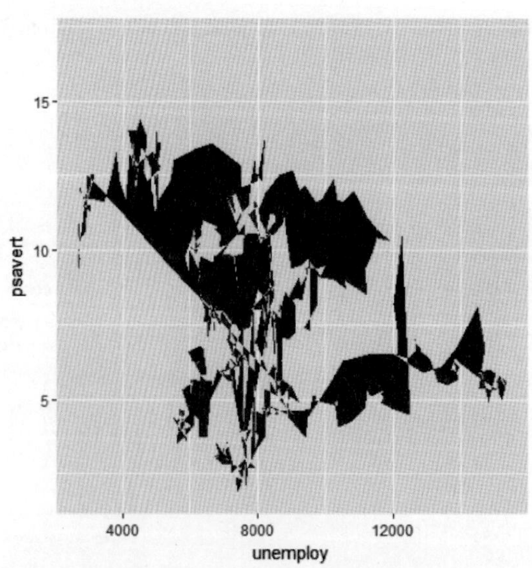

10.2.2.16 평활선

함수 geom_smooth는 두 수치형 변수의 관계를 평활방법에 의해 추정하여 평활선으로 나타내고 추정된 평활선의 신뢰구간도 함께 나타내주는 함수이다. 평활방법(method 옵션)으로 "lm", "glm", "gam", "loess", "rlm" 등을 선택할 수 있다. 기본값인 "auto"를 사용하면 표본 크기에 따라 적당한 평활방법을 자동으로 선택하게 된다. 평활 정도를 조정하는 span 옵션값이 클수록 더욱 평활이 이루어진다.

함수 geom_smooth의 사용 예는 [R-program 10.18]을 참조한다.

[R-program 10.18] 평활선의 예

```
> #(1) mpg : 패키지 ggplot2의 데이터 프레임
> # 데이터 설명: 1999년에서 2008년까지 출시된 38개 인기 차의 연비 자료로서
> # 234x11 데이터 프레임
>
> str(mpg[, c("displ", "hwy")])
Classes 'tbl_df', 'tbl' and 'data.frame':	234 obs. of  2 variables:
 $ displ: num  1.8 1.8 2 2 2.8 2.8 3.1 1.8 1.8 2 ...
 $ hwy  : int  29 29 31 30 26 26 27 26 25 28 ...
>
> #(2) [그림 10.50] 수치형 변수 displ 및 hwy의 관계를 나타낸 평활선
>
> # data-mpg, x-축 변수-수치형(displ), y-축 변수-수치형(hwy)
>
> # 함수 geom_point : x-축 및 y-축에  수치형 변수를 나타내고, 두 수치형 변수의
> # 좌표 값을 점으로 나타낸 산점도
>
> # 함수 geom_smooth : 두 수치형 변수의 관계를 평활방법에 의해 추정한 평활선과
> # 추정치의 신뢰구간을 함께 나타내주는 그래프
>
> # 평활방법으로 기본값("auto" 옵션) 사용
>
> g <- ggplot(mpg, aes(x = displ, y = hwy))
> g + geom_point() + geom_smooth()
```

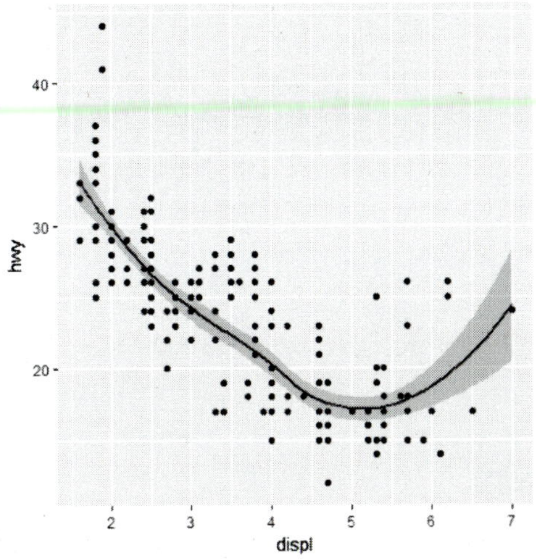

```
>
> #(3) [그림 10.51] 수치형 변수 displ 및 hwy의 관계를 나타낸 평활선
>
> # 옵션 span : 평활정도의 조정
>
> g + geom_point() + geom_smooth(span = 0.3)
```

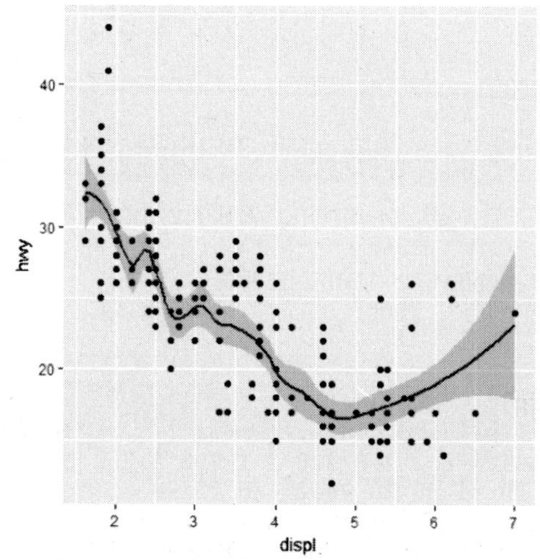

```
> #(4) [그림 10.52] 수치형 변수 displ 및 hwy의 관계를 나타낸 평활선
>
> # 옵션 method : 평활방법으로 선형 평활법("lm" 옵션) 사용,
> # 옵션 se=FALSE : 신뢰구간 표시 안함
>
> g + geom_point() + geom_smooth(method="lm", se=FALSE)
```

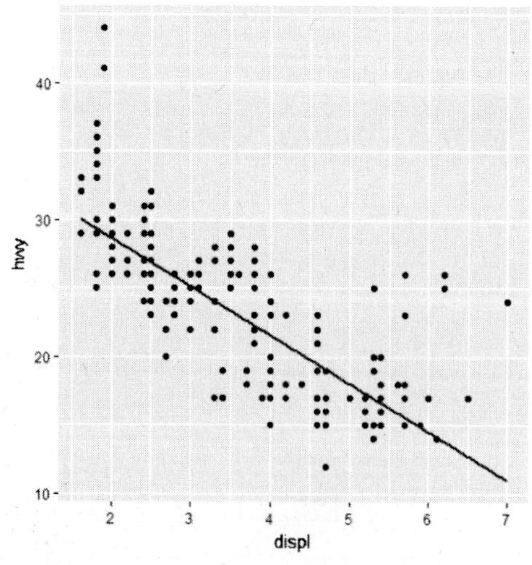

10.2.2.17 구간 면 그래프

함수 geom_ribbon은 주어진 x-축 변수값에 대해 y-축 변수값을 중심으로 최솟값(ymin 옵션) 및 최댓값(ymax 옵션)으로 정의된 구간을 연속적인 면으로 채워 나타낸 구간 면 그래프를 그리

는 함수이다. 구간 면 그래프는 보통 통계분석의 구간추정 혹은 구간예측에서 신뢰구간으로 표현되는 그림에서 자주 볼 수 있다.

함수 geom_ribbon의 사용 예는 [R-program 10.19]를 참조한다.

[R-program 10.19] 구간 면 그래프의 예

```
> #(1) LakeHuron : 패키지 datasets의 시계열
> # 데이터 설명 : 1875년부터 1972년까지 Huron 호의 년간 수위 측정치의 시계열(길이 88)
>
> str(LakeHuron)
 Time-Series [1:98] from 1875 to 1972: 580 582 581 581 580 ...
>
> #(2) 데이터 프레임 huron 생성 :
> # 시계열 LakeHuron을 벡터 level로 전환하여 시간변수 year과 합침
>
> huron <- data.frame(year = 1875:1972, level = as.vector(LakeHuron))
> head(huron)
  year  level
1 1875 580.38
2 1876 581.86
3 1877 580.97
4 1878 580.80
5 1879 579.79
6 1880 580.39

>
> #(3) [그림 10.53] 구간 면 그래프
>
> # 데이터-huron, x-축 변수-시간변수(year), y-축 변수-수치형(level)
>
> # 함수 geom_ribbon : 주어진 x 값에서 y 값을 중심으로 그린 구간 면 그래프
>
> # 함수 geom_line : x-축 변수 값의 순서대로 y-축 변수 값을 이어 그리는 선 그래프
>
> g <- ggplot(huron, aes(x=year, y=level))
> g + geom_ribbon(aes(ymin=level-1, ymax=level+1), fill = "grey55") +
+     geom_line()
```

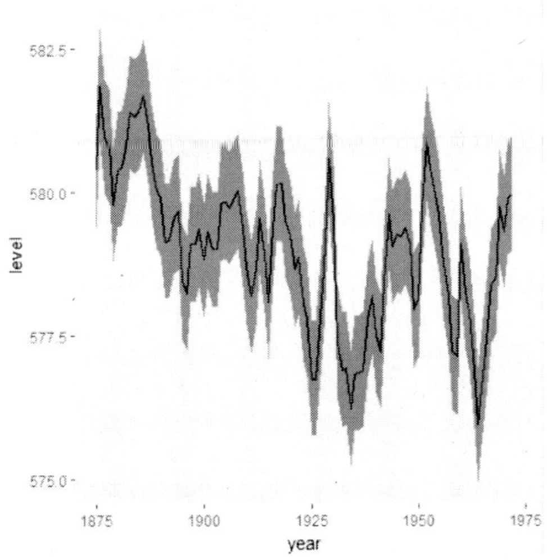

10.2.2.18 구간 그래프

함수 geom_linerange, geom_pointrange, geom_crossbar, 그리고 함수 geom_errorbar는 모두 x-축의 주어진 값에 대하여 y-축 변수값을 중심으로 최솟값(ymin 옵션) 및 최댓값(ymax 옵션)으로 정의된 구간을 다양한 형태로 그리는 함수이다. 앞서 설명한 면 구간 그래프는 구간을 연속적인 면으로 그리는 반면 이들 함수들은 이산적인 형태로 그린다.

함수 geom_linerange는 구간을 x-축에 수직인 선분으로 그리고, 함수 geom_pointrange는 구간을 x-축에 수직인 선분으로 그린 후 y 값을 점으로 추가하여 그린다. 함수 geom_crossbar는 구간을 x-축에 수직인 상자로 그리고 y 값을 상자 안에 굵은 가로 선으로 추가하여 그린다. 함수 geom_errorbar는 구간을 x-축에 수직인 工자로 표현한다. 함수 geom_errorbarh는 함수 geom_errorbar의 수평 버전으로 주어진 y-축 값에 대하여 x 값을 구간으로 나타내는데 구간을 y-축에 수직인 工자로 그리는 함수, 즉 x-축에서 보자면 H자로 그리는 함수이다. 이들 함수에서 너비(width 옵션)를 달리하여 구간을 나타내는 부호의 크기를 조정할 수 있다. 이러한 함수들은 보통 자료가 적은 통계분석에서 신뢰구간으로 표현되는 그림에서 자주 볼 수 있다.

구간 그래프 함수들의 사용 예는 [R-program 10.20]을 참조한다.

[R-program 10.20] 구간 그래프

```
> #(1) 데이터프레임 data1 생성
>
> data1 <- data.frame(
+     trt = factor(c(1, 1, 2, 2)),
+     resp = c(1, 5, 3, 4),
+     group = factor(c(1, 2, 1, 2)),
+     lower = c(0.8, 4.6, 2.4, 3.6),
+     upper = c(1.1, 5.3, 3.3, 4.2)); data1
  trt resp group lower upper
1   1    1     1   0.8   1.1
2   1    5     2   4.6   5.3
3   2    3     1   2.4   3.3
4   2    4     2   3.6   4.2
>
> #(2) [그림 10.54] 범주형 변수 group 및 trt 별, 수치형 변수 resp의 구간 그래프
>
> # 데이터-data1, x-축 변수-범주형(trt), y-축 변수-수치형(resp)
> # 범주형 변수 group의 범주별 색깔로 구별
>
> g1 <- ggplot(data1, aes(trt, resp, colour=group))
>
> # 함수 geom_linerange : 구간 [ymin, ymax]를 x-축에 수직인 선분으로 그린 구간 그래프
>
> g1 + geom_linerange(aes(ymin=lower, ymax=upper))
```

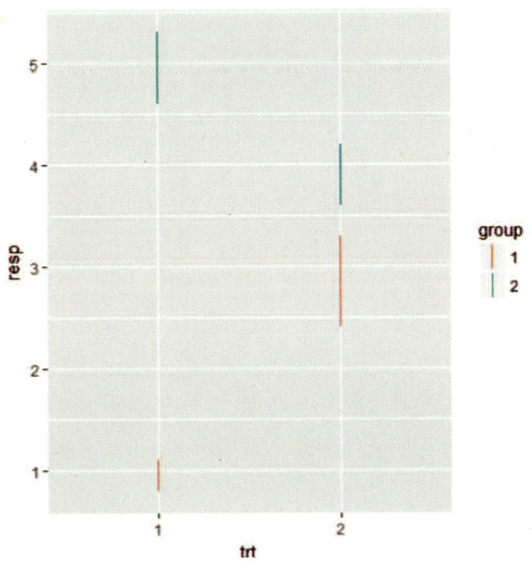


```
> #(3) [그림 10.55] 범주형 변수 group 및 trt 별, 수치형 변수 resp의 구간 그래프
>
> # 함수 geom_pointrange : 구간 [ymin, ymax]를 x-축에 수직인 선분으로 그리고
> # 구간 내에 y 값을 점으로 추가하여 그린 구간 그래프
>
> g1 + geom_pointrange(aes(ymin=lower, ymax=upper))
```

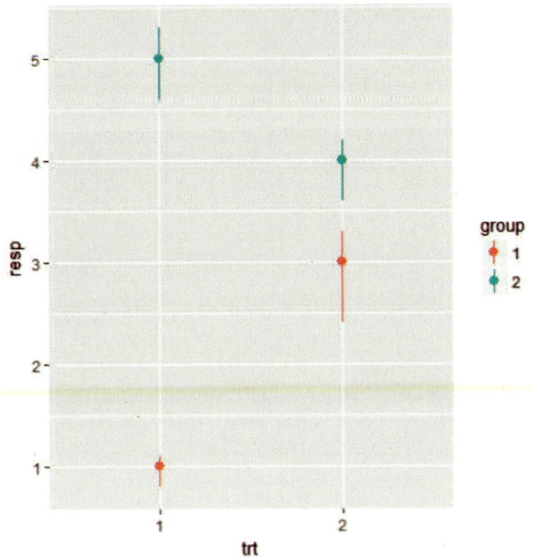


```
> #(4) [그림 10.56] 범주형 변수 group 및 trt 별, 수치형 변수 resp의 구간 그래프
>
> # 함수 geom_crossbar : 구간 [ymin, ymax]를 x-축에 수직인 상자로 그리고
> # y 값을 상자 안에 굵은 가로 선으로 추가하여 그린 구간 그래프
>
> g1 + geom_crossbar(aes(ymin=lower, ymax=upper), width=0.2)
```

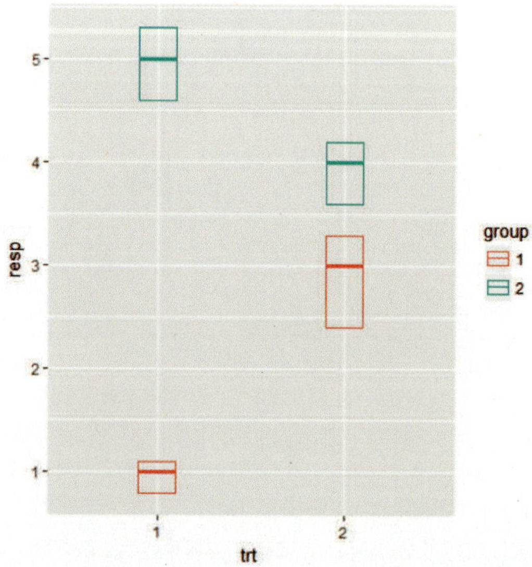


```
> #(5) [그림 10.57] 범주형 변수 group 및 trt 별, 수치형 변수 resp의 구간 그래프
>
> # 함수 geom_errorbar : 구간 [ymin, ymax]를 x-축에 수직인 工자로 그린 구간 그래프
>
> g1 + geom_errorbar(aes(ymin=lower, ymax=upper), width=0.2)
```

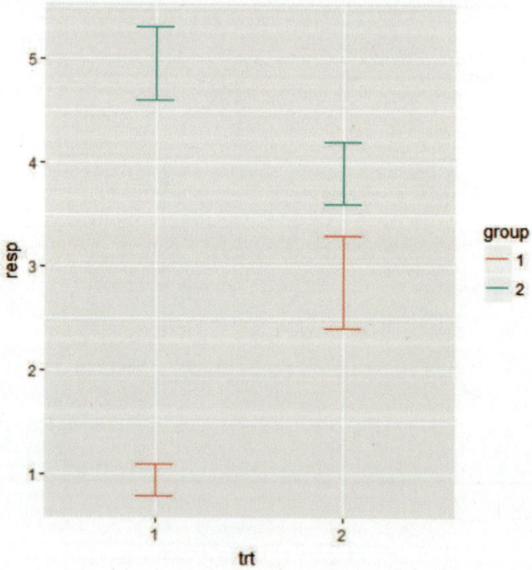


```
> #(6) [그림 10.58] 범주형 변수 group 및 trt 별, 수치형 변수 resp의 구간 그래프
>
> # 데이터-data1, x-축 변수-수치형(resp),  y-축 변수-범주형(trt)
> # 범주형 변수 group의 범주별 색깔로 구별
>
> g2 <- ggplot(data1, aes(resp, trt, colour=group))
>
> # 함수 geom_errorbarh : 구간 [xmin, xmax]를 y-축에 수직인 工자로 그린 구간 그래프
>
> g2 + geom_errorbarh(aes(xmin=lower, xmax=upper))
```

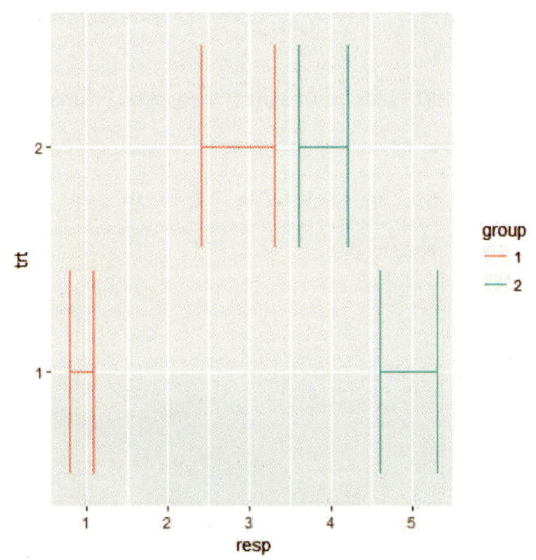

10.2.2.19 텍스트 그래프

함수 geom_text 및 함수 geom_label를 사용하면 그래프 위에 문자형 변수의 텍스트를 나타낼 수 있다. 함수 geom_text는 텍스트의 배경이 없이 텍스트만 나타내고, 함수 geom_label은 텍스트의 기본 배경이 흰색인 텍스트를 나타낸다. 또한 옵션 colour, fill 등을 함수 aes에서 사용하여 범주형 변수의 범주에 따라 색상이 다르게 텍스트를 나타낼 수 있다.

옵션 vjust 혹은 hjust를 사용하여 데이터 점으로 부터 텍스트를 상하 혹은 좌우로 간격 띄우기를 할 수 있다.

함수 geom_text 및 geom_label의 사용 예는 각각 [R-program 10.21] 및 [R-program 10.22]를 참조한다.

[R-program 10.21] 배경이 없는 텍스트 그래프의 예

```
> #(1) Cars2015 : 패키지 Lock5Data의 데이터 프레임
> # 데이터 설명: 2015년 신형 자동차 모델의 정보를 갖는 110X24 데이터 프레임
>
> str(Cars2015[, c("Weight", "Length", "Make", "Type")])
'data.frame':	110 obs. of  4 variables:
 $ Weight: int  2345 2550 2575 2085 2470 3260 3140 3330 2990 2385 ...
 $ Length: int  145 172 172 149 164 184 181 167 179 154 ...
 $ Make  : Factor w/ 37 levels "Acura","Audi",..: 7 17 21 29 30 10 8 12 13 35 ...
 $ Type  : Factor w/ 6 levels "7Pass","Hatchback",..: 2 2 3 2 2 3 3 2 2 2 ...
>
> #(2) [그림 10.59] 배경이 없는 텍스트 그래프
>
```

```
> # 데이터-Cars2015, x-축 변수-수치형(Weight), y-축 변수-수치형(Length),
> # 레이블 변수-문자형(Make)
>
> g <- ggplot(data=Cars2015,aes(x=Weight, y=Length, label=Make))
>
> # 함수 geom_text : 문자형 변수의 텍스트 값을 배경 없이 나타냄
>
> # 옵션 size=5(문자 크기 5), angle=10(문자 기울기 10도)
>
> g + geom_text(size=5, angle=10)
```

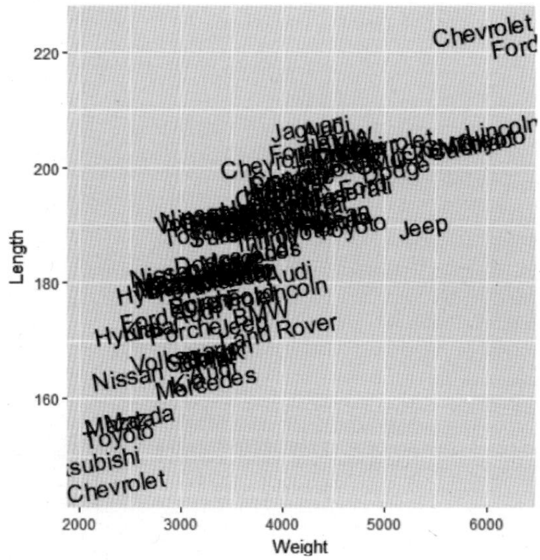


```
> #(3) [그림 10.60] 배경이 없는 텍스트 그래프
>
> # 옵션 check_overlap=TRUE : 겹쳐보이는 텍스트 제거
>
> g + geom_text(check_overlap=TRUE)
```

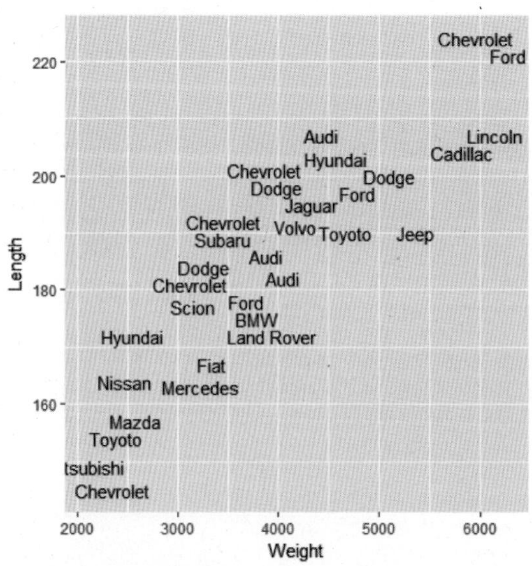

```
> #(4) [그림 10.61] 산점도 위에 나타낸 배경이 없는 텍스트 그래프
>
> # 함수 geom_point : x-축 및 y-축에  수치형 변수를 나타내고, 두 수치형 변수이
> # 좌표 값을 점으로 나타낸 산점도
>
> # 옵션 vjust=w(점 아래로 w만큼), vjust=-w(점 위로 w만큼) 떨어져 텍스트를 배치
> # 옵션 vjust=1.3 => 점 아래로 1.3만큼 떨어져 텍스트를 배치
>
> g + geom_point() + geom_text(vjust=1.3)
```

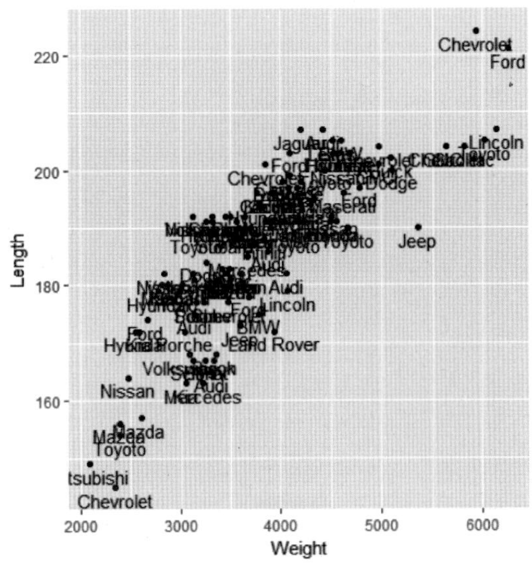

```
> #(5) [그림 10.62]  산점도 위에 나타낸 배경이 없는 텍스트 그래프
>
> # 옵션 hjust=w(점 왼편으로 w만큼), hjust=-w(점 오른편으로 w만큼) 떨어져 텍스트를 배치
> # 옵션 hjust=-0.2 => 점 오른편으로 0.2만큼 떨어져 텍스트를 배치
>
> g + geom_point() + geom_text(hjust=-0.2)
```

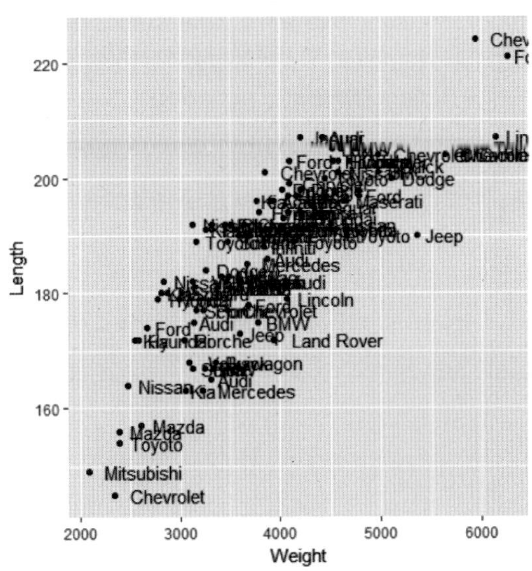

```
> #(6) [그림 10.63] 배경이 없는 텍스트 그래프
>
> # 옵션 colour=Type : 범주형 변수 Type의 범주별 텍스트의 색깔을 다르게 조정
>
> g + geom_text(aes(colour=Type))
```

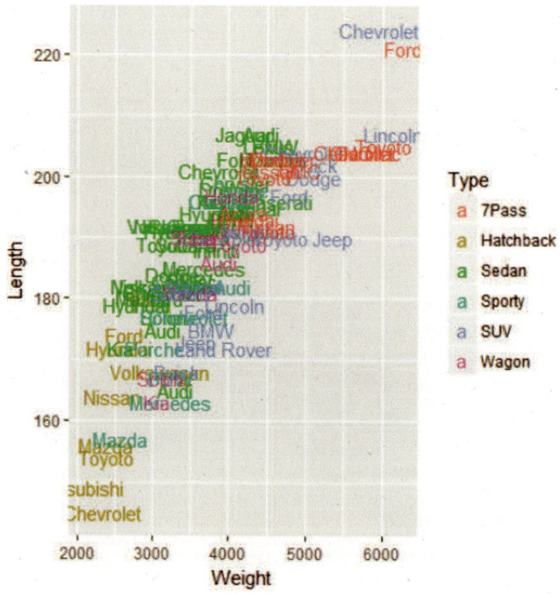

[R-program 10.22] 배경이 있는 텍스트 그래프의 예

```
> #(1) Cars2015 : 패키지 Lock5Data의 데이터 프레임
> # 데이터 설명: 2015년 신형 자동차 모델의 정보를 갖는 110X24 데이터 프레임
>
> str(Cars2015[, c("Weight", "Length", "Make", "Type")])
'data.frame':   110 obs. of  4 variables:
 $ Weight: int  2345 2550 2575 2085 2470 3260 3140 3330 2990 2385 ...
 $ Length: int  145 172 172 149 164 184 181 167 179 154 ...
 $ Make  : Factor w/ 37 levels "Acura","Audi",..: 7 17 21 29 30 10 8 12 13 35 ...
 $ Type  : Factor w/ 6 levels "7Pass","Hatchback",..: 2 2 3 2 2 3 3 2 2 2 ...
>
> #(2) [그림 10.64] 배경이 있는 텍스트 그래프
>
> # 데이터-Cars2015, x-축 변수-수치형(Weight), y-축 변수-수치형(Length),
> # 레이블 변수-문자형(Make)
>
> g <- ggplot(data=Cars2015, aes(x=Weight, y=Length, label=Make))
>
> # 함수 geom_label : 문자형 변수의 텍스트값을 배경 안에 나타냄
>
> # 옵션 colour=Type : 범주형 변수 Type의 범주별 텍스트의 색깔을 다르게 조정
>
> g + geom_label(aes(colour=Type))
```

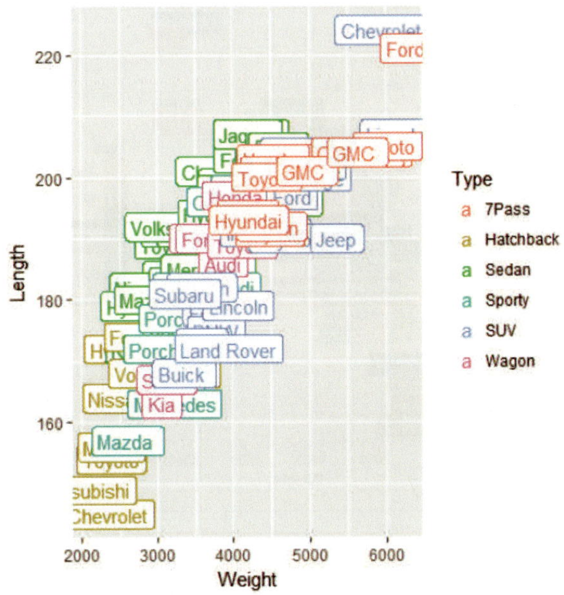


```
> #(3) [그림 10.65] 배경이 있는 텍스트 그래프
>
> # 옵션 fill=Type : 범주형 변수 Type의 범주별 배경의 채움 색깔을 다르게 조정
>
> g + geom_label(aes(fill=Type))
```

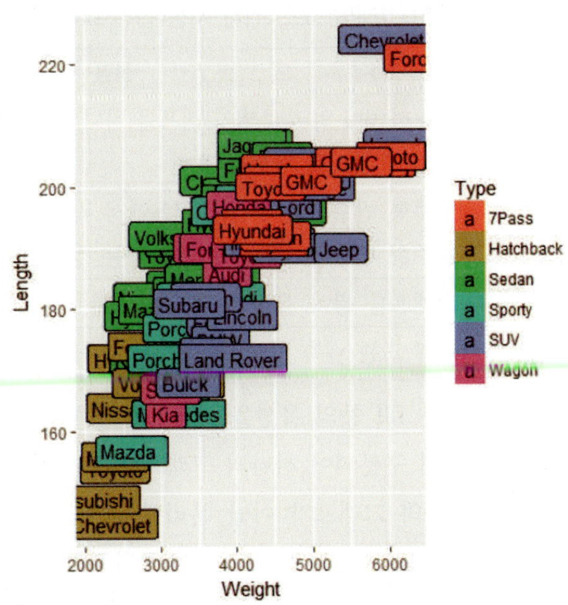


```
> #(4) [그림 10.66] 배경이 있는 텍스트 그래프
>
> # 옵션 fill=Type : 범주형 변수 Type의 범주별 배경의 채움 색깔을 다르게 조정
> # 옵션 colour="white" : 텍스트 색깔은 흰색
>
> g + geom_label(aes(fill=Type), colour="white")
```

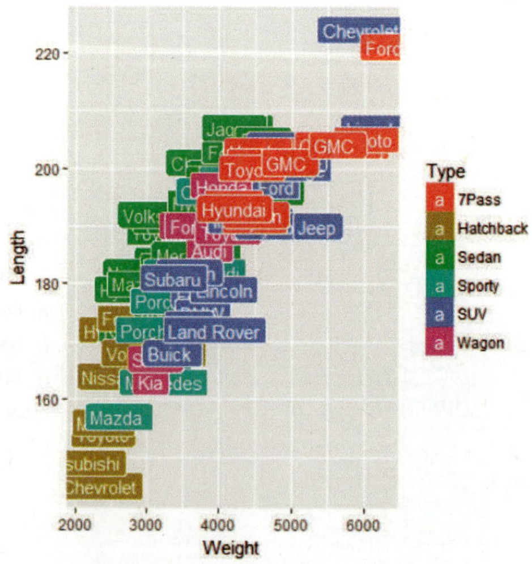

10.2.3 그래픽 요소 위치 지정

그래프 내 요소들의 위치를 지정하기 위해서는 geom_ 함수 내에서 position 옵션을 사용한다. 옵션 position에 대한 설명은 [표 10.5]에 요약 설명되어 있다.

[표 10.5] 그래픽 요소 위치 지정 옵션 position

옵션	설명
position="dodge"	범주형 변수의 범주별 그래프를 하나의 그래프로 표현하지 않고 각각의 그래프로 나누어 표현
position="fill"	범주형 변수의 범주별 그래프에서 각 범주를 전체 1로 놓고 다른 범주형 변수의 범주별로 점유하는 상대적인 비율로 표현
position="stack"	그래프를 쌓아 올려 누적시켜 표현
position=position_nudge	x-축 또는 y-축 값을 기준으로 그래픽 요소의 위치 조정

보통 함수 aes 내에 colour 혹은 fill 등의 옵션을 사용하면 범주형 변수의 범주별 그래프가 점, 선, 혹은 면의 색상 등에 의해 구분되어 하나의 그래프로 표현된다. 이때 옵션 position의 값으로 "dodge"를 사용하면 하나의 그래프가 아닌 분리된 그래프로 나누어 표현하게 한다. position 옵션값으로 "fill"을 사용하면 범주형 변수의 각 범주별로 나타나는 값이나 빈도를 전체 1로 하여 또 다른 범주형 변수의 값 혹은 빈도가 차지하는 상대적인 비율로 그래프를 표현한다. position 옵션값 중에서 "statck"을 사용하면 범주형 변수의 범주별 그래프를 하나씩 쌓아 올려 누적시킨 형태로 표현한다. position 옵션 중에서 position_nudge는 geom_ 그래프에서 x-축 또는 y-축 값을 기준으로 그래픽 요소의 위치를 조정할 때 사용한다.

옵션 position의 4가지 값의 사용 예는 [R-program 10.23] ~ [R-program 10.26]을 각각 참조한다.

[R-program 10.23] 옵션 position="dodge"에 의한 그래픽 요소 위치 지정 예

```
> #(1) StudentSurvey: 패키지 Lock5Data의 데이터 프레임
> # 데이터 설명: 기초통계학을 수강한 362명 학생들의 17개 문항에 대한
> # 설문 자료로서 362X17 데이터 프레임
>
> str(StudentSurvey[, c("GPA", "Gender")])
'data.frame':	362 obs. of  2 variables:
 $ GPA   : num  3.13 2.5 2.55 3.1 2.7 3.2 2.77 3.3 2.8 3.7 ...
 $ Gender: Factor w/ 2 levels "F","M": 2 1 2 2 1 1 1 2 1 1 ...
>
> #(2) [그림 10.67] 범주형 변수 Gender의 범주별 수치형 변수 GPA의 히스토그램
>
> # 데이터-StudentSurvey, x-축 변수-수치형(GPA), 범주별 채움 변수-범주형(Gender)
>
> # 옵션 position="dodge" 를 사용하지 않았을 때 :
> # 하나의 히스토그램 막대에 범주형 변수 Gender의 범주별 채움의 색깔에 의해 구별
>
> g <- ggplot(data=StudentSurvey, aes(x=GPA, fill=Gender))
> g + geom_histogram()
```

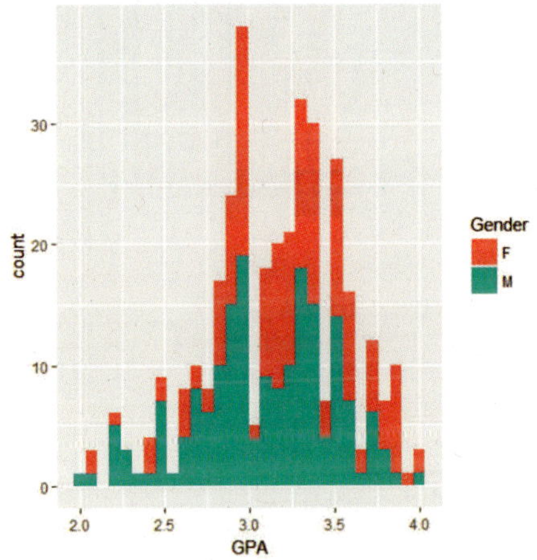


```
> #(3) [그림 10.68] 범주형 변수 Gender의 범주별 수치형 변수 GPA의 히스토그램
>
> # 옵션 position="dodge" : Gender의 범주별 히스토그램을 분리하여 병렬
>
> g + geom_histogram(position="dodge")
```

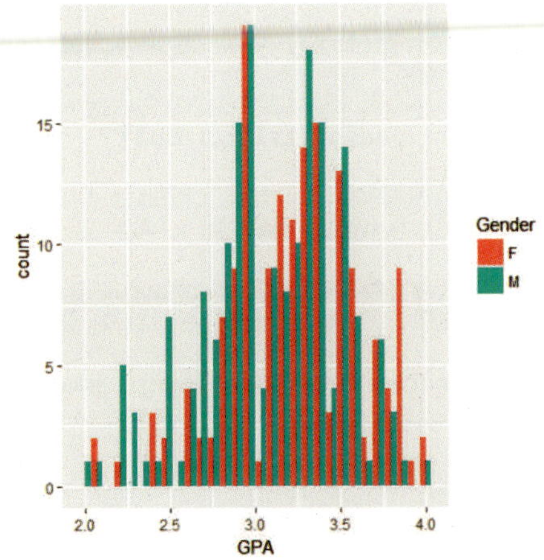

```
> #(4) [그림 10.69] 범주형 변수 Gender의 범주별 수치형 변수 GPA의 히스토그램
>
> # 옵션 position=position_dodge(width=1) :
> # Gender의 범주별 히스토그램을 분리하고 막대 간격을 1로 조정
>
> g + geom_histogram(position=position_dodge(width=1))
```

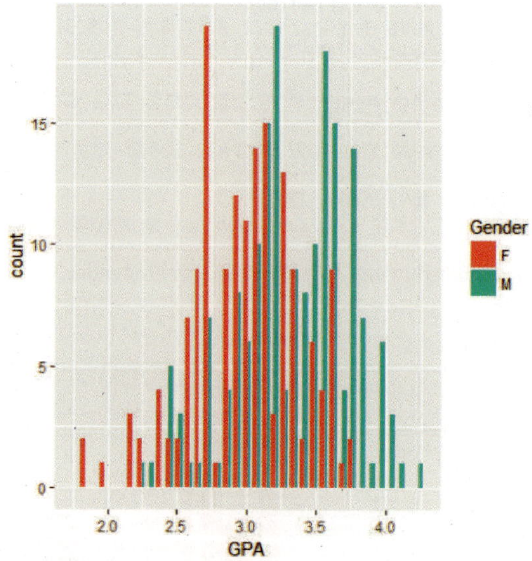


```
> #(5) 데이터 프레임 data1 생성
>
> data1 <- data.frame(
+     trt = factor(c(1, 1, 2, 2)),
+     resp = c(1, 5, 3, 4),
+     group = factor(c(1, 2, 1, 2)),
+     lower = c(0.8, 4.6, 2.4, 3.6),
+     upper = c(1.1, 5.3, 3.3, 4.2)); data1
  trt resp group lower upper
1   1    1     1   0.8   1.1
2   1    5     2   4.6   5.3
3   2    3     1   2.4   3.3
4   2    4     2   3.6   4.2
>
> #(6) [그림 10.70] 막대 그래프와 구간 그래프를 함께 그린 그래프
>
> # 데이터-data1, x-축 변수-범주형(trt), y-축 변수-수치형(resp),
> # 범주별 채움 변수-범주형(group)
>
> g <- ggplot(data1, aes(trt, resp, fill=group))
>
> # 함수 geom_col : y-축에 수치형 변수의 합을 나타내는 막대그래프
> # 함수 geom_errorbar : 구간 [ymin, ymax]를 x-축에 수직인 꼬자로 그린 구간 그래프
>
> # 옵션 position="dodge"을 사용하지 않을때 : group의 범주 별로
> # 막대 그래프를 분리하지 않으며, 구간 그래프도 분리하지 않음
>
> g + geom_col() + geom_errorbar(aes(ymin=lower, ymax=upper), width=0.25)
```

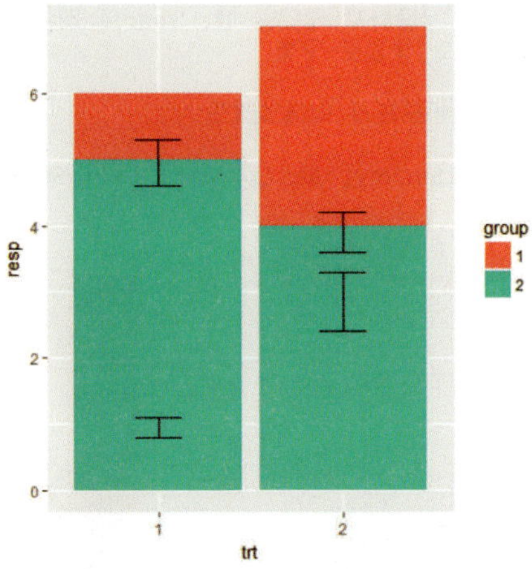


```
> #(7) [그림 10.71] 막대 그래프와 구간 그래프를 함께 그린 그래프
>
> # 옵션 position="dodge"를 사용하였을 때 : group의 범주 별로
> # 막대 그래프를 분리하며, 구간 그래프도 분리함
>
> g + geom_col(position="dodge") +
+     geom_errorbar(aes(ymin=lower, ymax=upper), position="dodge", width=0.25)
```

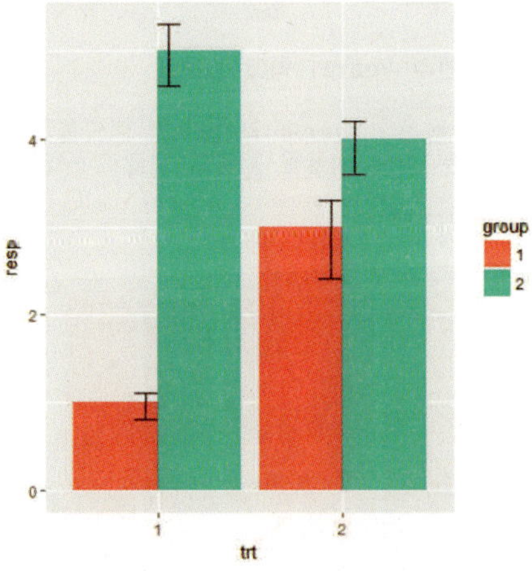

[R-program 10.24] 옵션 position="fill"에 의한 그래픽 요소 위치 지정 예

```
> #(1) StudentSurvey: 패키지 Lock5Data의 데이터 프레임
> # 데이터 설명: 기초통계학을 수강한 362명 학생들의 17개 문항에 대한
> # 설문 자료로서 362X17 데이터 프레임
>
> str(StudentSurvey[, c("Year", "Smoke")])
'data.frame':   362 obs. of  2 variables:
 $ Year : Factor w/ 5 levels "","FirstYear",..: 4 5 2 3 5 5 2 5 3 2 ...
 $ Smoke: Factor w/ 2 levels "No","Yes": 1 2 1 1 1 1 1 1 1 1 ...
>
> #(2) [그림 10.72] 범주형 변수 Year의 막대 그래프
>
> # 데이터-StudentSurvey, x-축 변수-범주형(Year), 범주별 채움 변수-범주형(Smoke)
>
```

```
> # 옵션 position="fill"을 사용하지 않았을 때: Year의 각 범주에서 Smoke의 각 범주가
> # 점유하는 실제 빈도를 채움의 색깔로 구별
>
> # 함수 geom_bar : y-축에 빈도표시 막대그래프
>
> g <- ggplot(data=StudentSurvey, aes(x=Year, fill=Smoke))
> g + geom_bar()
```

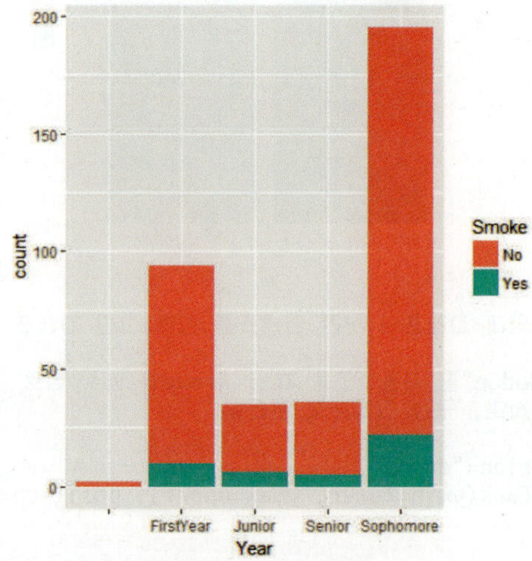


```
> #(3) [그림 10.73] 범주형 변수 Year의 막대 그래프
>
> # 옵션 position="fill" 사용 :  Year의 각 범주별 빈도를 1로 놓고 각 범주 내에서
> # Smoke의 각 범주가 점유하는 상대 비율을 채움의 색깔로 구별
>
> g + geom_bar(position="fill")
```

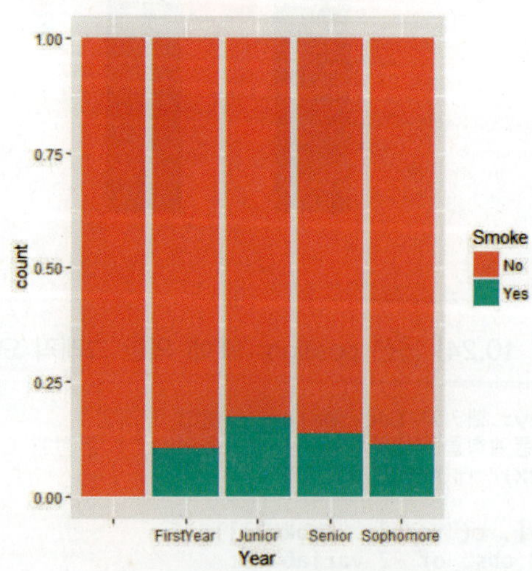

[R-program 10.25] 옵션 position="stack" 의한 그래픽 요소 위치 지정 예

```
> #(1) StudentSurvey: 패키지 Lock5Data의 데이터 프레임
> # 데이터 설명: 기초통계학을 수강한 362명 학생들의 17개 문항에 대한
> # 설문 자료로서 362X17 데이터 프레임
```

```
>
> str(StudentSurvey[, c("Year", "GPA")])
'data.frame':	362 obs. of  2 variables:
 $ Year: Factor w/ 5 levels "","FirstYear",..: 4 5 2 3 5 5 2 5 3 2 ...
 $ GPA : num  3.13 2.5 2.55 3.1 2.7 3.2 2.77 3.3 2.8 3.7 ...
>
> #(2) [그림 10.74] 범주형 변수 Year의 범주별 빈도다각형
>
> # 데이터-StudentSurvey, x-축 변수-수치형(GPA), 범주별 색깔 변수-범주형(Year)
>
> # 함수 geom_freqpoly : 히스토그램 막대의 윗 가로변의 중앙점을 이어 그린 빈도다각형
>
> # 옵션 position="stack"을 사용하지 않았을 때 : Year의 범주별 빈도다각형을
> # 색깔로 구분하여 나타냄
>
> g <- ggplot(data=StudentSurvey, aes(x=GPA, colour=Year))
> g + geom_freqpoly()
```

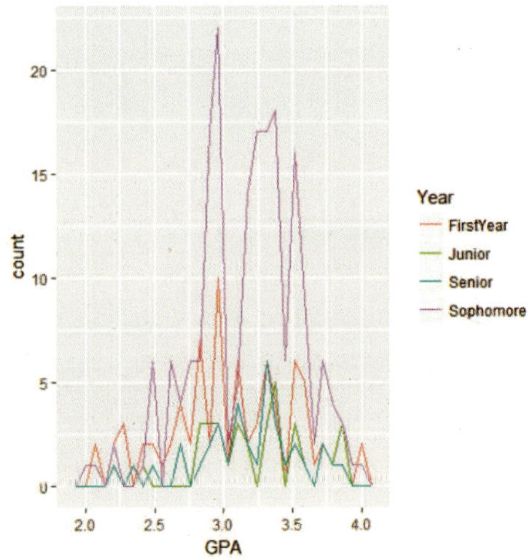


```
> #(3) [그림 10.75] 범주형 변수 Year의 범주별 빈도다각형
>
> # 옵션 position="stack"의 사용에 의해 빈도다각형의 누적
>
> g + geom_freqpoly(position="stack")
```

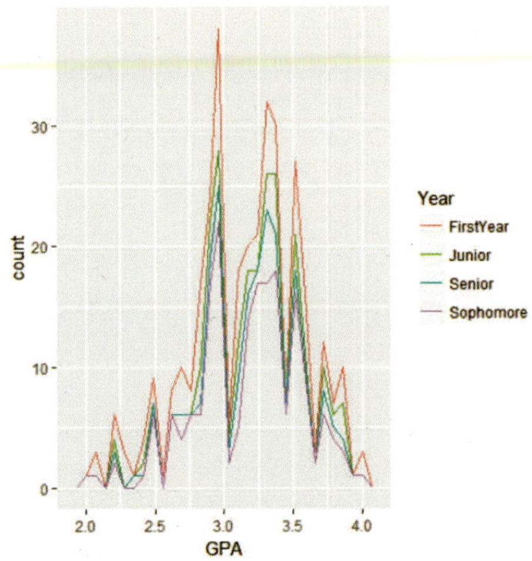

[R-program 10.26] 옵션 position=position_nudge에 의한 그래픽 요소 위치 지정 예

```
> #(1) 데이터 프레임  data1 생성
> data1 <- data.frame(xvec = c(1,3,2,5), yvec = c("a","c","d","c")); data1
  xvec yvec
1    1    a
2    3    c
3    2    d
4    5    c
>
> #(2) [그림 10.76] 산점도에 표현한 텍스트 그래프
>
> # 데이터-data1, x-축 변수-수치형(xvec), y-축 변수-범주형(yvec), 레이블 변수-문자형(yvec
>
> # 옵션 position=position_nudge을 사용하지 않았을 때: 점과 텍스트가 겹침
>
> g <- ggplot(data1, aes(x=xvec, y=yvec, label=yvec))
> g + geom_point() + geom_text()
```

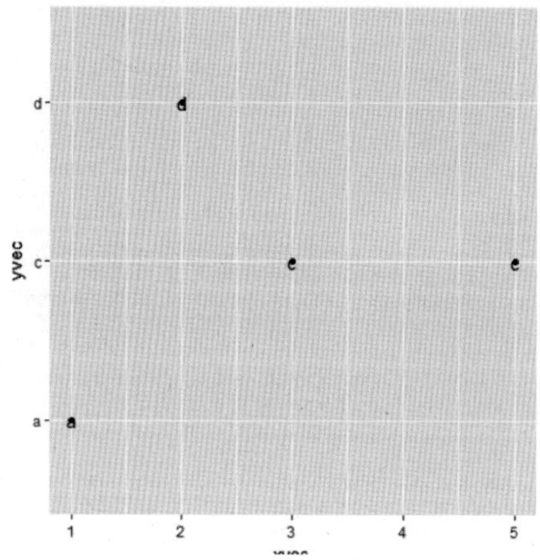


```
> #(3) [그림 10.77] 산점도에 표현한 텍스트 그래프
>
> # 옵션 position=position_nudge(y=-0.1) : 점 아래로 0.1만큼 텍스트를 배치하여
> # 점과 텍스트가 겹치지 않음
>
> g + geom_point() + geom_text(position = position_nudge(y=-0.1))
```

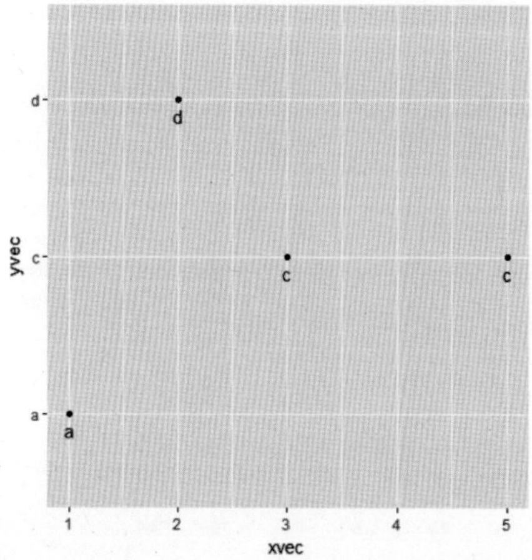

10.2.4 통계적 변환

그래프를 그릴 때 사전에 데이터의 변환 없이 주어진 데이터의 원래 값을 그대로 표현하는 그래프들이 있다. 예를 들면 산점도(scatter plot)는 데이터의 변환이 필요 없는 그래프로서 원래 관측치 (x, y)와 동일한 값이 xy-좌표 위에 점으로 표현된다. 그러나 막대 그래프, 상자 그래프, 히스토그램, 빈도다각형, 평활선 등의 그래프들은 원 데이터를 그대로 사용하지 않고 중간 과정으로 통계적 변환이 필요하다. 예를 들면 막대 그래프는 범주형 변수의 범주별로 빈도를 계산해야 하며, 히스토그램을 그리기 위해서는 데이터의 분포를 나타내기에 적절한 구간의 개수를 정한 후 각 구간에 속하는 빈도를 계산해야 한다.

함수 ggplot로 그래프를 그릴 때 원 데이터를 바로 사용하지 않고 통계적 변환 후 그래프를 그려야 하는 경우에 geom_ 함수의 옵션 stat는 기본 통계적 변환 값을 가지고 있다. [R-program 10.27]에서 그래프 함수 geom_ 및 통계적 변환 함수 stat_의 요소 예로부터 설명해보면, 히스토그램 함수인 geom_histogram의 요소 중 stat="bin"은 통계적 변환의 기본값으로 히스토그램을 그리기 위해 원자료에 대해 중간 과정으로서 통계적 변환 함수 stat_bin을 수행한다. 이에 대한 예는 [R-program 10.28]의 [그림 10.78]의 message를 보면 알 수 있다.

함수 stat_bin 혹은 stat_count의 요소 중 옵션 geom="bar"는 그래프 기본값으로 geom_bar를 수행한다. 즉, 함수 stat_bin 혹은 stat_count는 기본적으로 막대 그래프를 그리는 geom_bar와 같은 역할을 한다. 이에 대한 예는 [R-program 10.28]의 [그림 10.80]을 참조한다.

때때로 통계적 변환의 기본값이 맞지 않은 경우는 이를 변경해서 사용해야 한다. 예를 들면 [R-program 10.28]의 [그림 10.81]에서 보듯이 함수 geom_bar의 통계적 변환의 기본값은 stat="count"인 빈도를 계산하는 것인데 막대가 수치형 변수의 평균값 자체를 의미한다면 오류가 발생한다. 따라서 [R-program 10.28]의 [그림 10.82]에서와 같이 평균값을 변환 없이 그대로 사용한다는 의미인 stat="identity"로 변경해야 한다.

[R-program 10.27] 그래프 함수 geom_ 및 통계적 변환 함수 stat_의 요소 예

```
> #(1) 함수 geom_histogram의 요소
>
> # 옵션 stat="bin" : 통계적 변환의 기본값으로 함수 stat_bin의 수행
>
> args(geom_histogram)
function (mapping = NULL, data = NULL, stat = "bin", position = "stack",
    ..., binwidth = NULL, bins = NULL, na.rm = FALSE, show.legend = NA,
    inherit.aes = TRUE)

>
> #(2) 함수 stat_bin의 요소
>
> # 옵션 geom="bar" : 그래프 기본값으로 geom_bar의 수행
>
> args(stat_bin)
function (mapping = NULL, data = NULL, geom = "bar", position = "stack",
    ..., binwidth = NULL, bins = NULL, center = NULL, boundary = NULL,
```

```
    breaks = NULL, closed = c("right", "left"), pad = FALSE,
    na.rm = FALSE, show.legend = NA, inherit.aes = TRUE)

>
> #(3) 함수 geom_bar의 요소
>
> # 옵션 stat="count" : 통계적 변환의 기본값으로 함수 stat_count의 수행
>
> args(geom_bar)
function (mapping = NULL, data = NULL, stat = "count", position = "stack",
    ..., width = NULL, binwidth = NULL, na.rm = FALSE, show.legend = NA,
    inherit.aes = TRUE)

>
> #(4) 함수 stat_count의 요소
>
> # 옵션 geom="bar" : 그래프 기본값으로 geom_bar의 수행
>
> args(stat_count)
function (mapping = NULL, data = NULL, geom = "bar", position = "stack",
    ..., width = NULL, na.rm = FALSE, show.legend = NA, inherit.aes = TRUE)
```

[R-program 10.28] 통계적 변환을 위한 함수 geom_ 및 함수 stat_의 사용 예

```
> #(1) NutritionStudy : 패키지 Lock5Data의 데이터 프레임
> # 데이터 설명: 315명 개인의 영양과 건강에 관련된 315X17 데이터 프레임
>
> str(NutritionStudy[, c("PriorSmoke", "Cholesterol")])
'data.frame':   315 obs. of  2 variables:
 $ PriorSmoke : int  2 1 2 2 1 2 1 1 1 2 ...
 $ Cholesterol: num  170.3 75.8 257.9 332.6 170.8 ...
>
> #(2) [그림 10.78] 수치형 변수 Cholesterol의 히스토그램
>
> # 데이터-NutritionStudy, x-축 변수-수치형(Cholesterol)
>
> g1 <- ggplot(data=NutritionStudy, aes(x=Cholesterol))
>
> # 옵션 stat="bin"(기본값): 통계적 변환 함수 stat_bin을 사용하여 구간수=30인 히스토그램
>
> g1 + geom_histogram()
`stat_bin()` using `bins = 30`. Pick better value with `binwidth`.
```

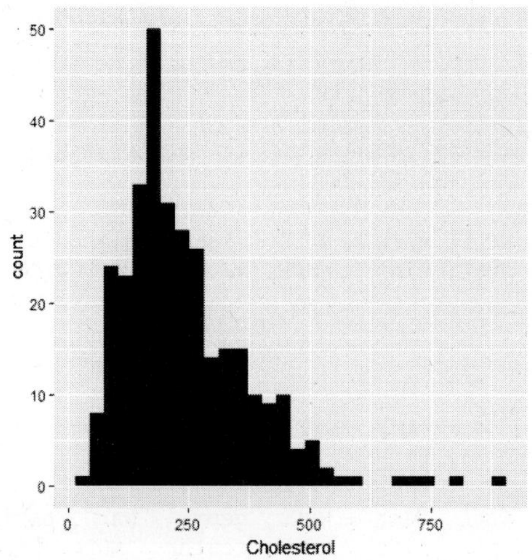

```
> #(3) [그림 10.79] 범주형 변수 PriorSmoke의 범주별 막대그래프
>
> # 데이터-NutritionStudy, x-축 변수-범주형(PriorSmoke)
>
> g2 <- ggplot(data=NutritionStudy, aes(x= PriorSmoke))
>
> # 옵션 stat="count"(기본값): 통계적 변환 함수 stat_count를 사용
>
> g2 + geom_bar()
```

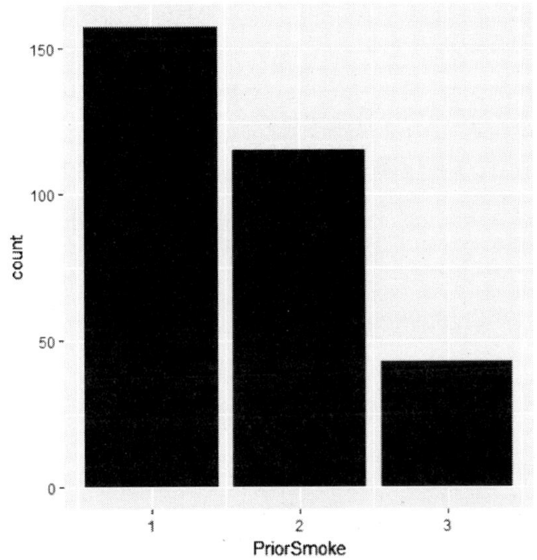


```
> #(4) [그림 10.80] 범주형 변수 PriorSmoke의 범주별 막대그래프
>
> # 옵션 geom="bar"(기본값): 막대 그래프 함수 geom_bar를 사용
>
> g2 + stat_count()
```

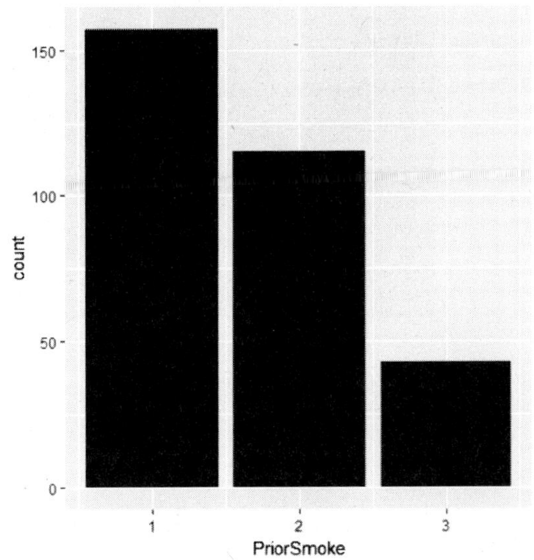

```
> #(5) 범주형 변수 PriorSmoke의 범주별 수치형 변수 Cholesterol의 평균값 계산
>
> # 함수 aggregate의 사용 예 : [R-program 5.29] 참조
>
> data1 <- aggregate(Cholesterol ~ PriorSmoke, NutritionStudy, mean); data1
  PriorSmoke Cholesterol
1          1    228.3911
2          2    250.4243
3          3    272.5326
>
> #(6) [그림 10.81] 범주형 변수 PriorSmoke의 범주별 수치형 변수 Cholesterol
> # 평균값의 막대그래프
>
> # 데이터-NutritionStudy, x-축 변수-범주형(PriorSmoke),
> # y-축 변수-수치형(Cholesterol)의 평균값
>
> g2 <- ggplot(data1, aes(x=PriorSmoke, y=Cholesterol))
>
> # 오류 발생 : 옵션 stat="count"(기본값)에 의해 통계적 변환 함수 stat_count를
> # 사용했을 때 y 값이 수치형이므로 빈도를 계산하는 형식이 아님
>
> g2 + geom_bar()
Error: stat_count() must not be used with a y aesthetic.

>
> #(7) [그림 10.82] 범주형 변수 PriorSmoke의 범주별 수치형 변수 Cholesterol
> # 평균값의 막대 그래프
>
> # 옵션 stat="identity" : 통계적 변환을 하지 않고 원값 즉, 평균값을 그대로 사용
>
> g2 + geom_bar(stat="identity")
```

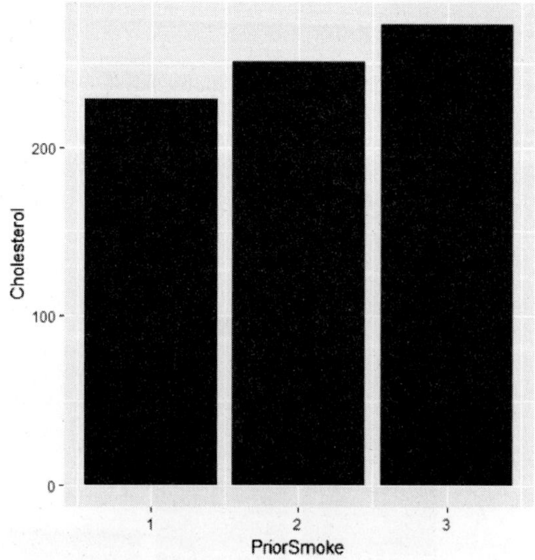

10.3 함수 ggplot의 구성 – Scale

함수 ggplot를 구성하는 Scale 함수는 범례, 축, 제목 등이 어떻게 표시되는지를 결정하는 함수이다. [표 10.6]은 다양한 scale 함수에 대한 요약 설명이다.

[표 10.6] 축 조정 함수 및 범례 조정을 위한 scale_ 함수

함수	설명
expand_limits	x-축, y-축, 범례 범위의 확장
lims	x-축 및 y-축의 범위를 조정
xlim	x-축의 범위를 조정
ylim	y-축의 범위를 조정
scale_x_continuous	x-축 수치형 변수에 대해 축 이름, 축 눈금 범위 및 축 눈금 이름 조정
scale_y_continuous	y-축 수치형 변수에 대해 축 이름, 축 눈금 범위 및 축 눈금 이름 조정
scale_x_discrete	x-축 범주형 변수에 대해 축 이름, 축 눈금 범위 및 축 눈금 이름 조정
scale_y_discrete	y-축 범주형 변수에 대해 축 이름, 축 눈금 범위 및 축 눈금 이름 조정
scale_linetype	함수 aes에서 옵션 linetype을 사용한 그래프의 범례 조정
scale_shape	함수 aes에서 옵션 shape를 사용한 그래프의 범례 조정
scale_size	함수 aes에서 옵션 size를 사용한 그래프의 범례 조정
scale_alpha	함수 aes에서 옵션 alpha를 사용하여 수치형 변수에 대한 점의 투명도를 다르게 그린 그래프의 범례 조정
scale_alpha_discrete	함수 aes에서 옵션 alpha를 사용하여 범주형 변수에 대한 점의 투명도를 다르게 그린 그래프의 범례 조정
scale_colour_brewer	함수 aes에서 범주형 변수에 대해 옵션 colour를 사용한 그래프의 범례 조정
scale_colour_gradient	함수 aes에서 수치형 변수에 대해 옵션 colour를 사용한 그래프의 범례 조정
scale_fill_brewer	함수 aes에서 범주형 변수에 대해 옵션 fill을 사용한 그래프의 범례 조정
scale_fill_gradient	함수 aes에서 수치형 변수에 대해 옵션 fill을 사용한 그래프의 범례 조정
scale_colour_manual	함수 aes에서 옵션 colour를 사용한 그래프에 대해 사용자 지정으로 범례 조정
scale_fill_manual	함수 aes에서 옵션 fill을 사용한 그래프에 대해 사용자 지정으로 범례 조정
scale_shape_manual	함수 aes에서 옵션 shape를 사용한 그래프에 대해 사용자 지정으로 범례 조정

scale_size_manual	함수 aes에서 옵션 size를 사용한 그래프에 대해 사용자 지정으로 범례 조정
scale_alpha_manual	함수 aes에서 옵션 alpha를 사용한 그래프에 대해 사용자 지정으로 범례 조정
scale_linetype_manual	함수 aes에서 옵션 linetype을 사용한 그래프에 대해 사용자 지정으로 범례 조정
guides	옵션 linetype, shape, size, alpha, colour, fill 등의 범례를 함수 guides 내에서 한꺼번에 조정
guide_colourbar	함수 guides 내에서 사용하는 함수로 연속적인 색상 범례 조정
guide_legend	함수 guides 내에서 사용하는 함수로 연속적인 색상 범례를 제외한 모든 종류의 범례 조정
labs	그래프 제목, 부제목, x-축 및 y-축 이름, 범례의 제목 조정
update_labels	이미 존재하는 그래프의 제목, 부제목, x-축 및 y-축 제목, 범례의 제목 변경하기 위해 독립적으로 사용하는 함수

10.3.1. 축 범위 및 범례 범위 조정

함수 expand_limits는 하나 이상의 데이터 값을 입력하여 이 데이터가 포함되도록 축 범위 혹은 범례 범위가 조정된다.

함수 lims, xlim, ylim는 범위의 최솟값 및 최댓값을 입력하여 축의 범위를 조정하는 함수이다. 이 중에서 함수 lims는 x-축 및 y-축 범위를 동시에 입력함으로써 x-축 및 y-축 범위를 조정하는 함수이고, 함수 xlim는 x-축 범위만을, 함수 ylim는 y-축 범위만을 입력하여 각 축의 범위를 조정한다.

함수 expand_limits 및 lims, xlim, ylim의 사용 예는 [R-program 10.29]를 참조한다.

[R-program 10.29] 축 범위 및 범례 범위 조정 예

```
> #(1) Cereal : 패키지 Lock5Data의 데이터 프레임
> # 데이터 설명: 아침 식사용 시리얼 30개의 샘플에 대한 영양 정보를
> # 갖는 자료로서 30X10 데이터 프레임
>
> str(Cereal[, c("Calories", "Fat", "Sugars")])
'data.frame':	30 obs. of  3 variables:
 $ Calories: int  117 118 144 169 130 117 117 101 117 113 ...
 $ Fat     : num  0.6 0.8 2.1 4.4 1.2 1 0.9 0.1 0.2 0.3 ...
 $ Sugars  : num  15 14 16 13.3 16 14 13 3 15 3 ...
>
> #(2) [그림 10.83] 수치형 변수 Calories 및 Fat의 산점도
>
> # 데이터-Cereal, x-축 변수-수치형(Calories), y-축 변수-수치형(Fat)
>
```

```
> g <- ggplot(data=Cereal,aes(x=Calories,y=Fat))
> g + geom_point()
```

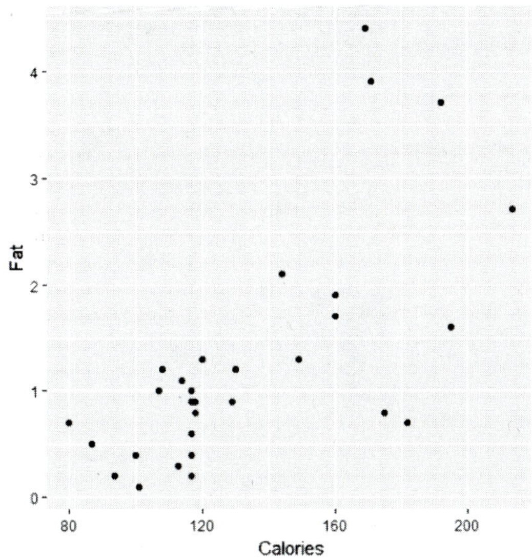

```
> #(3) [그림 10.84] 수치형 변수 Calories 및 Fat의 산점도
>
> # 함수 expand_limits(x=0, y=c(-2,6)) : x-축 값으로 0, y-축 값으로 -2 및 6값이
> # 보이도록 축 범위 조정
>
> g + geom_point() + expand_limits(x=0, y=c(-2,6))
```

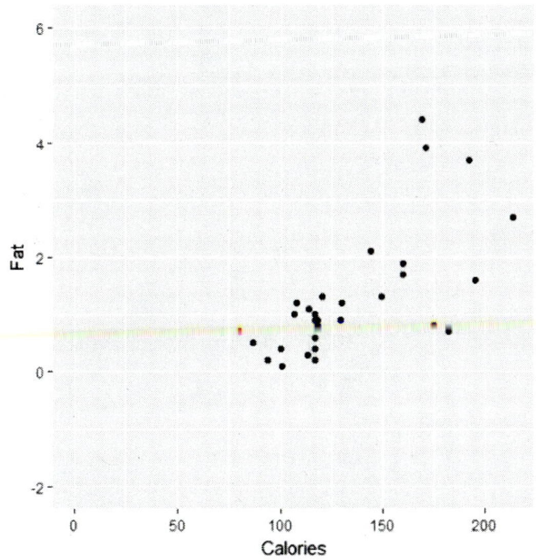

```
> #(4) [그림 10.85] 수치형 변수 Sugars의 크기별 수치형 변수 Calories 및 Fat의 산점도
>
> # 함수 aes(size=Sugars) : 수치형 변수 Sugars의 값의 크기별로 구별
>
> g + geom_point(aes(size=Sugars))
```

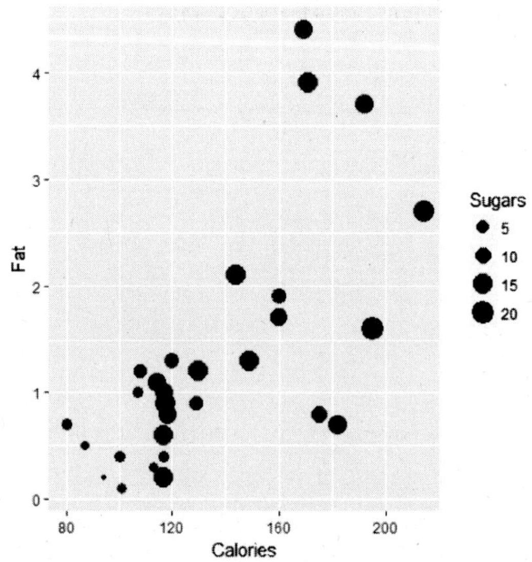


```
> #(5) [그림 10.86] 수치형 변수 Sugars의 크기별 수치형 변수 Calories 및 Fat의 산점도
>
> # 함수 aes(size=Sugars) : 수치형 변수 Sugars의 값의 크기별 구별
>
> # 함수 expand_limits(size=seq(0,25,by=5)): 수치형 변수 Sugars의 값 크기에 따른
> # 부호의 크기 수준을 0, 5, 10,...,25로 조정
>
> g + geom_point(aes(size=Sugars)) + expand_limits(size=seq(0,25,by=5))
```

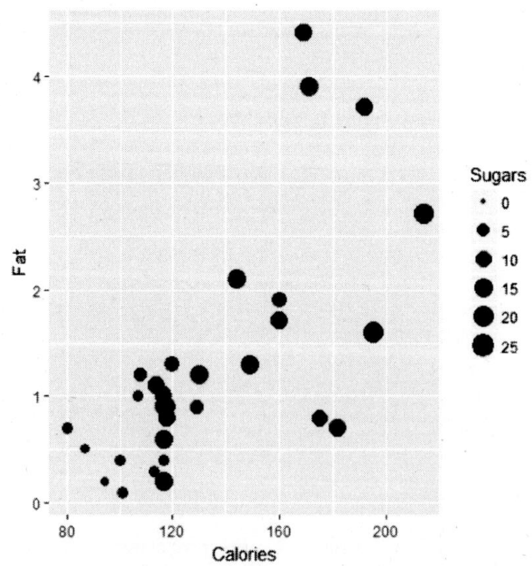


```
> #(6) [그림 10.87] 수치형 변수 Calories 및 Fat의 산점도
>
> # 함수 xlim(0,300) : x-축의 범위를 0에서 300까지
> # 함수 ylim(-2,6) : y-축의 범위를 -2에서 6까지
>
> g + geom_point() + xlim(0,300) + ylim(-2,6)
```

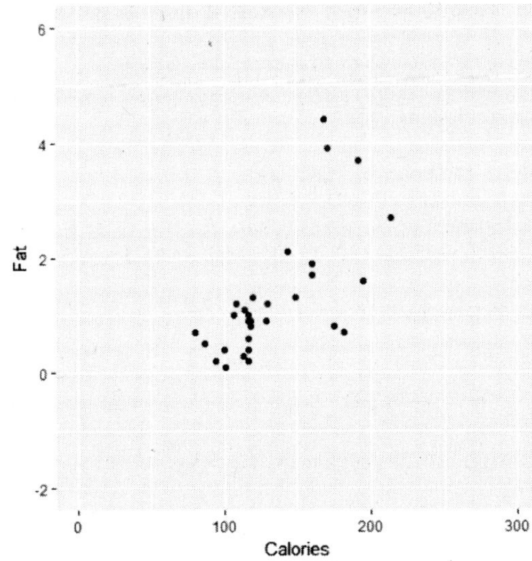


```
> #(7) [그림 10.88] 수치형 변수 Calories 및 Fat의 산점도
>
> # 함수 lims(x=c(0,300),y=c(-2,6)): x-축의 범위를 0에서 300까지, y-축의 범위를
> # -2에서 6까지 지정
>
> g + geom_point() + lims(x=c(0,300),y=c(-2,6))
```

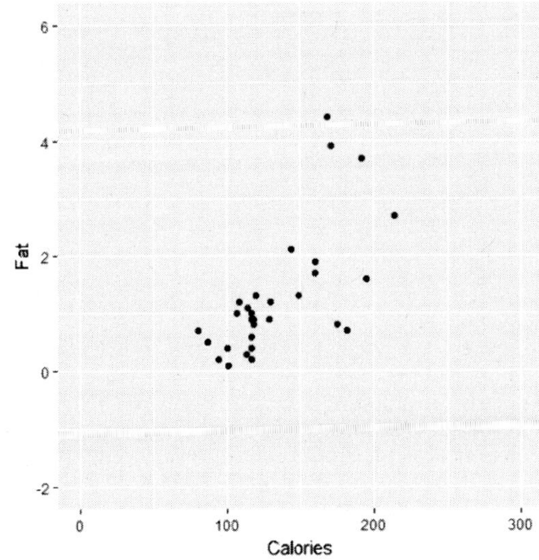

10.3.2. 축 이름, 축 눈금의 범위 및 축 눈금의 이름 조정

함수 scale_x_continuous(혹은 scale_y_continuous)는 수치형인 x-축(혹은 y-축) 변수에 대해서, 함수 scale_x_discrete(혹은 scale_y_discrete) 함수는 이산형인 x-축(혹은 y-축) 변수에 대해서 축 이름, 축 눈금의 범위, 그리고 축 눈금의 이름을 조정하는 함수이다. 이들 함수의 사용 예는 [R-program 10.30]을 참조한다.

[R-program 10.30] 축 이름, 축 눈금의 범위 및 축 눈금의 이름 조정 예

```
> #(1) StudentSurvey: 패키지 Lock5Data의 데이터 프레임
> # 데이터 설명: 기초통계학을 수강한 362명 학생들의 17개 문항에 대한
> # 설문 자료로서 362X17 데이터 프레임
>
> str(StudentSurvey[, c("Year", "SAT")])
'data.frame':   362 obs. of  2 variables:
 $ Year: Factor w/ 5 levels "","FirstYear",..: 4 5 2 3 5 5 2 5 3 2 ...
 $ SAT : int  1210 1150 1110 1120 1170 1150 1320 1370 1100 1370 ...
>
> #(2) [그림 10.89] 범주형 변수 Year의 범주별 수치형 변수 SAT의 상자그래프
>
> # 데이터-StudentSurvey, x-축 변수-범주형(Year), y-축 변수-수치형(SAT)
>
> # 범주형 변수 Year의 첫 번째 범주는 결측값
>
> g <- ggplot(data=StudentSurvey,aes(x=Year, y=SAT))
> g + geom_boxplot()
```

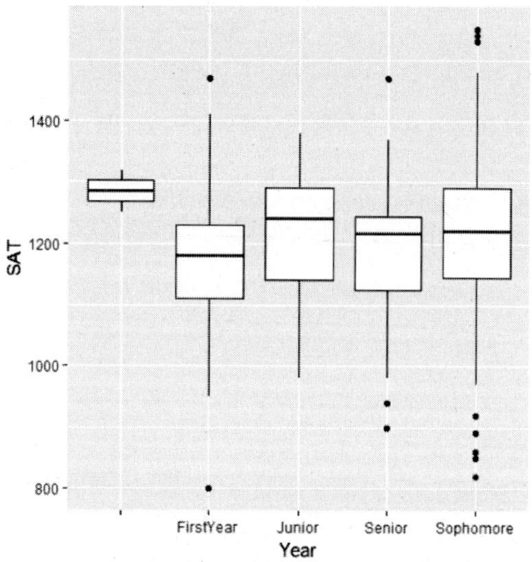


```
> #(3) [그림 10.90] 범주형 변수 Year의 범주별 수치형 변수 SAT의 상자그래프
>
> # 함수 scale_x_discrete : 범주형 변수를 나타내는 x-축 이름, 눈금 범위, 눈금 이름 지정
> # x-축 이름 지정("Student's Grade")
> # x-축 눈금 범위 지정(limits=levels(StudentSurvey$Year)[-1]) :
> #                                  Year의 첫 번째 범주는 제외
> # x-축 눈금 이름 지정(c("1st","2nd","3rd","4th"))
>
> # limits=levels(StudentSurvey$Year)[-1]는
> # limits=c("FirstYear", "Junior", "Senior",  "Sophomore")과 동일한 의미임
>
> # 함수 scale_y_continuous : 수치형 변수를 나타내는 y-축 이름, 눈금 범위, 눈금 이름 지정
> # y-축 이름 지정("SAT Score")
> # y-축 눈금 범위 지정(limits=c(600,1800)) : y-축 범위를 600에서 1800까지로 지정
> # y-축 눈금 이름 지정( breaks=seq(600,1800,100)) : y-축 눈금을 600, 700,...,1800
>
> g + geom_boxplot() +
+     scale_x_discrete("Student's Grade", limits=levels(StudentSurvey$Year)[-1],
+                    labels=c("1st","2nd","3rd","4th")) +
+     scale_y_continuous("SAT Score", limits=c(600,1800),
+                      breaks=seq(600,1800,100))
```

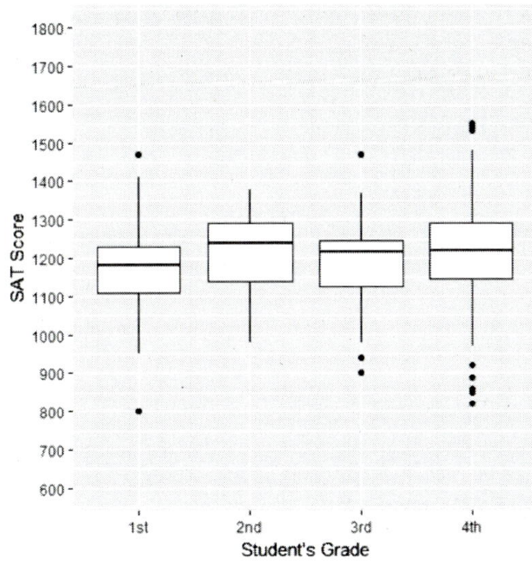

10.3.3. 함수 aes에서 지정한 선 모양, 점 모양 및 크기, 투명도의 범례 조정

함수 scale_linetype은 함수 aes에서 linetype 옵션을 사용하여 범주형 변수의 범주별로 선 모양을 다르게 그린 그래프에 대하여 범례를 조정할 수 있는 함수이다. 함수 scale_linetype의 사용 예를 보여주는 [R-program 10.31]에서 범주형 변수의 범주별 선 그래프를 그리기 위해 패키지 reshape의 melt 함수를 사용하여 데이터의 형태를 변형하였다.

함수 scale_shape는 함수 aes에서 shape 옵션을 사용하여 범주형 변수의 범주별 부호를 다르게 나타낸 그래프에 대하여 범례를 조정할 수 있는 함수이다. 함수 scale_shape의 사용 예는 [R-program 10.32]를 참조한다.

함수 scale_size는 범주형 혹은 수치형 변수에 대하여 함수 aes에서 size 옵션을 사용하여 범주형 변수의 범주별 혹은 수치형 변수의 크기별로 점의 크기를 다르게 그린 그래프에 대하여 범례를 조정할 수 있다. 함수 scale_size의 사용 예는 [R-program 10.33]을 참조한다.

함수 scale_alpha는 수치형 변수에 대하여, 함수 scale_alpha_discrete는 범주형 변수에 대하여 함수 aes에서 alpha 옵션을 사용하여 점의 투명도를 다르게 그린 그래프를 대상으로 범례를 조정할 수 있다. 함수 scale_alphae의 사용 예는 [R-program 10.34]를 참조한다.

[R-program 10.31] 함수 aes에서 지정한 선 모양의 범례 조정

```
> #(1) April14Temps : 패키지 Lock5Data의 데이터 프레임
> # 데이터 설명: 1995-2015년의 21년 동안 매년 4월 14일에 관측된 DesMoines 및
> # SanFrancisco에서의 평균 (화씨)온도 자료로서 22X3 데이터 프레임
>
> str(April14Temps)
'data.frame':   22 obs. of  3 variables:
```

```
 $ Year        : int  1995 1996 1997 1998 1999 2000 2001 2002 2003 2004 ...
 $ DesMoines   : num  56 37.5 37.2 56 54.3 63.3 54.7 60.6 70.6 53.7 ...
 $ SanFrancisco: num  51 55.3 55.7 48.7 56.2 57.2 49.5 61 51.4 55.8 ...
> head(April14Temps)
  Year DesMoines SanFrancisco
1 1995      56.0         51.0
2 1996      37.5         55.3
3 1997      37.2         55.7
4 1998      56.0         48.7
5 1999      54.3         56.2
6 2000      63.3         57.2
>
> #(2) 함수 melt 함수를 사용하기 위해서 사전에 패키지 reshape가 설치되고 사용 선언
> # 함수 melt의 사용 예에 대해선 5.9절의  [R-program 5.30]를 참조한다.
>
> #(3) 데이터 프레임 April14Temps를 재배열하여 data1 생성
>
> # 열 Year를 id 열로 하고 수치형 변수 열 이름들이 자동생성된 variable 열의 관측값으로
> # 수치형 변수의 관측값이 자동 생성된 value 열의  관측값으로 데이터 프레임 April14Temps를
> # 재배열하여 데이터 프레임 data1 생성

>
> data1 <- melt(April14Temps, c("Year"))
> head(data1, 5)
  Year  variable value
1 1995 DesMoines  56.0
2 1996 DesMoines  37.5
3 1997 DesMoines  37.2
4 1998 DesMoines  56.0
5 1999 DesMoines  54.3
>
> #(4) [그림 10.91] 범주형 변수 variable의 범주별 수치형 변수 value의 선 그래프
>
> # 데이터-data1, x-축 변수-시간(Year), y-축 변수-수치형(value),
> # 선 구별 변수-범주형(variable)
>
> g <- ggplot(data=data1,aes(x=Year,y=value))
> g + geom_line(aes(linetype=variable))
```

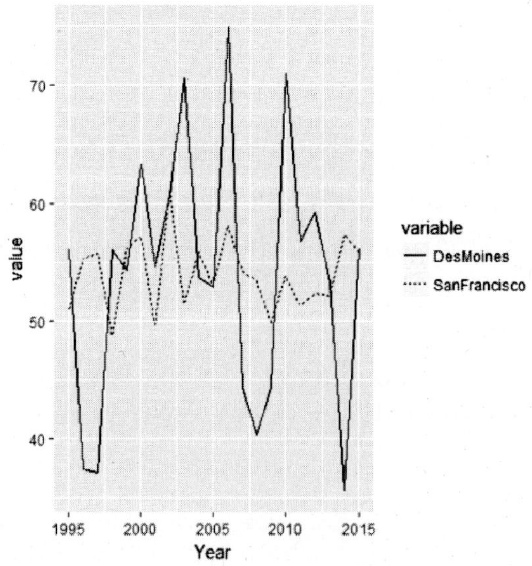

```
> #(5) [그림 10.92] 범주형 변수 variable의 범주별 수치형 변수 value의 선 그래프
>
> # 범례 조정 옵션 scale_linetype("City", labels=c("Des","San"))
> # => 범례 제목("City") 변경 및 범례 레이블(c("Des","San")) 변경
>
> g + geom_line(aes(linetype=variable)) +
+     scale_linetype("City", labels=c("Des","San"))
```

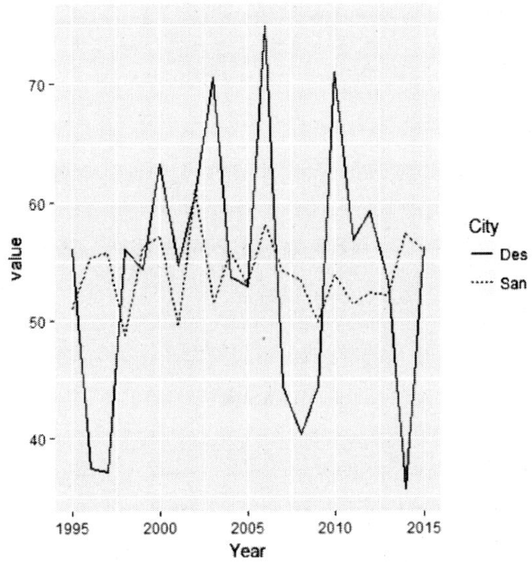


```
> #(6) [그림 10.93] 범주형 변수 variable의 범주별 수치형 변수 value의 선 그래프
>
> # 범례 조정 옵션 scale_linetype(breaks=NULL):  범례를 제거
>
> g + geom_line(aes(linetype=variable)) + scale_linetype(breaks=NULL)
```

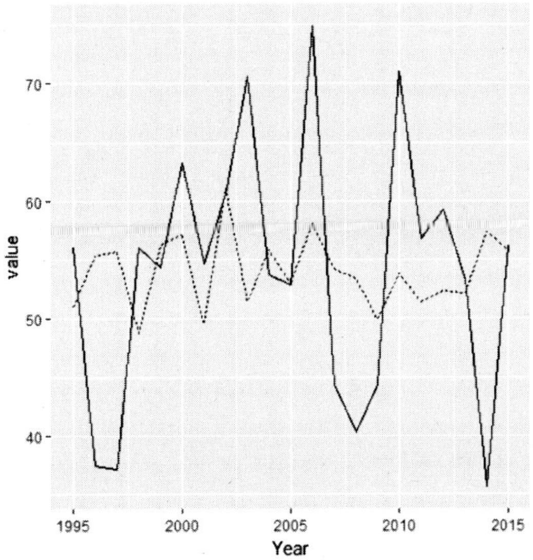

[R-program 10.32] 함수 aes에서 지정한 점 모양의 범례 조정

```
> #(1) diamonds : 패키지 ggplot2의 데이터 프레임
> # 데이터 설명: 53940개 다이아몬드의 가격과 기타 다이아몬드의 특성을
> # 가지는 53940x10 데이터 프레임
>
> str(diamonds[, c("carat", "price", "cut")])
Classes 'tbl_df', 'tbl' and 'data.frame':       53940 obs. of  3 variables:
 $ carat: num  0.23 0.21 0.23 0.29 0.31 0.24 0.24 0.26 0.22 0.23 ...
 $ price: int  326 326 327 334 335 336 336 337 337 338 ...
 $ cut  : Ord.factor w/ 5 levels "Fair"<"Good"<..: 5 4 2 4 2 3 3 3 1 3 ...
>
> #(2) 데이터 프레임 diamonds에서 랜덤하게 30행을 추출하여 data1 생성
>
> # 1부터 53940(diamonds의 행 수)까지 정수 중에서 랜덤하게 30개를 선택
>
> sample(1:nrow(diamonds), 30)
 [1] 43527 11775 24274 34621  8183 12013 20838 29842 36085  8541 44875 35982
[13]   458 32006 27161 30865 19906 14715 16033 49330  2025 43016 28188 53765
[25] 34355 34362 23272 53762  2889  5444
>
> # 30개의 랜덤 추출된 정수를 diamonds의 행 index로 갖는 관측치로 data1 생성
>
> data1 <- diamonds[sample(1:nrow(diamonds), 30), ]

>
> #(3) [그림 10.94] 범주형 변수 cut의 범주별로 모양을 다르게 표현한 산점도
>
> # 데이터-data1, x-축 변수-수치형(carat), y-축 변수-수치형(price),
> # 모양 구별 변수-범주형(cut)
>
> # 기본값(solid=T)은 검정색으로 채워진 모양
>
> g <- ggplot(data=data1, aes(x=carat, y=price))
> g + geom_point(aes(shape=cut))
```

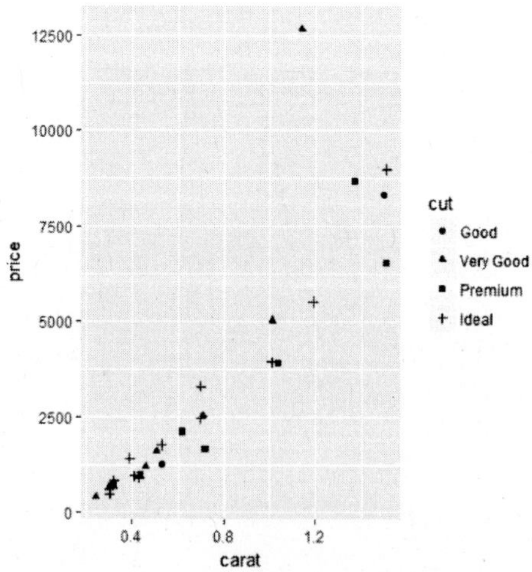


```
> #(4) [그림 10.95] 범주형 변수 cut의 범주별로 모양을 다르게 표현한 산점도
>
> # 범례 조정 옵션 : scale_shape("Cut of\ndiamond", solid=F)
> # => 범례 제목("Cut of\ndiamond") : \n을 사용하면 한줄 띄우기
> # => 모양 채우기(solid=F) : 모양을 검정색으로 채우지 않음
>
> g + geom_point(aes(shape=cut)) + scale_shape("Cut of\ndiamond", solid=F)
```

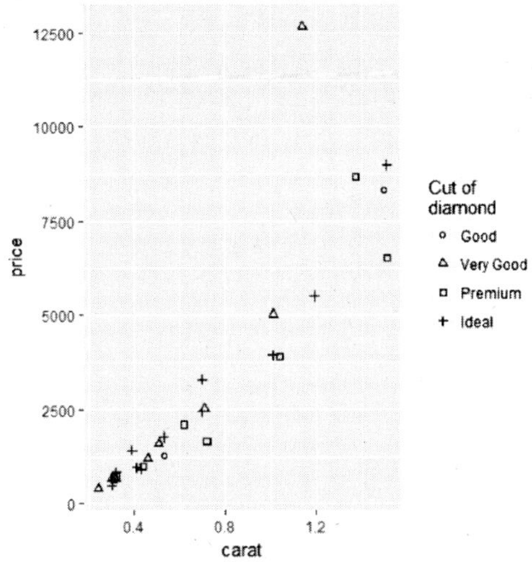

[R-program 10.33] 함수 aes에서 지정한 점 크기의 범례 조정

```
> #(1) StudentSurvey: 패키지 Lock5Data의 데이터 프레임
> # 데이터 설명: 기초통계학을 수강한 362명 학생들의 17개 문항에 대한
> # 설문 자료로서 362X17 데이터 프레임
>
> str(StudentSurvey[, c("Weight", "Height", "Piercings")])
'data.frame':   362 obs. of  3 variables:
 $ Weight   : int  180 120 208 110 150 114 128 235 NA 115 ...
 $ Height   : int  71 66 72 63 65 65 66 74 61 60 ...
 $ Piercings: int  0 3 0 0 6 4 8 0 7 2 ...
>
> #(2) [그림 10.96] 수치형 변수 Piercings의 값에 따라 점의 크기를 다르게 하는 산점도
>
> # 데이터-StudentSurvey, x-축 변수-수치형(Weight), y-축 변수-수치형(Height)
> # 점의 크기로 구별하는 수치형 변수( Piercings)
>
> g <- ggplot(data=StudentSurvey, aes(x=Weight,y=Height))
> g + geom_point(aes(size=Piercings))
```

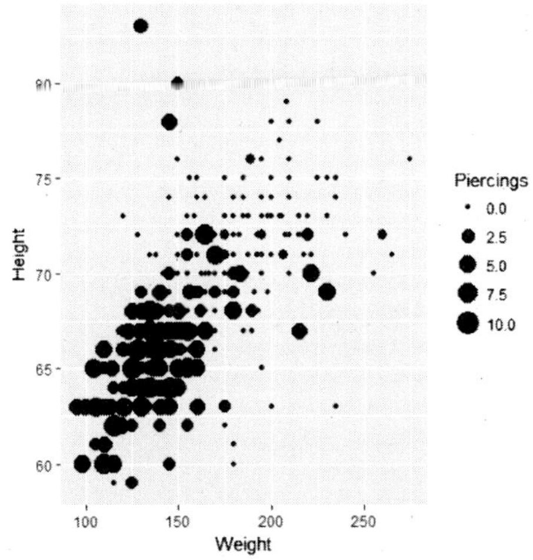

```
> #(3) [그림 10.97] 수치형 변수 Piercings의 값에 따라 점의 크기를 다르게 하는 산점도
>
> # 범례 조정 옵션 scale_size("Size of\nPiercings", range=c(0, 3))
> # => 범례 제목을 "Size of\n Piercings"으로 조정 : \n은 줄바꿈 표시
> # => 점 크기를 0에서 3까지의 크기 사용
>
> g + geom_point(aes(size=Piercings)) +
+     scale_size("Size of\nPiercings", range=c(0,3))
```

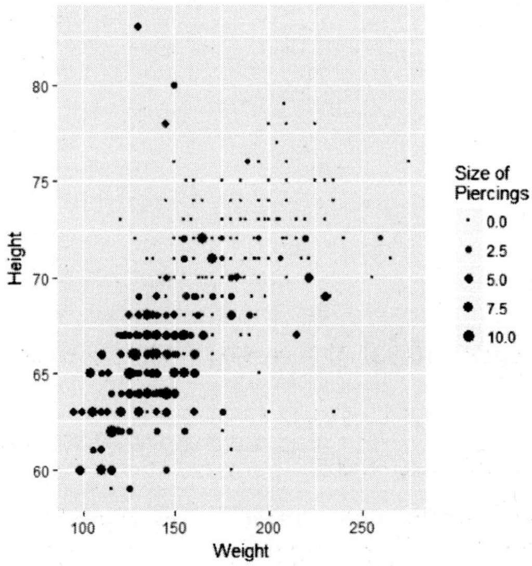

[R-program 10.34] 함수 aes에서 지정한 투명도의 범례 조정

```
> #(1) StudentSurvey: 패키지 Lock5Data의 데이터 프레임
> # 데이터 설명: 기초통계학을 수강한 362명 학생들의 17개 문항에 대한
> # 설문 자료로서 362X17 데이터 프레임
>
> str(StudentSurvey[, c("Weight", "Height", "Exercise", "Award")])
'data.frame':   362 obs. of  4 variables:
 $ Weight  : int  180 120 208 110 150 114 128 235 NA 115 ...
 $ Height  : int  71 66 72 63 65 65 66 74 61 60 ...
 $ Exercise: num  10 4 14 3 3 5 10 13 3 12 ...
 $ Award   : Factor w/ 3 levels "Academy","Nobel",..: 3 1 2 2 2 2 3 3 2 2 ...
>
> #(2) [그림 10.98] 수치형 변수 Exercise 값의 크기를 투명도로 구별한 산점도
>
> # 데이터-StudentSurvey, x-축 변수-수치형(Weight), y-축 변수-수치형(Height)
> # 투명도로 구별한 수치형 변수(Exercise)
>
> g <- ggplot(data=StudentSurvey,aes(x=Weight,y=Height))
> g + geom_point(aes(alpha=Exercise))
```

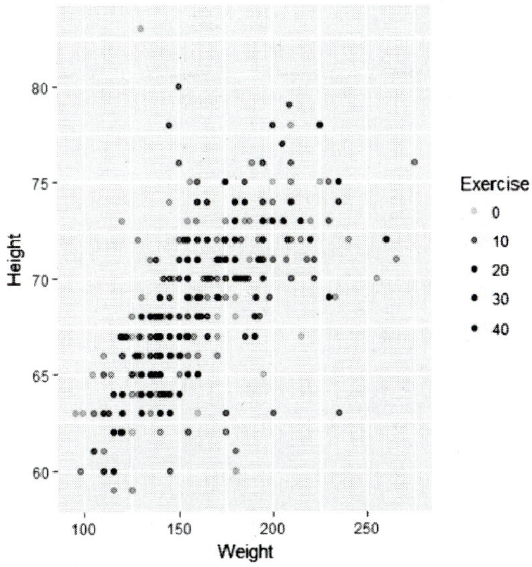


```
> #(3) [그림 10.99] 수치형 변수 Exercise 값의 크기를 투명도로 구별한 산점도
>
> # 범례 조정 옵션 scale_alpha("Hours of \n exercise", range=c(0.1,0.5))
> # => 범례 제목을  "Hours of \n exercise"로 조정 :\n은 줄바꿈 표시
> # => 투명도의 크기를  0.1에서 0.5까지의 값 사용
>
> g + geom_point(aes(alpha=Exercise)) +
+     scale_alpha("Hours of \n exercise", range=c(0.1,0.5))
```

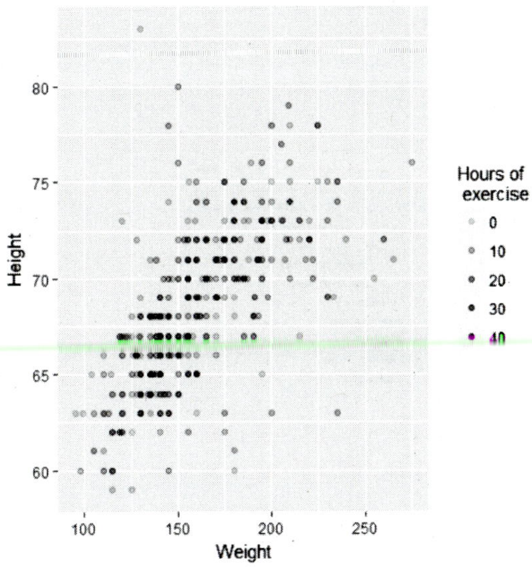


```
> #(4) [그림 10.100] 범주형 변수 Award의 범주별 투명도를 구별한 산점도
>
> g + geom_point(aes(alpha=Award))
```

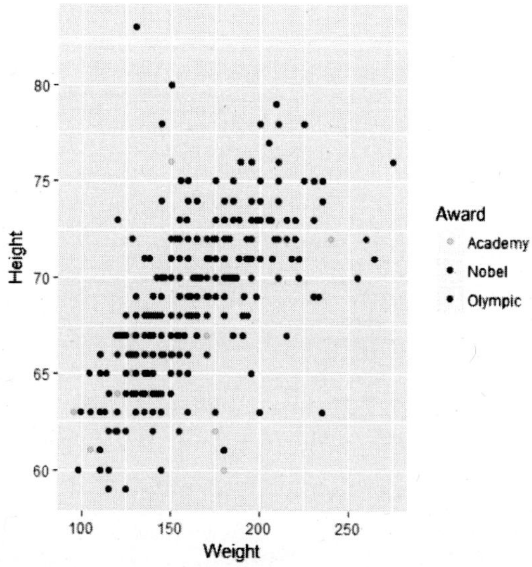


```
> #(5) [그림 10.101] 범주형 변수 Award의 범주별 투명도를 구별한 산점도
>
> # 범례 조정 옵션 scale_alpha_discrete("3-Awards", range=c(0.6,1.0))
> # => 범례 제목을 "3-Awards"로 조정
> # => 투명도 범위를 보다 어둡게 0.6에서 1.0의 크기로 조정
>
> g + geom_point(aes(alpha=Award)) +
+     scale_alpha_discrete("3-Awards", range=c(0.6,1.0))
```

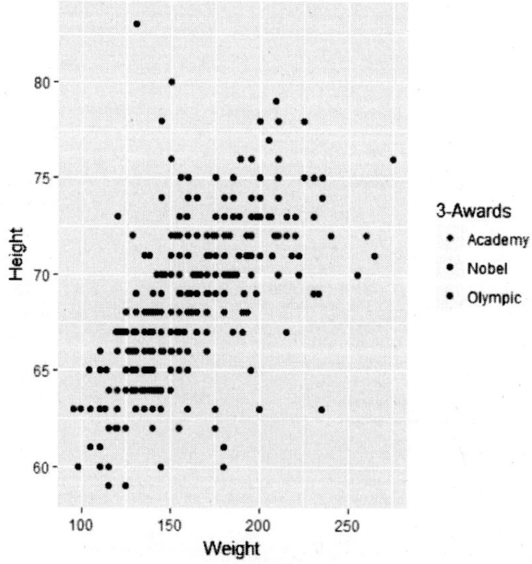

10.3.4. 함수 aes에서 지정한 색상 및 채움 색상 범례 조정

함수 scale_colour_brewer는 함수 aes에서 colour 옵션을 사용하여 범주형 변수의 범주별로 색상을 다르게 그린 그래프에 대하여 범례를 조정할 수 있는 함수이다. 함수 scale_colour_gradient는

함수 aes에서 colour 옵션을 사용하여 수치형 변수의 값의 크기별로 색상을 다르게 그린 그래프에 대하여 범례를 조정할 수 있는 함수이다. 함수 scale_colour_brewer 및 함수 scale_colour_gradient의 사용 예는 [R-program 10.35]를 참조한다.

함수 scale_fill_brewer는 함수 aes에서 fill 옵션을 사용하여 범주형 변수의 범주별로 면의 채움 색상을 다르게 그린 그래프에 대하여 범례를 조정할 수 있는 함수이다. 함수 scale_fill_gradient는 함수 aes에서 fill 옵션을 사용하여 수치형 변수값의 크기별로 면의 채움 색상을 다르게 그린 그래프에 대하여 범례를 조정할 수 있는 함수이다. 함수 scale_fill_brewers 및 함수 scale_fill_gradient의 사용 예는 [R-program 10.36]을 참조한다.

[R-program 10.35] 함수 aes에서 지정한 색상 범례 조정 예

```
> #(1) StudentSurvey: 패키지 Lock5Data의 데이터 프레임
> # 데이터 설명: 기초통계학을 수강한 362명 학생들의 17개 문항에 대한
> # 설문 자료로서 362X17 데이터 프레임
>
> str(StudentSurvey[, c("VerbalSAT", "MathSAT", "Gender", "GPA")])
'data.frame':	362 obs. of  4 variables:
 $ VerbalSAT: int  540 520 550 490 720 600 640 660 550 670 ...
 $ MathSAT  : int  670 630 560 630 450 550 680 710 550 700 ...
 $ Gender   : Factor w/ 2 levels "F","M": 2 1 2 2 1 1 1 2 1 1 ...
 $ GPA      : num  3.13 2.5 2.55 3.1 2.7 3.2 2.77 3.3 2.8 3.7 ...
>
> #(2) [그림 10.102] 범주형 변수 Gender의 범주별 색깔을 달리하는 산점도
>
> # 데이터-StudentSurvey, x-축 변수-수치형(VerbalSAT), y-축 변수-수치형(MathSAT)
> # 색깔을 달리하는 범주형 변수(Gender)
>
> g <- ggplot(data=StudentSurvey, aes(x=VerbalSAT, y=MathSAT))
> g + geom_point(aes(colour=Gender))
```

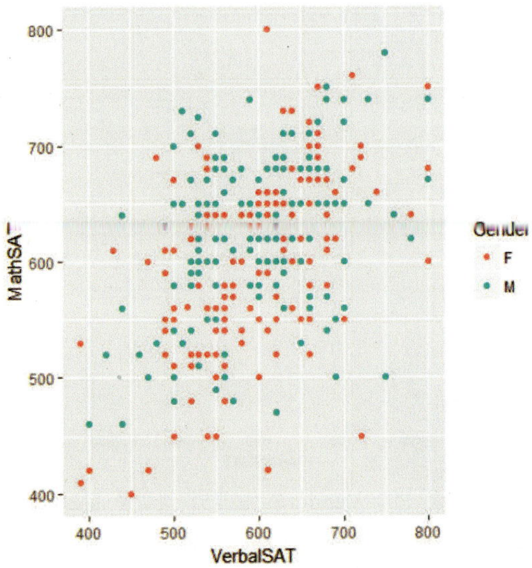

```
> #(3) [그림 10.103] 범주형 변수 Gender의 범주별 색깔을 달리하는 산점도
>
> # 범례 색깔 조정 옵션의 기본값 : scale_colour_brewer()
> # => 연한색->진한색 순서의 blue 계열
>
> g + geom_point(aes(colour=Gender)) + scale_colour_brewer()
```

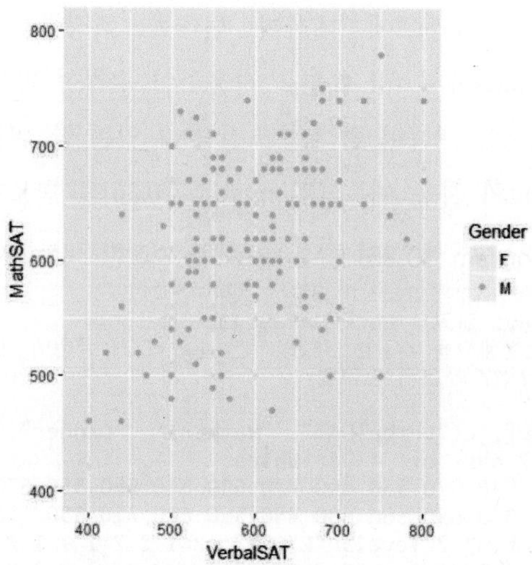


```
> #(4) [그림 10.104] 범주형 변수 Gender의 범주별 색깔을 달리하는 산점도
>
> # 범례 색깔 조정 옵션 :  scale_colour_brewer(direction=-1)
> # => 범례 색깔 순서를 진한색->연한색 순서로 조정
>
> g + geom_point(aes(colour=Gender)) + scale_colour_brewer(direction=-1)
```

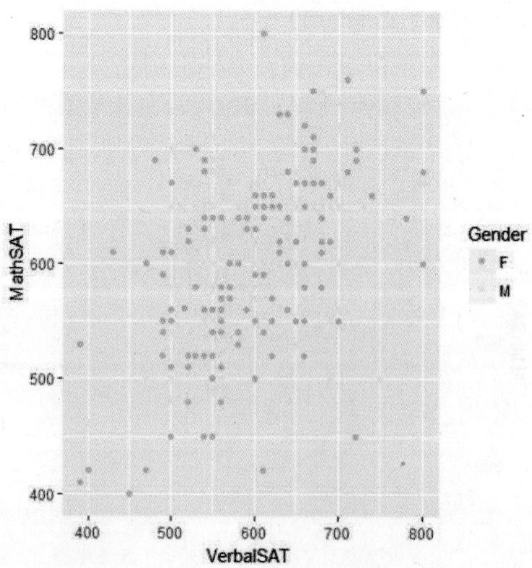


```
> #(5) [그림 10.105] 범주형 변수 Gender의 범주별 색깔을 달리하는 산점도
>
> # 범례 색깔 조정 옵션 :  scale_colour_brewer("3-Awards", palette="Oranges")
> # => 범례 제목을 "3-Awards"로 변경
> # => 범례 색깔을 오렌지색 계열로 변경
>
> g + geom_point(aes(colour=Gender)) +
+     scale_colour_brewer("3-Awards", palette="Oranges")
```

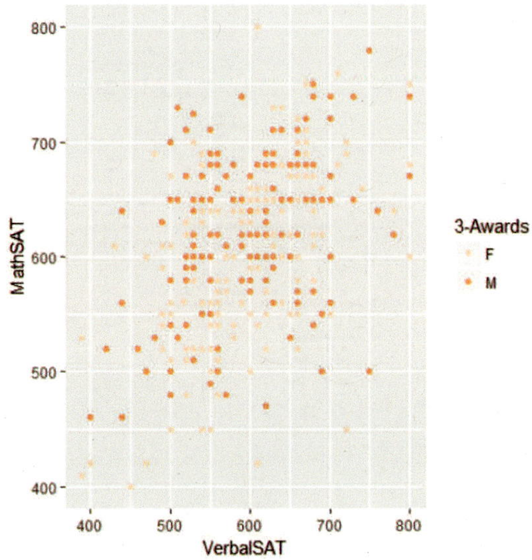


```
> #(6) [그림 10.106] 수치형 변수 GPA의 크기별 색깔을 달리하는 산점도
>
> # 데이터-StudentSurvey, x-축 변수-수치형(VerbalSAT), y-축 변수-수치형(MathSAT)
> # 크기별 색깔을 달리하는 수치형 변수(GPA)
>
> g <- ggplot(data=StudentSurvey,aes(x=VerbalSAT, y=MathSAT))
> g + geom_point(aes(colour=GPA))
```

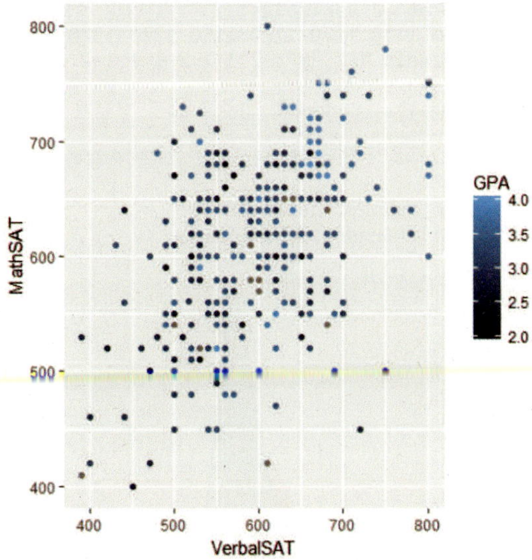


```
> #(7) [그림 10.107] 수치형 변수 GPA의 크기별 색깔을 달리하는 산점도
>
> # 범례 색깔 조정 옵션 : scale_colour_gradient("GradePA", low="red", high="black")
> # => 범례 제목을 "GradePA"로 변경
> # => 범례 색깔을 작은 GPA 값에 대해서 "red"로부터 큰 GPA 값에 대해선 "black"으로 조정
>
> g + geom_point(aes(colour=GPA)) +
+     scale_colour_gradient("GradePA", low="red", high="black")
```

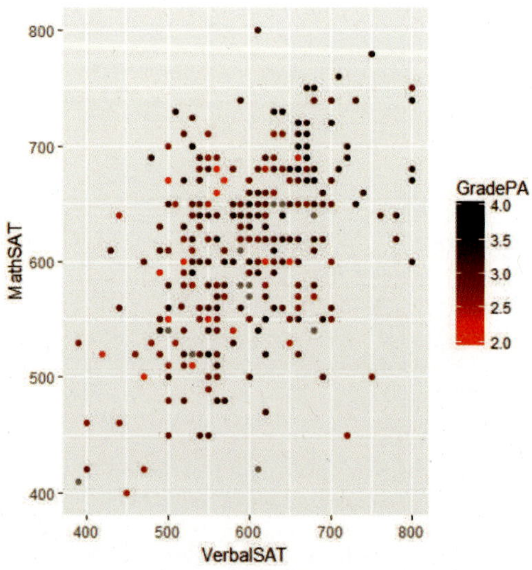

[R-program 10.36] 함수 aes에서 지정한 채움 색상 범례 조정 예

```
> #(1) StudentSurvey: 패키지 Lock5Data의 데이터 프레임
> # 데이터 설명: 기초통계학을 수강한 362명 학생들의 17개 문항에 대한
> # 설문 자료로서 362X17 데이터 프레임
>
> str(StudentSurvey[, c("SAT", "Gender")])
'data.frame':    362 obs. of  2 variables:
 $ SAT    : int  1210 1150 1110 1120 1170 1150 1320 1370 1100 1370 ...
 $ Gender: Factor w/ 2 levels "F","M": 2 1 2 2 1 1 1 2 1 1 ...
>
> #(2) [그림 10.108] 범주형 변수 Gender의 범주별 채움 색깔을 달리하는 커널밀도곡선
>
> # 데이터-StudentSurvey, x-축 변수-수치형(SAT), 채움 색깔을 달리하는 범주형 변수(Gender)
>
> g <- ggplot(data=StudentSurvey, aes(x=SAT))
> g + geom_density(aes(fill=Gender))
```

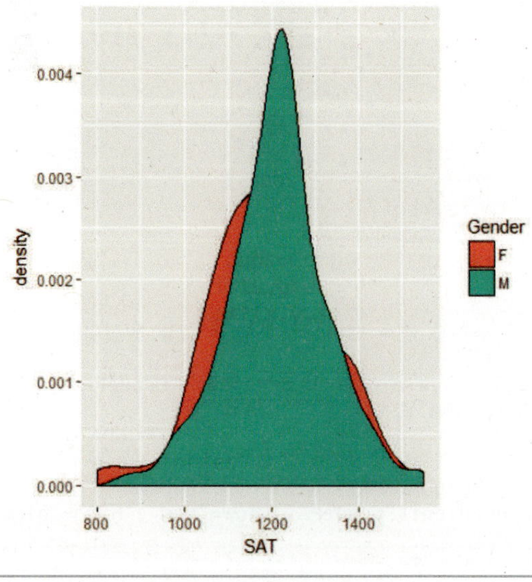

```
> #(3) [그림 10.109] 범주형 변수 Gender의 범주별 채움 색깔을 달리하는 커널밀도곡선
>
> # 범례 조정 옵션 기본값 : scale_fill_brewer 적용
> # => blue 계열, 연한색->진한색 순서
>
> g + geom_density(aes(fill=Gender)) + scale_fill_brewer()
```

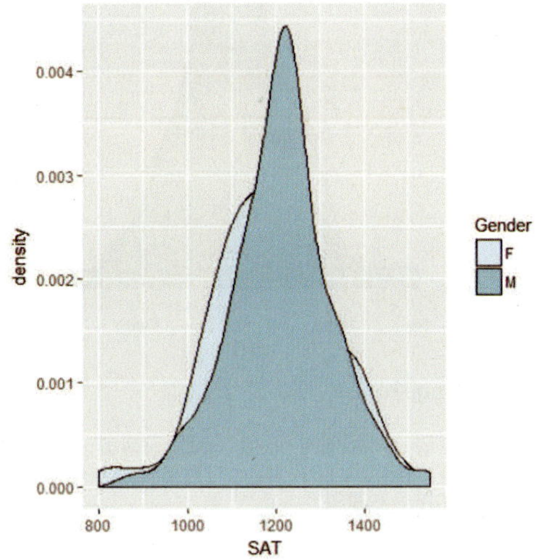


```
> #(4) [그림 10.110] 범주형 변수 Gender의 범주별 채움 색깔을 달리하는 커널밀도곡선
>
> # 범례 조정 옵션 scale_fill_brewer(direction=-1)
> # => 범주별 채움 색깔 순서를 반대로 조정, 진한색->연한색 순서
>
> g + geom_density(aes(fill=Gender)) + scale_fill_brewer(direction=-1)
```

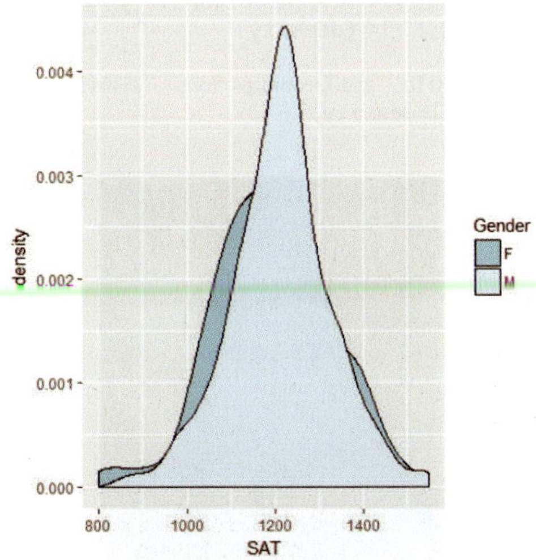


```
> #(5) [그림 10.111] 범주형 변수 Gender의 범주별 채움 색깔을 달리하는 커널밀도곡선
>
> # 범례 조정 옵션 scale_fill_brewer("SEX", palette="Greens")
> # => 범례 제목을 "SEX"로 변경
> # => 범주별 채움의 색깔을 "Greens"으로 변경
>
> g + geom_density(aes(fill=Gender)) +
+     scale_fill_brewer("SEX", palette="Greens")
```

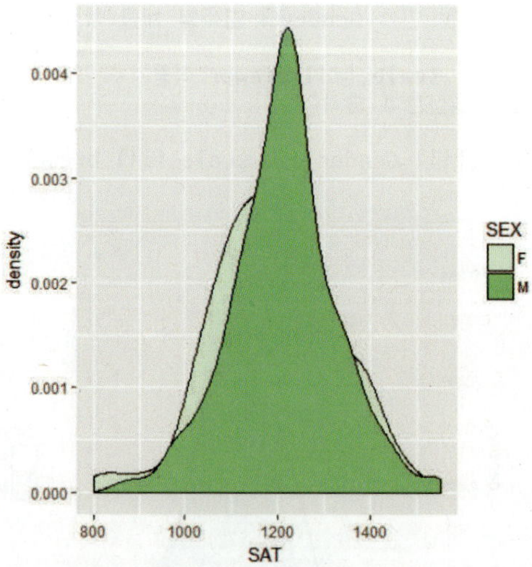


```
> #(6) faithfuld : 패키지 ggplot2의 데이터 프레임
>
> # 데이터 설명 : 미국 와이오밍 주의 옐로 스톤 국립 공원에 있는 Old Faithful
> # 간헐천의 분출과 분출 기간 사이의 대기 시간 자료로 부터 추정한 2차원 밀도
> # 추정 자료로서 5625X3 데이터 프레임
>
> str(faithfuld)
Classes 'tbl_df', 'tbl' and 'data.frame':       5625 obs. of  3 variables:
 $ eruptions: num  1.6 1.65 1.69 1.74 1.79 ...
 $ waiting  : num  43 43 43 43 43 43 43 43 43 43 ...
 $ density  : num  0.00322 0.00384 0.00444 0.00498 0.00542 ...
>
> #(7) [그림 10.112] 수치형 변수 density의 크기별 채움 색깔을 달리하는 직사각형 그래프
>
> # 데이터-faithfuld, x-축 변수-수치형(eruptions), y-축-수치형(waiting)
> # 채움 색깔을 달리하는 수치형 변수(density)
>
> g <- ggplot(data=faithfuld, aes(x=eruptions, y=waiting))
> g + geom_raster(aes(fill=density))
```

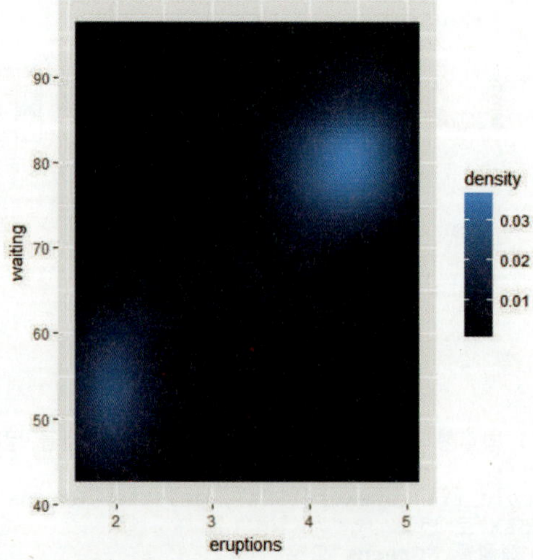

```
> #(8) [그림 10.113] 수치형 변수 density의 크기별 채움 색깔을 달리하는 직사각형 그래프
>
> # 범례 조정 옵션 scale_fill_gradient("Faithful\ndensity",low="pink",high="red")
> # => 범례 제목을 "Faithful\n density"로 변경: \n은 줄바꿈 표시
> # => 범례 채움 색깔을 작은 density 값에 대해서 "pink",
> #     큰 density 값에 대해선 "red"로 조정
>
> g + geom_raster(aes(fill=density)) +
+     scale_fill_gradient("Faithful\ndensity", low="pink", high="red")
```

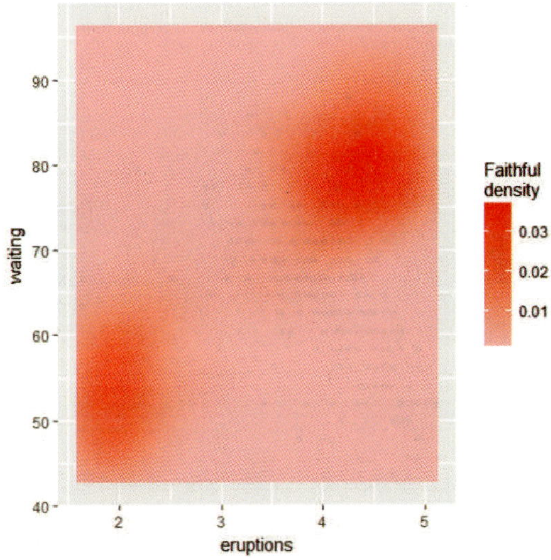

10.3.5. 사용자 지정 범례 조정

함수 scale_colour_manual, 함수 scale_fill_manual, 함수 scale_shape_manual, 함수 scale_size_manual, 함수 scale_alpha_manual, 함수 scale_linetype_manual은 각각 사용자가 직접 지정하여 범례의 색상, 채움 색상, 점의 모양, 점의 크기, 투명도, 선 종류 등을 각각 조정할 수 있다. 이 함수들의 사용 예는 [R-program 10.37]을 참조한다.

[R-program 10.37] 함수 aes에서 지정한 그래프 외적 요소에 대한 사용자 지정에 의한 범례 조정 예

```
> #(1) StudentSurvey: 패키지 Lock5Data의 데이터 프레임
> # 데이터 설명: 기초통계학을 수강한 362명 학생들의 17개 문항에 대한
> # 설문 자료로서 362X17 데이터 프레임
>
> str(StudentSurvey[, c("Weight", "Height", "Award", "Smoke", "Gender")])
'data.frame':   362 obs. of  5 variables:
 $ Weight: int  180 120 208 110 150 114 128 235 NA 115 ...
 $ Height: int  71 66 72 63 65 65 66 74 61 60 ...
 $ Award : Factor w/ 3 levels "Academy","Nobel",..: 3 1 2 2 2 2 3 3 2 2 ...
 $ Smoke : Factor w/ 2 levels "No","Yes": 1 2 1 1 1 1 1 1 1 1 ...
 $ Gender: Factor w/ 2 levels "F","M": 2 1 2 2 1 1 1 2 1 1 ...
>
> #(2) [그림 10.114] 범주형 변수 Award의 범주별 색깔을 달리하는 산점도
>
> # 데이터-StudentSurvey, x-축 변수-수치형(Weight), y-축 변수-수치형(Height)
```

```
> # 색깔을 달리하는 범주형 변수(Award)
>
> # 사용자 지정 범례 조정 옵션:
> # scale_color_manual("Three\nAwards", values=c("red","blue","black"))
> # => 범례 제목을 "Three\nAwards"로 변경: \n은 줄바뀜 표시
> # => 범주별 색깔을 "red","blue","black"으로 변경
>
> g1 <- ggplot(data=StudentSurvey,aes(x=Weight,y=Height))
> g1 + geom_point(aes(colour=Award)) +
+     scale_color_manual("Three\nAward", values=c("red","blue","black"))
```

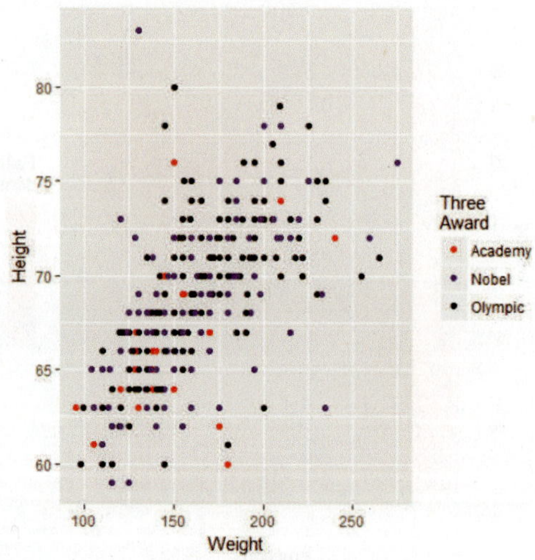


```
> #(3) [그림 10.115] 범주형 변수 Smoke의 범주별 모양을 달리하는 산점도
>
> # 사용자 지정 범례 조정 옵션: size=2(부호의 크기는 2)
> # scale_shape_manual("Smoking", values=c(8,16))
> # => 범례 제목을 "Smoking"으로 변경
> # => 범주별 모양을 8번(스타), 16번(검정색 원) 모양으로 변경(8.1절의 [표 8.5] 참조)
>
> g1 + geom_point(aes(shape=Smoke), size=2) +
+     scale_shape_manual("Smoking", values=c(8,16))
```

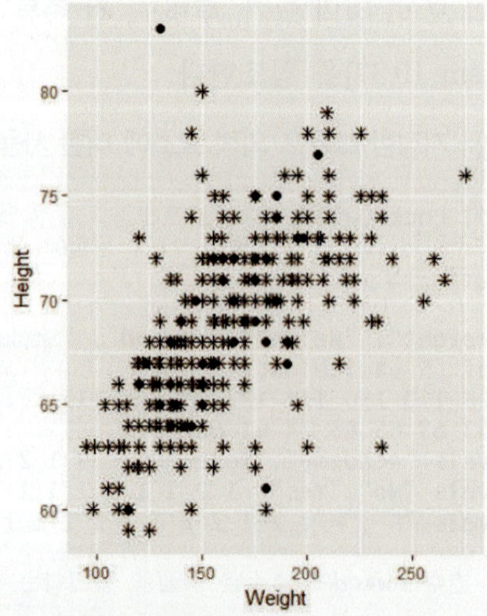

```
> #(4) [그림 10.116] 범주형 변수 Gender의 범주별 점의 크기를 달리하는 산점도
>
> # 사용자 지정 범례 조정 옵션:
> # scale_size_manual("SEX", values=c(1,3))
> # => 범례 제목을 "SEX"로 변경
> # => 범주별 점의 크기를 1, 3으로 변경
>
> g1 + geom_point(aes(size=Gender)) + scale_size_manual("SEX", values=c(1,3))
```

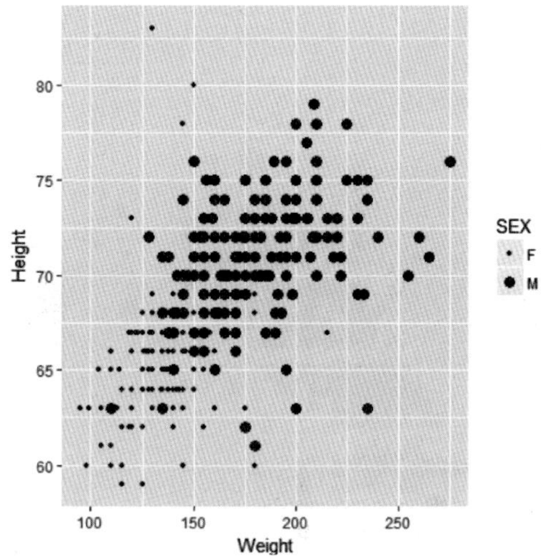


```
> #(5) [그림 10.117] 범주형 변수 Award의 범주별 투명도를 달리하는 산점도
>
> # 사용자 지정 범례 조정 옵션:
> # scale_alpha_manual("Three\nAwards", values=c(0.1, 0.5, 1))
> # => 범례 제목을 "Three\nAwards"로 변경; \n은 줄바꿈 표시
> # => 범주별 투명도의 크기를 점의 크기를 0.1, 0.5, 1로 변경
>
> g1 + geom_point(aes(alpha=Award)) +
+     scale_alpha_manual("Three\nAwards", values=c(0.1, 0.5, 1))
```

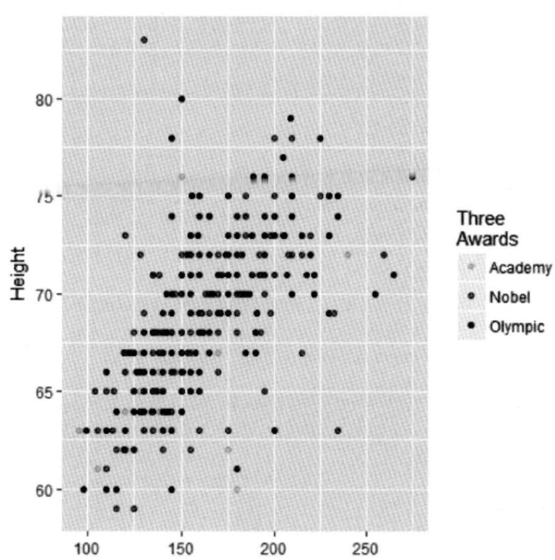

```
> #(6) [그림 10.118] 범주형 변수 Award의 범주별 채움의 색깔을 달리하는 빈도 사각형 히트맵
>
> # 사용자 지정 범례 조정 옵션:
> # scale_fill_manual("Three\nAward",values=c(1,2,4))
> # => 범례 제목을 "Three\nAwards"로 변경: \n은 줄바꿈 표시
> # => 범주별 채움의 색깔을 1(검정), 2(빨강), 4(파랑)번 색깔로 변경(8.1절의 [표 8.4] 참조)
>
> g1 + geom_bin2d(aes(fill=Award)) +
+     scale_fill_manual("Three\nAward",values=c(1,2,4))
```

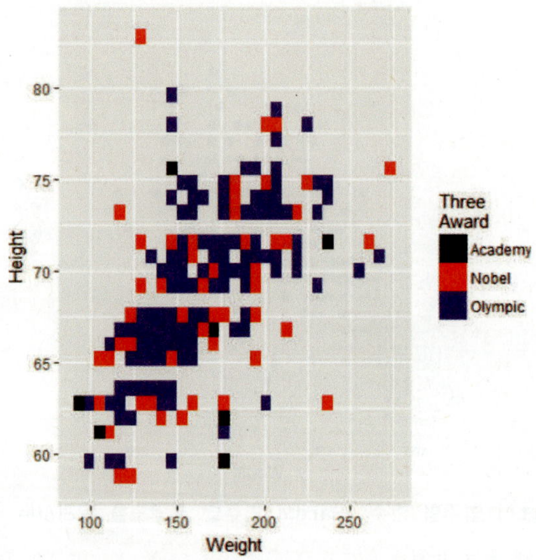


```
> #(7) April14Temps : 패키지 Lock5Data의 데이터 프레임
> # 데이터 설명: 1995-2015년의 21년 동안 매년 4월 14일에 관측된 DesMoines 및
> # SanFrancisco에서의 평균 (화씨)온도 자료로서 22X3 데이터 프레임
>
> str(April14Temps)
'data.frame':   22 obs. of  3 variables:
 $ Year        : int  1995 1996 1997 1998 1999 2000 2001 2002 2003 2004 ...
 $ DesMoines   : num  56 37.5 37.2 56 54.3 63.3 54.7 60.6 70.6 53.7 ...
 $ SanFrancisco: num  51 55.3 55.7 48.7 56.2 57.2 49.5 61 51.4 55.8 ...
> head(April14Temps)
  Year DesMoines SanFrancisco
1 1995      56.0         51.0
2 1996      37.5         55.3
3 1997      37.2         55.7
4 1998      56.0         48.7
5 1999      54.3         56.2
6 2000      63.3         57.2
>
> #(8) 함수 melt 함수를 사용하기 위해서 사전에 패키지 reshape가 설치되고 사용 선언
>
> #(9) 데이터 프레임 April14Temps를 재배열하여 data1 생성
>
> # 열 Year을 id 열로 하고 수치형 변수 열 이름들이 자동생성된 variable 열의 관측값으로
> # 수치형 변수의 관측값이 자동 생성된 value 열의  관측값으로 데이터 프레임 April14Temps를
> # 재배열하여 데이터 프레임 data1 생성

>
> data1 <- melt(April14Temps, c("Year"))
> head(data1, 5)
```

```
  Year  variable value
1 1995 DesMoines  56.0
2 1996 DesMoines  37.5
3 1997 DesMoines  37.2
4 1998 DesMoines  56.0
5 1999 DesMoines  54.3
>
> #(10) [그림 10.119] 범주형 변수 variable의 범주별 수치형 변수 value의 선 그래프
>
> # 데이터-data1, x-축 변수-시간(Year), y-축 변수-수치형(value),
> # 선 구별 변수-범주형(variable)
>
> # 사용자 지정 범례 조정 옵션:
> # scale_linetype_manual("City", values=c(3,5))
> # => 범례 제목을 "City"로 변경
> # => 범주별 선의 형태는 3범(점선), 5번(긴 대쉬선)으로 변경(8.1절의 [표 8.6] 참조)
>
> g2 <- ggplot(data=data1, aes(x=Year, y=value))
> g2 + geom_line(aes(linetype=variable)) +
+     scale_linetype_manual("City", values=c(3,5))
```

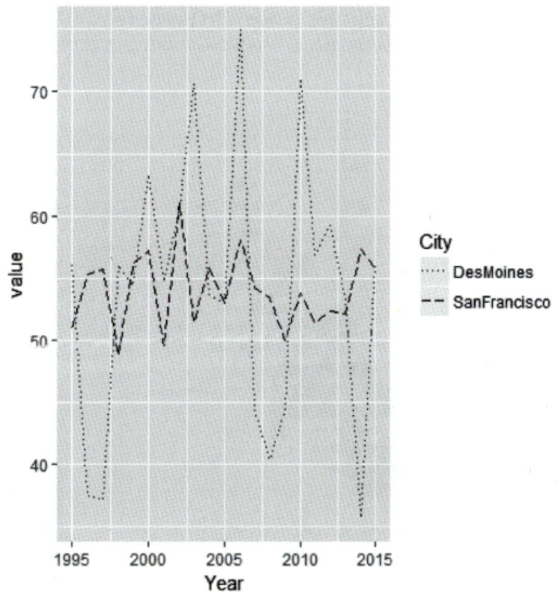

10.3.6. 범례 외적 구성에 관한 조정

함수 guide를 사용하면 함수 aes에서 지정한 변수들에 대하여 범례 제목 및 레이블 위치, 범례 레이블 상자의 크기, 범례 색깔 막대의 크기, 범례 색깔 경계선 유무, 범례 방향 등 범례의 모든 외적 구성에 관한 조정을 함수 guide 내에서 한꺼번에 조정할 수 있다. 함수 guide 내에서 사용하는 함수 guide_colourbar는 연속적인 색상 범례를 조정한다. 그 외의 범례는 함수 guide_legend를 사용하여 조정할 수 있다.

함수 guide의 사용 예는 [R-program 10.38]을 참조한다.

[R-program 10.38] 범례 외적 구성에 관한 조정 예

```
> #(1) StudentSurvey: 패키지 Lock5Data의 데이터 프레임
> # 데이터 설명: 기초통계학을 수강한 362명 학생들의 17개 문항에 대한
> # 설문 자료로서 362X17 데이터 프레임
>
> str(StudentSurvey[, c("Weight", "Height", "Exercise", "Gender", "Smoke")])
'data.frame':   362 obs. of  5 variables:
 $ Weight  : int  180 120 208 110 150 114 128 235 NA 115 ...
 $ Height  : int  71 66 72 63 65 65 66 74 61 60 ...
 $ Exercise: num  10 4 14 3 3 5 10 13 3 12 ...
 $ Gender  : Factor w/ 2 levels "F","M": 2 1 2 2 1 1 1 2 1 1 ...
 $ Smoke   : Factor w/ 2 levels "No","Yes": 1 2 1 1 1 1 1 1 1 1 ...
>
> #(2) [그림 10.120] 두개 수치형 변수의 산점도 위에 표현한 3개의 변수
>
> # 데이터-StudentSurvey, x-축 변수-수치형(Weight), y-축 변수-수치형(Height)
> # 수치형 변수 Exercise 값의 수준에 따라 색깔을 다르게 표현
> # 범주형 변수 Gender의 범주별 점의 모양을 다르게 표현
> # 범주형 변수 Smoke의 범주별 점의 크기를 다르게 표현
>
> g <- ggplot(data=StudentSurvey,aes(x=Weight,y=Height))
> g + geom_point(aes(colour=Exercise, shape=Gender, size=Smoke))
```

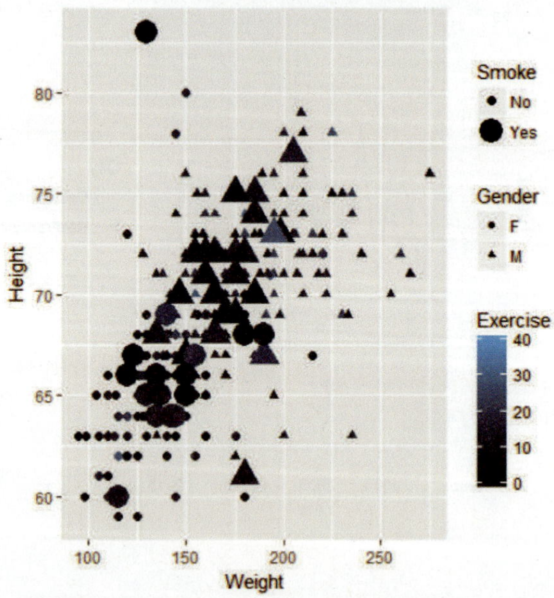


```
> #(3) [그림 10.121] 두개 수치형 변수의 산점도 위에 표현한 3개의 변수
>
> # 범례 제목 및 레이블 위치(title.position, label.position 옵션)
> # 범례 레이블 상자의 크기(keywidth, keyheight 옵션)
> # 범례 색깔 막대의 크기(barwidth, barheight), 범례 색깔 경계선 유무(ticks)
> # 범례 방향(direction), 범례 레이블 상자의 배열(ncol)
>
> g + geom_point(aes(colour=Exercise, shape=Gender, size=Smoke)) +
+     guides(colour=guide_colourbar("*EXERCISE*", barwidth=1, barheight=5,
+                                   label.position="left", ticks=FALSE),
+            shape=guide_legend("*GENDER*", label.position="left",
+                               direction="horizontal"),
+            size=guide_legend("*SMOKING*", keywidth=3, keyheight=1,
+                              title.position="bottom", ncol=2))
```

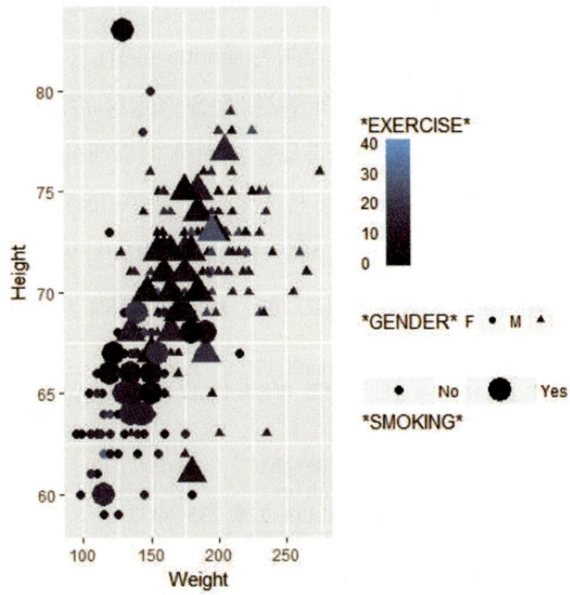


```
> #(4) [그림 10.122] 두개 수치형 변수의 산점도 위에 표현한 3개의 변수
>
> # 범례를 모두 제거
>
> g + geom_point(aes(colour=Exercise,shape=Gender,size=Smoke)) +
+     guides(colour="none",shape="none",size="none")
```

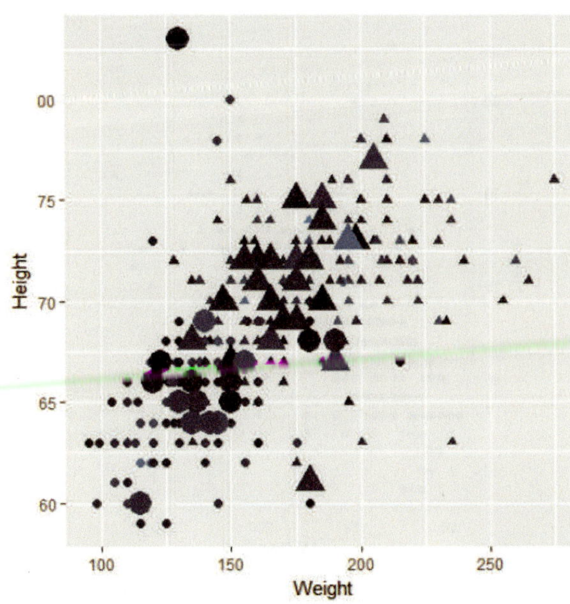

10.3.7. 그래프 제목, 축 이름, 범례 제목 조정

함수 labs에서는 그래프 제목(title 옵션), 부제목(subtitle 옵션), x-축 제목(x 옵션), y-축 제목(y 옵션), 범례 제목(colour, shape, size, 등의 옵션) 등을 조정할 수 있다. 함수 update_labels는 이미 존재하는 그래프의 여러 제목 혹은 이름들을 갱신하기 위해서 독립적으로 사용하는 함수이다. 이때 사용하는 옵션은 함수 labs의 옵션과 같으나 목록(list)의 형태로 입력한다.

함수 labs 및 함수 update_labels의 사용 예는 [R-program 10.39]를 참조한다.

[R-program 10.39] 그래프 제목, 축 이름, 범례 제목 조정 예

```
> #(1) StudentSurvey: 패키지 Lock5Data의 데이터 프레임
> # 데이터 설명: 기초통계학을 수강한 362명 학생들의 17개 문항에 대한
> # 설문 자료로서 362X17 데이터 프레임
>
> str(StudentSurvey[, c("Weight", "Height", "Gender")])
'data.frame':   362 obs. of  3 variables:
 $ Weight: int  180 120 208 110 150 114 128 235 NA 115 ...
 $ Height: int  71 66 72 63 65 65 66 74 61 60 ...
 $ Gender: Factor w/ 2 levels "F","M": 2 1 2 2 1 1 1 2 1 1 ...
>
> #(2) [그림 10.123] 수치형 변수 Weight 및 Height의 산점도
>
> # 데이터-StudentSurvey, x-축 변수-수치형(Weight), y-축 변수-수치형(Height)
> # 점의 모양으로 구별하는 범주형 변수(Gender)
>
> g <- ggplot(data=StudentSurvey, aes(x=Weight,y=Height))
> g + geom_point(aes(shape=Gender), size=2)
```

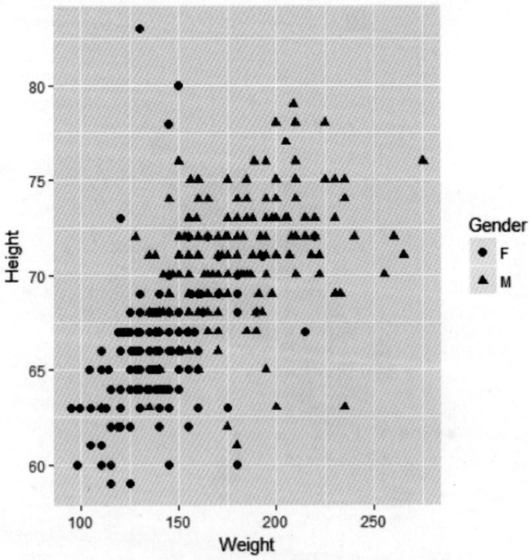


```
> #(3) [그림 10.124] 수치형 변수 Weight 및 Height의 산점도
>
> # 옵션 그래프 제목(title), 부제목(subtitle), x-축 제목(x), y-축 제목(y),
> # 범례 제목(shape)
>
```

```
>
> g1 <- g + geom_point(aes(shape=Gender), size=2) +
+     labs(title="Scatter Plot by Gender", subtitle="for Statistics Classes",
+          x="Weight in pounds", y="Height in inches", shape="Female: F\nMale: M")
> g1
```

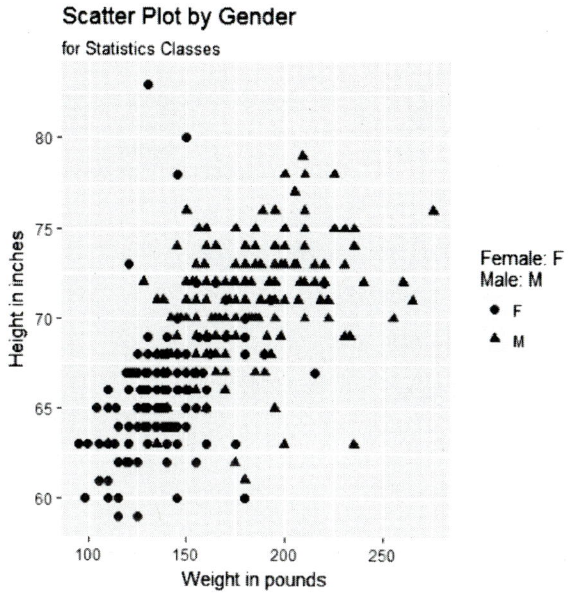


```
> #(4) [그림 10.125] 수치형 변수 Weight 및 Height의 산점도
>
> # 존재하는 그래프 제목, 축 제목, 범례 제목 변경
>
> update_labels(g1, list(title="Scatter Plot of Weight & Height",
+                        subtitle="by Gender", x="Weight(unit : pounds)",
+                        y="Height(unit : inches)", shape="F-Female\nM-Male"))
```

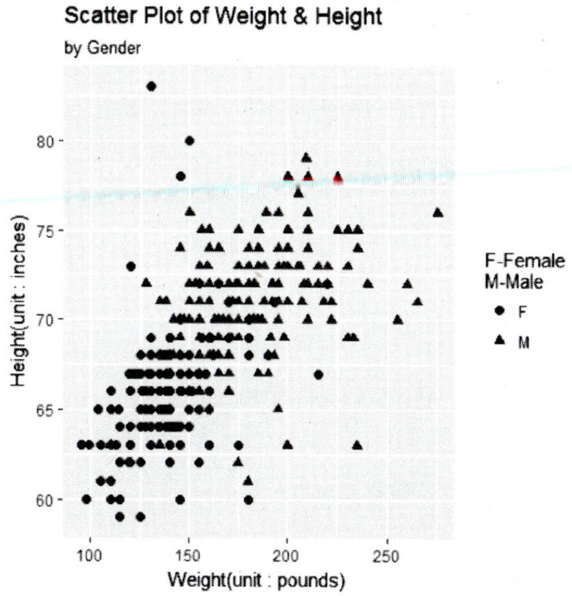

10.4 함수 ggplot의 구성 – Coordinate systems

함수 ggplot를 구성하는 coordinate system은 좌표를 나타내는 요소를 결정한다. 좌표축 조정 함수는 [표 10.7]에 요약 설명되어 있다.

[표 10.7] 좌표축 조정을 위한 coord_ 함수

함수	설명
coord_cartesian	축의 확장 여부를 지정
coord_fixed	x-축의 눈금 구간 값을 기준으로 y-축의 눈금 구간 값의 비율을 지정하여 각 축의 눈금 구간 조정
coord_flip	x-축과 y-축의 교체
coord_polar	막대 그래프를 원 그래프로 전환
coord_trans	x-축 혹은 y-축의 축 척도를 변환

10.4.1 축의 확장 여부 지정

함수 coord_cartesian은 x-축 및 y-축 확장 여부(expand 옵션)를 지정한다. 옵션값이 expand=FALSE인 경우에 x-축 및 y-축 변수의 최솟값 및 최댓값은 그래프 네 변의 경계선에 놓이게 되므로 데이터에 맞추어 최대한 그래프가 확장되어 표현된다. 기본값인 expand=TRUE의 경우는 그래프 네 변의 안쪽으로 여백이 있게 그래프가 그려진다. x-축, y-축의 범위를 축소시켜 지정하고 expand=FALSE 옵션을 사용하여 원하는 구간의 데이터만 여백 없이 그래프에 최대한 넓게 펼쳐서 나타낼 수 있다.

함수 coord_cartesian의 사용 예는 [R-program 10.40]을 참조한다.

[R-program 10.40] 축의 확장 여부 지정 예

```
> #(1) StudentSurvey: 패키지 Lock5Data의 데이터 프레임
> # 데이터 설명: 기초통계학을 수강한 362명 학생들의 17개 문항에 대한
> # 설문 자료로서 362X17 데이터 프레임
>
> str(StudentSurvey[, c("Weight", "Height")])
'data.frame':	362 obs. of  2 variables:
 $ Weight: int  180 120 208 110 150 114 128 235 NA 115 ...
 $ Height: int  71 66 72 63 65 65 66 74 61 60 ...
>
> #(2) [그림 10.126] 수치형 변수 Weight 및 Height의 산점도
>
> # 데이터-StudentSurvey, x-축 변수-수치형(Weight), y-축 변수-수치형(Height)
>
```

```
> # 확장 옵션 expand=TRUE(기본값) 사용 : x-축 및 y-축 변수의 최소값 및 최대값이
> # 충분히 포함될 정도로 그래프의 4개 경계변 안쪽으로 여백이 있게 그려짐
>
> g <- ggplot(data=StudentSurvey, aes(x=Weight,y=Height))
> g + geom_point()
```

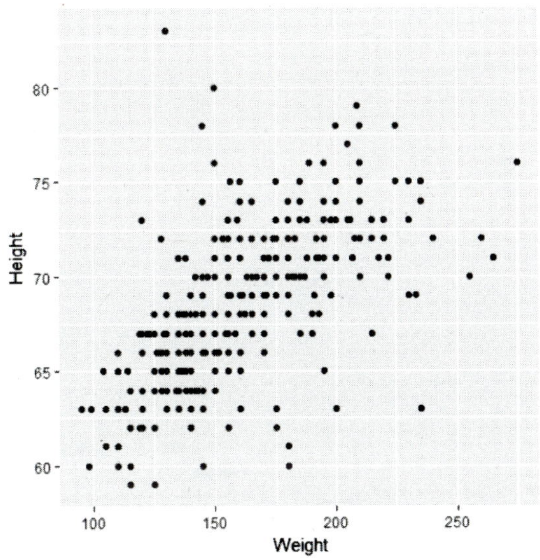


```
> #(3) [그림 10.127] 수치형 변수 Weight 및 Height의 산점도
>
> # 확장 옵션 expand=FALSE : x-축 및 y-축 변수의 최소값 및 최대값이
> # 그래프의 4개 경계변 위에 걸쳐 있게 그려짐
>
> g + geom_point() + coord_cartesian(expand=F)
```

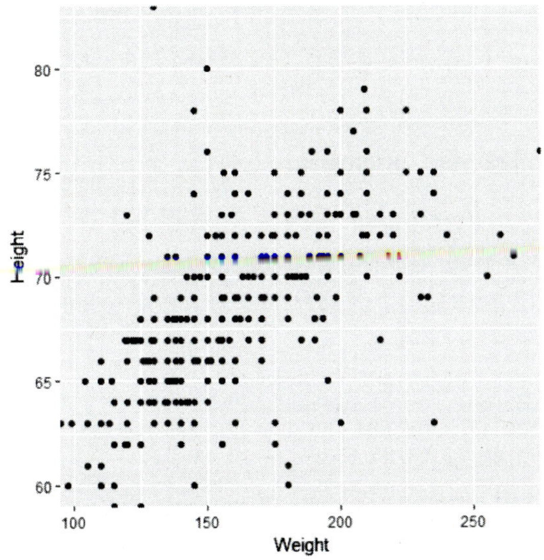


```
> #(4) [그림 10.128] 수치형 변수 Weight 및 Height의 산점도
>
> # x-축 및 y-축 범위 축소 및 확장 옵션 expand=FALSE 사용
> # => 원하는 범위의 산점도를 확대해서 보는 효과
```

```
>
> g + geom_point() + coord_cartesian(xlim=c(150,200), ylim=c(65,75), expand=F)
```

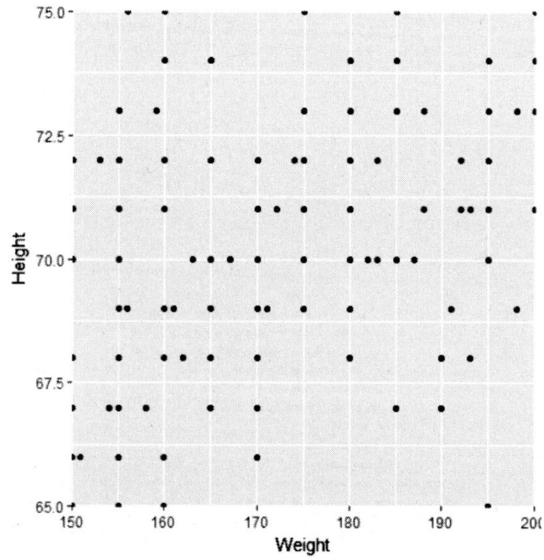

10.4.2 축 눈금 구간 조정

함수 coord_fixed는 비율(ratio 옵션)을 설정하여 x-축의 눈금 구간 값을 기준으로 y-축의 눈금 구간 값의 비율에 따라 그래프를 표시한다. 예를 들어 ratio=10이라면 x-축 눈금 구간 값에 비해 y-축 눈금 구간 값을 10배로 하여 표현한다. xlim, ylim, expand 옵션을 추가로 사용할 수 있다. 함수 coord_fixed 내의 ratio 옵션을 1로 설정해주면 x-축 및 y-축 눈금 구간 값이 실제 값 그대로 표현한다.

함수 coord_fixed의 사용 예는 [R-program 10.41]을 참조한다.

[R-program 10.41] 축 눈금 구간 조정 예

```
> #(1) StudentSurvey: 패키지 Lock5Data의 데이터 프레임
> # 데이터 설명: 기초통계학을 수강한 362명 학생들의 17개 문항에 대한
> # 설문 자료로서 362X17 데이터 프레임
>
> str(StudentSurvey[, c("Weight", "Height")])
'data.frame':   362 obs. of  2 variables:
 $ Weight: int  180 120 208 110 150 114 128 235 NA 115 ...
 $ Height: int  71 66 72 63 65 65 66 74 61 60 ...
>
> #(2) [그림 10.129] 수치형 변수 Weight 및 Height의 산점도
>
> # 데이터-StudentSurvey, x-축 변수-수치형(Weight), y-축 변수-수치형(Height)
>
> g <- ggplot(data=StudentSurvey, aes(x=Weight,y=Height))
> g + geom_point()
```

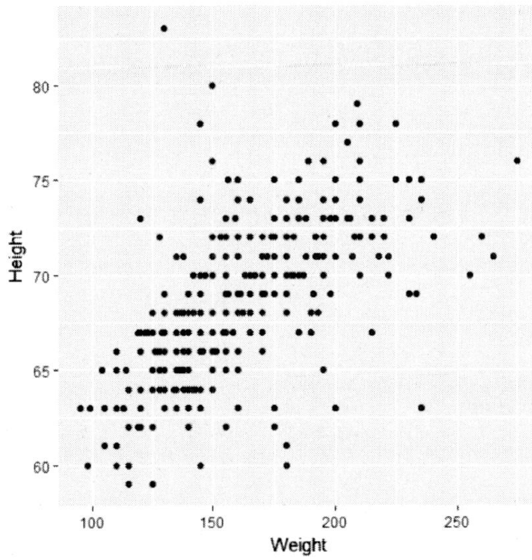


```
> #(3) [그림 10.130] 수치형 변수 Weight 및 Height의 산점도
>
> # 옵션 ratio=1 : x-축 눈금 구간과 y-축 눈금 구간을 실제 값 그대로 표현
>
> g + geom_point() + coord_fixed(ratio=1)
```

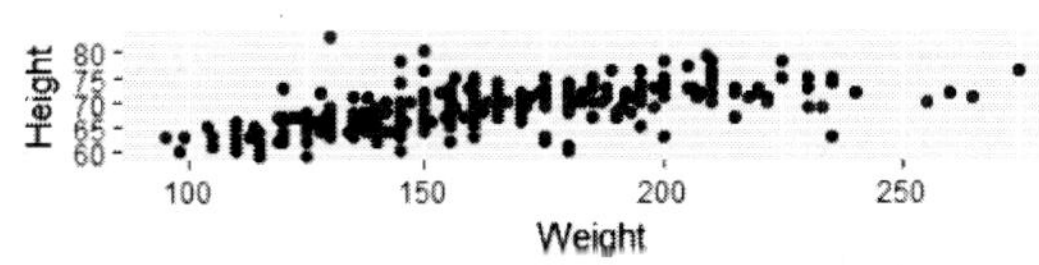


```
> #(4) [그림 10.131] 수치형 변수 Weight 및 Height의 산점도
>
> # 옵션 ratio=20 : y-축 눈금 구간을 x-축 눈금 구간의 20배로 표현
>
> g + geom_point() + coord_fixed(ratio=20)
```

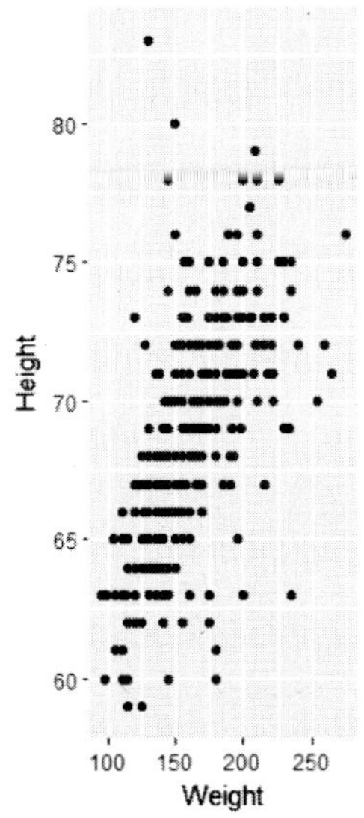

10.4.3 축 교체

함수 coord_flip은 x-축과 y-축을 바꾸어 그린다. xlim, ylim, expand 옵션을 추가로 사용할 수 있다.

함수 coord_flip의 사용 예는 [R-program 10.42]를 참조한다.

[R-program 10.42] 축 교체 예

```
> #(1) StudentSurvey: 패키지 Lock5Data의 데이터 프레임
> # 데이터 설명: 기초통계학을 수강한 362명 학생들의 17개 문항에 대한
> # 설문 자료로서 362X17 데이터 프레임
>
> str(StudentSurvey[, c("Award", "GPA")])
'data.frame':   362 obs. of  2 variables:
 $ Award: Factor w/ 3 levels "Academy","Nobel",..: 3 1 2 2 2 2 3 3 2 2 ...
 $ GPA  : num  3.13 2.5 2.55 3.1 2.7 3.2 2.77 3.3 2.8 3.7 ...
>
> #(2) [그림 10.132] 범주형 변수 Award의 범주별 수치형 변수 GPA의 상자 그래프
>
> # 데이터-StudentSurvey, x-축 변수-범주형(Award), y-축 변수-수치형(GPA)
>
> g <- ggplot(data=StudentSurvey,aes(x=Award,y=GPA))
> g + geom_boxplot()
```

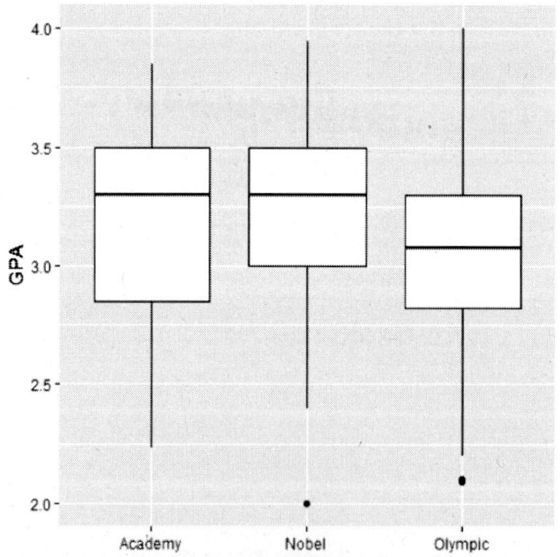


```
> #(3) [그림 10.133] 범주형 변수 Award의 범주별 수치형 변수 GPA의 상자 그래프
>
> # x-축 및 y-축을 바꾸어 표현
>
> g + geom_boxplot() + coord_flip()
```

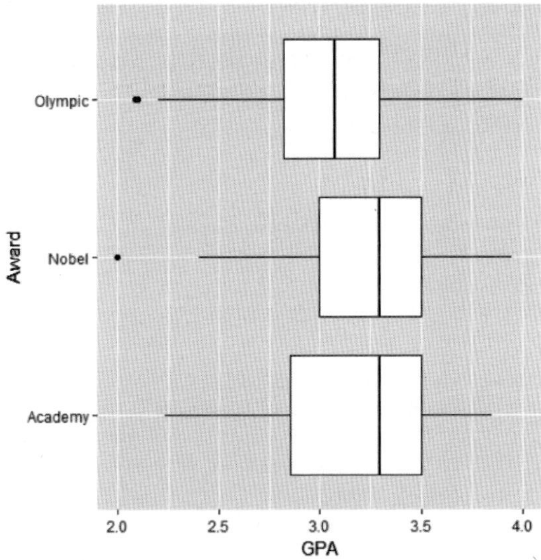

10.4.4 원 그래프

함수 coord_polar는 막대 그래프의 형태를 원 그래프 형태로 표시한다. ggplot2 패키지를 사용하여 원 그래프를 그리고자 할 때는 geom_bar 함수와 coord_polar 함수를 동시에 사용하여야 한다. theta 옵션을 통해 원의 각으로 사용할 변수를 선택한다.

함수 coord_polar의 사용 예는 [R-program 10.43]을 참조한다.

[R-program 10.43] 원 그래프의 예

```
> #(1) StudentSurvey: 패키지 Lock5Data의 데이터 프레임
> # 데이터 설명: 기초통계학을 수강한 362명 학생들의 17개 문항에 대한
> # 설문 자료로서 362X17 데이터 프레임
>
> str(StudentSurvey[, c("Award")])
 Factor w/ 3 levels "Academy","Nobel",..: 3 1 2 2 2 2 3 3 2 2 ...
>
> #(2) [그림 10.134] 범주형 변수 Award의 범주별 채움 색깔로 구별하는 막대그래프
>
> # 데이터-StudentSurvey, 채움 색깔로 구별하는 범주형 변수(Award)
>
> # stacked bar chart : 범주별 쌓아 올린 막대 그래프
>
> g <- ggplot(data=StudentSurvey,aes(x="", fill=Award))
> g + geom_bar()
```

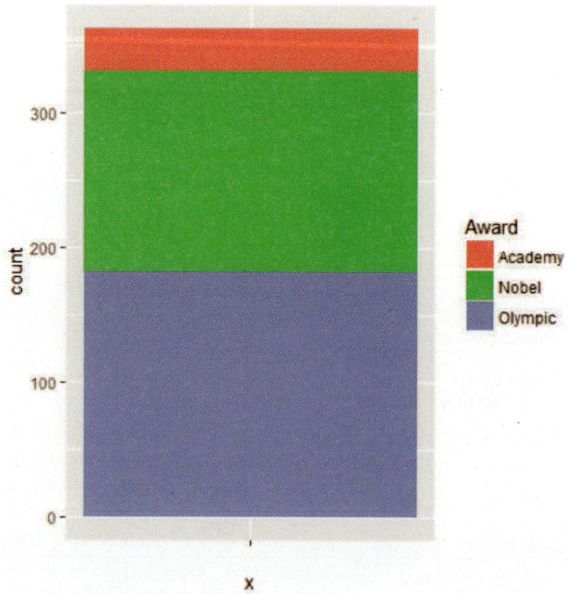


```
> #(3) [그림 10.135] 범주형 변수 Award의 범주별 채움 색깔로 구별하는 원그래프
>
> # 원 그래프 공식: A pie chart = stacked bar chart + polar coordinates
> # 함수 coord_polar(theta="y") : 원 그래프의 각이 y 축 Award에 의해 결정
>
> g + geom_bar() + coord_polar(theta="y") +
+     labs(title="Pie Chart of Award", x="", y="")
```

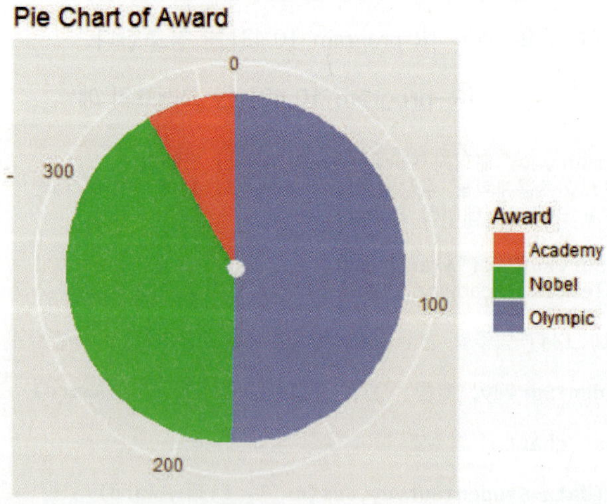


```
> #(4) [그림 10.136] 범주형 변수 Award의 범주별 채움 색깔로 구별하는 원그래프
>
> # [그림 10.135]와 비교 : 90도(start=pi/2 radian) 만큼을 이동하여 원 조각이
> # 시작하도록 설정
>
> g + geom_bar() +  coord_polar(theta="y", start=pi/2) +
+     labs(title="Pie Chart of Award", x="", y="")
```

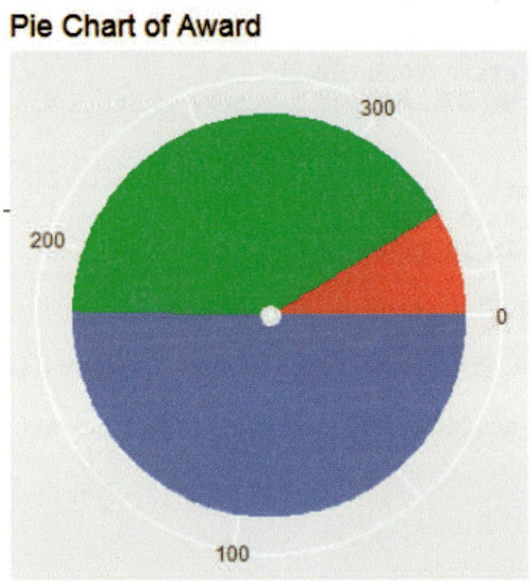


```
> #(5) [그림 10.137] 범주형 변수 Award의 범주별 채움 색깔로 구별하는 원그래프
>
> # [그림 10.135]와 비교 : 원 조각이 시계반대 방향(direction=-1)으로 나타내도록 설정
>
> g + geom_bar() + coord_polar(theta="y", direction=-1) +
+     labs(title="Pie Chart of Award", x="", y="")
```

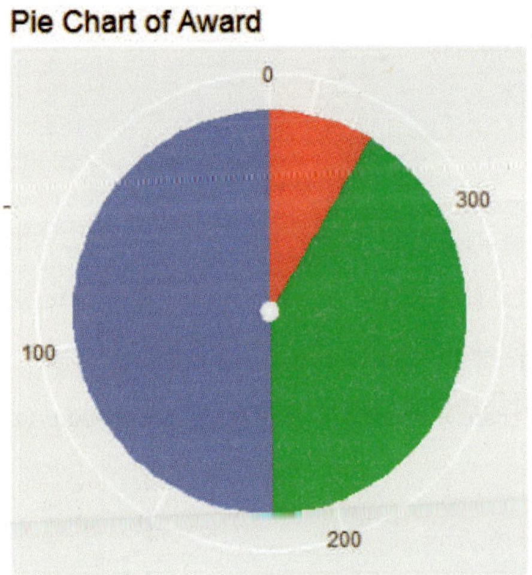

10.4.5 축 척도 변환

함수 coord_trans는 x-축 또는 y-축의 척도를 로그 혹은 거듭제곱근 등의 척도로 변환하고자 할 때 사용한다.

함수 coord_trans의 사용 예는 [R-program 10.44]를 참조한다.

[R-program 10.44] 축 척도 변환 예

```
> #(1) cars : 패키지 datasets의 데이터 프레임
> # 데이터 설명 : 차의 속도 및 정지 거리 자료로서 50X2 데이터 프레임
>
> str(cars)
'data.frame':   50 obs. of  2 variables:
 $ speed: num  4 4 7 7 8 9 10 10 10 11 ...
 $ dist : num  2 10 4 22 16 10 18 26 34 17 ...
>
> #(2) [그림 10.138] 수치형 변수 carat 및 price의 산점도
>
> # 데이터 프레임-cars, x-축 변수-수치형(speed), y-축 변수-수치형(dist)
>
> g <- ggplot(data=cars, aes(x=speed, y=dist)) + geom_point(); g
```

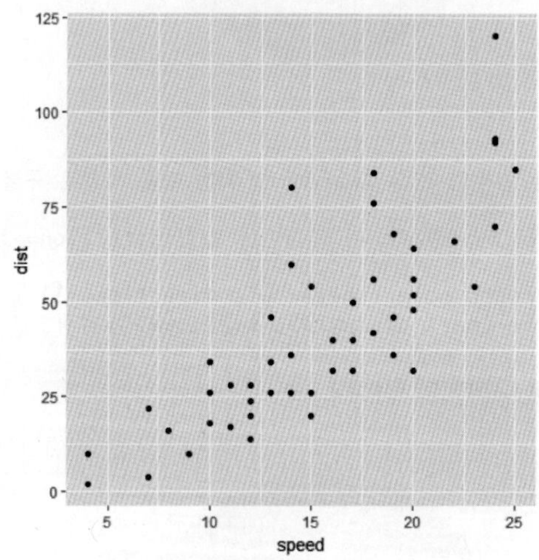


```
> ## 함수 ggplot에서 3가지 축 척도 변환 방법
>
> #(3) [그림 10.139] 방법 1: 함수 scale_x_continuous 및 scale_y_continuous를 사용
>
> # x-축 및 y-축 변환 : log2 변환, 그외 log10, sqrt 변환이 가능
>
> g + scale_x_continuous(trans='log2') + scale_y_continuous(trans='log2')
```

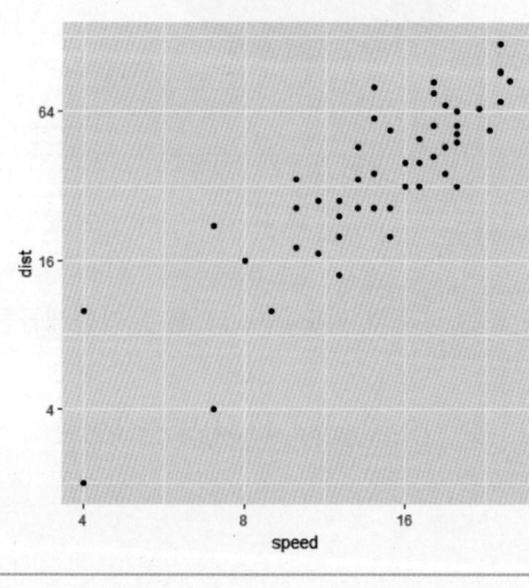

```
> #(5) [그림 10.140] 방법 2: 함수 scale_x_log10 및 scale_y_log10을 사용
>
> # x-축 및 y-축 변환 : log10 변환, 그외 sqrt 변환이 가능
>
> g + scale_x_log10() + scale_y_log10()
```

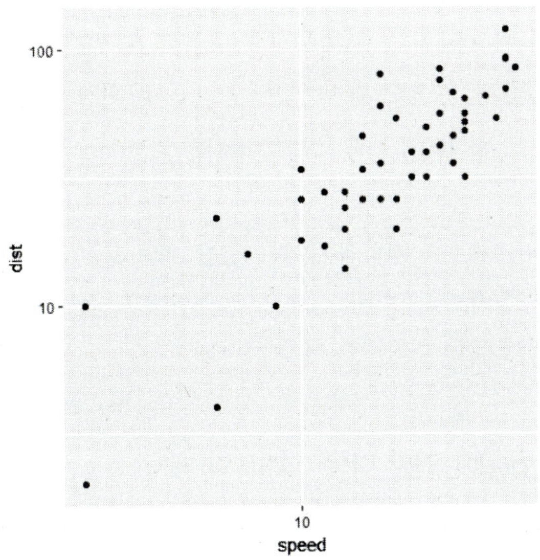


```
> #(6) [그림 10.141] 방법 3: 함수 coord_trans를 사용
>
> # x-축 및 y-축 변환 : sqrt 변환, 그외 그외 log10 변환이 가능
>
> g + coord_trans(x="sqrt", y="sqrt")
```

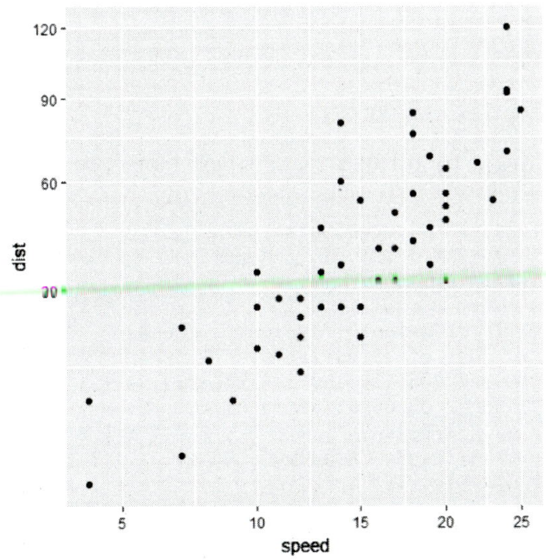

10.5 함수 ggplot의 구성 – Facets

함수 ggplot에 의한 그래프에서 함수 facet_는 하나의 그래프 공간을 여러 개의 패널로 나누어 그래프를 각 패널에 배치한다. 주로 범주형 변수들의 각 범주의 조합별로 그래프들을 한꺼번에 그리는 경우 사용한다. 주요한 facet_ 함수가 [표 10.8]에 요약 설명된다.

[표 10.8] 다중 그래프 배치를 위한 facet_ 함수

함수	설명
facet_grid	여러 그래프를 하나의 그래프 공간 위에 표현
facet_wrap	여러 그래프를 하나의 그래프 공간 위에 표현하고 각각의 그래프에 대해서 데이터에 맞는 독립적인 사용이 가능

10.5.1 함수 facet_grid에 의한 다중 그래프의 배치

함수 facet_grid는 범주형 변수의 범주별로 여러 그래프를 하나의 그래프 공간 위에 그리고자 할 때 사용한다. 함수 facet_grid 내에서 식 형태로 x-축 또는 y-축을 기준으로 그래프들을 구분하여 그릴 수 있다. 식에서 '~' 기호를 기준으로 왼쪽 부분이 y-축 기준, 오른쪽 부분이 x-축 기준이다. 또한, 옵션 scale="free"를 사용하여 각각의 그래프 패널에 대하여 축의 범위를 자료에 맞게 독립적으로 사용할 수 있다. 그러나 y-축을 기준으로 분리된 그래프에서는 scale="free" 옵션이 y-축에만 적용되고 x-축을 기준으로 분리된 그래프에서는 x-축에만 적용된다.

함수 facet_grid의 사용 예는 [R-program 10.45]를 참조한다.

[R-program 10.45] 함수 facet_grid에 의한 다중 그래프의 배치 예

```
> #(1) StudentSurvey: 패키지 Lock5Data의 데이터 프레임
> # 데이터 설명: 기초통계학을 수강한 362명 학생들의 17개 문항에 대한
> # 설문 자료로서 362X17 데이터 프레임
>
> str(StudentSurvey[, c("Weight", "Height", "Gender", "Award", "Smoke")])
'data.frame':   362 obs. of  5 variables:
 $ Weight: int  180 120 208 110 150 114 128 235 NA 115 ...
 $ Height: int  71 66 72 63 65 65 66 74 61 60 ...
 $ Gender: Factor w/ 2 levels "F","M": 2 1 2 2 1 1 1 2 1 1 ...
 $ Award : Factor w/ 3 levels "Academy","Nobel",..: 3 1 2 2 2 2 3 3 2 2 ...
 $ Smoke : Factor w/ 2 levels "No","Yes": 1 2 1 1 1 1 1 1 1 1 ...
>
> #(2) [그림 10.142] x-축을 기준으로 범주형 변수 Gender의 범주별로 배치한 산점도
>
> # 데이터-StudentSurvey, x-축 변수-수치형(Weight), y-축 변수-수치형(Height)
>
> g <- ggplot(data=StudentSurvey, aes(x=Weight,y=Height))
> g + geom_point() + facet_grid(. ~ Gender)
```

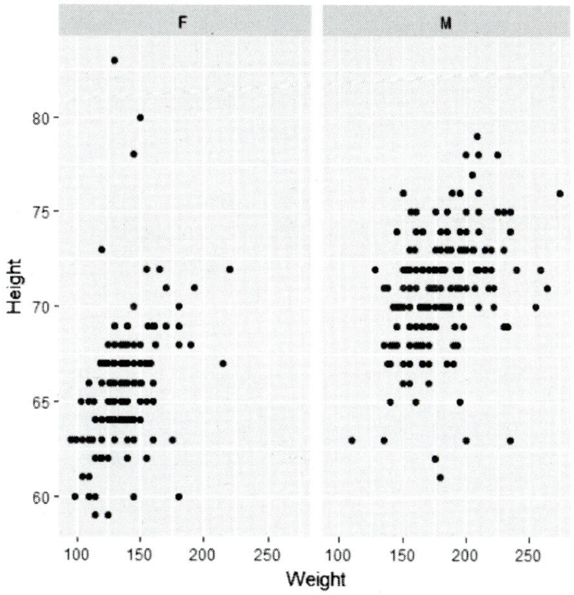


```
> #(3) [그림 10.143] y-축을 기준으로 범주형 변수 Gender의 범주별로 배치한 산점도
>
> g + geom_point() + facet_grid(Gender ~ .)
```

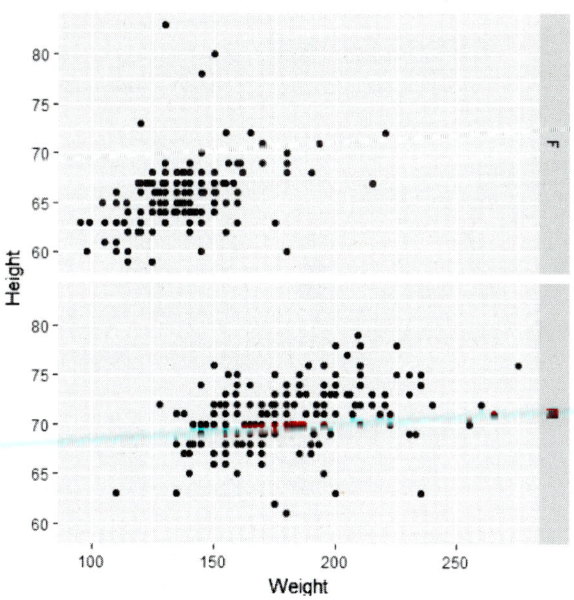


```
> #(4) [그림 10.144] x-축을 기준으로 범주형 변수 Award의 범주별로 배치하고
> # y-축을 기준으로 범주형 변수 Gender의 범주별로 배치한 산점도
>
> g + geom_point() + facet_grid(Gender ~ Award)
```

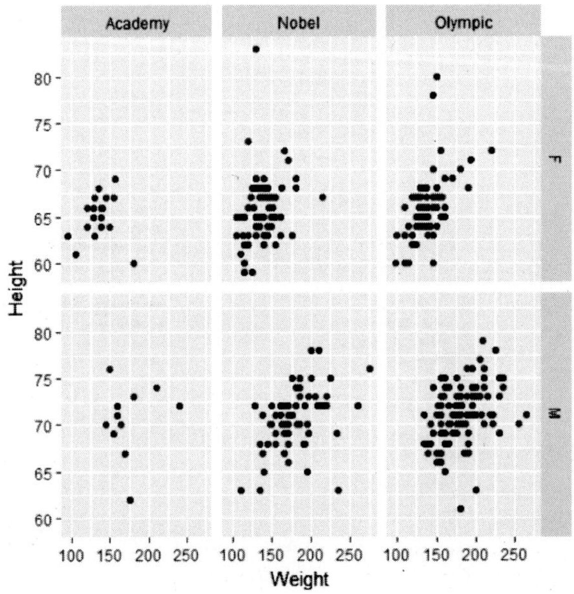

```
> #(5) [그림 10.145] x-축을 기준으로 범주형 변수 Award 및 Smoke의  범주 조합별로 배치하고
> # y-축을 기준으로 범주형 변수 Gender의 범주별로 배치한 산점도
>
> g + geom_point() + facet_grid(Gender ~ Award + Smoke)
```

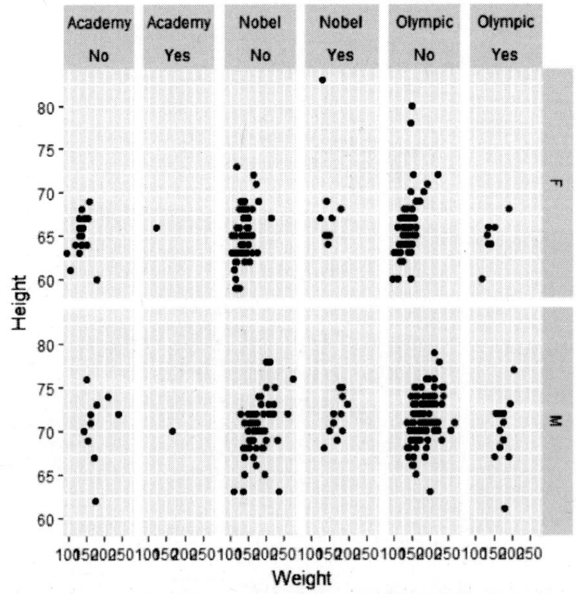

```
> #(6) [그림 10.146] x-축을 기준으로 범주형 변수 Award 및 Smoke의 범주 조합별로 배치하고
> # y-축을 기준으로 범주형 변수 Gender의 범주별로 배치한 산점도
>
> # 옵션 margins="Smoke" : x-축을 기준으로 범주형 변수  Award의 범주별 Smoke의 합
> # => 산점도에서 (all)로 표시된 패널 추가
>
> g + geom_point() + facet_grid(Gender ~ Award + Smoke, margins="Smoke")
```

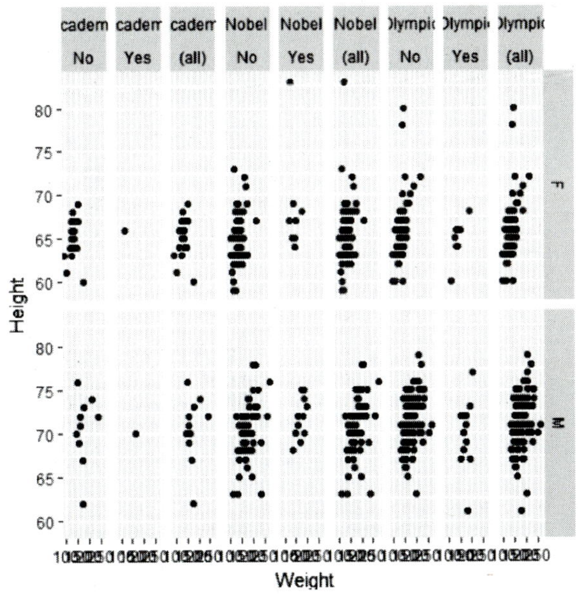

```
> #(7) [그림 10.147] x-축을 기준으로 범주형 변수 Gender의 범주별로 배치한 산점도
>
> # 옵션 switch="x" : x-축 범주 구별 레이블을 하단에 표시(비교 [그림 10.142])
>
> g + geom_point() + facet_grid(. ~ Gender, switch="x")
```

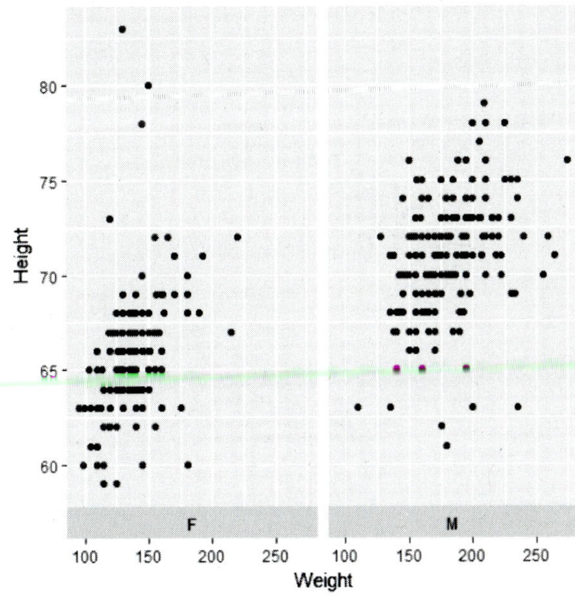

```
> #(8) [그림 10.148] x-축을 기준으로 범주형 변수 Award의 범주별로 배치하고
> # y-축을 기준으로 범주형 변수 Gender의 범주별로 배치한 산점도
>
> # 옵션 switch="both" : x-축 및 y-축 범주 구별 레이블을 좌측 및 하단에 표시
> # (비교 [그림 10.144])
>
> g + geom_point() + facet_grid(Gender ~ Award, switch="both")
```

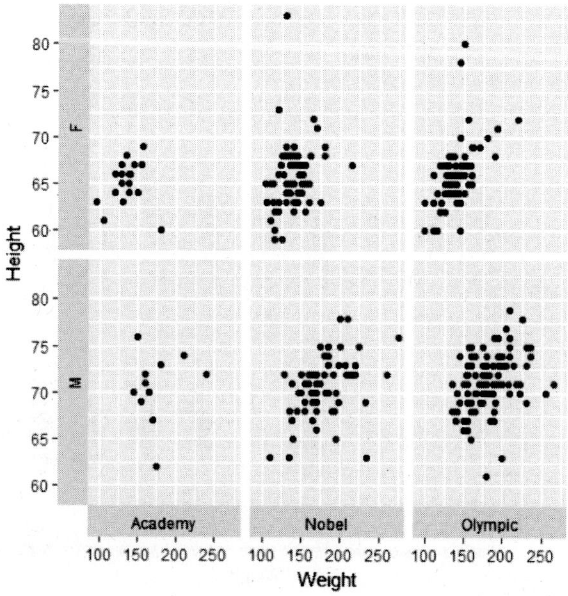


```
> #(9) [그림 10.149]  y-축을 기준으로 범주형 변수 Gender의 범주별로 배치한 산점도
>
> # 옵션 scale="free" : y-축을 기준으로 자료에 맞는 독립된 좌표 축 사용
> # (비교 [그림 10.143])
>
> g + geom_point() + facet_grid(Gender ~ ., scale="free")
```

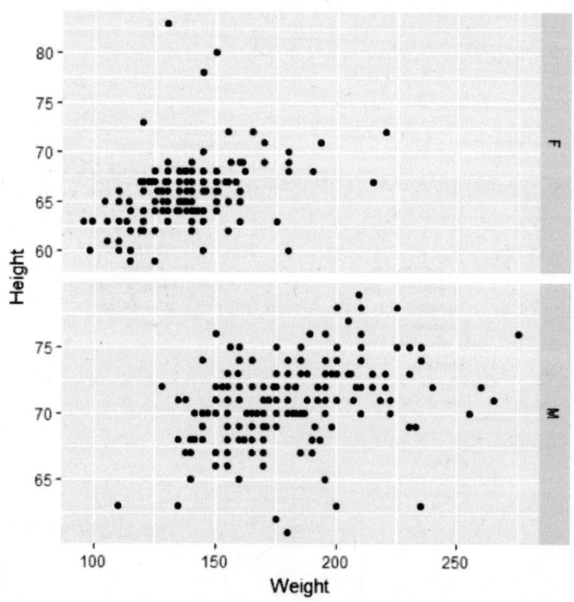


```
> #(10) [그림 10.150]  x-축을 기준으로 범주형 변수 Gender의 범주별로 배치한 산점도
>
> # 옵션 scale="free" : x-축을 기준으로 자료에 맞는 독립된 좌표 축 사용
> # (비교 [그림 10.142])
>
> g + geom_point() + facet_grid(. ~ Gender, scale="free")
```

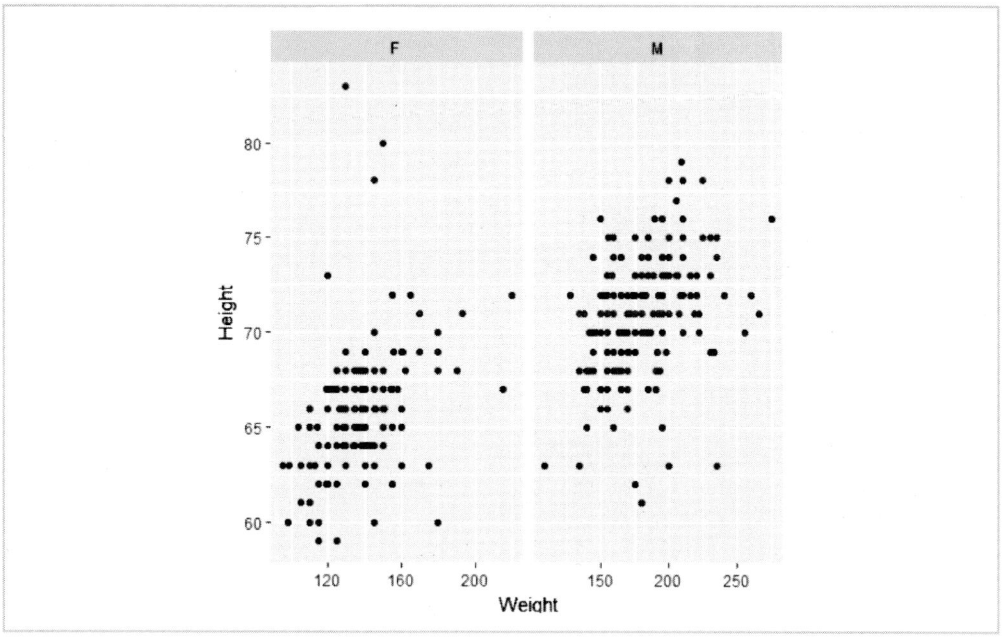

10.5.2 함수 facet_wrap에 의한 다중 그래프의 배치

함수 facet_wrap은 함수 facet_grid와 마찬가지로 범주형 변수의 범주별로 여러 그래프를 하나의 그래프 공간 위에 그리고자 할 때 사용한다. 함수 facet_grid와의 차이점은 scale="free" 옵션을 사용하였을 때 각각의 모든 패널의 그래프에 대하여 데이터에 맞게 x-축, y-축의 범위가 독립적으로 사용된다. 그리고 nrow, ncol 옵션을 통해 그래프를 나타내고자 하는 행과 열의 수를 조정할 수 있다.

함수 facet_wrap의 사용 예는 [R-program 10.46]을 참조한다.

[R-program 10.46] 함수 facet_wrap에 의한 다중 그래프의 배치 예

```
> #(1) StudentSurvey: 패키지 Lock5Data의 데이터 프레임
> # 데이터 설명: 기초통계학을 수강한 362명 학생들의 17개 문항에 대한
> # 설문 자료로서 362X17 데이터 프레임
>
> str(StudentSurvey[, c("Gender", "Smoke")])
'data.frame':   362 obs. of  2 variables:
 $ Gender: Factor w/ 2 levels "F","M": 2 1 2 2 1 1 1 2 1 1 ...
 $ Smoke : Factor w/ 2 levels "No","Yes": 1 2 1 1 1 1 1 1 1 1 ...
>
> #(2) [그림 10.151] x-축을 기준으로 범주형 변수 Smoke의 범주별로 배치하고
> # y-축을 기준으로 범주형 변수 Gender의 범주별로 배치한 산점도
>
> # 데이터-StudentSurvey, x-축 변수-수치형(Weight), y-축 변수-수치형(Height)
>
> # 옵션 scale="free" : 모든 패널의 그래프가 각각의 데이터에 맞는 독립적인 xy-축을 가짐
>
> g <- ggplot(data=StudentSurvey, aes(x=Weight,y=Height))
> g + geom_point() + facet_wrap(Gender ~ Smoke, scale="free")
```

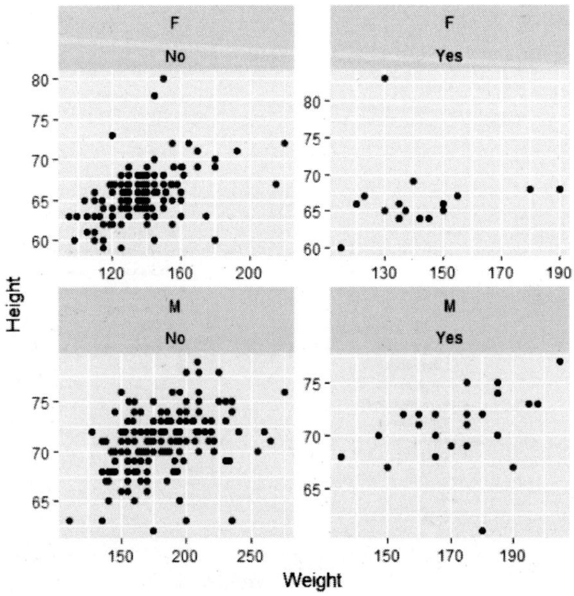

```
> #(3) [그림 10.152] 4열로 배치한 산점도
>
> # 데이터-StudentSurvey, x-축 변수-수치형(Weight), y-축 변수-수치형(Height)
>
> # 옵션 ncol=4 : 4열에 그래프를 배치
>
> g + geom_point() + facet_wrap(Gender ~ Smoke, scale="free", ncol=4)
```

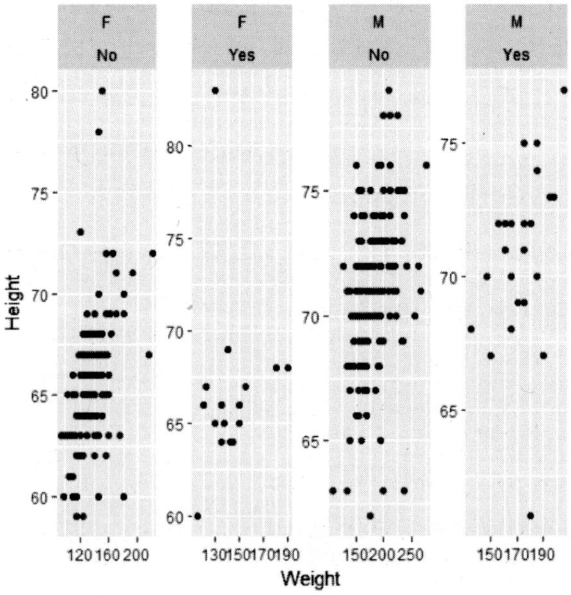

함수 ggplot로 그리는 그래프에서 Guide는 그래프의 요소가 데이터의 어떤 값을 나타내는지 보여주는 역할을 한다. 눈금, 축 제목, 범례 등을 나타내는데 앞서 Layer, Scale 등의 함수 내에서 포함하여 어떻게 쓰이는지 살펴보았기 때문에 별도의 설명은 생략한다.

10.6 그래프 테마 함수

함수 ggplot에 의한 그래프에서 그래프 배경 테마를 바꿀 수 있는 함수로 theme_ 함수가 있다. 필요에 따라 사용자가 원하는 형태의 theme_ 함수를 사용하여 그래프의 배경을 다양하게 시각화할 수 있다. [표 10.9]에 여러 theme_ 함수가 요약되어 있으며 사용 예는 [R-program 10.47]의 예를 참조한다.

[표 10.9] 그래프 배경 테마를 결정하는 theme_ 함수

함수	설명
theme_gray	함수 ggplot에 의한 그래프의 기본 테마로서 회색 바탕에 흰색 격자선 및 회색 범례 배경으로 구성된 테마
theme_bw	흰색 바탕에 회색의 격자선 및 흰색 범례 배경, 그리고 검정의 바깥 틀로 구성되어 있어 프레젠테이션에 사용하면 효과적인 테마
theme_light	바깥 틀이 회색인 것을 제외하면 theme_bw와 같은 테마
theme_linedraw	검정의 선명한 격자선 및 틀인 것을 제외하면 theme_bw와 같은 테마
theme_dark	검정 배경 범주 틀과 진한 회색의 그래프 배경, 범례 배경, 격자 선으로 구성되어 있는 테마
theme_minimal	축, 범주 배경, 그래프 틀이 없으며, 흰색 바탕에 회색의 격자 선으로 구성된 테마
theme_classic	그래프 내의 격자 선이 없는 테마
theme_void	축 및 격자 선이 없으며 그래프를 구성하는 최소한의 요소만으로 구성되어있는 테마

[R-program 10.47] 그래프 배경 테마 예

```
> #(1) StudentSurvey: 패키지 Lock5Data의 데이터 프레임
> # 데이터 설명: 기초통계학을 수강한 362명 학생들의 17개 문항에 대한
> # 설문 자료로서 362X17 데이터 프레임
>
> str(StudentSurvey[, c("Weight", "Height", "Gender", "Smoke")])
'data.frame':   362 obs. of  4 variables:
 $ Weight: int  180 120 208 110 150 114 128 235 NA 115 ...
 $ Height: int  71 66 72 63 65 65 66 74 61 60 ...
 $ Gender: Factor w/ 2 levels "F","M": 2 1 2 2 1 1 1 2 1 1 ...
 $ Smoke : Factor w/ 2 levels "No","Yes": 1 2 1 1 1 1 1 1 1 1 ...
>
> #(2) [그림 10.153] 기본 테마 적용(기본값 테마: theme_gray)
>
> # 함수 ggplot에 의한 그래프의 기본 테마로서 회색 바탕에 흰색 격자선 및
> # 회색 범례 배경으로 구성
>
```

```
> g <- ggplot(data=StudentSurvey, aes(x=Weight,y=Height))
> g + geom_point(aes(shape=Smoke)) + facet_wrap(~ Gender) + theme_gray()
```

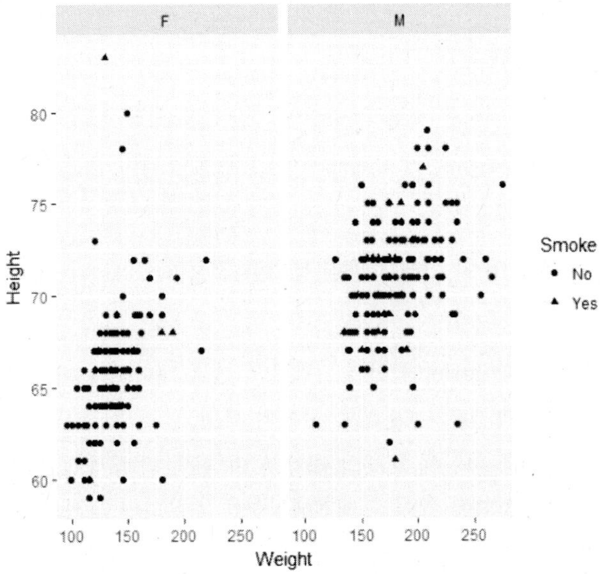


```
> #(3) [그림 10.154] theme_bw 테마 적용
>
> # 흰색 바탕에 회색의 격자선 및 흰색 범례 배경, 그리고 검정색의 바깥 틀로
> # 구성되어있어 프레젠테이션에 사용하면 효과적인 테마
>
> g + geom_point(aes(shape=Smoke)) + facet_wrap(~ Gender) + theme_bw()
```

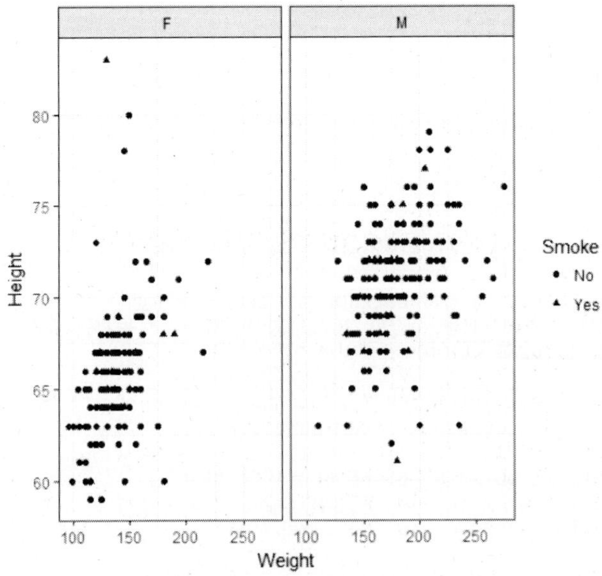


```
> #(4) [그림 10.155]  theme_linedraw 테마 적용
>
> # 검정색의 선명한 격자선 및 틀인 것을 제외하면 theme_bw와 같은 테마
>
> g + geom_point(aes(shape=Smoke)) + facet_wrap(~ Gender) + theme_linedraw()
```

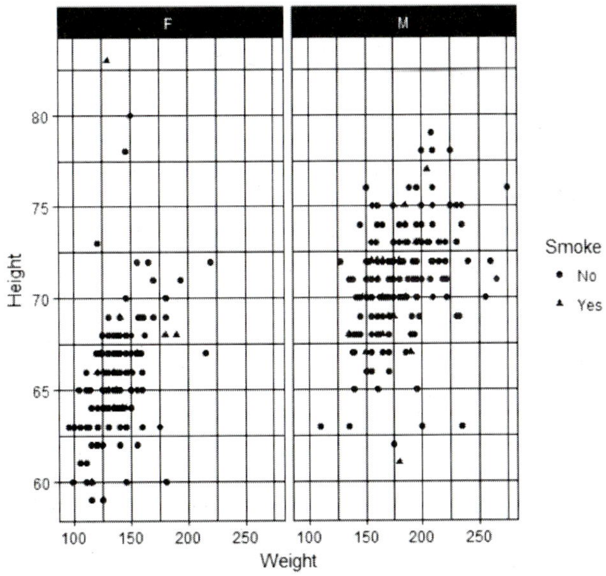


```
> #(5) [그림 10.156] theme_dark 테마 적용
>
> # 검정색 배경 범주 틀과 진한 회색의 그래프 배경, 범례 배경,
> # 격자선으로 구성되어있는 테마
>
> g + geom_point(aes(shaper=Smoke)) + facet_wrap(~ Gender) + theme_dark()
```

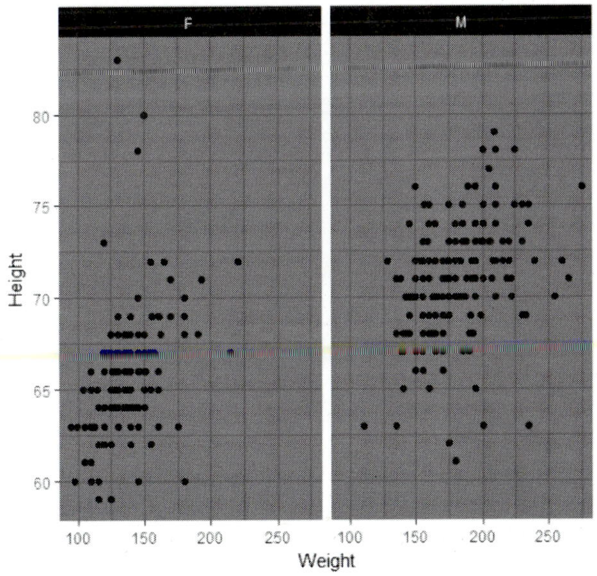

연습문제

☞ 아래의 여러 문제에서 그래프를 작성할 때 그래프의 이해를 돕기 위한 적절한 그래프 제목, 부제목, 축 이름, 축 눈금 이름 등을 활용하여라.

☞ 아래의 여러 문제에서 그래프를 작성한 후 그래프에서 파악할 수 있는 데이터의 특성에 대하여 설명하여라.

01 R의 ggplot2 패키지에 있는 데이터 프레임 diamonds는 53,940개 다이아몬드의 가격과 기타 다이아몬드의 특성을 기록한 데이터이다. 패키지 ggplot2의 그래프 함수들을 이용하여 아래에 답하여라.

(1) 변수 catat를 x-축으로 하고 변수 price를 y-축으로 하는 산점도를 그려라.

(2) (1)의 산점도에서 투명도를 0.3으로 하고 변수 cut의 범주에 따라 점의 색깔이 다르게 나타나도록 하여라.

(3) 변수 carat에 대한 히스토그램을 그리는데 변수 color의 범주에 따라 막대의 색깔이 다르게 나타나도록 하여라.

(4) (3)의 그래프 결과에 변수 carat에 대한 커널밀도곡선을 겹쳐 그려라.

(5) 변수 cut의 막대 그래프를 그려라.

(6) 변수 x를 x-축으로 하고 변수 y를 y-축으로 하는 빈도육각형 히트맵을 그려라.

(7) 변수 clarity에 따른 변수 price의 상자 그래프를 그려라.

(8) 변수 clarity에 따른 변수 price의 평균값을 나타내는 막대 그래프를 그려라.

(9) 변수 x를 x-축으로, 변수 y를 y-축으로 하고 변수 z의 크기에 따라 모양이 다르게 나타나는 산점도를 그려라.

02 R의 ggplot2 패키지에 있는 msleep은 포유류 동물들에 대한 수면을 기록한 데이터이다. 패키지 ggplot2의 그래프 함수들을 이용하여 물음에 답하여라.

(1) 변수 brainwt를 x-축으로 하고 변수 bodywt를 y-축으로 하는 산점도를 그려라.

(2) (1)에서 그린 산점도의 x-축 범위를 0에서 0.03으로, y-축 범위를 0에서 5로 하여라.

(3) 변수 sleep_rem을 x-축으로 하고 변수 sleep_cycle을 y-축으로 하는 산점도에서 변수 vore의 텍스트를 색깔로 구별하는 텍스트 그래프로 나타내어라.

(4) 변수 sleep_rem을 x-축으로 하고 변수 sleep_cycle을 y-축으로 하는 산점도에서 변수 name의 텍스트를 배경이 있는 텍스트 그래프로 나타내어라.

03 R의 ggplot2 패키지에 있는 economics는 미국 경제에 관한 시계열 데이터이다. 패키지 ggplot2의 그래프 함수들을 이용하여 물음에 답하여라.

(1) 변수 pce를 x-축으로 하고 변수 psavert를 y-축으로 하는 산점도와 2차원 커널밀도곡선을 함께 그려라.

(2) 변수 date를 x-축으로 하고 변수 pce 및 변수 unemploy를 각각 색깔을 다르게 y-축으로 하는 선 그래프를 그려라.

(3) 변수 pce를 x-축으로 하고 변수 unemploy를 y-축으로 하는 통로 선 그래프를 그려라.

(4) 변수 date를 x-축으로 하고 변수 pce를 y-축으로 하는데 pce의 값을 기준으로 -300부터 300의 구간을 나타내는 구간 면 그래프를 그려라.

04 6장 연습문제 5번에서 생성한 데이터 프레임 census를 사용하여 물음에 답하여라.

(1) 연도를 x-축으로 하고 남자, 여자 변수를 y-축으로 하여 각각의 선 그래프를 그리는데 색깔을 파란색, 빨간색으로 하여라.

(2) 성비 변수에 대한 히스토그램을 그리는데 옵션 bins 값을 10으로 하여라.

(3) 남자를 x-축으로 하고 여자를 y-축으로 하는 산점도를 그리고, 배경 테마를 theme_bw로 적용하여라.

05 6장 연습문제 6번에서 생성한 데이터 프레임 employ을 사용하여 물음에 답하여라.

(1) 1부터 46까지의 숫자 값을 변수 num으로 입력하여라.

(2) 아래 (3)의 그래프를 그리기 위하여 패키지 reshape의 함수 melt를 사용하여 재배열하여라.

(3) 변수 num을 x-축으로 하고 변수 value를 y-축으로 하는 선 그래프를 그리는데 변수 variable에 따라 색깔을 다르게 하여 표시하여라.

(4) 변수 vaiable을 x-축으로 하고 value를 y-축으로 하는 상자 그래프를 그려라.

06 월평균 KOSPI 지수 시계열(1991년 1월~2017년 12월)을 6개의 패널에 나누어 그려라.

07 월평균 KOSPI 지수 및 KOSDAQ 지수 시계열(2001년 1월~2017년 12월)을 2개의 패널에 나누어 그려라.

08 R의 패키지 Lock5Data에 있는 관심 있는 데이터를 선택한 후 제10장에서 학습한 패키지 ggplot2의 여러 가지 그래프 함수를 적용하여 그래프를 그려보고 자료의 특성을 논의하여라.

09 R의 패키지 datasets에 있는 관심 있는 데이터를 선택한 후 제10장에서 학습한 패키지 ggplot2의 여러 가지 그래프 함수를 적용하여 그래프를 그려보고 자료의 특성을 논의하여라.

10 R의 패키지 ggplot2에 있는 관심 있는 데이터를 선택한 후 제10장에서 학습한 패키지 ggplot2의 여러 가지 그래프 함수를 적용하여 그래프를 그려보고 자료의 특성을 논의하여라.

11장

R 고급 그래픽스 – 패키지 ggmap

11.1 패키지 ggmap

패키지 ggmap은 지도를 불러올 수 있는 패키지이다. 패키지 ggmap을 사용하기 위해서는 사전에 패키지 ggmap을 설치한 후 불러들여 패키지 사용을 선언해야 한다.(2.3절 참조)

함수 qmap은 ggmap 패키지에서 가장 기초가 되는 그래픽스 함수지만 여기서는 qmap의 기능들을 포함하면서도 더 고급의 기능들을 사용할 수 있는 함수 ggmap을 중심으로 소개하도록 한다.

공간 데이터를 지도 위에 표현하기 위해서는 함수 ggmap은 패키지 ggplot2의 함수들과 같이 사용된다. 함수 ggmap으로 불러들인 지도 위에 패키지 ggplot2의 그래프 함수들을 사용하여 공간 데이터를 지도 위에 점, 선, 색깔, 텍스트 등의 형태로 표현하여 사용자가 원하는 다양한 지도 그래프를 그릴 수 있다.

먼저 지도 정보를 가져오기 위해서는 [표 11.1]과 같이 함수 get_map의 사용이 필요하다. 함수 get_map에서 사용 가능한 주요 옵션 중에서 location 옵션은 주소나 위치 정보를 통해 원하는 지역의 지도를 불러온다. 이때 위치 정보로서 경도(longitude)와 위도(latitude)는 지구 위의 위치를 나타내는 선이다. 지도에서 세로로 그어진 선이 경도이고, 가로로 그어진 선이 위도이다. 주소는 세부적인 주소 또는 포괄적인 지역 이름 등을 입력할 수 있고 영어 주소만 입력할 수 있다. 옵션 location의 사용 예는 [R-program 11.1]을 참조한다.

옵션 zoom은 지도의 확대 혹은 축소의 정도를 설정하는 옵션으로 zoom 옵션값의 크기가 작을수록 더 넓은 지도를 보여주고 3(대륙 크기)부터 21(건물 크기)까지의 숫자를 사용할 수 있다. 앞서 옵션 location에서 위도, 경도의 상한과 하한을 사용하여 지도 범위를 설정하게 되면 자동으로 zoom 값이 결정된다. 옵션 zoom의 사용 예는 [R-program 11.2]를 참조한다.

옵션 maptype은 지도 테마를 설정할 수 있는 옵션으로 기본적으로 Google Maps에서 불러오지만 "toner", "watercolor"의 테마의 경우는 Stamen Maps에서 불러오게 된다. 옵션 maptype의 사용 예는 [R-program 11.3]을 참조한다.

옵션 source는 지도를 가져올 서버를 결정할 수 있는데 api 키가 필요한 서버도 있고 maptype에 따라 제한적인 서버도 있으므로 주로 Google Maps 위주로 사용하도록 하고 이 절에서 나머지에 대한 자세한 설명은 생략하도록 한다.

[표 11.1] 함수 get_map의 형식

형식	get_map(location, zoom, maptype, source,...)
옵션	• location: 문자형 주소, c(경도, 위도), 혹은 c(경도 하한, 위도 하한, 경도 상한, 위도 상한) • zoom: 기본값은 10(도시 크기)이고 3(대륙 크기)부터 21(건물 크기)까지 설정할 수 있다. • maptype: 지도의 테마를 설정할 수 있는 옵션으로 source가 Google Maps인 경우 "terrain"(지형), "satellite"(위성), "roadmap"(로드맵), "hybrid"(하이브리드), source가 Stamen Maps인 경우 "toner"(토너), "watercolor"(수채화). • source: "google" (Google Maps), "osm"(OpenStreetMap), "stamen"(Stamen Maps), "cloudmade"(CloudMade Maps)가 있다. • ...: 기타 옵션
설명	• 위치 location에 있는 지역의 지도를 zoom의 크기로 확대 혹은 축소하여 maptype과 같은 종류의 지도 형태로 불러들인다.

[R-program 11.1] 지도 불러오기 – 옵션 location의 사용 예

```
> #(1) 주소를 사용하여 불러오기-1
>
> seoulmap <- get_map("seoul")
Map from URL : http://maps.googleapis.com/maps/api/staticmap?center=seoul&zoom=10&
size=640x640&scale=2&maptype=terrain&language=en EN&sensor=false
Information from URL : http://maps.googleapis.com/maps/api/geocode/json?address=se
oul&sensor=false
> ggmap(seoulmap)
```

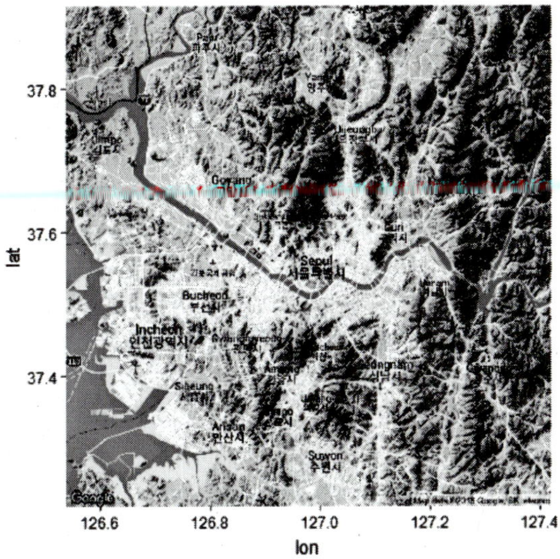

```
> #(2) 주소를 사용하여 불러오기-2
>
> ICNmap <- get_map("Incheon Airport")
Map from URL : http://maps.googleapis.com/maps/api/staticmap?center=Incheon+Airpor
t&zoom=10&size=640x640&scale=2&maptype=terrain&language=en-EN&sensor=false
Information from URL : http://maps.googleapis.com/maps/api/geocode/json?address=In
cheon%20Airport&sensor=false
> ggmap(ICNmap)
```

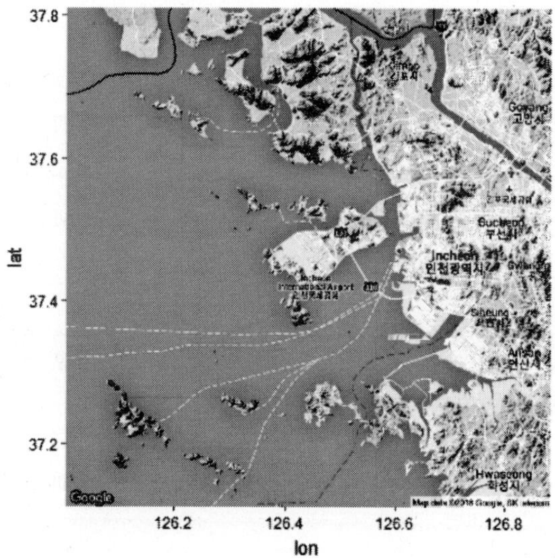


```
> #(3) 경도/위도를 사용하여 불러오기
>
> daejeonmap <- get_map(c(127.4, 36.4))
Map from URL : http://maps.googleapis.com/maps/api/staticmap?center=36.4,127.4&zoo
m=10&size=640x640&scale=2&maptype=terrain&language=en-EN&sensor=false
> ggmap(daejeonmap)
```

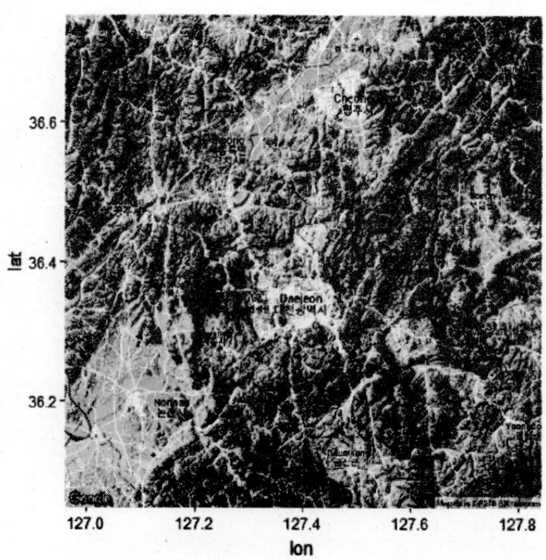


```
> #(4) 경도/위도 범위를 사용하여 불러오기
>
> gwangjumap <- get_map(c(126.6, 35.0, 127.0, 35.3))
```

```
Warning: bounding box given to google - spatial extent only approximate.
converting bounding box to center/zoom specification. (experimental)
Map from URL : http://maps.googleapis.com/maps/api/staticmap?center=35.15,126.8&zo
om=11&size=640x640&scale=2&maptype=terrain&language=en-EN&sensor=false
> ggmap(gwangjumap)
```

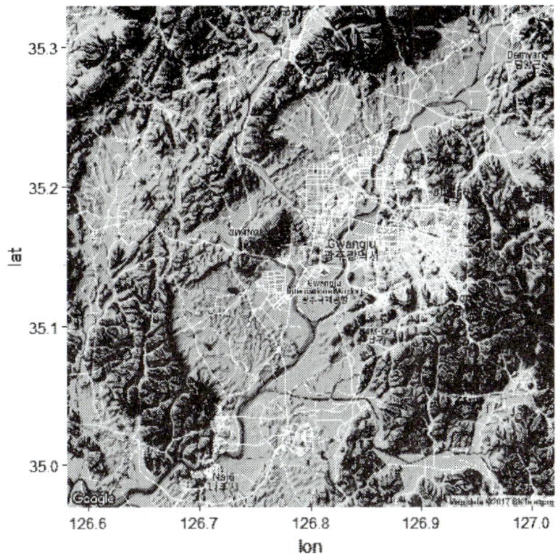

[R-program 11.2] 지도 불러오기 - 옵션 zoom의 사용 예

```
> #(1) 옵션 zoom = 3 (대륙 크기)
>
> parismap <- get_map("France paris", zoom=3)
Map from URL : http://maps.googleapis.com/maps/api/staticmap?center=France+paris
&zoom=3&size=640x640&scale=2&maptype=terrain&language=en-EN&sensor=false
Information from URL : http://maps.googleapis.com/maps/api/geocode/json?address=
France%20paris&sensor=false
> ggmap(parismap)
```

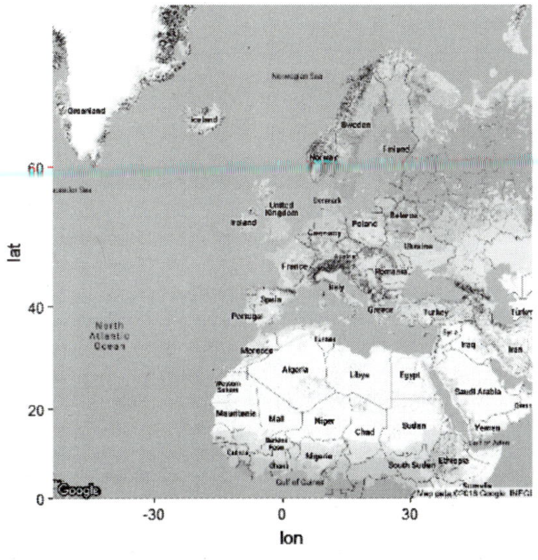

```
> #(2) 옵션 zoom=10(기본값)
>
> parismap <- get_map("France paris")
Map from URL : http://maps.googleapis.com/maps/api/staticmap?center=France+paris&z
oom=10&size=640x640&scale=2&maptype=terrain&language=en-EN&sensor=false
Information from URL : http://maps.googleapis.com/maps/api/geocode/json?address=Fr
ance%20paris&sensor=false
> ggmap(parismap)
```

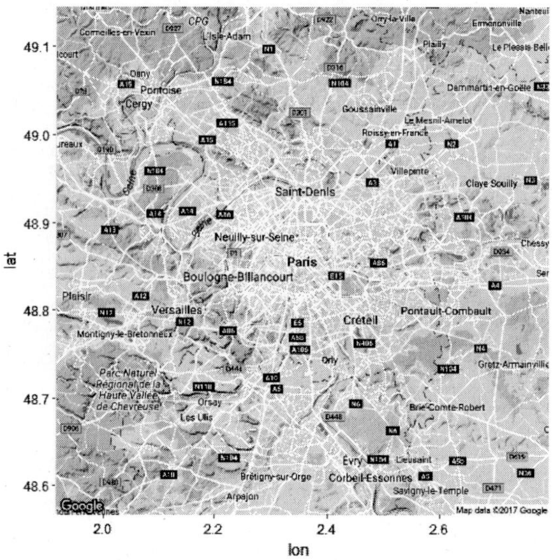


```
> #(3) 옵션 zoom = 15
>
> parismap <- get_map("France paris", zoom=15)
Map from URL : http://maps.googleapis.com/maps/api/staticmap?center=France+paris&z
oom=15&size=640x640&scale=2&maptype=terrain&language=en-EN&sensor=false
Information from URL : http://maps.googleapis.com/maps/api/geocode/json?address=Fr
ance%20paris&sensor=false
> ggmap(parismap)
```

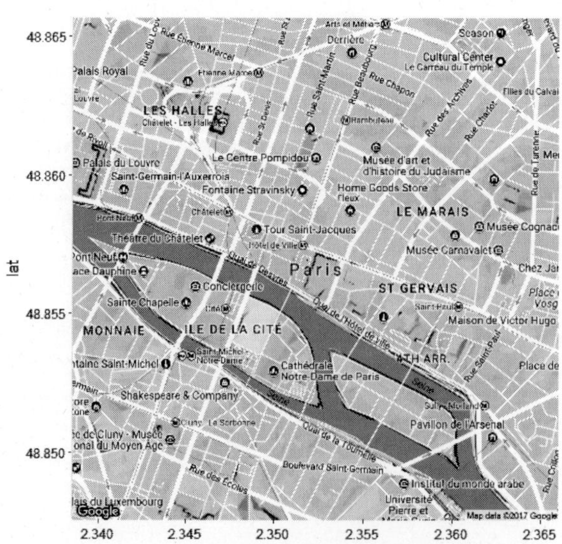

```
> #(4) 옵션 zoom = 20
>
> parismap <- get_map("France paris", zoom=20)
Map from URL : http://maps.googleapis.com/maps/api/staticmap?center=France+paris&z
oom=20&size=640x640&scale=2&maptype=terrain&language=en-EN&sensor=false
Information from URL : http://maps.googleapis.com/maps/api/geocode/json?address=Fr
ance%20paris&sensor=false
> ggmap(parismap)
```

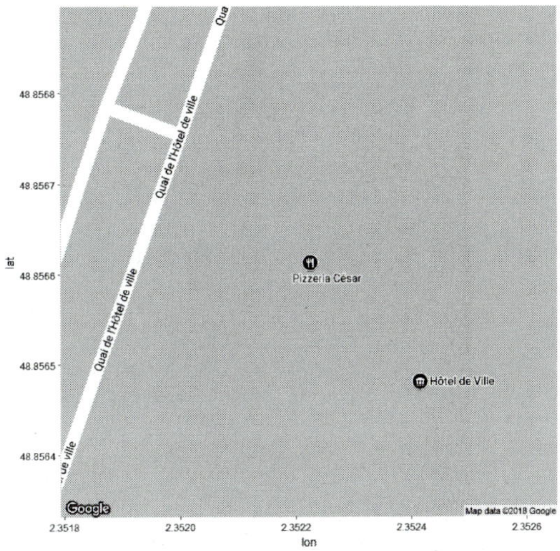

[R-program 11.3] 지도 불러오기 - 옵션 maptype의 사용 예

```
> #(1) 지형테마 옵션 : maptype="terrain"(기본값)
>
> seoulmap <- get_map("seoul", maptype="terrain")
Map from URL : http://maps.googleapis.com/maps/api/staticmap?center=seoul&zoom=10&
size=640x640&scale=2&maptype=terrain&language=en-EN&sensor=false
Information from URL : http://maps.googleapis.com/maps/api/geocode/json?address=se
oul&sensor=false
> ggmap(seoulmap)
```

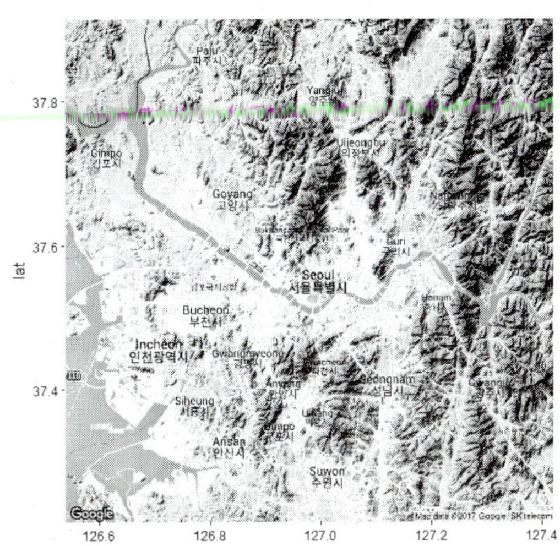

```
> #(2) 위성 테마 옵션 : maptype="satellite"
>
> seoulmap <- get_map("seoul", maptype="satellite")
Map from URL : http://maps.googleapis.com/maps/api/staticmap?center=seoul&zoom=10&
size=640x640&scale=2&maptype=satellite&language=en-EN&sensor=false
Information from URL : http://maps.googleapis.com/maps/api/geocode/json?address=se
oul&sensor=false
> ggmap(seoulmap)
```

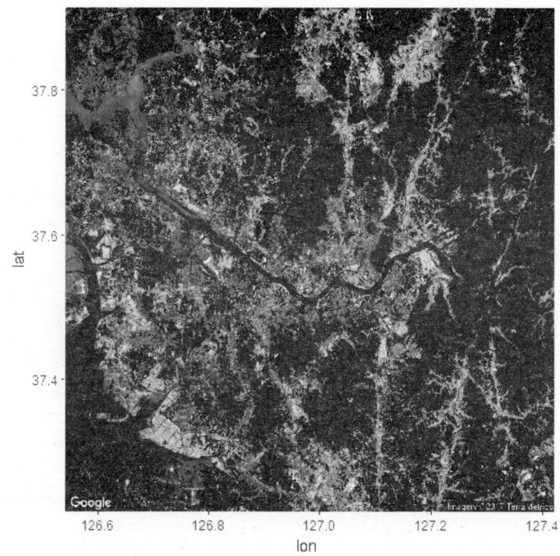


```
> #(3) 로드맵 테마 옵션 : maptype="roadmap"
>
> seoulmap <- get_map("seoul", maptype="roadmap")
Map from URL : http://maps.googleapis.com/maps/api/staticmap?center=seoul&zoom=10&
size=640x640&scale=2&maptype=roadmap&language=en-EN&sensor=false
Information from URL : http://maps.googleapis.com/maps/api/geocode/json?address=se
oul&sensor=false
> ggmap(seoulmap)
```

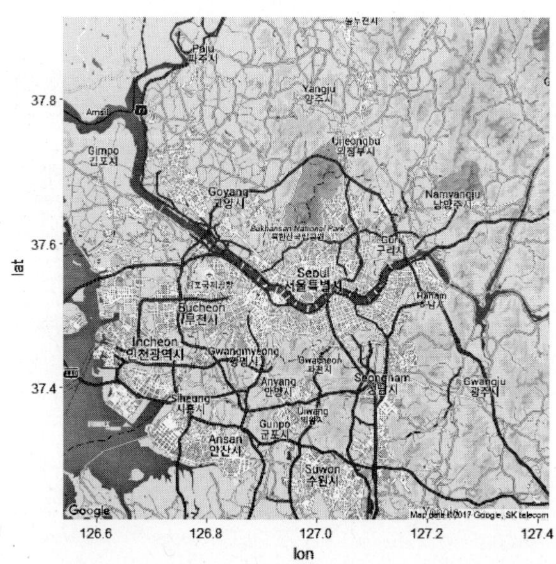

```
> #(4) 혼합 테마 옵션 : maptype="hybrid"
>
> seoulmap <- get_map("seoul", maptype="hybrid")
Map from URL : http://maps.googleapis.com/maps/api/staticmap?center=seoul&zoom=10&
size=640x640&scale=2&maptype=hybrid&language=en-EN&sensor=false
Information from URL : http://maps.googleapis.com/maps/api/geocode/json?address=se
oul&sensor=false
> ggmap(seoulmap)
```

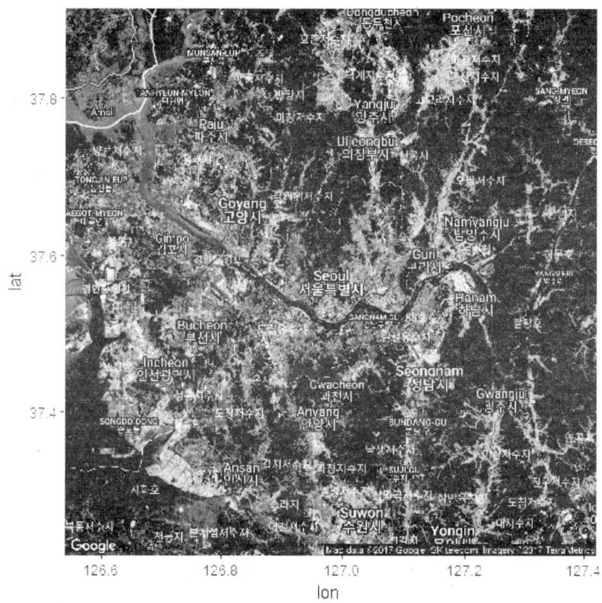


```
> #(5) 검정토너 테마 옵션 : maptype="toner"
>
> seoulmap <- get_map("seoul", maptype="toner")
maptype = "toner" is only available with source = "stamen".
resetting to source = "stamen"...
Map from URL : http://maps.googleapis.com/maps/api/staticmap?center=seoul&zoom=10&
size=640x640&scale=2&maptype=terrain&sensor=false
Information from URL : http://maps.googleapis.com/maps/api/geocode/json?address=se
oul&sensor=false
Map from URL : http://tile.stamen.com/toner/10/871/395.png
Map from URL : http://tile.stamen.com/toner/10/872/395.png
Map from URL : http://tile.stamen.com/toner/10/873/395.png
Map from URL : http://tile.stamen.com/toner/10/874/395.png
Map from URL : http://tile.stamen.com/toner/10/871/396.png
Map from URL : http://tile.stamen.com/toner/10/872/396.png
Map from URL : http://tile.stamen.com/toner/10/873/396.png
Map from URL : http://tile.stamen.com/toner/10/874/396.png
Map from URL : http://tile.stamen.com/toner/10/871/397.png
Map from URL : http://tile.stamen.com/toner/10/872/397.png
Map from URL : http://tile.stamen.com/toner/10/873/397.png
Map from URL : http://tile.stamen.com/toner/10/874/397.png
There were 12 warnings (use warnings() to see them)
> ggmap(seoulmap)
```

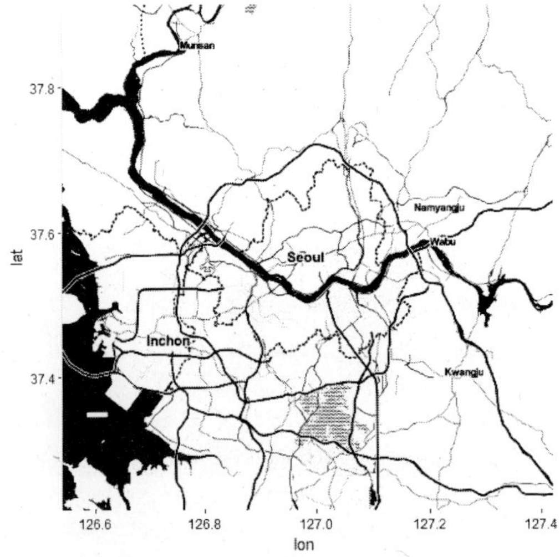


```
> #(6) 수채화 테마 옵션 : maptype="watercolor"
>
> seoulmap <- get_map("seoul", maptype="watercolor")
maptype = "watercolor" is only available with source = "stamen".
resetting to source = "stamen"...
Map from URL : http://maps.googleapis.com/maps/api/staticmap?center=seoul&zoom=1
0&size=640x640&scale=2&maptype=terrain&sensor=false
Information from URL : http://maps.googleapis.com/maps/api/geocode/json?address=
seoul&sensor=false
Map from URL : http://tile.stamen.com/watercolor/10/871/395.jpg
Map from URL : http://tile.stamen.com/watercolor/10/872/395.jpg
Map from URL : http://tile.stamen.com/watercolor/10/873/395.jpg
Map from URL : http://tile.stamen.com/watercolor/10/874/395.jpg
Map from URL : http://tile.stamen.com/watercolor/10/871/396.jpg
Map from URL : http://tile.stamen.com/watercolor/10/872/396.jpg
Map from URL : http://tile.stamen.com/watercolor/10/873/396.jpg
Map from URL : http://tile.stamen.com/watercolor/10/874/396.jpg
Map from URL : http://tile.stamen.com/watercolor/10/871/397.jpg
Map from URL : http://tile.stamen.com/watercolor/10/872/397.jpg
Map from URL : http://tile.stamen.com/watercolor/10/873/397.jpg
Map from URL : http://tile.stamen.com/watercolor/10/874/397.jpg
> ggmap(seoulmap)
```

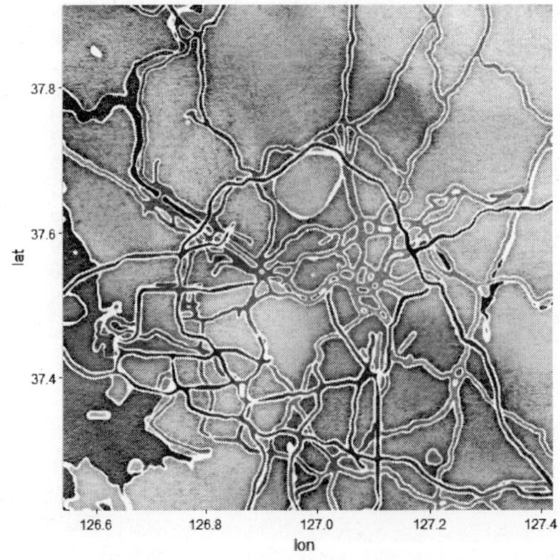

11.2 지도 위 공간 데이터의 표현

함수 get_map 및 ggmap을 사용하여 불러온 지도는 공간 자료를 표현하기 위한 그래프 배경으로 사용할 수 있다. 이 절에서는 공간 좌표값이 포함된 공간 데이터(spatial data)를 지도 위에 표현하기 위해서 제10장에서 다루었던 패키지 ggplot2를 함께 사용한다. 따라서 사전에 패키지 ggplot2가 설치되고 사용을 위해 불러들여야 한다(2.3절 참조).

[R-program 11.4]는 패키지 ggplot2의 geom_point 함수를 기반으로 지도 위에 공간 데이터의 다양한 표현 방법을 보여주는 프로그램의 예이다. 이 예에서 사용된 패키지 ggmap의 데이터인 crime은 미국 Houston시에서 발생한 범죄 관련 자료로서 범죄 시각, 범죄 종류, 범죄가 발생한 경도/위도 좌표, 세부 주소 등이 포함되어 있다.

[R-program 11.4] 지도 위 공간 데이터의 표현 예

```
> #(1) 함수 getmap, 함수 ggmap, 데이터 crime을 사용하기 위해서는 사전에 패키지 ggmap이,
> # 함수 geom_를 사용하기 위해서는 사전에 패키지 ggplot2가 설치되고 사용 선언이 되어야 함
>
> #(2) crime : 패키지 ggmap의 데이터 프레임
>
> # 데이터 설명: 2010년 1월 1일부터 2010년 8월31일까지 미국 Houston시에서 발생한 범죄
> # 관련 자료로서 범죄 시각, 범죄 종류, 범죄가 발생한 경도/위도 좌표, 세부 주소 등이
> # 포함된 86314X17 데이터 프레임

>
> str(crime)
'data.frame':	86314 obs. of  17 variables:
 $ time    : POSIXt, format: "2010-01-01 15:00:00" "2010-01-01 15:00:00" ...
 $ date    : chr  "1/1/2010" "1/1/2010" "1/1/2010" "1/1/2010" ...
 $ hour    : int  0 0 0 0 0 0 0 0 0 0 ...
 $ premise : chr  "18A" "13R" "20R" "20R" ...
 $ offense : Factor w/ 7 levels "aggravated assault",..: 4 6 1 1 1 3 3 3 3 3 ...
 $ beat    : chr  "15E30" "13D10" "16E20" "2A30" ...
 $ block   : chr  "9600-9699" "4700-4799" "5000-5099" "1000-1099" ...
 $ street  : chr  "marlive" "telephone" "wickview" "ashland" ...
 $ type    : chr  "ln" "rd" "ln" "st" ...
 $ suffix  : chr  "-" "-" "-" "-" ...
 $ number  : int  1 1 1 1 1 1 1 1 1 1 ...
 $ month   : Ord.factor w/ 8 levels "january"<"february"<..: 1 1 1 1 1 1 1 1 1 1
...
 $ day     : Ord.factor w/ 7 levels "monday"<"tuesday"<..: 5 5 5 5 5 5 5 5 5 5 ..
.
 $ location: chr  "apartment parking lot" "road / street / sidewalk" "residence /
 house" "residence / house" ...
 $ address : chr  "9650 marlive ln" "4750 telephone rd" "5050 wickview ln" "1050
ashland st" ...
 $ lon     : num  -95.4 -95.3 -95.5 -95.4 -95.4 ...
 $ lat     : num  29.7 29.7 29.6 29.8 29.7 ...

>
> #(3) [그림 11.1] Houston 지도
>
> Houstonmap <- get_map("Houston")
```

```
Map from URL : http://maps.googleapis.com/maps/api/staticmap?center=Houston&zoom=
10&size=640x640&scale=2&maptype=terrain&language=en-EN&sensor=false
Information from URL : http://maps.googleapis.com/maps/api/geocode/json?address=H
ouston&sensor=false
> ggmap(Houstonmap)
```

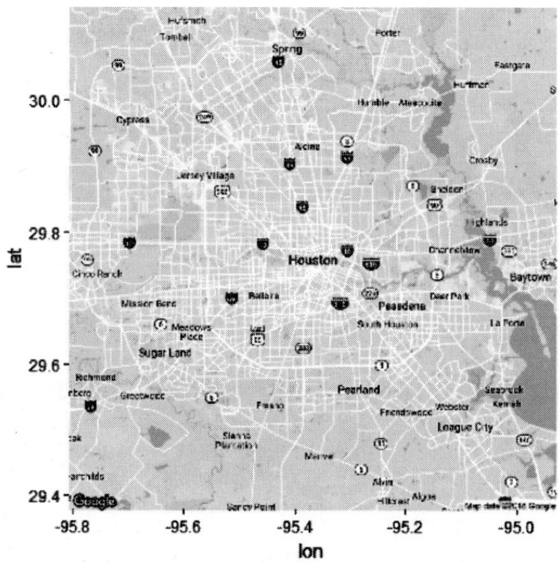


```
> #(4) [그림 11.2] 범죄 발생 지역을 나타낸 Houston 지도
>
> # 함수 geom_point : 점 그래프(산점도)
> # x-축 변수 : lon(경도) y-축 변수 : lat(위도)
>
> ggmap(Houstonmap) + geom_point(data=crime, aes(x=lon, y=lat))
```

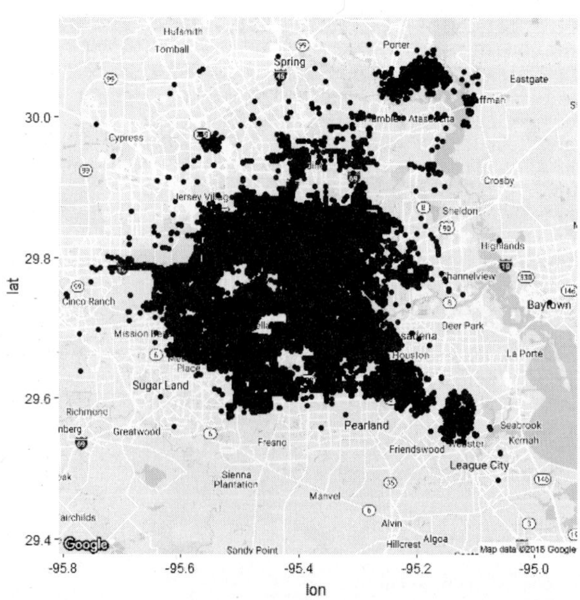

```
> #(5) [그림 11.3] 범죄 발생 지역을 나타낸 Houston 지도
>
> # 관측치가 중복된 곳의 구별을 위하여 옵션 size(점의 크기), alpha(점의 투명도) 사용
>
> ggmap(Houstonmap) +
+     geom_point(data=crime, aes(x=lon, y=lat), size=0.1, alpha=0.1)
```

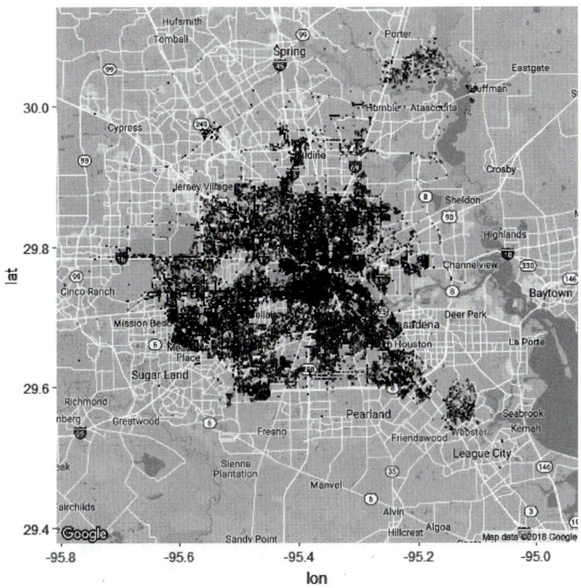


```
> #(6) [그림 11.4] Houston 일부 지역의 확대된 지도
>
> Houstonmap <- get_map("Houston", zoom=14)
Map from URL : http://maps.googleapis.com/maps/api/staticmap?center=Houston&zoom=1
4&size=640x640&scale=2&maptype=terrain&language=en-EN&sensor=false
Information from URL : http://maps.googleapis.com/maps/api/geocode/json?address=Ho
uston&sensor=false
> ggmap(Houstonmap)
```

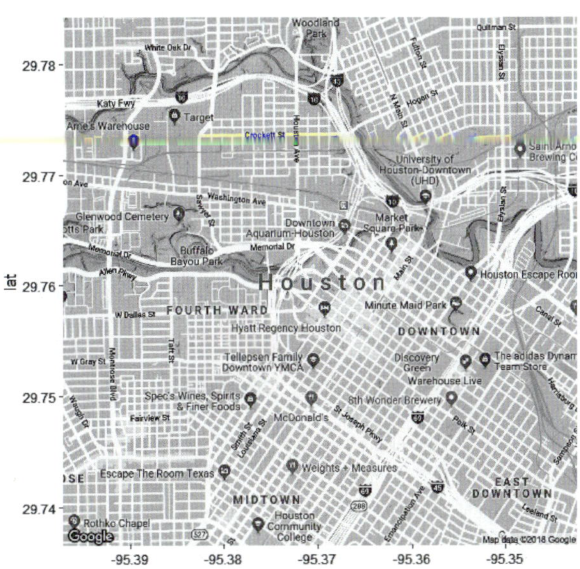

```
> #(7) 지도([그림 11.4])의 범위 안에 들어가는 데이터만 선택
>
> crime1 <- crime[(crime$lon < -95.344 & crime$lon > -95.395) &
+                  (crime$lat < 29.783 & crime$lat > 29.738), ]
>
> #(8) [그림 11.5] 범죄 발생 지역을 투명도에 의해 구별한 Houston 지도
>
> # 투명도 옵션 alpha=0.3
>
> ggmap(Houstonmap) + geom_point(data=crime1, aes(x=lon, y=lat), alpha=0.3)
```

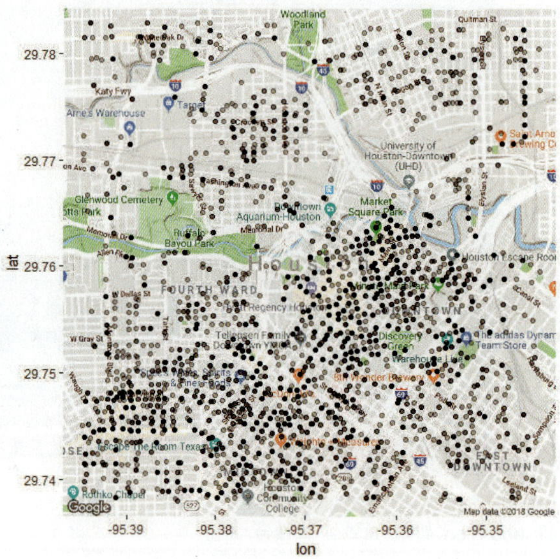


```
> #(9) 범주형 변수 offeense(범죄 종류)의 범주 확인
>
> levels(crime$offense)
[1] "aggravated assault" "auto theft"         "burglary"
[4] "murder"             "rape"               "robbery"
[7] "theft"
>
> #(10) [그림 11.6] 범죄발생 지역에서 범죄 종류별 색깔로 구별한 Houston 지도
>
> ggmap(Houstonmap) + geom_point(data=crime1, aes(x=lon, y=lat, colour=offense))
```

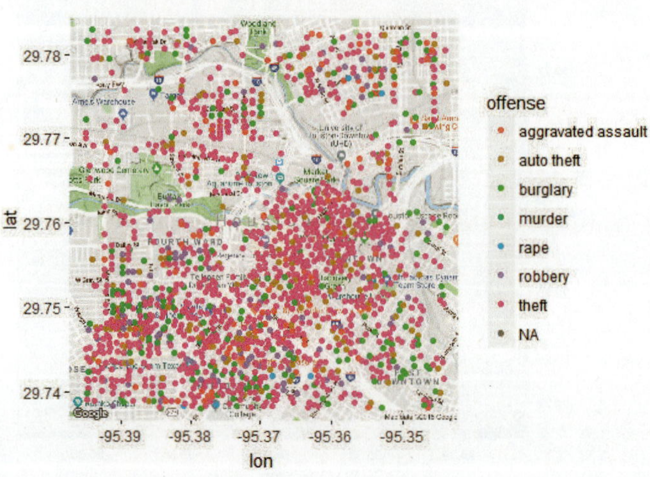

```
> #(11) crime1 데이터에서 각 경도/위도에 대해 중복되지 않게 하나의 관측치만 선택
>
> # 함수 !duplicated : 중복이 아니면 TRUE 반환(5.1.3절의 [R-program 5.3] 참조)
>
> crime2 <- crime1[!duplicated(crime1[ , c("lon", "lat")]), ]
>
> #(12) 범죄 종류(offense) 변수에 대해 문자형으로 변환
>
> crime2$offense <- as.character(crime2$offense)
>
> #(13) 각 범죄 종류에 대해 위험도 순으로 점수화
>
> crime2$offense[crime2$offense=="murder" | crime2$offense=="rape"] <- "4"
> crime2$offense[crime2$offense=="robbery" |
+                    crime2$offense=="aggravated assault"] <- "3"
> crime2$offense[crime2$offense=="burglary" |
+                    crime2$offense=="auto theft"] <- "2"
> crime2$offense[crime2$offense=="theft"] <- "1"
>
> #(14) 범죄 종류(offense) 변수에 대해 수치형으로 변환
> crime2$offense <- as.numeric(crime2$offense)
>
> #(15) [그림 11.7] 범죄 발생 지역에서 범죄의 위험도에 따라 점의 크기로 구별한 Houston 지도
>
> ggmap(Houstonmap) +
+     geom_point(data=crime2, aes(x=lon, y=lat, size=offense), alpha=0.2)
```

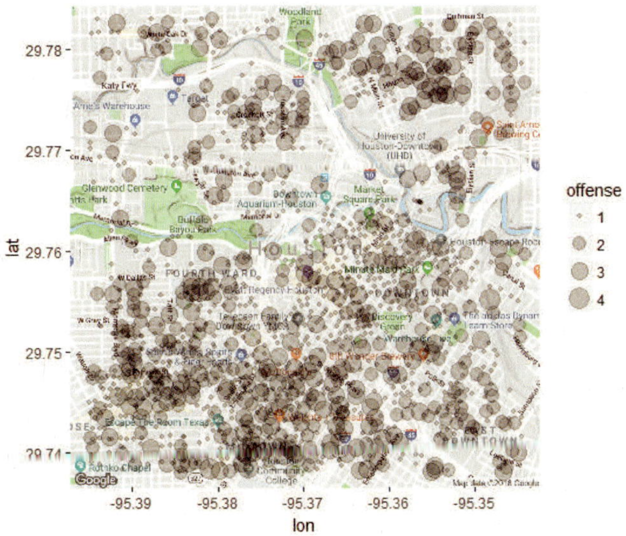


```
> #(16) [그림 11.8] 범죄 발생 지역에서 범죄의 위험도에 따라 점의 크기 및 색깔로 구별한
> # Houston 지도
>
> # 범죄의 위험도 offense의 크기에 따라 점의 크기(size) 및 색깔(colour)로 구별
> # 범죄의 위험도 offense 값이 작을때는 흰색(low="white")부터 시작해서 점점 값이
> # 커짐에 따라 빨간색(high="red")으로 변화
>
> ggmap(Houstonmap) +
+     geom_point(data=crime2, aes(x=lon, y=lat, size=offense, colour=offense),
+             alpha=0.5) +
+     scale_colour_gradient(low="white", high="red")
```

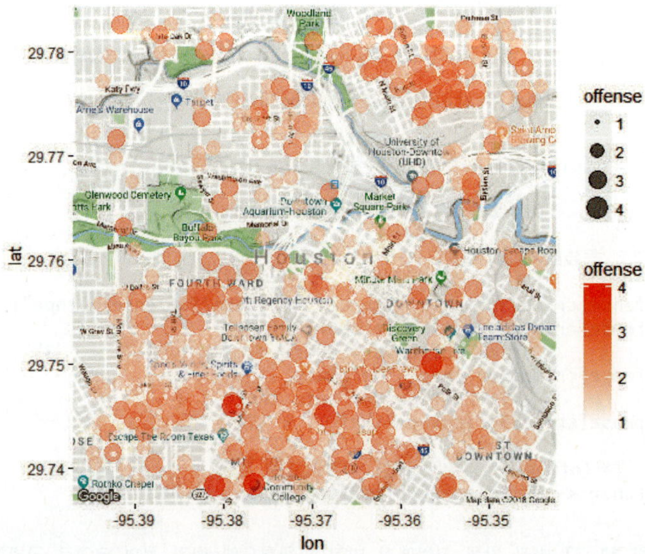


```
> #(17) [그림 11.9] 범죄 발생 지역을 범죄의 위험도에 따라 점의 크기 및 색깔로 구별한
> # Houston 지도
>
> # 함수 geom_polygon : 범죄 발생 지역에서 범죄 빈도수에 따른 등고선 형태로 표현
>
> # 옵션 stat="density2d" : 함수 stat_density2d의 결과인 통계 변수(..level..)로
> # 등고선 면을 채움
>
> # 범죄의 빈도수가 작을때는 흰색(low="white")부터 시작해서 점점 값이 커짐에 따라
> # 빨간색(high="red")으로 변화
>
> ggmap(Houstonmap) +
+     geom_polygon(data=crime2, aes(x=lon, y=lat, fill=..level..),
+                  stat="density2d", alpha=0.3) +
+     scale_fill_gradient(low="white", high="red")
```

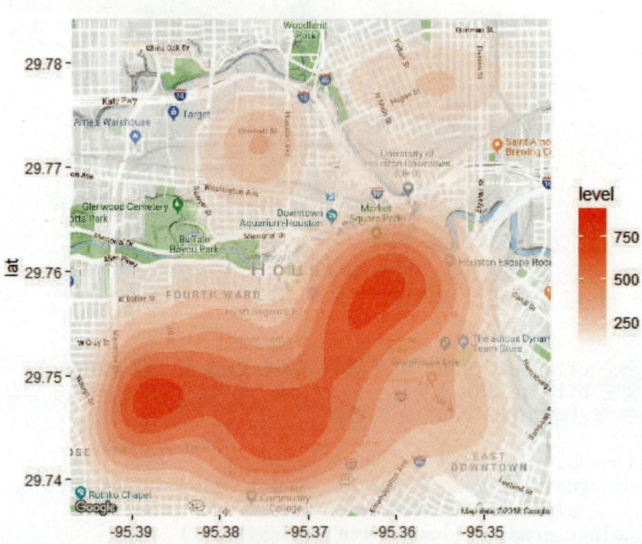

```
> #(18) 2010년 1월 1일의 범죄 데이터만 선택 (시간별로 중복되지 않게 선택)
>
> crime3 <- crime2[crime2$date=="1/1/2010",]
> crime4 <- crime3[!duplicated(crime3[ , c("hour")]), ]
>
> #(19) [그림 11.10] 2010년 1월 1일 범죄 발생 지역을 나타낸 Houston 지도
>
> ggmap(Houstonmap) + geom_point(data=crime3, aes(x=lon,y=lat))
```

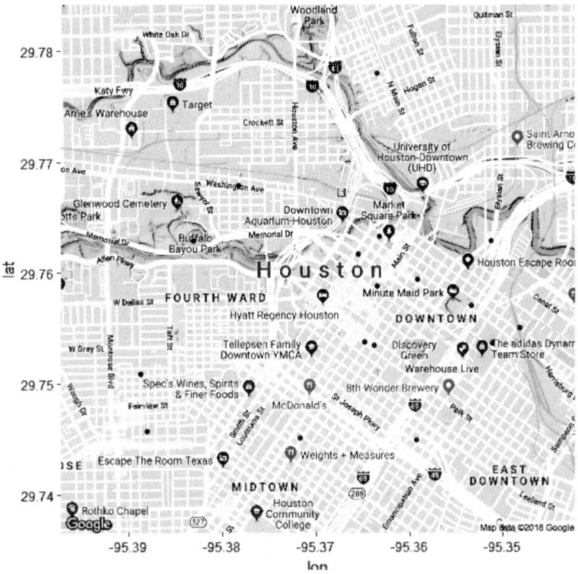


```
> #(20) [그림 11.11] 2010년 1월 1일 범죄 발생 지역의 이름을 함께 나타낸 Houston 지도
>
> # 범죄가 발생했던 지역 표시 + 텍스트로 street명 표시
> # 옵션 vjust=1.2 : 점 아래로 1.2만큼 떨어져 텍스트를 배치
>
> ggmap(Houstonmap) + geom_point(data=crime4, aes(x=lon,y=lat)) +
+     geom_text(data=crime4, aes(label=street), vjust=1.2)
```

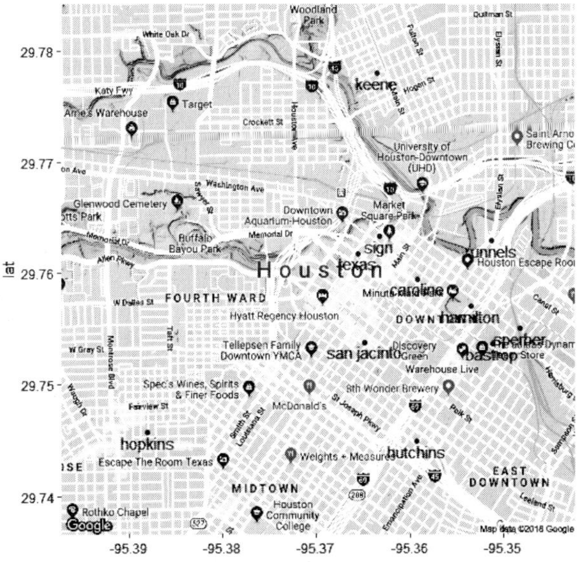

```
> #(21) [그림 11.12] 2010년 1월 1일 범죄 발생 지역을 나타낸 Houston 지도
>
> # 범죄가 발생했던 지역 표시 + 텍스트로 street명 표시 + 경로 표시
>
> # 함수 geom_path : 데이터 순서에 따라 관측치들을 잇는 통로 선 그래프
>
> ggmap(Houstonmap) +
+     geom_point(data=crime4, aes(x=lon,y=lat)) +
+     geom_text(data=crime4, aes(label=street), vjust=1.2) +
+     geom_path(data=crime4, aes(x=lon,y=lat), color="red")
```

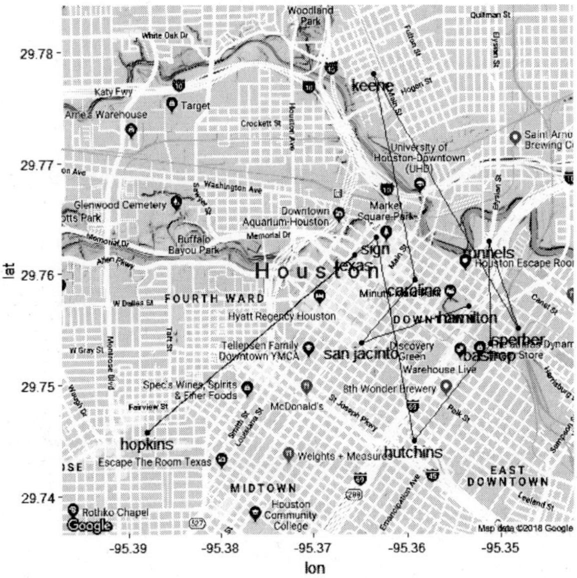

연습문제

01 제6장 연습문제 7번에서 생성한 weather1 데이터를 사용하여 물음에 답하여라.

(1) 지점, 일시 변수를 제외하고 3열의 변수 이름을 평균기온으로 변경하여라.

(2) 패키지 ggmap의 get_map 함수를 사용하여 대한민국 지도를 불러들여라. 옵션에서 지역명은 "Republic of Korea"로 하고 zoom 값은 7로, maptype 값은 "watercolor"로 하여라.

(3) (2)의 지도 그래프에서 weather1 데이터의 경도, 위도 값을 사용해 각 지점들을 빨간색 점으로 표시하여라.

(4) (3)의 결과에서 지점명 변수를 사용해 각 지점명을 문자로 표시하여라. 단, 점 아래에 표시하고 크기를 3으로 하여라.

(5) (3)의 결과에서 중간에 평균기온 변수의 크기에 따라 점의 크기를 다르게 하는 점 요소를 추가하여라. 단, 색깔을 빨간색으로 하고 투명도를 0.2로 하여라.

02 패키지 ggmap의 데이터 프레임 crime을 사용하여 아래 물음에 대한 지도 그래프를 작성하여라. 이때 지도의 내용이 충분히 보이지 않는다면 일부 지역으로 제한하여 지도 그래프를 작성한다.

(1) 변수 offense의 값이 "murder", "rape", "robbery"인 경우만 선택하여 서로 구별이 되게 지도 위에 나타내어라.

(2) 변수 month 별로 구별하여 범죄 지역을 지도 위에 나타내어라.

(3) 변수 day 별로 구별하여 범죄 지역을 지도 위에 나타내어라.

(4) 7월 4일에 발생한 범죄 지역에 대하여 offense 및 street를 구별하여 지도 위에 나타내어라.

찾아보기

기타

저자 소개

손영숙
전남대학교 자연과학대학 계산통계학과(이학사)
서울대학교 대학원 계산통계학과(통계학석사)
서울대학교 대학원 계산통계학과(통계학박사)
현) 전남대학교 통계학과 교수

전성현
전남대학교 자연과학대학 통계학과(이학사)
전남대학교 대학원 통계학과(통계학석사)

R 프로그래밍 및 그래픽스 실습

저 자 손영숙 · 전성현
발 행 인 주정희
발 행 처 자유아카데미
주 소 경기도 파주시 회동길 37-42
파주출판도시
전 화 031-955-1321
팩 스 031-955-1322
홈페이지 www.freeaca.com
전자우편 main@freeaca.com (대표)
editor@freeaca.com (편집)
crm@freeaca.com (영업)
등 록 제406-2003-017호, 1980. 7. 12
제1판1쇄 2018년 8월 31일 발행
정 가 40,000원

저자와의
협의하에
인지생략

ISBN 979-11-5808-200-0 93310